業火の試練

エイブラハム・リンカンとアメリカ奴隷制

The Fiery Trial

エリック・フォーナー

Eric Foner

訳◆森本奈理

白水社

エイブラハム・リンカン。1858年5月7日に撮影した写真。
この写真を撮る前に、この白いスーツを着て、彼は法廷で弁護を行った。[Picture History]

オーヴィル・H・
ブラウニング。
彼はリンカンと共に
イリノイ州議会議員を
務め、共和党保守派の
有力者になった。
[国会図書館の好意による]

ライマン・トランブル。
1855年、彼は
連邦上院議員に
選出され、リンカンも
そのポストを狙っていた。
南北戦争中は、
上院司法委員会の
議長を務めた。
[Chicago History
Museum, ICHi-24885]

リンカンの偉大な論敵
スティーブン・A・ダグラス。
[Picture History]

オーウェン・ラヴジョイ。
彼は暴徒に殺された奴隷制廃止論の
編集者エライジャ・P・ラヴジョイの弟、
イリノイ州共和党急進派の指導者、
1850年代から南北戦争終結まで
ずっとリンカンの政治的盟友だった。
[ナショナル・アーカイヴスの好意による。
photo no. 111-BA-1128]

《横木挽き》。製作者不詳の1860年の絵画。
この絵では、リンカンは北部の自由労働を象徴しており、
1860年の時点では彼が弁護士として中産階級になっていたにもかかわらず、
貧しい生まれが強調されている。
川に浮かぶ平底船は青年時代のリンカンのニューオリンズ行きを連想させる。
この絵は大統領選中に公開された。
背景になっている船の真上に、ホワイトハウスがかすかに映っている。
[Chicago History Museum, ICHi-52428]

1860年の大統領選のプラカード。
絵と文章によって、リンカンと正義・連邦・憲法・自由の関係が強調されている。
［国会図書館の好意による］

《連邦脱退》。サムター要塞攻撃の翌日に掲載されたマンガ。
当時の人種差別主義者にとってステレオタイプ的な姿をした黒人が
合衆国の地図を引き裂いている。つまり、奴隷制が国家分裂を引き起こした、ということである。
［HarpWeek, LLCの好意による］

《ハンプトンからモンロー要塞に向かう大勢の奴隷》。
この絵は奴隷がヴァージニアの要塞に避難する様子を描いている。
その要塞では、ベンジャミン・F・バトラー将軍が逃亡奴隷を「戦時禁制品」と呼び、
彼らを所有者に返却しないことで、戦時奴隷解放を始めていた。〔HarpWeek, LLCの好意による〕

チャールズ・サムナー。
国会における共和党急進派の指導者。
彼は南北戦争の開始当初から
リンカンに奴隷解放を迫っていた。
[Chicago History Museum, ICHi-52582]

ウェンデル・フィリップス。
彼は奴隷制廃止論の著名な演説家であり、
事あるごとにリンカンを批判した。
1862年3月にリンカンと会談し、
奴隷解放案について議論した。
[Chicago History Museum, ICHi-52581]

《大統領リンカンによる奴隷解放宣言の初披露》。
1862年7月22日を記念して、フランシス・B・カーペンターが1864年に描いたもの。
その日、リンカンは顧問団に奴隷解放令を読み上げた。
国務長官ウィリアム・H・スーアードらの諫めによって、リンカンはその公表を9月に延期した。
左から右へと、以下の人物が描かれている。陸軍長官エドウィン・M・スタントン、
財務長官サルモン・P・チェース、リンカン、海軍長官ギデオン・ウェルズ、
内務長官ケーレブ・B・スミス、スーアード、郵政長官モンゴメリー・ブレア、
司法長官エドワード・ベイツ。カーペンターは以下のものも描きこんでいる。
アンドルー・ジャクソンの肖像(左の壁の奥)、合衆国憲法の写し(机の上)、
ヴァージニア州の軍用地図(ベイツの脚の上)、奴隷の人口分布を表した地図(右下の隅)。
長官たちの並び順は政治的見解の違いによって決まっており、
カーペンターは左側に共和党急進派、右側に比較的保守的な人物を配している。
後に、チェースはこの絵ではスーアードがあまりにもよい位置を占めすぎていると文句を言った。
[U. S. Senate Collection]

《エイブ・リンカンの最終手段》。イギリスの雑誌『パンチ』に掲載されたマンガ。
奴隷解放予備宣言はやけになったばくち打ちの最終手段だった。

1863年1月1日に連合国の奴隷を解放するという奴隷解放予備宣言を出したにもかかわらず、
リンカンは1862年12月の国会での年次教書で、
1900年にようやく満期を迎える段階的奴隷解放案に言及した。
マンガの説明文には、こう書かれている。
「『我らの兄弟、黒人』は正月に招待されていた大公演が有無を言わさず
1900年まで延期になったと知り、驚いている」と。
［『ハーパーズ・ウィークリー』、1862年12月20日。HarpWeek, LLCの好意による］

フレデリック・ダグラス。1856年の写真。
この偉大な奴隷制廃止論の黒人は
南北戦争中、リンカンと3度会談した。
[National Portrait Gallery,
Smithsonian Institution/Art Resource, NY]

アレクサンダー・クラメル。
汎アフリカ主義の有力者。
1862年4月、彼はリンカンと
黒人のアフリカ移送について議論した。
[Print Collection, Miriam and
Ira D. Wallach Division of Art,
Prints and Photographs,
The New York Public Library,
Astor, Lenox and Tilden Foundations]

マーティン・R・ディレーニー。
彼はリンカンが
「この最も卓越して知性のある黒人」と
呼んだ奴隷制廃止論者だった。
1865年初め、
ディレーニーはホワイトハウスを訪ね、
連邦軍初の黒人将校になった。
［Ohio Historical Society］

ウィリアム・H・ジョンソンはリンカンの従者として、
スプリングフィールドから
ワシントンDCへとやって来た。
ジョンソンは黒人で1864年に亡くなったが、
リンカンは彼をアーリントン墓地に埋葬してやり、
墓石に市民と刻んだ。
この行為は〈ドレッド・スコット〉判決に
はっきりと反駁したものである。
［Ann Cadyの好意による］

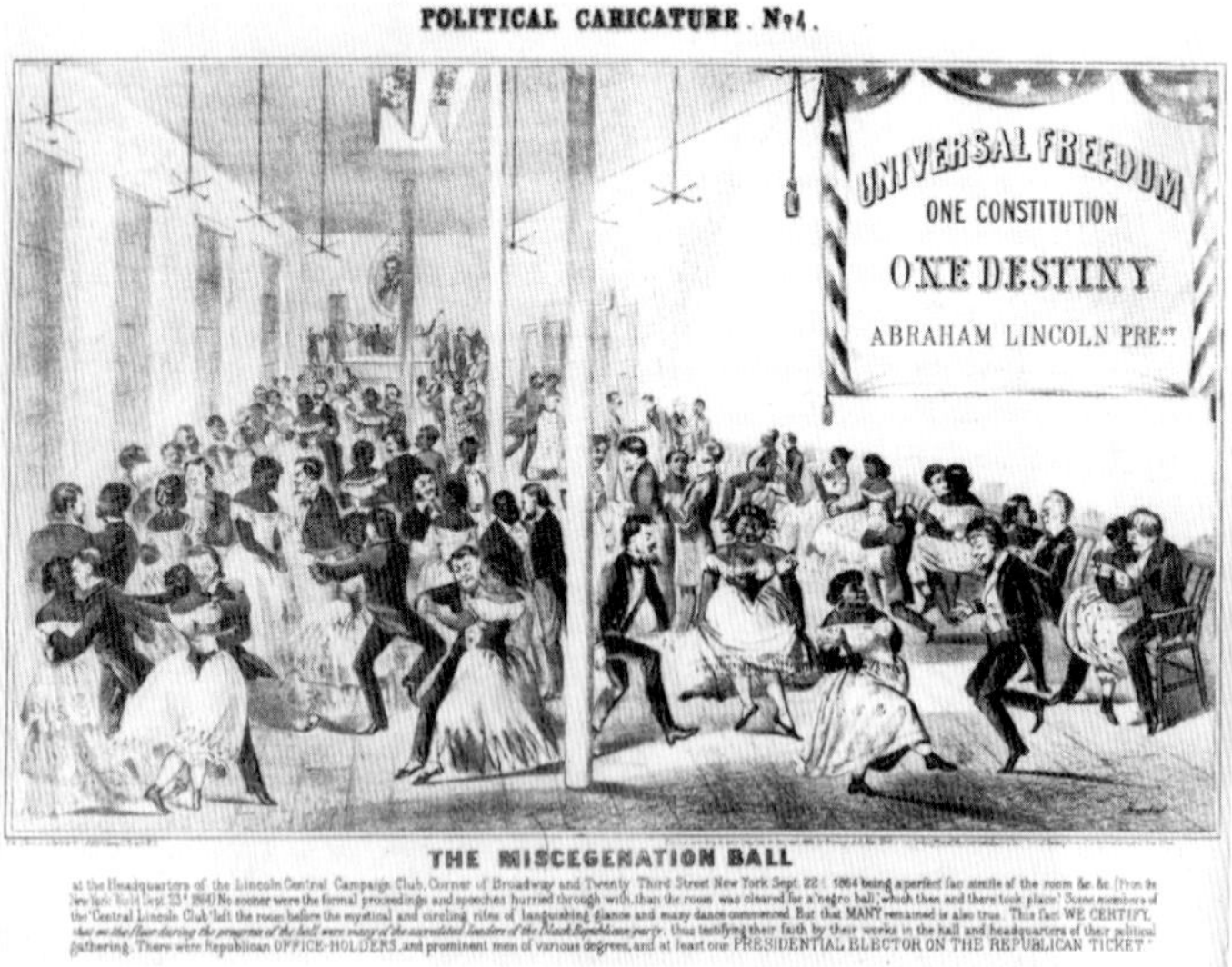

《異人種混淆の舞踏会》。この絵は1864年に始まった民主党の大統領選用の石版画である。この絵では、白人男性がリンカン中央選挙戦クラブで黒人女性とダンスをしている。おそらく、このクラブは奴隷解放予備宣言の2周年を記念して開かれた舞踏会である。『ニューヨーク・ワールド』の記者2人が、共和党を白人・黒人の「社会的平等」と結び付ける陰謀として「異人種混淆」という言葉を作り出した。[国会図書館の好意による]

《黒人志願兵がグラント軍に登録する》。
1863年、フランスの雑誌『ル・モンド・イリュストレ』に掲載された版画。
黒人兵士の軍役によって、
リンカンは戦後のアメリカにおける黒人の役割に対する見解を著しく進化させた。
［Chicago History Museum, ICHi-22053］

《コロンビアから届いた
アンクル・エイブのヴァレンタイン》。
リンカンがヴァレンタインの日の手紙を開封すると、
中から憲法修正第13条と鎖の破片が出てくる。
この日までに、
連邦下院もこの修正条項を承認しており、
1865年1月31日、全米で奴隷制が廃止された。
［HarpWeek, LLCの好意による］

《リンカンと女性奴隷》。

フィラデルフィア在住の黒人画家デーヴィッド・B・バウザーが1863年に描いたもの。

リンカンはひざまずく奴隷を解放している。

この絵は偉大な解放者というリンカンの神格化を最も早くに示した例であり、
そのような神格化を行ったのは黒人だけではなく、白人も神格化を行った。

[Wadsworth Atheneum Museum of Art/Art Resource, NY]

業火の試練
エイブラハム・リンカンとアメリカ奴隷制

Japanese translation published by arrangement with
Eric Foner c/o Sandra Dijkstra Literary Agency
through The English Agency (Japan) Ltd.

Cover Photograph:
Library of Congress / digital version by Science Faction / Getty Images

ヘンリー・フォーナーに捧ぐ

業火の試練
エイブラハム・リンカンとアメリカ奴隷制
目次

同胞よ、我々が歴史から逃れることはできない。
この国会、この行政府にいる我々は、
期せずして、後世によって記憶されることだろう(中略)。
我々が経験している業火の試練は、
大人物であるかどうかにかかわらず、
我々を現在に生きる人民の下へと至らせるだろう。

エイブラハム・リンカン、一八六二年十二月一日

序文

エイブラハム・リンカンは一世紀半前に亡くなったが、それ以来ずっと、彼は我々アメリカ人が自分自身を見つめるレンズであってきた。独立独行の人やフロンティアの英雄、奴隷解放者といったアメリカ社会の中心的価値観と神話を体現する象徴として、リンカンは我々の歴史的想像力に独特の影響を与えている。リンカンは完全な道徳家でありながらずる賢い政治家だった、生涯にわたって奴隷制反対論者でありながら頑固な人種差別主義者だったと説明されてきた。保守派から共産主義者に至る政治家、公民権運動家から人種隔離政策支持者に至る人々、無神論者からプロテスタントのあらゆる分派の信者に至る人々は、リンカンが自分たちと同類だと主張してきた。一八七〇年の時点ですでに、リンカン関連の書物、頌徳文、説教、ビラの類をリスト化した『メモリアル・リンカン・ビブリオグラフィー』のページ数は一七五にもなっていた。(1)今日では、リンカン関連の文献は数千にも及んでいる。この十年間では、リンカンの内面や結婚生活、弁護士としての経歴、政治的実践、文体、人種観、あらゆる名演説が重箱の隅をつつくかのようにたいそう詳しく研究されてきた。それにとどまらず、リンカンにまつわる神話やでっちあげを集めた本さえある始末である。

我々はリンカンを理解することなんて簡単すぎると思い込んでいる。リンカンには自分自身の姿も写っているのだから、自分は彼をよく知っていると我々は思い込んでいるのだ。従って、リンカンはこれまでずっと生きてきたかのようだ。いつの時代でも、リンカンはアメリカ人の同時代人であってきた。そして、むろん、奴隷制の負の遺産、大統領権限の本質、道徳と政治の関係、アメリカ国籍や市民権の定義といったリンカンの時代の諸問題は、今日でも同じように差し迫った問題である。だが、リンカンが生きた時代の人々は、彼がかなり謎めいた人物だと思っていた。リンカンは自制心を持ち、一人でいることを非常に好んだので、親友に対してさえ思いを洗いざらいぶちまけることはめったになかった。リンカンの親友デーヴィッド・デーヴィスは、リンカンが「これまで出会った人物、これから出会うであろう人物の中でも最も控え目で無口だ」と述べた。リンカンは社交的で外交的でもあったが、他人に本心を打ち明けることはなかった。南北戦争中リンカンによく面会した政府職員はこう述べた。「(非常に饒舌である)大統領との会話から、彼が自分の意見を述べたのか、他人の考えを引用しようとしただけなのかを判別できるような人はいない」と。(2)

リンカンは政治問題についてのメモや瞑想を書き留めたが、彼は日記をつけず、プライベートではほとんど手紙を書かなかった。近年、リンカンが関わった訴訟の記録が電子媒体で利用できるようになったが、『エイブラハム・リンカン全集』はたった八巻と補遺二巻が刊行されただけで、内容の大半は演説と戦時の指令書である。それに対して、『トマス・ジェファソン論集』は現在四〇巻が刊行され、それでもまだジェファソンの大統領就任一年目までしか扱っていないのである。歴史的記録の貧弱さを埋め合わせようと、多くの伝記作家は信憑性の薄い回想を利用している。その回想はリンカンが実際に発言したときよりもずいぶん後になって、赤の他人がリンカンはあのときこう言ったと証言したものである。むろん、リンカンが亡くなれば、そうした記憶は偉大なる解放者リンカンという神格化によってバイアスがかかってしまう。従って、この後の本論では、他人の口を通じて語られたリンカンの言葉は、それが実際に発言されたと同時に書き留められたものに限って引用することにした。そして、実際の発言よりも後に書き留められたものについては、その旨を明記することにした。[3]

ある意味で、リンカンの私生活は依然謎めいている。リンカンの思考を探るためには、我々は彼の行動、政治関連の手紙や演説を調べなければならない。幸運にも、リンカンは歴代大統領の中でもジェファソンだけが匹敵しうる英語力の持ち主だっただけでなく、言葉の選択にこだわりながら慎重かつ細心にものを書く人物だった。[4]あらゆる政治家について当てはまることだが、リンカンも戦略的な観点から物事を語った。しかも、時が経つにつれ、彼の見解は変化した。だが、キャリアのあらゆる段階において、リンカンの政治声明には一貫性があったので、我々は彼の言葉を信じることができるのだ。

この本は奴隷制に関するリンカンの見解と政策を辿るものである。それは彼の少年期に始まり、一八三〇年代のイリノイ州議会での活動、四〇年代の国会議員としての活動、五〇年代に誕生した共和党指導者として台頭した時期を経て、南北戦争中の大統領としての職務に至るものである。この本はリンカンの他の伝記ほど野心的でないとも言えるし、それら以上に野心的であるとも言えるはずである。リンカンの年譜については、ごく大雑把なものから大著に至るまで数多くの伝記で辿ることができるので、ここでわざわざそれを繰り返す必要はない。（リンカンと奴隷制、奴隷解放だけに注目した年譜を辿りたい読者は、巻末を参照していただきたい。）結婚や弁護士業務、南北戦争中の軍統轄といったリンカンのキャリアの多くの側面は、この本では扱っていない。ただし、それらがリンカンと奴隷制の関係を解明する場合は別である。本論は単なる伝記にはなっていない。というのは、私の目的はリンカンを「奴隷制反対の試み」という文脈に置くことだからである。「奴隷制反対の試み」とは、合衆国上院における奴隷制反対論の急先鋒だったチャールズ・サムナー〔マサチューセッツ州選出の連邦上院議員。共和党急進派で奴隷制廃止論の急先鋒〕の言葉である。この社会的、政治的運動は多種多様な見解や実践から成り立っていた。この運動の一つの極には奴隷制廃止論者がいた。彼らは政党制度の外側で行動し、奴隷制を即時に廃止しようとし、解放奴隷を全く同じ市民として社会に取り込もうとした。また、この運動には、サムナーが「憲法の絶対的遵守」[5]と呼ぶものに従う人々もいた。彼らの主張には、奴隷制の西方拡大の禁止案、奴隷所有者に金銭的補償を行う段階的奴隷解放案、解放奴隷を合衆国外に追い出す植民案といったものがあった。時に応じて、リンカンはこうした運動の様々な見解を採用した。

近年のリンカン研究はあまりにも自己にこだわりすぎている。基本的に、そうした研究は性格、心理、弁護士としての修業時代、生涯ゆらぐことのなかった政治哲学といった観点からリンカンの見解や行動を説明している。だが、私の意図はリンカンを同時代の歴史的文脈に差し戻し、広範な奴隷制反対論や彼の成人以降に合衆国が常に悩まされた前代未聞の危機といった文脈から彼の思想の進化を追うことである。むろん、この本で論じた出来事や決定はリンカンの多くの伝記、南北戦争の歴史書でも扱われている。だが、リンカンと奴隷制関連の政策にまばゆいスポットライトを当てることは、彼の人生と生きた時代を新たな方法で捉えることになるだろう。ここで言う政策とは最も広義のもので、選挙や政府の役職に就くことだけでなく、広範な政治空間における意見の形成といったもののことでもある。リンカンに関する文献の多さからすると、この本で扱ったほぼ全ての問題で異なる解釈があるのだが、私は自分の解釈に従って物語を進め、他の歴史家との論争には首を突っ込まないことにした。そのようなことをすれば、この本はもっと長ったらしく、極めて退屈な物語になっていただろう。

他の大統領と同じく、リンカンも国会と数々の妥協をしなければならなかった。というのは、国会議員が自分も政策決定に加担しなければならないと考えていたからだった。大統領就任以前からずっと、リンカンは有能で経験豊富な党指導者だったので、あらゆる政治的見解に敏感だった。だが、私が特に関心を寄せているのはリンカンが奴隷制廃止論者や共和党急進派とどのような関係にあったのかという問題である。奴隷制廃止論者は奴隷制問題に直面しなければならないという道徳的義務を国民に呼びかけていた。そして、共和党急進派は政治制度の枠組みの中で奴隷制廃止論者の感情を代弁していた。あまりに多くの伝記において、リンカンだけが慎重で現実主義者だったとされているのに対し、他の奴隷制反対論者が脇に追いやられ、政治の現実を知らない独善的な過激派だと皮肉られている[6]。こうした説は民主主義社会における政治の仕組みを誤解していると言えよう。

リンカンは奴隷制に強く反対していたが、奴隷制廃止論者でも共和党急進派でもなかったし、自分がそういった類の人物だと主張することもなかった。「あらゆる人々がいかなる場所においても自由であるべきだ[7]」と頻繁に口にした個人的願望と、奴隷に対する南部人の財産権を認める法制度の枠組みの中で州議会議員、国会議員、大統領として振る舞わねばならない公的な義務をリンカンははっきりと区別していた。奴隷解放宣言を発した後でさえ、依然、彼は段階的奴隷制廃止のほうが望ましいと言っていた。南北戦争中にリンカンの人種観は変わったとはいえ、彼はフレデリック・ダグラス〔メリーランド州生まれの元奴隷で奴隷制廃止論者〕やウェンデル・フィリップス〔マサチューセッツ州ボストン生まれの奴隷制廃止論者〕のような奴隷制廃止論者、チャールズ・サムナーのような共和党急進派とは違って、平等主義者にはならなかった。

奴隷制反対論の広範な座標軸上にリンカンを据える際、私は彼の書き物や演説に細心の注意を払い、彼が言ったことだけでなく言わなかったことも明らかにすることにした。例えば、共和党急進派とは違って、リンカンは奴隷制の肉体的残虐性についてめったに発言しなかった。共和党保守派とは違って、彼は政治的、経済的な観点からだけではなく道徳的見地からも奴隷制をきっぱりと非難した。リンカンは常に奴隷制反対論の最大公約数、奴隷制反対論者の共通基盤を探り当てようとした。だが、彼は奴隷制に反対する民意を作り出す点での奴隷制廃止論者の重要性をよく認識していた。目標や戦略に数多くの違いがあったにもかかわらず、リンカンは自分が彼らと奴隷制反対論を共有していると考えるようになった。

近年、多くの研究者が指摘しているが、リンカンは北部の民意が認めるごく限られた選択肢の中で行動した。だが、民意は一定不変のものではなかった。啓蒙的な政治家、戦時の社会運動、日常の経験（例えば、奴隷が連邦に逃亡してくることや連邦の兵士が奴隷制を目の当たりにすること）が相互に作用することで、政治的議論の質が変わった。さらに、政治的議論の質が変わることで、現実というものの意味も変わった。『シカゴ・トリビューン』が南北戦争終結時にこう述べた。危機的状況において、かつて「実現不可能な急進主義とされた」信念が突如「現実に即した政治手法」になった、と。マックス・ヴェーバーは「職業としての政治」という一九一九年の講演で、政治家という職業の社会的有用性を擁護し、成功に必要な三つの資質を挙げた。その資質とは、大義への献身、責任感、自分の行動の結果に対処できる判断力だった。この定義は政治家としてのリンカンの資質を上手くまとめている。だが、ヴェーバーは講演の結論で、政治的行動と道徳的熱狂の共生的関係についてこう述べた。「不可能なことに挑み続ける人々がこの世界にいなかったならば、これまでに為された業績も達成されないままだっただろう」と。(8)

この本において、奴隷制廃止論者と共和党急進派は重要な役割を果たしている。だが、それはリンカンが奴隷制廃止論者だったからではなく、彼らの煽動活動がリンカンのような政治家の活躍の素地を生み出したからだった。一八五〇年代と南北戦争中のあらゆる争点において、リンカンは奴隷制廃止論者と共和党急進派が築き上げた見解を採用するようになった。そうした争点とは、奴隷制の拡大阻止に必要な北部人の政治的団結、連邦脱退危機に際してこの問題で南部と妥協をしなかったこと、ワシントンDCの奴隷制廃止、合衆国憲法の戦時大権に則った包括的奴隷解放、黒人兵士の武装化、奴隷制を廃止する憲法修正条項、少なくとも一部の黒人に対しては投票権を認めることだった。

奴隷制や人種に関するリンカンの見解や政策という問題を扱う際にまず我々が肝に銘じておかなければならないのは、彼には成長の余地があったことがその偉大さを証明しているということだ。ある一つの表現、演説、手紙だけにリンカンの本質を見出そうとするのは不毛である。亡くなったときのリンカンは奴隷制やアメリカ社会での黒人の立場について、それまでとは非常に異なる見解を採っていた。むろん、リンカンの「成長」という解釈自体が現在では紋切型になっている。ある歴史家は最近こう述べた。[9] リンカンに対する現在の「コンセンサス」は彼が「成長を止めない」人物だったということだ、と。それでも、この解釈はリンカンが奴隷解放宣言に署名するペンを携えて生まれてきたという解釈や、リンカンは奴隷制廃止を指揮せんとの断固たる決意でホワイトハウス入りをし、北部人が自分の考えに追いつくのを待っていたとする解釈よりも望ましいものだ。（これらの解釈も、リンカンは自身の確固たる信念を持たず、彼がどうすることもできない圧力こそが彼の様々な政策や見解を作り出したという解釈よりはましである。）問題なのは、我々がリンカンの成長物語を演繹的に読む、すなわち、奴隷解放という誰もが知っている結論に至る順風満帆な成長物語としてそれを読んでしまいがちだということである。このような読み方をすれば、研究者はリンカンのキャリアで最もすぐれたものに絶えず注目しながら、自分の気に入らない彼の信念を無視したり目立たなくしたりできるのである。前者は特に、奴隷制に対するリンカンの強い嫌悪感であり、後者は例えば、彼が長らく植民案にこだわったことである。だが、リンカンの成長物語をいわば帰納的に、過去から未来へという時間軸に沿って辿ることにも意味があるだろう。その過程には、寄り道や後戻りさえあるだろうし、未来も完全に未知のままだろう。

　リンカンのキャリアのほとんどは、手段と目的を調和させようとする試み、奴隷制廃止を実現する効果的な措置をほぼ完全に無効化する政治制度や法制度の枠組みの中で実行可能な奴隷制反対行動を探り出す試みだったと言ってもいいだろう。奴隷制廃止を目の当たりにしたいと何度も言っていたにもかかわらず、リンカンはキャリアの大部分を通じて、どのようにアメリカの奴隷制を廃止すべきなのかを全く理解していなかった。だが、この点において、この時代のアメリカの奴隷制反対論者のほぼ全員がリンカンと全く同じだった。南北戦争が起こる前にそれを予想した人や、リンカンが大統領第二期就任演説で戦争の「驚くべき」結果と呼んだ奴隷解放を予想した人は皆無だった。一八五八年の時点ですら、急進的な奴隷制反対論を強く代弁する『シカゴ・トリビューン』はきっぱりとこう述べていた。「生きている間に」アメリカの奴隷制の廃止を目撃できる「人はいない」だろう、と。[10]

私もリンカンを尊敬している。だが、彼を「後生が従うべき偉大な模範」だと祝福したり、[11]研究者の責務が批判分子に対してリンカンを擁護することだと考えたりするだけでは、むしろリンカンや彼に影響を与えた人物に害をなすことにもなりうる。リンカンが偉大だったとすれば、彼は成長して偉大になったのだ。あらゆる人々が成長の余地を残しているわけではない。リンカンの大統領職を引き継いだアンドルー・ジョンソンのように、危機に際して成長するのではなく縮み上がってしまう人物もいるだろう。だが、難局を乗り切るためには、確固たる行動方針だけでなく、批判に耳を傾け新しい見解を模索する気質も必要である。リンカンのキャリアは道徳的、政治的鍛錬と奴隷制反対論の深化の場であった。彼はイリノイ州中部の州議会議員として政治家のキャリアを始め、州全域に名を知られる政治家になり、最後には全国レベル、少なくとも北部全域レベルの政治家になった。リンカンの活躍の舞台が広がれば広がるほど、彼の経験の幅も広がっていった。彼は新しい知己、新しい見解、前代未聞の状況に関わるようになり、こうした関係を最大限に活用することができた。彼はそれまでほとんど関わることのなかった集団の行動を考慮しなければならなかった。奴隷こそがこうした集団の代表だと言えた。彼らは南北戦争が生み出した機会に乗じて自由を勝ち取る運動を起こし、奴隷の多くが他国への移住に賛成してくれるだろうというリンカンの期待を完璧に裏切った。奴隷の行動によって、奴隷制、黒人が将来アメリカでどの位置を占めるのかという問題が戦時中に議論されるようになった。

要するに、私の目的はリンカンの長所や短所、先見の明や判断ミスを織り交ぜながら等身大の彼を描き出すことである。私は奴隷制と奴隷解放という我が国の歴史で最も決定的な問題に関わる見解や信念、政治的能力や戦略の進化を辿りながら、リンカンの成長を提示したいと思う。

第1章

「生まれながら奴隷制反対」
青年期のエイブラハム・リンカンと奴隷制

「私は生まれながら奴隷制反対だ。奴隷制が悪でなかったら、この世に悪などひとつもない。いつもそう考え、感じてきた」。エイブラハム・リンカンのこの力強い宣言が本心から出たものであることに疑念の余地はない。これは一八六四年四月、アメリカが南北戦争に突入して三年経った時点の発言である。だが、リンカン青年期の他の多くのエピソードと同様に、彼が奴隷制についてそう考え、感じるようになった経緯は依然謎のままである。[1] 彼が育った社会には奴隷制が厳然と存在し、根深い人種差別意識と様々な奴隷制反対論とが併存していた。相当の年齢に達するまで、奴隷であれ自由の身であれ、リンカンが黒人と関わる機会はほとんどなかった。青年期に奴隷制とどう接し、奴隷や自由身分のアフリカ系アメリカ人とどう関わったかについても彼はほとんど発言しなかった。それにもかかわらず、一八三〇年代にイリノイ州で政治家として台頭し始めた頃から、青年期の経験が積み重ねられた結果として、時おり奴隷制批判の立場をリンカンは表明するようになった。青年期における奴隷制との出会い、そしてそれに対する自身の反応が、リンカン成熟期の思想と行動の出発点だったのである。

1

エイブラハム・リンカンは一八〇九年ケンタッキー州のみすぼらしい丸太小屋で生まれた。彼が七歳のとき、一家はオハイオ川を渡りインディアナ州南西部に引っ越し、そこで幼年期を過ごした。一八三〇年、リンカンは二十一歳になり自立しようとしていたとき、一家はイリノイ州中部に引っ越した。彼は一八六一年に大統領になるまでそこで暮らした。

リンカンが生まれた南北戦争前の時代のほとんどを通して、ケンタッキー州人口の約五分の一は奴隷だった。だが、少数の郡を除けば、州の奴隷所有者は小農と都市住民で、大農園主ではなかった。実質的に、州は奴隷制と深い関係を持たず、「奴隷制を容認するが、それに支配されているのではなかった」。ケンタッキー州は南部境界州（奴隷制を敷く南部諸州の中で、最北端に位置する州。厳密な定義では、ケンタッキー州とミズーリ州だけが南部境界州だが、特に南北戦争開始以降は、メリーランド州やデラウェア州もそこに含まれている）に属しており、これらの州は南北戦争初期に決定的な役割を果たした北端の奴隷州だった。リンカン一家が住んでいたハーディン郡は州中西部、オハイオ川の南にあった。一八一一年の郡人口約七五〇〇のうち一〇〇〇以上が奴隷で、ほとんどが小規模農場かオハイオ川で使役されていた。この時代のケンタッキー州は国内奴隷取引の主要交易路だった。ノブ・クリーク沿いの一家の農場はルイヴィルとナッシュヴィルを結ぶ道路にほど近く、移住者、行商人、鎖で拘束された奴隷が常にそこを行き交っていた[2]。

ヴァージニア州の影響で、ケンタッキー州は白人の入植とほぼ同時に奴隷制を認めた。一七九二年の最初の州憲法によると、議会が奴隷解放法を制定しようとすれば奴隷所有者の同意、解放奴隷分の全額金銭補償が必要だった。一七九九年新憲法起草の会議があり（初めての会議だったが、あまり民主的なものではなかったとされている）、奴隷制を巡って白熱した議論があった。若き日のヘンリー・

クレイ〔ケンタッキー州選出のホイッグ党国会議員。南部との数々の妥協で有名〕は感動的な請願を公表し、州の白人、「自由の熱狂的支持者」に「人生を望ましいものにするあらゆる権利を剥奪された同胞」の運命を考慮するよう求めた。このとき、クレイは政治家としてのキャリアを歩み始めたばかりで、後にアメリカで最も有名な政治家（でリンカンの憧れの存在）になった。クレイは会議に段階的奴隷解放案を採用するよう求めた。だが、この請願は受け入れられなかった。奴隷制に反対する議員は州憲法に、売買目的での奴隷持ち込みを禁止する条項を付け加えたが、これもすぐに形骸化した。しかし、一つの点で州の白人と奴隷解放論者の意見は一致した。両者とも自由黒人の存在を好まなかったのだ。リンカン誕生の一年前の一八〇八年、自由黒人が州に移住してくることを議会は禁じた。リンカンの少年期には州人口四一万のうち自由黒人は一七〇〇にすぎず、ハーディン郡には二八人の自由黒人が住んでいた(3)。

十九世紀前半までに奴隷解放論は影を潜めたが、ハーディン郡をはじめ州の一部では奴隷制を巡る議論が残存した。青年期のリンカンへの影響を探るとすれば、まず家庭になる。親戚には奴隷を所有する者もいた。父のおじアイザックは一八三四年に亡くなった際、四三人の奴隷を所有していた。しかし、両親は奴隷制に反対する立場をとっていた。両親が所属していたサウス・フォーク・バプテスト教会は、リンカンの生まれた頃奴隷制を巡って分裂した。奴隷制反対論者は新しく教会を作り、両親はそこに所属した。しかし、来世での救済は予め神によって定められており、現世での行いとは全く関係がないとするカルヴィンの予定説を完全に信じていたので、両親は現世での生活状態を向上させようとする改革運動にあまり熱心ではなかった(4)。

「奴隷制の問題もあって」一家がインディアナ州に引っ越した、とリンカンは一八六〇年の短い自伝に書いた。だが、直後に付け足したように、最大の理由は「土地権利証書」だった。ケンタッキー州の土地測量は全く当てにならないことで悪名高く、土地所有には危険がつきものだった。一七九〇年代の入植者によると、ケンタッキー州での土地購入は訴訟を起こすことを意味した。リンカンの少年期に、父トマス・リンカンは三つの農場を所有していたが、証書不備のために二つを失った。だが、インディアナ州では一七八〇年代に連邦の土地条例が成立していたので、定住前に連邦政府が土地を測量、土地本局を通して売却し、安全な土地権利証書を提供した。一八一二年戦争〔アメリカがイギリスと同盟を結んだインディアン諸部族と争った戦争〕でインディアンがオールド・ノースウェスト〔現在のオハイオ、インディアナ、イリノイ、ミシガン、ウィスコンシン州を含む地域〕の支配権をほとんど失うと、合衆国は接収した土地を販売し始めた。リンカン一家を含む無数の南部境界州の住民はオハイオ川を越え農地を占領した。諺に曰く、「ケンタッキー州は一発の銃弾も発することなくインディアナ州を占領した(5)」。

リンカンが七歳から五十一歳まで住んだインディアナ、イリノイ州では、一七八七年の北西部領地条例が奴隷制を禁じていた。南北戦争前の時代を通じて、勇敢な奴隷は自由を求めてなんとかオハイオ川を渡ろうとした。にもかかわらず、オハイオ川は北部と南部、奴隷制と自由を明確に分断する境界線ではなかった。インディアナ、イリノイ州南部からケンタッキー州へ人が行ったり物資を運んだりするほうが、州北部へそうするよりも長い間はるかに易しかった。逃亡奴隷の捜索に、奴隷狩りが川を越えてくることもあった。

一八一二年戦争以前オールド・ノースウェストは一種の辺境、ネイティヴ・アメリカンやイギリス、フランス、アメリカ生まれの人々が混住する地域で、地理的、文化的な境界線は存在しなかった。イギリス軍と、その同盟者でインディアン部族連合を組織しアメリカ支配に抵抗しようとしたテカムセ〔インディアン（ショーニー族）の酋長〕が敗北したので、以降アメリカ人の地域支配権が確立したが、すぐに新たな辺境が生まれた。リンカンが住んでいた頃、インディアナ、イリノイ州南部は自由州の南端と奴隷州の北端を含む広大な辺境に属していた。この地域は上南部〔アメリカ南部を半分に分けた際の北側諸州。ケンタッキー、ミズーリ（南部境界州）、デラウェア、メリーランド、ヴァージニア、ノースカロライナ、テネシー、

〔アーカンソー州〕とほぼ同じ文化習俗を持っていた。その地の食物や話し言葉、住居形態や建築様式、家族の絆や経済的依存関係は州北部とよりも、ケンタッキー、テネシー州とのほうにずっと多くの共通点を持っていた。州北部にはその後すぐにニューイングランドからの移住者がやって来た。奴隷制を巡る議論が高まるにつれ、南部出身者の大規模集住があったインディアナ、イリノイ州は北部政界の重要な紛争地になった。南北戦争の直前、両州が「北部と南部の両極を分ける一種の緩衝地帯か防波堤」だと、はるかかなたのメイン州住民は書いた。(6)

南北戦争前の十年間に、イリノイ州北部の人口は爆発的に増加した。だが、最初に人が住み着いたために、長らく州南部が州政治を支配した。最初の七人の知事のうち、六人が奴隷州の出身だった。一八四八年、イリノイ州議会や憲法制定会議を一番多く占めたのはケンタッキー出身者だった。一八五八年に至っても、合衆国上院への選挙運動中リンカンはイリノイ南部の有権者に自分の地理的なルーツをアピールしていた。「ここから少し東に行ったところで育ちました。私はみなさんの同胞です」。しかし、それまでに州北部が政治的、経済的に州南部を凌ぐようになっていた。(7)

リンカン一家と同じく、インディアナ、イリノイ州の多くの開拓民は奴隷制に反対していた。ケンタッキー州出身で南北戦争時にイリノイ州知事を務めたリチャード・イェーツは、リンカンとよく似た言葉で奴隷制に意見していた。「物心がついた頃の印象だが、奴隷制は嘆かわしい悪だった」。一八二四年にテネシー州を離れたのは「奴隷制という悪徳から完全に離れるためだった」と、ピーター・カートライトは書いた。彼はメソジスト〔プロテスタントの一派。人間の自由意志による救済を重視。讃美歌、日曜学校などで知られる〕の牧師、政治家で、一八四六年の国会議員選挙でリンカンに敗れた。こうした人々は奴隷制を道徳的問題とするのではなく、白人の労働を堕落させ富と権力を公平に分配せず、奴隷を持たない農民の社会進出を妨げる制度だと考えていた。(8)

十八世紀以来、奴隷制はこの地に存在していた。北西部領地条例があったにもかかわらず、奴隷制の廃止には時間がかかった。インディアナ準州知事ウィリアム・ヘンリー・ハリソンは議会に奴隷制禁止条項を一時停止させようとしたが失敗に終わった。彼はヴァージニア州の大農園主の息子だった。主張では、奴隷制によってしか当地の将来の経済発展は見込めない、とのことだった。だが、奴隷制反対の住民は人民党を組織し「ヴァージニアの貴族」から小農の利益を守ろうと立ち上がり、準州議会を掌握してハリソンの計画を挫いた。リンカン一家が移住した一八一六年、インディアナ州は憲法を起草し奴隷制を禁止した。(9)

北西部領地条例のためにイリノイ州で奴隷制は理論上違法だったが、ニニアン・エドワーズは二二人の奴隷、「純血馬、巨大なイギリス産牛一頭」を処分する広告を出した。彼は一八〇九年から一八一六年まで準州知事だった（彼の息子はリンカンと義兄弟になった）。一八一八年のイリノイ州憲法は奴隷が「以降持ち込まれることを」禁止したが、すでに州内にいる奴隷を解放することはなかった。一八四〇年に至っても、調査ではイリノイ州に三三一人の奴隷がいた。イリノイ州では奴隷所有者が、他の州から連行された黒人労働者と自発的に見せかけた年季奉公契約を結び、巧妙に隷属身分に留まらせることができた。長年、新聞にはこうした「召使」を売買する公告があった。(10)

一八一八年、ヴァージニア人エドワード・コールズは奴隷をイリノイ州に持ち込んで解放し、奴隷の家族それぞれに一六〇エーカーの土地を与えた。コールズは一八二二年州知事になり、州憲法を修正し奴隷制を導入しようという動きに断固として戦った。一八二四年の選挙運動後、州の有権者は新しい憲法制定会議を求める声を退けた。その際、議論の中心になったのは自由労働、奴隷労働の利益の比較と、奴隷制肯定論者が貴族主義を採用し民主主義を放棄したがっているとの非難だった。リンカンはまだイリノイ州に住んでいなかったが、彼がこの経緯から得た結論は、黒人奴隷が北部の土壌や気候にそぐわないと主張するだけでなく、奴隷制に対して直接政治行動をとらなければ、それをオールド・ノースウェストから遠ざけておくことはできない、ということだった。[11]

奴隷制に反対していたからといって黒人に根深い偏見を持っていないことにはならなかった。インディアナ、イリノイ州に黒人がいないことを初期の住民は望んだ。イギリス出身でイリノイ州に住んだ農民ジョン・ウッズは一八一九年、付近の住民についてこう書いた。「自由州に住んでいるというのに、奴らは幼い頃からの偏見をたくさん持っていて、未だに出来る限りの侮蔑を黒人に向けている」。ケンタッキー州と同様、インディアナ、イリノイ州も出来る限り自由黒人人口を増やさないようにした。連邦加入の際の州憲法は投票権を白人に与え、黒人の投票を禁じた。両州の法律には、以下のような禁止事項があった。黒人は白人と結婚できず、法廷で白人に不利な証言もできなかった。逃亡奴隷、召使を匿うことは犯罪であり、コールズ知事がしたように、奴隷の解放を目論んで黒人を州に連れ込むことも犯罪だった。黒人の子供は公立学校に通えなかった。[12]

南北戦争前、イリノイ州は厳しい黒人取締まり法で悪名高かった。それは「我々の政治制度に矛盾している」と、コールズ知事は言った。知事は議会にそれを修正させようとしたが、失敗に終わった。黒人取締まり法によると、若い奉公人は読み書きや計算を学ばなければならなかったが、それは「奉公人が黒人や混血人でない場合に限って」のことだった。また、州にやって来る黒人は保証金一〇〇〇ドルを払わなければならなかった。州への投資と移住を募る専門雑誌は高らかにこう謳い上げた。「こうした有益な取り決めの結果」、イリノイ州に「逃亡奴隷や自由黒人は避難してこなくなった」。後に、一八四八年の憲法制定会議はある条項の住民投票を公認した。その条項があれば、自由黒人が州にやって来ることを議会は禁止できるのだった。賛成は投票の七〇パーセントを占め、五年後、議会は「黒人排除」法案を制定した。しばらくして議会は年季奉公を制限したが、一八三〇年代から四〇年代にかけて、十五歳未満の黒人を召使として州に連れ込み、その後売り飛ばすことは合法だった。一四八〇年、「イリノイ州はあらゆる点で奴隷州だ」と、奴隷制廃止論者の週刊誌『リベレーター』は書いた(13)。

青年期のリンカンが奴隷制、黒人にどう関わったのかについての記載は歴史的文書にほとんど残っていない。ケンタッキー州での幼年期、多くの鎖に繋がれた奴隷が自宅の近くを通り深南部〔アメリカ南部を半分に分けた際の南側諸州。サウスカロライナ、ジョージア、フロリダ、アラバマ、ミシシッピ、ルイジアナ、テキサス州。奴隷制が最も過酷な地域〕へ連れて行かれる姿をリンカンは目にしただろう。インディアナ州で、彼が直接黒人と触れ合ったことはあまりないはずだ。一家がイリノイ州に移る直前の一八三〇年、調査では、彼らの住んでいたスペンサー郡に奴隷はおらず、自由黒人も一四人だけだった。リンカンがイリノイ州サンガモン郡に住んでいたとき、人口約一万二〇〇〇のうち黒人は三八人だけだった。一八三七年、リンカンはスプリングフィールドに移るが、そこには八六人の黒人がいた。この人数は市総人口の五パーセント以下だった(14)。

リンカンが奴隷制の末端ではなく核心に触れた最初の経験は、一八二八年と三一年にオハイオ、ミシシッピ川を下った二回の旅行だった。彼はニューオリンズに農作物を運搬、販売する手伝いをした。リンカンの一行は平底船で南下し、蒸気船で北に戻ってきた。（だが、二回目のとき、リンカンはセントルイスから徒歩で戻った。）この旅行は以下の事実を示していた。十九世紀初めの市場革命は経済を全国規模にするのと同時に、奴隷制社会と自由主義社会の分裂をも拡大させていた。北部では、運河の建設、蒸気船、後には鉄道の登場が経済的変化を引き起こし、商業的農場を経済圏に取り込み工業都市を肥大化させた。南部では、市場革命が軍事的勝利、それに伴うネイティヴ・アメリカンの追放と結びつき、奴隷制をさらに西に拡大させ、メキシコ湾岸諸州に巨大な綿花王国を生み出した。南部社会は西部進出とともに発展したが、依然として奴隷制に依存し、ほぼ完全に農本主義の社会だった。一方、北部では、経済の多様化と近代化が生じてきた[15]。しばらくすると、奴隷に依存した社会と自由労働に基づく社会の軋轢がアメリカ人の生活を支配し、政治家リンカンの成熟期を決定づけることになったのだった。

だが、リンカンが二回の旅行をした時代からすれば、こうした事態ははるかに先のことだった。一回目は一八二八年十二月末のことで、インディアナ州の商店経営者ジェイムズ・ジェントリーは十九歳のリンカンを雇い、ジェントリーの息子アレンとニューオリンズへトウモロコシやオート麦、豆や肉を運搬させた。二回目は一八三一年四月のことで、イリノイ州の商人デントン・オファットはリンカン、ジョン・ハンクス（リンカンの母のいとこ）、ジョン・D・ジョンストン（リンカンの継母の息子）らを雇い、一緒にニューオリンズに行った。これらの旅行は当時の標準ルートに沿ったもので、オールド・ノースウェストは余剰農作物を南に送り出し、農作物はニューオリンズ経由で、大農園の奴隷の食糧になったり船でアメリカ北東部やヨーロッパに運び出されたりした[16]。

二〇〇〇マイル以上の往復旅行中、リンカンは何を目にしたのだろうか？　オハイオ、ミシシッピ川はあらゆる種類の船で賑わっていた。リンカンが奴隷と接触しなかったはずはない。奴隷はミシシッピ川沿いの綿花、砂糖用巨大農園、船着場や蒸気船上で使役されていたのだから。積み荷を襲う黒人強盗団もいた。ある夜、平底船を川岸に停泊させていた際、ジェントリーとリンカンは強盗団に襲われた。この出来事は鮮やかな印象を残した。一八六〇年の短い自伝で、リンカンが言及する黒人は彼を「殺害、強盗」しようとした「七人の黒人」だけだった。自分とジェントリーは「船から黒人強盗団を追い払う」ことができた、とリンカンは語った[17]。

二回の旅行は青年期のリンカンを啓蒙したにちがいない。一八二九年の滞在期間は分かっていないが、リンカンは一八三一年半ばにちょうど一ヶ月ニューオリンズ滞在をした。ニューオリンズはリンカンが見聞してきた中でも突出して大きな都市で、人口約五万のうち奴隷がほぼ一万七〇〇〇、自由黒人がほぼ一万二〇〇〇だった。住民は多様性にも富んでおり、クレオール（フランス、スペイン系植民者の子孫）、ヨーロッパからの移民、あらゆる州出身のアメリカ人がいた。アメリカの民主主義を観察したフランス人アレクシス・ド・トクヴィルは、ニューオリンズの美しい建物、「白、黒、黄色などあらゆる肌色の人々」、いわゆる住民の「信じがたいほどの道徳的放埒」を記録した。トクヴィルは一八三二年の正月にニューオリンズ滞在をしたが、それはリンカンの二回目の滞在から六ヶ月後のことだった。日曜毎に、活気溢れる黒人文化がコンゴ広場で演じられ、奴隷が集まってダンスをしたり音楽を演奏したり、その他の気晴らしをしたりした。自由黒人の中には多くの熟練工がいた。黒人街には無数の酒場があり、奴隷、自由黒人、白人が気軽に肩を寄せ合った。(18)

ミシシッピ川の河口に位置するニューオリンズは、アメリカでニューヨークに次いで栄えた港町で、ミシシッピ渓谷の主要作物の輸出拠点だった。一八二八年を例にすると、大西洋を航海する船がたくさんそこに到着し、その中には約七五〇の蒸気船、一〇〇〇以上の平底船があった。ニューオリンズは国内奴隷取引の中心地でもあった。商業地区のあらゆるところに奴隷収容施設があり、新聞は毎日奴隷売却の広告を掲載した。奴隷の競売は観光名所にもなっている中央奴隷市場だけでなく、一流のセント・チャールズ・ホテルのような数多くの他の場所でも開かれた。ニューオリンズに滞在しながら奴隷の売買に出くわさないなどということはほぼ不可能だっただろう。(19)

二回目のニューオリンズ旅行で「黒人が鎖で繋がれ、ひどい扱いを受け鞭打たれ苦しめられているのを僕らは見た。リンカンも見た。あいつの心は痛んだ。（中略）あいつが奴隷制への考えを固めたのはこの旅行中だったと断言できる」とジョン・ハンクスは後に語った。だが、一八六〇年のリンカンの回想によれば、ハンクスはセントルイスで一行を離れニューオリンズに行かなかった。リンカンの死後、ハンクス、リンカンの弁護士事務所共同経営者ウィリアム・ハーンドンはこう言った。リンカンは二回のニューオリンズ旅行と当地の奴隷市場について語ったことがあった、と。[20] だが、二回の旅行がリンカンの奴隷制観にどれほどの影響を与えたのかという問題に答えるためには更なる検討が必要だ。黒人強盗団に襲われたという記述が二回の旅行について残っているものの全てである。だが、奴隷が売り買いされる姿を見て、多くの南部訪問者が大きな影響を受けた。リンカンの友人オーヴィル・ブラウニングはケンタッキー州出身で、イリノイ州で政治家になった。彼がつけていた日記の一八五四年の項には、奴隷売却を見た感想があった。

黒人が裁判所前で競売にかけられていた。（中略）奴隷制という難しい問題に対する意見は変わらない。だが、奴隷制の特徴の多くは、記憶に定かではなくなってきたが、それと共に暮らしていた昔よりも、はるかにひどい印象を投げかけてくる。[21]

次に奴隷制と関わった経験に対して、リンカンはもっと多弁だった。一八四一年、彼は親友ジョシュア・スピードとセントルイスに船旅をした。旅に先立ちリンカンはファーミントンに行った。そこにスピード家の大農園があり、それはルイヴィルの近くだった。スピード家は家内奴隷を一人あてがい、リンカンの世話をさせた。メアリー・トッド〔後のリンカン夫人〕と一時的に仲違いをして落ち込んでいたが、その恋の痛手から立ち直ったリンカンは一ヶ月ファーミントンに滞在した。九月、彼とスピードは蒸気船でオハイオ川をセントルイスまで行き、そこからリンカンは駅馬車でイリノイ州スプリングフィールドに戻った。船上、多くの奴隷がケンタッキー州からはるか南の農場に連行されている姿をリンカンは目撃した。一八五五年、彼はスピードに宛てた手紙でこのエピソードをはっきりと語った。

君も覚えているだろう、僕と同じように。（中略）船上一〇人か一二人ほどの奴隷が鎖で繋がれていたのを。僕はあの光景にいつも苦しめられていた。オハイオ川や奴隷州境を越えるときにはいつも似たようなものを目にしている。（中略）たくさんの北部人が感情を抑えて憲法と連邦への忠誠を持ち続けようとしていることに君は感謝すべきだ(22)。

一八五五年までに奴隷制を巡ってほぼ仲違いをしていた親友に宛てたこの手紙は頻繁に引用され、「心からの叫び」だとされてきた。一方で、鎖に繋がれた奴隷を目撃した一八四一年のリンカンの反応は全く異なっていた。彼はジョシュアの異母姉妹メアリー・スピードに宛てた感想にはっきりとこう書いた。

船上で、存在条件が人間の幸福に与える影響について考察する好例があった。（中略）〔奴隷は〕六人ずつ二列で鎖に繋がれていた。小さな鉄鉤が奴隷の左手首にかけられ、短めの鎖で長くて太い鎖と繋がっていた。短めの鎖同士の距離はちょうどよいものだった。要は、トロットライン〔一定間隔に短い釣糸を付けた太い綱。『リーダーズ』より〕にかかった多くの魚みたいに黒人は鎖で繋がれていた。こういう状態で、黒人は以下のものから永久に引き離されている最中だった。子供時代を過ごした風景、友人や両親、兄弟姉妹、そして多くは成年男子だったので、妻や子供から。行き着く先は永久に続く奴隷制で、皆が知るように、そこでは奴隷所有者の振るう鞭がこの世で一番過酷で容赦ない。だが、おそらく、これほど過酷な状況にあっても黒人は船上最も愉快に嬉しそうにやっている。（中略）最高の存在条件でさえようやく耐えられる程度に神は留めながら、最低をも耐えられるものにしてやりなさるなんて。[23]

明らかに、リンカンは鎖で繋がれた奴隷に興味を覚え、彼らの繋がれ方や振る舞いを詳しく見ていた。過酷な鞭打ち、家族の別離といった、黒人が老若男女を問わず向き合わねばならなかった現実にリンカンが思いを巡らせている手紙は生涯を通じて少ないのだが、この手紙はその一つである。これを読めば必ず奴隷の受難に嫌悪感を抱くことだろう。だが、奴隷所有者を怒らせたくなかったにせよ、当時の憂鬱が思考に影響したにせよ、奴隷制への自身の見解がまだ固まっていなかったにせよ、リンカンの記述は奇妙なまでに冷静だった。一八五五年の手紙とは違って、リンカンは状況を権利の侵害、政治的見解を示す手段、心の痛みだとはしなかった。最悪の状況下でも人間が愉快にやれることを印象的に示す例だとしていた。

一八五〇年代に奴隷制を巡って仲違いするものの、それまでリンカンがスピード一家と付き合っていたことから分かる通り、スプリングフィールドで付き合っていた友人は奴隷制と深く関わっていた。青年期の政治的助言者で最初の弁護士事務所共同経営者だったジョン・トッド・スチュアートは年季奉公の召使や奴隷を扱う商人の利害を代表していた。さらに重要なのは、リンカンは一八四二年スチュアートのいとこメアリー・トッドと結婚し、有力な奴隷所有者と縁続きになった。メアリーはケンタッキー州レキシントン、ブルーグラス地方の中心、州の奴隷所有の中心地、奴隷取引の拠点で育った。メアリーのおじには奴隷を売買しているものが一人いた。メアリーの父ロバート・S・トッドは一級の実業家、弁護士、人望ある政治家で、ケンタッキー州議員を長らく務めヘンリー・クレイとも昵懇だった。[24]

ロバート・S・トッドの最初の妻は一八二五年に亡くなった。彼はすぐに再婚したが、メアリーを含む四人の娘は結局スプリングフィールドに移った。四人ともまだ若かったが、継母との折り合いがよくなかったからでもあった。メアリーのおじジョン・トッド博士はスプリングフィールドに居を構え、一八三〇年の時点で五人の奴隷を所有していた。メアリーの一番年上の姉エリザベスはニニアン・エドワーズと結婚した。彼はリンカンと議会で活動するが、同じ名前の知事を父に持ち、その父は準州時代に奴隷を売り買いしていた。一八四〇年のスプリングフィールドには奴隷が六人いたが、エドワーズ家はそのうちの一人を所有していた。それとは別に、年季奉公の黒人召使も雇っていた。だが、ロバート・S・トッドはクレイに心酔していたので、ケンタッキー州の奴隷所有者でありながら奴隷制の存在を嫌い、それが州で徐々に廃止されるよう望んでいた。娘メアリーも政治に強い関心があったので、父の見解を吸収していたようだ。一八四九年、州上院への再選運動中、ロバート・S・トッドは亡くなった。彼が「奴隷解放主義の候補者」だと政敵は非難した。[25]

トッド家は誇りが高くうぬぼれも強かったので、リンカンは彼らの気取りを揶揄することもよくあった。「神 God ですら一つの『d』で十分だというのに、トッド Todd 家の連中ときたら二つなければ駄目なのだ」とリンカンはからかった。にもかかわらず、リンカンはトッド家と非常に親しく付き合い続けた。ロバート・S・トッドが亡くなり、彼の不動産に関してひどい諍いが起こると、リンカンはその訴訟に関わった。(妻メアリーは法廷の最終判決のせいで金を失った。)南北戦争中、『ニューヨーク・ワールド』はトッド家に対してこう書いた。リンカンは「親類縁者全員を政府のポストに任命した」と。[26]

レキシントンの義理の親を訪ねた際、リンカンは奴隷制に接触したこともあった。一八四七年、彼は妻と二人の幼い息子を連れてそこに一ヶ月間滞在した。それは国会での議員活動に向かう途中でのことだった。また、リンカンは一八四九年にも長めの滞在をした。一八五〇、五二、五三年、訴訟を扱う傍ら彼はレキシントンを訪ねた。市の新聞は逃亡奴隷を発見しようとしたり、奴隷を売ろうとしたりする広告で一杯だった。これらの滞在時に、リンカンが奴隷の競売を見たかどうかは分からない。彼は見ていたとしても、そのことには一切触れていなかった。[27]

このように、一八五〇年代に奴隷制に反対する政治家として頭角を現すまで、リンカンはケンタッキー、インディアナ、イリノイ州に住んでいた。これらの州には奴隷制の歴史と、巧妙に黒人から公民権を剝奪した厳しい法律があった。実際、三州ともかつて自由黒人の州内立ち入りを禁じていた。[28]リンカンはケンタッキー州の小規模の奴隷制、ミシシッピ渓谷の大農園や奴隷市場を経験し、奴隷所有者と縁戚になった。

青年期からリンカンは独立心旺盛だった。多くの点で、彼は周りの騒々しく時には暴力を誘発したフロンティア文化と一線を画していた。酒や狩り、嚙み煙草をやらず、喧嘩もなるべく避け、教会員にもならなかった。早くから自己修養に努め、青年期の数々の桎梏から逃れようとした。[29]だが、自分の頭で考え抜く傾向があったけれども、境界州に深く根付いた人種的偏見の多くを持ったまま、リンカンは人生の大部分を過ごした。

ところで、望みさえすればリンカンは友人ジョシュア・スピードと同様、すぐにケンタッキー州に戻れただろう。また、大物の義父の援助を受けて、レキシントンで奴隷を所有する上流階級の一員になれただろう。だが、彼はそうしなかった。「アメリカ人はみな上昇志向に夢中だ」とトクヴィルは言った。[30]リンカンは同時代人のほとんど誰よりもはるかに野心的だった。だが、彼にとって、成功とは奴隷労働ではなく自由労働を基礎にする社会でのし上がることだった。

2

リンカンが成人した頃、奴隷制は深刻な変化を見せていた。彼がイリノイ州の政界入りをした一八三〇年代までに、戦争や革命、奴隷反乱、人間の自由に関する啓蒙思想の浸透が結びついて、西半球世界で奴隷制の地理的影響力がかなり弱まっていた。合衆国では、自由に基づく革命のイデオロギーと独立戦争の混乱で、奴隷制の雲行きは怪しくなっていた。一七七七年、ヴァーモント州が憲法で奴隷制を禁止した。一八〇四年、ニュージャージー州もそれに倣った。その間に北部の州は全て奴隷制を廃止する措置を講じていた。これらは新世界における奴隷解放の最初の法的措置だった。一七九〇年代、フランス領サンドマング、砂糖製造の盛んな島で奴隷反乱が起こり、奴隷制が廃止され、ハイチが成立した。その直後、スペイン領ラテンアメリカで独立戦争が起こり、新国家が成立、奴隷解放に乗り出した。一八三三年、イギリス議会は帝国全域で奴隷制を非合法化した。ブラジル、キューバ、プエルトリコで残存したものの、十九世紀半ばまでに、奴隷制はアメリカ南部「独特の制度」になった。つまり、奴隷制のせいで南部はアメリカの、ひいては世界中の他の地域から孤立してしまったのだ。

少々の例外はあるにせよ、奴隷制の終焉は段階的奴隷解放によってもたらされた。それは所有者の奴隷に対する財産権をある程度法的に認めるものだった。合衆国では、一七八〇年代、マサチューセッツ、ニューハンプシャー州の判決は奴隷制が新しい州憲法に矛盾しているとした。新憲法では、自由に対する万人の自然権が認められたからだ。だが、他の北部州の奴隷制廃止法で解放された奴隷はいなかった。それどころか、ある特定の日以降に生まれた奴隷の子供は、相当の年齢に達するまで母の所有者に年季奉公させられて、その後やっと自由の身になった（例えば、ペンシルヴァニア州では二十八歳までだったが、これは白人の年季奉公召使の標準よりもはるかに年長まで奉公させられたことになる)。ほとんどのラテンアメリカ諸国では、奴隷所有者が解放後も奴隷を所有できた。むろん、奴隷の子供は長年使役された。実際、こうした法律のために奴隷は長年の無償労働で所有者に自由の対価を払わねばならなかった。法律は「過去を尊重し、未来に少し変更を加えただけだった」と、ある役人は評した。

奴隷所有者が直接金銭補償を得ることもあった。大英帝国では、一八三三年の議会がほぼ即時と言える奴隷解放を義務づけ、移行期間として七年の「年季奉公」を設けた。だが、元所有者と解放奴隷の間で諍いが頻発し、一八三八年完全解放が命じられた。法律は二〇〇〇万ポンドを割り当て、所有者に補償した。一八二四年、暴力的革命の際に奴隷制が終焉したハイチでさえも、元所有者に対して多額の賠償金を支払うことで合意した。それは、フランス本国がハイチの独立を承認する交換条件だったのだが、新国家には大きすぎる財政的負担だった。奴隷の長年の無償労働に補償を提案するものはいなかった。アメリカ北部、西半球の他の地域における奴隷解放の経過は、その後の奴隷制を巡る議論、それをどう廃止すべきかに関するリンカン自身の思考に大きな影響を与えた。奴隷解放宣言を出した後でさえ、南部諸州が連邦に復帰し「段階的奴隷解放の妥協案」を制定するところを目撃したいものだ、とリンカンは繰り返した。[31]

北部で奴隷制が廃止されたからといって、黒人が政治的、社会的平等を享受できたわけではなかった。人種は、植民地時代のアメリカ人にとって長らく法律的、社会的不平等の一形態だったが、結局、自由の国において奴隷制が存在することを正当化するものになった。先天的な劣等性以外の観点で黒人の生活状態をどう説明できるというのかね? 北部の自由黒人は酷い差別に耐えた。当初、北部諸州では財産資格を満たしていれば、黒人男性も投票できた。だが、一八〇三年のオハイオ州を皮切りに、新たに連邦に加入した全ての州は選挙権を白人に限定した。例外は一八二一年のメイン州だけだった。さらに、一八一八年から三七年までに、コネティカット、ニューヨーク、ペンシルヴァニア州は黒人の投票権を制限するか完全に廃止するかした。連邦政府は南部人に支配されていたので、自由黒人は基本的人権を享受できなかった（一七八八年から一八四八年までの一六回の大統領選で、奴隷所有者の候補が勝利したのは一二回にものぼった）。一七九〇年の外国人帰化法〔公民権を白人に限定した法律〕のために、黒人移民は公民になれなかった。一七九二年の民兵法〔十八歳から四十五歳までの白人男性を民兵として徴兵する法律〕は市民的責任の基本的ルールを定め、兵役を白人に限定した。フレデリック・ダグラスは奴隷制を脱し、奴隷制廃止運動の最も有名な講演家、新聞編集者になっていたが、一八五三年、奴隷や自由身分を問わず黒人の状況は「変則的で不平等で異常なもので、我々黒人は母国において異邦人なのだ」と説明した。(32)

　合衆国憲法には奴隷制を擁護する箇所があった。特に、逃亡奴隷条項では逃亡奴隷の返還が定められ、五分の三条項〔合衆国憲法第一条第二節第三項。連邦下院議員数は各州人口に比例して配分されるが、この人口に奴隷も「五分の三」人としてカウントされるという取り決め〕によって奴隷州は国会での代表過多、選挙人過多になっていた。公民権がなかった奴隷もある程度人口に含めることができたからだった。にもかかわらず、建国の父たち〔ベンジャミン・フランクリン、トマス・ジェファソン、アレクサンダー・ハミルトン、ジェイムズ・マディソン、ジョージ・ワシントンらアメリカ独立革命の指導者〕の多くは奴隷制がしばらくして消滅することを望んでいた。だが、深南部の肥沃な耕地が開墾され、世界の綿花需要が爆発的に増加すると、アメリカの奴隷制は息を吹き返した。綿花は初期産業革命の重要な原材料だった。アメリカが西方に拡大すると、奴隷制も拡大した。アメリカにとって綿花は突出して重要な輸出品、外貨獲得の必需品で、その外貨でアメリカは工業製品を輸入した。

　自由州も奴隷制の利益にあずかった。リンカンがニューオリンズに旅行した頃、奴隷州は西部自由農民の農作物をさばく一大市場だった。綿花の大西洋貿易を支配できたおかげで、ニューヨーク市は商業面で台頭した。リンカンが生まれる一年前の一八〇八年、アフリカからの奴隷貿易は廃止された。

それでも、奴隷制の拡大が鈍ることはなかった。国内奴隷取引が活発になり、奴隷輸入の必要はなくなった。南北戦争の直前までに合衆国の奴隷人口はほぼ四〇〇万人に達した。財産として見た場合、これだけの奴隷の金銭的価値は国内の銀行や鉄道、工場を合わせたものよりも大きかった。地理的広がり、人口、奴隷制の経済的重要性の点で、南部には近代以降最強の奴隷制が成立していた(33)。

にもかかわらず、北部で奴隷制が廃止されたために、アメリカを横断する一本の線が地図に表れた。メーソン・ディクソン線は植民地時代の測量官がペンシルヴァニア州とメリーランド州の間に引いた境界線〔一般に、北部と南部を分ける線だとされる。メーソンもディクソンも測量士の名前〕で、これが自由労働と奴隷制の分割線になった。独立闘争に刺激された奴隷制反対論は十九世紀初頭に衰えたが、依然奴隷制は政治的論争点で、その廃止案も議論され続けた。一七九〇年から一八三〇年まで、多くの段階的、補償付の奴隷解放案が国会に提出された(34)。

次第に、奴隷解放論者は要求案に「植民」を含めるようになった。それは合衆国からの黒人の退去を意味した。少なくともアメリカ白人の間では、一八三〇年頃まで最も組織的な奴隷制反対運動はこの鉄則に従って行われた。この点でアメリカは真に例外的だった。西半球の他のどの場所においても、「解放後奴隷を根絶すること」が真剣に検討されたことはない、と『ハーパーズ・ウィークリー』は後に指摘した。現在から振り返ると植民案はばかげているが、当時支持した人にとっては現実的なものだった。近代において、大規模集団が故国を追われることはあった。例えば、一四九二年の後のスペイン系イスラム教徒やユダヤ人、七年戦争〔イギリス、プロイセンとフランス、スペイン間の戦争。一七五六年から六三年まで行われ、アメリカ植民地でも大規模な戦闘があった〕時のアカディア人〔現在のメイン州、カナダのケベック州にいたフランス系住民〕であった。ミシシッピ川東岸にいたインディアンのほぼ全員が一八四〇年までに西方へと移住させられた。国家建設の時代に、植民案はアメリカの進路を定める長々とした議論に一枚噛んでいた。支持者は案のおかげで、社会が徐々に平和に人種間の諍いなく、奴隷制と歓迎できない黒人両方から解放される未来を想像できた。おそらく、十九世紀半ばにあって、アメリカ奴隷の植民は奴隷制即時廃止よりもあり得る話だったのだろう[35]。

植民案は奴隷解放運動の副産物ではなかった。フレデリック・ダグラスが言ったように、「ほぼ全ての知識人」が案を支持していた。トマス・ジェファソンとヘンリー・クレイも植民を支持した。リンカンはこの二人の政治家を最も尊敬していた。ジェファソンは死の間際まで植民にこだわった。一八二四年、彼はこう述べた。連邦政府は「各年度の増加分」（つまり、生まれてきた子供）を買い取り植民させる。そうすれば奴隷は年老い、ついには死に絶える。だが、人道的見地から批判する者が「母子の別離」を問題にするだろう。だが、それは「大事を見逃し小事にこだわる」ことだ、と[36]。

最初の奴隷解放は北部での段階的奴隷制廃止だったが、そこには植民に関する規定はなかった。解放奴隷が何らかの方法で社会に溶け込むものとされていたようだ。だが、共和国初期に自由黒人は急激に増えたので、白人国家アメリカを信じる人々は行動を起こした。一八一六年に創設されたアメリカ植民協会は当初、自由黒人の植民に努力していた。ちょうど同じ頃、奴隷制が綿花王国に定着しつつあった。だが、多くの協会員にとって長期的な目標は奴隷制の廃止だった。上南部出身の大農園主、政治家がアメリカ植民協会を支配した。中でも、ヘンリー・クレイが最も執拗に奴隷制廃止と植民を結びつけていた[37]。

クレイは奴隷州の代議員で、一八三〇年代には奴隷制肯定論の浸透があったにもかかわらず、彼は奴隷制が「巨悪」だという自らの信念を放棄しなかった。彼は「おそらく、遠く、大変に遠い」未来、アメリカに一人の奴隷もいない未来を待ち焦がれていた。クレイは奴隷制を連邦の最大の脅威と捉えたが、連邦の維持こそ彼が人生を一心不乱に捧げたものだった。彼は「植民と一緒に取り扱わない限り、奴隷制廃止は不可能だ」とも確信していた。奴隷制廃止によってケンタッキー州が近代的で多様性に富んだ経済システム、北部の自由労働を基礎にしたシステムに組み込まれることをクレイは望んだ。彼の信念では、奴隷制のせいでケンタッキー州は隣のオハイオ州に工業的、一般的繁栄の点で遅れをとっているのだった。一八三六年、クレイはジェイムズ・マディソンを引き継いでアメリカ植民協会の会長になり、以降亡くなるまで一六年間その座にあった。クレイは生存中一〇人の奴隷を解放し、遺書には以下のことが書かれていた。自分の奴隷女性が子供を産みその子が成人に達したならば、自由とアフリカへの植民費用を与えよう、と。クレイや他の北部在住、上南部在住の人々は植民と奴隷制廃止を一緒に提唱したので、深南部では次第に植民案への反感が高まっていた。(38)

多くの北部ホイッグ党員はクレイを「大いに尊敬、ほとんど崇拝」していると、インディアナ州の政治家スカイラー・コールファックスは言った。リンカンとて例外ではなかった。一八三二年、大統領選の初投票の際、彼はクレイに投じた。後にはクレイのことを「政治家の理想像」と言った。一八五八年のリンカン・ダグラス論争の際、リンカンは四一回もクレイに言及した。奴隷制に対するクレイの見解はリンカンのそれに大いに影響を与えた。クレイの見解は奴隷制の批判、黒人の人間性の承認、奴隷解放は段階的かつ植民と組み合わせることでしか達成できないとする確信を柱にしていた。奴隷制と人種について語った一八五〇年代、一度ならずリンカンはクレイの言葉を引用したり言い換えたりした。「奴隷制に関する自分の意見は全て、クレイからの引用で語り得る」とまで、リンカンは一度言ったことがあった。(39)

アフリカ系アメリカ人の中にも植民案の可能性に期待するものがいた。アメリカ植民協会のほとんど毎号の報告に、アフリカに実際に行ったかこれからそうしたいと願っている黒人の証言があった。だが、十九世紀を通じてほとんどのアメリカ黒人は自発的な植民、植民を支援または強制する政府発の努力の両方を嫌っていた。自由黒人は自分がアメリカ人であると考え、以下のことを明らかにした。アメリカは生得的公民権、法の下での平等を保証してくれる場所、権利が肌の色や先祖、人種に関係なく付与される場所なのだ、と。黒人は、人種差別が不変で、国家が人種的に同質でなければならず、肌の色が平等を絶対的に妨げるものだという植民推進派の主張を信じなかった。植民への反対論から、人種的境界線のない平等という現代的観念が生まれたのだ。[40]

黒人が植民反対運動を起こしたことも大きな要因になって、一八二〇年代後半から三〇年代に新しい好戦的な奴隷制廃止論が生まれてきた。奴隷制に反対するかつての組織は段階的奴隷解放、金銭的補償、植民を推し進めるものだったが、奴隷制廃止論はそれとは異なるものだった。即時奴隷解放、人種混合、奴隷所有者への補償の拒否、二人種国家としての合衆国の形成を廃止論は求めた。奴隷制廃止論は二つの衝動の結合だった。一つは黒人の植民反対運動、もう一つは白人の福音主義〔無学な人々への伝道を重視するキリスト教の傾向。パフォーマンス的な説教に特徴がある〕と完璧主義だった。一八三二年に出版された『アフリカ植民についての諸考察』という影響力のあったパンフレットの中で、ウィリアム・ロイド・ギャリソン〔奴隷制廃止運動の代表的人物〕は以下のように説明した。ボルティモアとボストンの黒人社会の活気に触れて、自分は植民から奴隷制廃止、人種間の平等に転向することになった、と。植民に反対する最も有力な根拠は、それが「集団としての黒人の願いと明白に、共約不可能なまでに対立している」からだ、と彼は書いた。一八三〇年代の白人の奴隷制廃止論者のほとんどは、ギャリソンと同様、かつて植民に理解を示していたのだったが、アメリカの人種的偏見を助長しているという理由で、アメリカ植民協会を批判するようになった。ニューヨークの商人、宗教改革者ルイス・タッパンも元々は植民推進派だったが、即時奴隷制廃止論を採るようになった。彼はヘンリー・クレイに協会の非効率性を認めるように迫った。一八三五年、「奴隷制は急速に拡大している。植民で奴隷制は衰退しなかったし、これからもしないだろう。何をすべきだろうか？　答えは奴隷解放だ」と、タッパンはクレイに書いた。明らかに狼狽えたクレイはこう答えた。北部人に南部の奴隷制に口を挟む権利はない、と。[41]

一七九五年、ヴァージニア州の奴隷制反対論者セント・ジョージ・タッカーはマサチューセッツ州の牧師、歴史家ジェレミー・ベルナップに尋ねた。どうしてマサチューセッツ州で奴隷制を廃止できたのか、と。「我が州においては民意が奴隷制を廃止した」とベルナップは答えた。民意の重要性を理解して、奴隷制廃止論者は民主主義国家での人種的煽動を開始した。彼らは奴隷解放案の詳細を実行に移したのではなかった。おそらく運動の最も偉大な講演家だったウェンデル・フィリップスが説明したように、むしろ彼らの目的は「民意を変える」こと、道徳的変革を引き起こし、アメリカ白人に黒人の人間性と平等権を認めさせることだった。民意を変える、政治的に「可能な事態」を再定義することで、奴隷制廃止運動は運動家だけでなく、多くの一般人にも働きかけることができたのだった。[42]

奴隷制廃止論者は利用できる武器を全て手に取った。武器は請願、講演、新しく発明された蒸気式印刷機だった。印刷機でパンフレット、新聞、ポスターを大量印刷した。目的は、国の公的な領域から奴隷制の議論を次第に締め出そうとする言論抑圧の陰謀に対抗することだった。[43] 廃止論運動はアメリカ人の理性と感性の両方に訴えかけた。奴隷所有者を激しく非難し、鞭打ちや家族の別離などといった奴隷制の惨たらしい現実を暴き立てた。また、「奴隷制以外の点では自由な共和政体が世界に誇るべき影響力」を損なうことを理由に、それを非難した。建国の父たちが陰に陽に奴隷制に反対しており、奴隷制の絶滅を期待していたとの主張を奴隷制廃止論者は始めた。彼らは独立宣言を大義に掲げ、（後のリンカンと同様に）宣言を奴隷制批判として解釈した。人間の平等を認めるジェファソンの序言が新聞の毎号の第一面を飾った。それはゼビナ・イーストマン発行の奴隷制廃止論の新聞『ウェスタン・シチズン』で、一八四二年からシカゴで発行された。自由労働が奴隷労働に勝る、奴隷制によって奴隷が不法に労働の対価を奪われていると奴隷制廃止論者は主張した。リンカンを始め、多くの奴隷制反対論者は自分たちを奴隷制廃止論者だと考えていなかったが、彼らも廃止論者が書いて広めた考えやテーマを口に出すようになった。(44)

奴隷制廃止論者には、あまり急進的ではない奴隷制反対論者のような同時代人と最も大きく異なる点があった。それは奴隷制廃止後のアメリカについての見方だった。アンジェリーナ・グリムケはサウスカロライナ州の奴隷所有者の娘で、歯に衣を着せぬ奴隷制廃止論者、フェミニストになり、こう書いた。奴隷制に反対する十字軍はアメリカ最高の「学校」であり、「そこでは人権が（中略）研究されている」。奴隷制廃止論者は個人の自由、政治的共同体、アメリカ公民権に関する権利といった概念に新しい意味を与えるのに決定的な役割を果たした。奴隷や自由黒人もアメリカ人であると奴隷制廃止論者は主張した。この立場を要約していたのが、リディア・マリア・チャイルド〔奴隷制廃止論者で少数派の権利擁護運動家、作家〕の論文のタイトルだった。それは『アフリカ人と呼ばれる人々をアメリカ人にする請願』で、一八三三年に発表され広く読まれた。黒人は異邦人ではなく同胞だとチャイルドの論文は主張した。イギリスの白人がアフリカ人でないように、アメリカの黒人もそうではない。生得的公民権の平等という奴隷制廃止論の概念はアメリカの伝統や慣習からの急進的な飛躍だったが、後に修正第一四条によって憲法に取り込まれた。(45)

アメリカ史上、奴隷制廃止論は急進組織による最初の社会運動だったが、奴隷制反対運動と人種差別の解決不能の関係を指摘した最初の存在でもあった。「白人という言葉が州の法律書にある限り、マサチューセッツは奴隷州である」と奴隷制廃止論の編集者エドマンド・クインシーは言った。奴隷制廃止論者は南部の奴隷制と黒人の公民権剥奪の両方に挑みかかった。公民権剥奪のせいで自由黒人は全国で二級市民に押しとどめられていた。全てのアメリカ人に公民権と平等権を与えようとすることで、奴隷制廃止論者はある可能性を見ていた。それは南北戦争中に結実したが、国家は自由と平等の敵になるのではなく、それを保証する存在になる、という可能性だった[46]。

すぐさま連邦政府と多くの一般市民は奴隷制反対の十字軍に反応したが、それは運動の抑圧という形をとった。一八三六年の下院議会は悪名高い箝口令を制定し、奴隷制廃止論者の請願は受け付けられないことになった。一八三〇年代を通じて、北部の暴徒（ある推定では優に一〇〇人を超える）は奴隷制廃止論者の集会を襲撃し印刷機を破壊した。にもかかわらず、一八三三年のアメリカ奴隷制反対協会の設立からその十年後まで、二〇万から三〇万の北部人が協会の支部に加わり、奴隷制廃止とアメリカ黒人の平等権を求めた[47]。

奴隷制廃止論が浸透するにつれ、廃止論運動とアメリカ植民協会の裂け目も広がった。植民推進派の中には地域の最有力者もいた。彼らは奴隷制廃止論を認めなかったばかりか、既存の体制以外の形で一般市民を組織する廃止論の努力にも憤慨した。植民推進派は奴隷制廃止論に反対する暴動を教唆し加担したので、一八三〇年代半ばの北部では暴動が頻発した。奴隷制廃止論者を「最も不愉快な影響力を振るう人物」と見た植民推進派は多かったが、その一人がヘンリー・クレイだった。奴隷制廃止論が台頭したために奴隷制廃止の実現が「半世紀」遅れたとクレイは考えた。彼は一八三九年にこう警告を発した。南部白人は、平等権を享受する大量の自由黒人の存在を絶対に受け付けない。従って、奴隷制廃止論が北部を支配すれば、行き着く先は血みどろの内戦だけだ、と[48]。

植民は白人の奴隷制反対論の多数派ではなくなったが、それは奴隷制肯定論と廃止論を両端とする大きな物差しの中にはとどまり続けた。このことは特にイリノイ州に当てはまった。そこでは一八三〇年代半ばまで、存在する奴隷制反対論はわずかながら、全て植民推進の形をとった。一八三〇年のイリノイ州植民協会の創設集会には、心底から奴隷制を嫌う人と州から自由黒人を追い出すことに主な関心を寄せている人がやって来た。出席者の中には前知事エドワード・コールズがいた。先述のように、彼は自分の奴隷を解放し、イリノイ州に連れ込み、州の黒人取締まり法を廃止するために戦った。合衆国内では黒人は完全な自由を享受できない、とコールズは一八三〇年までに結論づけていた。サイラス・エドワーズも出席していた。メアリー・トッドの姉エリザベスはエドワーズ家に嫁いだので、彼はエリザベスのおじにあたった。エドワーズは自由黒人の「危険で有害な影響力」を危惧していた。南部の奴隷を解放後もアメリカに住まわせるのは無理だと彼は主張した。

一八三三年、スプリングフィールドに植民協会の支部が組織された。数多くの上流市民が役員になり、例えばジョン・トッド・スチュアートがいた。彼はこの後すぐにリンカンの最初の弁護士事務所共同経営者になった。他の多くのリンカンの知己も長きに渡って植民推進派だった。例えば、ホイッグ党指導者の弁護士デーヴィッド・デーヴィスとオーヴィル・H・ブラウニング、リンカンの結婚式を執り行った監督教会派〔プロテスタントの一派だが最もカトリックに近い。アメリカでは支配階級に信者が多い。日本では聖公会と呼ばれる〕牧師チャールズ・ドレッサーといった人たちだった。「奴隷制廃止論嫌いの」ホイッグ党員がイリノイ州の植民推進派を支配していると、ある新聞は書いた。(49)

リンカンが政治家になって最初の二〇年間、奴隷制廃止論は他の北部州と比べてイリノイ州でははるかに勢力が弱かった。一八三七年の『リベレーター』の報告によれば、全米六〇七の奴隷制反対協会のうち、イリノイ州にあるのは三つだけだった。にもかかわらず、一八三〇年代半ば、奴隷制廃止論は州の北部や中部に広がった。それは『オブザーバー』のおかげで、メイン州生まれの長老派〔プロテスタントの一派。教条的にカルヴァン主義を奉じる〕牧師エライジャ・P・ラヴジョイがこの新聞を発行していた。当初、新聞はセントルイスで創刊されたが、暴徒が印刷機を破壊してしまったので、ラヴジョイはミシシッピ川の対岸イリノイ州オールトンに移った。ラヴジョイがセントルイスを立ち退く前、フランシス・マッキントッシュは保安官を殺害した。マッキントッシュはピッツバーグ出身の自由黒人で、川船で働いていた。

憤慨した市民は彼をリンチした。市民は、マッキントッシュを殺人に駆り立てるような観念を広め、リンチに抗議したと言ってラヴジョイを責めた。(50)

一八三七年十月、ラヴジョイと弟オーウェンはオールトンで集会を開き、イリノイ州奴隷制反対協会を組織した。オーウェンは会衆派〔プロテスタントの一派。カルヴァン主義を奉じるが、リベラル〕牧師だった。集会の日八六人の代表が集まった。リンカンが住んでいたサンガモン郡は四人を出しただけだった。州司法長官アッシャー・F・リンダーは暴徒を組織して集会を襲撃し、奴隷解放を非難する決議を採択した。その翌日、市長は保安官にリンダーの暴徒を解散させたので、集会は続行できた。(51)

イリノイ州奴隷制反対協会の所感宣言は「基本的人権」の議論で始まっていた。宣言によると、神はあらゆる人間に「不滅の魂」を与えたので、誰もが「基本的人権を平等に」享受できるのだった。宣言は、奴隷制が「神の掟を転覆し」、教育や家庭生活、貞操や身体保護、自己決定権といった、あらゆる人権を踏みにじるものだと非難した。南部諸州が奴隷制を即時廃止し、自由黒人を「白人と同等」にまで向上させることを宣言は要求した。イリノイ州の黒人取締まり法への反対はすぐに州の奴隷制廃止論の中心項目になった。一八四〇年、奴隷制廃止論者はパンフレットを出版した。その主張は、黒人法が合衆国憲法の礼譲条項〔合衆国憲法第四条第二節第一項〕に違反しており、条項に従って全ての州が他州民に自州民と同じ権利を与えるべきだ、というものだった。(52)

奴隷制廃止論者が連邦の混乱を招く人種的平等を支持していると広く中傷されるようになると、その大義に奉じるためにはかなりの勇気が必要になった。このことが完全に明らかになったのは、一八三七年十一月七日、奴隷制反対協会の設立後二週間足らずのことだった。オールトンでエライジャ・P・ラヴジョイが印刷機を守ろうとして暴徒に殺害されてしまったのだ。オーウェン・ラヴジョイは人生を大義に捧げると誓ったが、これ以降、大義には「兄の血がこびりつく」こととなった。彼は奴隷制廃止論者、国会議員、南北戦争中の共和党急進派とリンカンの架け橋として長きにわたって活躍した。彼がそうしていなければ、イリノイ州では奴隷制廃止論への敵意が強かったために、エライジャ・P・ラヴジョイの死も人目を惹かなかったにちがいない。スプリングフィールドの市民集会では、奴隷制廃止論者は「社会の危険分子」と非難された。しかし、他の北部州の多くの新聞では、殺害が言論の自由に対する破廉恥な攻撃だという非難があった。ただし、奴隷制廃止論に対する同情的意見は少なかった。ラヴジョイの死によって、奴隷制が黒人だけでなくアメリカ白人の自由にとっても脅威である、と多くの北部人は確信した。(53)

殺害後の数年間、イリノイ州の多くの地域で奴隷制廃止論の集会を開くことは困難だった。一八四三年、棍棒で武装した暴徒のために一五人の奴隷制廃止論者はブルーミントンで市民集会を開けなかった。同年、多くの暴徒がピオリアで奴隷制廃止論の集会を襲撃した。二年後、知事は暴徒の頭ノーマン・H・パープルを州最高裁判事に指名した。ニューイングランド人が移り住んだ州北部の数郡を除いて、奴隷制廃止論は一八四〇年代の相当の時期になっても勢力的に弱かった。むろん、リンカンが一八三七年から住んだスプリングフィールドでも事情は同じだった。『リベレーター』の記者は一八四三年にこう書いていた。市の聖職者で奴隷制に反対する「道徳的勇気」を持ち合わせているのは二人だけだ。しかも、一人は市で唯一の黒人牧師だ。このように「この市はひどく奴隷制を肯定している（中略）共同体だ」。そして、スプリングフィールドにおける真実は「州の中部や南部全域においても真実だ、と。(54)

3

驚くべきことではないが、リンカンは度々奴隷制廃止論とは何の繋がりもないことを強調していた。だが、植民推進派と奴隷制廃止論者の衝突、自分の周りで頻発する暴動に無関心ではなかった。こうした出来事が問題になり始めたちょうどその頃、リンカンは一八三四年から四二年までイリノイ州下院議員を務めた。だが、その時、ある程度の政治的リスクを冒して、リンカンは両党の議員とは異なるスタンスをとった。一八三七年一月に機会は訪れた。民主党所属の州知事ジョゼフ・ダンカンが議会に以下のように告げた後のことだった。南部諸州は北部の同胞に奴隷制廃止論者を非難し対抗措置をとるように言っている、と。州議会は委員を任命し、知事の要求を考慮した。委員長オーヴィル・ブラウニングは報告書と三つの決議案を提出した。[55] 彼はホイッグ党所属の州上院議員で、リンカンの親友だった。(二人は当時の州都ヴァンデーリアの同じ下宿に住んでいた。)

　南部人の要求に従って、報告書は奴隷制廃止論者を非難していたが、奴隷制を完全に擁護していたわけでもなかった。奴隷を所有する憲法上の権利を擁護してはいたが、ブラウニングの報告書は本質的に植民を正当化するものだった。おそらく、そういうわけでアメリカ植民協会は月刊誌『アフリカン・リポジトリー』に報告書を掲載した。奴隷制廃止論者に対するブラウニングの主な非難は、彼らが煽動することで「同胞の中の不幸な人種を隷属身分」から解放し、「故郷の未開地」へと送り返そうとする植民推進派の努力が損なわれた、というものだった。一方で、三つの決議書は奴隷所有者を強く擁護していた。第一の決議書は奴隷制廃止協会とそれが公布する政策提言の在り方を非難した。第二の決議書はこういうものだった。議会は南部の奴隷所有者に「大きな敬意と愛情」を抱いており、奴隷の財産権は「合衆国憲法の下奴隷州に認められ」、州の承認なしに奴隷制を廃止することはできない。

第三の決議書はワシントンDCでの奴隷制廃止要求を非難した。当地の白人住民の同意を取り付けていないのに、奴隷制廃止論者はその要求を国会に請願していた。決議書が州下院に提出された際、リンカンはワシントンDCでの奴隷制廃止要求に反対する決議書を修正しようとした。「前記地域の住民が同じ請願をしない場合に限って」という文言をリンカンは付け足そうとした。これは失敗に終わり、下院は決議書を七七対六で、その後上院も一八対〇で可決した。従って、六議員だけが反対票を投じ、その一人がリンカンだった。(56)

六週間後、下院議会の一時休会が近づくと、リンカンとホイッグ党の同志ダン・ストーンは「抗議書」を提出した。それは自分たちの反対意見を議事録で公表すべき理由を説明していた。「自分たちの信じるところでは」とリンカンとストーンは始めた。

奴隷制は不正と誤った政治思想の両方に基づいている。だが、奴隷制廃止論が公になったところで、奴隷制の悪は強まりこそすれ、弱まってはいない。自分たちの信じるところでは、国会は憲法の規定通りそれぞれの州の奴隷制に干渉できない。自分たちの信じるところでは、国会は憲法の規定通りワシントンDCの奴隷制を廃止できる。だが、前記地域住民の要求がない場合、権力は行使されるべきではない。この意見陳述と前記決議案の陳述の相違により、この抗議を行うものとする。(57)

リンカンの「抗議」は決議書と主に以下の点で異なっていた。リンカンは奴隷制を強い言葉で非難しており、奴隷所有者の財産権を「神聖不可侵」ともしなかった。抗議は一八五〇年代のリンカンのスタンスを前もって示していた。奴隷制は不正である。北部人は奴隷制を擁護する憲法上の妥協を尊重する義務がある。連邦政府はワシントンDCの奴隷制を廃止する権限を有している。だが、リンカンは奴隷制廃止論者ではない。一八六〇年の自伝に、抗議は「奴隷制に対する自己の見解を簡単にまとめたものだった。その意味ではその時の立場は今でも変わらない」とリンカンは記した。リンカンはジョン・L・スクリップスにこう指示した。スクリップスが書いている大統領選用のリンカンの評伝に抗議書を含めるように、と。南部の連邦脱退危機の最中、ミズーリ州選出の国会議員はリンカンの一八三七年の言葉を、奴隷制に関する彼の意図が信用できない証拠として挙げた[58]。

奴隷制を断固として非難したものではなかったが、抗議は真の政治的勇気を示していた。スクリップスが一八六〇年『シカゴ・プレス・アンド・トリビューン』で指摘していたように、「抗議の本質はそれが出された時点」、すなわち「国家の良心」が奴隷制の悪に目覚めていなかった時点ほど重要ではなくなった。リンカンが奴隷制を愚かで不正だと批判したときほど、イリノイ州で奴隷制廃止論が勢力的に弱く不人気だったことはないだろう。州には奴隷制反対協会はまだなかった。実際に、州内で奴隷制廃止論が全く確認できない以上、それに対する反対行動を委員会は勧めないとブラウニングは説明した。むろん、リンカンは自分のとった行動から、政治的利益を期待できたはずがない。事実は正反対だった。抗議が記載されるには二議員による署名がなければならない、と法は求めていた。リンカンは反対票を投じた他の五人に伺いを立てたが、再選を考えている四議員はサインを拒否した。ストーンだけがサインに応じた。彼はヴァーモント州出身の弁護士で、先頃判事に任命されており、有権者を気にしなくてよかったのだ[59]。

議会の決議案に反対票を投じた一年後、曖昧な形ながらリンカンは再び奴隷制について語った。それは「我々の政治制度の永続化」と題された演説で、リンカンはこの演説をスプリングフィールドの青年文化団体で行った。団体は無数の支部の一つで、ジャクソン期のアメリカではそこで次世代の若者が政治的自己研鑽や討論を行った。リンカンのテーマは民主共和国における公民権とアメリカ的制度への脅威だった。独立革命後のアメリカに広く見受けられていた例外主義〔新世界アメリカは旧世界ヨーロッパの専制と不平等を免れていると信じる道徳的優越論〕の国民性と歩調を合わせて、リンカンは建国の父たちが史上最も自由に貢献する政治制度を機能させたと宣言した。今の世代の義務はこの「政治体系」を維持し次の世代に引き継ぐことだ。制度の存続に対する最大の脅威はそれ自体の内部に存在する。「破壊が我々の運命ならば、我々自身が破壊を始め終わらせなければならない」

この破壊はどこから始まるのだろうか？「次第に法が無視されるようになった」とリンカンは指摘した。このことは暴動が頻発する状況に見てとれる。（リンカンの言葉に誇張はなかった。一八三〇年代、文字通り数百件の暴動が合衆国で起こった。その多くはイリノイ州の新聞で報道された。）アメリカ人が「法廷の冷静な判断ではなく、野蛮で怒りに満ちた感情」のとりこになった、とリンカンは警告した。法の支配への尊重がなくなれば、舞台は野心的な専制君主の登場のために整えられるだろう。その「孤高の天才」は歴史において建国の父たちよりはるかな高みを占めようと、「奴隷を解放したり自由民を奴隷化したりする」だろう。対処法はアメリカ人が再び「冷静で抜け目なく冷徹な理性」の支配に服し、法の支配への尊重を自らの「政治信条」とすることだ(60)。

文化団体での演説はあらゆる種類の心理分析の素材となってきた。リンカン（あるいは、指摘されてきたように、彼の当時の好敵手スティーブン・A・ダグラス〔民主党国会議員でリンカンの宿敵。二人は一八五八年大論争を繰り広げた〕）は専制君主になり、建国の父たちの政治制度を改変し、その過程で歴史的意義の点で彼らを乗り越えたのか(61)？理性と感情の葛藤にリンカンが触れていたのは、自身の内面のゆらぎを反映してのことだったのか？むろん、アメリカの民主主義が「自由と平等権」に関する未完の実験だ、アメリカの直面する最大の問題が無法状態における「人民の自己統治能力」だと説明した際、リンカンは大統領就任演説やゲティズバーグ演説といった、後に行う演説のテーマを先取りしていた。登場しつつある専制君主の選択が「奴隷解放か自由民の奴隷化」だとリンカンは説明したが、ここからはっきりしたのは、キャリアの最初期においてさえ彼は奴隷制を、建国の父たちが解決できなかった決定的問題、共和国の存続にとって最大の脅威だと認識していたということだ。

無法状態の非難は一八三〇年代の演説において珍しいものではなかった。[62] 文化団体での演説が通常のものと異なるのは、リンカンが間接的ながらもはっきりと奴隷制を非難している点だった。アメリカで暴徒と無縁でいられる地域はどこにもない、と彼は強調した。「南部の快楽に耽る奴隷所有者」、北部の「秩序を愛する市民の間で暴動は起きている」(この対照は啓蒙的だ。演説では、感情を抑制できないことがアメリカ的自由の最大の脅威になっている、としているだけに)。さらに、エライジャ・P・ラヴジョイがオールトンで暴徒に殺されてまだ三ヶ月しか経っていないのに、リンカンは「人民の中に潜む悪党」、とりわけ「印刷機を川に投げ捨て、編集者を射殺した」輩を非難した。リンカンがスプリングフィールドの西七〇マイルの場所で起きた悲劇を仄めかしている、と聴衆はみな理解した。リンカンが「悪党」と非難した人々にはオールトンの上流市民も多く含まれている、と悟る人もいただろう。

文化団体での演説でリンカンは二つの暴動に直接触れた。両方が奴隷州で起こったものだった。一つ目は「混血人(中略)マッキントッシュ」の事例だった。(ラヴジョイ殺人事件とは異なり、名前を出していた。)マッキントッシュが一八三六年にセントルイスでリンチされたために、奴隷制廃止論の編集者ラヴジョイは新聞の発行所をオールトンに移した。ラヴジョイの新聞は事件を大々的に報じたが、リンカンはそれで知った詳細を交えて、マッキントッシュの試練を説明した。マッキントッシュは「木に鎖で縛りつけられ、まさに火炙りにして殺された。彼が自由になって一時間足らずの間に全ては起こったのだ」。リンカンはミシシッピ州での黒人リンチにも触れた。「黒人は」協力関係にあったと思われる白人とともに「反乱を謀ったと疑われた」。リンカンははっきりとした印象深いイメージを用いながらこう結論した。「死体は文字通り木の枝にぶら下げられた。その数は木に寄生するサルオガセモドキ〔チランドシア属パイナップル科の植物。木の枝にぶら下がり空中にて生育する〕の数とほぼ張り合っていた」と。一八三〇年代に暴動が頻発したことを考慮すれば、リンカンは黒人の被害者に触れ要点を示す必要はなかった。奴隷制が無法状態に繋がる社会的環境を生み出している、と彼は仄めかした(63)。

少し間をおいてから、リンカンは奴隷制廃止論との関係で暴動にはっきりと触れていた。

> 暴徒の法が矯正の対象として定める不満などというものは虚構である。いかなる状況においても、例えば、奴隷制廃止論を表明する際、二つの立場のいずれかが必ず妥当する。すなわち、それ自体正しいものの場合、それは全ての法律や良き市民の保護を受けるべきだ。あるいは、誤ったものの場合、それは法律の制定によって禁止されるべきだ。だが、いずれにしても、暴徒の法の介入は必要でも正当化できるものでも認められるものではない。

リンカンが「間違った」教説の流布を禁じる州権を認めていることに現代の読者は驚くだろう。しかし、当時こうしたことは異常ではなかった。南部には法で奴隷制廃止論者の煽動を禁じる州もあった。議会が他州での反乱に繋がる演説を罰するように、多くの北部の政治家は求めた。(明らかに奴隷制廃止論者を狙った措置だった。)その一人がニューヨーク州知事ウィリアム・L・マーシーだった。むろん、奴隷制廃止論を抑圧しようとしたために、多くの北部人は異議を唱える権利の決定的重要性に敏感になった。しかし、この権利を擁護する司法がコモン・ロー〔英米法の特徴を表す専門用語。例えば、成文法よりも判例を重視する〕尊重の伝統に取って代わるのはずっと先のことだった。コモン・ローの伝統では、政府は「間違った」教説を罰する権利を享受したのだ。（二十世紀に至るまで憲法修正第一条は連邦政府のみに適用され、言論の自由を制限する州法には全く関係がなかった。）むろん、この発言でリンカンは奴隷制廃止論者とその支持者から距離をとった。しかし、彼の要点は意見を抑圧する法の妥当性にあったのではなく、奴隷制廃止論者に対する暴動の違法性にあったのだ。ほとんどの政治家が奴隷制廃止論者を共和国最大の脅威と非難した時代に（文化団体での演説の一年足らず前に大統領マーティン・ヴァン・ビューレンは就任演説でそう主張した）、リンカンはこう主張した。奴隷制廃止論の集会や新聞への襲撃はアメリカ人全員の自由を危殆に瀕することだ、と。[64]

　演説から四年経って、リンカンは再び奴隷制とその廃止論の問題に触れた。これは一八四二年、スプリングフィールド・ワシントン禁酒協会〔酒飲み自身が主体的に活動する草の根的禁酒運動。一方、通常の禁酒運動はエリートによるトップダウン式のものである〕で演説したときのことだった。この協会は改心した酒飲みの団体で、禁酒の普及に取り組んでいた。他の州と同じく、飲酒はイリノイ州の政界でも意見の分かれる問題だった。ホイッグ党員は法でアルコールの販売を制限するか、完全に禁じるかしようとした。党員の中でも、特にニューイングランド出身で州北部に住む者がそうだった。民主党員は飲酒を個人的問題、行政の権限外にあるとした。特に、州南部の党員がそうだった。禁酒の背景には（奴隷制廃止論を含めた）福音主義的改革、それが州とどう結び付くのかという、もっと大きな問題が控えていた。一部の人民が法で自分の道徳規範を社会一般に強制できるのだろうか？

　リンカンが青少年期を過ごしたフロンティア社会において、酒はどこにでもあった。「酩酊や浮かれ騒ぎしようとすれば、酒が絶対に必要だ」と彼は演説で言った。しかし、リンカンのような中産階級の専門職業人にとって、禁酒は克己の証、過度の飲酒は感情の抑制不能の証だった。個人的には禁酒家だったリンカンは一八四〇年代に禁酒を勧める多くの演説をした。だが、ワシントン運動家が演説したように、リンカンの方法は他の禁酒運動家のそれとは大きく異なった。[65]

ワシントン運動家の演説のほとんどは、アルコールの罪悪に対して警告するというよりも、リンカンのやり方を踏襲するものだった。リンカンは禁酒に取り組むそれまでの努力を批判した。長老派教会で彼はこう言った。「かつての改革者」、禁酒を勧めた「説教師や弁護士、専門家」は説得しようとする当の人物に全く「同情」を感じていなかった。彼らの言葉は「破門や弾劾」をする際に用いるものだった。彼らは大酒飲みが「アメリカのあらゆる悪徳や悲惨、犯罪の温床」になっていると非難した。彼らは「善良で徳のある人々」にこうした罪人を村八分にするように迫った。こうした説教があまりに「非人道的で無慈悲で冷血で無感情だった」ために、救われるべき当の人物が疎外感を抱いたのだ、と。対照的に、リンカンはワシントン運動家を賞賛した。彼らもかつては大酒飲みだったが、同情と理性から運動の対象になる大酒飲みに関わる方法を理解していた。[66]

リンカンはこれまでの禁酒運動家の独善性を強く難じたが、当然、そのことは奴隷制廃止論を含めた福音主義的改革の方法論と言葉使いをもっと広い観点から批判したものとされてきた。「一滴の甘い汁は多量の苦い汁よりもハエを呼び寄せる」と彼は演説で言った。リンカンは法による強制よりも自発的禁酒を好み、イリノイ州議会で禁酒措置に反対票を投じた。一八五八年の論争時、青年期のリンカンが「食料品店」(つまり、杯に注いで酒を売る店)を経営していた、とスティーブン・A・ダグラスは非難した。リンカンはこれを否定したが、「たとえ酒を売ったとしても、それは大罪にはあたらないだろう」と付け加えた。[67]

禁酒演説にあるように、リンカンは福音主義的改革者の激しい言葉使いを嫌った。そういうわけで、自分は奴隷制廃止論者ではないとリンカンは考えた。後の演説でも奴隷制の非難はしたが、奴隷所有者の批判はしなかった。文化団体での演説でリンカンは聴衆の感情ではなく理性に訴えたいときっぱり言った。にもかかわらず、リンカンは禁酒運動の手段ではないにせよ、目的を共有していた。そして禁酒運動だけではなく、暗に奴隷制廃止論のことも考えていた。こうした運動の見解では、真の自由とは放縦ではなく自己修養であり、大酒飲みと奴隷所有者は共に自己修養できず感情の赴くまま生きている、ということだったが、リンカンはこの見解に賛成した。リンカンは禁酒演説の締め括りに理性が世界を支配する「幸福な時代」、「全ての欲が統制、全ての感情が抑制され」て「地上に大酒飲みも奴隷も存在しない時代」を期待した。そうして初めて、アメリカ革命の約束、人類の「政治的、道徳的自由の勝利」は達成されるだろう、と彼は付け加えた。(68)

だが、リンカンが生まれた上南部、彼が育った北部境界州〔北部諸州のうち南部と接している州。アイオワ、イリノイ、インディアナ、オハイオ、ペンシルヴァニア、ニュージャージー州〕の奴隷制反対論者のほとんどにとって、奴隷制廃止への希求は、人種にかかわらず万人が公民権を享受できる、未来形のアメリカとは関係がなかった。奴隷制に関する限りリンカンは議員仲間と異なっていただろうが、下院での最初の在任期間中、三五対一六で可決された決議案に賛成票を投じた。決議案によると、二十一歳以上の男性市民は所有不動産の有無に関わらず、投票権を享受すべきだとのことだった。だが、付加条項によると、「選挙権を純粋に保ち汚染から守るために、黒人投票は認められない」のだった。(69)

キャリアの前半にリンカンがアメリカ黒人の権利について言うことはほとんどなかったが、政治的目的のためには人種的偏見を広めることも辞さなかった。一八三六年と四〇年の大統領選中、民主党候補マーティン・ヴァン・ビューレンが一八二一年のニューヨーク州憲法制定会議である条項を支持したことを、リンカンと他のホイッグ党員は告発した。それは二五〇ドルの財産を持っていれば黒人も投票できるとした条項だった。実際のところ、この条項は、白人に対して過去にしたように、ニューヨーク州の黒人の政治的権利を厳しく制限するものだった。というのは、州のアフリカ系アメリカ人で新しい資格条件を満たすものはほとんどいなかったからだ。にもかかわらず、イリノイ州と他の地域のホイッグ党員は黒人投票権を支持したとしてヴァン・ビューレンを非難した。一八四〇年の論争でスティーブン・A・ダグラスはリンカンの非難を強く否定した。次の論争時に、リンカンはヴァン・ビューレンの選挙用評伝を引用し、告発を証明してみせた。一方、ダグラスは評伝を偽造品だとし、リンカンからそれをもぎ取り群衆に投げ入れた。『オールド・ソルジャー』もヴァン・ビューレンを非難した。それはリンカンと他の多くのホイッグ党員が編集した選挙用新聞で、非難の理由は、ヴァン・ビューレンの大統領在任中に、二人の黒人が法廷で白人海軍士官に不利な証言をした、というものだった。奴隷制に対する信念がどうであれ、リンカンはイリノイ州に浸透していた見解、黒人が「政治共同体」に属していないという見解を明らかに持っていた。(70)

最終的に、奴隷制廃止論者と自分が奴隷制反対運動をある程度共有していることにリンカンは気づくようになった。奴隷制廃止論者が考案した多くの思想はリンカンの演説にも現れるようになった。だが、奴隷制廃止論と直接個人的に関わることがなかったので、リンカンはその大義にあった急進的平等主義をまだ意識していなかった。この事実は次の疑問の解明に役立つ。リンカンはキャリアの初期から奴隷制に反対していたのに、アメリカにおける人種的平等を知るのに長い年月がかかったのはどうしてなのだろう、という疑問だ。

第2章

「常にホイッグ党員」

リンカン、法律、第二政党制度〔一八二八年から五四年までのアメリカの政党制度のこと。歴史学、政治学の専門用語〕

1

「政治では常にホイッグ党員だ」。一八五九年、この言葉でリンカンは政治家としてのキャリア前半をまとめた。彼は一八三〇年代の創設期から党員になり、五〇年代半ばの解体後に党を離れた。その間愛党者であり公務に変わらぬ情熱を注ぎ続けた。多くのホイッグ党員が党組織に不満だったのに対し、リンカンは熟練した政治指導者になった。彼はホイッグ党政治マシーンを効率的に発展させるために、イリノイ州全土の投票区長に掛け合った。文字通り数百の無署名記事をスプリングフィールドのホイッグ党新聞に書いた。党の規律改善の必要性に触れた際、リンカンは「真二つに裂けた家は真直ぐに立つことができない」と言った。二〇年後、この言葉を最も有名な演説の中で使うことになった。リンカンは草の根的な党組織を信条としていた。一八四七年、ピオリアからスプリングフィールドまでリンカンと駅馬車に乗り合わせたボストンの記者は、(この後国会議員に選出された)リンカンが「会う人々全員を実際に知っていたか、知っているようだった」と記した。(1)

不幸なことに、イリノイ州でホイッグ党員であれば、ほぼいつも敗者の側に立たされることになった。二〇年間の党史において、党の候補者が知事や上院議員に選ばれたことも、党の大統領候補がイリノイ州で勝利したことも一度としてなかった。むろん、リンカンのいた州中部は党の票田であり、常にホイッグ党員を州会や国会に送り込んでいた。だが、後に、リンカンの弁護士仲間ジョン・トッド・スチュアートは「イリノイ州の大勢として、野心家は全て民主党員になる」と語った。一八四五年、リンカンの友人デーヴィッド・デーヴィスは、イリノイ州が「ホイッグ党支配になる」ことを期待するぐらいなら、「死者が起き上がることを期待するほうがまだ良さそうだ」と書いた。[2]

　にもかかわらず、リンカンのような心底から自己修養を求める人物がホイッグ党の見解に惹かれたのは驚くべきことではなかった。ジャクソン時代の二大政党は広域連合であり、全国的に社会階層を問わず支持を取り付けた。だが、一般的には、市場革命の波に最も上手く乗った社会階層がホイッグ党に投票しがちだった。例えば、商人や産業資本家、専門職業人、南部で最大の農園を所有する者を含む商業的農民がそうだった。民主党の主な支持基盤は全国市場から取り残された都市労働者や小農だった。宗教的、民族的出自も両党を特徴づけた。ホイッグ党は福音主義的プロテスタントから支持を取り付けた。禁酒や学校改革、北部では奴隷制反対といった同時代の無数の社会改革に惹きつけられた人々も多くいた。民主党員はもっと伝統的なプロテスタントの宗派やローマ・カトリック教徒に人気があった。増えつつあったドイツ、アイルランド移民も支持基盤だった。[3]

　二政党の見解はこうした社会的現実を反映していた。北部でも南部でも、ホイッグ党員は政府を経済発展、道徳的向上、国家統一の推進役だと見ていた。彼らはヘンリー・クレイのアメリカン・システム〔十九世紀前半の経済計画〕に賛同した。それは政府支援の経済近代化という広範囲にわたる計画だった。計画は以下の点を中心にしていた。輸入工業製品に関税をかけ、産業を育成、アメリカの労働者を低賃金の外国人労働との競争から保護する。市場経済の下部構造になる道路や運河、鉄道のような国内開発に政府補助金を与える。国立銀行を創設し、安定通貨の供給を目指す。ホイッグ党員は以下のことも信じていた。政府は一般市民の道徳心を向上させるべく、学校を建設し、飲酒、安息日無視やその他の悪徳を戒めなければならない、と。[4]

ホイッグ党員は、経済の拡大状況では全ての階級が利害を一致させている、と主張した。政府支援の経済成長はある背景を生み出した。それは「独立独行の人間〔英語ではself-made manという。たたき上げの人物のことで、このタイプの人間が典型的アメリカ人とされる〕」(これはカルヴィン・コルトンの造語で、彼はヘンリー・クレイの大統領選用評伝を書いた)が経済的成功を収め、財産所有者たちの共和国に受け入れられるというものだった。一八五〇年代、個人の機会をこう強調することは共和党の「自由労働」概念の基礎となり、経済発展の窮屈さを理由に奴隷社会を非難することにもつながったのだ。だが、リンカンのキャリア初期において、北部のホイッグ党員は社会的機会を賞賛したが、それは奴隷制と対比してのことではなく、階級的不平等の増大への批判と対比してのことだった。そうした批判は民主党や初期の労働運動から寄せられていた。ホイッグ党の経済見解は国家統一という広い展望から来ており、それは階級的、地域的、派閥的対立を寄せ付けなかった。[5]

民主党員はホイッグ党の経済政策が金持ちで人脈のある人々を優遇するものだと非難した。彼らは、商人や銀行家のような「非生産者」が政府を利用、自己の利益を追求して、正直な労働者を犠牲にしている、とも警告した。民主党員にとって積極的な政府は個人的自由に対する脅威であり、彼らは個人に他からの干渉なく経済発展を追求させたかったのだ。彼らの経済的不干渉主義は道徳的自由放任主義を補足した。民主党員は教会と国家の分離を頑固に擁護し、政府は道徳の一意的定義を多様な国民に押し付けないことだと主張した。[6]

むろん、政党支持のこの一般論には多くの例外があった。リンカンはインディアナ州辺境の農場で成長し信仰復興〔先に説明した「福音主義」とほぼ同義〕の宗教を信じていなかったので、民主党の型に当て嵌まっていたと言える。実際、彼は北部のホイッグ党員に顕著だった福音主義的見解を持っていなかった。リンカンは聖書に深く親しみ、頻繁に演説で引用した。彼は礼拝には出席したが、決して教会員にはならなかった。ホイッグ党員に関する限り、これは極めて異質なことだった。時が経つにつれリンカンの宗教観は進化したが、それは信仰復興的プロテスタントの個人的神ではなく、啓蒙主義の理神論〔神は宇宙を創造した存在にすぎず、啓示や奇跡で人間に干渉する人格を持たないとする合理的信仰〕と共通するものになった。理神論の神は人間界の出来事にいつも介入するわけではなかった。民間伝承によると、このようなことがあった。イリノイ州ニューセーレムでの青年期のことで、リンカンはそこに一八三一年から三七年まで住んでいた。トム・ペイン〔イギリス生まれのアメリカ人政治哲学者。独立革命の理論的基礎を提示した〕が啓示宗教〔神の啓示により成立した宗教のこと。キリスト教もその一つである〕を激しく攻撃した『理性の時代』をリンカンは読み、聖書の神性を否定する草稿を書いた。だが、友人の勧めに従い、それを廃棄した。南北戦争以前に、リンカンが自身の宗教的信仰を公にしたのは一八四六年の国会議員選だった。彼の敵ピーター・カートライトはメソジストの牧師であり、信仰心の無さを理由にリンカンを非難した。リンカンは返答にビラを刷り、「宗教一般への不敬を目的として」演説をしたことはないと言った。この文書で注目すべき点は以下になる。実際、文書の中でリンカンは宗教的信仰を全く認めていなかった。例外は宿命論的な「必要性の原則」だった。それによると、「ある権力者」は人間の運命をやり遂げるが、その方法を人間は推測できないのだった。これは敬虔なキリスト教徒の発言ではほぼなかった。[7]

　リンカンはほとんどの北部ホイッグ党員と宗教的見解において異なっていたかもしれないが、勤勉な個人が社会上昇を果たす機会を得る経済の統合、近代化という党の見解に魅力を感じていた。自分がホイッグ党のイデオロギーで賞賛されている独立独行の人間だとリンカンはいつも考えていた。

　リンカンの青年期は広範囲にわたる変化の時代にあたり、交通、工業の初期発展、現金経済支配の増大においても変化があった。だが、販売網の急速な拡大があったにもかかわらず、リンカン家のようなノースウェスト南部の農家は依然自産自消するだけだった。リンカンの青年期、現金はほとんど流通せず、労働と商品の物々交換が普通だった。リンカンが育ったインディアナ州の農場はオハイオ川から北に一六マイル離れていたが、交通の初期状態を考慮すると、これはかなりの距離だった。豚や牛、馬や羊を飼い、小麦やトウモロコシを植えるといったように、農場は基本的に自給自足だった。一家は皮を鞣し、機を織り、衣類を自作した。近くの森には野生の獲物が一杯で、それを狩って食糧にあてた。身体が丈夫だったために、リンカンは早くから肉体労働に駆り出された。インディアナ州の法律では、連邦のほぼ全ての州の法律と同じく、両親は子供を二十一歳まで「使役」する権利を享受した。トマス・リンカンは頻繁に息子リンカンを近所で働かせ借金を清算した。知人が後に語ったように、「かつては奴隷だった」とリンカンは言った。これは父がリンカンの労働から利益を得ていたことに触れた発言だった。青年期の経験のために、リンカンは後日ある観念に強くこだわるようになったのかもしれない。それは全ての人が自分の労働の対価を手にする自然権を持っているというものだった。(8)

リンカンがニューオリンズに二度往復で出張した(その際平底船と蒸気船の両方で移動した)経験から言えば、新旧技術、家内、市場経済の過渡期にリンカンが成人したのは明らかだった。リンカン一家が一八三〇年にイリノイ州中部サンガモン郡の肥沃な土地に移り住んだときでさえ、河川交通は依然当てにできず、通商も活発ではなかった。フロンティアの家族が余剰作物を産み出すと地元の商人に売る傾向が強く、次に商人がそれを船でニューオリンズに送った。対価として、小さな町の農民や住民は自家製できない商品を手に入れた。例えば、ガラス、食器類、その他の日用品で、それらは東部からピッツバーグとオハイオ川経由で、あるいはセントルイスから運ばれてきた。にもかかわらず、ニューセーレムとリンカンが一八三七年に移り住んだスプリングフィールドは大市場から孤立した小規模な社会だった。商人はよく事業に失敗し、リンカンもニューセーレムで商店を経営したが失敗に終わった。イリノイ州住民は「粗野で洗練されない生活と快適な文明」の中間にあった。これが州を訪れたジャーナリストの言葉だった。一八四〇年代にメリーランド州からの国道がイリノイ州にまで達し、鉄道の建設が始まった。このとき初めて、イリノイ州は全国市場経済に完全に統合された。(9)

リンカンが辺境での青年期をロマンチックに語ることは決してなかった。一八六〇年の大統領選用の評伝を書いていたジョン・L・スクリップスが育ちについて尋ねたところ、リンカンはイギリスの詩人トマス・グレイの『田舎の教会墓地にて詠みたる哀歌』から引用して、「貧しき者の簡潔で素朴な記録」だと答えた。青年期にリンカンは父のような生き方はしないと決心した。息子の目から見た父は前市場社会の価値観を体現しており、その社会の人々は最低水準の生活で満足してきたのだった。二十一歳からリンカンは町や都会で暮らし、農場、肉体労働への復帰に全く関心がなかった。彼が就いた仕事は商店経営者や弁護士、測量士であり、どれも市場経済に不可欠な仕事だった。商店経営者は工業製品を遠くから孤立した社会に仕入れた。大量の弁護士業務は土地権利証書や商売上の取り決め、破産や信用貸し、借金を扱うもので、市場革命を円滑なものにした。測量士ははっきりと境界線を引くことで土地を私有財産にし、売買を促進した。リンカンはあまりに市場社会に捉われていたので、一八四〇年代から五〇年代にかけて弁護士、政治家としてのキャリアを追求していたときでさえ、スプリングフィールドの隣人の信用貸し報告書をまとめ商業興信所に提出した。これは信用貸しにランク付けをする会社で、奴隷制廃止論者のルイス・タッパンがニューヨーク市に設立したものだった。(10)

多くの野心的で成功した息子がしたように、リンカンはできる限り父から距離をとるようにした。彼はトマス・リンカンを結婚式に招待しなかったし、スプリングフィールドの家庭に招くことも決してなかった。一八五一年、父がスプリングフィールドから一〇〇マイルのところで危篤状態にある、と継母はリンカンに告げたが、彼は父に会うことを拒否した。そのときリンカンは「お互いが今再会したところで、苦々しいだけで感動的なものにはならないだろう」と言った。スクリップスが書いた伝記でも、リンカンは父が「書けるものといえばせいぜい下手糞な自分の署名だけだった」と言った。この言い草はあまりに無慈悲だったので、スクリップスは書き上げた伝記に含めないことにした。リンカンは義理の兄弟ジョン・D・ジョンストンにも似たような態度をとった。ジョンストンもまた自給自足している農夫だった。一八四八年、彼が金を借りに来たとき、リンカンは怠惰を非難し、現金経済を受け入れるようにアドバイスした。「最高の賃金を払ってくれるところで働け」と。金貸しは拒否したが、リンカンはジョンストンの収入を補助することはしようと請け合った。[11]

リンカンが正規の学校教育を受けた期間は一年足らずだったので、彼は本質的に独学の人で、十九世紀の政治経済分野を広く読み漁った。それは例えば、経済的自由主義のイギリスの大家ジョン・スチュアート・ミル、アメリカのヘンリー・ケアリー・フランシス・ウェーランドの著作だった。特定の政策に関してこれらの作家の意見は異なった。ケアリーは高関税の最も著名な支持者であったのに対し、ウェーランドは自由貿易を支持した。しかし、全員が市場経済の近代化における企業家精神と技術革新の美徳を褒め称えた。(ウェーランドはブラウン大学学長で博覧強記だったので、倫理学や宗教学、哲学の著作を出した。四〇〇ページの大著『政治経済の原理』で奴隷制に直接言及したことはなかったが、自身の労働から利益を得られないのであれば人間は生産的に働けない、と主張した。一八五〇年代、リンカンはこの主張を繰り返した。)生涯を通じて、リンカンは技術革新に魅せられ続けた。一八四九年、「調節可能な浮き装置を蒸気船に取り付ける新しく改善された方法」で特許を取りさえした。十年後、リンカンは特許法や表記術、アメリカの「発見」を人類史上最大の進歩に挙げた。一八五九年にウィスコンシン州農業協会で講演した際、リンカンは「漠然とだが蒸気動力の鋤を高く評価してきた」と言った。彼は科学的機械化農業の利点を褒め称え、農民に肉体労働を「洗練された観念」と結びつけるべきだとした。こうした態度はホイッグ党に特徴的なものだった。[12]

一八四〇年代までに、素晴らしい家柄の女性と結婚し弁護士としてのキャリアも順調だったリンカンは世間体を獲得していた。一方、そうなるまでにリンカンは貧困と失敗を経験していた。ニューセーレムに住んでいた一八三〇年代、なけなしの金を店につぎ込んだが、それは「消え失せて」(破産して)しまい借金だけが残った。その返済には何年もかかった。ニューセーレムでリンカンはあらゆる種類の半端仕事をやり、製粉所や製材所で働いたり、作物を収穫したり、木製フェンスを作ったりした。友人の力を借りて債権者を追い返し、地方自治体や州、連邦政府の力を借りて郵便局長や測量士、議員として働き家計を遣り繰りした。憧れであったヘンリー・クレイと同じく、リンカンは政府を機会や進歩を促進する積極的権力だと見ていた。彼は日付のないメモにこう書いた。政府の「妥当な目的は、集合的人民に対して、彼らが為さねばならぬことで自身では為せぬことを必ず為すことだ」と。リンカンが例に挙げたのは鉄道や公立学校の建設、貧者への救済だった。彼に言わせれば、ホイッグ党の政策によって、自身のように社会的上昇を志向する人々は経済的機会を生み出す最も確実な手段を得たのだった。[13]

リンカンが成人に達したとき、アメリカの独立によって引き起こされた二つの大きな変革が成熟を迎えた。それらは市場革命と民主主義革命であり、リンカンはそのどちらも受け入れた。多くの保守派ホイッグ党員は大衆民主主義を嫌った。この嫌悪はかつての連邦主義者から受け継いだものだった。保守派は「生まれつきの貴族」による統治を好み、投票権の財産資格撤廃に反対した。こうした制限は一八〇〇年から二八年までの間にほとんど全ての州で撤廃されていた。リンカンは「ホイッグ党新派」の新世代に属していたので、大衆民主主義の世界に満足していた。党が民主党員と真っ向から競争して下層市民の票を獲得できることを彼は確信していた。未来志向のホイッグ党新世代の中にはウィリアム・H・スーアードもおり、彼は後にリンカン政府の国務長官になった。一八三九年から四三年までニューヨーク州知事を務めた際、スーアードは党の保守派に警告し、貧しい移民の有権者からの支援を積極的に求めた。(14)

アンドルー・ジャクソンの大統領在任時までに、人民による支配という原理はアメリカ政治の決まり文句になっていた。一八三六年議会への再選に立候補したとき、リンカンはこの原理をほとんどの同時代人よりも先に押し進め、公約を発表した。それによると、「税金を払うか軍役に服すかしていれば、全ての白人に選挙権を認める（決して女性を排除しない）」とのことだった。該当する女性はごく僅かで、ほとんどが財産を持つ未亡人だった。というのは、女性は軍役に就けなかったし、既婚女性は自分の名前で税金を払うことがなかったからだった。にもかかわらず、リンカンの声明は女性を排除した既存の「人民」の定義から大きく逸脱していた。だが同時に、それは以下のことも明らかにしていた。黒人をアメリカの民主主義から排除する人種的境界線が妥当なものだと、リンカンは認めていたのだ。(15)

ジャクソン時代のアメリカの多くの同時代人と同じく、リンカンは政治に社会的進歩の前代未聞の機会を見出していた。偉大な好敵手スティーブン・A・ダグラスもそうだった。一八三二年、二十三歳のときにリンカンは初めてイリノイ州下院議員に立候補した。彼が後に書いたように、これは人民投票で敗北を喫した唯一の機会だった。だが、二年後、リンカンは当選し、全四選のうちの最初の任期を務めた。最初の公約でリンカンは政府支援の経済発展、公共部門のインフラ整備を支持した。しばらくして、彼は内地開発の価値に気づき、特に、サンガモン川を蒸気船で航行可能にしようとした（この案は決して実行されなかった）。それは、ニューセーレムが農民の余剰農産物を輸出し、「他所から必要物資」を輸入するためだった。リンカンは「最も貧しく人口希薄な郡」でさえ市場経済に参加すれば繁栄できるのだと言った。彼は公教育も促進したが、自身はそれをかろうじて享受しただけだった。それでも、公教育は「我々が国民として関わり得る最重要事項」だと考えたのだ(16)。

リンカンはすぐに党内で頭角を現した。一八三六年の時点で、すでに「下院のホイッグ党員の有名な指導者」になっていた。彼は一八三七年のヴァンデーリアからスプリングフィールドへの州都移転に重要な役割を果たした。そして、自身の住居もニューセーレムから行政の新しい中心地に移した。さらに、リンカンは大計画の重要な支持者になった。その計画では州の支出で運河や鉄道、河川の開発を図り、支払いは借金で賄うのだった。リンカンがこう言ったことをジョシュア・スピードは後に語った。自分は「イリノイ州のデウィット・クリントン〔コロンビア大学卒業の政治家。同大学には彼を記念したアメリカ史学教授職があり、現在その座にあるのが著者フォーナーである〕」になりたい、と。クリントンは一八二五年に完成したエリー運河を建設したときのニューヨーク州知事だった。内地開発計画は拡大され、州全域が何らかの交付金を受けるようになり、当初両党からの支持を集めた。だが、一八三七年に始まった経済不況のせいで州は公債の利子を払えなくなった。民主党員は計画を反故にしようとした。自身の言い分によると、リンカンは「州を全般的破滅から救い、幾分かを残そう」とした。一八四〇年、下院が七七対一一で計画を廃棄した際、リンカンは少数派に投票した。翌年、内地開発州債の利子が州の全歳入を大幅に超過すると、州は債務不履行に陥り破産を宣言した。州が借金を清算するまでに四五年かかった(17)。

一八四〇年の大統領選でリンカンは数多くの演説をし、地元の有名な民主党員と論争をした。それは、例えばスティーブン・A・ダグラスであり、彼はその後イリノイ州の州務長官になった。このとき、ホイッグ党員は党指導者ヘンリー・クレイを無視し、インディアンとの戦争に従事したウィリアム・ヘンリー・ハリソンを大統領候補に指名した。経済不況のために大統領マーティン・ヴァン・ビューレンは形勢不利で、ホイッグ党員は以下のように触れ歩いた。自分たちは大衆民主主義の支持者だ。裕福なハリソンは人民の味方で、酒場経営者の息子ヴァン・ビューレンは貴族だ、と。「これが思想論争である振りを真面目にした者はいないだろう」と、インディアナ州の政治家ジョージ・W・ジュリアンは後に語った。だが実際、リンカンの演説には、ホイッグ党の経済政策に対するよく筋の通った議論があった。彼は合衆国銀行〔連邦政府の歳入を管理。いわゆる中央銀行。州の独立性を重んじるアメリカでは、このような中央集権的組織は好まれず、ジャクソン大統領が引導を渡した〕の合法性を擁護し、その破綻が経済危機を引き起こし、独立国庫〔先述の合衆国銀行の業務を連邦財務省が引き継いだもの〕の将来性を分析した。ヴァン・ビューレンは独立国庫を設置し、合衆国銀行の業務を引き継がせていた。(18)

議員のキャリア全体とそれ以後の年月を通じて、リンカンの一番の関心は経済政策であり続けた。ホイッグ党の経済計画でアメリカ人全てが利益を享受するとヘンリー・クレイは信じた。彼は国家統一に対しても精力的に活動した。こうした姿勢を共有しながら、リンカンは次のことも理解していた。異なる利害の結合体であるだけに、（合衆国銀行や関税、内地開発への政府補助金といった問題について取り決める）連邦レベルでのホイッグ党の躍進は北部人と南部人、奴隷非所有者と奴隷所有者の協力にかかっている、と。一八四〇年代、奴隷制の問題がアメリカ政治の周辺から中心にのし上がってきたときでさえ、その問題は意見を分裂させ、ホイッグ党の成功と連邦の将来的安定性を脅かすものだとリンカンは考え続けたのだった。

2

ウィリアム・ヘンリー・ハリソンは一八四〇年の選挙で圧勝したが、通常通り民主党員がイリノイ州で勝利した。この年リンカンは選挙に勝ち、議会での最後の任期を務めた。イリノイ州下院でのキャリアが終わった一八四二年から、六一年に大統領に就任するまで、国会での一期を除けば彼は公職に就かなかったが、ホイッグ党員として積極的に活動し続けた。彼は常に党候補者の選挙活動を手伝い、経済問題に対する党の姿勢を強調し続けた。自分は他のいかなる政策よりも時間をかけて保護関税についての演説をした、と後に語った。ある新聞によると、一八四六年に至ってもなお、関税はリンカンの演説の「主題」であり続けた。同年、彼は国会議員に立候補したが、奴隷制の問題がメキシコ戦争と相俟って政治議論の舞台に登場しつつあった。[19]

にもかかわらず、リンカンは奴隷制の問題を完全に避けることができたわけではなかった。奴隷制反対論は「大衆の心に居場所を占める」ようになった。それは「誰にも無視できない」事実だ、とオハイオ州ホイッグ党の有力者トマス・コーウィンは書いた。一八四四年のヘンリー・クレイの敗北を、自由党のせいにした評論家もいた。一八四〇年、自由党は奴隷制廃止論者によって創設されたが、彼らはウィリアム・ロイド・ギャリソンの支持者とは異なり、公職に立候補者を出すことの意義を信じていた。ニューヨーク州で一万五〇〇〇の票が自由党大統領候補ジェイムズ・G・バーニーに投じられたために、民主党のジェイムズ・K・ポークが州、大統領選で勝利した。イリノイ州では自由党支持者はずっと少なかった。一八四〇年、党は一六〇票を獲得しただけだった。一八四四年になっても、獲得票数は十万以上の総投票のうち、三四三三を占める程度だった。しかし、郡北部で、自由党はかなりの票を獲得し、地域政治を左右する存在になった。イリノイ州でホイッグ党員は少数派だったので、リンカンのような抜け目のない政治家は自由党支持者をいかに自党に引き入れるのかを考えるようになった。[20]

一八四五年十月、リンカンはパトナム郡の自由党支持者ウィリアムソン・ドードリーに長い手紙を書いた。前年、その郡でバーニーは二三パーセントの票を獲得した。「ありがたいことに、あなたは次のパトナム郡選挙でホイッグ党員と自由党員の連合を画策しておられる。その自由党員も原理的にはホイッグ党員で、奴隷制を除けば全ての事柄で両者の意見は一致している」とリンカンは書いた。彼はホイッグ党員と「自由党員」の違いをはっきりさせた。共に奴隷制を悪だと考え、テキサス共和国併合に反対した。同年三月、テキサスは奴隷州として合衆国の仲間入りをしていた。しかし、「テキサス問題にはあまり関心がなかった」とリンカンは続けて書いた。併合が奴隷制をさらにひどいものにすることに彼は気づいていなかった。というのは、テキサスが合衆国に加入しようとしなかろうと、その地の奴隷が奴隷であることに変わりはなかったからだ。南部での奴隷解放の動きに対しても、「他州の奴隷制に干渉しないことは、自由州民の第一義務で、諸州の一体性と（逆説めいているが）おそらく自由それ自体から来るものだ」。逆説的だが、奴隷制反対の煽動は、まさに自由の象徴である連邦と憲法の維持を危うくさせる。同時に、北部人が行動すれば「奴隷制は自然死を遂げるか、他の場所で」栄えるようになる、とリンカンは書いた。[21]

一八三七年の「抗議書」と同じく、リンカンの手紙には、一八五〇年代に彼がもっと具体的に力強く述べる事柄がすでにあった。自由という理想はアメリカの最重要項目である。従って、既存の奴隷制の承認を含めた憲法の妥協を北部人も尊重しなければならない。自由の象徴である連邦の存続が危殆に瀕することがないように。奴隷制の廃止ではなく、不拡大だけが奴隷制反対論者の取り得る、憲法に則った手段なのだ、とリンカンはすでに考えていた。だが、リンカンは奴隷制なきアメリカという、おそらくは大変に遠い未来を待ち焦がれてもいたのだ。

総獲得票数は少なかったが、自由党は奴隷制反対を政治的課題に発展させるのに重要な役割を果たした。党は熱心な奴隷制廃止論者で構成されていたが、党の支持者は、憲法上、国会が州の奴隷制に決して干渉できないという、南北戦争前の統一見解を認めていた。この見解は南部だけでなく北部にも浸透していたので、奴隷制廃止論者でもそれに反駁する人物はごくわずかだった。ライサンダー・スプーナーはマサチューセッツ州生まれの急進派で、彼の目標は郵便制度改革、無政府主義、労働権、奴隷制廃止だった。独立宣言は人類に不可侵の自由権を認め奴隷制を廃止している、法的に言えば奴隷制はすでに存在しない、と彼は主張した。アルヴァン・スチュアートはニューヨーク州出身の多作な物書き、奴隷制反対論講演家で、こう主張した。憲法修正第五条は、デュー・プロセス〔国家は個人のあらゆる権利を尊重せねばならないとする原則。直訳は「法の適正な過程」〕を経ていなければ、いかなる人物からも「生命や自由、財産」を剥奪できないとしており、それによって奴隷制も違法になる。奴隷は裁判所に行き、隷属身分からの解放を命じた人身保護令状〔不当拘束されている人物を救出する手段〕を取得すべきだ、と。[22]

この憲法解釈に納得したアメリカ人はほとんどいなかった。一八六〇年、「馬鹿げている」と共和党機関紙『シンシナティー・ガゼット』は書いた。これよりもはるかに影響力があったのは、立憲的な政治プロセスに従って奴隷制に反対するものだった。一八四〇年代、奴隷制に反対するホイッグ党政治家ジョシュア・R・ギディングズ、ウィリアム・H・スーアード、彼ら以上にこの点で活躍した自由党党首サルモン・P・チェースがこの方法を生み出した。方法は「連邦の自由」という呼び名で通り、連邦政府を「自由の、開かれた積極的な永久に続く同盟者」にし、南部以外のあらゆる司法の場で奴隷制を糾弾するものだった。例えば、ワシントンDCや準州、連邦要塞や兵器庫、州際奴隷取引といった場所がターゲットになった。一八四二年、「政府や国家は奴隷を所有せず、奴隷制は州法の産物であり、それを認め正当化する州だけのものだという原理を打ち立てねばならない」とチェースは書いた。連邦において奴隷制は「滅びる」と彼は信じた。

チェースの内面では深い信仰心が過度の野心、自尊心と一緒になっていた。それはともかく、結果的に、彼は奴隷や自由黒人を問わずアフリカ系アメリカ人の権利拡大に生涯尽力した。一八三〇年代半ば彼はシンシナティーの弁護士だったが、怒りの表現手段として奴隷制廃止論に惹きつけられた。シンシナティーの奴隷制反対論新聞を編集していたジェイムズ・G・バーニーの事務所を、暴徒が襲撃したことに彼は怒っていた。バーニーと協力して練られたチェースの計画は、憲法に違反することなく奴隷制を制限し、その廃止案を推進する間接的な手段を提供した。一八五〇年代から南北戦争時を通じて、その計画は共和党の司法見解の基礎にもなった(23)。

チェースは革命時代の法政治原理の解釈に議論の基礎を置いた。彼はジェイムズ・サマセットの判例を拠り所にした。サマセットは西インド諸島の奴隷で、彼の所有者にイギリスに連れて来られたが、自由を求めて訴訟を起こした。画期的な一七七二年の判決で、イギリスの最高法院長マンスフィールド卿はサマセットに自由を与えた。これは判決が公文書化される以前のものだったので、マンスフィールドの実際の判決内容は依然議論の対象になっている。彼の判決は比較的慎重なものだったようだ。判決によると、奴隷所有者が実力を行使して逃亡奴隷を捕まえたり国外に連れだしたりすることをイギリスの法律は認めていない、ということだった。イギリスにいる数千の他の奴隷を解放したり、奴隷制が存在するためには必ずそれを裏づけする司法制度が存在しているという一般原則を確認したりせずに、マンスフィールドはサマセットの言い分に理があるとした。しかし、サマセット判決は独り歩きをした。ヨーロッパとアメリカ両大陸の奴隷制反対運動家はこう考えた。奴隷制は「あまりに忌まわしく」、それを認めている司法の圏域から離れた奴隷は自動的に解放されるという法理論を判決が打ち立てた、と。判例で一番よく知られるようになったのが、サマセットの弁護士の言葉だった。イギリスの空気は「あまりにも澄んでいて、奴隷はそれを吸い込めない」。すぐに、サマセット原則、「自由の原則」として知られるこの考え方はイギリスのコモン・ローの一部になった。このおかげで、局地的な適法性しか持たなかった奴隷に対する財産権と、普遍的に認められる他の財産権との違いがはっきりとした[24]。

オハイオ州の弁護士だったチェースは、裁判所を説得し自分の見解を受け入れるように求めたが、あまりうまくいかなかった。彼は隷属状態から逃れようとした奴隷の弁護を数多く引き受けたので、「逃亡奴隷の司法長官」として知られるようになった。一八三七年、彼はマチルダを弁護した。マチルダは彼女の所有者と一緒にミズーリ州を出て、シンシナティーで逃亡した。その十年後、〈ジョーンズ対ヴァンザント〉裁判が起こり、オハイオ州の農民が九人の逃亡奴隷を匿ったとして罰金刑に処せられた。チェースは無報酬で、はるばる最高裁まで出向いた。そのとき、憲法には逃亡奴隷条項があるけれども、自由州に来た瞬間、逃亡奴隷は自由身分になる、と彼は主張した。驚くべきことではないが、彼はこうした裁判に負けた。マチルダは所有者のもとに返され、おそらく奴隷市場で売り飛ばされたのだろう。ヴァンザントも罰金を払った。だが、チャールズ・サムナーがヴァンザント判決について述べたように、チェースの議論は「民意に大きな影響を与えるだろう」。このとき、サムナーはマサチューセッツ州の若い弁護士で、奴隷制に反対する政治活動に乗り出したばかりだった[25]。

法的な状況次第で、サマセット原則は徐々に北部の法廷で認められるようになってきた。これは「通行」権に関するものだった。つまり、南部の奴隷所有者は、奴隷制をすでに廃止した州に自分の奴隷を連れ込める権利を持っていた。一八三〇年代まで、北部諸州はふつう通行権を認めたが、中には所有者が奴隷を連れ移動できる期間を定める州もあった。だが、次第に、北部の法廷は奴隷法が自由州に及ぶことを否定するようになった。一八三六年、マサチューセッツ州最高裁長官レミュエル・ショーは、逃亡奴隷を除き、州にやって来た奴隷が全員自由身分であると言った。翌年、コネティカット州の法廷は同じ原則を認めた。一八四一年、ニューヨーク州議会はこれに倣い、他の州もすぐに追随した。[26]

イリノイ州の法廷も法律で奴隷制を擁護することから手を引き始めたが、そのスピードは大変遅かった。一八四三年に至っても、奴隷州の法律がそれ以外の領域にも及ぶことを州最高裁は認め、こう言った。「ケンタッキー、ヴァージニア、メリーランド州」やその他の地域の「数多くの奴隷所有者は奴隷を連れて自由かつ安全に」イリノイ州を「通行してきた」と。この点で、ニュージャージー州を除いた北部諸州の中で、イリノイ州は最も積極的に奴隷通行権を認めていた。だが、一八四三年の判決は奴隷制を擁護する最後のものになった。二年後、初めて、一七八七年の北西部領地条例の後に生まれた者は全員州内で奴隷として扱われないこと、所有者が州内に連れ込んだ奴隷も全員自動的に自由身分になることを州最高裁は宣告した。[27]

こうした勝利の陰には、世間から嫌われる危険を冒して逃亡奴隷を法廷で弁護したり、黒人年季奉公という長く定着してきた制度に反駁したりした多くの弁護士のたゆみない努力があった。ジョン・M・パルマー、ギュスターヴ・コーナー、オーヴィル・H・ブラウニングは全員後に共和党政治家になったが、彼らは長期の年季奉公で使役された黒人が自由身分だと主張し、無報酬で訴訟を引き受けた。一八五〇年代、リンカンの弁護士事務所共同経営者ウィリアム・ハーンドンも無報酬で逃亡奴隷を弁護した。州で最も有名な奴隷制反対論の弁護士はライマン・トランブルだった。トランブルはコネティカット州生まれで、一八三〇年代、ジョージア州で教師をしていた。その後、イリノイ州に移り、弁護士業を始め民主党員になった。一八四〇年代、彼は年季奉公で使役されてきた黒人の弁護を数多く引き受けた。リンカンと同じく、トランブルはケンタッキー、テネシー州出身者の住む地域にいた。イリノイ州の奴隷制の残滓に反対するためには政治的勇気が必要だったが、トランブルの経験によると、奴隷に友好的でありながら選挙に勝つことは可能だったのだ。一八四八年、彼は州最高裁判事に選ばれ、一八五二年、ほとんど抵抗なく再選を果たした。[28]

一八四二年、リンカンは再選立候補をせず彼の州議会でのキャリアは終わったので、それ以降、弁護士業で生計を立てた。オハイオ川周辺諸州の弁護士なら誰でも、望めば逃亡奴隷関連の訴訟を扱えた。リンカンは一八四〇年代から五〇年代にかけて黒人関連の訴訟を引き受けたり、自ら進んで奴隷制反対運動を手助けしたりする弁護士ではなかった。弁護士としてのキャリアを通じて、彼は五〇〇〇以上の案件を扱ったが、そのほとんどが借金や土地権利証書、離婚といった些細な問題だった。彼の案件の三四パーセントだけが何らかの形で黒人を扱ったものだった。そのほとんどが離婚や借金取立、契約問題や財務処理といった日常茶飯事だった。財務処理に関して、リンカンは自分が力添えをしていたスプリングフィールドの理髪師ウィリアム・フローヴィルの税金問題を時々扱った。[29]

リンカンの案件には、イリノイ州における「白さ」の法的重要性を示すものが二つあった。従って、黒人と親しくしている、あるいは黒人の血が混じっていると告発された白人は、自分の世間体と法的身分を回復しなければならなかった。一八四四年、リンカンはアンブローズ・エドワーズ夫妻を弁護した。夫妻は、エドワーズ夫人が「黒人との間に出来た子供を育て」ていた、と中傷する他の夫妻を訴えた。陪審はこれが中傷に当たると結論し、エドワーズ夫妻を支持した。相手の夫妻が上訴した際、エドワーズ夫妻はリンカンを雇い、自分たちの弁護を頼んだ。異人種混淆〔異なる人種の男女が性的関係を持つこと。特に、黒人男性と白人女性の関係が大問題になった〕をほぼ完全にタブーとしている州の状況下で、夫人がそれに関わったと中傷する重大性を考慮するように、リンカンは州最高裁に求めた。だが、法廷は彼の主張を退け判決を覆し、中傷は必ずしもエドワーズ夫人の異人種混淆、姦通を意味しているわけではなかった、と結論した。実際にこの二つを犯していたら、夫人は罪に問われていただろう。

リンカンがウィリアム・ダンジーを弁護した、一八五五年の訴訟も似たようなものだった。ダンジーの肌は茶色く、「黒人のビル」「黒人」と言って自分を中傷した義理の兄弟を彼は訴えた。ダンジーは混血人の血を引いているらしい、とする宣誓証書が法廷に提出されたが、リンカンはこの証書の正当性に反駁した。実際のところダンジーはポルトガル人だ、とリンカンは陪審に説明した。さらに、「私の依頼人は黒人ではない。もちろん、黒人であることは罪にならないが。同じように、白人が黒い肌に生まれついていても罪にはならない」と言った。リンカンは賠償金六〇〇ドルと弁護料を得た。もし彼が訴訟で負けていたならば、ダンジーは投票権を剝奪され、イリノイ州黒人取締まり法に従って、白人女性と結婚していたかどで罪に問われていただろう。状況によって、イリノイ州法は「黒い肌に生まれつく」ことを罪だとしていた。(30)

リンカンの案件の多くは、ほとんど記録に残っていない。リンカンは逃亡奴隷を匿ったとして訴えられた人物を弁護したことが数件あったようだ。一八四五年、そのような案件で、陪審は被告人に無罪を言い渡し、リンカンとハーンドンは弁護料五ドルを得た。(31) きちんと記録が残っている二件では、リンカンは、イリノイ州に住む奴隷が自動的に自由身分になるのかどうか、という意見の分かれる問題を扱っていた。

二件のうち、より古い裁判は一八四一年の〈ベイリー対クロムウェル、マクノートン〉だった。これはイリノイ州で黒人売却が依然可能なのかどうかを問うものだった。デーヴィッド・ベイリーはネイサン・クロムウェルから黒人女性ナンス・レジンズ・コックスを買い取るという約束手形にサインしていた。彼女が年季奉公召使あるいは奴隷だとクロムウェルが証明するということで、双方は合意した。一三年前、レジンズ・コックスは自由を求めて訴えたが、その試みは失敗に終わった。明らかに、彼女は自分が自由身分だと信じ込んでいたので、無報酬でベイリーに使役されるのを拒否した。六ヶ月後、彼女はベイリーのもとを去ったが、「始終、自分は自由身分だと考え、言い触らしていた」。クロムウェルが亡くなると、彼の不動産管理人は約束手形の支払いを求めて、ベイリーを訴えた。ベイリーは拒否し、リンカンと彼の事務所共同経営者ジョン・トッド・スチュアートを雇い、自分の弁護を頼んだ。

クロムウェルが取引に必要なレジンズ・コックスの奴隷身分証書を渡していないので、契約違反をしている、従って、ベイリーに支払う義務はない、とリンカンは主張した。だが、地裁はベイリーが支払わなければならないとしたので、ベイリーは上訴した。巡回裁判所〔コモン・ロー制度では、裁判所が未整備な時代、判事が各地を巡回して裁判を行った〕は判決を覆し、判事はこう言った。反証がなければ「我が州の法論では、肌の色に関係なく万人が自由身分である」と直前の開廷期間に我々は決定していた。反証が提出されなかったので、この論はレジンズ・コックスに適用されなければならない。「自由人の売却は違法だ」と。レジンズ・コックスは八人の子供を産んだ。後に、自分の子供たちはみな「生まれながらに自由だ」と彼女は誇らしげに語った。判決は奴隷制、イリノイ州の年季奉公を違法だとはしなかったが、奴隷を所有していると言い張る人物に証拠提示義務をはっきりと課すものだった(32)。

レジンズ・コックスの自由を勝ち得た六年後の一八四七年十月、リンカンは、逃亡奴隷を取り戻そうとする奴隷所有者を弁護した。一八三六年、ケンタッキー州民ロバート・マットソンはイリノイ州コールズ郡に広大な土地を購入した。毎年、彼は奴隷をこの農場で働かせ、その後でケンタッキー州に連れ戻していた。翌年には、他の奴隷を農場に連れ込み、司法告発を免れていた。だが、アンソニー・ブライアントという奴隷だけはイリノイ州に長期滞在をして自由を勝ち取り、マットソン農場を監督していた。一八四五年、アンソニーの妻にあたる女性奴隷ジェーンは五人の子供を連れて農場で暮らすようになった。詳しい日付は分からないが、一八四七年、どうやらジェーン・ブライアントと農場の白人家政婦との間に諍いがあり、家政婦はジェーンと彼女の子供全員を「もっと南の綿花畑に」売ってやると脅した。そして、マットソンは子供の一人をケンタッキー州に送り返した。驚いたアンソニー・ブライアントは近くに住む二人の奴隷制廃止論者に助けを求めた。一人はイリノイ州オークランドの宿屋経営者ギデオン・アシュモアで、もう一人は内科医ハイラム・ラザフォードだった。二人はブライアントに彼の家族を宿屋へ寄こすよう忠告したが、イリノイ州黒人取締まり法上、逃亡奴隷を匿うことは犯罪だった。ブライアントは忠告に従ったので、マットソンは奴隷を取り戻そうと、元州司法長官アッシャー・F・リンダーと組んだ。十年前、リンダーは暴徒を率い、州奴隷制反対協会の初会合をぶち壊していた。元々民主党員だった彼は、先頃ホイッグ党に鞍替えしており、リンカンの友人にもなっていた。（一八五〇年代に、再び民主党に鞍替えした。）リンダーは治安判事を説得し、ジェーン・ブライアントと彼女の子供を監獄に移させた。一八四七年秋まで、ジェーンたちはそこで暮らした。マットソンは黒人取締まり法の他の条項を持ち出して、自分の奴隷に逃亡を唆した奴隷制廃止論者を相手に、二五〇〇ドルを求めて訴訟を起こした。

一八四七年十月、〈ブライアントに関して〉と奴隷制廃止論者に対する訴えという二つの裁判はコールズ郡巡回裁判所で開かれた。奴隷制廃止論者はリンカンに自分たちの弁護を頼んだ。ラザフォードの後の回想によると、すでにリンダーを介してマットソンを弁護しているので二人の弁護はできない、とリンカンは言ってきた。彼はすぐにマットソン側を離れ、ラザフォードの弁護を申し出たが、プライドを傷つけられたラザフォードはそれを断った。従って、リンカンはマットソン側につき、リンダーの補佐として、ジェーン・ブライアントと彼女の子供の法的身分問題、奴隷制廃止論者に対する訴えの両方を扱った。廃止論者側についた弁護士オーランド・B・フィックリンはイリノイ州民主党下院議員で、自由州に足を踏み入れた人物は誰でも自動的に自由身分になるというイギリスの判例を持ち出した。一方、リンカンはこう主張した。「通行」の原則が当てはまる。ブライアント一家はイリノイ州に一時滞在をしているだけで、マットソンも彼らをケンタッキー州に連れ戻すつもりでいる。従って、彼ら奴隷はマットソンに返されるべきだ、と。法廷記録によると、マットソンが「極めて親切で寛大な主人」だとする証言もリンカンは行った。

コールズ郡判事はこう主張した。訴訟は「奴隷制という抽象的な問題」ではなく、法に関わるものだ。フィックリンの議論を引いて、判事はこう言葉を継いだ。奴隷制は局所的な制度であり、他州からの逃亡奴隷を除いて、奴隷が自由州に足を踏み入れた瞬間に、「彼の所有者の権利は消失し、自由身分になる」。（マットソンがブライアント一家をイリノイ州に連れてきたので、憲法の逃亡奴隷条項は彼らには当てはまらなかった。）ブライアント一家は二年間イリノイ州に住んでおり、これは通行権で予想される滞在期間を大幅に超えているが、たとえ滞在期間が「一日だけ」であったとしても、彼らは奴隷ではなくなっている、と。判事は奴隷制廃止論者に対するマットソンの訴えも却下した。このように、リンカンではなく、オーランド・B・フィックリンのおかげで、サマセット原則がイリノイ州で採用された。皮肉なことに、自由州に住む奴隷が必ずしも自由身分になるわけではないというリンカンの見解を、最高裁長官ロジャー・B・トーニーは十年後の〈ドレッド・スコット〉判決で採用し、北部全域を驚かせた。結局、ブライアント一家はリベリア〔西アフリカの国。アメリカの解放奴隷が建国〕へ行ったが、この結末は解放奴隷が喜んで合衆国外へ植民するというリンカンの後の見解に影響を与えたかもしれない(33)。

全体として、黒人関連の少数の案件で、リンカンは奴隷制に反対する原則を打ち出したり政治論争を生み出したりしようとするのではなく、法律の条文に忠実であろうとした。〈ダンジー〉中傷裁判で、自分は黒人取締まり法に反駁しているのではなく、現実に自分の依頼人はその適用の範囲外にいる、とリンカンは証拠を根拠に主張した。〈ベイリー〉裁判では、レジンズ・コックスが奴隷だという証拠がない点を彼は衝いた。おそらく、〈マットソン〉裁判がリンカンの弁護士キャリアの中で最も論争を呼ぶものだろう。リンカンは女性と四人の子供を隷属身分に戻そうとしただけでなく、黒人取締まり法を盾に、彼らの逃亡を助けた人物から損害を受けたと言う依頼人を弁護した。リンカンは補佐役として、極端な反奴隷制廃止論者リンダーと組むことも気にしなかった。リンカンは北部全域にわたって先頃採用された判例と矛盾する立場をとった。フレデリック・ダグラスがこの裁判について言っていたように（リンカンの名前は出していないが）、「こうしたこと全体が、全く同じ一つの原理を確認する判決で再び明示されたので、この種の裁判が再び蒸し返されることはないだろう[34]」。

リンカンがマットソンを弁護したからといって、彼は奴隷制を肯定していたわけではない。自分がリンカンに依頼したのは「奴隷制という罪悪に対する彼と自分の見解が完全に一致していたからだ」とラザフォード医師は後に語った。だが、ライマン・トランブルやサルモン・P・チェースのような奴隷制反対の弁護士とは違って、リンカンは個人的見解と法律業務をはっきり分けて考えていた。むろん、弁護士は自分と異なる信条や関心を持つ依頼人を弁護することもある。当事者主義〔原告、被告の双方が判事、陪審の前で公平にやりあえる原則。要は、コモン・ローにおいて、法律は法律家のためではなく、原告、被告といった当事者のためにあるとするもの〕は法廷に立つ万人が法の弁護を享受できる点に基礎を置く。ただ、リンカンがこの訴訟を引き受けなければならない理由はどこにもなかった。リンカンの容疑を晴らそうと、十九世紀後半に彼の伝記を書いたジェシー・W・ウィークはこう主張した。実際、この仕事に不満のあった未来の大統領は訴訟を投げ出し、マットソン寄りの議論をほとんどしなかった、と。もし本当なら、リンカンの態度は重大な法倫理違反だろう。事実、原告、被告側とも担当弁護士は「格別有能に」自分の議論を組み立てていた、と法廷意見は述べていた。いずれにせよ、もしリンカンが生計を立てねばとの思いからマットソンを弁護したのならば、彼はがっかりすることになった。マットソンは憤慨してイリノイ州を立ち退き、リンカンの弁護料も支払わなかった[35]。

リンカンがマットソンを弁護し、イリノイ州法では自由身分であった家族を隷属身分に戻そうとしたことは言い訳のできない事実であるようだ。一八四七年までに、彼は駆け出しの弁護士ではなく、イリノイ州法曹界の立派な一員になっていたし、その直後にワシントンで国会の議席を占めたのだ。一八五〇年代には、スティーブン・A・ダグラスと、奴隷制が「可決されようと否決されようと」自分はどちらでも構わないというダグラスの主張をリンカンは何度も非難した。だが、リンカンが原告、被告両方を弁護しようとしたマットソン裁判では、彼は危険なまでに奴隷制に関するこの種の道徳的、イデオロギー的中立主義に近づいた。[36]

リンカンの伝記作者デーヴィッド・ドナルドが主張するように、マットソン裁判に意義があるとすれば、それはリンカンがこの時点まで奴隷制問題に対する考えを固めていなかったことである。[37]むしろん、主に一八三七年に行った「抗議」のために、彼は奴隷制に反対する政治家という評判を得ていた。だが、彼の奴隷制反対論は、それがホイッグ党での活動や弁護士業務に影響を与えるという点にまでは達していなかった。しかし、初めて、自分が奴隷制に関する見解を表明し、政治的判断をしなければいけない段階にリンカンは差し掛かっていた。

一八四七年十月十六日に、リンカンはマットソン裁判で議論した。翌日、彼はスプリングフィールドに戻り、一週間後国会での議席を占めるために家族と共にワシントンに向けて出発した。途中、妻メアリーの一族が暮らすケンタッキー州レキシントンでリンカン一家は三週間滞在した。十一月十三日にレキシントンでヘンリー・クレイが演説した際、ほぼ確実にリンカンはその場に居合わせていただろう。クレイはジェイムズ・K・ポーク大統領が始めたメキシコ戦争をアメリカの「侵略」と非難し、宣戦布告が検討された際、国会にいたならば、「自分は決して賛成票を投じなかっただろう」と断言した。続けて、クレイは奴隷制拡大のための領地獲得に反対し、奴隷制が「巨悪」だという自身の「有名な」信念を繰り返した。「この国の空気を吸ったり、境界内にいたりする奴隷が一人もいなければ、私は大喜びするだろう」。だが、奴隷制廃止論の煽動は段階的奴隷解放の可能性を損なうだけだ。アメリカ植民協会は奴隷制問題に対して「慈悲深い」解決策を提供し、「解放奴隷が我々と共に住み続ける事態」という奴隷解放の最大の障害を取り除く。自分は約五〇年前にケンタッキー州での段階的奴隷解放案を提唱した、とクレイは聴衆に語った。(38)

この十二日後、リンカン一家はワシントンへ出発した。そこで、リンカンは連邦の舞台に初登場し、奴隷制問題に対する具体案を初披露することになった。

3

十九世紀政治の奇妙なところは、国会議員選挙と当選者の初召集との間に一年以上の間隔があることだった。一八四六年に選挙された第三〇次国会は、四七年十二月に召集され、メキシコ戦争がらみの複雑な問題を扱った。上院では、ほぼ二対一の比率で民主党員がホイッグ党員に勝ったが、下院ではわずかながらホイッグ党が優勢だった。議員としてのキャリアにおいて、リンカンが多数派に立ったのはこのときだけだった。だが、両党とも特に将来の奴隷制拡大問題を巡って内部分裂していた。第二九次国会の閉会間際の一八四六年八月、ペンシルヴァニア州選出議員デーヴィッド・ウィルモットは、メキシコ戦争で獲得した土地には奴隷制が適用できないように歳出予算案を修正しようとした。このウィルモット条項は下院で可決されたものの、上院では否決された。条項のために、両党は派閥間で分裂し、奴隷制問題がアメリカ政治の中心を占める新しい時代が生まれた。

リンカンの国会議員在職中、条項は形を変えながら何度も下院に提出された。北部ホイッグ党員は一人残らず条項を支持したが、明らかに党内の南部派の怒りをもっと恐れていた北部民主党員の意見は分かれた。例えば、一八四八年二月、下院に審議延期で条項を葬り去ろうとする動きがあったとき、リンカンを含む七一人の北部ホイッグ党員は全員反対票を投じたが、北部民主党員の意見は分かれ、二六対二一で賛成多数だった。一方、両党の奴隷州出身議員はみな奴隷制を擁護した。条項の審議延期に賛成したのは七八人で、反対したのは一人だった。（反対した唯一の議員はデラウェア州ホイッグ党員のジョン・ヒューストンだった。）国会議員在職中、リンカンは条項を支持し続けた。一八五四年、「おそらく、少なくとも四〇回は条項に賛成票を投じただろう」と、やや誇張して彼は言った。[39]

奴隷制を巡る白熱した議論が国会議事録を埋め尽くした。ある議員はこう不平を述べた。「この下院の注意を引く議題は黒人奴隷制だけだ。（中略）毎週、毎日、朝から晩まで、奴隷制に関する事項を差し挟む機会のないものは、ここでは話されもしないし、聞いてももらえない」と。[40] あらゆる州の代表が長い演説をし、演説は『コングレッショナル・グローブ』に印刷され、通常、パンフレットとして彼らの支持者に配布された。だが、リンカンが議論にどれほど大きな貢献をしたのかを知ろうと『グローブ』を見ても、それは徒労に終わってしまう。

一八四七年十二月から四八年八月まで続いた国会の第一期は、間近に迫った大統領選を睨んで行われた。すぐにリンカンはヤング・インディアンズ〔ホイッグ党内の派閥〕と知り合いになった。彼らはホイッグ党国会議員の一団（ほとんどが南部人で、そのうちの一人がこの後アメリカ南部連合国副大統領になるアレクサンダー・H・スティーブンズだった）で、戦功華々しいメキシコ戦争将軍ザカリー・テイラーを大統領候補に推していた。テイラーはルイジアナ州に砂糖大農園と一〇〇人以上の奴隷を持っていた。リンカンはホイッグ党の意見統一と大統領選での勝利の見込みを損なうのを恐れて、奴隷制については何も語っていなかったようだ。最初の演説で、彼は奴隷制ではなくメキシコ戦争をテーマに選んだ。これは北部と南部のホイッグ党員で意見の一致している問題だった[41]。

国会が召集されるまでに戦争は終わり、アメリカ軍がメキシコの首都を占領した。和平条約締結交渉も進行中だった。にもかかわらず、ほとんどのホイッグ党員は、ポーク大統領がアメリカ人を騙して戦争を始めた、と信じ続けていた。一八四六年の国会議員選で、リンカンは戦争についてほとんど何も語っていなかったが、集会の演説では、軍隊への登録を呼びかけていた。マニフェスト・デスティニー〔アメリカ人がアメリカ大陸を征服することは神が定めた使命だとする思想〕の精神が根付いているイリノイ州では、戦争を支持する人が多かった。一方、ある議員の言葉を借りると、戦争は「両党の対立を象徴する問題」になっていた。その証拠になるのが一八四八年一月三日の出来事である。下院はテイラー将軍とアメリカ軍に対する感謝決議〔ある人や物に対して感謝の意を表するために採択された決議。法的な拘束力はない。例えば、カリフォルニア州議会は醤油に感謝を示すために、キッコーマン感謝決議を採択したことがある〕の採択をとった。マサチューセッツ州ホイッグ党員のジョージ・アシュマンはその序文に「合衆国大統領が不必要にして、かつ憲法違反して開始した戦争において」という表現を付け加えるように提案した。下院で、アシュマンの修正案は八二対八一で可決された。北部、南部といった選出地域に関わらず、民主党員は全員反対票を投じた。一方、（リンカンを含めた）ホイッグ党員は、一人を除いて全員賛成票を投じた[42]。

九日後、リンカンは初演説を行ったが、それは大統領を徹底的に非難するものだった。その前に、メキシコ人の侵略が戦争を引き起こしたとされる、アメリカ国内のその「場所」をポークが国会ではっきり示すように求めた決議案をリンカンは提出していた。それがテキサス州とメキシコの国境だと主張し、「戦争が始まったのはアメリカの領域内だ」という発言の証拠を示さないポークをリンカンは批判した。この問題に関するポークの議論は全て「完全なペテン」だ。「ポークは自分が間違っていることをしっかり悟っている。（中略）アベル〔アダムとイヴの子。兄カインによって殺された〕の血と同じく、この戦争で流された血は天国で自分を批判している、とポークは感じている」と、珍しく感情的な言葉でリンカンは非

難した。(43)

リンカンは大変熱心に演説した。自分は「抜きん出たい」とリンカンは弁護士事務所共同経営者ウィリアム・ハーンドンに宛てて書いた。ニューヨークの新聞がリンカン演説の特徴を「早口で、身振り過多」だとしたように、彼の話し方には興奮が表れていた。一方、感情のこもったレトリックを用いているにもかかわらず、内容は、当時全国の多くのホイッグ党員が語っていたことの繰り返しだった。リンカンが演説した同月、ホイッグ党の国会議員はポークを史上二番目に無能な大統領だと評した（おそらく、ジャクソンが一番無能なのだろう）。大統領の戦争経緯説明が「ばかげている」と言う議員もいたし、大統領が「不正や残虐、悪徳行為」を犯したと非難する議員もいた。リンカンは戦争開始地点が「アメリカの国土ではない」と主張したが、多くのホイッグ党議員もそう言った。それだけに、大統領はすぐにアメリカ軍をメキシコから完全撤退させる命令を出すべきだとする党員に比べると、「戦争開始地点についての決議案」で大統領にさらなる説明を求めるだけのリンカンは穏健だったと言える。(44)

だが、イリノイ州はミズーリ州に次いで多くの志願兵をメキシコに送り出していただけに、リンカンの演説は州民の怒りを買った。民主党集会で、その演説は「裏切り行為」だとされた。自分も含めて、多くのイリノイ州ホイッグ党員も不愉快だと感じている、とハーンドンはリンカンに言った。一八四〇年代、リンカンの選挙区のホイッグ党員は、歴代の党首がそれぞれ一期ずつ国会の議席を占めることで合意していた。従って、党はリンカンを候補として再指名できなかった。ところが、一八四八年、メキシコ戦争に対してリンカンがとった立場のために、彼の後任の候補スティーブン・T・ローガンは落選したようだ。それ以降のキャリアを通じて、リンカンはこの立場表明に対する非難に悩むことになった。一八五八年の論争で、スティーブン・A・ダグラスはリンカンがメキシコ戦争時、敵側と通じていたと幾度となく非難した。一八六三年、リンカンは、反戦演説で軍への登録を妨げたとして、オハイオ州選出の国会議員クレメント・ヴァランディガムを逮捕させたが、その時に至っても、同じ原則を適用すればメキシコ戦争時、リンカンも逮捕されていたろうに、と民主党員は当てこすった。(45)

リンカンのポーク批判は、メキシコ戦争の結果ではなく、その開始の経緯に関連していた。他の多くの北部ホイッグ党員とは違って、リンカンはポークがメキシコの領土を接収し奴隷制を拡大したと非難することはなかった。実際、リンカンははっきりと、戦争が「奴隷州の数を増やすために始められたわけではない」と言っていた。彼は奴隷制のような意見の分かれる問題を一八四八年の大統領選の争点にしたくなかったが、多くの北部ホイッグ党員は逆だった。いわゆるホイッグ党良心派は、ザカリー・テイラーの候補指名大会を「ホイッグ党原則の抹殺」と言い、民主党員でありながら奴隷制拡大に反対する勢力と手を組み、自由土地党〔共和党に吸収され、短命に終わった第三政党。奴隷制の西方拡大に反対するために結党された〕を組織した。そして、彼らはマーティン・ヴァン・ビューレンとチャールズ・フランシス・アダムズを候補者に指名した。自由土地党は熱狂の渦を巻き起こしたので、北部民主党、ホイッグ党は、その攻勢を食い止めようと、奴隷制の西方不拡大路線を約束した。にもかかわらず、北部でヴァン・ビューレンは約一五パーセントの票を獲得し、新党の実力の程を示した。元大統領ヴァン・ビューレンと二人の大統領を父と祖父に持つアダムズがそれぞれ所属の党を離脱し、奴隷制不拡大路線だけでなく、連邦政府の奴隷制拒否を求める自由党の意見も含む綱領を打ち出したことで、奴隷制反対論がついに「政治の重要項目」になった、とウィリアム・H・スーアードは述べた。(46)

一八四八年八月、国会の会期が終わるとすぐに、リンカンはマサチューセッツ州各地を巡回し、テイラーを推薦する選挙演説を行った。自由土地党との違いを出すために、リンカンはホイッグ党こそが真の奴隷制反対党だと言った。テイラーはウィルモット条項には賛成しなかったが、議会の優越を信じるホイッグ党の一員だけに、今度条項が議会で可決されれば、それに拒否権を行使しないだろう。だが、民主党は奴隷制の西方拡大を認めている。一八四四年、奴隷制反対論者の票が割れたので、ポークが大統領になった。その過ちを繰り返さないように、自由土地党員もテイラーを推すべきだ、とリンカンは主張した。(47)

選挙遊説中、リンカンはウィリアム・H・スーアードと綱領を共有していた。スーアードもテイラーを推していたが、彼の演説は奴隷制問題にもっと踏み込んでいた。奴隷制反対運動に関して、スーアードはリンカンよりももっと経験豊富だった。ニューヨーク州知事在任中、スーアードは裁判で係争中の逃亡奴隷の引き渡しを拒否し、黒人のために投票権の財産資格撤廃を支持していた。彼はホイッグ党を奴隷解放に賛成する党だと捉え、奴隷制が「道徳力によって、諍いなく、民意を完全に反映させて」廃止される未来を心待ちにしていた。どうやら、スーアードはホイッグ党の将来が奴隷制反対の北部人と未来志向の南部人を連合し、一致して段階的奴隷制廃止に当たることにあると見ていたようだ。対照的に、依然リンカンは奴隷制論争が、彼自身の言葉で言う「混乱を招く事態」、自身が尊重する党内の意見一致と連邦、憲法の存続両方を危険に晒すものだと見ていた。(48)

テイラー当選直後の一八四八年十二月、第三〇次国会の第二会期が召集された。奴隷制問題が再燃し、今度は首都ワシントンでの奴隷制廃止を求める形をとった。リンカンがかなりの数の黒人と一緒に暮らした初めての地であるワシントンDCの人口は五万二〇〇〇人で、そのうちの三七〇〇が奴隷、一万が自由黒人だった。一八三〇年代以降、この地の奴隷制は廃止論運動の焦点だった。多くの北部選出国会議員は奴隷制と奴隷取引施設の存在が自由の国の首都に矛盾していると考えていた。そういった施設の中には、連邦国会議事堂から見えるところで、奴隷取引を行っているものもあった。

ワシントンDCでの奴隷制反対運動はジョシュア・R・ギディングズによって率いられた。彼はオハイオ州西部保留地〔現在のオハイオ州北東部〕選出の議員で、その地にニューイングランド人が移植してきたため、北部で最も奴隷制反対論が根強い地域だった。一八四二年、奴隷の抵抗権を認める議案を提出し下院で譴責処分を受けたギディングズは議員辞職した。そして、彼は改めて再選を果たしていた。六年後、彼は自由土地党を発足させたバッファロー集会に出席した。そこで、自分は「無数の善良な市民が、党の偏見を乗り越え、自由と人間性を求める」姿を目撃した、とギディングズは妻に手紙を書き送った。同年秋、彼は、リンカンと同じく、マサチューセッツ州を遊説したが、それはホイッグ党ではなく自由土地党のためだった。ところで、偶然の中の偶然だったが、ワシントンでのリンカン宅は、ギディングズが住み、奴隷制に反対する彼の同志が集まる寄宿舎にあった。ギディングズの同志には、ニューハンプシャー州選出のエイモス・タック、マサチューセッツ州選出のジョン・G・ポールフリー、ニューヨーク州選出のダニエル・ゴット、条項で有名になったデーヴィッド・ウィルモットといった国会議員がいた。奴隷制に対する政治的意見に関して、リンカンは彼らよりもはるかに穏健だったが、ギディングズと同じ場所に住んだことで、リンカンの奴隷制観は押し広げられた。彼はギディングズと協力して、首都での奴隷制廃止に関する自分自身の案を推進しようとした(49)。

国会召集から一週間足らずで、ポールフリーはワシントンDCでの奴隷制と奴隷取引を廃止する法案提出許可を求めたが、下院は却下した。数日後の一八四八年十二月十八日、ギディングズは自身の法案を提出し、ワシントンでの奴隷制の将来に関する一般投票実施を求めた。その投票では、「全ての住民男性」が投票用紙にある「奴隷制」か「自由」のどちらかに印をつけることになっていた。ミシシッピ州選出のパトリック・トムキンズはギディングズがその文言で奴隷や自由黒人の投票も意味しているのかを質したが、ギディングズはその通りだと返した。もしトムキンズが奴隷だけでなく奴隷所有者の住民投票も認めないのならば、自分はそれでいいと言うだろうが、「奴隷の運命を奴隷所有者の自由裁量に委ねると言うのならば」自分は「絶対に同意しない」とギディングズは言った。すぐに下院は彼の法案審議を棚上げにした。ワシントンの奴隷制反対論の新聞『ナショナル・エラ』でさえ、法案が極端すぎると評した。そして、十二月二十一日、ダニエル・ゴットは、ワシントンの奴隷制ではなく奴隷取引を廃止する法案を司法委員会に検討させる決議案を提出した。その序文は、奴隷取引が「生得的公平性」、キリスト教、「共和国の自由に反している」とした。ゴットの決議案を審議延期に追い込む動議は頓挫し、下院は決議案を認めた。だが、数日後、議員は議案承認を再審議すべきかどうかを問う投票を二週間後に行うことで同意した。

党、派閥両方に対する忠誠心がこれらの議論に影響した。自由土地党の攻勢を受けて、多くの北部選出議員は自分が奴隷制に反対していることを示したがった。リンカンは常に派閥間対立が党内政治を分断してしまうことを恐れていた。しかも、国会での任期が切れかかっていたリンカンは、積極的に次期大統領テイラーからの官職任命を獲得しようとしていた。そして、テイラー派は奴隷制に関する議論を抑圧しようとしていた。こうした事柄がリンカンの行動方針にどの程度影響を与えたのかはよく分からない。ただ、十二月にあった投票で、リンカンは他のほぼ全ての北部ホイッグ党員とはっきり異なる行動をとった。つまり、四九人の北部ホイッグ党員は、ポールフリーのワシントンDCでの奴隷制廃止法案提出に賛成し、リンカンを含む六人が反対した。ギディングズの奴隷制廃止法案の審議延期に賛成したのは十人で、リンカンもそのうちの一人だった。五五人は反対していた。ゴットの決議案の審議延期に賛成した北部ホイッグ党員は四人で、リンカンもそのうちの一人だった。五五人は反対していた。下院がこの決議案を採択した際、北部ホイッグ党員の投票は賛成六五反対三で、リンカンは少数派に属していた。一連の投票でリンカンと同じ行動をとったのは、北部ホイッグ党員の中で最も保守的なインディアナ州選出のジョージ・W・ダンとリチャード・W・トンプソンだけだった。リンカンの「奴隷制反対論教育はまだ始まったばかりだった」と、共和党急進派ジョージ・W・ジュリアンは後の回想で語っていた[50]。

もし議論がここで終わっていたならば、リンカンはギディングズが批判するタイプの政治家だという ことになるだろう。それは、新政権での職探しに汲々とする余り、次期大統領と歩調を合わせ、奴隷制問題を抑圧しようとした政治家である。だが、一八四九年一月初め、リンカンは未だ政府での仕事を探していたが、ギディングズの日記によると、彼は「ワシントンDCでの奴隷制廃止決議案を準備」するようになった。少なくとも二回寄宿舎で、リンカンはギディングズに法案の下書きについてのアドバイスを求めた。二人はホイッグ党員でワシントンDC市長のウィリアム・W・シートンに会い、法案を議論した。一八四九年一月十日、下院で、ゴットのワシントンDCでの奴隷取引廃止決議案承認を再審議する動議が起こると、リンカンはもし再審議が可決される(つまり決議案が廃棄される)ならば、自身の法案を提出するつもりだと述べた。その案はワシントンDCの有力市民一五人の承認を受けているとリンカンは主張し、下院に法案を提出した[51]。

リンカンの法案の内容は以下のようなものだった。一八五〇年一月一日以降にワシントンDCで生まれた奴隷はみな、成人(具体的な年齢はまだ定められていなかった)に達するまで「年季奉公人」として所有者に仕え、その後自由を得る。彼ら以外の奴隷はみな、所有者が解放しない限り奴隷のままであり、所有者がそうした場合、連邦政府は金銭的補償をする。奴隷をワシントンDCから連れ出したり、そこに連れ込んだりはできない。ただし、政府役人、通行中の奴隷州民による場合は、この限りではない。同時に、ワシントン市当局は逃亡奴隷の逮捕に「積極的かつ効果的に」関わる。一月十日午後、四月に、法案は「自由身分の白人男性」ワシントンDC「市民」によって採決される。

リンカンは多数派に投票し、ゴットの決議案を再審議し否決した。多数派に与したのは、リンカンを含めて一七人の北部ホイッグ党員で、五〇人は動議に反対した。[52]

ジュリアンの後の記述に従えば、リンカンは、「まともに南部の側に立って」投票した自分がどうして突然ギディングズと協力するようになったのか、自分の案をどのようにしてまとめたのかについて全く説明しなかった。だが、法案の様々な要素に、リンカンが長年培ってきた見識とこれまでの奴隷解放のあり方がはっきりと表れていた。白人住民の承認を規定に設けようとするリンカンは、一八三七年の「抗議」で描き出した条件に固執していた。第1章で説明したように、金銭的補償は当時の奴隷解放の特徴だった。リンカンの一八六〇年大統領選用評伝によると、リンカンはワシントンDCでの奴隷制廃止を求めるポールフリーの最初の案に反対したが、それは、ポールフリー案が奴隷所有者に補償をしなかったからだ。逃亡奴隷関連の条項には、いかに忌まわしいものであろうと憲法上の妥協を遵守せねばならない、というリンカンの信念が表れていた。ある日付以降に生まれた奴隷にだけ自由を認めようとするリンカンは、北部諸州における奴隷解放の前例と、そうしたやり方を望んでいることでよく知られたヘンリー・クレイに従っていたのだ。年季奉公関連の条項には、西インド諸島におけるイギリスの奴隷解放の残滓が見て取れる。こうした規定は全て、奴隷制問題に対するリンカンの以降のやり方になった。リンカン・ダグラス論争でも、リンカンは、ワシントンDCでの奴隷制廃止に賛成する、だが、それは一八四九年に提案した方針を遵守する場合のみだと繰り返した。南北戦争の最初の二年間、彼は多くの段階的、金銭補償付の奴隷解放案を提示し、奴隷所有者の承認を得ようとした。奴隷解放宣言を出した一八六三年一月一日になって初めて、リンカンは奴隷解放に対するそれまでとは異なった方針に乗り出したが、その後でも、段階的奴隷制廃止や所有者への補償、年季奉公を自由のための妥協点だと口にすることもあった。[53]

ギディングズはリンカン案が「現時点で最良の法案」だと考えた。だが、国会議員ではない奴隷制廃止論者は驚いた。一八六〇年、リンカンが大統領選に出馬した際、この論争は再燃した。同年、奴隷制廃止論の講演家ウェンデル・フィリップスは、リンカンの法案に逃亡奴隷関連の条項があったことを受けて、彼に「イリノイ州の逃亡奴隷用狩猟犬」とあだ名を付けた。リンカン案は「奴隷制を肯定する妥協が生み出した、最もみじめで困惑している人々に何の保証もしていない」とフィリップスは非難した。これに対して、すぐにギディングズが立ち上がり、リンカンを擁護した。フィリップスは一八四九年の政治状況を考慮していない、と。リンカンが「党の桎梏をかなぐり捨て、人間性という大義の下で戦う人々と(中略)協力するようになった」ことを「英雄的」だとギディングズは評した。ギディングズの強力な後押しで、リンカンは、一八四九年一月の出来事を利用しながら、自分が奴隷制に反対していると証明できた。一八六〇年、このおかげで、共和党急進派はリンカンも奴隷制への怒りを共有していると確信したのだ[54]。

南部人は、ポールフリー、ギディングズ、ゴット案に関心がなかったのと同じく、リンカン案にも関心を示さなかった。案が公になった途端、ワシントンDCで「以前から自分を支持してくれた人々」に見捨てられたとリンカンは後に語った[55]。ところが、実際には、彼は法案を提出しなかった。リンカンが国会を去った後、ヘンリー・クレイによって提案され、イリノイ州選出の上院議員スティーブン・A・ダグラスによって可決に導かれた、一八五〇年の妥協〔奴隷制を巡っての、南部に対する北部の妥協案〕がワシントンDCでの奴隷取引を廃止した。その代わりに、強力な逃亡奴隷法が設けられ、メキシコから獲得した領域は奴隷制を禁止しなくても州に昇格できることになった。だが、奴隷商人はポトマック川対岸のアレキサンドリアに取引拠点を移しただけだった。ワシントンDCの奴隷制は一八六二年まで存続した。同年、廃止法案にサインしたリンカンは、法が奴隷所有者への金銭的補償を尊重していると喜んだ。

一八四九年初め、ワシントンDCの奴隷制を巡る議論が進行していたが、別の補償問題も国会に提出された。この問題にはルイスという奴隷が関わっていた。第二次セミノール戦争〔フロリダで起こったアメリカ合衆国対セミノール族インディアンの戦い〕時（一八三五～四二年）、フロリダで彼は合衆国軍に偵察隊員として雇われ、その後、セミノール族に捕われたか、彼らの下に逃げ込んだかした。ルイスの所有者の相続人アントニオ・パチェコは国会に一〇〇〇ドルの支払いを求めた。

〈パチェコ〉裁判は、南北戦争初期の大問題を先取りするものだった。それは、連邦政府は軍事作戦で戦死するか行方不明になった奴隷の補償を所有者にしなければいけないのか、あるいは、この議論の「核心」を説明したイリノイ州民主党員の言葉を借りると、「合衆国憲法は奴隷に対する財産権を認めているのか」という問題だった。補償に反対する冷静な演説で、ジョシュア・R・ギディングズはこう主張した。独立宣言、平等権原則は連邦政府にそのような財産権を認めてはならないとしている、と。少なくともこの事例において、多くの北部選出の国会議員は賛成した。というのは、セミノール戦争時、準州だったフロリダは連邦政府の支配下にあり、州法は適用されなかったからだ。ニューヨーク州選出のウィリアム・デューはこう言った。下院の全議員は奴隷が「奴隷州でのみ財産になる」と理解している。だが、憲法は「奴隷制を決して連邦レベルのものにしていない」。よって、軍がルイスを雇った時点で、彼は財産であることを止め、人間になったのであり、補償は違憲である、と。ある意味、〈パチェコ〉裁判では、突然「連邦の自由」という自由党の原則が国会での議案の中心を占めたのだ。[56]

南部選出議員はこれに驚いた。ヴァージニア州選出のリチャード・K・ミードはこう主張した。「地球上のあらゆる文明国は」政府が戦役での喪失財産を所有者に賠償しなければならないとしている。賠償を拒否すれば、奴隷に対する財産権の妥当性も否定することになる、と。これらの議論で、リンカンは発言しなかった。だが、北部ホイッグ党員のほぼ全員、北部民主党員の大部分と歩調を合わせて、彼は一貫して補償に反対票を投じた。賛否の拮抗状態が混乱を生み出し投票結果に影響した際、リンカンは立ち上がり、自分が反対票を投じたと言った。結局、下院はパチェコの相続人の訴えを認めた。だが、リンカンは以下のことをはっきりさせた。一八四九年までに他の北部人が考えていたように、自分も、奴隷に対する財産権が他の財産権とは大きく異なると考えている、と。(57)

一八四九年、第三〇次国会は休会になった。それは四十歳でリンカンの政治家としてのキャリアが終わることを意味していた。彼はテイラー政権の官職を獲得できなかったし、一八五〇年末、テイラーの死後に職を引き継いだミラード・フィルモアがリンカンを官職任命候補にしたが、これもうまくいかなかった。リンカンの政治的野心はほぼ閉ざされたようで、彼はイリノイ州に戻り法律業務に打ち込んだ。続く五年間、リンカンは奴隷制についてほとんど何も語らなかった。だが、一八五二年七月、彼は奴隷制に関する自分の考えを披露することになった。リンカンはヘンリー・クレイに対する頌徳文〔追悼演説、弔辞〕を読んだが、それは、リンカンにとっての理想の政治家クレイの死から一週間後、スプリングフィールドでのことだった。そこでリンカンは奴隷制に関して、その時点までで最も長い議論を展開した。彼の演説は、その夏に幾度となくなされた、クレイを賛辞する演説のほとんどと異なっていた。ほとんどの演説は、クレイを偉大な妥協者、一連の連邦離脱危機においてほぼ単騎で連邦を救い出した人物だと褒め称えた。一方、リンカンは、以前は自身も熱狂した、離脱危機の調停や経済計画といったクレイの業績には全く触れなかった。その代わりに、演説の大部分で、リンカンは「自由という大義」に対するクレイの貢献をやや誇張して話した。

リンカンはクレイの生涯を振り返って、「黒人奴隷制」が共和国「分裂」の第一原因だとした。一七九九年と一八四九年に、クレイはケンタッキー州憲法制定会議に段階的奴隷解放案を採択するように迫ったのだが、リンカンはこのことに触れた。彼は、二つの「両極」の中間点にいたクレイを賞賛した。一方は奴隷制廃止論者であり、彼らが奴隷制を非難するので、連邦は危機に陥っていた。もう一方は、奴隷制肯定論者であり、彼らは独立宣言にある人間の平等という大原則を否定するようになった。このやり方をリンカンは「白人専用の自由宣言」と言った。彼は、一八二七年のアメリカ植民協会でのクレイの演説をかなり長めに引用した。その演説でクレイは、奴隷制廃止に反対する人々が「我々の道徳を滅茶苦茶にしている」と非難した。一八五〇年代、リンカンはこの印象的な表現を演説で使用するようになった。また、人生で初めて、彼は自由黒人、解放黒人両者を、彼らが「長らく引き離されていた故郷」に送り返す計画を明らかにした。実際、リンカンはアメリカ人が、古代エジプト人と同じく、「捕囚の民を引き留めようとした」ためにいつか神罰を被るだろうと仄めかした（一八六五年、二度目の大統領就任演説で、彼はこの話題に再び触れた）。これまでリンカンは奴隷解放を植民と組み合わせたことはなかった。一八四九年に彼が示した奴隷制廃止法案に、解放奴隷の国外退去に触れている箇所はなかった。だが、これ以降、南北戦争突入後相当の時期まで、リンカンは植民案を支持した。クレイ同様、この時点でのリンカンは、黒人をアメリカ社会の一員としてではなく、故郷から無理やり不自然な形で引き離された民族集団だと見ていた。(58)

今から考えると、リンカンの演説はクレイだけでなく、彼の奴隷制反対政策への頌徳だと言える。むろん、クレイは半世紀にわたって段階的奴隷解放を支持したが、リンカンはそれが何も成し遂げなかったことを知っていた。一七九九年、初めてクレイはケンタッキー州の奴隷制廃止を提案した。一八四九年、憲法制定会議が開かれ、再びクレイは会議に廃止案を採択するように迫った。その間に、州の奴隷人口は四万から二一万に増加した。一八四九年の憲法制定会議の審議中、リンカンは弁護士業務でケンタッキー州レキシントンに滞在していた。奴隷制は新聞で大々的に扱われていた。ところが、代表の大部分は奴隷制を廃止することよりも、それを強化することに関心を寄せていた。

こうした出来事から、リンカンは教訓を得ていた。三年後、彼はこう書いた。自分は「諍いなく、奴隷制が消えてなくなる（中略）可能性に見切りをつけた。「他にも無数の理由があるのだが、中でも、一八四九年、クレイや「すでに亡くなった義理の父を含めた」他の善良な偉人がケンタッキー州での段階的奴隷解放を一歩も先に進められなかったので、自分はそのような期待を完全に捨てた」。革命時代以降、自ら進んで奴隷制を廃止した「州は一つとしてなかった」。「奴隷制の自然消滅を願う精神自体がすでに消滅した（中略）。我々アメリカ人が自発的に奴隷を解放するよりも、ロシアの歴代専制君主が王位を辞し、隷属臣民を自由共和国民にするほうが、まだあり得る話だ」と。そして、リンカンは次のように絶望調の書き物を締めくくった。[59]「奴隷制問題は強力すぎて、自分には扱えない。」「諍いのない、自発的な奴隷解放」などほぼ不可能だ、と。

だが、それに取って代わる他の手段はあったのか？　事実上、リンカンはクレイの奴隷制観をなぞりながら、自分の見解を説明していた。南北戦争突入後の相当の時期に達するまで、リンカンは、この演説でクレイと結びつけていた見解にこだわり続けた。それは、黒人は独立宣言の基本的人権を享受できる、奴隷制は段階的に、奴隷所有者の同意の下に廃止されるべきだ、奴隷制廃止は植民と一緒にしてなされるべきだ、といった見解だった。

クレイとリンカンが政治的キャリアを捧げてきたホイッグ党も頌徳されるべきだった。党大統領候補ウィンフィールド・スコットもメキシコ戦争の英雄だったが、一八五二年の大統領選で惨敗を喫し、わずかに四州を獲得しただけだった。同年、リンカンの義兄弟ニニアン・エドワーズは民主党に鞍替えした。リンカンはホイッグ党の選挙人だったが、一八三六年以降の大統領選の中で、このときが一番選挙に貢献できなかった。彼はごくたまに演説したが、[60]その内容のほとんどは、有権者にとって意味がなくなっていた昔ながらの経済問題だった。一方、一八五二年、奴隷制廃止論、自由土地党の有権者を惹きつけたホイッグ党国会議員候補は、イリノイ州北部の四地区で勝利した。シカゴで発行されていた新聞『ウェスタン・シチズン』は読者がエリヒュー・B・ウォッシュバーンに投票するよう呼びかけた。彼は奴隷制反対論のホイッグ党員で、この勝利を皮切りに八期連続で連邦下院議員を務めあげた。[61]

一八五二年までに、リンカンは奴隷制反対論を展開するようになったが、そこに一貫したイデオロギーはなかった。彼は奴隷制反対案に賛成票を投じてきたが、現行の政治制度の中で、反対案推進の手段をまだ見つけていなかった。ウィンフィールド・スコットの敗北がホイッグ党の未来に疑問を投げかけたとすれば、エリヒュー・B・ウォッシュバーンの勝利は北部政党の新連帯を予兆していた。この後の数年間、その連帯のおかげで、イリノイ州とアメリカの風向きは変わり、リンカンも再び政治に関わるのだが、そのとき彼は奴隷制拡大に反対する最も有能な政治家になっていたのだ。

第3章

「おぞましき不正」

共和党員の誕生

一八五四年十月十六日の晩、イリノイ州ピオリアの聴衆を前に、リンカンは奴隷制の西方拡大に関するアメリカの新政策を強く批判した。その九ヶ月前、スティーブン・A・ダグラスは連邦上院に、ネブラスカ準州の州昇格に関する法案を提出していた。ネブラスカはルイジアナ購入〔一八〇三年、アメリカはミシシッピ川とロッキー山脈の間の土地をフランスから購入した〕で獲得した土地で、一八二一年のミズーリの妥協〔ミズーリ準州の州昇格に際して、ミズーリを奴隷州として連邦に編入する代わりに、州南端の北緯三六度三〇分線より北に以後奴隷州を作らないとした妥協〕で奴隷制が禁じられている領域にあった。五月の可決までに、ダグラスの法案はカンザス・ネブラスカ法〔北緯三六度三〇分線より北にあるカンザス、ネブラスカ準州の連邦編入に際して、それぞれの住民の投票によって自由州、奴隷州を選択できるとした法〕となった。その法律はミズーリの妥協を完全に撤回、奴隷制禁止令を廃棄し、ダグラスの言葉で言う「人民主権」を採択していた。その権利によれば、住民自身が奴隷制導入の是非を決定できるのだった。ダグラスは大胆で、時には猛烈な行動をとることで名を馳せていた。一八五〇年、ヘンリー・クレイの連邦離脱問題対処案が国会で否決されると、ダグラスが政治の主導権をとり、一八五〇年の妥協を可決に導いた。だが、今回、彼は大きな見込み違いをしていた。カンザス・ネブラスカ法は北部全域に抗議の嵐を引き起こした。先頃メキシコから獲得した遠く彼方の土地だけでなく、ミシシッピ川西岸という近場にまで奴隷制が拡大する可能性が突然出てきた。むろん、長らく、人々はミシシッピ川西岸を自由労働の領域だと考えていた。

多くの北部人はカンザス・ネブラスカ法が、奴隷制を合衆国西部全域に拡大しようとする「陰謀」の第一段階だと考えた。これは『自由民主党員の請願』にあった言葉で、それは一八五四年一月、サルモン・P・チェース、ジョシュア・R・ギディングズ、その他数人の奴隷制に反対する国会議員によって出版された。それは北部人が党派を超えて団結し、法案に反対するよう求めていた。[1] 次の二年間、ダグラスの法案が巻き起こした怒りのために、アメリカの政党勢力図は塗り直された。ホイッグ党は消滅し、代わりに共和党が生まれ、奴隷制拡大反対に断固たる決意で取り組むようになった。

一八五四年は、南北戦争前のリンカンのキャリアにとって、転換点となった。一八五四年二月、「ついに、君の人生の一大機会が目前に控えている」とある人物はチェースに書いた。[2] このことはリンカンにも当てはまった。彼は見事にチャンスをものにし、休眠状態にあった政治活動を再開させた。基本的に、一八五四年以前のリンカンは州レベルの政治家だった。イリノイ州以外はもちろんのこと、シカゴの新聞にさえ、リンカンの名前が載ることはまれだった。一八六〇年までに、彼は北部の有名政治家、ダグラスやウィリアム・H・スーアードの世代に仲間入りした。リンカンと同じく、彼らもジャクソン期の経済問題ではなく、奴隷制に対する見解を売りにして政治的キャリアを築いてきた。

この間、リンカンは公務に就いていなかった。彼が頭角を現したのは、公務の経験ではなく雄弁のおかげだった。多くの要因が彼の台頭を準備したが、とりわけ、一八五〇年代で一番有名な政治家ダグラスと政治空間を共有していた幸運が大きな要因だった。一八五四年から六〇年までにリンカンが行った主要な演説のほぼ全部が、ダグラスの行動や発言に返答するものだった。ピオリア演説の数日前、スプリングフィールドで、リンカンはカンザス・ネブラスカ法批判の演説をしたが、それは、まさにその日の午後、同所でダグラスがその法案を擁護した演説への返答になっていた。四年後、ダグラスとの論争のおかげで、リンカンは全国レベルでの名声を勝ち得た。一八五九年にある新聞記者が言ったように、「ダグラスがいなければ、リンカンはただの人だろう[3]」。だが、リンカンの台頭は、奴隷制に対する見解の形成に彼が成功したことを表していた。その見解は、新たに共和党に入った人々と同じ原則を明示していた。

カンザス・ネブラスカ法制定後、リンカンの政治的発言は大きく変化した。(一八三七年の「抗議」で明らかにしたように)彼は奴隷制が「不正と間違った政策」に基づいているとずっと信じてきたが、奴隷制拡大への反対が政党の基礎になるとは考えてこなかった。ようやく、「この問題[奴隷制]が一番大切なものだ」と彼は結論づけた。これまでの演説にはなかった雄弁や道徳を伴った言葉で、リンカンは奴隷制が、アメリカ建国の際の原則に違反していると非難した。その原則は独立宣言で明示され、具体的には、平等や自然権、自由や幸福の追求といったものを指していた。リンカンは奴隷制の「最終的消滅」を目指すときっぱり言ったが、それにはどうすればよいのかをほとんど理解していないことも承知していた。イリノイ州は南部境界州と強く結び付いている州南部と、アメリカ北東部からの移植者が急速に増えつつあった州北部とに分かれていた。リンカンの弁護士事務所共同経営者ウィリアム・ハーンドンの言葉を借りれば、一八五〇年代の州は「奴隷制政治と共和党の戦場」になった[4]。そして、イリノイ州、ひいてはアメリカの戦場において、エイブラハム・リンカン以上に大きな働きをした人物はいなかった。

1

即座にリンカンはダグラスの法案に反対の声を上げたのではなかった。一八五四年の初めの数ヶ月に、北部全域で「ネブラスカ法反対」の会合が持たれたが、リンカンは何も言わなかった。だが、彼はかなり積極的に動き、スプリングフィールドのホイッグ党新聞『イリノイ・ステイト・ジャーナル』に、ダグラスの法案を非難する社説を自身の署名を入れずに書いた。同年初秋の民主党系新聞記事によれば、リンカンは「何週間もずっと州会図書館をうろついていた」。そこで、彼は奴隷制に対する建国の父たちの発言、それまでの国会討論、ダグラスの演説、世論調査の回答さえ読み漁った。八月半ばになって、彼は演説をするようになった。新聞記事にある断片的な報告から分かるのは、リンカンは奴隷制拡大反対勢力が一致団結してカンザス・ネブラスカ法を廃案に持ち込むよう迫る一方、憲法が保障している奴隷所有者の権利を尊重するようにも呼びかけていたことだ。おそらく、様々な場所で彼はほぼ同じ内容の演説をしたのだろう。だが、ピオリア演説終了後はじめて、リンカン自身が提出した演説全文が新聞に掲載された。それは一万七〇〇〇語の演説で、彼がそれまで行った中で最も長い演説だった。全文掲載のために、『ステイト・ジャーナル』は七週連続でかなりの紙面を割いた。(5)

ついに、リンカンは自身の知的能力と政治的野心に釣り合う問題を見つけた。ピオリア演説には、一八五四年までの政治的キャリアを方向づけた経済問題が全くなかった。禁酒や移民、反カトリックのような、同時代の政治をかき乱す他の話題もなかった。その代わりに、そこにあったのは、奴隷制史の詳しい検討、アメリカ奴隷制への対処法の諸考察だった。リンカンの議論の骨格ははっきりしていた。ダグラスの法案は建国の父たちが当初抱いていた意図から大きく逸脱している。彼らは奴隷制拡大を食い止め、しばらくして奴隷制を絶滅させようとしていた。独立宣言で、彼らは平等と自由の諸原理を打ち立てた。それらはアメリカ的実験の本質を規定しているが、基本、奴隷制はそれらに違反している。憲法は、奴隷制を擁護する妥協をしなければならなかったので、北部は奴隷制が存続している場所での奴隷所有者の権利を尊重せねばならない。リンカンは、「既存の奴隷制とその拡大」の間にある、一分の隙もない「区別」を主張しようとした。ところが、演説中しばしば、彼は奴隷制拡大の功罪から奴隷制それ自体の功罪へと自然に話題を移した。明らかに、彼が議論で用いている言葉や論理はアメリカ奴隷制の雲行きに疑問を呈していた。

リンカンはこう言った。奴隷制を拡大せんとのダグラスの意図は、アメリカ人の国民性の本質に違反しており、世界史的なアメリカの使命をひどく捻じ曲げるものだ、と。

これは無関心だと告げ**ている**が、私の意見では、そこには奴隷制拡大に対する本物のあからさまな熱意が見て取れる。私は嫌悪せざるを得ない。私が奴隷制拡大を嫌悪するのは、奴隷制自体がおぞましき不正だからだ。また、奴隷制拡大のせいで、我々の共和政体が世界に誇るべき公正さを失っているからだ。それのせいで、自由主義体制の敵がもっともらしく我々を偽善者に仕立て上げるからだ。それのせいで、自由の真の友が我々の誠実さに疑念を持つからだ。特に、それのせいで、多くの善良な同胞が市民的自由という基本原則と一戦を交え独立宣言を批判し、唯一正しい行動方針は利**己心**だけだと主張しなければならないからだ。

これまでのキャリアで、リンカンが奴隷制を不正義だとしたことはあったが、「おぞましき不正」とまで言ったことはなかった。これは政党政治ではなく奴隷制廃止論の術語だった。だが、ワシントン運動演説で、大酒飲みを非難することなく禁酒を支持したときと同じく、リンカンは、奴隷制もろとも奴隷所有者まで非難する人々から距離をとった。「南部人に対する偏見はない。同じ状況であれば、我々もあのようになっていただろう（中略）。もし［奴隷制が］我々の社会にも存在するならば、我々もすぐにはそこから抜け出せないだろう」

では、奴隷制の未来はどうなるのだろう？　これに関して、リンカンは自分もまだよく分かっていないのを認めていた。

> たとえ、私がこの世の権力全てを持っていても、既存の奴隷制に関して、どうすべきか分からないだろう。私の本望は、全奴隷を解放し、彼らを故郷リベリアに送り返すことだ。しかし、ちょっと考えてみると、この案にどれだけ大きな可能性があろうとも（実際あると思っているが）、結局、直ちに実行するのは不可能だと思う（中略）。では、どうすればいいのか？　全奴隷を解放し、この国の下層階級にしておけばいいのか？　このやり方で本当に奴隷の状況は改善するのか？（中略）奴隷を解放し、我々と同じ政治的、社会的権利を与えればよいのだろうか？　私の感情はこのような案を受け付けない。そして、たとえ私の感情が受け付けたところで、ほとんどの白人の感情が受け付けないと皆がよく分かっている。こうした感情が正義、健全な判断と一致しているのかどうかだけが問題なのではない。むろん、問題の一部ではあるのだが。そこに正当な理由があろうとなかろうと、人民に遍く存在する感情は無視してよいものではない。従って、奴隷を白人と平等な存在にすることはできない。段階的奴隷解放を採れるかもしれない。だが、その進行が微々たるものだからといって、私は南部に住む同胞を責めたくはないのだ。

そして、リンカンは人民主権を解剖した。奴隷制問題を準州有権者に委ねるなどという案はおためごかしで実行不可能だと彼は非難した。歴史の教えるところでは、奴隷制を排除するには、移住者がやって来た当初から、それを禁止しなければならない。北西部領地条例がイリノイ州に対して実際に行ったように（それでも、長年、奴隷制は残存した）。しかも、カンザス・ネブラスカ法は、いつ誰が奴隷制に関する決定をするのかを明らかにしていない。最初にやって来た数十人なのか、数百人なのか、それとも、準州議会なのか？　一方、実行可能性よりも重要な要素として、道徳の問題があった。準州民が自身の住む地域の制度を決められる人民主権は「自己統治という第一基本原則」を具現化している、とダグラスは主張した。リンカンはこう答えた。むろん、地域に関する事柄はその地域によって決定されるべきだ。だが、奴隷制は道徳的にも重要なので、他とは別扱いになる、と。

> 自己統治という原則は正しい。絶対的に、永久的に正しい。だが、それは公正に適用できるわけではない（中略）。あるいは、こう言い換えるほうがよいかもしれない。それが公正に適用できるかどうかは、黒人が人間であるかどうかにかかっている（中略）。もし黒人が人間ならば、彼が自分自身を統治できないと言うことは、この限りで、自己統治の完全破壊ではないだろうか？白人が自分自身を統治するとき、それは自己統治である。一方、彼が自分自身だけでなく他人をも統治するとき、（中略）それは専制である。もし黒人が人間ならば、古くからの信念に従って、私は「全ての人間は平等に造られている」のだと思う。しかも、ある人が他人を奴隷にすることに道徳的正義はないと思う。

ところが、奴隷制がどこに存在しようとも、それを批判し、さらに人種的不平等まで批判しているとしか解釈できない発言をした後で、リンカンはたじろいだ。「白人と黒人の間に政治的、社会的平等を打ち立てるべきだと主張しているわけではない（中略）。いわゆる道徳的議論をすることで、まだ思い至らぬ点に人々を導いているだけなのだ」

さらに、ダグラスの案では、カンザス、ネブラスカ州が奴隷制を認めるかどうかは純粋に局地的な関心事だった。しかし、リンカンはこう主張した。それは国民の大多数によって（つまり、北部によって）決定されなければならない。「国民全員がそれらの準州を最大限活用しようと関心を寄せている。準州は自由白人が住むべき場所だ。（中略）貧しい人々がそこに移住し、生活状況を改善すべきだ」。奴隷制を認めてしまえば、自己修養の機会は閉ざされてしまうだろう、と。

ピオリア演説で、しばしばリンカンはこう主張した。奴隷制が不正義であるにもかかわらず、その問題は既存の憲法に則って解決しなければならない。奴隷制への反感があった憲法起草者は意図的に「奴隷」という言葉を削除したが、奴隷制がすでに認められている場所については、それを擁護せざるを得なかった。当然、北部人は「嫌々にではなく、心から公正に」奴隷州の権利を定めた憲法に従わなくてはいけない。奴隷制から脱出してきた人々を逮捕するのは「汚らわしくおぞましい生業」だが、憲法に逃亡奴隷条項がある以上、「逃亡奴隷の返還を求める議会」には絶対に従いたい。「議会の言い分によれば、自由人を隷属身分にするのではないとのことなのだから。」（これは一八五〇年の逃亡奴隷法を暗に批判するものだった。これによると、告訴された逃亡奴隷に、デュー・プロセスを利用する権利は全くなかった。）それどころか、残る選択肢が「連邦の分裂」だけならば、奴隷制拡大にさえ同意するつもりだ。「より大きな悪を避けるためなら、目の前の巨悪をとるように」。だが、連邦を真に脅かしているのは、ダグラスが由緒ある地域間の妥協を急に引っ込めた事態である。対処法はミズーリの妥協を再制定し、奴隷制政策の原案に復帰し、「連邦への忠誠、国家の威信、国家の連帯感」を回復することだ、と。

そして、ピオリア演説の締め括りになったのが、ダグラスと奴隷制両方への反対意見を要約した熱弁だった。

我々の共和政体の衣は埃にまみれている。衣から埃を落とそうではないか（中略）。「道徳的正義」

の観点からではなく、過去に戻って、既存の法律と「必要性」の観点から奴隷制を議論しようではないか。建国の父たちが定義した観点から、それを議論しようではないか。独立宣言と、それに調和している慣例と政策を再び採択しようではないか。北部と南部、アメリカ人全員、自由を愛するあらゆる場所のあらゆる人々を、アメリカという偉大で高貴な実験に参加させようではないか。そうすれば、我々は連邦を救えるだけでなく、そうするに値し続けるだけの方法で、連邦を救うことができるのだ。

奴隷制の包括的批判と並列されているだけに、ミズーリの妥協を復活させるというリンカンの政策目標は尻すぼみに聞こえるかもしれない。だが、この程度を成し遂げるためにも北部政治の再編成が必要だと彼は知っていた。自らを「旧ホイッグ党員」と任じているリンカンは、党員に奴隷制廃止論者を含めた他者と手を組むよう迫った。「正しい立場にある人とならば、誰とでも手を組もう。だが、その人が誤った道を行き始めたら、手を切ろう」と彼は聴衆に語った(6)。

リンカンは南部人を親切に取り扱い、奴隷制に関する憲法上の規定にも完全に、無条件で従ったので、彼はもっと急進的な北部人とは一線を画していた。黒人に対して「政治的、社会的平等」を付与するとの案に反対し、植民案に賛成していたことも、リンカンの立場の違いを表していた。しかし、彼はこうした「違い」にこだわっていたにもかかわらず、ピオリア演説は奴隷制拡大というよりも、むしろ奴隷制を攻撃したものだった。演説の文句は「ギディングズやサムナー、彼らのような奴隷制廃止論者の口から出てきたもののようだった」と民主党系新聞は不平を言った(7)。

（一八五四年秋、イリノイ中で、ほぼ同じ内容で行われた）ピオリア演説でもって、リンカンはイリノイ州における最も雄弁な奴隷制拡大反対論者という立場を確立した。自分の演説は「これまでになかったほど大きな注目を集めている」とリンカンは後に語った。それは、彼が格別明快な言葉で語っており、聴衆を説得するのに修辞を凝らすのではなく、論理的に議論を組み立てていたからでもあった。はっきりした言い回しと日常語を好む点で、リンカンは青年時代に読みふけり感銘を受けたトム・ペインに似ていた。実際、講演者リンカンは言葉の選択にこだわる職人で、「あらゆる人々に訴えかけようとしている」と彼の友人は後に書いた。ホレス・ホワイトは当時駆け出しの奴隷制廃止論記者で、後に『シカゴ・トリビューン』の編集長になったが、ピオリア演説の一二日前、スプリングフィールドで、リンカンの演説を耳にした。彼はその演説をこれまでイリノイ州でなされた「最高の」ものだと表現した。それは「思想の迫真性、表現の力強さ、視野の広さで満ちており、(中略)歴代のアメリカの雄弁の中でも、それに比肩しうるものはほぼない」。半世紀後、ホワイトは「一八五四年の演説はあまりに強く私の心に響いたので、未だに夢見心地である」と書いた。[8]

リンカンは議論を深化させていく一方で、ピオリア演説は奴隷制問題に対する、この後の六年間の方針を基礎づけるものになった。一八五四年より前、リンカンが演説で独立宣言に触れたのはたったの二回だった。一八三八年の文化団体演説では手短に触れただけだったが、五二年のクレイ頌徳演説では、やや長めに触れていた。一八五四年以降、度々、リンカンは独立宣言がいわゆるアメリカの「市民宗教」だと言った。独立宣言的平等が北部の大衆に大きく受けることを彼は知っていた。一八五八年、彼は、独立宣言が「国家と自由を愛する人々の心と心を繋ぐ電気索」だと言った。一八六一年、大統領就任に向かう途上でフィラデルフィアに立ち寄ったリンカンは、自身の政治理論全ての基礎が独立宣言にあると述べた。[9]

奴隷制を批判する際、リンカンだけがジェファソンの影響力を利用しようとしたのではなかった。一七八四年、ジェファソンは当時合衆国の一部だった西部の全準州で奴隷制を禁止しようとしたが、結局できなかった。（彼がパリ滞在中の一七八七年に制定された北西部土地条例は、先に否定された彼の文言を含んでいたが、その適用範囲はオハイオ川より北にある準州だけだった。[10]）建国の父たちが奴隷制に反対しながら国家を創設した、と初めに言い出したのもリンカンではなかった。「現在の要求を満たすために過去を改変する」ギャリソン派奴隷制廃止論者は、度々こうした議論をしていた。サルモン・P・チェースのような自由党政治家もそうだった。一八五〇年、彼は『コングレッショナル・グローブ』の三ページを、ジェファソンとマディソンの手紙、町民会の決議案、国会討論などからの引用で埋め、革命時代の奴隷制反対論を示そうとした。一八五〇年代、共和党が選挙演説や政治公約を完成させようとすれば、必ずジェファソンら建国の父たちを扱うことになった。そして、建国の父たちが奴隷制廃止を望んでいたと主張した。一八六〇年までに、共和党の国会議員は他の議員に、「知的な人物なら誰でもすぐに思い出せる」ので、そうした引用で彼らを「煩わせる」ことはもうしないと請け合った。リンカンはこうした共和党の見解を作り出したのではなかったが、これを一般大衆に広めるのに大きな貢献をした。[11]

これまでずっと言われてきたことだが、歴史とは、現在に生きる人々が記憶しておこうと選び出した過去のことである。「利用価値のある過去」への探求に刺激された、いかなる歴史叙述にも当てはまるように、革命時代の人々が奴隷制に対してとった態度を説明するリンカンや他の共和党員のやり方は非常に主観的だった。そうした説明をするために、ためらいがちで曖昧な言及さえも、れっきとした奴隷制反対論に仕立て上げられたのだ。実際、一七八七年の憲法制定会議でなされた奴隷制に関する議論は、道徳的要素を全く持っていなかった。建国の父たちの多くは奴隷制反対論を公にしたが、それを実行するために何かやってみた者はほとんどいなかったし、奴隷制を廃止したいなどとは全く思わなかった者もいた。ダグラスは、人民主権が地方自治の原則に則っているがゆえに、それを「ジェファソン的計画」と呼び、建国の父たちの遺産を受け継いでいると主張した。一八六一年、南部の連邦離脱者もそのように言った。自分たちは独立宣言に記されている革命権【人民が公共の福祉を阻害する政府を転覆する権利】を実行に移したのだ、と。

リンカンは、かつてクレイの奴隷制反対キャリアを誇張したように、ジェファソンのそれも実際以上に一貫したものに仕立てあげた。むろん、ジェファソンは独立宣言の平等主義的序文、西部準州への奴隷制拡大を禁じた一七八〇年代の法案を書き上げた。だが、彼のキャリアを全て振り返ってみると、以下の事実が嫌でも目に入ってくる。ジェファソンは一貫してヴァージニア州での奴隷制反対運動を支持したがらなかった。一八〇三年のルイジアナ購入条約では、奴隷に対する財産権を認めた。ミズーリ州を巡る議論に際しては、奴隷制の西方拡大を支持したが、その根拠は、そうすれば奴隷状況が改善し奴隷制も下火になるという、明らかに馬鹿げたものだった。（だが、それより前に、ジェファソンは、第1章で扱った、自身の奴隷を解放しイリノイ州に住まわせるというエドワード・コールズの計画に反対した。）連邦政府はオハイオ川より北の地域の奴隷制を禁止したが、メキシコ湾岸諸州への奴隷制拡大については、それを認め、実際には後押ししさえした。これは十九世紀初頭、ジェファソン、マディソン、ジェイムズ・モンローといったヴァージニア州出身者が大統領に在任していた時代の話である。(12)

リンカンは後にこう述べた。一八五四年より前、奴隷制は「自分にとって大きな問題ではなかった」が、それは「皆が奴隷制に反対し、奴隷制が消滅しつつあると信じ切っていた」からだ、と。憲法批准から一八五四年までに、九つの新しい奴隷州が連邦に加入し、奴隷人口が七〇万から三〇〇万に増えていた事実を考慮すると、この言い草は歴史の意図的な歪曲だと言える。黒人奴隷制廃止論者H・フォード・ダグラスは、リンカンの歴史認識に鋭く反駁した。一八六〇年、彼はこう言った。「共和党員は政府を建国の父たちの時代の政治に戻そうとしている。だが、私はそんなことを望んでいない。建国の父たちの政策は奴隷制に反対するものの、結局妥協していたのだから」と。[13]

にもかかわらず、一八五〇年代、リンカンの政策方針にジェファソンは加わり、ついにはヘンリー・クレイをそこから追い出してしまった。そして、建国の父たちが奴隷制を廃止しようとしていたという議論を土台にして、リンカンはダグラスと人民主権を批判した。歴史を主観的に解釈したために、リンカンの奴隷制拡大反対論は「明らかに保守的なもの」になった。要するに、彼の反対論は、反対論の実状ではなく、革命世代が始めた政策への復帰を表明していた。実状では、奴隷制反対論が奴隷制拡大を後押ししてきた国策から急進的に脱却を図ろうとしていた。リンカンは南部白人と憲法で保障された彼らの権利を尊重すると言い張った。一方、彼の歴史認識は国家建設の歴史から奴隷制肯定のアメリカ人を捨象していた。一八五八年、「我々」は独立宣言で示された原理に基づいて国家を建設してきたが、奴隷制と妥協して「憲法を成立させねば」ならなかった、とリンカンは言った。リンカンの言う「我々」[14]はアメリカという国家を定義したものだが、どうやら、そこには奴隷制肯定論者はいなかったようだ。

2

一八六〇年の大統領選の直前、フレデリック・ダグラスはリンカンのような奴隷制反対論者が直面しているジレンマを簡単にまとめた。むろん、彼らは既存の政治的、憲法的な枠組みのなかで行動していた。ダグラスはこう書いた。ほとんどの北部人は漠然と、奴隷制が間違っていると認めている。課題は「奴隷制反対論を奴隷制反対運動にする」方法を見つけることだ、と。一八五四年のピオリア演説で初めて、リンカンは、奴隷制に対する道徳的嫌悪が、人々を行動に導く高貴で永続的な要素になる、北部人が団結して奴隷制拡大反対論を政治目標の中心に据えるべきだと考えた。だが、この信念はすぐに政治行動方針に結実したわけではなかった。ホイッグ党が解体してようやく、リンカンは自身の奴隷制観を党派間調整の必要性と一致させなくてもよくなった。ところが、ホイッグ党の解体は遅々として進まなかった。一八五四年、カンザス・ネブラスカ法案は政党の分布が地理によって決まる時代を生み出した、と『ニューヨーク・トリビューン』は述べた。一方、一八五五年後半になって初めて、リンカンは自身の政治的可能性を賭けて、北部の奴隷制反対党に加わることができた。(15)

一八五四年、北部全域で、極めて複雑な政治革命が起こった。ホイッグ党員や民主党奴隷制反対派、自由土地党員や禁酒、排外主義運動家をとりまとめる「連立」の動きが、ほぼ全ての自由州で地滑り的勝利を記録した。一方、連立内での勢力均衡は非常にいびつなものだった。アメリカ政治における移民やカトリック教徒の影響力を抑えようする新政党、ノウ・ナッシング党〔排外主義の秘密結社。党について尋ねられた党員は I know nothing. と答えることになっていた〕が優勢だった州もあれば、共和党という新しい組織を作り上げた一派を含む、奴隷制反対論者が優勢だった州もあった。(16)

リンカンのようなホイッグ党政治家は政治状況の急激な変化に合わせようとした。多くのホイッグ党員はカンザス・ネブラスカ法を利用して党を復活させたいと考えた。ミズーリの妥協を復活させて、奴隷制に反対する人々、南部人も含めて、連邦離脱論争の再燃を恐れる人々両方に訴えかけようというのであった。だが、すぐに明らかになったのは、政治危機が、南部の新聞で言う「ホイッグ党の分裂」を引き起こしているという事実だった。一八五四年二月、南部ホイッグ党国会議員の執行部はダグラスの法案支持に回った。これに対し、北部ホイッグ党員は激怒した。「もはや我々は南部ホイッグ党員とは何の関係もない」とウィリアム・H・スーアードは述べた。しかし、このスーアードでさえ、奴隷制拡大反対党へとホイッグ党を改造すればなんとか乗り切れる、と確信していたのだ。[17]

特にイリノイ州中部と南部では、多くのホイッグ党員が党の「奴隷制廃止論化」に仰天したようだ、とリンカンの友人デーヴィッド・デーヴィスは言った。十月五日、スプリングフィールドで、イリノイ州北部の多くの奴隷制廃止論者と自由土地党員は会合を持ち、州共和党を発足させた。リンカンはその会合での演説要請を断った。だが、その前日、同市でリンカンは奴隷制に反対する力強い演説をしており、そこで、カンザス・ネブラスカ法に反対する人々に政治的協力を呼び掛けていた。リンカンは共和党の執行委員への就任依頼も断った。彼は会合の責任者であった奴隷制廃止論者イカボッド・コッディングにこう説明した。「私の奴隷制反対論は」会合の出席者と比べても「一番強いだろう」が、コッディングが望むような形で「その反対論を実行する」ことはできないと思う、と。リンカンが新党に加わるのは、その党が自身の政治基盤、イリノイ州中部で支持されるようになってからのことだった。[18]

「おそらく、連邦発足以来、政党がこれほど複雑な混乱状態に陥ったことはなかっただろう」とシカゴの新聞は書いた。同年秋の国会議員選では、イリノイ州ホイッグ党員は北部三選挙区で自由土地党員と「連立」し、中部、南部五選挙区で自党候補を立て、一選挙区でライマン・トランブルを支持した。彼は、民主党ダグラス反対派として立候補した。トランブル、連立候補三名、ホイッグ党員一名が当選したが、スプリングフィールド選挙区では民主党員がリチャード・イェーツを破った。リンカンはイェーツを推していた。シカゴの奴隷制廃止論新聞『フリー・ウェスト』は選挙結果から次のような教訓を得ていた。「ホイッグ党は死んだ」[19]

リンカンの状況をさらに複雑にしたのが、連邦上院議員の有力候補として彼が認知されていることだった。当時、ダグラスの盟友ジェイムズ・シールズが議席を占めていたが、彼の任期は満了に近づいていた。リンカンがこの可能性に思い至ったのがいつなのかはよく分かっていない。一八五四年夏には、彼は連邦上院議員立候補者だと言うようになっていた。だが、八月から九月にかけて、リンカンは自身とイェーツの選挙区から遠く離れた地域で遊説を始めた。一九一三年の憲法修正第一七条批准前には、有権者ではなく州議員が連邦上院議員を選挙した。一八五四年十一月、イリノイ州有権者は「カンザス・ネブラスカ法反対」大多数で議員を選出した。一方、リンカンは当選議席をあきらめねばならなかった。それは連邦上院に立候補するためで、イリノイ州法は州議員の立候補を認めていなかった。[20]

リンカンは新しい議会が五七人のカンザス・ネブラスカ法反対議員、四三人の民主党員で構成されると見積もった。だが、ある議員の言葉を借りると、新しい多数派は「烏合の衆」だった。共和党員もいれば、ホイッグ党員、連立党員、民主党カンザス・ネブラスカ法反対派、禁酒運動家、排外主義者もいた。リンカンはイリノイ州全域の議員や政党指導者に手紙を送り、連邦上院選出への支持を求めた。彼は自分のことをホイッグ党員と言うこともあれば、所属する党を明確にしないこともあった。ホイッグ党員を自認する人々はリンカン支持を表明したが、民主党カンザス・ネブラスカ法反対派は自党候補を支持した。[21]

イリノイ州北部の多くの奴隷制廃止論者、自由土地党員はリンカンがあまり強く奴隷制に反対していないと考えた。『フリー・ウェスト』で、ゼビナ・イーストマンは奴隷制反対論議員がリンカン、「あるいは彼と同系統の穏健派」に投票しないほうがよいと言った。リンカンが「ホイッグ党のミイラ」に忠実なだけでなく、「逃亡奴隷法にも反対しようとしない」とイーストマンは主張した。奴隷制反対論者の中には、リンカンがケンタッキー州生まれであり、ケンタッキー人と縁続きであることを気にする者もいた。シカゴの編集者チャールズ・H・レイは、国会議員再選を果たしたばかりのエリヒュー・B・ウォッシュバーンに宛てて、以下のように書いた。「はっきり言って、自分はエイブが怖い。あいつは南部生まれで、南部人を係累に持ち、たぶん、心情的にも南部人なのだろう。あいつは、気合を入れて南部人の影響や命令と取っ組み合いの喧嘩をするような人間ではないはずだ。だって、やつのかみさんはトッド家のやつで、あそこの一家は奴隷制肯定論だ。だから、やつの身内もみんな奴隷制肯定論だ」

リンカンの求めに従って、ウォッシュバーンは選挙運動に乗り出し、イリノイ州北部の急進派をリンカン支持にしようとした。ウォッシュバーンはオハイオ州選出国会議員ジョシュア・R・ギディングズにも連絡をとった。同じ寄宿舎に寝起きし、一八四九年に合衆国首都での奴隷制廃止に取り組んで以来、ギディングズはリンカンを高く買っていた。ギディングズが「あなたにとっての最高の友人であり、可能ならば、イリノイ州に引っ越し、あなたに投票したいと言っている」と、ウォッシュバーンはリンカンに告げた。ギディングズはリンカンのために、国会議員に初当選していた奴隷制廃止論者オーウェン・ラヴジョイに手紙を書こうと言った。リンカンは並外れた才能を持ち、清廉潔白で、(中略) 遅まきながら共和党の綱領に馳せ参じ、ダグラスへの返答に、イリノイ州史上最高の演説をした。リンカンは我々と同じ心情を持っている」とウォッシュバーンはイーストマンに請け合った。(22)

リンカンの言葉を借りると、ウォッシュバーンとギディングズは、ラヴジョイを始め「こちこちの奴隷制反対論者」の説得をやってのけた。投票が始まると、彼らはみなリンカンに投票し、リンカンは初回投票で四四票を得た。現職のシールズは四一票だった。ホイッグ党支持を望まない民主党カンザス・ネブラスカ法反対派の五人はライマン・トランブルに投票した。その他候補に投票した議員は八人だった。再投票をすることになったが、リンカンは自分がトランブル支持者の票を得る見込みはないと知った。むろん、それらの票がなければ、彼は必要過半数に達しなかった。突然、民主党はシールズを断念し、カンザス・ネブラスカ法とは無関係の民主党員ジョエル・マットソン知事を擁立する動きを見せた。リンカンが言ったように、これは「寝耳に水」の出来事であり、奴隷制反対論の上院議員が落選するのを恐れた彼は、自身の支持者にトランブルへの投票を呼びかけた。そして、再投票で、このトランブルが勝利を収めた。[23]

このエピソードに何か教訓があるとすれば、それは政党所属の前歴が奴隷制反対論者の団結を大きく妨げたことだった。リンカンは選挙結果にひどくがっかりした。だが、彼が自身の野心を擲《なげう》ち政治思想に殉じたおかげで、奴隷制拡大反対者に対して、名誉挽回することができた。一八五六年、共和党の影響力がイリノイ州全体に及ぶようになると、リンカンはダグラスの任期が満了する一八五八年の上院選出馬の有力候補になった。その間、ライマン・トランブルの選出のために民主党内の亀裂は大きくなり、ダグラス派はトランブルに敵意をむき出しにした。彼らはトランブルを「政治的、道徳的堕落の典型」だと考えていた。一方、奴隷制廃止論の政治家は選挙結果が自身の大義の勝利を告げるものだとした。長らくイリノイ州黒人共同体の法的権利を求めてきたトランブルは、この時点で、リンカンよりも強く奴隷制に反対していると言われていたのだった。[24]

一八五五年から五六年前半にかけて、イリノイ州、北部全域の政治状況は不安定なままだった。カンザス準州の奴隷制肯定論者と反対論者がぶつかり合った「カンザスの流血沙汰〔一八五四年から六一年までに起きた一連の戦闘〕」のせいで、奴隷制問題は最も注目を集める話題だった。だが、一八五五年の州議会選でノウ・ナッシング党が躍進したことから分かったのは、奴隷制反対論の新連合と同じく、その党がホイッグ党に取って代わり、民主党のライバルになったということである。生まれたてのイリノイ州共和党は、発展しようとしても、ほとんど前に進まなかった。一八五五年八月、オーウェン・ラヴジョイに率いられたイリノイ州北部の奴隷制廃止論者は、リンカン、トランブルを始めとする奴隷制反対論の政治家も共和党員になるよう迫った。党は穏健な綱領を採択し「州中部と南部にあまり重い負担をかけない」ようにするとラヴジョイは約束した。

それに対して、リンカン、トランブルとも色好い返事をしなかった。リンカンはこう返答した。「あなたでさえ、私ほどには奴隷制拡大に反対しようとは思っていない。だが、現在、政治状況はかくの如くなので、私は間違いを恐れて何もできない」。大問題なのは、ノウ・ナッシング党が未だ「分裂して」いない状況だ、と。リンカンはその党の見解を非難すべきものと見ていたが、大々的に非難したくなかった。イリノイ州中部で、ノウ・ナッシング党が奴隷制問題の危険性を回避してくれると考えている、多くのホイッグ党保守派はその党を支持している、その党員のほとんどは「自分が長年付き合ってきた公私にわたる友」である、彼らの協力がなければ奴隷制反対連合を成功させられない、とリンカンは書いた。数日後、トランブルもラヴジョイの嘆願を拒否した。トランブルは、「時代遅れの党体制と、ノウ・ナッシング主義、禁酒のような副次的問題と」が未だに蔓延っているせいで、「連立」は大きく妨げられていると考えていた。トランブルと、ダグラスから手を切ったイリノイ州有力民主党員は共和党に加わりたがらなかった。というのは、自分たちが「旧ホイッグ党の末席」を占めることになるのではないか、と彼らは恐れていたからだ。(25)

一八五五年八月、リンカンは政治状況についてジョシュア・スピードにも手紙を書いていた。これは頻繁に引用される手紙である。

君は僕の所属政党を気にしている。それこそが大問題なのだ。僕はホイッグ党員だ。でも、他の連中に言わせると、ホイッグ党はすでに存在しないし、僕は奴隷制廃止論者ということらしい（中略）。僕は奴隷制拡大に反対しているだけだ。僕はノウ・ナッシング党員ではない。それは確かだ。

どうやったら、そうなれるというのだい？　どうやったら、黒人抑圧を嫌悪している者が、喜んで一部の白人を貶めようとできるのだい？　僕に言わせれば、我々アメリカ人が堕落していくスピードはいささか速い。建国の際、我々は「全ての人間は平等に造られている」と宣言した。現在、我々は「黒人を除いて、全ての人間は平等に造られている」と読み換えている。ノウ・ナッシング党の支配が確立した暁には、それも、「黒人、外国からの移民、カトリック教徒を除いて、全ての人間は平等に造られている」と読み換えられることだろう。このような事態になったら、僕は、自由を愛しているなどとは絶対に言いそうもない国に移住したいよ。例えば、ロシア。あそこなら、専制政治の地金があるし、偽善などというメッキはない[26]。

明らかに、リンカンは排外主義者を軽蔑していた。一八四四年の時点ですでに、スプリングフィールドで、リンカンはホイッグ党が「移民やカトリック教徒を（中略）嫌って」いないのを示す政治集会に関わっていた。その十年後の選挙運動中にも、彼はサンガモン郡のノウ・ナッシング党員からの支持を断った。（リンカンらしいことではあったが、彼は自分に会いにやって来た党代表にこう語った。自分はアイルランド系移民の庭師パトリックに、どうして彼がアメリカ生まれではないのかを尋ねたことがある。「リンカンさん、正直に言いまして、私はそうしたかったのですが、母がそうさせてくれませんでした」とパトリックは答えた、と。）にもかかわらず、ノウ・ナッシング党員が自分に投票したいのなら、勝手にすればよい、とリンカンは言った。リンカンは、ノウ・ナッシング党の支持がなければ奴隷制反対論の連帯はうまく行かないと承知していたので、内密なところでのみ排外主義反対論を強く主張した[27]。

一八五五年十一月に至ってもなお、『イリノイ・ステイト・ジャーナル』は「共和党のこうした動き」

が州の「恒久的政党になりうる素地」を示していないと書いた。だが、その直後、「連立」の機が熟したとリンカンは考えた。一八五六年一月、ホイッグ、民主党有力奴隷制反対論者は奴隷制西方拡大を阻止する新党の結成で合意した。その間、イリノイ州ジャクソンヴィルの新聞発行人ポール・セルビーは、州の奴隷制反対論編集者が一八五六年二月二十二日ディケーターで会合を持ち、来るべき州、連邦選挙に備えるよう呼びかけていた。

吹雪のせいで、ディケーターにやって来た新聞編集者は一二人だけだった。リンカンは出席者の中で唯一の非ジャーナリストで、奴隷制反対論の穏健、急進両派を巧妙に取り込む決議案を書き上げた。出来上がった綱領は、南部の奴隷制に干渉する意図はなく、逃亡奴隷法の合憲性を認め、全準州で奴隷制を禁止するのではなく、ミズーリの妥協を復活させようとするものだった。それにとどまらず、決議案は共和党急進派の「連邦の自由」主義を採択し、連邦司法の影響下にある場所では、自由こそが「規則」で奴隷制は「その例外事項」であるとした。また、決議案は、ノウ・ナッシング党員を取り込もうと、公立学校制度を支持した（おそらく、カトリック教徒がこの制度を批判していたのだろう）。一方、決議案は、移民の有権者をも取り込もうと、外国人帰化法の修正に反対し、信仰の自由という原則を支持した。これらは、ドイツ系アメリカ人編集者が提案し、リンカンも支持したものだった。『シカゴ・トリビューン』はこう宣言した。「むろん、完成した綱領は、州全域のカンザス・ネブラスカ法反対派がどのような政治的経験を持っていようと、現在どのような政党に所属していようと、彼ら全員に納得のいくものである」と。出席者は、五月にブルーミントンで集会を持ち、その場で州議員候補を指名しようと呼びかけた。[28]

リンカンは連立運動に参加したが、彼の政治的同志のほとんどは尻込みした。その三年後、スプリングフィールドの住民は、リンカンが「この市で、ほぼ完全に一人で、共和党とその信条の擁護に乗り出した」と新聞に投書した。ブルーミントン集会が近づくにつれ、リンカンは裏方仕事に回り、ノウ・ナッシング、民主、ホイッグ党奴隷制反対派がイカボッド・コッディング、オーウェン・ラヴジョイのような奴隷制廃止論者に出鼻を挫かれぬよう取り計らった。トランブルも自身の政治的同志に出席するよう迫った。共和党が奴隷制拡大反対論を確認し、この「唯一の問題」のために過激主義を放棄するだろうと彼は、出席を渋る民主党カンザス・ネブラスカ法反対派に請け合った。[29]

ホイッグ党員時代のリンカンは、奴隷制問題が党内意見統一を乱すもの、経済政策が党の売りになるものだと考えていた。今や状況は逆転している、と彼は悟った。主義主張の異なる構成員を持つ共和党が、ホイッグ党の経済政策のような意見の分かれる問題を無視するよう、リンカンは取り計らった。二〇年間、彼は経済政策に拘り続けてきたが、もしここでそれを主張すれば、民主党員の離脱を招くからだった。リンカン、トランブルのサポートを受けながら、ホイッグ党時代のリンカンの同僚議員オーヴィル・H・ブラウニングが綱領を書いた。それは「これまでの自由準州に」奴隷制を拡大しないように求めるものだった。この要求は、全準州で奴隷制を禁じるものほど急進的なものではなかったし、もっと急進的な州の共和党綱領とは全く異なっていた。そういう州の要求は、逃亡奴隷法を撤回し、連邦政府が奴隷制から完全に手を切れというものだった。党内意見統一を大義名分にして、リンカンはイリノイ州南部の民主党カンザス・ネブラスカ法反対派ウィリアム・H・ビッセルの知事候補指名を求めた。集会はドイツ系アメリカ人有権者を取り込もうと、ドイツ系の指導者フランシス・ホフマンを副知事候補に指名した。残りの候補はみな元ノウ・ナッシング党員だったが、綱領は「信仰あるいは出生国を根拠にした」差別を絶対に禁じた。

集会で、リンカンは大演説を行った。ある記者の言葉を借りると、リンカンは「議論の力強さ、毒舌に含まれた強烈な皮肉、雄弁の熱意と煌めき」で聴衆を催眠状態にした。聴衆は恍惚状態で、記者も演説をメモし忘れた。従って、それ以来ずっと、リンカンの発言は「失われた演説」だとされている。リンカンが何と語ったにせよ、後に、ゼビナ・イーストマンは集会後「奴隷制廃止論の最急進派さえ、リンカン氏に反対する者はもはやいなかった」と言った(30)。むろん、一八五四年に共和党を創設しようとした奴隷制廃止論者や自由土地党員は、改組された党にほとんど影響力を持たなかった。だが、ラヴジョイはブルーミントン集会で演説したので、リンカンは、ラヴジョイ派も奴隷制反対広域連合の一員であると明らかにした。一方、イカボッド・コッディングは抜け目なく、こう予言した。綱領はやや残念なものだったが、「共和党はこの論争を終わらせるために、奴隷制反対論の全てを採択しなければならない」と(31)。

ブルーミントン集会で、来るべき共和党全国大会に派遣される代表が任命された。一八五六年六月、フィラデルフィアで全国大会は開催された。その場の雰囲気は、イリノイ州よりもはるかに急進的だった。ニューヨーク州のロバート・エメットが臨時大会会長を務め、議事進行に先立ち、「鳴り止まない拍手」の中こう告げた。「独立宣言の不滅性を尊重する正直者は」みな、奴隷制が「地上から消えてなくなる」時代を希求している、と。決議案は国会にカンザス州を自由州として連邦加入させ、準州で「重婚、奴隷制という野蛮時代の名残二つ」を禁止するよう求めた（これはモルモン教〔末日聖徒イエス・キリスト教会。かつて一夫多妻制を認めていた〕反対論者を取り込むためのものだった）。さらに、決議案は国会、準州議会とも準州の奴隷制に法的根拠を付与できないと主張した。また、ノウ・ナッシング党を少し抑え込んでおくために、決議案は全てのアメリカ人が「信教の自由」権を持つことを再確認し、特定集団の「安全」を脅かす立法に反対した。

フレデリック・ダグラスはカンザス以外の重要問題を無視した、この共和党決議案を非難した。「逃亡奴隷法について何も語っていない。ワシントンDCの奴隷制について何も語っていない。州際奴隷取引について何も語っていない」。一方、党内急進派は、ジョシュア・R・ギディングズその人が起草した、州法の及ばない地域での奴隷制が違憲であるという条文に喜んでいた。代表団が「どれほど広範囲にわたる原則を認めたのか」完全に理解している、とサルモン・P・チェースは思った。代表団は一八四〇年代前半の「自由党が初公表した」原則である「完全局所化」を支持した、と彼は言った。共和党決議案の論理をなぞれば、必ずワシントンDCで奴隷制を廃止し、逃亡奴隷法を撤回することになる、とインディアナ州急進派有力者（でギディングズの義理の息子）ジョージ・W・ジュリアンは主張した。(32)

党最初の大統領候補を選ぶ段になると、大会は経験ある政治指導者全員を避け、ジョン・C・フレモントの指名に落ち着いた。フレモントが名前を売ったのは、極西部の探検とメキシコ戦争時のカリフォルニア征服への貢献の際だった。（リンカンはオハイオ州出身の連邦最高裁判事ジョン・マクリーンを支持した。マクリーンはホイッグ党穏健派として知られているので、イリノイ州や北部境界州全域の有権者を取り込める、とリンカンは踏んでいた。）フレモントが政治に関わった期間は短く、彼は一八五〇年から五一年まで、カリフォルニア州選出の民主党上院議員だった。従って、大会は元ホイッグ党員を副大統領候補に指名しなければならなかった。イリノイ州代表団はペンシルヴァニア州のジョン・アリソンにリンカン指名を求めた。大会出席者でリンカンの名を耳にしたことがある者はわずかだった。リンカンの資格についてアリソンが語ったのは、「リンカンが特に優れた人物でホイッグ党保守派だ」ということだけだった。イリノイ州のウィリアム・B・アーチャーもリンカンの指名を後押しした。リンカンは五十五歳の（実際には四十七歳だった）「誰よりも純粋な愛国者で」彼を候補にすれば共和党はイリノイ州で勝利できる、とアーチャーは説明した。「リンカンは有能で勤勉な政治家だと思うが、彼の名前を耳にしたことはなかった」と、イリノイ州のジョン・M・パーマーも言った。このようにリンカン支持は印象的なものでは全くなかったにもかかわらず、初投票で彼は一一〇票を獲得した。この票数は候補指名を受けた、ニュージャージー州のウィリアム・デイトンには遠く及ばなかったが、ナサニエル・P・バンクス、デーヴィッド・ウィルモット、チャールズ・サムナーといった有名政治家の得票よりもはるかに多かった。イリノイ州代表団のリンカン支持は、州の党指導者として彼がすでに頭角を現していた事実を示すものだった。州外でのリンカン支持の大きさは、来るべき選挙でイリノイ州の占める位置がいかに決定的なものであるかを示すものだった[33]。

一八五六年の三つ巴の大統領選は、一八四〇年の丸太小屋キャンペーン〔ホイッグ党が自党候補のハリソンを丸太小屋に住む独立独行の人物、政敵ヴァン・ビューレンを貴族だと主張した選挙戦略〕以来、最も大荒れのものになった。フレモントは民主党候補ジェイムズ・ブキャナン、アメリカ党候補の元大統領ミラード・フィルモアと戦った。アメリカ党というのは、ノウ・ナッシング党の公式名称だった。連邦全体と同じく、イリノイ州も真二つに裂けた家だった。共和党が州北部を、民主党が州南部を獲得した。八月、「中部（中略）が主戦場になるだろう」とリチャード・イェーツはリンカンに報告した。中部ではフィルモアがホイッグ党保守派の受け皿になった。彼らは共和党の局地性に不安を抱いたが、さりとて、民主党候補に投票したくはなかった。「残念だが、州中部でフィルモアによる票割れはかなりのものだ。カンザス・ネブラスカ法反対派の票を真二つにしてしまった」とイェーツは書いた[34]。

リンカンは大統領選に関わり、秋には弁護士業務をほぼ完全に放り出し、フレモント支持の演説を一〇〇以上行った。一八五七年、リンカンはこう書いた。「去年、弁護士業務時間はわずかで、残りの全ての時間を遊説に費やした」と。彼は主に、自身の政治基盤である州中部で遊説したが、一度シカゴで大演説を行った。リンカンは州南部に出かけることさえあった。ある新聞によると、そこは「フレモント支持の演説など、それまで決して行われなかった」場所だった。通常、リンカンは一八五四年に考察を深めた議題を繰り返したが、使った言葉はもっと甲高いものだったようだ。彼はこう主張した。奴隷制は西部へ進出しようとしているだけでなく、連邦政府を「支配」しようとしている。共和党が連邦を脅かす「局地的な党」だと民主党は言っており、これは「我々共和党員が直面している最も難しい反対論だ」と。リンカンはこうした批判に対抗しようと、自分がケンタッキー州生まれであり、ホイッグ党員だったこと、共和党が奴隷州に干渉するつもりはないことを強調した。彼はフィルモア支持者に共和党との「団結」を求め、連立候補を立てることとさえ提案した。要するに、それはフレモント、フィルモアのうち、イリノイ州でより多くの票を獲得したほうに、支持を一本化するものだった。[35]

結局、フレモントはニューイングランド全州、ニューヨーク、オハイオ州、ノースウェスト北部といった北部一一州で勝利した。だが、これだけでは十分ではなかった。ブキャナンが勝ったのは、メリーランド州(フィルモアが勝ったのはこの州だけだった)を除いた奴隷州全部、北部境界州で穏健的、保守的風土を持つカリフォルニア、イリノイ、インディアナ、ペンシルヴァニア、ニュージャージー州だった。イリノイ州だけの結果でも、全国の投票動向がそのまま表れていた。州北部で、フレモントは圧倒的大差で勝利した。エリヒュー・B・ウォッシュバーンの国会選選挙区で、フレモントは国内最大の得票率で勝利した。一方、州中部と南部の元ホイッグ党有権者はフィルモアかブキャナンに投票したので、民主党が勝利することになった。ジョン・トッド・スチュアートはリンカンの政治的助言者、弁護士事務所共同経営者、彼の妻のいとこだったが、そのスチュアートさえ共和党に投票しなかった。彼は共和党を奴隷制廃止論と結びつけて考えていたからである。ざっと述べると、フレモントの得票率は州北部で七四パーセント、中部で三七パーセント、南部で二三パーセントだった。[36]

結果は期待はずれだったが、共和党には楽観的材料があった。二年前には存在すらしなかった党にしては、共和党はかなりの存在感を示せたからである。大統領選の鍵を握る北部諸州で、ブキャナンは僅差で勝利しただけだった。イリノイ州で、彼とフレモントとの得票差は（投票総数の約三パーセントに当たる）九〇〇〇をわずかに上回る程度だった。一方、共和党知事候補ウィリアム・ビッセルは当選を果たし、州議員選の全てに勝利した。明らかに、イリノイ州で政治的成功を収めるためには、主に州中部、南部に住み、フィルモアを支持した三万七〇〇〇の有権者を切り崩していかなければならなかった。奴隷制問題のせいでホイッグ党は解体してしまったが、同じように、その問題の影響でノウ・ナッシング党も動揺していた。従って、次回選挙でフィルモア票の大部分が共和党支持に回ることは十分あり得る話だった。(37)

さらに、州経済や人口の急速な変化も、共和党の成功に好都合だった。一八五〇年代の半ばまでに、東西本線がシカゴをボルティモア、フィラデルフィア、ニューヨークと結びつけた。イリノイ・セントラル鉄道〔一八五六年完成。北端がシカゴで、南端がケアロ〕が州を縦断した。支線が大草原のあちこちに張り巡らされた。鉄道網の発達はイリノイ州経済の変容を促し、最終的に市場革命を引き起こした。リンカン政権の国務長官ジョン・ヘイのおじミルトン・ヘイは後にこう語った。鉄道の登場は「旧時代と新時代を画する分水嶺だった。我々の自給自足の生産方式だけでなく生活様式までも、あらかた消えてなくなった（中略）。我々はそれまでとは違った道具だけでなく違った方法で耕すようになった。そして、市場とは何か、最大の利益をあげるために何を作り売ればいいのかを考えるようになった」と。

鉄道のおかげで、イリノイ州北部と中部、アイオワ、ウィスコンシン州の一部を含む、広大なシカゴ内陸農業地帯は大量生産型農業の世界的中心地になった。一八六〇年代までに、イリノイ州はアメリカを代表するトウモロコシ、小麦生産地になった。州経済の中心は南部から東部に移った。鉄道は、それまでニューオリンズに運んでいた農作物を発展著しい大西洋沿岸の都市に送り出し、イリノイ州と奴隷州の結び付きも弱まった。リンカンが青年期にやった、川下への販売用物品の搬出はますます少なくなった。実際、一八五〇年代にリンカンが扱った最も有名な訴訟で、彼はミシシッピ川に鉄橋を架けた会社の弁護を首尾よくやりおおせた。訴訟の相手は、その鉄橋に衝突し炎上した蒸気船の持ち主だった。リンカンは陪審に向けて以下のように言った。自分は「蒸気船やその船員に何の偏見も持っていないが、東西交通は（中略）ますます重要になり、イリノイ州の驚異的成長」を継続するためには必要不可欠だ、と。[38]

リンカンの台頭は、イリノイ州のそれと時を同じくしていた。一八五〇年に八五万一〇〇〇だった人口は十年後には二倍の一七〇万になり、イリノイ州は全米で四番目に大きな州になった。人口増加の大部分は成長著しい州北部で起こった。そこは、新しく組織された共和党の中心地だった。農民や労働者がニューイングランド、ニューヨーク、ペンシルヴァニア州、海外からイリノイ州に流れ込んだ。一八六〇年までに、リンカンやほとんどの初期開拓移民のような南部出身者は人口の一〇パーセントを占めるだけになった。アイルランド、ドイツ移民が丸々二〇パーセントを占めるようになった。州北部の移民は州南部にまで移ることもあり、彼らは「不快で敵対的な政治原則」を持ち込み、「そこに長年はびこっていた暗闇」に灯りをもたらした、と共和党系新聞はいささか見下したように書いた。むろん、州北部の住民全員が共和党を支持したわけではなかった（スティーブン・A・ダグラス自身はヴァーモント州生まれだった）。だが、経済成長や人口増加の統計を調べれば誰でも、州経済と同じく、州の政治勢力図も大幅に塗り変えられていると結論づけるだろう。そして、リンカンほど抜け目のない政治家がこうした事実を見逃すはずがなかった。要するに、こうしたことこそが共和党とリンカンの台頭を準備していたのである。[39]

3

一八五〇年代のリンカンは奴隷制問題に対する方針を定め、その方針のために、彼は北部奴隷制反対論の物差しのちょうど真ん中に立つようになった。その物差しの端には奴隷制廃止論者がいて、彼らは民意を煽り立て既存の政治制度に拘らずに運動し、自由黒人も平等に公民権を享受しなければならないと主張した。こうした奴隷制廃止論者と親密な関係にあったのが共和党急進派だった。通常、彼らはニューイングランドか、ニューヨーク州北部、ノースウェスト北部にかけて広がる、ニューイングランドからの移住者居住地帯選出の政治家だった。この地域に、奴隷制廃止運動はしっかりと根を張り、地域の共和党員も、奴隷制西方拡大に反対するだけでなく、もっと踏み込んだ奴隷制反対運動を望んでいた。チャールズ・サムナー、ジョージ・W・ジュリアン、サルモン・P・チェースのような急進派は繰り返し、連邦政府が南部諸州の奴隷制に干渉できないと明言していた。その一方で、これまで見てきたように、奴隷制不拡大だけでなく、憲法で認められている行動をとれば、「アメリカの奴隷解放」という目標達成が早まると彼らは主張した。そうした行動とは、連邦政府が奴隷制から手を切る、ワシントンDCや連邦司法の範囲内にある地域の奴隷制を廃止する、逃亡奴隷法を撤回することだった。[40]

奴隷制反対論のもう一方の端には保守派がいた。彼らのほとんどは元ホイッグ党員で、共和党に加わりながら、連邦政府が「奴隷制政治」の支配下にあり続ける限り、保護関税や内地開発の政府補助金のような、アメリカの経済発展にとって重要な法案を制定できないと信じていた。彼らも奴隷制拡大に反対していたが、それよりも踏み込んだ行動に出て、連邦の存続を脅かしてしまう事態を恐れていた。[41] 一八五〇年代半ばにリンカンが行った演説は、共和党政治家や新聞に共有されていた計画を明らかにしたものだった。それらの演説で、リンカンは建国の父たちの意図、独立宣言に示された原則、奴隷制拡大を阻止し自由白人の労働者が西部準州に移住する必要性を強調した。だが、ある意味で、彼は自分独自の方針を打ち出してもいた。

奴隷制廃止論者や共和党急進派は奴隷制のむごたらしさを感動的に語った。彼らが解釈した自然権には、肉体的酷使から解放される権利も含まれた。彼らの演説や新聞、パンフレットや石版画には奴隷受難の物語が溢れかえっていた。奴隷は鞭で打たれ、読み書きの勉強ができなかった。さらに、奴隷制廃止論の女性の書き物によく描かれたのは、黒人女性が性的虐待を受け、家族がばらばらにされる事態だった。急進派は国会で「邪悪な制度」の「野蛮さ」について長い演説をし、「足かせで擦り剝けた肉体（中略）、ナイフで切り刻まれた人間」、それらと同じような不正をひどく強調した。ジョシュア・スピードに宛てた一八五五年の手紙と同じく、私人としてのリンカンは、奴隷売買、「鞭打ちが待っている世界に送り返す」ための逃亡奴隷狩りを見て「悲しみ」を感じたことを語っていた。だが、公人としての彼は、身体や家族の絆を傷つけられた奴隷についてほとんど何も語らなかった。一八六〇年三月ハートフォードで演説した場合のように、リンカンは「鞭打ち」のような、奴隷を逃亡に駆り立てる原因を無視しないように警告することもあった。しかし、通常、奴隷制が日常的暴力を主な構成要素にする具体的制度ではなく、自己決定や平等という基本原則を侵害する抽象的制度だと彼は論じた[42]。

政治家リンカンは北部の福音主義教会の道徳力を利用し共和党の大義に役立てようとした。ところが、急進派のほとんどとは異なり、リンカンの政治的見解は宗教の影響をほとんど受けなかった。イリノイ州北部を含む「リトル・ニューイングランド」地域では、急進的共和主義が栄え、南北戦争前の数十年間、奴隷制などのあらゆる罪を世界から取り除こうとする信仰復興の嵐が吹き荒れた。ジョシュア・R・ギディングズは「政教の絶対的一致」を信じ、「宗教的真実」が「自由政府の唯一の基礎」だと考えた。マサチューセッツ州のヘンリー・L・ドーズのような共和党穏健派さえも奴隷制が罪だと言い、奴隷制廃止論者が数十年間主張し続けてきたことを繰り返した。奴隷所有者は破滅者や罪人ではなく、そこから抜け出せない制度に絡めとられた人々だとリンカンは語った。ピオリアで、彼は「同じ状況にあれば、我々も彼らのようになるだろう」と言った。一八五八年、自分は「南部の同胞に対して辛辣な態度をとった」ことがない、とリンカンは語った。彼は聖書に知悉していたが、聖書や宗教道徳よりもむしろアメリカ史や独立宣言を利用して、奴隷制を非難しようとした(43)。

奴隷制拡大問題にだけ関心を寄せていたリンカンは急進派と異なっていた。彼らとは異なり、めったに、リンカンは憲法の五分の三条項に不平を漏らしたり、連邦司法の影響下にある全域の奴隷制批判に繋がる「連邦の自由」案を支持したりしなかった。リンカンは、急進派や彼らよりもやや穏健な共和党員が使用していた言葉を避けた。彼らの言い方をすれば、奴隷制は人間の進歩を妨害するものであり、南部人は経済的、社会的に時代遅れで、非道徳的だということになった。一八五〇年代、共和党は、経済生産高や鉄道総マイル数、学校数や書籍新聞発行高などあらゆる国勢調査データを集め、南部が文明化指数全てにおいて北部のはるか後塵を拝していると証明した。長年、イリノイ州ホイッグ党指導者であったロバート・ウィンスロップは以下のように当てこすった。共和党演説の典型では、三分の一がミズーリの妥協の撤回、もう三分の一がカンザスの暴動、「残りの三分の一が支離滅裂な事実や誤りだらけの数字に関するもので（中略）、そうしたデータで、南部が被造物中抜きん出て貧しく、卑しく、非生産的で、最も悲惨なところだと証明していた」と。

この時点で、リンカンとウィリアム・H・スーアードの違いは甚だしかった。南北戦争中、国務長官スーアードはリンカン政権の腹心中の腹心で、彼が政策に保守色を加えていると急進派の国会議員は考えた。一方、一八五〇年代、スーアードは共和党急進派の最有力者だと広く認知されていた。というのは、彼は奴隷制反対政策に長く関わり、「高次の法」や「抑圧できない葛藤」などという挑発的な言い回しを多用し、準州や連邦の将来についての論争を南部人に挑んでいたからだった。青年時代のリンカン、スーアード共、南部に出かけたことがあった。スーアードの印象に残ったのは、奴隷制が南部の経済成長を阻害しているという事実だった。タバコ栽培の繰り返しでヴァージニア州の耕地は痩せていた。リンカンの数年後に訪れたニューオリンズが、奴隷制のせいで、それがなかった場合と比べて、「二流都市」になってしまっているとスーアードは結論した。一八五〇年代の演説では、奴隷制が「害虫」「伝染病」「国家の衰弱と堕落の原因」だと彼は述べ、西部の経済発展をいわゆる南部の停滞と比べた。リンカンが南部をこのように描写することはなかった。(44)

一八三八年の文化団体演説で、リンカンは法の支配への服従を宣言していた。彼は憲法にも勝る「高次の法」についての議論を拒否した。一八五〇年の妥協を巡る議論の際、スーアードはこの表現を使って、逃亡奴隷法案が違法であると非難した。一八五二年、リンカンはスーアードの主張から距離をとった。「それが憲法違反、つまり合衆国憲法への不服従を助長する限り、自分はそれを徹底的に非難する。」オーウェン・ラヴジョイのような急進派は、高次の法を遵守する自分たちが逃亡奴隷を隷属状態に戻すような真似はしないと明言した。先述したように、リンカンは逃亡奴隷狩りが極悪非道なものだと思ったが、それでも彼は「唇をじっと嚙んで、批判を口にしないようにしよう」と書いた。(45)

このように、見解全般や特定の政策、個人的気質の点で、リンカンは共和党急進派とかなり異なっていた。一方、奴隷制という地域間論争の道徳的側面と、それが民主的な自己統治の伝統を蝕んでいる事実を頑固に強調し、奴隷制という重要課題から目を背けさせる問題を政治的議論から排除しようとする点で、リンカンは共和党急進派と同じだった。リンカンの使う言葉と奴隷制問題への傾注のために、彼は実際の政策案以上に急進的だと目された。奴隷制が罪だと彼は言わなかったかもしれないが、一八五〇年代、それが「おぞましき不正」（これはピオリア演説にある表現だ）、「道徳的巨悪」、「憎むべき制度」、共和国アメリカを破壊しうる「癌」だと説明した。リンカンは奴隷制を子供の寝具の中にいる「毒蛇」に喩えた。それは、その蛇を直接攻撃することはできないが、できるだけ蛇が動かないように取り計らわなければならないからだ。一八五〇年代半ばまでに、リンカンとインディアナ州のリチャード・W・トンプソンのようなホイッグ党保守派との溝は大きくなっていた。第三〇次国会において、二人は奴隷制関連の法案に関して、ほぼ同じ投票行動をとっていた。今でも、トンプソンは「アメリカに存在するような奴隷制はアメリカ人が考察すべき道徳問題を投げかけている」ことをはっきりと否定したが、リンカンはまさにその通りだと主張した。[46]

むろん、リンカンは急進的奴隷制反対論に知悉していた。彼の弁護士事務所共同経営者ウィリアム・ハーンドンは彼よりも十歳若く幾分彼のことを畏れていたが、自分が奴隷制廃止論者だったと後に主張した。これは誇張だったろうが、実際、ハーンドンはセオドア・パーカー、チャールズ・サムナー、ウェンデル・フィリップスや他の東部在住奴隷制反対論者と文通していた。一八五七年の手紙で、ハーンドンは自分が一八五〇年代の出来事を受けて、「奴隷制反対という言葉自体を憎んでいた状態を脱し、万人の自由」を支持するようになった経緯を説明した。彼は『ナショナル・アンチスレイバリー・スタンダード』、『ナショナル・エラ』、シカゴの『ウェスタン・シチズン』といった奴隷制廃止論の雑誌、『ニューヨーク・トリビューン』のようなもっと主流の奴隷制反対論の新聞を購読していた。彼はジョシュア・R・ギディングズ、ウィリアム・スーアード、チャールズ・サムナーや他の急進派の演説集を購入しており、それらはリンカンと共同経営している弁護士事務所に山積みされていた。[47]

一八五六年初め、リンカンは共和党指導者として台頭したが、それ以降、党内の意見不一致によって分裂した党の統一維持に奮闘した。彼は、元民主党員と元ホイッグ党員の、排外主義者と移民の、保守派、穏健派と急進派の言い分を調整した。従って、リンカンは奴隷制拡大問題をひたむきに強調した。それは共和党の各意見にある最大公約数で、様々な派閥が合意できる唯一の目標だった。従って、リンカンは党急進派と協力した。ある人物が表現したように、彼らは「奴隷制を党の政治的議題のトップに持ってくること」を望んでいたからだった。(48)

リンカンが地方レベルから州レベルの政治家になるにつれて、共和党の成功にはイリノイ州北部の奴隷制反対急進派有権者の取り込みが不可欠だと認めるようになった。一八五六年七月、州北部と中部両方の数郡を含む国会議員第三選挙区の共和党大会は奴隷制廃止論者オーウェン・ラヴジョイを候補に指名した。リンカンの友人レナード・スウェットは指名を得られなかったが、彼は元ホイッグ党穏健派に人気があった。スウェット支持者には、T・ライル・ディッキー判事を独立候補に指名し、共和党票を割れさせようとしたものもいた。判事はケンタッキー州生まれのホイッグ党保守派で、奴隷制廃止論者を憎悪していた。すぐに、リンカンはそうした動きを止めるように取り計らった。

奴隷制廃止論者を「嫌悪し」、当初ディッキー指名を支持したデーヴィッド・デーヴィスに、リンカンは次のような手紙を書いた。「スウェットが敗れ、ラヴジョイが指名されたと聞いたとき、目の前が真っ暗になった」。だが、「当地に行き、ラヴジョイに対する人民の大変な熱狂を目の当たりにし、彼の選挙に対する人民の支持を考慮するとすぐに（中略）、このまま成り行きに任せるのが得策だと思うようになる」と。リンカンの手紙を読んだ後、デーヴィスはディッキーに出馬取り下げを迫った。「カンザスの暴動」のような事件のせいで「自分が奴隷制廃止論者になるなどと考えたことにない人が廃止論者になっていた」とデーヴィスは書いた。その間、ラヴジョイは自ら行動を起こし、反対者の集会に出かけ、南部諸州の奴隷制に干渉するつもりがないことを示した。結局、ディッキーは出馬を諦めた。選挙運動中、度々、リンカンはラヴジョイと同じ演壇に立ち、有権者もラヴジョイを国会に送り出した。[49]

一八五八年、これと似たような事態が起こった。再び、デーヴィスに率いられた共和党保守派は独立候補を立てようと画策し、地元の民主党員と手を組んだのだ。リンカンはデーヴィス、ウォード・ヒル・ラモンや他の「親友」と対立しながらも、同年春、ラヴジョイに再指名獲得を楽観的に考えてはいけないと警告した。関係者全員が「異論なく」ラヴジョイを再指名するのが望ましい、とリンカンは『シカゴ・トリビューン』のチャールズ・H・レイに手紙を書いた。ラヴジョイ選出のために「この国会選挙区が完全に奴隷制廃止論者のものになるのではないか」という懸念をラモンがリンカンに打ち明けたとき、リンカンはラモンに独立候補を支持しないよう求めた。「そんなことをしたら、全体が破滅するだけだ」。むろん、ラヴジョイは「奴隷制廃止論者として知られている」が、彼は「現在、共通見解だけを扱っている」とリンカンは指摘した。こうした出来事のおかげもあり、リンカンとラヴジョイは親密な政治的協力関係を築き上げた。ラヴジョイは、リンカンへの手紙の締め括りの挨拶で、基本的問題での双方の合意を自分が確信していることを示した。「奴隷制の最終的消滅を祈念しまして。敬具」。南北戦争中、他の急進派がリンカンの政策を厳しく批判した際、いつでも、ラヴジョイはリンカンが奴隷制に反対していることを請け合った。[50]

ただし、（リンカンも連邦上院議員候補になった）一八五六年と五八年の選挙で、リンカンは党内の意見統一だけを最重要視していたのではなかった。一八五六年七月、『シカゴ・トリビューン』はこう述べた。「奴隷制廃止主義という非難」が共和党の成功を最もひどく妨げている。「奴隷制廃止論者との協力関係を勘繰られる」のではないかという懸念から、「臆病な人々は共和党の活動に尻込み」

している、と。一方、リンカンは奴隷制廃止論者と進んで協力した。政治制度外で奴隷制廃止論者が、その制度内で共和党急進派が焚き付けている民意なしで共和党は成功できないこと、ラヴジョイ支持者が選挙運動に持ち込む情熱を共和党は取り込まねばならないことをリンカンは理解していた。

リンカンは共和党急進派ではなく、穏健派だった。だが、一八五〇年代、リンカンは自分が奴隷制に反対する長年の奮闘の一部を担っていると認識するようになった。そうした奮闘は十八世紀にまで遡ることができ、リンカンによると、さらに一〇〇年間続くものだった。一八五八年、彼はこう書いた。小学生や中学生でも、大西洋奴隷貿易の非合法化を大英帝国で最初に試みた指導者ウィリアム・ウィルバーフォース、グランヴィル・シャープの名前を知っている。「だが、それを遅らそうと骨折った人物を誰か一人でも、名指しできるような人はいるのだろうか?」と。(一八五八年、リンカンはスティーブン・A・ダグラスと連邦上院議員の座を争っていたので、この発言は、この時点で彼よりもはるかに有名だったダグラスが後生から忘れ去られるのに対し、彼自身は後生に記憶される事態を意味していた。)常々、世間からの認知を熱望していたリンカンは自身の生きがいを見つけていた。彼はこう書いた。「この選挙戦の高次の目的は、自分が生きている間に完全達成されないだろう。だが、この取るに足らない人生を輝かしい完成のために喜んで捧げたい。私の残り少ない眼力では、それを実際に見聞できないだろうが」[51]と。むろん、リンカンが心に描いた「完成」は、奴隷制拡大の停止だけではなく、奴隷制廃止だった。

フレモント敗北から一ヶ月経った一八五六年十二月、シカゴの共和党晩餐会でリンカンは演説した。先の選挙戦が特定の政策に関する論争というよりは、むしろ政治的、道徳的基本原則に関する論争だったと彼は説明した。常日頃と同じく、リンカンは革命世代に遡り、共和党が「人間の平等」という原則をかたくなに信奉しなければならないと主張した。そして、彼は以下のように宣言した。民主党は「この重要原則」を撤回し、「奴隷制は正しく」それ故に永続化、拡大しなければならないという「正反対の原則」を採択しようとしている。どちらの党が勝利するのだろうか？「我々の政府は民意に基づく。民意を変えることのできる者だけが政府を変え得る」。民意が平等という重要原則を尊重しなくなる時点にまで「それを徐々にだが確実に堕落させせつつある」民主党に対抗することこそ、共和党の使命である、と。[52]

奴隷制廃止論者と同じく、民意が奴隷制反対の聖戦を戦う土台になるとリンカンは考えた。これは人民主権というダグラスの主張に対する最も基本的な反対論だった。ダグラスの主張は道徳に「無関心」で、準州民が投票で奴隷制を「可決しようと否決しようと」構わないとするものだった。リンカンはこう信じた。「道徳原則によって北部人は団結している」。さらに、奴隷制廃止論者と共和党急進派の煽動のおかげで、道徳原則が民意に根付き、政治家が奴隷制反対論を採用できるように、あるいは採用しなければならないようになった、と。

ジャクソン期に生み出された大衆政治制度において、リンカンのような第一級の政治家は民意を反映すると同時に、民意の創出にも貢献していた。ウィリアム・H・スーアードについての記述だが、「彼の行動を理解しようとするのは価値あることだ（中略）。彼の見解は数百万人のそれを決定する」。だが、同様に、奴隷制廃止論者は「民意の創設」に貢献し、「そうした民意のおかげで、スーアードのような人物は奴隷制廃止論を語ることができたのだ」とウェンデル・フィリップスは理解していた。一八五四年から五六年までの政治的地殻変動期以上に、民主主義国家における民意の影響力が明らかだった時代はなかった。その当時、第一級の政治家は民意の素早い変化の程を測り、それに遅れをとるまいとした。[53]

ジョン・マリー・フォーブズはボストン在住の鉄道業界の大立者で、南部の大農園にも投資していた（アレクシス・ド・トクヴィルのアメリカへの投資を取り扱ってもいた）が、一八五六年の選挙戦で、彼は自身が目の当たりにした北部の民意の変化を油断なく分析していた。彼は事業提携者に以下のような手紙を書いた。奴隷制廃止論者は政治家に「直接の影響」をほとんど与えていないが、二〇年前にはごくわずかの狂信的男性（中略）と熱狂的女性だけが持っていた「奴隷制の罪」という主張は北部の民意に浸透している、と。奴隷制それ自体の将来が問題にならないうちに、奴隷制拡大問題にきっぱりと片を付けようと、フォーブズはフレモントの当選を願った。というのは、もし、これからの四年間で奴隷制に反対する「北部人の感情」が、「これまでの四年間と同じ速さで」強くなったとしたら、「今よりももっと危険で破壊的な洪水」が起こり、奴隷制や連邦（むろん、そしてフォーブズが南部に所有する財産）を脅かすからだった。[54]

一八五四年から五六年までの間、カンザス・ネブラスカ法、カンザスの流血沙汰、ノウ・ナッシング党の盛衰といった思いがけない出来事のために、それまでの政党制度は粉砕された。リンカンも、それまでにも増して徹底的かつ力強く、奴隷制とそれがアメリカやアメリカ政治に占める位置についての自身の見解をはっきりさせねばならなくなった。一八五七年には、〈ドレッド・スコット〉判決〔連邦最高裁による判決で、これにより、黒人奴隷はアメリカ市民ではなく、所有物だと公式に表明されることとなった〕、カンザスに奴隷制を強制しようとするブキャナン政権の動き、リンカンとスティーブン・A・ダグラスの連邦上院選挙戦など、さらに多くの事態が発生したので、リンカンはそれまでごくたまにしか触れてこなかった問題を直接扱うことになった。その問題とは、アメリカ黒人の権利と将来的身分、奴隷制と自由労働という正反対の制度に基礎を置く二つの社会に横たわる差異だった。

第4章

「真っ二つに裂けた家」

一八五〇年代後半の奴隷制と人種

1

一八五七年三月、ジェイムズ・ブキャナンは大統領就任演説をしたが、その二日後、連邦最高裁が史上最も悪名高い判決を出した。ドレッド・スコットはミズーリ州のジョン・エマソン医師の奴隷だったが、一八三〇年代、彼は主人と共に、州法が奴隷制を禁じているイリノイ州と、ミズーリの妥協がそれを禁じていたウィスコンシン準州に住んでいた。スコットは奴隷身分の女性ハリエット・スコットと結婚しミズーリ州に戻った。一八四六年、夫妻と二人の娘からなるスコット家は訴訟を起こし、自由州に住んでいたので自分たちは自由身分になっていると主張した。結局、この訴訟は連邦最高裁に持ち込まれた。最高裁長官のロジャー・B・トーニーと他六人の判事は、スコット一家が奴隷身分に留まると判決した。黒人は合衆国市民ではなく、従って、身分的に訴訟を起こせないとトーニーは言った。判決はここで終わらなかった。憲法が奴隷に対する財産権を「明白、明確に認めている」以上、奴隷所有者は奴隷を奴隷身分のまま連邦の領域内に持ち込めるとトーニーは続けた。故に、この三年前にカンザス・ネブラスカ法によって撤回されたミズーリの妥協は違法なものになった。最高裁が憲法を盾に立法を無効にしたことがこの判決の前にも一度だけあった。その画期的な裁判は〈マーベリー対マディソン〉〔一八〇三年、最高裁長官ジョン・マーシャルの機転により、最高裁の違憲立法審査権が成立した裁判〕裁判で、司法審査の原則を確立させた。オハイオ州のジョン・マクリーンとマサチューセッツ州のベンジャミン・R・カーティスはトーニーの判決に否定意見を述べた。カーティスは判決に憤慨し、最高裁判事を辞職した。

　トーニーの意見の大半は歴史的な議論からなり、建国の父たちが黒人をアメリカ人だと考えていなかったと示すものだった。トーニーは以下のように主張した。憲法制定者は、自由、奴隷身分を問わず黒人が「劣等種族で、白人種との交際に全く値しない存在で（中略）、その劣等性ゆえに黒人は白人が尊重すべき権利を何も持たない」と考えていた。（この発言のせいで、「トーニーの野郎は永遠の名声を獲得した。だが、おそらく、やつは永遠の業火に突き落とされてもいるのだろう」とサディアス・スティーヴンズは後に語った。）州は望みさえすれば、自由黒人を公民にできるが、だからといって、連邦や他の州までその州に倣うべきだとはいえない。「憲法が創設した政治共同体に新参者を」片務的に「加入させられる[1]」州は存在しない、と。トーニーによれば、こうした共同体は白人専用のものだ、ということだった。

　『ニューヨーク・タイムズ』が最高裁による史上最重要判決だと書いた〈ドレッド・スコット〉判決は、メリーランド州の由緒正しき大農園主の家系に生まれた最高裁長官が生み出したものだ。一八二〇年代に、トーニーは自身の奴隷を解放していたが、黒人の劣等性を信じて疑わなかった。最高裁は奴隷制論争を解決し南北対立を終わらせることができると彼は考えていたようだ。だが、判決の結果、真逆の事態になった。判決は「奴隷制に関するあらゆる問題に当てはまり、しかも南部支持の結論を出している」とジョージア州の新聞は喜んだ[2]。トーニーは民主党に次ぐ大政党の綱領が違法だと言ってしまった。彼の判決はスティーブン・A・ダグラスの人民主権原則も無効にした。というのは、国会が憲法で保障された、奴隷を準州に持ち込む奴隷所有者の権利を無効にできないのならば、国会が創設した準州政府にそのようなことができるわけがなかったからだ。

南北戦争後まで、公民権とその範囲に含まれる諸権利についての共通見解はなかった。地方や州、連邦といったように、公民権を認める機関が異なれば、人々が得られる権利もまた異なった。憲法は公民の「特権、免責事項」には触れていたが、明確に定義はしていなかった。慣例では、公民権は投票権だとされたが、法理論には全く定義がなかった。(公民になっていない移民でも投票できる州がある一方で、公民である白人女性が投票できる州はなかった。)最高裁は黒人公民権を否定したのだが、これにも先例がないわけではなかった。南北戦争前、北部、南部を問わず、ほぼ全州が黒人の基本的人権を禁止した。五州だけが黒人に白人と同じ条件の投票権を認めたが、その五州全てがニューイングランドの州だった。ニューイングランド以外の地域では、一八五七年以前に黒人公民権問題を裁いたほぼ全ての州裁判所は自由黒人が州および連邦の公民ではないと判決した。アンドルー・ジャクソン大統領在任中、トーニー自身を含む四人の司法長官も同じ見解をとっていた。[3]

人種で差別されないという連邦公民権の平等性の観点から憲法を解釈していた奴隷制廃止論者は、〈ドレッド・スコット〉判決を非難した。黒人医師、作家、奴隷制反対運動家のジェイムズ・マッキューン・スミスはトーニーの推論を丁寧に分析、「気高いローマ時代の記録」にまで遡る判例を引用し、白人、黒人を問わず合衆国で生まれた全自由人が「公民である」と言った。多くの共和党員がこの意見に賛成した。トーニーの判決が「ひどく誤っている」と『クリーヴランド・リーダー』は述べた。ニューハンプシャー、ヴァーモント、ニューヨーク、オハイオ州の共和党議員は、マサチューセッツ州に倣って、黒人に州公民権を認める決議案を採択した。長年にわたって、マサチューセッツ州裁判所は黒人にそれを認めていたのだった。メイン州議会は、トーニーの判決が「合衆国政府及び国民に対して、法的、道徳的に拘束力を持たない」とする決議案を採択した。一八五八年、国務省はボストンの黒人医師ジョン・ロックが国民でないことを理由に、彼のパスポートを発行しなかったが、『スプリングフィールド・リパブリカン』は、パスポート発行拒否のせいでマサチューセッツ州民全員が侮辱されたと非難した。(4)

トーニーが「連邦の自由」原則を反駁したことに、共和党員ははるかに激しく噛み付いた。彼らは、奴隷制を規範に、自由をその例外に、南部「独特の制度」を、州法が奴隷制を禁じている場所を除く全域で通用する連邦全体の制度にした最高裁を非難した。トーニーの判決は州が奴隷制を禁じる合法的な権限を持っているのかどうかという問題にさえ疑義を投げかけるものだと共和党員は主張した。「最高裁は南部人が支配するものとなり（中略）、南部以外の地域にある政党執行部と同じく、意見に何の重みもない政体にすぎなくなった」とジョン・マリー・フォーブズは述べた。(5)

〈ドレッド・スコット〉判決のために、南北戦争開始まで政治を支配する問題が政治的議論の最前線に躍り出た。それは、建国の父たちが奴隷制をどのように考えていたのか、奴隷制が局所的な制度なのか全国的な制度なのか、連邦政府が準州の奴隷制を禁止する合法的な権限を持っているのかどうかといった問題だった。判決までに、リンカンはこうした問題に対する自身の見解を述べていたし、一八五七年から六〇年までにも、そうした姿勢を継続させた。だが、判決のおかげでリンカンは、それまでほとんど触れてこなかった問題、つまり、黒人がアメリカでどのような地位を占め得るのかという問題に対する自身の見解を練り上げることができた。この問題がとてつもない政治的当てこすりを引き起こすことを彼は承知していた。最高裁が判決を下した直後、スティーブン・A・ダグラスは熱のこもった演説を繰り返し、独立宣言と憲法が白人のために起草され、〈ドレッド・スコット〉判決に反対する共和党が「人種間の完全で絶対的な平等」を支持していると述べた。この類の主張のせいもあって、前年の十一月、フレモントが大統領選で敗れたとリンカンは信じていた。彼はこう書いた。共和党は「白人、黒人間の異人種混淆を模索していると絶えず非難」されてきた。「異人種混淆に直面したくなかった多くの人々が我々の下を去って行った（中略）」。たとえ、他の人々が「それに直面しよう」とはしなくても、自分は直面しよう、と。[6]

後に、リンカンは〈ドレッド・スコット〉判決が「司法判断を茶化したもの」だと言った。[7] スプリングフィールドでダグラスが〈ドレッド・スコット〉判決を支持した二週間後の一八五七年六月二十六日、同市でリンカンはダグラスに反論した。〈ドレッド・スコット〉判決は誤ったものなので、それが「アメリカの公式見解」を定めたと考えることはできない、とリンカンは述べた。共和党指導者のほぼ全員がこの意見に賛成した。そして、ほとんどの共和党政治家は、そうする必要がなかったのに準州問題を取り上げたトーニーを批判しようとし、国会が準州の奴隷制を禁止する合法的な権限を持つと主張した。だが一方、リンカンは単刀直入に黒人公民権という厄介な問題に取り組んだ。彼はトーニーが建国の父たちの人種観を納得できる形で説明していないと言った。リンカンは、マクリーン判事の否定意見を引き継いで、こう指摘した。憲法が批准された時点で、すでに自由黒人が投票できた州もあった。この事実は彼らも政体の一員であったことを示している。その上、トーニーは、革命時代以降「黒人に対する民意」が改善していると仄めかすほど「誤った」認識をしているが、「当時から現在までに、民意は明らかに悪化している」と。それまでの十年間に、イリノイ州有権者と議会が自由黒人の州内立ち入りを禁止した法案を可決していたにもかかわらず、ここで、リンカンは州の黒人を取り巻く状況の悪化に触れなかった。その代わりに、彼は奴隷の状況について、こう語った。革命時代、奴隷解放は実際になされる可能性があったようだ。今や、そうした希望はほぼ完全に消えてなくなった、と。リンカンは巧みな比喩で、奴隷の期待が裏切られてきた経過を示した。

地上のあらゆる勢力が素早く寄り集まって、奴隷を責め苛んでいるようだ。富の邪神が彼を狙っている。野心がそれに続き、哲学もそれらに続く。時代の神学もすぐに付和雷同する。それらは彼を牢獄に閉じ込める。それらは彼の身体をまさぐり、脱獄用道具を取り上げる。それらは彼の目の前で次々と頑丈な鉄の扉を閉めたので、彼はいわば一〇〇もの錠前で閉じ込められたことになる。それらの錠を開けようとすれば、必ず全ての鍵を一緒に持っていなければならない。だが、それぞれの鍵を持っているのは一〇〇人の男である。そして、彼らは一〇〇もの遠く離れた別々の場所に暮らしている。そして、彼らは、もっと完璧に彼の逃亡を防ぐ新たな手段を考えてばかりいるのである。

建国の父たちの意図を探るリンカンは、憲法と奴隷制の関係についてほとんど何も言わなかった。その関係を詳細に分析したのは、一八六〇年二月にクーパー・ユニオン〔ピーター・クーパーが設立したニューヨーク市マンハッタンにある学校とその建物〕で行った演説である。それを扱う代わりに、リンカンは独立宣言に触れてトーニーに反論した。彼はこう主張した。革命時代、独立宣言は「あらゆる人々の間で神聖不可侵だとされていた」。だが今や、トーニー、スティーブン・A・ダグラスや奴隷制肯定論者によって、「独立宣言は批判され、鼻であしらわれ（中略）、引き裂かれ、起草者が墓場から起き上がってきたところで、それが独立宣言だとは分からないまでに変形されてしまった」と。ピオリア演説で、リンカンは、平等を約束した独立宣言が黒人にも当てはまると断言していた。今この時点で、リンカンは自身の意図をこう説明した。平等は、完了時制ではなく、変更可能な進行時制で捉えられるべきものだ。

この有名な文書の起草者は全ての人々を考慮していたが、全ての人々があらゆる点において平等であると宣言するつもりはなかった。彼らは全ての人々が肌の色や身体の大きさ、知性や道徳心、社交性において平等だと言うつもりはなかった。彼らは、いかなる点において全ての人々が平等に造られていると考えているのかをある程度明確にしていた。要するに、「奪うことのできない権利、特に生存権や自由権、幸福追求権」における平等なのだ。（中略）彼らは全ての人々に認知され、尊重される自由社会の標準を定めるつもりだった。つまり、それは常に注意され、常に希求され、決して達成されないが常に達成されそうになり、それ故に、常にそれ自体の影響力を拡大させ、深化させている標準である。[8]

リンカンは独立宣言という永遠の真実を強調し、それを人種差別的に解釈するダグラスだけでなく、奴隷制を肯定する「哲学」と「神学」にも対抗しようとした。一八四八年、「全ての人々は自由かつ平等に生まれついた」という原則が「あらゆる政治的誤謬の中でも最も誤っていて危険なものだ」とジョン・C・カルフーンは批判した。一八五〇年代の南部では、次第に、この種の発言がごく当たり前のものになった。リンカンは常に『チャールストン・マーキュリー』、『リッチモンド・エンクワイアラー』や、平等原理が破滅的誤謬だと言う南部の空論家ジョージ・フィッツヒューの著作を読んでいた。リンカンは、アラバマ州の牧師フレデリック・A・ロスが奴隷制を好戦的に擁護している『奴隷制は神の定め』も熟読していた。日付が記されていないメモに、リンカンは自身の想像をこう書き留めていた。ロス博士は「手袋をはめて日陰に」腰かけ、奴隷制が神の意志に一致するのかどうかを沈思している。その間、彼の奴隷サンボ〔かつて、この名前が黒人奴隷の典型であった〕は「焼け付くような太陽の下で」使役されている。そのような状況下ではロス博士も、正しい判断に必要な、完全に公平な見方をしていないだろう、と。独立宣言が白人専用のものだというダグラスの見解も、奴隷制を肯定する空論とほぼ同じだ、それらは共に「アメリカという国家の原則」を否定するものだとリンカンは考えていた(9)。

アイザック・N・アーノルドはシカゴ出身の共和党急進派で、南北戦争時、国会議員を二期務めたが、彼は後にこう書いた。「黒人に対する偏見があれほど強い状況下で（中略）、独立宣言にある全ての権利を黒人も享受し得ると述べる度胸をリンカンは持っていた」と。リンカンはこう述べた。だが、そうした権利とは何を指しているのか？　ジェファソンが主張した三つの権利の中で、生存権は説明しなくてもよいだろう。自由権は奴隷制を反駁するものだ。幸福の追求に対する平等権は、自身の労働の対価を享受できることだ、と。リンカンはこの要点を明らかにしようと黒人女性を例に挙げ、平等権がジェンダーや人種によって制限されないことを告げた。「むろん、いくつかの点で、彼女は私と平等ではない。だが、彼女が自分の手で稼いだパンを、主人の許可を得なくても食べることができる生得的権利を持っている点で、彼女は私と、ひいては私以外の全員と平等である」

リンカンは、共和党が黒人もいかなる権利を享受できるということで、「異人種混淆」、つまり、白人、黒人間の性的関係を促進しているのだというダグラスの非難にも直接対峙した。実際には、そうした混淆を引き起こしているのは奴隷制である、とリンカンは返答した。トーニーの判決のせいで、スコット一家の二人の十代の娘は隷属身分に戻され、「彼女たちの主人とむりやり内縁関係を結ばされる」かもしれない、と彼はあざけった。リンカンが奴隷女性の性的虐待を間接的でも扱うことはまれだったが、これはそのうちの一回だった。「異人種混淆」を防ぐ最良の方法は両人種を分離することだ。ピオリア演説と同じく、この演説の締めくくりでも、リンカンは植民による「両人種の分離」を求めた。黒人も生得的人権を享受できるが、結局、彼らは合衆国外でそうしなければならない(10)。

スプリングフィールドでのこの演説は、一八五七年にリンカンが行った唯一の大演説だった。彼はその年の残りの時間を弁護士業務に充てた。リンカンが再び政治の舞台に上がるのは、一八五八年の連邦上院議員選のことだった。その時、「平等」が何を意味し、何を意味しないのかを彼は考え抜いた。そこでリンカンが明らかにしたのは、黒人は白人が当然視している市民、政治的権利を享受できない、ということだった。だが、彼は、独立宣言の原則が全ての人々に適用されるとの主張を止めることはなかった。

2

リンカンが連邦上院選への二度目の出馬準備をしていたとき、政治的地殻変動のために、党政治のあり方が劇的に変わってしまった。〈ドレッド・スコット〉判決の結果、ブキャナン大統領は、今や「憲法のおかげで」奴隷制が全準州に存在していると言った。一八五八年春、ブキャナンは、大多数のカンザス準州民の意向を完全に無視したルコンプトン憲法〔カンザス準州ルコンプトンで採択された奴隷制肯定の州憲法〕に則って、カンザスを奴隷州として連邦に編入しようとした。この時、スティーブン・A・ダグラスは、この動議が人民主権に違反していると非難した。国会でダグラスと彼の支持者は共和党と協力して、ルコンプトン憲法の承認を阻止した。

大統領と南部民主党員はダグラスの行動に怒り、一八六〇年、民主党は北部と南部で分裂する事態にまで、ほぼ完全に立ち至った。だが、ダグラスは（奴隷制反対派でないにせよ）南部反対派の政治家になったので、イリノイ州共和党と上院選出への野心を持ったリンカンはジレンマを抱えた。おそらく、ホレス・グリーリー〔当時を代表するジャーナリスト。「若者よ、西に向かえ」という標語で、アメリカの西方拡大を支持した〕は最も影響力のある共和党新聞記者で、彼が発行する『ニューヨーク・トリビューン』は北部全域で広く読まれていたが、彼はイリノイ州共和党員にダグラスの上院再選を支持するよう迫った。リンカンは狼狽えた。彼は心配になってライマン・トランブルに次のような手紙を書いた。「ニューヨーク・トリビューンは、いつもダグラスを褒めて、褒めて、褒めまくって、何を企んでいるのだろう？　トリビューンはここイリノイ州にワシントンDCの共和党員の見解を伝えているのだろうか？　彼らは、ここイリノイ州で我々を犠牲にすれば、共和党の主張が最も効率的に推し進められると判断したのだろうか？」と。「立派な共和党員」ならばダグラスを支持しないだろう、「ダグラス支持などという考えはばかげている」と、トランブルは答えた。(11)

ほとんどのイリノイ州共和党員はトランブルに賛成した。一八五八年六月十六日、スプリングフィールドでイリノイ州共和党大会が開かれ、党指導者たちはダグラスを支持せよとの東部党員の要求を断固として拒絶した。その大会の綱領は人民主権に全く譲歩しなかった。その綱領は全準州での奴隷制禁止を求め、〈ドレッド・スコット〉判決、奴隷法の「治外法権」という見解全体を非難した。そういう前例がなかったにもかかわらず、代表団はリンカンを党の連邦上院候補に指名した。（通常、そのような決定は議会の次会期になされた。）一般大衆が上院議員を選ぶように憲法が修正された時代よりも五〇年前の一八五八年のイリノイ州議会選挙は、事実上、ワシントンDCでイリノイ州を代表するのにふさわしいのはリンカンなのかダグラスなのかを巡る住民投票になった。(12)

大会の目玉は自身の選挙戦の口火を切るリンカンの演説だった。五月、彼は共和党の同志に「ダグラス判事と共和党の間には依然大きな溝がある」と手紙を書いていた。この演説で、リンカンはダグラスを奴隷州の陰謀と結びつけ、奴隷制賛成派と反対派の間に立つ人はいないと言って、共和党員が良心を損なわずにダグラスを支持できるとの見解を否定した。リンカンは抑揚をつけながら、ダグラスが支持した一八五四年のカンザス・ネブラスカ法の結果を分析した。

奴隷制論争に終止符を打とうとの公認の目標、確信に満ちた期待を持って、カンザス・ネブラスカ法が施行された。それから、五年が過ぎようとしている。その間、奴隷制論争は止まないばかりか、喧しさを常に増してきた。危機がやって来て、我々がそれを経験し終わるまで、その論争は止まないであろうと思う。

「真二つに裂けた家は真直ぐに建てない」。政府は、常に半分が奴隷制、もう半分が自由労働という状態では、存続できないだろう。連邦が分裂してほしいとは思わない。連邦という家が倒れてほしいとも思わない。実際のところは、連邦が分裂しないよう願っている。その場合、連邦全体が自由州になるか、奴隷制になるかのいずれかである。奴隷制に反対すれば、我々はその拡大を停止し、それを民意に委ね、それが最後に消えてなくなるように取り計らうことになる。それとは逆に、奴隷制に賛成すれば、我々はそれを推し進め、最後には、それを新旧、南北を問わず全州で合法化することになる。

我々の社会に後者の可能性がないと言えるだろうか[13]?

尻すぼみにも思える最後の一文が実は重要なのだ。演説の残りの部分で、リンカンは奴隷制の全国拡大「傾向」を描き出した。ピアス、ブキャナン大統領、トーニー最高裁長官を巻き込みながら、奴隷制を全米で合法化する巨大な陰謀に加担しているダグラスをリンカンは非難した。そして、彼は以下のように語った。すでに、最高裁は黒人を、ある州が自州民と同じ権利を他州民に付与することを取り決めた憲法の礼譲条項の保護から外してしまった。最高裁の決定によれば、奴隷制は準州で禁じられておらず、自由州イリノイに一時滞在したところでスコットは自由身分になってはいないとのことだった。遂には、奴隷所有者は合法的に好きなだけ自身の奴隷を自由州に連れ込めるなどという判決が出ることだろう。〈ドレッド・スコット〉判決が「人民によって」（つまりは、ダグラスの再選によって）「完全に支持されて」しまえば、そのような判決は必ず出てくるだろう。「我々は寝転がり心地よく夢を見ている。それは、ミズーリ州民が自州を自由州にしようとしている夢である。ところが、我々が目覚めて現実を直視すると、反対に、最高裁のせいでイリノイ州が奴隷州になっていることだろう」と。

「真二つに裂けた家」演説でリンカンが強調したのは、内戦勃発の危険性ではなくて、イリノイ州の有権者、引いてはアメリカ人全員が奴隷制肯定か反対かを選択しなくてはならない事態だった。一八五四年以降そうしてきたように、リンカンは国会や裁判所ではなく、民意が奴隷制の行方を決定する主戦場だと考えた。彼はこう言った。陰謀全体が、「民意に」自由と奴隷制の道徳的等価性を受け入れ「させよう」とするダグラスの奮闘にかかっている。そうした試みが達成されてしまえば、北部人もダグラスに倣って、「奴隷制が投票で却下されようと採択されようと」どちらでも構わなくなるだろう。従って、共和党員はダグラスの再選を支持すべきでない。「我々の主張（中略）は住民投票の結果に関心のある（中略）人物に託され、実行されなければならない」と。

「真二つに裂けた家」演説は、「自由を支持する者」が、「奴隷制政治に反対する、あらゆる道徳的、政治的勢力」をまとめることのできる「政治家」像をリンカンに見出す契機になった、とフレデリック・ダグラスは後に考えた。リンカンの友人の中には、この演説にせいで、民主党員はリンカンが危険思想を持つ急進派だと言いふらすようになり、リンカンがイリノイ州中部で勝つ可能性が低くなると危惧した者もいた。だが、リンカンは常の如く、注意して言葉を選んだ。彼は自身とダグラスの間に一線を画したかった。そうするために、これまでと同じく、リンカンは奴隷制反対論者の共通見解を援用し、独自の方法で議論を組み立てた。リンカンがよく知っていたように、ヘンリー・クレイは

「最終的に消えてなくなる」という表現を使っていた。さらには、デーヴィッド・ウィルモット、サルモン・P・チェース、ヴァーモント州選出の連邦上院議員ソロモン・フットもこの表現を使用していた[14]。「真二つに裂けた家」という表現もかなりよく知られたものだった。この表現は三度聖書に登場するが、特に有名なのは、イエス・キリストがパリサイ人〔ユダヤ教の主流派〕を非難するマタイ福音書のエピソードで出てくるものである。（一八五八年、ダグラスがこの言葉の使用に異議を唱えると、リンカンは、もし「真実性が問題に」なっているのだとすれば、その問題は自分とダグラスの間ではなく、「ダグラスと、高次の存在について知悉する者の間で」解決するべきだ、と答えた。）ある意味で、リンカンはこの表現に繋がる見解を、一八三八年の文化団体演説で明らかにしていた。その演説で彼は「奴隷を解放するか、自由人をも奴隷化するか」を決める、未来の専制君主について語っていた。一八四三年の時点ですでに、リンカンは「真二つに裂けた家」という表現自体を使っていた（ただし、そのときの表現は連邦ではなくホイッグ党を比喩したものだった）。さらに、一八五八年より前に、奴隷制反対論の牧師セオドア・パーカー、奴隷制肯定論の作家ジョージ・フィッツヒューもこの表現を使用していた[15]。

　特にカンザスを巡ってブキャナンとダグラスが激しくやりあっていただけに、ピアス、ブキャナン、ダグラス、トーニーが奴隷制肯定の陰謀に加担しているという主張の信憑性は薄かった。だが、一八五八年までに、全米に奴隷制を拡大するという巨大な陰謀を暴き立てるのは共和党の定番になっていた。リンカンはこうした非難が演説での強力な武器になると考えたので、上院選挙戦中、自身が直接ダグラスに向き合って非難するまで、これを新聞に書かないよう共和党の編集者に言いくるめていた。イリノイ州と北部全域の共和党系新聞は、奴隷持ち込みを認めない州の違法性を問う、新しい〈ドレッド・スコット〉判決に注目していた。新聞は〈レモン〉裁判〔一八五二年の〈レモン対ニューヨーク市〉裁判〕がその第一候補になると考えていた。その裁判では、ニューヨーク市裁判所が八人の奴隷を解放していた。船でテキサス州へと向かうヴァージニア州在住の所有者が彼らをニューヨーク市に連れて来たのだった。一八五七年十月、控訴裁判所〔アメリカの裁判所には地裁、控訴裁、最高裁と三つの審級がある〕も一審判決を支持したので、ヴァージニア州は上訴し、裁判をトーニーの連邦最高裁にまで持ち込もうとした。多くの共和党員は、最高裁が奴隷の「通行」権を全米で認める判決を出すのではないかと危惧していた。「真二つに裂けた家」演説で、リンカンは〈レモン〉裁判に触れてはいなかったが、一八六〇年のクーパー・ユニオン演説を印刷したものの脚注で、それを扱っていた。(〈レモン〉裁判が最高裁に持ち込まれるやいなや、南北戦争が勃発し、ヴァージニア州も連邦から離脱したので、その裁判も争訟性を失ってしまった。[16])

「真二つに裂けた家」演説までに、奴隷制と自由が死闘を繰り広げている、どちらか一方だけが国家の未来像を決定するという見解を多くの人々は知るようになっていた。一八五八年ニューヨーク州ロチェスターで、リンカンと同じように、ウィリアム・H・スーアードもこの見解を最も広く知らしめることになる演説を行った。スーアードはこう主張した。市場革命の促進する経済統合こそが、奴隷州、自由州という二つの「根本的に異なる」文明をより緊密な関係に導き、国家統一をさらに重視するようになっている。「二つの文明の衝突が何を意味しているのか、あなたがたに語ってもよいだろうか？（中略）この衝突は正反対で耐久性のある力同士の、制御不可能な衝突であり、遅かれ早かれ、合衆国が完全に奴隷制国家になるか、完全に自由労働国家になるのか、ということでもあるのだ」と。[17]

スーアードは、リンカンとは違って、自意識の強い帝国主義者だったので、彼の描くアメリカ国家の未来像は、奴隷制が廃止され、北アメリカ大陸、カリブ海地域全域と「両洋に浮かぶ孤島」から構成されるというものだった。奴隷州が過去の遺物、貴族的で経済的退化を意味しており、十九世紀世界を覆い尽くす進歩主義〔時が経つにつれ、科学的知識や道徳によって社会悪が是正されていくという思想〕の潮流と調和しないとスーアードは考えていた。リンカンも奴隷制がアメリカ的天命の足枷になっていると考えたが、彼の描くアメリカの使命は、帝国建設の未来にではなく、自由主義政治制度の優越を世界に示すことにあった。彼は領土拡張にはほとんど興味を示さなかったし、ダグラスら威勢のよい国家主義者から成るヤング・アメリカ〔十九世紀半ばのアメリカの政治や文化に広く見受けられた国粋主義的傾向とその支持者。ヨーロッパ的伝統からの脱却を目論んでいた〕の主張、絶え間なき領土拡張という彼らの見解を嘲笑ってもいた。スーアードとは異なり、リンカンの信じる将来の国家統一は、経済や文明ではなく政治や道徳を基礎にするものだった。だが、両者とも、奴隷制と自由の対決が不可避であると考える点で、意見が一致していた。一八六〇年、リンカンは、スーアードの「高次の法」原則には同意できないが、『制御不可能な衝突』という点では、彼の意見に賛成している」と書いた(18)。

黒人も憲法の礼譲条項に含まれるべきだと暗に意味している箇所を除けば、「真二つに裂けた家」演説で、リンカンは黒人の権利に触れていなかった。だが、その四週間後、シカゴでの演説で、リンカンは再びこの問題に関する自身の見解を提示しようとした。リンカンの他の大演説の非常に多くと同じように、この演説もダグラスの演説に反論したもので、しかもこのとき、ダグラスは前日に同市で演説していた。その際、「真二つに裂けた家」演説は急進的奴隷制廃止論者が内戦を期待しているようなものだ、とダグラスは非難していた。彼は、人種差別主義を標榜するのに、歯に衣を着せるような真似はしなかった。「我々のこの政府は、白人を土台にして（中略）、白人の利益のために、白人によって統治されるように創られている」。ダグラスはこう非難した。しかも、リンカンが〈ドレッド・スコット〉判決に反対するのは、人種的平等を支持しているからだ。しかも、リンカンは国家統一に言及することで、「全ての地域社会は物事の善悪を自己判断し、自己決定する権利を持つ」という自己統治の基本原則を誤解していることまでさらけ出している、と。ダグラスは、建国の父たちを奴隷制反対論に結び付けようとするリンカンの試みにも以下のように反論した。人民主権は、地方分権化された自由の帝国を提案していたジェファソンを受け継ぐものだ。なぜ、これまで五〇年以上そうしてきたように、これからも奴隷制が半分、自由労働も半分の国家であってはいけないのか、と。(19)

ダグラスが演説をした翌日、リンカンは自身のキャリアにおいて最も雄弁に語りながら、ダグラスの非難に直接対峙した。まず、リンカンは国家の多様性に関するダグラスの議論を取り上げた。「道徳的巨悪」である奴隷制を、「インディアナ州のクランベリー禁止法、ヴァージニア州のオイスター禁止法、メイン州の禁酒法」と同列に扱うことはできない。そのような禁止法ならば、それぞれの地域社会が自由に政策を取り決められるし、またそうするべきである。だが、奴隷制は国家が解決すべき国家的問題である。選挙戦の後半で、リンカンは奴隷制が「国家全体」に対して「悪事」を為していると言った。

シカゴは急進的共和主義の中心地だった。リンカンは「おそらく、私は奴隷制廃止論者以上に奴隷制をずっと憎んできた」と言っても、反論が出ないことを知っていた。だが、黒人の権利のこととなると、リンカンも必要以上のリスクを避けるようにした。ダグラスが人種差別的にアメリカを定義したことに対抗して、リンカンは独立宣言の理想に裏付けされた市民的国家主義を提示した。人種や民族ではなく、原理こそがアメリカ人同士を結び付けるのだ。一八五七年に、ダグラスはこう説明していた。独立宣言の序言はアメリカ植民者がイギリス人と同じ権利を享受できると主張している、と。リンカンはこの説明を取り上げ、ダグラスが独立宣言の原則は普遍的ではないと言ったせいで、一七七六年に先祖がアメリカで暮らしていなかった移民を含む全てのアメリカ人の自由が脅かされていると主張した。

おそらく、我々の人民の半分が（中略）ヨーロッパからやって来た人々だ。ドイツ人、アイルランド人、フランス人、スカンジナヴィア人は（中略）あらゆる点において我々と同等である。もし彼らがアメリカの歴史を紐解き、血筋に従って革命時代との繋がりを求めても、徒労に終わってしまう（中略）。だが、由緒正しき独立宣言を紐解き、革命時代との繋がりを求めれば（中略）、その時代の道徳論のおかげで、自分たちが当時の人々と繋がっていることを実感する（中略）。これこそが、自由に対する愛が存在する限り（中略）、国と自由を愛する人々を結び付ける、独立宣言の電気索なのだ。

ダグラスが独立宣言の普遍性を否定したために、民主主義政府の基礎が脅かされているとリンカンは続けた。

独立宣言は黒人とも手を携えている（中略）。だから、それに関して、私はこう言いたい。全ての人間は平等に造られている。この原則をできる限り達成しようではないか。あれこれの人々、あれこれの人種についての不平を並べたり、黒人は劣等人種なので、自分たちよりも低い位置に留めなければならないと言ったりするのは止めようじゃないか（中略）。こういったことを全て止め、この国の同じ一つの国民としてまとまり、全ての人間は平等に造られていると再び言おうじゃないか（中略）。この演説を終えるにあたって、全ての人間は自由かつ平等に造られているとの確信で一杯になるまで、自由の灯があなたがたの心内を照らし出すように願っている。[20]

この表現でリンカンは演説を終えたが、これは彼のキャリア全体で最も率直に平等を肯定したものだった。

リンカンがダグラスの演説に反論しようと、彼の後を追いながらイリノイ州を遊説しているのは下品だ、と共和党は思った。シカゴ、スプリングフィールドでの演説直後の一連の論争で、リンカンはダグラスに応戦した。すぐに、両者は連続七回の討論会を八月末から十月半ばにかけて州内各所で行うように取り決めた。リンカン・ダグラスの大論争は全米で注目の的になり、アメリカ政治の伝説になった。全米の新聞社が記者を派遣し、大論争を伝えたので、演説の原稿はすぐに記事になった。各回の論争を数千の聴衆が見守った。

リンカンとダグラスほど、好対照な印象を投げかける議員候補の組み合わせはあり得なかっただろう。背が低く横幅のあるダグラスは上品に仕立てられたスーツを着用し、非常に力強い口調で、常に攻撃側に立った。彼は聴衆の人種的偏見に真っ向から訴えかけた。ダグラスは美しい後妻アデルと共に専用車両で各論争に登場し、支持者が打ち鳴らす大砲の音に出迎えられた。アデルの大おばは元大統領夫人ドリー・マディソンで、彼女の年齢は夫ダグラスの半分にも満たない二十二歳だった。一方、長身痩躯のリンカンは、しわのあるスーツを着用することもあり、単身、普通車両で移動した。聴衆の心を摑む術に長けていたリンカンは、あえて冷静沈着な敗北者のふりをした。リンカンの「外見はぱっとしなかったが、演説をさせて彼の右に出る者はいない」とある新聞記者は評した。(21)

司会者や聴衆からの質問に候補者が用意された短い返答をする現代の大統領選討論とは違って、リンカン・ダグラス論争は演説の原稿を読むものだった。まず、一方が六〇分の演説をした。次に、もう一方が九〇分間演説した。最後に、最初に演説した方が三〇分の演説をした。演説は同じことの繰り返しであり、退屈なこともあった。両者とも相手を根拠なく非難した。リンカンによると、ダグラスは奴隷制を全米に拡大しようとする陰謀に加担している、とのことだった。(だが、いささか矛盾していることに、リンカンはダグラスが準州への奴隷制拡大の是非に無関心だという批判も行った。）一方、リンカンとライマン・トランブルは陰謀をめぐらせ、ホイッグ、民主両党を破壊し、イリノイ州を「奴隷制廃止論」で染め上げ、政権獲得への野心を満たそうとしている、とダグラスは述べた。両者とも自身が穏健派であると言い張り、相手が急進的すぎてイリノイ州にふさわしくないと非難した。リンカンが「北部と南部の間で戦争」になりかねない「恐ろしい」主張を支持している、とダグラスは言った。一方、ダグラスのせいで、国家が建国の父たちの奴隷制観から外れてしまっているとリンカンは批判した。イリノイ州中部では元ホイッグ党員が勢力均衡状態を保っていたので、両者とも自分こそがヘンリー・クレイの政治を引き継いでいると主張した。（ダグラスに関する限り、この主張は奇妙である。というのは、豊富な政治的キャリアを通じて、彼はクレイの主張の大部分に反対してきたからである。）

リンカン・ダグラス論争には、様々な欠陥があったにもかかわらず、どこか注目に値するものもあった。カール・シュルツは一八四八年の革命の挫折の後、ドイツからアメリカにやって来て、一八五〇年代に西部共和党の有力者になったが、彼は自叙伝にこう書いた。「論争の民主主義的な側面に大きな感銘を受けた（中略）。ここに二人の男がいて、二人とも高貴な生まれでも高等教育を受けてきたわけでもない（中略）。その彼らが、人民の知性と愛国心に訴えかけて、相手を（中略）打ち負かそうとしていた」と。論争はアメリカ政治が過去二年間に被ってきた変化を例証している、と共和党指導者ジェイムズ・G・ブレーンは後に言った。一八五七年に経済不況が始まり、その余波をイリノイ州は依然被っていたのだが、両上院候補とも経済問題を一切無視した。ブレーンはこう語った。両者とも「保護貿易や自由貿易、内地開発や財務省分局、すなわち、長年にわたって党を分裂させてきた問題全て」を棚上げにしていた。論争は「一つの問題」だけに焦点を絞り、一八五〇年代の「民意」を反映させていた、と。実際、一八五八年にリンカンが支持者や党指導者とやり取りした手紙を見ると、奴隷制と黒人の権利がほぼ唯一の議題であったのが分かる。全般的に言って、論争は国家を分裂させている最も根本的な問題を公の場で真剣に議論し、〈ドレッド・スコット〉判決がアメリカ政治に与えた影響力を初めて実際に測ったものだった。リンカン・ダグラス論争のおかげで、イリノイ州が「いわば、連邦になった」とワシントンDCの新聞は述べた。[22]

八月二十一日、イリノイ州北部のオタワで大論争の初回が行われた。オタワは人口約九〇〇〇の町だったが、論争の当日、人口は二倍以上に膨れ上がった。その数日前、リンカンは知己から、それまでの選挙戦で「あまりにも守勢に回り過ぎている」、ダグラスの「あらゆる痛いところを突いてやれ」との忠告を受けていた。だが、最初の演説で、ダグラスは出鱈目な非難を浴びせ続けて、すぐに論争の主導権を握った。メキシコ戦争時、リンカンはアメリカの敵側と通じていた。一八五四年の共和党地方大会で、リンカンは逃亡奴隷法の撤回とワシントンDCの奴隷制廃止を求める急進的決議案作成に一枚噛んでいた。リンカンは「あらゆる制度を均一化し、黒んぼと白人を結婚させようと」している。守勢に回ったリンカンは、返答に窮していたようだ。[23]

八月二十七日、イリノイ北部のフリーポートという小さな町（人口は約五〇〇〇だった）で、論争の第二回が行われた。その前の晩、多くの共和党指導者が集まり戦略を練った。彼らはリンカンにこう忠告した。激しく反撃せよ。カンザス・ネブラスカ法の急進的な項目を否定し、ダグラスに「卑劣な質問を複数」投げかけ、やつを「裏切り者、陰謀政治家、奴隷制肯定論者、ペテンだらけの煽動政治家」だと罵れ。そこで、リンカンは、逃亡奴隷法の撤回ではなく修正を支持していると述べ、それ以外の点でも自身の立場が穏健派のそれであると明らかにしてから、ダグラスに一連の質問を投げかけた。ダグラスの支持する〈ドレッド・スコット〉判決が正しいとすれば、準州民は法律で奴隷制を禁止できるのか？　できないのだとすれば、人民主権というダグラスの誇る原則はどうなるのか？これが有名な「フリーポート問題」だった。この質問をすれば、ダグラスとブキャナン政権はさらに仲違いし、ダグラスがトーニーの判決を否定すれば、南部を裏切ることになり、逆に、人民主権を否定すれば、北部のダグラス派を裏切ることになるはずだった。[24]

リンカンはダグラスの答えを予め知っていた。というのは、ダグラスが言ったように、彼はその手の質問に「イリノイ州のあらゆる演壇で一〇〇回も」答えてきたからだった。奴隷所有者が自身の奴隷を安心して連れ込めるように取り計らう「地方警察法」を制定しなければ、あるいは、「敵対的な法」を制定すれば、準州民は合法的に奴隷制を禁じられる、とダグラスは述べた。その数週間前、メイン州の演説で、ジェファソン・デーヴィスはほぼ同じことを言っていた。ダグラスは、〈ドレッド・スコット〉判決と人民主権の両方を裏切らずに済ませられる、デーヴィスの見解に満足したので、それ以降の論争でその見解を繰り返した。ダグラスはデーヴィスのメイン州演説を直接引用して、自身の「フリーポート理論」が連邦全体で通用することを示そうとした。[25]

共和党の策士を推薦する、フリーポート論争直前に書かれた手紙で、シカゴの編集者ジョゼフ・メディルは、リンカンが「黒んぼの平等に対する非難などペテンで、汚らわしく、たわごとにすぎないと（中略）ダグラスに言って、その非難を（中略）さっさと片付け」なければならないと書いた。だが、その時点ですでに、リンカンはイリノイ州中部と南部の支持者から、そうした非難がもたらす政治的影響力について語った手紙を受け取っていたので、彼はメディルに「共和党は黒人を白人と社会、政治的に平等にするつもりはない」と明解な言葉で書くように迫っていた。大論争が回を重ねるにつれ、ダグラスはますます頻繁に人種問題を取り上げて攻撃を加えるようになった。例えば、スティーブン・A・ダグラスはこう言った。イリノイ州でフレデリック・ダグラスがリンカンの応援をしているが、馬車での移動中、黒人の彼が白人御者の夫人と一緒に「くつろいでいる」、と。[26]

大論争の第四回目はチャールストンで行われた。そこはイリノイ州中部の人口一万四〇〇〇の町で、ホイッグ党保守派の牙城だった。その際、リンカンはダグラスの批判に反論しようと、人種的平等の問題について明確に語った。

私は、白人種と黒人種の社会的、政治的平等を実現させようとしていないし、これまでしてきたこともない。黒人を有権者や陪審員にしたり、公務に就かせたり、白人と結婚させたりするつもりはないし、これまでもそうしてこなかった。それだけでなく、白人種と黒人種の間には物理的な差異があるので、私の意見では、両人種が手を携えて社会的、政治的平等を享受することはできない。だからこそ、両人種が共に暮らす限り、上位と下位という二つの立場が生まれ、皆と等しく、私も白人が上位を占めることを支持している。

この論争の後半で、州は合法的に黒人を公民にできるとは思うが、イリノイ州がそうすることには反対している、とリンカンは述べた。[27]

大論争で、ダグラスはリンカンがイリノイ州の各地域の政治的風土に従って自身の見解を変更していると頻繁に非難した。選挙戦前半のシカゴ演説で、リンカンは平等を原則的に支持したが、むろん、それとチャールストンでの発言の間には著しい違いがあった。チャールストン演説で、黒人も独立宣言に示された平等を享受できる、というお決まりの主張をリンカンはしなかった。その次の論争はイリノイ州北中部のゲールズバーグで行われ、リンカンはこの主張を再び取り上げた。そこで、彼は、ここ最近になるまで、独立宣言にある自然権の規定が黒人にも当てはまることを否定する人々はいなかった、と言った。だが、それ以降の選挙戦を通じて、リンカンは黒人公民権を支持しないと主張した。リンカンの発言を聞いて、奴隷制廃止論者は仰天した。「リンカンは理想を捨て、卑しい偏見を選んだ」とシカゴの『コングレゲーショナル・ヘラルド』は嘆いた。一方、共和党保守派は喜んだ。デーヴィッド・デーヴィスはリンカンに、きみは奴隷制問題を「見事に」取り扱う術を身につけた、と手紙を書いた(28)。

最も都合の良い政治問題で議論しようとするダグラスは、「自由黒人をどう取り扱うのか」という問題が奴隷制論争よりもはるかに重要だと繰り返し主張した。一方、「黒人の平等」に対する非難に納得のいく返答をしたリンカンは、最後三回の論争で、自身とダグラスの違いが最も際立っている主張を前面に押し出した。その主張は奴隷制の道徳的側面だった。ゲールズバーグで、リンカンはこう述べた。自身とダグラスの「大きな違い」は、「ダグラスの意識の中に、奴隷制が悪だなどという認識が全くないことだ」と。その六日後のクインシー論争でも、リンカンはほぼ同じことを言った(29)。大論争を締めくくる第七回はオールトンで開かれた。その二〇年前、ここオールトンで、エライジャ・P・ラヴジョイが殺害されていた。リンカン、ダグラスとも、この殉職した編集者に触れなかったが、ダグラスはついでにエライジャの弟オーウェン・ラヴジョイに言及した。リンカンは奴隷制反対論の有権者を出来るだけ広く取り込もうとした。ダグラスの政策を採択すれば、「ハンス、バティスト、パトリック」といった移民を含む「自由白人」は西部に移住して、家を建て「生活状況を改善」することができなくなるだろう、とリンカンは言った。これは人種的に味付けされた奴隷制反対論で、奴隷制という特殊な制度が、とりわけアメリカ白人の将来を脅かしていると捉えるものだった。だが同時に、リンカンは独立宣言の自然権が黒人にも当てはまると繰り返した。彼は民主党が「連邦の、あらゆる州において、黒人を非人間化し（中略）、人になろうとする黒人の権利を奪い、黒人を財産としてしか扱わない」ようにしていると非難した。全七回の大論争の要点で、リンカンは奴隷制に対する長年の戦いが民主的平等主義の全世界的進歩だと述べた。

これは現実の問題だ。これは、ここまで上手く語ってこなかったダグラス判事や私が演説し終えた後まで、この国を襲う問題だ。世界中で、正邪二つの原理が永遠に戦いを繰り広げている（中略）。一方は基本的人権で、もう一方は神授の王権だ（中略）。この王権こそが「そなたたちはできるだけ働き、パンを稼げ。さすれば朕がそれを費消する」などと言う。こうした言葉がどのような形をとろうとも、自身の王国の臣民を支配し彼らの労働の成果から糧を得ようとする王が言おうと、ある人種が他の人種を奴隷化している言い訳に言おうとも、それが専制政治制度であることに変わりはない(30)。

大論争がかき立てた熱が冷めやらないうちに、リンカンとダグラスは絶えずイリノイ州全域を遊説して回った。両者とも鉄道で何千マイルも移動したが、州中部に全力を注いだ。州北部は「むろん、我々のものだ」とリンカンは書いていた。一方、州南部では、「何をやっても無駄」だった。リンカンは選挙の鍵を握る州中部のホイッグ党保守派を手なずけようとヘンリー・クレイの演説や手紙から「引用に引用を重ねた」。自身がクレイの立場そのものを占めているのに対し、ダグラスが「クレイでないのは、悪魔ベルゼブルが光の天使でないのと同じだ」とリンカンは主張した。一方、民主党は次第に「真二つに裂けた家」、シカゴ演説の批判を繰り返し、リンカンが危険思想を持った急進派だとした。ダグラスはこう言った。共和党はイリノイ州の黒人取締まり法を撤回、門戸開放して「黒人だけで我々の大草原を埋め尽くそうとしている」。「そして、ついには、真昼間であっても、そこは夜のごとく真暗闇になってしまうだろう」と。一八六一年、ダグラスは亡くなったが、その際、フレデリック・ダグラスは「彼の生きた時代にあって、彼ほど黒人差別の強化に貢献した人物はいなかった」と述べた(31)。

リンカンの支持者は、民主党の人種差別主義が政治に影響を与えていると考えた。共和党の演説者は全員「できる限り明確に黒人投票権、黒人の公務就任、黒人陪審員などを否定しなければならない」とデーヴィッド・デーヴィスは主張した。ウィリアム・ブラウンはかつてホイッグ党員としてイリノイ州議会の議席を占めたが、この時、かつての議席を再び得ようと共和党から立候補していた。投票日が近づくと、彼は黒人の権利を巡る非難に対処できる材料を出すようリンカンに求めた。リンカンは文章の切り抜きを集めたが、そこには、彼が書いたように、『黒人の平等』に関して、自分がこれまで発言してきたこととの全ての要約があった」。一八五四年のピオリア演説の抜粋から、先頃行われた大論争からの選集までに至る全てがそこにあった(32)。

この選集に付した手紙で、リンカンは人種的平等に対する自身の見解を説明していた。「黒人も独立宣言にある『人間』という言葉の中に含まれると思う」ので、奴隷制は悪だ。だが、自然権と政治的、社会的権利は全くの別物だ。白人種と黒人種の社会的、政治的平等を実現させる意図など全くないとはっきり言ってきた」。こうした見解はヘンリー・クレイのものとほぼ同じだ、と彼は説明した。投票前日、『イリノイ・ステート・ジャーナル』は第一面の四つのコラムで、クレイとリンカンが奴隷制や人種的平等、「両人種の分離」に関して同じ見解を持っていると述べた(33)。

投票当日、イリノイ州中部で、民主党はかつてホイッグ党の票田だった一七選挙区で勝利した。一方、リンカンが勝ったのはたった八選挙区だった。「かようにして、リンカンは旧ケンタッキー州で敗れ去った」と『シカゴ・デモクラット』は述べた。ウィリアム・ハーンドンはジョン・J・クリッテンデンのダグラス支持の手紙がこのような結果をもたらしたと非難した。クリッテンデンはケンタッキー州選出の連邦上院議員で、クレイの政治的後継者を自称していた。「投票日の直前、クリッテンデンのせいで、数千のホイッグ党員が我々の下を離れていった」とハーンドンは嘆いた。だが、これだけが、共和党が一八五八年に州議会を支配できず、ダグラスを再選させてしまった原因ではなかった。影響力を誇ったグリーリーを始め、多くの東部共和党員はリンカンをあまり強く支持しなかった。全国共和党の指導者の中で、リンカンの応援にイリノイ州までやって来たのは、一八五五年にオハイオ州知事に当選していたサルモン・P・チェースだけだった。（その二年後、リンカンは大統領候補指名を狙っていたが、その時、彼はオハイオ州の支持者に「一八五八年、他の有力者とは違って、チェース知事は我々に同情してくれたので、知事に対して気前よく振る舞う」よう指示した。）さらに、ダグラスはルコンプトン憲法でカンザスを州昇格させることに強く反対していたので、彼を奴隷制肯定論者だとするリンカンの試みはあまり上手くいかなかった。『シカゴ・プレス・アンド・トリビューン』までもが、選挙の事後分析で、ダグラスが「時代の最重要課題をきちんとつかんでいた」と認めた。[34]

にもかかわらず、上院が一般投票で選ばれていたならば、おそらく、リンカンが勝利していただろう。全得票を合計すると、共和党の議員候補は民主党の議員候補よりもかなり多く票を得ていた。だが、一八五〇年以来、イリノイ州北部で急激に人口が増えていたのに、議員の割り当てはこの事態を反映していなかったので、民主党が上院、下院とも支配していた。一八五八年に州全域で選挙された唯一の公職である、公教育の出納官、最高責任者の共和党候補は、民主党候補に約一二万五〇〇〇対一二万一〇〇〇で勝利した。州の「古臭い議員割当法」のおかげでダグラスは再選されたが、「イリノイ州は共和党の州である」と『プレス・アンド・トリビューン』は述べた。[35]

一八五八年、イリノイ州以外では歴史上有名な選挙革命が起こった。共和党は上北部の票田だけでなく、ニューヨーク、ペンシルヴァニア、インディアナ州といった選挙戦略上重要な州でも圧勝した。ルコンプトン論争が北部ではブキャナン政権、南部ではダグラスの評判を下げていたために、一八六〇年の選挙で共和党が勝つ見込みは大きかった。リンカンに関して言えば、一八五八年に、彼は初めて全米に名前を売ることができた。リンカンの選挙運動の最中、ニューヨーク州北部から、「あらゆる政治家がきみの演説をとても熱心に読んでいる」とシカゴの編集者チャールズ・H・レイは言ってきた。リンカンは黒人の平等権を支持しなかったが、多くの急進派、奴隷制廃止論者は彼をこう褒めた。リンカンは率直に奴隷制の道徳的側面を問題にした。リンカンは、共和党の意向を汲んで出馬を辞退しダグラスを支持するような真似をしなかった。リンカンは、奴隷制がそのうち滅びると主張した、と。大論争時、リンカンは二度にわたって、「一〇〇年以内に」奴隷制廃止がなされることはあり得ないと述べたが、「真二つに裂けた家」と「最後に消えてなくなる」という表現を併置したおかげで、本人が意図していたわけではない急進的なニュアンスも演説に加わった。八月、フレデリック・ダグラスは、「真二つに裂けた家」演説が「上出来（中略）」だった、「自由か奴隷制のどちらかがアメリカの法則になるにちがいない」と宣言した。これは、ダグラスが初めてリンカンに直接言及したことで知られている発言である。

リンカンは、この敗北以降、上級官職に再立候補することはないと思っていたようだ。戦いは「これからも続く」が、自分は「党の一員として戦う」つもりだ、と彼は書いていた。だが、すでに、他の共和党員はリンカンと異なる考えをしていた。選挙の三日後、イリノイ州パリスの党活動家ジョージ・W・ライヴスはこう述べた。「ああ、残念。だが、リンカンを一八六〇年の大統領選候補に推そう」と。(36)

3

一八五九年、リンカンが政治の場で奴隷制拡大を批判するようになって以来、五年が過ぎていた。同年の夏から秋にかけて、彼は演説を再開したが、発言内容のほとんどはすでに広く認知されていた。だが、この時期の演説で、リンカンは自身の政治的戦略の中で副次的な存在だった、北部での「自由労働」権を改めて強調した。彼はこの権利が聴衆を強く惹きつけることに気づいた。

創設以来、共和党は北部の経済発展をいわゆる南部の停滞と対比し、奴隷制に対する自由労働の優越の観点から、そうした違いを説明してきた。一八五四年、国会で、「自由労働の創造力こそが鉄道を建設し、機械の歯車を動かし、商業に勢いをつけ、我々の不滅の繁栄と名声の地ならしをしている」とリンカンの友人リチャード・イェーツは語った(37)。時が経つにつれ、自由労働、自由社会と奴隷制社会の差異に関する議論はますます頻繁になされるようになった。その大きな理由の一つに、次第に南部人がやかましく奴隷制を擁護するようになったことがある。北部賃金労働者の自由とは搾取されるか飢えて死ぬかの二者択一の機会でしかない、と彼らは主張した。

北部の労働者が、実際には「社会に支配される奴隷」であって、このような状況が、競争的な市場での搾取から奴隷を保護してくれる温情主義者〔強者が弱者に善意から干渉する傾向。奴隷制を正当化する理論〕個人に所有される場合よりもはるかに抑圧的だ、とジョージ・フィッツヒューのような奴隷制を肯定する空論家は評した。『南部の社会学、あるいは自由社会の挫折』(一八五四年)、『人はみな食人種、あるいは主人なき奴隷』(一八五七年)といったフィッツヒューの著作の題名こそが北部商業資本主義を攻撃していた。一八五〇年代後半までに、奴隷制肯定論者の間で、自由労働が本源的搾取であるという非難は次第によく知られるようになってきた。一八五八年三月の上院議会演説で、サウスカロライナ州選出のジェイムズ・ハモンドは奴隷制反対論が偽善であり、北部労働者の苦境を全く考慮していないと非難した。この演説は頻繁に引用されてきたが、そこで彼は激しい非難を展開した。「お前らが熟練工や未熟練工などと呼んでいる輩も、みな奴隷だ」[38]

一八三〇年代、北部の労働者が「賃金奴隷制」の犠牲者だと、北部労働運動家や民主党員、市場革命の結果に怯える者は説明していた。そうした批判のために、市場社会の支持者は北部の全階級を団結させる利害の一致を重んじるようになった。一八五〇年代、自由労働というイデオロギーは共和党の思想の中心にあったが、それはそうした伝統に基づいていた。だが、一八三〇年代とは違って、自由労働とそれが自由社会に提供する進歩の機会の賛美は、北部の批判的勢力にではなく、奴隷州に向けられたものだった。共和党の新聞や政治家は、北部の労働者が奴隷の知らない社会的流動性の機会を享受していると主張し、南部から寄せられる非難に反駁した。一八五七年十一月、「自由労働のおかげで、今日の乞食も明日の自営農民や商人だ」と『ニューヨーク・タイムズ』は述べた。共和党は、アダム・スミス〔イギリスの自由主義経済学者。主著『国富論』〕の著作にまで遡る経済論を引き合いに出しながら、こう主張した。社会のはしごを昇る機会は、鞭打ちよりも仕事への意欲をもっと効率的に高めるものだ。従って、本質的に、自由労働は奴隷制よりももっと生産的なのだ、と。そして、リンカンほど効率的に、自由を社会的機会と結びつけ自由労働の賛美を南部奴隷制社会の批判に進化させた共和党員は、ほとんどいなかった。[39]

一八四〇年代半ばの時点ですでに、リンカンは「汝の額に汗して、パンを稼げ」というアダムが神より授かった表現を援用して、「自身の労働が生み出すもの全て」に対する労働者の権利を証明した。ただし、その際、リンカンが論じていたのは関税だった。自由貿易制度を採るならば、「働かざる」者（商人や銀行家など）が「利潤の大部分」を吸い取ってしまうだろう、と彼は主張した。[40] 一八五〇年代、リンカンは再びこの主張を取り上げたが、この度は強力な奴隷制反対論として、それに注目した。そして、彼はこう説明した。奴隷は自身の労働の成果を不当なやり方で取り上げられている労働者だ。つまり、奴隷制は一種の窃盗なのだ、と。リンカンは自由労働と奴隷制の対比を、奴隷制の道徳的、政治的側面に対する従来からの批判に付け加えて、独自の北部国家主義を鍛え上げた。自由労働権の保護を主張すれば、なぜ奴隷制が既存の地域だけのものでなければならないのか、なぜそれが最終的に消えてなくならねばならないのかという問題に本質的な解答を与えることができたのだ。

リンカンは奴隷制を肯定する空論家の著作に魅せられると同時に惑わされもした。一八五六年の大統領選中にミシガン州で行った演説で、リンカンは『リッチモンド・エンクワイアラー』を引用して、「南部の奴隷が北部の自由人よりもはるかによい暮らしをしている」と南部人が思い込んでいるのは間違っていると述べた。[41] 一八五九年、彼はこの議論をさらに深化させた。

一八五九年秋、リンカンは招待を受けてオハイオ州に出向き、当地の共和党の選挙運動を支援したが、その動機にはスティーブン・A・ダグラスに反論することも含まれていた。そして、リンカンにはしばしばそのようなことがあった。九月、ダグラスは長い論文を『ハーパーズ・ニュー・マンスリー・マガジン』に寄稿した。政治論集ではなくニューヨーク市で発行される主要文学雑誌を掲載の場に選んだことから、その論文に対するダグラスの意気込みが窺えた。人民主権という原則は建国の父たちの政策と「地域による自己統治」に対する彼らの貢献をそのまま受け継いでいる、とダグラスは主張した。一方、オハイオ州、ノースウェストの他所での演説で、リンカンは、ダグラスの「専売特許論文」と皮肉をこめて呼んだものの議論に激しく反対した。リンカンはそれまでの演説を通して知られるようになった議論で攻め続けた。奴隷制は「国家に対する」犯罪行為で、「それを犯罪として扱える」連邦政策が必要だ。彼はダグラスの説明する建国の父たちの意図にも噛み付いた。リンカンはコロンバスの聴衆に「汝ら、ジェファソンかダグラスかを選択せよ」と哀願した。[42]

一八五八年に、チャールズ・H・レイは、リンカンに貧しい生まれを利用して、評判を高めるよう勧めていた。「きみはこれまで独りで財産を築き上げてきたのだから、そこから最大の利益を上げられるだろう」。オハイオ州での演説で、自由労働に対する南部人の批判を論駁するリンカンは、賃金労働者から経済的自立を果たした自身の社会的上昇を利用して、無尽蔵の機会を提供する社会像を提示してみせた。

奴隷が賃金労働者よりも恵まれているという仮定は、賃金労働者に生まれ落ちると一生賃金労働者であり続けなければならない、ある種の人々は一生隷属身分に留まらなければならないという仮定に繋がる（中略）。だが、この仮定は間違っている。賃金労働者に生まれつき、一生そうした初期状態に留まり続けねばならない人間など、この世には存在しない。むしろ、一般法則はその反対である。私はそのことを知っているので、その訳を説明しよう。私自身が青年時代、月給一二ドルの賃金労働者だった（中略）。その青年は（中略）勤勉と節制に努めたので、一、二年働いて貯金を手にした。そして、ついに、彼は独力で土地を買った（中略）。自由社会で生涯労働者に留め置かれる人など存在しない（中略）。階級上昇は（中略）この国の政府が成立したときから続く大原則である。

リンカンはさらにこう言った。奴隷所有者は「白人種全員の義務」である労働を、「他の人種の肩の」上に移し変えてきた。その際、彼らは自身の社会を堕落させた。というのは、「希望」は「鞭打ち」よりも、もっと強く人々の努力を促す要因であるからだ、と。[43]

これらの演説で、リンカンは北部社会と「自由労働の大原則」に関する見解をキャリアの中で最も精巧に練り上げた。一八五九年九月下旬、ウィスコンシン州品評会で、リンカンは聴衆にこう語った。自由州において、

ほとんどの人は雇用者でも被雇用者でもない。男性は妻や息子、娘といった家族と、一家で、自分たちが所有する農場や屋敷、商店で働き、作り出したもの全てを一家だけで消費し、金に頼ることもなければ、他人や奴隷に頼ることもない（中略）。これこそが自由労働だと、この制度は公正で寛大で繁栄していると、それを支持している者は言う。[44]

小規模の自営業者で構成される世界という、リンカンにとっての理想のアメリカを、彼が青年期に体験した慎ましい自給自足状態と混同してはならない。ウィスコンシン演説や一八五八年から六〇年までリンカンが頻繁に行った発見と発明に関する講演で、むしろ、彼は農場や商店、商業施設が緊密に結びついた社会、新発明、農業の進歩、生活水準の絶えざる向上について語った。彼は農民に伝統的農法を改め、鋤入れや輪作の新しい方法、新しい肥料や種、農業用機械を導入するよう勧めた。リンカンはヤング・アメリカが物質主義的すぎるとたしなめたが、自身は市場革命が合衆国にもたらした世界的商業主義に熱狂せざるを得なかった。「綿織物がマンチェスター、ローウェルから（中略）、絹織物がフランスからやって来る。毛皮が北極地域から（中略）、紅茶が中国から、香辛料がインドからやって来る」。リンカンはこう述べた。発明と製品の流通のおかげで、生活水準の絶えざる向上だけでなく、「精神的奴隷制」からの解放という知的進歩も可能になった。これこそが自由社会の進歩の原動力だ、と。[45]

北部的生活に対するリンカンの見解は彼が実際に知っている世界に基づいていた。その世界は農業と小規模な町から構成されるイリノイ州で、そこでは、一八五〇年代を通じて、農場の所有が大変に普及しており、小規模な製造業があり、家族経営の事業が無数にあり、生活水準が向上していた。リンカンはスプリングフィールドの最も裕福な住民になっていたが、そこでは、階級間の格差が広がってきており、一八五〇年代には、彼の妻が「お城のような家」と呼んだものも建つようになっていた。だが実際のところ、最も裕福な住民の多くは貧しい生まれから人生を始めていた。イリノイ州全体では、男性家長の(ある演説でリンカンが言った八分の七ではなかったが)ほとんどが生産活動から得た財産を所有していた。リンカンは賃金労働を北部的生活の永続的特徴、個人の一時的な身分だと理解していたが、その理解は未だ妥当なものだった。一方、自由労働というイデオロギーはノースウェストの都市の中心や工業都市の実態をあまり適切に反映していなかった。一八五〇年代、そうした地域では、生涯賃金労働に留まる階級が存在するようになり、富の格差は増大し、賃金上昇も頭打ちしていた。これはリンカンが実際に知っていたり、容易く説明できたりする世界ではなかった。彼は、自由社会ではあらゆる人々が自己の運命を決定できると信じていた。もし人が賃金労働から抜け出せないのだとしたら、それは、奴隷制肯定論者の主張とは違って、「自由労働制度の欠陥ではなく、その状態を好む依存心か、計画性のなさか、愚鈍性か、特殊な不運かのせいで」あった。[46]

リンカンには、発展途上の社会における階級格差の勃興に対する感覚が欠けていた。彼は経済関係を「競争的人生」と言っていたが、この表現は少なくともアダム・スミスまで遡る比喩で、個人が昇進を目指して競争し、競争が公正なものである限り最も才能のある人物が成功を収める、社会的正義の実力主義的側面を要約するものだった。一八六〇年三月、コネティカット州でリンカンは講演したが、そのとき、ニューイングランド全域の靴製造業を麻痺させていたストライキ(二万人が参加し、南北戦争以前に限れば、アメリカ史上最大のストライキだった）は最高潮に達していた。フィッツヒューはストライキが自由社会の挫折の象徴だと考えた。一方、リンカンに言わせれば、ストライキは奴隷制に対する自由労働の優越を象徴しているのだった。「すばらしいことに、労働者がストライキできる労働制度がニューイングランドに普及している」。だが、演説から分かるように、リンカンはストライキすることが基本的に仕事を辞め、別の仕事に就くことだと捉えていた。もし賃金労働が経済的に自立せんとする「駆け出し」の若者の中継地点だけでなく、経済制度の巨大で永続的な特徴をも意味していたならば、リンカンは「自由社会」の意味を実際に把握していたとは言えない。皮肉にも、南北戦争が、自由労働社会というリンカンのアメリカを蝕んでいた経済制度自体に強力な刺激を与えたのだった(47)。

このように明白な限界があったにもかかわらず、リンカンが自由労働というイデオロギーを援用したおかげで、彼自身の奴隷制反対論に強力な側面が新たに加わった。そのイデオロギーは奴隷制論争を道徳的判断の領域から引きずり出し、『ニューヨーク・タイムズ』が述べたように、その論争を「社会的、政治的経済」問題に変え、北部の白人の経済的私利追求、国家全体の繁栄に対する奴隷制の脅威を強調した。奴隷の苦境に関心があろうとなかろうと、奴隷制が西方に拡大すれば、自由社会の基礎である社会的進歩が脅かされるのだった。リンカンはこう説明した。

> この権利の行使には空間がなければならない（中略）。我々はどこへ向かえばいいのか？（中略）我々のものであり、その目的のために神より授かった新しい準州へ向かおう（中略）。もしそこにすでに奴隷制が根付いていたとすれば、そこに移住した人々は最高の条件で自然な進歩を遂げることができるのか(48)？

そして、西方進出という安全弁がなければ、北部社会も結局、旧世界〔ヨーロッパのこと〕の厳密に階層区分された経済制度を採り、アメリカ例外主義の可能性を致命的に傷つけることにならないだろうか？

共和党員の中には、非常に人種差別的なやり方で自由労働概念を援用する者もいた。彼らは準州に奴隷制ではなく黒人がいれば、白人労働者も堕落してしまうと言った。リンカンがオハイオ州で演説した一ヶ月後、サルモン・P・チェースは「我々の原則を堕落させ（中略）、自由労働を奴隷制に対比するのではなく、白人労働を黒人労働に対比する」共和党の傾向を懸念した。時折、リンカン自身も「自由白人」が準州に移住できる重要性を語った。だが、独立宣言、すなわち、アメリカの「自由憲章は我々白人だけでなく奴隷にも当てはまる」と彼は付け加えた。その憲章には、基本原則として、普遍的な幸福追求権も含まれており、リンカンはその権利が自身の労働の成果を享受できる権利だと定義した。一八六〇年三月、ニューヘイヴンで、リンカンはこう語った。「あらゆる人々が自身の生活条件を改善できる機会に恵まれてほしい。そして、私の信念では、黒人にもその機会を得る資格がある」[49]と。

4

上院選選挙運動と一八五九年の一連の演説で初めて、リンカンはアメリカ黒人の権利に対する自身の見解、自身が同時代の人種論のどの立場を占めているのかを示した。ある国会議員が言ったように、「黒人の平等は［共和党の］政策が必然的、論理的、不可避的に行き着くもの」だと民主党は絶えず非難したが、人種差別が根深くはびこった社会において、こうした非難は共和党に深刻な問題を投げかけた。共和党指導者でリンカンだけが堅実な解答を模索していたわけではなかった。「もし我々が民主党にダグラスがやるような非難をさせておけば（中略）、つまり、白人種と黒人種の平等などと言わせておけば、これから先、我々は敗者になってしまうだろう」とインディアナ州の共和党員は述べた。

共和党のジレンマを深めたのは、南北戦争前のアメリカで人種、国籍観に混乱や異論があったことだった。進歩的な奴隷制反対論者の間にも矛盾が満ちていた。例えば、オハイオ州選出の急進的上院議員ベンジャミン・F・ウェードは黒人の市民的平等を支持していたが、私信では「黒んぼ」という言葉を気ままに使っていた。政治的キャリアを通じて、ウィリアム・H・スーアードは自由黒人の投票権を擁護した。「憲法に則れば、白人も（中略）黒人と同様の人間にすぎない」と彼は主張した。だが、このスーアードも、「アフリカ人種」がアメリカで異質な要素で、彼らは「白人種に同化」できないと説明した。(50)

一八五九年、オハイオ州選出の共和党国会議員ベンジャミン・スタントンは黒人が享受すべき「政治的権利や公民権について、様々な思惑」が党内にあると言った。共和党員の中には、こうした問題を全く無視して、民主党の人種差別は「卑しい偏見」に訴えかけようとしているだけだと切り捨てる者もいた。また、党の目標は黒人を利することではなくて、西部準州を白人の自由労働のために取っておくことだと主張する者もいた。少数ではあったが、急進派の中には、人種差別を率直に非難し、自由黒人もアメリカ白人と全く同じ権利を享受すべきだと主張する者もいた。特に、マサチューセッツ州選出の連邦上院議員チャールズ・サムナーがそうだった。(51)

状況をさらに複雑にしていたのは、ほとんどのアメリカ人が、一口に権利と言ってもそこには様々なものが含まれていることを正確に理解していたことだった。リンカンを始め、ほぼ全ての共和党員は、黒人も独立宣言の生得的人権を享受できると認めていた。全員ではなかったが、ほとんどの共和党員は、自由黒人が個人的自由の保護、身体と財産の保全など基本的公民権を享受すべきだとも思っていた。一方、政治的権利は完全に別物だった。この権利は個々の州によって規制されていたが、それを自由黒人に拡大し、適用すべきかどうかで共和党の意見は大きく分かれた。社会的権利はこれよりもはるかに異論を引き起こした。「社会的平等」は法律用語、学術用語というより悪口だった。それは異人種間の性的関係や結婚を支持していることを暗に示していたが、ほとんどのアメリカ白人はそうした異人種混淆を嫌悪していたし、北部、南部を問わず、ほぼ全ての州がそれを法律で禁じていた。最も急進的な共和党員でさえ、社会的権利が立法的認知の埒外にあると信じていた。[52]

共和党の人種観は、党員の所属地域やイデオロギー、政治的前歴の違いに大きく影響を受けた。元民主党員は元ホイッグ党員よりもはっきりと人種差別的な話し方をした。共和党急進派は他の党員よりもはるかに市民、政治的平等にこだわった。サルモン・P・チェース、サディアス・スティーヴンズ、ジョシュア・ギディングズ、ジョージ・ジュリアン、そして、サムナーのようなニューイングランドの共和党指導者は、長らく、北部の黒人差別法を撤回、黒人投票権を保証しようとしてきた。一八四九年の政治的取引の際、チェースはオハイオ州黒人取締まり法の撤回を要求し、自身が連邦上院に選出される見返りに、州議会で勢力均衡を保っていた自由土地党が民主党を支持した。この撤回のおかげで、自由黒人は保証金を支払わなくてもオハイオ州に立ち入り、子供を公立学校に通わせ、法廷で白人に不利な証言もできるようになった。一夜にして、北部の中で黒人の権利を最も束縛していたオハイオ州が彼らに対して最も寛容に接する州になった。[53]

五州で黒人投票権を認めているニューイングランドでさえ、共和党系新聞は共和党を「白人のための政党」と評し、民主党が「黒んぼと奴隷制を擁護している」と非難した。にもかかわらず、人種差別は東部の共和党員よりも西部の共和党員〔アメリカは西方拡大により発展した国家なので、「西部」の定義には注意が必要である。この「西部」も現在の「西部」ではなく、かつての「西部」、つまりノースウェスト地域のことを指している〕の間にずっと多く認められた。一八六〇年、国会で、オハイオ州のベンジャミン・スタントンは、ノースウェスト全域で一〇〇〇のうち一人の共和党員も「社会的、政治的平等権を黒人に拡大」しようとはしていない、と語った。だが、彼は続けて、黒人も「生まれつきで、本質的で、不可侵の権利（中略）、生存権、労働の対価を享受する権利、各地を移動できる通行権」（つまり、自由労働権）を享受できると言った。(54)

これと同じような逆流は、イリノイ州共和党にもあった。一八五三年、議会は「黒人排除」法を制定したが、それによると、もし黒人が州に立ち入ったにもかかわらず罰金を支払わなかった場合、その黒人は競売にかけられると規定されていた。ノーマン・ジャッドは、この直後に州共和党の議長に就任するが、彼は、排除法の表題を「イリノイ州における恒久的奴隷制樹立の法」に変更すべきだと上院で語った。一八五七年と五九年には、共和党議員のほとんどは黒人取締まり法の修正案を支持して、黒人が法廷で証言したり、公立学校に通ったりできるように取り計らったが、民主党全員と共和党保守派の反対にあって、修正案は否決された。リンカンと同じく、イリノイ州中部の党指導者リチャード・イェーツは黒人取締まり法が非人道的だと非難し、その撤回を求めた。だからといって、一八六〇年、イエーツが知事選に敗れることもなかった。一方、一八四〇年代に州の年季奉公制度を撤廃しようとしたライマン・トランブルをはじめ、多くの共和党員は大っぴらに黒人差別的な発言をした。一八五八年、トランブルは共和党員が黒人に「全くかかわりたくない（中略）と思っている」と言った。その一年後、「我々は自由白人に賛成し、白人労働を好ましく高潔なものにしようとしている。白人労働と競わせるために黒人奴隷労働を導入してしまえば、白人労働はそのようなものにはならない」と彼は述べた。「黒人参政権や黒人の私的権利など」に反対するトランブルの「高貴な見解」

によって、それまで共和党を支持してこなかった有権者も「強烈な影響」を受けた、とある有権者は述べた。[55]

リンカン自身の人種観を評価しようとすると、彼の思想において人種が占めていた重要性を誇張してしまうきらいがある。人種は我々現代人の強迫観念であって、リンカンのではない。一八五七年から五八年までを除けば、南北戦争が始まってようやく、人種はリンカンが大いに注目する議題になった。自由労働権、奴隷制政治による連邦政府支配、奴隷制によるアメリカの根本的価値観の侵害といった、奴隷制論争の多くの側面は人種とほとんど関係がなかった。リンカンは奴隷制肯定論の著作や新聞を熟読していたが、彼は人種を理論化した同時代の浩瀚な書き物に全く興味を示さなかった。そうした書き物では、各人種の運命の予言、民族学、人類多原発生説、人種間の先天的差異に関する議論が扱われていた。一八五八年の選挙運動中にリンカンが行った演説の「政治的、戦略的」な要素は、彼が人種的平等を否定したことではなくて、とにかく自身の人種観を提示しなければならないと感じていたことだった。[56]

リンカンはフロンティア文化の多くの側面から距離を取った。長らくホイッグ党愛党者だった事実に示されるように、不人気な政治的見解さえ進んで受け入れた。にもかかわらず、自身を取り巻く社会の偏見の多くを共有していた。個人的な付き合いの場で、彼は「黒んぼ」という言葉を使ったし、時々は公的な場面でもそうした。リンカンは白人が黒人に扮装するミンストレル・ショー〔ステレオタイプ化された黒人が登場する喜劇。人種差別を助長したとされる〕にも出かけたし、小話や冗談をほぼ無限に知っていたが、その中には明らかに人種差別的なジョークも含まれていた。[57] 先述したように、一八五八年の選挙運動中、ダグラスの攻勢を受けて、リンカンは黒人公民権、市民的、政治的平等を支持しないと言った。時を経るごとに、彼は自身の思想を練り上げていくが、この時点では、真剣にこのような発言をしていたようだ。一方、リンカンは黒人も生得的人権、特に労働の対価に対する権利を享受できると常に強調していた。むろん、こうした見解をとったことで、彼はイリノイ州の保守派有権者の票を失った。平等が原理的に階級上昇を伴い、このような平等はまだ完全に達成されていないとリンカンは定義したが、このことは黒人の生活状態が改善することをも暗に意味していると捉えられるかもしれない。

ある意味、リンカンが言わなかったことは、彼が実際に言ったことと同じぐらい重要だ。彼は人種差別を政治的な武器にしてしまうことがあった。その演説で、最初はヴァン・ビューレンを非難したキャリア初期で、その次は一八五二年の演説だった。最初はリンカンは「白い肌の混血児」を扱った水夫のはやし唄を引用し、奴隷制反対論者の票を欲するあまり逃亡奴隷法を非難してしまった民主党大統領候補フランクリン・ピアスを批判した。一八五八年の大論争で、奴隷制拡大を後押しするダグラスの政策が「異人種混淆」をも引き起こすだろうとリンカンは非難した。だが、概して言えば、一八五〇年代にリンカンが人種について話したことは「黒人の平等」に関する民主党の非難に反論するためのものだった。多くの同時代人とは違って、彼はアングロサクソン「族」の栄光、自由に対する彼らの愛情について演説しなかった。リンカンは自由黒人を軽蔑しなかったし、彼らが邪悪で堕落しているとも言わなかった。邪悪や堕落と言った表現を民主党員はごく当たり前のものとして使ったし、共和党員も使わないわけではなかった。一八五二年、ヘンリー・クレイを頌徳した際、リンカンは「自由黒人という厄介な存在」と言った。だが、その直後、彼は合衆国の「危険な存在」という表現を自由黒人にではなく、奴隷制それ自体に向けて使った。リンカンは差別を正当化したが、それは黒人の先天的劣等性に基づいてではなく、立憲民主国家における（白人）大多数の意志に基づいてのことだった。黒人の能力をうんぬんするとき、リンカンの発言は用心深く、ためらいがちなものだった。例えば、一八五八年七月のスプリングフィールド演説で、彼は「黒人は肌の色の点で我々白人と平等ではない。

おそらく、それ以外の多くの点でも平等ではないだろう」と言った。チャールストン論争で、リンカンは白人、黒人は同じ一つの国家で平等には共存できないだろうと言ったが、その際でも、彼が挙げた理由は道徳的、知的な違いではなくて、「身体的な」それだった。[58]

リンカンは黒人と個人的に付き合うこともあったが、そこにも偏見はなかった。彼が住んでいた頃のスプリングフィールドは小さな市で(人口は一万未満だった)、黒人の住民もわずかだった(一八五〇年には一七一人だった)。にもかかわらず、リンカンは黒人の存在を意識していただろう。一八五〇年代、老若男女を問わず、二〇人以上の黒人がリンカンの家から三区画以内に住んでいた。時々、リンカン夫妻は少なくとも四人の自由黒人女性を家内召使として雇っていた。リンカンはウィリアム・フローヴィルに気前よく法律関係のアドバイスをしてやった。フローヴィルは市の黒人で最も成功を収めた人物で、「床屋のビリー」の名で通っていた。一八五七年、リンカンとハーンドンはジョン・シェルビーの罰金を払い、彼を釈放してもらった。シェルビーはスプリングフィールドの自由黒人で、ミシシッピ川の蒸気船での勤務中、ニューオリンズで投獄された。W・J・デーヴィスは元奴隷で、イリノイ州ブルーミントンに住んでおり、リンカンを一八五〇年半ば以来「個人的に知っている」と南北戦争中に言っていたが、彼はリンカンが「心優しく、愛想のよい人物」だと評した。[59]

一八六〇年、イリノイ州の黒人人口は州全体の一七〇万に対して八〇〇〇以下だった。おそらく、彼らのようなごく小規模な集団にとっては、リンカンが心の底で黒人をどう見ているのかよりも、彼が人種的不平等に対して信念に基づいた立場を取らなかったことが重要だっただろう。リンカンは人種差別を完全に支持したわけではなかったようだが、それを非難することもなかった。ピオリア演説でのように、彼の発言は、せいぜい、民主主義社会において「普遍的な」偏見は、それが「正義や正当な判断」であるかどうかにかかわらず、「だまって見過ごす」ことはできない、といった程度だった。

民主党と共和党の根本的差異は民主党が奴隷制の道徳的側面を扱おうとしないことだと繰り返し強調している政治家にしては、この立場は奇妙なまでに不可知論的〔神の存在のような意見の分かれる問題に対して、中立的立場をとり判断を下さないこと〕だった。少なくとも、〈ドレッド・スコット〉判決に対する批判の中には、リンカンが自由黒人の公民権をほぼ支持しているものもあった。だが、ほとんど全ての公民権が州によって付与された時代にあって、リンカンはイリノイ州の共和党員として抑圧的な黒人取締まり法に反対する立場を明確にしたわけでもなかったし、取締まり法を修正しようとする議員を後押しすることもなかった。奴隷制廃止論者の黒人H・フォード・ダグラスはヴァージニア州で奴隷として生まれ、隷属状態から抜け出し、シカゴに移り住んだが、彼はこう主張した。一八五八年、自分はリンカン、トランブル両者に黒人取締まり法撤回の請願書への署名を求めた。そうした条項があれば、「バーバリー諸国〔現在のモロッコ、アルジェリア、チュニジア、リビアなど北アフリカの地中海沿岸側諸国のこと。奴隷貿易船を襲う海賊で有名で、アメリカは彼らと一戦を交えた〕のどの国でも、その体面に傷がつく」と自分は考えたからなのだが、両者とも署名してくれなかった、と。もし自由黒人が自由に移動したり、教育を受けたり、法廷で証言したり、陪審になったりできないのだとしたら、どのようにして彼らは社会的上昇の機会を享受できるのかという問題をリンカンはまだ考え抜いていなかった。むろん、そうした権利は自由社会に不可欠な要素だった。イリノイ州の差別法のようなものと、「黒人には、白人が尊重しなければならない権利はない」と考えることとの間に違いはあるのだろうか、とマサチューセッツ州共和党の有力者ヘンリー・ドーズは問いかけた。[60]

奴隷制廃止論者は奴隷制と人種差別に対する戦いが共生関係にあると考えた。フレデリック・ダグラスは人種差別が奴隷制反対論の最大の障害になっていると述べ、共和党が「黒人の平等や進歩、投票権や公民権に反対」して党の道徳的信念を裏切っていると非難した。これとは対照的に、リンカンは「黒人の平等」という問題が誤ったもの、奴隷制を拡大するかしないかという真の問題から民意を逸らせてしまうものだと考えた。一八五八年、彼は演説原稿の注にこう書いていた。「黒人の平等だって！　ばかな！　これほど馬鹿げた煽動をごろつきが売り、愚か者が買ってしまう事態はいつまで続くのだろうか？」と。(61)

一八五〇年代に書かれた、詳しい日付が付されていないメモで、リンカンは奴隷制肯定論の非論理性を考察していた。

もしAの人物が、法に則ってBの人物を奴隷にすると完璧に証明したら、どうして、Bもその論理をひったくり、Aを奴隷にすると同じく完璧に証明してはならないのだろうか？　あなたがたはAが白人で、Bは黒人だからだと答える（中略）。気をつけよ。この論理に従えば、あなたがたは次に会う人が自分たちよりも白い肌をしていたならば、その人の奴隷にならなければならない。(62)

他人を奴隷化する権利が知性の優越、あるいは単なる利己主義に基づいていたとしても、同じ問題が存在しているとリンカンは続けて書いた。だが、まさにこの論理がイリノイ州の黒人取締まり法のような法律にも当てはまることを彼は見逃していた。そうした法律で、多数派の白人はあらゆる制約を自由黒人に課していたのだった。

黒人も自然権を享受できるという点で、リンカンは一般的な偏見に反駁したが、彼はそれ以上のことをしようとはしなかった。一八五〇年代のリンカンにはよくあったことだが、彼の見解は共和党のそれの中道を行っていた。北部一般から見てみると、リンカンの人種観は奴隷制廃止論の平等主義に大きく後れをとっていたが、〈ドレッド・スコット〉裁判におけるトーニー最高裁長官の判決は言うまでもなく、民主党の辛辣で不当な人種差別とは相当の距離を置いていた。キャリアのこの時点で、リンカンは黒人が奴隷制廃止後のアメリカで占める位置について真剣に考えてはいなかった。彼は自然権の享受とアメリカ公民権の付与を区別して考えており、前者に関する限り、いつも彼は黒人のためにそれを要求していた。一八五八年、スプリングフィールドで、リンカンは「私の一番の望みは白人種と黒人種を分離することだ」と説明した。その分離とは、つまり、黒人を合衆国外に植民させることだった。[63]

5

一八五〇年代後半までに、アメリカ植民協会は瀕死の状態だった。『ニューヨーク・ヘラルド』は協会の年次大会を「完全に時代遅れのこと」だと評した。一八五九年、奴隷、自由身分を問わず、黒人人口は優に四〇〇万を超えていたが、協会はそのうちの約三〇〇人をリベリアに移住させただけだった。「このような協会の維持以上に滑稽なことはあるのだろうか」と『ヘラルド』は問いかけた。[64]だが、まさにこの瞬間、共和党内で、植民案は復活を遂げた。ヘンリー・クレイの時代と同じく、植民推進派は南部境界州とノースウェスト南部に集中していた。

共和党内で最も熱心に植民を推進していたのは、尊敬すべきフランシス・P・ブレア・シニアと、彼の二人の息子フランシス・ジュニア（フランク）とモンゴメリーといったブレア家の人々だった。かつて、フランシス・P・ブレア・シニアはアンドルー・ジャクソンの側近、首都ワシントンDCの民主党機関紙『ワシントン・グローブ』の編集者だった。ジャクソン政権の非公式「私設顧問団」の一員で編集者でもあった彼は、一八三〇年代から四〇年代の政治に莫大な影響を与えた。共和党に移ったブレアは再び政治に影響をしようとしたが、それは彼の息子たちも同じことだった。ブレア家はうぬぼれが強く、不撓不屈で、奴隷州に住みながら奴隷制を批判するほど勇気があった。一八五六年、フランク・ブレアは民主党奴隷制反対派としてセントルイスから国会に選出されたが、すぐに所属を変更し、奴隷州で初の共和党代議士になった。その二年後、彼は母から受け継いだ自身の奴隷を解放した。モンゴメリーは、同じメリーランド州民である最高裁長官トーニーの目の前でドレッド・スコットを弁護した。ブレア家は、自らが上南部、ひいてはアメリカから奴隷制と黒人を取り除く運動の先兵だと考えていた。

植民はブレア家の計画の重要項目であり、そうすることで、彼らは共和党の台頭と、奴隷制が衰退していたり、衰退しつつあったりする南部境界州での段階的、補償付奴隷解放を促進しようとしていた。ブレア家は、アフリカではなく、中央アメリカが黒人の母国になる、土地や補助金で植民地に魅力を与えれば、非常に多くの黒人がそこに住みつくだろうと考えていた。フランク・ブレアは、一八三〇年代のヘンリー・クレイ案に似た、精巧な計画を練り上げた。その計画は以下のようなものだった。ミズーリ州は公有地売却の利益で州内の奴隷を買い上げ、中央アメリカに植民させる。その後、白人移民がミズーリ州に移住し、北部の自由労働制度を参考に州経済を再編成する。ブレア家は、合衆国が「アングロサクソン族」専用のものであり、アメリカでは「役立たずよりもさらにひどい」ものである黒人が、体質的にふさわしい熱帯地方で繁栄すると信じていた。彼らは奴隷制を道徳的観点から批判したのではなく、それが奴隷を所有しない白人を堕落させ、南部の経済発展を遅らせていると批判したのだった。[65]

長い間、植民推進運動は二派に分かれており、一つは植民がアメリカから自由黒人を取り除く手段だと考える一派で、もう一つは植民が奴隷制廃止に至る長期的な戦略を成していると考える一派だった。ブレア家は明らかに人種差別主義者だったが、ずっと後者に属していた。南北戦争前、おそらくジョン・ブラウン〔狂信的奴隷制廃止論者。一八五九年、ヴァージニア州ハーパーズフェリーで蜂起し、奴隷解放を求めた〕を除いて、奴隷所有者の同意なしで奴隷制を廃止する方法を思いついた者はいなかった。奴隷制廃止を達成する合法的な手段がなかったのだ。さらに、黒人を取り除くという条件を付けないでは、白人が奴隷解放に同意する見込みはほぼなかった。ブレア家はこう主張した「南部の奴隷解放論者にとって」植民を支持する共和党案は「機能付与的制定法」〔立法によって、それを施行する機関をも創設できる法〕になる、植民は奴隷制廃止が人種的平等を意味しているという非難を論破できる、と。一八五〇年代後半、南部境界州の共和党大会は植民を支持したが、同時に、「黒人の平等（中略）とそれを後押しするもの全て」を否定した。(66)

ブレア計画には、アメリカの商業的影響力をカリブ海地域に広げ（フランク・ブレアはこの地域が「我々のインド」になると言った）、西インド諸島、メキシコ、中央アメリカにまたがる奴隷帝国を樹立する南部の試みを挫折させるという特典もあった。奴隷帝国樹立というこの陰謀は一八五〇年代に急速に広まったものだった。一八五〇年代半ば、革命煽動者ウィリアム・ウォーカー〔テネシー州生まれの領土拡張主義者〕はニカラグアを征服し、その国の大統領になった。彼の統治期間はわずかだったが、それでも彼は奴隷制を合法化し、奴隷貿易を再開させた。これと似たような遠征隊がメキシコ、エクアドル、ホンジュラス、キューバに侵攻した。一八五八年、国会で、フランク・ブレアは植民を行えば黒人植民者がアメリカと「熱帯地方」の繋がりを確保しながら、当地での「奴隷制の蔓延」を予防できる、と述べた。(67)

一八五〇年代後半、北部全域での演説や共和党有力者への手紙で、フランク・ブレアはたゆみなく植民案を推進した。一八六〇年、ニューヨークのクーパー・ユニオンで、彼は大演説をしたが、その一ヶ月後、同所でリンカンも有名な演説を行った。その演説で、ブレアは植民が「黒人問題の唯一の解決策」になるとほめちぎった。さらに、熱帯地方を併合し、奴隷とその所有者だけに入植権を与え、ゆくゆくは所有者が奴隷に自由と土地所有を認めなければならないとする奇妙な計画を彼は提示した。(68)

植民案は共和党内で激しい議論を引き起こした。多くの党員は奴隷制廃止論者の見解に賛成した。その見解は、そのような計画が黒人をアメリカ社会の一員として認めず、アメリカでの人種的平等に対する障害を増すだけだ、というものだった。一八五八年、シカゴで、ブレアは演説したが、『プレス・アンド・トリビューン』は彼が「奴隷制問題の道徳的、宗教的側面を無視し、奴隷制反対論全体を白人種至上主義に還元している」と非難せざるを得なかった。植民案が上手くいくはずがないと考える者もいた。その一方で、ブレアは多くの党指導者、例えば、ウィスコンシン州選出の連邦上院議員ジェイムズ・R・ドゥーリトル、アイオワ、ウィスコンシン、イリノイ、オハイオ州の知事、ライマン・トランブル、ジェイムズ・アシュリーなどの有力国会議員といった人々から支持を得た。上院で、トランブルは「自由黒人の植民案は共和党の綱領」になるだろうと言った。ブレア支持者の全員とまではいかないが、彼らのほとんどが西部人だった。だが、メイン州のハンニバル・ハムリンは植民案を支持し、党内で最も強く黒人の権利を擁護していたチャールズ・サムナーでさえ、「植民が自発的に行われる限りにおいて」植民案は「本質的正義」に全く違反していない、と結論した。『ニューヨーク・タイムズ』、『ニューヨーク・トリビューン』のような東部の新聞もブレア計画を好意的に評した。(69)

このような支持の背景には様々な思惑があった。例えば、政治的ご都合主義、人種的偏見、黒人が生まれつき熱帯気候に適しているという思い込み、奴隷州の共和党員を支持したいという想いだった。上院で、ベンジャミン・F・ウェードは党の綱領に植民を入れてほしいと言ったが、その後、彼は有権者からこう褒められた。「俺は黒んぼを植民させるという、この新しい響きが好きだな。たぶん、実際のところ、そいつはくそいまいましいたわごとなんだろうが。でも、そいつは有権者に受けるだろうな」と。一八五九年、ボストンで、フランク・ブレアの演説を聞いたチャールズ・フランシス・アダムズは、植民案の評価は分かれるにしても「我々はそれが奴隷州に住む熱心で真面目な奴隷解放論者から出たものだと敬意を示さねばならない」と述べた。[70]

多くの共和党員は、植民を支持すれば党の勢力が南部境界州にも及ぶだろうというブレアの意見に賛成した。リンカンを始め、ほとんどの共和党員は遠い未来に奴隷制なき社会を夢見ていた。だが、『ニューヨーク・トリビューン』は「最も知性ある政治家」でさえ「どうしたら南部の奴隷制を廃止できるのかを我々に提示」できないでいる、と述べた。ブレア家は奴隷制廃止を実行に移す新世代の南部共和党員の兆しなのだろうか？　多くの北部共和党員はかなり多くの南部境界州民が共和党と協力したがっていると信じていた。そうした党員はブレア家や、同じく植民推進派だったケンタッキー人カッシアス・M・クレイのような南部境界州に住む奴隷制反対論者の意義を褒め称え、誇張した。ウィリアム・スーアードは、アメリカの労働力の大部分を国外に送り出すという計画が馬鹿げたものだと思ったが、それでも、彼はフランク・ブレアが「西部人、時代の申し子」だと評した。『シカゴ・プレス・アンド・トリビューン』は、共和党が全国的勝利を収めれば、八年以内に、デラウェア、メリーランド、ミズーリ州は奴隷制を「廃止する」だろうし、そうすれば、すぐに、ケンタッキー、ヴァージニア州も追随するだろう、と述べた。だが、南部人のなかには、そうした事態を危惧する者もいた。一八五九年、ミシシッピ州選出のある国会議員は、すでに、南部境界州の中には、奴隷制が「ほとんど名ばかりのもの」になっているところもある、と言った。[71]

一八五八年までに、リンカンは植民推進の広告塔になっていた。先述したように、一八五二年のヘンリー・クレイ頌徳演説で初めて、彼は植民を詳しく論じた。その次の年までに、リンカンの名前は植民案の代名詞にもなっていた。従って、インディアナ州の植民推進派有力者ジェイムズ・ミッチェル牧師がスプリングフィールドで同志を見つけ、植民案をさらに前進させようとした際、スプリングフィールドの牧師はリンカンを紹介した。一八五三年と五五年一月に、イリノイ州植民協会の年次大会で、リンカンは演説をした。二度目のとき、連邦上院議員選への最初の立候補の可能性が大きくなっていたにもかかわらず、彼は演説をした。最初の演説についての記録は完全に失われており、二度目についても骨子が残っているだけである。上院選に立候補した一八五八年、リンカンの名前は協会の評議員一一人の中で一番上にあった。（副委員長はシカゴの共和党新聞編集者ジョン・L・スクリップスとウィリアム・ブラウンだった。ブラウンの要請を受けて、リンカンは人種的平等に関する「本」を編集した。）ダグラスとの論争の初回で、リンカンは一八五四年のピオリア演説から引用し、奴隷制問題を扱う際の「優先事項」が奴隷を解放しアフリカに送り返すことだと明らかにした[72]。

リンカンが真剣に植民を支持していたことを疑ったり、植民がダグラスの非難をかわす手段にすぎなかったと説明したりする理由はない。むろん、ダグラスの非難とは、共和党が人種的平等を支持しているというものだった。一八五二年に初めて、リンカンは植民を詳しく論じたが、そのとき、リンカンは公職に立候補していなかっただけでなく、彼の政治的なキャリアはほぼ袋小路に入り込んでいた。他の多くの植民推進派とは違って、リンカンは強制的な植民に賛成しなかったし、中央アメリカにアメリカ帝国を建設したり、アフリカをキリスト教世界にしたりすることにもほとんど興味を示さなかった。にもかかわらず、自然権を完全に享受できる場所へ植民する機会を黒人は喜んで受け入れるだろうと、彼は信じていた。リンカンは、最後には大部分の黒人が植民するだろうと想像していた。一八五七年のスプリングフィールド演説で、彼は聖書にもそのような先例があると言った。アメリカの奴隷に匹敵する数の「イスラエルの子供たちは集団でエジプトから脱出した」[73]。リンカンを始め、多くのアメリカ白人は、植民が奴隷制廃止論者の急進主義と半奴隷制半自由労働に留まり続けるアメリカの将来の間にある中道だと考えていた。

リンカンの見解は、平等という普遍的原理に基づいた（従って、アメリカに過去の紐帯を持たない移民を差別せず、原理的には黒人も差別しない）アメリカ人らしさの市民的概念と、黒人をある意味で真のアメリカ人でないとする人種的愛国意識の中間にあった。リンカンは合衆国が白人、黒人両人種からなる国家だと捉えていなかった。リンカンが黒人を彼ら自身の「故郷」アフリカに送り返すべきだと語っていたことから分かるのは、彼が黒人をアメリカの本質的構成員に含めていなかったということだった。だが実際、一八五〇年代までに、アメリカ黒人の大部分は合衆国生まれであり、合衆国生まれがそれぞれの人種の総人口に占める割合は、白人よりも黒人のほうがはるかに高かった。

ブレア家はリンカンを植民案に取り込むのに格別の努力を払った。フランク・ブレアの妻アペリーンはケンタッキー人でメアリー・リンカンの親戚だったが、一八五七年二月、ブレアはスプリングフィールドで「共和党の指導者」に会った。おそらく、そこにはリンカンも含まれていただろう。父に宛てた手紙で、ブレアは「黒人を放り出し、白人のためにとことんまでやること（中略）、我々がいつも地元セントルイスでやってきた方法」を採れ、と彼らに助言した、と報告していた。四月、リンカンとウィリアム・ハーンドンは彼らが共同経営する弁護士事務所で、「ミズーリ州在住の奴隷解放論の第一人者」に会った。おそらく、これはブレアのことだった。その際、彼らは計画を練り、上南部で共和党支持層を開拓しようとした。この会合の二ヶ月後、〈ドレッド・スコット〉判決を扱ったスプリングフィールド演説で、リンカンは「両人種の分離」を求め、共和党はその案をまだ公認してはいないものの「党員の大部分が」支持していると言った。一八五七年十二月、ブレアとリンカンは再会した。彼らは、当時スプリングフィールドで法律を学んでいたジョン・ヘイを、セントルイスの共和党系新聞『ミズーリ・デモクラット』の特派員にすることで合意した。一八五八年、ヘイはリンカン・ダグラス論争の記事を『デモクラット』に書いた。植民案の公認を催促する党員もいたのだが、一八五八年の党大会で、イリノイ州共和党は植民を支持しなかった。というのは、トランブルが、絶対に「自由黒人問題と関わる」べきではないと忠告していたからだった。だが、ブレアはイリノイ州を再び訪れ、リンカンの選挙運動を手伝った。そして、ブレアは自身の選挙運動をおろそかにしてしまったようで、国会議員再選に失敗した。(74)

リンカン、ブレアの両者はこれらの会合から影響を受けたようだ。イリノイ州を訪問したことで、ミズーリ州も奴隷制を廃止しなければならないというブレアの確信は強まった。「奴隷州民はだれでも、サンガモン、モーガン郡の素晴らしい農場を通り過ぎる度に、自由労働の明らかな優越性に大きなため息をつかざるを得ないだろう」と彼は述べた。一方、リンカンはというと、明らかに彼は、植民が奴隷制反対運動の様々な選択肢の一つであり、当初、少なくとも上南部に有効な手段だと考えていた。おそらく、ブレア家の人々は奴隷制を「最終的に絶滅させる」方法を提示しているのかもしれない。リンカンはこの絶滅について話したことはあったが、それがどのようにして起こるのかについて実際に説明したことはなかった。現存する演説の骨子によると、一八五五年のイリノイ州植民協会演説で、リンカンは十五世紀に始まる奴隷制、一八一六年のアメリカ植民協会の設立を頂点にする奴隷制反対論の歴史をまとめた。ダグラスとの論争の第五回で、リンカンは植民が奴隷解放に繋がるというヘンリー・クレイの発言を引用した。南北戦争時、リンカンは自身の案を実行し、南部境界州で段階的、補償付の奴隷解放を実現させるが、これは長年の熟考が実を結んだものだった。(75)

数十年間、植民はほぼ克服できない難題に直面してきた。ほとんどの自由黒人は植民案を拒絶していたのだった。だが、一八五〇年代、白人が再び植民に関心を示すようになったのと時を同じくして、北部の黒人も、合衆国での自身の将来性に深く絶望するだけでなく、黒人としての民族意識を持つようになった。まず、逃亡奴隷法が彼らの自由を脅かし、次に、〈ドレッド・スコット〉判決が彼らの公民性を否定し、最後に、奴隷制廃止の望みもなくなった。その結果、北部の多くの黒人は植民を支持するようになった。「我々はどこかの国民にならなければならない。独立した国民になれるのなら、私は世界中のどこにでも移住しよう」とある黒人は述べた。マーティン・R・ディレーニーは奴隷制廃止論の編集者、講演者だったが、彼は、ハーバード医学校在学時代に、合衆国での黒人の将来性を一層悲観するようになった。白人の同級生がディレーニーの在学に抗議したので、彼は退学させられたのだった。そのディレーニーは、カリブ海地域、中央アメリカ、アフリカのいずれかに黒人新国家を樹立しようとしていた。ヘンリー・H・ガーネットはアフリカ文明協会〔一八五八年設立。アフリカ土着の民族を教化するアメリカ黒人の植民を目指した〕を設立し、植民を推進した。ジェイムズ・T・ホリーはハイチ植民を主張した。ブレア家と同じく、ディレーニーも合衆国からの大量植民を期待した。ただし、一八五〇年代の植民推進派の黒人が期待していたのは、移民のエリート層、つまり、才能ある十分の一〔黒人集団を指導する地位にあるエリート黒人のこと。黒人公民権運動家W・E・B・デュボイスの言葉〕がキリスト教文明とアメリカ経済の恩恵をアフリカやハイチ、中央アメリカにもたらすことだった。アフリカ文明協会の会憲にあったように、海外で成功すれば、「我々自身の国家」で暮らすアフリカの子孫にさらなる利益をもたらす、と植民推進派の黒人は信じていた[76]。

最初期の植民推進派と同じく、ブレア家も、ディレーニー、ガーネットといった黒人指導者からの支持を得ていた。黒人指導者が植民を推進したので、黒人共同体で、激しい議論が起こった。黒人大会では、合衆国における彼らの将来性を巡る白熱した議論があった。一八六一年の上半期、ニューヨーク市で黒人が経営、発行していた新聞『ウィークリー・アングロアフリカン』は読者に謝罪した。つまり、その新聞はあまりの多くの紙面を、植民の是非を論じる大量の投書に割いてしまい、「通常記事を掲載できなかった」のだ。編集者は投書家に「簡潔さこそが知性の証だ」と警告した。一八五〇年代を通じて、講演や社説、投書で最も活発に植民反対論を展開していたのがフレデリック・ダグラスだった。「アメリカではなく、アフリカが黒人の母国だと主張する計画ほど、この国の黒人を抑圧、迫害してきたものはない」と彼は述べた。植民案を採れば、白人は、国内で生じる結果を危惧することなく奴隷制を廃止する方法を手にしてしまう、とダグラスは論じた。むろん、この論はリンカンにも当てはまったようだ[77]。

イリノイ州には厳しい黒人取締まり法があり、北部の他の地域では植民運動が起こりつつあった。リンカンも黒人が自発的に合衆国を出ていくと信じていたが、イリノイ州に、それを裏付ける要素はほとんどなかった。一八四八年、州黒人バプテスト〔プロテスタントの一派。アメリカでは最も広く信仰されている宗教〕協会はスプリングフィールドのサミュエル・ボール牧師をアフリカに派遣し、植民の可能性を報告させた。ボールは、帰国するなり、リベリアが「黒人にとって地上で最良の場所」だと褒める小冊子を作成した。一八五二年、ボールは亡くなったが、それまでの二〇年間で、アメリカ植民協会、州植民協会の援助があったにもかかわらず、リベリアに植民した黒人はたった三四人だった[78]。

一八五〇年代、イリノイ州の黒人は、一八五三年のシカゴ大会を皮切りに、州黒人大会を組織するようになった。元々、大会は黒人取締まり法の撤回を求めて組織されたが、植民にも反対の狼煙を上げた。シカゴ大会の代表団は、そうした「計画も奴隷制肯定論者の偏見を直接刺激する」だけだと非難した。一八五六年のオールトン大会、一八五八年二月のスプリングフィールド黒人政治集会でも、それと同じような見解の提示があった。そのスプリングフィールド集会の宣言はこういうものだった。「植民協会の運動は我々に対する偏見を助長するものだ。また、そのせいで、無知な人や冷淡な人が我々を生まれ故郷から追放しようとする（中略）。我々はここ、我々の出生国で公民権を要求する（中略）。我々はアフリカの人間ではない」。一八五八年八月にシカゴで開催された黒人大会は、「この大陸の」

どこかに植民しようとするH・フォード・ダグラスの決議案を断固拒否した。共和党系新聞の記事から、リンカンはこうした黒人大会の模様を知っていただろう。だが、彼がそれについて何か語ったという記録は残っていない。黒人大会があったところで、相変わらず、リンカンは大々的に植民を推進した。(79)

一八六〇年、リンカンが大統領に選出された直後、ニューオリンズの新聞はリンカンが「骨の髄まで、急進的な奴隷制廃止論者」だと酷評した。証拠として、その新聞は、一八四〇年代にシンシナティーでリンカンが行ったと噂される演説を引用した。その演説をしたとき、シンシナティーの黒人共同体はサルモン・P・チェースに銀製の水差しを贈り、逃亡奴隷を弁護してきた業績に敬意を表した。大統領当選の翌月、『ニューヨーク・タイムズ』の編集者ヘンリー・J・レイモンドに宛てた手紙で、ミシシッピ州議会議員ウィリアム・C・スメッズはこの酷評記事に触れ、連邦脱退を正当化した。レイモンドはこの手紙をリンカンに転送したが、リンカンはこう返答した。スメッズは「狂人」だ。「これまで一度たりとも黒人集会に出席したことはない」と。これは意味深い発言だった。チェースを始めとする奴隷制廃止論の白人や共和党急進派とは違って、リンカンは、南北戦争中に初めて、政治活動をしている自由黒人と直に接触するようになったのだ。(80)

一八六〇年、奴隷制廃止論の黒人ジェイムズ・マキューン・スミスは、アメリカ白人の間に偏見と完全な無知の両方が広がっていることを絶望調でこう述べていた。「白い肌をした同胞は我々を知らない。彼らは我々の性格や能力、歴史を全く知らない」と。(81)この点で、奴隷制廃止運動におけるリンカンの経験不足は彼の見解に影響した。黒人と協力した経験がなければ、奴隷制反対論の白人を、奴隷制反対論の黒人知識人と関わらせ、白人側に植民案を撤回させたり、人種差別感情を克服させたりできなかった。リンカンは奴隷制を嫌悪していたが、こうした経験をしていなかった。南北戦争中にようやく、彼は、政治活動の経験や様々な技能を持ったアメリカ黒人と接するようになった。そのおかげもあり、とうとう、黒人がアメリカに占める位置に関するリンカンの見解は変わり始めたのだった。

第5章
「唯一にして本質的な違い」
連邦脱退と南北戦争

一八五九年までに、ダグラスとの論争のおかげで、リンカンは全米規模の知名度を持つ共和党員になっていた。イリノイ州以外の地域の共和党員も、間近に迫った大統領選を考慮し、リンカンに政治的助言を熱心に求めてきた。インディアナ州のスカイラー・コールファックスは手紙でこう述べた。「深刻な問題」は、「自身の原則を擁護すればほぼ確実に平和を脅かす保守派から、政策や人気にこだわらず、不屈の打撃を加える大胆な急進派に至るまでのありとあらゆる見解」を有する党を「勝利する軍団」にどうまとめ上げるのかということだ、と。リンカンには解決策があった。成功の秘訣はいわゆる皮相な問題を無視し、共和党の見解の最大公約数、「奴隷制の拡大、全国化」への反対だけを取り扱うことだ。[1]

一八五九年、六〇年前半の手紙や演説で、リンカンは巧妙に立ち回って大統領候補になり、党からの指名を得る可能性まで出てきた。リンカンがあまりにも上手く立ち回ったので、マサチューセッツ州の弁護士ジョージ・ホワイトはこう評した。リンカンは「狡猾で、悪賢く、陰謀家」で、彼の政治歴は「大統領候補になりおおせるためだけに築き上げられてきたかのようだ」と。[2] むろん、この判断は片寄ったものだ。だが、リンカンが抜け目なく立ち回り、党のあらゆる陣営も彼が無難な候補だと考えたのは事実である。イデオロギー的、地理的に共和党の中道路線を採ったリンカンは穏健派だったので、北部全域で勝利し選挙人団〔アメリカ大統領選挙では、全米での獲得総数ではなく、各州に割り当てられた選挙人団の獲得総数によって雌雄を決する〕を獲得できた。だが、彼は急進的な要素も持ち合わせていたので、彼の当選は連邦の危機を引き起こした。この危機の最中、全米からの相反する忠告に悩まれたリンカンは、再び、共和党の見解の中道を採った。彼もいわゆる副次的問題では妥協したが、奴隷制拡大を食い止めるという自身と共和党の最大公約数では、戦争の可能性があろうとも妥協しなかった。

1

党内派閥へのこだわりが強かった時代に、リンカンは一貫して党全体を意識してきた。彼は「党の誕生から党の解体まで」常にホイッグ党員だった、と言った。一八六〇年の大統領選勝利の必要条件として、リンカンは共和党の統一をはかった。彼はスカイラー・コールファックスにこう説明した。「私の主目的は共和党内の分裂を回避することで、それは特に一八六〇年の大統領選に向けてのことだ。危険なのは、それぞれの派閥が、その派閥内に限っては支持されるけれども、他の派閥では騒動の種になるものを『祭り上げ』ようとすることだ」と。リンカンは北部全域の共和党員に、副次的で意見の分かれる問題を避けるよう、他州の共和党を分裂させる見解をそれぞれの州で採択しないよう迫った。(3)

一八五九年春、マサチューセッツ州は州憲法の修正条項に関する住民投票を行った。その結果、移民は帰化後二年待たないと投票できないことになった。排外主義運動の強い州でのことだけに、多くの共和党員はこの修正条項を支持した。元々、ノウ・ナッシング党は二一年の投票制限期間を主張したが、この法案はそれをかなり弱めたものだった。にもかかわらず、リンカンはマサチューセッツ州以外の地域の党員と協力して、その法案の撤回を迫った。彼は次のような事態を危惧していた。修正案が可決されれば、北部全域の人々は共和党が移民反対論を抱いていると捉え、党はノースウェスト、特にイリノイ州で重要な票田を形成しているドイツ系アメリカ人からの支持を失うことになる、と。だが、修正案は可決された。その直後、リンカンは資金をねん出、スプリングフィールドでドイツ語新聞を発行し、共和党の見解を広めた。(4)

一八五八年の熾烈な上院議員選のおかげで、リンカンは人々が共和党を「黒人の平等」と結びつけないように取り計らい始めた。彼はエリヒュー・B・ウォッシュバーンにこう語った。あなたの兄、メイン州選出の国会議員イズリエルが、投票権を白人だけに与えたオレゴン州の新憲法を演説で非難していなかったらよかったのになあ、と。一八五九年、リンカン自身は人種や植民についてほとんど何も語らなかったが、一度だけ、黒人参政権には反対していると言った。人種差別感情に訴えかける民主党のやり口が「取るに足りない非難」で、その非難の意図は、民意が奴隷制の拡大、不拡大、その局所化、全国化という真の問題を忘れてしまうことだ、と彼はずっと考えていた。(5)

意見の分かれる問題は他にもあり、北部の多くの州で、共和党急進派は一八五〇年に制定された全国逃亡奴隷法の施行を妨害した。皮肉なことに、〈ドレッド・スコット〉判決が奴隷に対する財産権を全米で認めたために、「それまで奴隷制の友だった州権論〔アメリカの本質が中央集権的な連邦政府にではなく、連邦を構成する各州にあるとする理論〕が（中略）奴隷制の敵になった」と『ニューヨーク・タイムズ』は指摘した。北部の多くの州は個人的自由法〔一七九三年の逃亡奴隷法に対抗して、逃亡奴隷とおぼしき人物を裁判なしで拘束することを禁じた法〕を制定していたので、公務員は逃亡奴隷の引渡しに協力できなかった。告訴された逃亡奴隷に陪審裁判を提供しようとした州もあったが、連邦法はこうした試みを認めていなかった。そこで、共和党急進派が一七八九年および九九年のケンタッキー州ならびにヴァージニア州決議案〔各州が連邦政府の行き過ぎた活動を無効化できるとした主張〕を持ち出す州も出てきた。その決議案で、ジェファソンとマディソンは州が連邦議会の決定を批判し、破棄できると主張していた。一八五八年、メイン州共和党大会はそれぞれの州が「基本的に独立主権」だという決議案を可決したが、以前、このような見解は奴隷制肯定論者のものだとされていたのだった。実施拒否〔各州が合衆国憲法に違反していると判断する連邦法の実施を拒否できるとした主張〕を持ち出す共和党員もいた。一八五九年、ある共和党急進派は「事実、逃亡奴隷法の施行を妨害するためには、我々はカルフーンの見解に回帰しなければならない」と述べた。(6)

ウィスコンシン、オハイオ州で、この問題は山場を迎えた。ウィスコンシン州最高裁は逃亡奴隷法が違法だと述べた。一八五九年、連邦最高裁がこの決定を覆すと、共和党議員は連邦最高裁の判決を非難し、ケンタッキー州決議案からの引用で州権論を再確認した。一八五九年のオハイオ州共和党大会は逃亡奴隷法の撤回を要求し、その法の合法性を支持した判事を再任しなかった。(7)

共和党穏健派と保守派は仰天した。「ほぼ全ての州は実施拒否が違法な解決策だとしている」し、共和党がそのような原則を採るのは自殺行為だ、とウィスコンシン州のティモシー・ハウは書いた。リンカンは、常に愛国者で法の支配を堅く信じてきたので、この意見に賛成した。彼は、告訴された逃亡奴隷にひどく厳しい一八五〇年の逃亡奴隷法を嫌悪していたが、長らく、「効果のある逃亡奴隷法」に対する南部の権利を認めてきた。リンカン・ダグラス論争〔それまでの逃亡奴隷法をより実効性のあるものにしたもの。この法により、逃亡奴隷は裁判なしで連行されることになり、奴隷の逃亡を助けた者にも罰金が科せられた〕で、リンカンは合衆国憲法のたった一条項でも否定してしまえば、憲法全体を否定してしまうことになると言った。一八五九年、リンカンはオハイオ州共和党の指導者にこう不満を述べた。逃亡奴隷法の撤回要求は、「憲法無視」に立脚しているので、オハイオ州以外の地域での共和党の将来性をひどく損なっている。「共和党の大義はそうした綱領を生み出すというのであればイリノイ州では受け入れられないだろう」と。(8)

リンカンは、共和党の綱領に法的根拠の疑わしい見解を付け加えようとする急進派の試みを牽制しただけでなく、奴隷制問題を完全に否定して「共和党の綱領を堕落」させようとする保守派の動きにも反対した。一八五七年に経済不況が始まり、製造業者、特に製鉄業者の間で、保護関税政策を求める声が再燃した。共和党保守派は、基本的に元ホイッグ党員だったので、保護関税が、奴隷制よりも経済再生に関心のある有権者を取り込み、党の支持基盤を拡大できる議題だと考えた。保護関税は工業化しつつあるメリーランド、ヴァージニア州のような南部境界州でも票を獲得するだろう。それに対して、チャールズ・フランシス・アダムズは「ホイッグ党保守派が奴隷問題の代わりに保護関税を持ち出そうとしている」と警告した。アダムズのような急進派はそうした案に激しく反対した。さらに、従来から自由貿易論を採ってきた、党内の多くの元民主党員もそれに倣った。リンカンも、かつては保護関税に熱狂していたが、彼らに賛成しこう述べた。「私はホイッグ党の保守派で、ヘンリー・クレイ派で、保護関税派だった。かつて、私は他のどんな議題よりもそれについて頻繁に演説した」。しかし、関税問題を持ち出したところで「党の大義を推し進めはしない」と。トマス・コーウィンはオハイオ州の立派なホイッグ党員で、一八五八年、共和党から国会に選出されていたが、リンカンは彼にこう説明した。奴隷制は「この時代の大問題」で、それの代わりに保護関税のような「時代遅れの問題」を持ち出すことは、党内で逃亡奴隷法を「激論」することと同じく、破滅をもたらすだろう、と。[9]

一八五八年の選挙以来ずっと、イリノイ州の新聞はリンカンを大統領候補として売り出していた。一八五九年四月、リンカンは彼の立候補を支持しようとする編集者をはねつけ、「率直に言わなければならないが、自分は大統領にふさわしくないと思う」と言った。依然、リンカンは政治的野心を抱いていたが、新人として連邦上院議員を一期務めても利益はなかった。しかも、彼が一八六〇年のトランブルの再立候補に異議を唱えれば、必ず党を分裂させることになった。それでも、リンカンは「大統領になるよりも、連邦上院議員を一期務めあげたい」と述べた。一八五九年秋、地元イリノイ州以外の地域で、リンカンは遊説を行ったが、むろん、この行為はイリノイ州での政治的必要性に迫られてのものだとは言えなかった。彼はペンシルヴァニア州の特派員にこう説明した。自分の目的は「共和党の大義」を推進することだ。この目的のために「一般党員として忠実に活動する」つもりだ。「ただ、そんなことはないだろうが、党の判断で自分がこれとは違う役割を持つ場合は別だ」と。リンカンは、どういう別の「役割」を念頭においていたのかについて説明しなかった。ひょっとすると、俺は副大統領になるかもしれないな。もし、東部の党員が大統領になるのなら、俺は副大統領にふさわしい人物だろう。だが、一八五九年秋のどこかの時点で、リンカンは大統領候補に指名されたいと思うようになった[10]。

一八六〇年前半、リンカンはニューヨーク市で講演し、全米での評価を高める機会を得た。リンカンを招待したのは、当地の共和党員でウィリアム・H・スーアードに反対する勢力だった。このとき、スーアードは大統領候補指名獲得の最右翼にいた。当初、その一派はリンカンにブルックリンのプリマス教会で演説するよう要請した。その教会で、日曜毎に、おそらくアメリカで最も有名な牧師ヘンリー・ウォード・ビーチャー〔奴隷制廃止論者。『アンクル・トムの小屋』のハリエット・ビーチャー・ストウの弟〕が説教していた。だが、リンカンがニューヨーク市に来てみると、講演会場はマンハッタンのクーパー・ユニオンになっていた。リンカンの演説の前年に、ピーター・クーパーがその会館を建てていたが、クーパーの人生は、リンカンのそれと同じく、北部社会が野心家に与える社会的上昇の機会をほぼ完全に例証していた。クーパーはニューヨーク市の職人の息子で、青年時代には馬車製造職人見習いとして働き、鉄道事業家、実業家として莫大な財産を築き上げていた。その会館では、野心ある労働者が無料で教育を受けることができた。一八七六年、八十五歳のクーパーは、南北戦争後のアメリカで自由労働の理想が消えつつある事態を危惧し、クリーンバック党〔グリーンバックと呼ばれる不換紙幣を発行し、デフレーションの進行を食い止めようと主張した政党〕候補として大統領選に出馬した。

一八六〇年二月二十七日、長らくスーアードを批判していた、『トリビューン』のホレス・グリーリーがリンカンを演壇にエスコートし、『ニューヨーク・イヴニング・ポスト』のウィリアム・カレン・ブライアントとスーアード反対派の一人が彼を紹介した。リンカンが演説し始めたとき、会館にある一八〇〇人収容の大会堂はほぼ満席で、「かなりの数の女性」だけでなく「共和党有力者でごった返していた」。リンカンはこの機会を利用して、最高裁長官トーニーだけでなく、大統領選のライバルになるスーアードとスティーブン・A・ダグラスを激しく攻撃した。目の肥えた東部の聴衆に対して、リンカンは奴隷制問題に対する展望、共和党の大義への忠誠、万一スーアードが出馬を断念した場合に生じる自身の大統領候補としての利点を語った(11)。

クーパー・ユニオン演説で、リンカンは、その前年の秋の『ハーパーズ・マガジン』に掲載されたダグラスの論文、特に、人民主権が奴隷制に関する建国の父たちの政策を受け継いでいるとしている記述に反論した。演説に出向く前、リンカンは大部分の時間をスプリングフィールドのイリノイ州立図書館で過ごした。そこで、彼は、合衆国憲法を起草した人々の政治声明文や国会での投票、著作を徹底的に調べ上げた。出来上がった演説は驚くほど学問的なものであり、出版されたときには、無数の脚注が付されていた。リンカンはこう結論した。奴隷制についての見解を表明したほとんどの建国の父たちは、それが悪であり、国会はその存在を認めざるを得ないが、その拡大を禁止できるし、禁止しなければならないと考えていた、と。〈ドレッド・スコット〉裁判で、トーニーは憲法が奴隷に対する財産権を認めていると判決したが、これに対しても、リンカンはこう指摘した。憲法は奴隷が財産ではなく「人間」だと言っており、「奴隷」や「奴隷制」という言葉の使用も意図的に避けている、と。一八五九年にリンカンは、「財産権」と「人権」が矛盾するのならば優先すべきは後者である、と述べていた。彼は演説で建国の父たちがこれと同じ考え方をしていたと主張した。

「保守主義とは何だろうか？　それは古いものや経験済のものに固執し、新しいものや未経験なものに反対し続けることではないのだろうか？」とリンカンは問いかけた。彼はこの論理に従えば、共和党は保守党になると主張した。演説の前年の十一月、ジョン・ブラウンがヴァージニア州ハーパーズ・フェリーを奇襲した。その奇襲では、狂信的な奴隷制廃止論者のブラウンと一九人の部下が、奴隷反乱を起こそうと企み、その地の連邦武器庫を占領した。北部と南部の民主党員は、共和党原則が普及したせいでブラウンが奴隷制に対する非公式な戦争を始めたのだ、と非難した。ダグラスは、奴隷制反対論者の煽動を禁止する法案を上院に提出しさえしていた。リンカンは演説でこう反論した。だが、民主党は、「共和党員」があの鎮圧された蜂起に「全く」関わっていなかったという事実を「反駁していない」ではないか。いずれにせよ、奴隷反乱を起こそうというブラウンの試みは「馬鹿げていたので、無知な奴隷でもそれが上手く行かない、とはっきり悟っていたのだ」と。

クーパー・ユニオン演説でリンカンが狙っていたのは、歴史に関する該博な知識や丁寧な分析の披露だけではなかった。リンカンは非常に説得力のある言葉で、南部が「南部人と北部人の間の全ての論争」で勝利しない限り、「連邦政府を破壊する」つもりでいることを非難した。リンカンの言葉の意味は明快だった。北部は南部にそのようなことをさせはしない。それまで何度もそうしてきたように、リンカンは、共和党が奴隷州の奴隷制に干渉するつもりはない、と言った。だが、依然、南部人は納得していない。どうすれば南部人は納得してくれるのだろうか？「こうする以外に選択肢はない。北部人は奴隷制が悪だと言わないようにし、南部人と一緒になって、それが正義だと言わなければならない（中略）。煽動防止法を制定、施行し、奴隷制が悪だという全ての言論を抑圧しなければならない」。むろん、共和党はこんなことをしない。演説は共和党への朗々たる要求で締めくくられていた。南部連邦脱退の危機があろうと、急進主義だというそしりを受けようと、共和党は基本原則を放棄してはならない。少なくとも一八五九年三月以来、リンカンは劇的な演説をしようとしていた。その際、彼はシカゴで演説したが、その結語は以下のものだった。「自分たちの原則を手に取り続けよう。自分たちの銃を手に取り続けよう。そうすれば、いつか、完全で不滅な勝利が手に入る」。クーパー・ユニオン演説の締めくくりははるかに朗々たるものだった。「我々は正義こそが力の源だと信じようではないか。そう信じながら、最後まで、我々の理性に則った義務を敢然と果たそうではないか(12)」

すぐに、クーパー・ユニオン演説は好結果をもたらした。すぐに、その演説はパンフレットになり、合計で一五万人の購読者を持つニューヨークの主要四紙も演説全文をそのまま掲載した。その中には、ダグラス擁護の『ヘラルド』もあり、この新聞はこう批判した。リンカンは歴史を主観的に解釈している。彼が言うように、建国の父たちが奴隷制に反対していたのならば「彼らは非常に奇妙なやり方でそうしていたことになる。実際には、彼ら自身も奴隷を所有し、奴隷制を肯定する憲法まで起草したのだから」と。一方、依然、ホレス・グリーリーはミズーリ州のエドワード・ベイツを大統領候補に推していたのだが、リンカンの演説が「これまでにこの市でなされた政治演説の中で最も素晴らしく、説得力のあるもの」だと言った。演説直後、リンカンはニューイングランドを訪れ、同じ原則を述べた。その際、彼はクーパー・ユニオン演説と同じ言葉を用いたが、ニューヨーク市では触れなかった自由労働についても語った(13)。

演説の数ヶ月後に、『ハーパーズ・ウィークリー』は、リンカンがクーパー・ユニオン演説とニューイングランド遊説をするまで「この地域の住民にあまり知られていなかった」と述べた。イリノイ州に戻った彼は、有力とまではいかないが、それでもれっきとした大統領候補だと広く評価されるようになった。リンカンがニューヨークに向かう直前、シカゴの共和党編集者ジョン・ウェントワースは入れ知恵をしていた。「なんとか名前を売ってきてください。有力候補が指名を得られなかった場合、あなたにチャンスが廻ってくるでしょうから」。一八六〇年五月、シカゴで共和党大会が開催されたが、それまでに、人々は有力候補全員が大きな弱みをかかえていると悟り始めていた。むろん、スーアードが共和党の最有力候補であり、彼の支持者は彼が当選すれば「我々の大義の勝利を見事な形で象徴できる」と言った。だが、スーアードは長らく奴隷制に反対し、憲法が奴隷制を擁護している事実に配慮もせず、「高次の法」や「抑圧不可能な葛藤」といった言葉を使用していたので、急進主義の烙印を受けてもいた。ペンシルヴァニア、インディアナ、イリノイ州の共和党員は、スーアードがこれらの州で勝てず、彼のせいで州議員選挙も惨敗してしまう事態を危惧していた。さらに、はるか以前に、スーアードは移民をホイッグ党に取りこもうとしていたので、排外主義者は彼を嫌悪した。また、彼はニューヨーク州の黒人に対する参政権付与を支持していたので、西部の共和党員は彼を「厳しく非難」した。(14)

多くの共和党員はサルモン・P・チェースも急進的すぎると考えていた。チェースは自由党員として政治的キャリアを始め、オハイオ州の黒人の権利を擁護し、逃亡奴隷法への反対運動を支援した。他方、北部の有権者が奴隷制反対論の候補を認めないと思っていたグリーリら共和党保守派は、ミズーリ州のエドワード・ベイツを推したが、ベイツはノウ・ナッシング党と親密だったので、移民の有権者を取り込めなかった。彼は共和党的では全くなかった。一八五六年、ベイツはミラード・フィルモアに投票していたので、彼を指名すれば、共和党急進派が反発しそうだった。

リンカンは、イリノイ州の政治情勢を論じながら、こうした有力候補の状況を説明した。「スーアード氏は我々がイリノイ州北部を勝ち取るのに最適の候補だが、南部を勝ち取るには最低の候補だ。イリノイ州でのチェース知事の勝算もスーアードと似たり寄ったりだ（中略）ベイツ氏は南部では最適だが、北部では最低だ」。準有力候補も泣き所を持っていた。ペンシルヴァニア州のサイモン・キャメロンは汚職で有名であり、急進派のベンジャミン・F・ウェードは、チェースも立候補しているだけに、地元オハイオ州で大きな支持を得られそうになかった。ジョン・マクリーン判事もオハイオ州が地元で、六十五歳と年をとりすぎていた。ジョン・C・フレモントは四年前に一度落選していた[15]。

イリノイ州選出の国会議員ジョン・ファーンズワーズが述べたように、リンカンは「完全なダークホース」だった。リンカンの私生活は「申し分なく」、貧しい生まれも労働者階級の有権者を惹きつけた（共和党がリンカンを「横木挽き〔Rail Splitter の訳。リンカンはかつて垣根用の木材 rail を挽いて split いた〕」とあだ名をつけるまで、労働者は彼を「平底船乗り」と呼んでいた）。リンカンは移民の権利を擁護していたので、ドイツ系アメリカ人の支持を得ていたが、排外主義者に対しても政治的にはあまり「厳しい」態度を取らなかった。彼は黒人投票権に反対していたので、西部の有権者を安心させた。だが、リンカンは基本的に奴隷制を批判し、党の綱領をもっと穏健なものにする動きにも反対していたので、共和党急進派も惹きつけた。実際、ライマン・トランブルによれば、「真二つに裂けた家」演説のせいで、多くの保守派は「あのような思想を持った男を指名するつもりならば、スーアードを指名すればいいじゃないか」と述べた、ということだった。カンザスの支持者マーク・デラヘイはリンカンにこう説明した。全般的に「あなたは」党の「中道を行っている」ので、「党内派閥をまとめて民主党に勝利できるでしょう」。「ペンシルヴァニア、イリノイ、インディアナ州が主戦場になるでしょう」が、これらの州でスーアードは勝利できそうにないのがその大きな理由です、と[16]。

多くの共和党員にとって、リンカンの魅力は彼に当選の見込みがあるということに尽きた。代表としてシカゴに赴く一ヶ月前、マサチューセッツ州のジョージ・アシュマンは「勝利の見込みが高いのなら、誰が指名をされようと構わない」と述べた。すでに、リンカンは民主党の有力候補ダグラスと戦って引き分けに持ち込めることを証明していた。（共和党大会までに、民主党全国大会は地域間で分裂したので、党候補を指名できず、六月に再開される予定だった。）一八六〇年五月半ば、共和党大会が開催されたが、その際、『シカゴ・アンド・プレス・トリビューン』は長い社説でリンカン支持の議論をまとめ、「最有力候補」と見出しをつけた。三度目の投票で、各州代表はリンカンを指名した。リンカンの指図はなかったが、代表団はメイン州のハンニバル・ハムリンを副大統領候補に選出した。彼は東部人で元民主党員だったので、候補としてリンカンとのバランスをとることができたのだった。ハムリンは指名を得ようと動いていたわけではなかったし、「指名を期待したり望んだりしていなかった」ので、それには「驚いた」と述べた[17]。

リンカンを指名した大会で採択された綱領は、最も意見の分かれるような問題を避け、大統領選の支持層を広げようとした。ペンシルヴァニア州を尊重して、綱領には、慎重に練り上げられた決議案もあった。その案は関税「保護」とまではいかないものの、調整を行い、「全米の産業的利益の増大を図る」とのことだった。綱領には、西部移住者に無償で土地を提供するホームステッド法〔西部の未開拓公有地に入植し、五年間定住した人々に土地一区画一六〇エーカーを無償付与すると定めた法律〕を制定し、鉄道を太平洋まで延長する案もあった。これらの案は北部で党派を問わず広く支持されたが、南部ではほとんど支持されなかった。

最も意見の分かれた項目は、連邦法や州法に移民の権利を制限する変更も加えない、二年の投票権制限期間に関するマサチューセッツ州の修正条項を撤回する、というものだった。カール・シュルツはこの問題を検討する委員だったが、決議案をまとめ「共和党からノウ・ナッシング主義の汚れを洗い落とす」白紙委任状を持っていた、と後に語った。多くの排外主義者はリンカンに遺憾の意を伝えてきた。大会の中断後、トランブルはリンカンに「このような決議案がなくても、ドイツ系の支持者が満足してくれていたらよかったのだが」と手紙を書いた。ノウ・ナッシング党に好意的なボストンの共和党系新聞はこう評した。州によっては人種に基づいて権利を制限している以上、東部人もそうした人種差別に反対する項目を求めても構わないところだったのだが、と。事実、綱領は自由黒人に全く触れていなかった。だが、ジョシュア・R・ギディングズの指摘を受けて、綱領は人類の平等に関する独立宣言の文言を支持した。ブレア一派の希望とは異なり、綱領は植民を支持しなかった。「植民はあまりに遠大な計画であり、多くの詳細を含んでいるので、綱領に採用できなかったのだ」とフランシス・P・ブレア・シニアは説明した。だが、共和党が植民案を売りにしていた南部境界州は、大会に大きな影響を与えた。全体の五分の一にあたる九〇人の代表がメーソン・ディクソン線の南から参加していた。共和党が「植民を表明すれば」多くの南部人の支持を得られると考えて差支えがないだろう、とコネティカット州の代表は述べた。[18]

奴隷制という核心を扱う段になると、綱領は、四年前にこの「野蛮状態の名残」に対して使用した煽動的な言葉遣いを改め、ジョン・ブラウンの奇襲を非難した。綱領は「ニュアンスからすると、明らかに保守的なものだった」と『ニューヨーク・タイムズ』は論じた。だが、綱領の重要項目は、長らく急進派の代名詞だった「連邦の自由」論を認めていた。それは奴隷制の不拡大を認めるだけでなく、自由が全準州の通常態であり、国会、準州議会とも準州の奴隷制を「合法化」できないと宣言した。マサチューセッツ州選出の上院議員で急進派のヘンリー・ウィルソンは、「奴隷が合衆国準州の土を踏めないという見解(中略)、つまり、ウィルモット条項を改良した見解をついに手に入れた」と大喜びした。[19]

後に、インディアナ州の共和党急進派指導者ジョージ・W・ジュリアンは、リンカン支持者が持つ意見の驚くべき多様性について語った。ほとんどの元ノウ・ナッシング党員は、綱領のせいで恥をかいたにもかかわらず、「しぶしぶその苦い薬を飲み込んだ」。リチャード・W・トンプソン、トマス・ユーイングのようなホイッグ党保守派は、スーアードと彼の「過激思想」を排除できたことを喜び、共和党の勝利のために運動した。彼らは、リンカンが「健全な保守派」であり、「高次の法、抑圧不可能な葛藤を喧伝する奴隷制廃止論者」と全く関係を持っていない、と考えた。だが、共和党急進派も保守派と変わらぬ情熱で運動した。「リンカン氏が共和党の奴隷制反対論の末尾ではなくて、先頭に立っていると考えたい」と『ニューヨーク・トリビューン』のボストン特派員は書いた。第2章で見たように、ウェンデル・フィリップスがリンカンを「イリノイ州の奴隷追跡用猟犬」と罵った際、ギディングズはそれを反駁し、リンカンの奴隷制反対論の堅さを請け合った。フィリップスがそう罵ったのは、一八四九年にリンカンが公表した、ワシントンDCでの段階的奴隷解放案に、憲法の逃亡奴隷条項を厳密に施行することを臭わせる文言があったからだった。(20)

奴隷制廃止論者の中には、一八五八年の演説でリンカンが、投票権を始め自由黒人の権利を認めなかったと非難する者もいた。「党が黒人にも完全な公民権を認めないのであれば、その党の候補で、奴隷制反対論者の共感を得られる」者はいない、と奴隷制廃止論者の黒人H・フォード・ダグラスは述べた。だが、そのダグラスでさえリンカンの当選を望んでいた。というのは、彼が当選すれば、共和党の純粋な「奴隷制反対論」が強まるからだった。リンカン支持の奴隷制廃止論者は、彼が労働の対価を享受できる人種的平等にこだわった点を考慮して、黒人の公民権や政治的権利に反対していることを不問にした。リディア・マリア・チャイルドは、リンカンがダグラスとの論争で「黒人は私と対等だ。あらゆる点で私と同じだ」と言ったので、彼を信用している、と書いた（むろん、彼女の引用はリンカンの言葉そのままではない）。イリノイ州が「奴隷制を熱心に肯定している」ことを考慮すれば、「リンカンが勇敢だったので、そのような見解を抱き、公表することができたのだ」とチャイルドは続けた。フレデリック・ダグラスはリンカンに投票しなかったが、自身の編集する月刊誌で、こう褒めた。リンカンは「意志と勇気を持った人」だ。万人の平等権という点に関してはかなり物足りないものの、「連邦政府が」奴隷制の「積極的擁護から手を引けば、偉業が成し遂げられるだろう」と。[21]

一八六〇年の大統領選では、四人の候補者が争った。民主党の分裂が避け難いものになると、北部民主党はスティーブン・A・ダグラスを指名し、南部民主党はケンタッキー州のジョン・C・ブレッキンリッジをかつぎ出した。彼は、奴隷を全準州に連れ込めるという所有者の権利を国会が認める、と約束した。緊急に組織された立憲連邦党はテネシー州のジョン・C・ベルを指名し、その綱領で、彼は憲法と法の支配に服することで、連邦の統一を維持すると約束した。新党は、連邦脱退を何としても防ぎたいと思う上南部の多くの有権者を惹きつけた。だが、フィラデルフィア在住の保守派シドニー・ジョージ・フィッシャーは新党の弱点を日記に綴っていた。新党は「明確な原則や見解を全く持っていない。「この国の圧倒的、刺激的な議題は奴隷制である」。「この問題を見過ごす」党に「勝利は覚束ない」だろう。民主党の分裂はリンカンの当選を確実にするどころか、それをさらに難しいものにした。トランブルはリンカンが勝つと思っていたが、六月、こう警告した。ブキャナン政権とファイアー・イーターズ〔奴隷制肯定論の急進派で、連邦脱退を主張〕と袂を分かったダグラスは、彼が全国民主党の候補者である場合よりも、非難を浴びせるには厄介な相手だ、と。南部の要求に譲歩して指名を得た民主党候補と戦っていたほうが、リンカンの選挙運動はもっとやり易いものになっていただろう。[22]

激しい選挙戦が展開された。ペンシルヴァニア州について、フィッシャーは「州の至るところで、町民会や街頭演説、たいまつ行進やその他あらゆる種類の見世物が催された」と記した。共和党は、自由労働の権利、機会や奴隷制不拡大の必要性といった、一八五〇年代に決定した見解だけでなく、リンカンが当選した場合に連邦脱退をしようとする南部の動きを認めなかった。ただ、同時に、共和党は連邦脱退の可能性を深刻に捉えていなかった。共和党は奴隷州の奴隷制に直接干渉しないと主張したが、党の多くの新聞や演説者は、リンカンが当選すれば、上南部で段階的奴隷解放が始まるだろうと予言した。南部の新聞は愕然としつつ、こうした発言を掲載した。[23]

実際、一八六〇年には、二つの大統領選が行われたようなものだった。ブレッキンリッジはほとんどの奴隷州で勝ったが、ベルは南部票の約四〇パーセントと上南部の三州を獲得した。リンカンは、一八五八年の選挙で共和党が得た優位を離さず、自由州でダグラスを破った。彼は北部一般投票の五四パーセントを獲得し、ニューイングランドの全郡（一八三二年から九六年までの期間で、大統領候補がこれだけの偉業をやってのけたのは、この回だけだった）、旧ノースウェストの全州で勝利した。だが、大部分の奴隷州において、リンカンは選挙に参加さえできていない有様で、南部票のわずか二パーセントを獲得しただけだった。共和党が南部境界州に食い込みつつあると考えていた党員は、デラウェア、ミズーリ州の結果に励みを見出した。リンカンの得票率はデラウェア州で二三パーセント、ミズーリ州（ダグラスが勝利した州はここだけだった）で一〇パーセントだった。ミズーリ州の得票のほとんどは、セントルイスとその近郊で獲得したものだった。だが、リンカンの得票率が三パーセント以下にとどまったメリーランド、ケンタッキー、ヴァージニア州の結果を見れば、共和党支持はあまり浸透していなかった、ということだった。全米では、リンカンは一八六万六〇〇〇票を獲得したが、この得票数は他のどの大統領候補よりも多く、四年前にフレモントが記録したものよりも五〇万票以上多かった。だが、これでも、全米の投票総数の四〇パーセントでしかなかった。一方、選挙人団制度によると、リンカンは北部で圧勝し、勝利に必要な過半数以上を獲得した。実際、ベル、ブレッキンリッジ、ダグラスの票をいずれか一人にまとめたとしても、リンカンは当選していただろ

1860年の大統領選

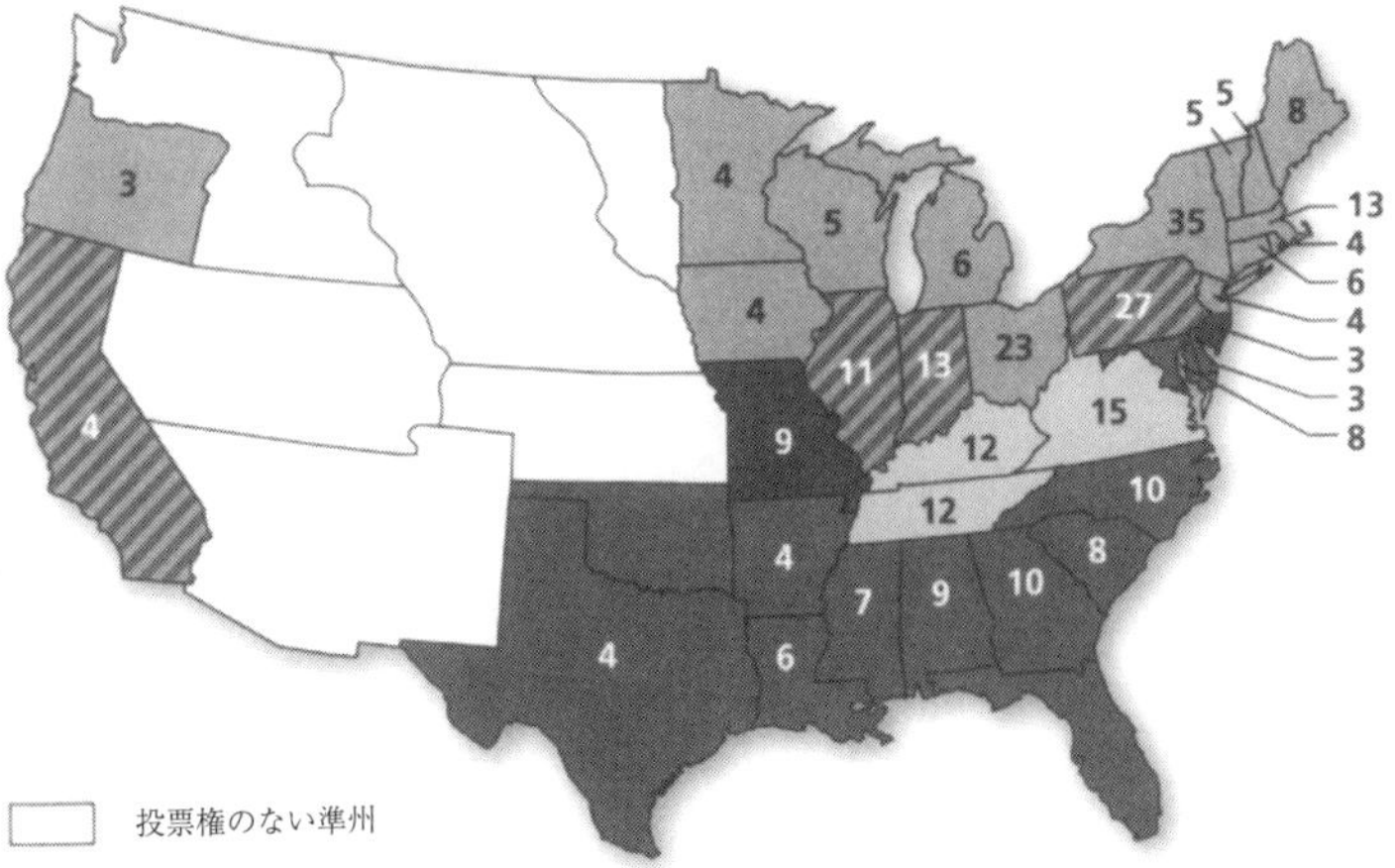

投票権のない準州

政党	大統領候補	獲得選挙人（%）	一般投票数（%）
共和党	リンカン	180（58%）	1,865,593（40%）
南部民主党	ブレッキンリッジ	72（24%）	848,356（18%）
立憲連邦党	ベル	39（13%）	592,906（13%）
北部民主党	ダグラス	12（4%）	1,382,713（29%）

共和党が1856年の大統領選では負けたが、1860年には勝った州

う。リンカンが勝利したのは、複数の敵同士が潰し合いを演じたからではなく、アメリカの選挙制度の性質のおかげだった。その制度では、最も人口の多い地域で票を集めた党が大統領職を手に入れられるのだ。

奴隷制反対運動の「古参兵」はリンカンの勝利に大喜びした。「ついに、人生の大願が成就した。奴隷制政治が廃止された」とサルモン・P・チェースは述べた。むろん、南部人は異なる反応を示した。「リンカン氏を選出した北部人は、末代に至るまで、奴隷州の人々に意図的で無慈悲な侮辱と怒りをなすりつけた」とニューオリンズの新聞は書いた。リンカンの勝利から分かったのは、北部が団結すればアメリカの未来を決定できる、ということだった。一八五〇年代を通じて、南部の有力政治家は、このような状況下でこれからも奴隷制を維持していく唯一の手段が独立闘争だと主張していた。『ルイヴィル・クーリエ』は「今や、我々が『抑圧不可能な葛藤』(中略)を経験している」と鬨の声をあげた。(24)

2

一八六一年三月四日、リンカンは就任の宣誓をしたが、それまでに、分裂した国家に向けて演説を行っていた。南はサウスカロライナ州、西はテキサス州に至る七つの奴隷州が独立を宣言し、新国家アメリカ南部連合国を樹立していた。それらの州は連邦脱退と同時に、郵便局や要塞、武器庫やニューオリンズの合衆国造幣局を掌握した。その造幣局に備蓄してある金銀のおかげで、建国後の数ヶ月間、連合国は資金を調達できた。この前代未聞の危機において、リンカンは一貫した政策をとり、連邦脱退が伝染、共和党が分裂しないようにした。危機が大きくなるにつれて、リンカンの政策も進化していった。彼は些末な問題だと思うものには妥協したが、奴隷制不拡大という問題で妥協することは決してなかった。リンカンは連邦の永続性と大統領の職務を遂行する自身の権利を一貫して主張した。

北部でも南部でも、連邦脱退危機は政治を活気づけた。何万ものアメリカ市民が大衆集会や嘆願大会に参加し、政治指導者に手紙を書き、国会と州議会の審議を心配そうに見守った。大統領選の結果が公表されるやいなや、リンカンら共和党員の郵便受けは忠告の手紙で溢れかえった。全般的に、草の根の党員は頑なに妥協を認めなかった。イリノイ州ゲールズバーグの元ホイッグ党国会議員アルフレッド・バブコックはリンカンにこう告げた。「私が話した共和党員はみな」妥協すれば、「奴隷制がさらに勢いを得て、この政府設立の際に建国の父たちが打ち立てた原則は弱くなってしまう」と。一方、十二月、アイオワ州選出の共和党穏健派上院議員ジェイムズ・W・グライムズはこう述べた。北部が妥協をしても、実際には奴隷制に反対しているのだから、脱退主義者は満足しないだろう。深南部を連邦にとどめる唯一の方法は、「奴隷制が慈悲深く合法的な制度であり、しまいには、アメリカ大陸全域に、それが広がっていくという主張に同意することだ」と[25]。

共和党の元民主党派は、冬に行われた連邦脱退が一八三〇年代の実施拒否危機を繰り返している、と思った。南部は教訓を学ばなければいけない、と彼らは主張した。「このような苦難の時代にあっては、ジャクソン主義〔一八三二年、サウスカロライナ州が実施拒否の実行をにおわせると、大統領ジャクソンは強硬な手段をとると脅した〕をとらなければならない」と、ある元民主党員は述べた。共和党の元ホイッグ党派もジャクソンの遺産を援用した。『ニューヨーク・タイムズ』が述べたように、脱退危機の結果、アンドルー・ジャクソンは妥協に反対する共和党員の「お気に入りの英雄」になった。冬の間中、戦争が連邦脱退の不可避的結果だと言う共和党員もいた。十二月、インディアナポリスの新聞は「流血しか連邦脱退を阻止できないのならば、血を流そう」と書いた。リンカンは「真二つに裂けた家」演説で、「危機に達し、それを乗り越えて初めて」奴隷制論争が終息すると予言していた。ついに、この危機がやって来た。「決着をつけるなら今だ」と『シカゴ・トリビューン』は書いた。[26]

意気軒昂なホレス・グリーリーを始め、平和裡に連邦脱退を認めることでしか卑しい妥協は避けられないとする共和党員も少数ながら存在した。サウスカロライナ州が連邦脱退を決定する直前の十二月、グリーリーの『ニューヨーク・トリビューン』はこう評した。仮に、人民の同意による統治という原則を真剣に考慮するならば、「その原則が連邦脱退を正当化していると理解するしかない」。深南部諸州が連邦を脱退したいというのならば、人類の自由に忠実な我々は「そうさせてやれ！」と言わざるをえない、と。（ただし、グリーリーはそれぞれの州で住民投票を行って初めて、連邦脱退が可能になると主張し、南部独立賛成派はその投票で敗北すると考えていた。[27]）

多くの奴隷制廃止論者も、アメリカ人のほとんどが持っている連邦への神秘主義的な忠誠心を共有していなかったので、平和的手段での連邦脱退は妥協よりも望ましいと喜んだ。十二月初め、フレデリック・ダグラスは「奴隷所有者に新たな譲歩をすることでしか連邦を維持できないというのならば、連邦を消滅させてしまおうではないか」と言った。長らく、ウィリアム・ロイド・ギャリソンは連邦分離を支持し、北部を奴隷制のしがらみから解き放とうとしてきたが、彼は「南部と分離（中略）すべき時期がやって来た、「我々が（中略）二つの国家であり、また、そうでなければならないのは明らかではないか」と主張した。一連のよく知られた演説で、ウェンデル・フィリップスはこう論じた。連邦を分離すれば、奴隷解放の実現が早まる。連邦とは奴隷州を保護し、育成するものだ。「連邦分離こそが奴隷制廃止だ！」と。[28]

他方、北部の実業家、特に南部と商取引をしている実業家はリンカンに妥協するよう、しきりに迫った。リンカンが当選すると、株価、物価が下落したが、これは内戦を危惧した投資家がパニックに陥ったからだった。十二月から一月にかけて、東部の実業家は大急ぎで動き回り、連邦を維持しようとした。一八三〇年代と同じく、財産と地位のある上流階級は暴徒を動員し、奴隷制廃止論者の集会を破壊した。というのは、彼らは、奴隷制廃止論者のせいで連邦脱退危機が起こったと考えたからだった。彼らは大衆集会を開き、集会の演説者は妥協を求め、連邦脱退を回避しようとした（演説者は基本的に民主党員だったが、共和党員の意見も公平に代弁していた）。ボストン、ニューヨーク、フィラデルフィアで、上流階級は嘆願書を回覧し、何万もの署名を集めた。さらに、彼らは代表団をワシントンDCに派遣し、共和党国会議員に根回しをした。一月、ニューヨークの主要商人三〇人が特別列車で首都ワシントンDCに乗り込んできた。彼らは、ニューヨークの実業家四万人が署名した、妥協を訴える嘆願書を携えていた。その嘆願書は「連邦の永続」が「諸々の論争点」よりも重要であると告げていた。ニューヨーク市の共和党保守派有力者ハミルトン・フィッシュは、商人が「あまりにも妥協している」ことに「驚き」を隠せなかった。多くの商人は北部の個人的自由法の撤回を求めた。というのは、この法が逃亡奴隷法の施行を妨げたからだった。さらに、彼らは、かつてミズーリの妥協が定めた境界線を太平洋岸まで延長することを求めた。この案に反対したウィリアム・カレン・ブライアントは、これこそが「ウォール街で作成された（中略）計画」だと述べた。〈ドレッド・スコット〉判決の妥当性、西部全域への奴隷制拡大を認めると言った商人もいた。(29)

妥協によって連邦脱退と内戦の両方を避けようとしていたにもかかわらず、両党の北部人で、連邦を脱退する州権を認めたり、最終手段として軍を動員し連邦を維持する政府の権限を否定したりする者はほとんどいなかった。連邦脱退が起こった冬、北部民主党の新聞や指導者は、共和党が「奴隷制問題の煽動」をしたせいで脱退危機が生じたと非難し、多くの北部人が奴隷制に共感していると南部人に請け合おうとした。だが同時に、共和党だけでなく民主党も、大統領選の結果が不本意だったからといって連邦脱退は正当化できるものではない、連邦の解体を見過ごすわけにはいかない、と南部人に警告した。だが、デラウェア州選出の上院議員ジェイムズ・A・ベイヤードは、北部共和党有力者からの手紙にこう返事した。「あなたの感じ方と考え方が一般の北部人と同じなのであれば、内戦が迫っている」[30]と。

脱退主義者と多くの北部人が驚いたことに、ジェイムズ・ブキャナン大統領までも連邦脱退の合法性を認めなかった。十二月初め、彼は国会年次教書〔国会への出席権を持たない大統領が国会議員に国家の現状を語る慣例〕で、リンカンが当選したからといって連邦を解体してよいということにはならない、と主張した。ブキャナンはチャールストン港サムター要塞に配置されている連邦軍の補給を認めた。一八六一年一月五日、ザ・スター・オブ・ザ・ウェスト号はニューヨークを出航したが、その三日後、岸からの砲撃で撃退された。皮肉なことに、南部人が政府公職から辞職すると、ブキャナンは北部連邦主義者で構成された行政府を率いて任期を終えた[31]。

一八六〇年十二月初めに国会が召集されると、議員はありとあらゆる種類の妥協案を持ち寄った。それ以後、奴隷制に関する立法を完全に禁止する案もあれば、大統領職を、全国の様々な地域の代表から構成される行政委員会に取り換える案もあった。連邦警察を創設し逃亡奴隷法を厳格に施行する案まであった。ある国会議員は一七もの憲法修正案を提出し、奴隷制をあらゆる種類の干渉から保護しようとした。下院、上院とも委員を任命し、これらの案を検討した。

最も支持を集めた計画は、ケンタッキー州のジョン・J・クリッテンデンが提出したものだった。その案は修正不可能な憲法修正条項六つから成り、連邦政府が奴隷制を扱う全ての項目を網羅するものだった。クリッテンデン案の内容は以下のものだった。国会は州や、軍事要塞のような政府財産の奴隷制を廃止できない。ヴァージニア、メリーランド州が奴隷を解放しない限り、ワシントンDCの奴隷制を廃止できない。連邦政府は州際奴隷取引に干渉できない。ミズーリの妥協が定めた境界線を太平洋岸まで延長し、現在の準州と「これから獲得する領土」の全てをその境界線で自由州と奴隷州に分割する。十二月末、スティーブン・A・ダグラスはクリッテンデン案を支持し、修正を加えた。ダグラス案は以下の項目を要求していた。国会で三分の二の承認が得られれば、新しい領土を獲得できる。州は自由黒人に投票権を付与できない（サウスカロライナ州は北部諸州での黒人投票権付与を連邦脱退宣言の原因に挙げていた）。州に連邦補助金を与え、自由黒人をアフリカ、南アメリカに「追放」させる。これらの項目に加えて、ダグラスは、直前の会期で提出した「煽動」法案を再び盛り込み、奴隷制反対論の演説や著作を取り締まろうとした[32]。

リンカンがスプリングフィールドに滞在していたので、ワシントンDCでは、スーアードが自発的に党首代行を務めていた。一八六一年一月十二日、上院で、彼はすし詰めの聴衆と「外交使節団全員」に対して演説を行った。スーアードの演説実施は多くの人が期待していたものであり、彼はそこで冷静な行動を求め、南部への妥協案を並べてみせた。スーアードの妥協は以下のものだった。北部の個人的自由法を撤回する。これより先、国会が州の奴隷制に干渉できるとする修正を憲法に加えない。二年以内に、全国大会を召集し、その他の議題を決議する。同月末、下院でマサチューセッツ州を代表していたスーアードとチャールズ・フランシス・アダムズは、ニューメキシコ準州が奴隷州として即座に連邦に加入できるという提案をした。この案はさらなる妥協だった[33]。

スーアードは急進派の評判をとっていただけに、多くの人々はこの見解に驚いた。カール・シュルツは妻にこう述べた。「スーアードの発言をどう思う？　彼の力は衰えた。彼も奴隷制政治の軍門に下ってしまった」と。スーアードは、この案のおかげで、まだ連邦を脱退していない上南部奴隷州八州の連邦主義者が勢いを得て、脱退主義者は孤立し、リンカンも無事大統領に就任できる、と主張した。

人は歴史の流れに抗えず、奴隷制の運命も変更不可能である、と彼は常に信じてきた。さらに、スーアードは、リンカンの当選が歴史上重要な転換点であり、その新たな流れに抗うことはできない、当選は連邦政府に対する奴隷制政治の支配を永久に葬り去ったので、どれほど譲歩したところで、このことは既成事実であり続けるのだ、とも信じるようになっていた。彼はある批判者にこう説明した。自由が危険に晒されていた際、私はひたむきに自由を擁護していたので、「人々は私が連邦に忠実ではないと考えていた」。今や、自由は勝利したが、国家が危険に晒されているので、「私は連邦だけを擁護している」。少なくとも、妥協が不調に終われば、私は「奴隷党に責任を問い質し」たい、と。スーアードは、ほとんどの共和党員がこの危機の切実さを正確に理解していないと思っていた。(34)

上南部の連邦主義者はクリッテンデン案に飛びつき、スーアードの演説を妥協の兆しとして受け入れた。だが、ほとんどの共和党国会議員はこうした案全てを拒絶し、データによれば、ほとんどの共和党有権者もそうしていた。一月末、『ピッツバーグ・ガゼット』の編集者ラッセル・エレットはこう述べた。草の根の共和党員は「あらゆる妥協に憤慨している（中略）。ハリスバーグ、フィラデルフィア、ニューヨーク、ワシントンDCの民意をよく知っている人物が、その地域の民意の激しさを理解できていない」と。イリノイ州南部の有権者さえもライマン・トランブルにこう報告した。近隣の共和党員はみな、奴隷制が原則的に正しいと認めたり、それが連邦全体の制度だと認めたりする妥協に反対している、と。他のイリノイ州民もそのような妥協をすれば「共和党が解体してしまう」と、トランブルに手紙で告げた。多くの共和党員は「これから獲得する」領土というクリッテンデンの表現のせいで、不法な侵略戦争が再開され、連邦に奴隷州がさらに増えると信じていた。(35)

ダグラスが提案した「煽動」法に関する限り、共和党はそれが以下のことを示唆していると捉えていた。『シカゴ・トリビューン』が述べたように、南部人の不平の種はリンカンの当選ではなくて、むしろ北部人の民意であり、「要求されているのは（中略）民意の圧殺」だった。実際、連邦脱退危機の最中、南部選出の多くの国会議員は、奴隷制に反対する民意が大きくなったせいで、南部は連邦にとどまれなくなった、と言った。この言い分こそが、連邦脱退を正当化する公式宣言で繰り返された見解だった。スーアードの一月十二日の演説の後、共和党員の実業家ジョン・マリー・フォーブズは、「南部人が実際に望んでいる妥協をしてやればいいじゃないか」と皮肉をこめて考えた。その妥協とは、憲法を修正し、連邦判事が奴隷制に関して「書いたり言ったりしてよいこと」を決められるようにすることだった。すでに、多くの共和党国会議員は奴隷制が内戦の後まで存続することはない、と警告していた。「反旗の翻《ひるがえ》りこそが奴隷解放の予兆になる」とオハイオ州のシドニー・エジャートンは宣言した。(36)

こうした意見の相違に取り巻かれていたリンカンは、危機の素早い進展について行こうとし、その危機に対処する一貫した政策を練り上げようとした。同時に、彼は各長官職の選考に着手し、この作業は就任直前まで続いた。伝統に倣って、リンカンは大統領候補指名争いでの最大のライバルだったウィリアム・H・スーアードを国務長官に任命した。それ以外の長官職の任命で、リンカンは共和党の政治的、地域的な派閥の利害を調整した。党急進派の第一人者だったサルモン・P・チェースは財務長官職に就いた。ミズーリ州の保守派エドワード・ベイツは司法長官職に、メリーランド州の保守派モンゴメリー・ブレアは郵政長官職に就いたが、彼らは南部境界奴隷州という重要な地域選出の代議士だった。リンカンはコネティカット州の元民主党員ギデオン・ウェルズを海軍長官に、インディアナ州の元ホイッグ党員ケーレブ・B・スミスを内務長官に任命した。波紋が最も大きかったのは、ペンシルヴァニア州のサイモン・キャメロンを陸軍長官に任命したことだった。キャメロンは汚職で悪名を馳せていたので、ペンシルヴァニア州共和党の多くの指導者は彼の任命に反対した。後に、シカゴの編集者ホレス・ホワイトはキャメロンの任命を「大失敗」だったと評した。任命から一年も経たずに、同じペンシルヴァニア州のエドウィン・M・スタントンがキャメロンの職を引き継ぐことになったからだった。リンカンが任命した長官の中には、一八六〇年の大統領候補指名争いのライバルだったスーアード、チェース、ベイツを始め、リンカンよりも国務にずっと長けていた人物がいたので、リンカンは、彼らが長官であれば、自身の行政能力を疑う人々も安心するだろう、と思った。最初から、リンカン政権の長官たちの間には、政治的対立と個人的嫉妬があった。彼ら大統領顧問団が一致団結したことはなかった。大統領リンカンはそれぞれの長官に大きな自由裁量権を与え、管轄する省の運営に当たらせた。だが、奴隷制に関する限り、リンカンは顧問団に助言を求めることはあったが、政策の決定は自分自身で行った。[37]

リンカンは、一八六一年二月十一日にワシントンDCに向けて出発するまで、スプリングフィールドに滞在した。彼は、民意と政治的進展を知るのに、手紙や新聞、ひっきりなしにやってくる訪問者を利用した。リンカンが就任前に危機の重大性を完全に理解していたかどうかは未だに分かっていない。リンカンも他の多くの共和党員と同じく、すでに連邦を脱退したかどうかを問わず、奴隷州の連邦主義の強さを過大評価し、深南部が戦争を開始しようとする決心の強さを過少評価していた。長らく、共和党は大部分の南部人が奴隷制政治と利害を共有していない、と信じていた。共和党は南部が連邦脱退という脅しで北部を怯えさせ、自分たちの要求を押し通そうとしている、と中傷していた。ジョン・ベルがヴァージニア、ケンタッキー、テネシー州で勝利し、メリーランド、ノースカロライナ州で勝利寸前だったこととと、ダグラスがミズーリ州でしか勝利できなかったことのせいで、共和党は、少なくとも上南部が連邦を強く支持していると、一層確信するようになった。一度ならず、リンカンも危機が「虚構」であり、「放置しておけば」それは自然消滅すると発言した。

多くの人々は、『イリノイ・ステート・ジャーナル』の社説がリンカンの見解を反映していると考えていたが、当選の数日後、その新聞は、南部の「保守的な多数派」が連邦を分裂させようとする「反逆者」を拒絶するだろう、と読者に請け合った。連邦を脱退する州が出てきた後でさえ、リンカンは、脱退主義者を怒らせなければ、ほとんどの奴隷州が連邦にとどまり、最後には、深南部も復帰するだろうと信じていたようだ。リンカンはヘンリー・クレイに憧れていたが、そのクレイとは異なり、国難を解決する妥協を積極的に模索することはなかった。(38)

リンカンは、憲法がある限り、奴隷制に干渉したり、南部人のその他の権利を制限したりしない、と南部人に請け合う公式声明を出すべきだとする数多くの嘆願を受け取った。リンカンはそのような要求にいらだった。自分の見解は出版された演説集を見ればすぐに分かるのだが、それが南部ではずっと誤って伝えられてきたと、彼はある特派員に説明した。リンカンは一八六〇年十一月二十日にスプリングフィールドで行われたライマン・トランブルの演説の原稿に数行書き加えていた。リンカン自身もその演壇に着席していたのだが、その付け足しで、リンカンは自身の行政府が憲法で保障された南部の権利を制限しないと約束し、連邦脱退の噂も少数派の仕業だと述べていた。さらに、その付け足しは南部諸州で行われている「戦争準備」さえ歓迎していたが、その理由は、そうした準備をすれば「南部人」が連邦脱退主義者の「反乱」を鎮圧するだろう、というものだった。トランブルはリンカンの付け足しをそのまま読んだのではなく、それを言い換えたので、この奇妙な記述を省いてしまった。トランブルはこう請け合った。「非常に多くの煽動政治家が共和党を黒人の平等や異人種混淆と結び付けて非難するが」党はそれらを支持していない、と。(39)

この演説は望んでいた効果を上げられなかった。リンカンは、一紙たりともそれを掲載し「人々の不安を鎮め」ようとしなかった、と不満を言った。「リンカンや彼の仲間が「南部の」権利を尊重するなどと言っているが、それはたわごとだ。我々の権利に関する彼らの解釈が我々自身の解釈と正反対なのを我々は知っている」と、ニューオリンズの新聞は書いた。リンカンはこれ以上演説をしないことに決めた。彼はこう考えた。演説をしても、得をするどころか「むしろ、大損をするだろう」。「連邦脱退主義者は、私が怯えきっていると基本的に信じているので、余計にやかましくがなりたてることだろう」と。リンカンは、南部人が彼の演説を冷静に読めば安心してくれるだろうと思い込んでいた。ところが、彼らは実際にそうして、怯えてしまったのだ。というのは、リンカンが、南部の奴隷制に干渉しないという保証を、奴隷制の道徳的非難や奴隷制の最終的消滅への期待と常に併置してきたからだった。多くの南部人は、リンカンが奴隷制廃止論者と同じく、奴隷制の長期的な存続を脅かすと考えていた[40]。

連邦脱退危機の間中、『イリノイ・ステート・ジャーナル』は、リンカンの見解を反映していると広く考えられていた好戦的な社説と彼自身が書いたと思しき社説を掲載した。サウスカロライナ州が連邦を脱退した十二月二十日、その新聞は「万難を排して、反乱を鎮圧しなければならないし、そうするつもりでもある」と警告した。また、社説はこう予言していた。内戦が起これば「奴隷制は完全に覆されるだろう」。というのは、奴隷は北部に逃亡し、主人に対して蜂起さえするからだ、と。新聞はリンカン政権が南部の奴隷制に干渉するつもりはなく、「黒人種と白人種の平等」を支持してもいないと述べた。だが、新聞はリンカンがシカゴ綱領を絶対視しており、妥協には全く関心を示していないと主張した。この大統領当選者は「天に誓い」を立て、法を擁護、執行するだろうと新聞は述べたが、リンカンは就任演説でこの表現を使った。イリノイ州の共和党国会議員ウィリアム・ケロッグは、ミズーリの妥協が定めた境界線を延長するなどといった妥協を提案したが、新聞は彼を非難した。「この男は奴隷制政治に魂を売ってしまった[41]」

リンカンが大統領に就任する二週間前、『ニューヨーク・タイムズ』は共和党が連邦脱退に対処する「一貫した方針」を持っていないと不満を述べた。だが実際には、危機の間中、リンカンは非常に一貫した態度をとっていた。彼は非本質的だと常に考えてきた問題では妥協したが、共和党を分裂させ、大統領就任以前に選挙の結果を否定する妥協はしなかった。一八六〇年十二月から六一年一月にかけて、リンカンは国会審議に力強く割って入り、自身が支持する妥協案と支持しない妥協案を明確にした。これまでの大統領当選者がそのようなことをしたことはなかった。国会が召集され妥協についての議論が始まった一週間後の十二月十日、リンカンは自身の見解をワシントンDC滞在中のライマン・トランブルに打ち明けた。「奴隷制拡大問題での妥協はあり得ない。妥協をしてしまえば、これまでの我々の骨折りは全て無駄になり、すぐに同じ骨折りを繰り返さなければならないだろう（中略）。決心を変えてはいけない。いつかは戦わねばならないのだとすれば、今こそがその時である」。その三日後、リンカンはこれと同じ指示をエリヒュー・B・ウォッシュバーンに書き送った。ウォッシュバーンはリンカンに、連邦脱退がすぐに起こりそうだという「差し迫った危険」だけでなく、妥協という問題に関して、スーアードが「あなた自身の見解」を正しく伝えていないことを警告してきていた。リンカンは、奴隷制拡大に関する限りいかなる妥協もあり得ないことを繰り返した。「その点については、鋼鉄製の鎖のように、志操堅固に徹せよ」と彼はウォッシュバーンに指示した。[42]

リンカンは、スーアードが上院委員会に提出した危機に関する決議案をまとめ、その案をスーアードの政治的盟友サーロウ・ウィードに預けた。十二月末、ウィードはスプリングフィールドにやって来て、リンカンに妥協をするよう求めていた。案は、連邦を「維持しなければならない」と確認するだけでなく、奴隷制から逃亡してきた奴隷の問題を徹底的に扱っていた。リンカンは、北部の個人的自由法の撤回だけでなく、「奴隷として引き渡される（中略）自由人」に対する「保護規定」付きで彼らを引き渡す、効果的な法案も要求した。リンカンは、この決議案が「大変役に立つ」だろうと、トランブルに述べた。「これらは準州問題には触れていない」とリンカンは指摘したが、だからこそ、彼も予想していたように、その決議案は国会での議論に全く影響を及ぼさなかった。[43]

リンカンが妥協に関する見解を再び示すことになったのは、ノースカロライナ州のジョン・A・ギルマー、ジョージア州のアレクサンダー・H・スティーブンズからの手紙に返事を書いたときだった。ギルマー、スティーブンズとも連邦脱退に強く反対していた（けれども、ジョージア州が連邦を脱退すると、スティーブンズは連合国副大統領になった）。ギルマーは、ワシントンDCの奴隷制廃止、州際奴隷取引の将来性、南部の奴隷制に対する連邦の干渉、連邦政府職の分配実施、「準州の奴隷制という厄介事」といった様々な問題に関するリンカンの見解を確認しようとしていた。リンカンの書いた返事はすぐに公のものとなったが、そこで彼はこう述べた。ギルマーは、私が「大統領選で示した見解を変更する」などと期待してはならない。だが、ギルマーが提出した問題については、一項目を除いて、南部人の見解も「取り入れる」と約束する。ただし、「準州問題に関して、私が見解を変えることは絶対にない」と。リンカンは、クーパー・ユニオン演説の要点を多少言い換えて、北部と南部の「唯一にして本質的な違い」を確認した。「あなたがた南部人は奴隷制が正しく、それを拡大すべきだと考えている。ところが、我々北部人は奴隷制が間違っており、それを拡大すべきではないと考えている」。その数日後、スティーブンズに宛てた手紙でも、リンカンはこの表現をそのまま繰り返した。むろん、両者とも国会議員だった昔日、リンカンはスティーブンズを手助けしていたし、この時点でもスティーブンズは、リンカンに演説し「我らが共通の国家」を救うよう求めていたのだった。[44]

上南部の連邦主義者は、クリッテンデン案が一月の国会にリンカンに提出された際、それを支持するよう求めた。元テネシー州知事ニール・S・ブラウンは、「南部全州」の世論がかき立てられているので、連邦を救うにはこの方法をとるしかない、と述べた。だが、リンカンは意見を変えなかった。彼は、クリッテンデン案をとるように迫るペンシルヴァニア州選出の共和党国会議員ジェイムズ・T・ヘールにこう説明した。連邦脱退という脅しをかけながら妥協を引き出そうとするのは、一種の恐喝にあたる、と。

我々は、人民に語った公約で、選挙に勝ったばかりだ。そして、我々はまだ公務に就いていないのに、選挙で打ち破った敵に降伏しなければ、政府が分裂してしまうのを知っている。我々が降伏すれば、我々と政府は一巻の終わりだ。我々が降伏すれば、敵は思いのままに更なる難題を持ち出してくるだろう。一年も経たずして、我々は敵を連邦に留めるために、キューバを占領しなければならないだろう。(45)

一八六一年二月一日、リンカンはスーアードからの長い手紙に返事を書いた。スーアードはリンカンが「譲歩か妥協を求めている南部境界州の連邦主義者」に返答することを願っていた。その手紙の初めで、リンカンは準州問題に関する見解が変わらないことを再確認した。この点で妥協すれば「我々は再び奴隷帝国への道をまっしぐらに行くことになる」。逃亡奴隷、ワシントンDCなどの問題に関しては、可決された法案が「完全に常軌を逸した」ものでない限り、「私はほぼ気にしない」。だが、リンカンは政策を大きく変更し、「奴隷制の拡大を抑止するならば」ニューメキシコ準州を奴隷州にする案を支持してもよいと述べた。スーアードはリンカンの手紙が妥協工作の継続を認めていると解釈した。だが、彼は、クリッテンデン案を好む南部人がリンカンの妥協に満足するはずがないことを理解していたので、その手紙を公開しなかった。ニューメキシコ案からは何も生じてこなかったが、二月、国会は奴隷制に関して何の規定もせずに、コロラド、ネブラスカ、ネバダという三つの新準州を創設した。この行為は、ダグラスの人民主権論を突然とったのではなく、一八六〇年の綱領にある共和党の共通認識、すなわち、連邦司法の影響下では奴隷制は違法だとする認識を受けてのものだった。[46]

二月十一日、リンカンはスプリングフィールドの近隣住民に感動的な別れの挨拶を行い、「ワシントン将軍の肩にかかっていたものよりも難しい仕事に取り掛かる」と言った。その後、彼は首都ワシントンDCへと鉄道で移動した。リンカンはあちこちと二〇〇〇マイルを移動し、インディアナポリス、コロンバス、オールバニー、トレントン、ハリスバーグといった州都や、大小を問わず様々な都市を訪れた。この移動には十二日かかり、その間、彼は百以上の即席演説を行った。通常、演説は熱狂した大観衆を前にして行われ、数十万の北部人は実物のリンカンと連邦脱退危機に関する彼の見解に初めて触れることになった。リンカンは南部人に、自身の政権が彼らと奴隷制を脅かすものではないと繰り返し主張しながら、南部に対して毅然たる態度をとるように要求している共和党員も満足させようとした。だが、全体として、彼の演説は妥協に向けてのよい予兆にはならなかった。いかなる理由があろうとも「私が連邦の解体に同意することはない」とリンカンは言った。彼は戦争が起こるだろうと脅しはしなかったが、戦争の可能性がないとも言わなかった。また、連合国が奪取した連邦財産を再奪取すること、あるいは、連邦法を施行することが「弾圧」にあたるとも彼は言わなかった。すでに、リンカンは戦争が勃発すれば連邦は加害者ではなく被害者になると考えるようになっていた。「他の存在から強制されない」限り、連邦政府が殺戮を開始することはないだろう、とリンカンは宣言した。[47]

リンカンの演説を聞いて、スーアードら妥協賛成派はうろたえた。というのは、彼らはその演説のニュアンスが好戦的すぎると考えたからだった。一方、演説を聞いた人々はリンカンの決意表明を熱狂的に受け入れた。民主党優勢のニュージャージー州議会で、リンカンが平和的解決を重視するものの「必要ならば、断固たる態度をとろう」と語った際、議員の大きな喝采が鳴り止まなかった。だが、リンカンの演説は、同じ頃ジェファソン・デーヴィスが行った演説ほど好戦的ではなかったことに注意しておくべきだろう。デーヴィスは、アラバマ州モンゴメリーでの連合国大統領就任宣誓に向かう道すがら、そのような演説を行っていた。北部人が近々「南部製の火薬の臭いを嗅ぎ、南部製の鋼鉄の硬さを知るだろう」とデーヴィスは警告した。(48)

ワシントンDCに向かっての遊説中、リンカンが奴隷制に直接言及したことはなかった。だが、ジョージ・ワシントンの誕生日に、リンカンは、独立宣言に署名がなされたフィラデルフィアの独立記念館で演説を行い、これまで頻繁に引用されてきた自身の信念を再披露した。独立宣言が人類の平等を認めているので、合衆国は「これほど長い間、団結することができた」。この平等思想は自由労働のエートスであり、「やがて、あらゆる人々の肩から重荷が取り除かれ、あらゆる人々が機会を平等に享受する」ことを約束している。この原則を放棄することでしか、流血なしに連邦脱退危機を解決できないのだとしても、自分はそうするつもりがない、と。(49)

リンカンが大統領に就任する三月四日が近づくにつれ、妥協賛成派は必死で解決策を模索した。二月いっぱい、ワシントンDCで、ヴァージニア州が召集した全米平和会議の参加者はその時点の状況を分析したが、得るところはほとんどなかった。議長の元大統領ジョン・タイラーが七十一歳だったように、会議に参加した多くの代表は高齢だった。それ故に、ホレス・グリーリーはその会議に「悪魔のように年老いた紳士連の会議」というあだ名をつけた。議論を通じて見えてきたのは、見解の一致はなさそうだということだった。後に連合国の国務長官に就任する、ヴァージニア州のジェイムズ・A・セドンは、北部人が「奴隷制の最終的消滅」を模索していると非難し、奴隷制が「キリスト教文明」を「肌の黒い野蛮人」にもたらす慈悲深い制度だと説明した。共和党から派遣された者のほとんどは、こうした議論がリンカンの大統領就任まで連邦脱退の動きを牽制できると願って、時間稼ぎをしていた。閉会間近の二月末、会議はクリッテンデン案を修正したものを採択した。採択案は一条項から成り、憲法に複数の修正を加え、合衆国が「今後獲得する領域」ではなく、その時点で合衆国に所属する準州だけに適用するものだった。だが、その案は上院で否決されたので、下院では審議されなかった。[50]

結局、こうした審議の実体的な成果は一つの憲法修正条項案だけだった。スーアードがその案を起草したが、それは連邦脱退を扱う下院審議会の委員長、オハイオ州のトマス・コーウィンにちなんでコーウィン修正案と呼ばれたものだった。この案は国会が南部の奴隷制を廃止できないとはっきり規定しているが、スーアードの原案と同じく、「奴隷」や「奴隷制」といった表現ではなく、「土着の制度」や「労働から逃れられない人々」といった婉曲表現を使用していた。オーウェン・ラヴジョイら共和党急進派は、ヴァージニア、メリーランド州といった南部境界州が連邦補助金と引き換えで奴隷解放に応じると予想したので、この案に反対した。だが、憲法修正第一三条案は、二月二十八日に下院で、その三日後に上院で、可決に必要な三分の二の承認を得た。[51]この案は国会が可決した唯一の妥協案だったが、連邦脱退危機を解決するには程遠いものだった。

一八六二年、デラウェア州選出の民主党上院議員ウィラード・ソールズベリは演説で共和党上院議員に「あなたがたがクリッテンデンの妥協案を採択しなかったから、戦争が起きたのだ」と非難した。共和党の国会議員はクリッテンデン案を、その修正版も含めて、あまり支持しなかった。ハイランド・

ホールはヴァーモント州共和党を代表して平和会議に参加したが、二月、彼はこう述べた。共和党の見解からすると、「リンカン氏がその案を望み、その望みを公表する場合」に限って、国会もその案を採択するだろうが、「彼が望まなかった場合、国会も採択しないだろう」と。[52]リンカンが平和会議で修正されたクリッテンデン案を支持したとの噂が流れたが、彼が公の場でそうしたことはなかった。後に、リンカンはカール・シュルツにこう語った。自分は「妥協問題を蒸し返したくなかったので」、三月四日の国会休会後、それを再召集して特別会期に持ち込むのを控えた、と。だが、クリッテンデン案を採択したところで、危機が収まったのかどうかは分からない。採択していたならば、上南部の連邦主義者の立場は有利になっただろうが、それでも、連邦を脱退していた七つの州は連邦に復帰しなかっただろう。それらの州が独立を主張する限り、何らかの軍事的衝突は不可避だっただろう。その後の出来事から分かったのは、以下のことだった。リンカンが大統領に就任した際、八つの奴隷州が連邦にとどまっていたが、そのうちの四つは、軍隊が連合国に出動するのを傍観するのではなく、たとえ連合国が先制攻撃をしたとしても、連邦を脱退しようとしていた。妥協をしたところで、こうした事実を変えることはできなかった。

3

リンカンの大統領就任を三日後に控えた三月一日、『ニューヨーク・タイムズ』はこう述べた。「我々は最も困難な転換点を通過したところだ。我々は遅れをとっている」。今こそ、リンカンは妥協案を公表しなければならない、と。『タイムズ』はスーアードの見解を反映していた。リンカンの就任までの数日間、スーアードは大統領就任演説の原稿に無数の修正を施した。スーアードが述べたように、そうした修正は全て、不必要に挑発的な言葉使いになっていると彼が考えたものを和らげ「民意を有める」ために施されたものだった。リンカンの原稿は驚くような表現で締めくくられていた。『平和をとるのか、それとも武器をとるのか』という厳粛な問題は、私ではなく、あなたがたの判断にかかっているのだ」。リンカンはスーアードの指摘を受けて、この表現を修正したが、多くの人々は書き直した決定稿も不必要なまでに挑発的だと思った。「不満足な同胞よ。内戦という重大問題は私ではなく、あなたがたの掌中にある」。リンカンはオーヴィル・H・ブラウニングの諫めを受けて、連邦を脱退した州が占領した連邦所有地を「取り戻す」と言った誓約を省き、そうした場所を連邦の支配下に「とどめる」とだけ約束した。(53)

一八六一年三月四日の澄み渡った肌寒い午後、五万人と推定される群衆は国会議事堂に押し寄せ、リンカンの就任演説を聞いた。その群衆は基本的にメリーランド、ヴァージニア州、ワシントンDCといった奴隷州の住民だった。記者が「澄んでいて力強い」と評した声で、リンカンは彼の政権が奴隷に対する所有権を脅かすのではないかと恐れる南部人を何とか宥めようとし、北部人と南部の連邦主義者、特に連邦を脱退していない八つの州の連邦主義者に国家の権威を擁護させようとした。(54)

演説の最初から、リンカンは既存の奴隷制に干渉する権利も意図もないことを繰り返した。彼は、拒絶されない限り郵便を配達し、紛争を引き起こす可能性がない限り連邦法を施行すると述べた。演説のほぼ終わりで、リンカンは奴隷制に対する連邦政府の干渉を永久に禁じる憲法修正案に注目し、その案は憲法に「暗示」されていたものを明示しただけのものなので、可決に反対しないと言った。リンカンら共和党員は州が主体となって奴隷制を廃止するはずだと常に考えており、修正案はそうした州の行為を禁じていなかった。にもかかわらず、これは些細な妥協ではなかった。長らく、共和党は憲法が奴隷に対する所有権をはっきりと認めているわけではないと主張してきた。修正案は「奴隷制」という表現の使用を慎んでいるものの、この原則に違反していたので、非常に多くの共和党員が可決に反対した。そのようなことを行えば「憲法が他人に対する所有権をはっきりと認めることになる」とある国会議員は言った。三月七日、リンカンは修正案をそれぞれの州に通達した。批准したのは三州だけだった。一八六一年五月にオハイオ州が、一八六二年にメリーランド、イリノイ州が批准した。一八六五年、ついに修正第一三条が憲法に追加されたが、それは奴隷制を永続化したのではなく、奴隷制を永久に廃止したのだった。[55]

こうした妥協を行ったにもかかわらず、多くの南部人はリンカンの就任演説が非妥協的だと考えたが、その理由は容易く理解できる。彼は、論争の中心問題だと思うものに関しては、やはり妥協をしなかったからだ。彼は、前年の十二月に書いたギルマー、スティーブンズへの手紙の言葉をほぼそのまま繰り返して、こう言った。「我々の国のある地域は奴隷制が正しく、それを拡大すべきだと信じているが、もう一方の地域は奴隷制が間違っており、それを拡大すべきではないと信じている。これこそが唯一にして本質的な対立点だ」と。リンカンは逃亡奴隷を取り戻す南部人の権利を尊重すると繰り返した。だが、彼は、逃亡奴隷法を修正して自由黒人が奴隷化されないようにすべきだと言っただけでなく、議会が憲法の要求を実行し、それぞれの州は他州民の公民権を尊重すべきだとまで言った。リンカンが暗に意味していたのは、自由黒人も礼譲条項に則って、公民として認められるべきだということだった。このような主張をして、〈ドレッド・スコット〉判決を否定した大統領はこれまでいなかった、と『リベレーター』は指摘した。実際、その演説で、リンカンは「全人民に影響する」重要問題に関する限り、アメリカ人は行政を判事の手に委ねるわけにはいかない、と続けた。彼はこうしたこと全てを最高裁長官トーニーの目の前で言った。トーニーは公職の宣誓を終えたばかりで、ある記者によれば、彼は「催眠術の被験者」のようだった。[56]

リンカンが行った一期目の就任演説は、連邦を脱退する権利を長々と否定し、国家主権と多数決原理を確認していた。彼は演説を準備するにあたって、ヘンリー・クレイが一八五〇年の妥協の際、上院で行った演説と、ブキャナン大統領が一八六〇年十二月に行った国会答弁を参照した。従って、こうした演説の言葉がリンカンの就任演説にも登場した。だが、就任演説に大きな影響を与えた二つの要素は、国家主義に関する一八三〇年代前半の古文書だった。一つは実施拒否に対するアンドルー・ジャクソンの否定、もう一つはサウスカロライナ州選出の上院議員ロバート・ヘインに対するダニエル・ウェブスターの回答だった。絶えず、北部の児童は学校でジャクソン、ウェブスターの議論を習い、一八五〇年代を通じて、共和党はそれらの議論を繰り返し主張してきたが、リンカンもそれらを参照して、こう主張した。州ではなく人民が国家を創設したので、国家は誕生時から永久に存在するものとされてきた。それ故に、州が一方的に国家を解体することはできない、と。聴衆は連邦維持の必要性に関するリンカンの発言を「盛大な拍手」で迎えた、とある新聞は書いた[57]。

リンカンはこうした議論が民主主義の基本原則を擁護しているとほのめかした。その原則とは、多数派の支配が憲法に則っている限り、少数派はそれに黙って従わねばならない、というものだった。奴隷制の道徳的側面を巡る国家の分裂は、民主的な手続き、例えば、自分を大統領に選出したような手続きによってのみ解決できる。対照的に、連邦脱退は違法なだけでなく、権力を際限なく分裂させてしまう。というのは、不満を抱く少数派が、抑圧的だと感じる政体からいつも離脱していくからだ。このような状況下では、いかなる政府も機能し得ない。その二〇年以上前に、駆け出しの議員だったリンカンは、「法律無視の傾向」がアメリカ的制度と自己統治というアメリカ的実験を最も激しく脅かしていると非難した。演説の続きで彼が非難したのは暴動だった。そして、リンカンが最後に非難したのは、州が連邦を脱退できるという主張だった。「連邦脱退案の核心にあるのが完全な無政府主義であることは明らかだ」と彼は述べた。
だが、リンカンはアメリカ人の愛国心にも訴えかけた。彼は、それがアメリカのいかなる場所にも増して、南部に根付いていると信じていた。国家は国体、理想の集合体であるだけでなく、分断できない物理的現実でもある。ここに至って、リンカンは難解な法律的議論を止め、日常生活の言葉で語りかけた。

物理的に言えば、我々は分離不可能だ。我々はある地域をもう片方の地域から切り離すことはできないし、両地域の間に通行不可能な壁を築くこともできない。夫婦は離婚し、片方が出ていき、連絡を取り合わないでもいられるだろう。だが、アメリカのそれぞれの地域はこのようにはいかない。

リンカンは和解を求める雄弁で演説を締めくくった。その箇所はスーアードの原稿から構成されていたが、両者が合作することで、単独で作成していたならば無機質なものになったはずのものが詩的な効果を帯びていた。

残念だが、そろそろ終わりにしなければならない。我々は敵ではなく、味方同士だ。敵同士であってはならない。感情にわだかまりがあったところで、我々の間にある情愛の絆まで断ち切られるわけではない。記憶を共有する神秘的な絆は、あらゆる戦場や愛国者の墓から、あらゆる現代人の心や団欒の場に至るまで、この広大な国の隅々まで根を下ろしている。従って、我々の心の奥底に眠る、より善き天使が再びその絆に触れれば、絆は連邦の合唱を完成させるだろう。そして、こうした事態は確実に起こるのだ。[58]

シドニー・ジョージ・フィッシャーの日記にはこうあった。この「素晴らしく美しい言葉」はあまりに感動的で、「それを紡ぎ出した人物もただ者ではない」と。[59]

奴隷制廃止論者の中には、リンカンが連邦脱退危機の真の原因に触れなかったと批判する者もいた。『ウィークリー・アングロアフリカン』はリンカンの言葉を引用して、「唯一にして本質的な対立点」が「奴隷制拡大問題だけ」でなく、奴隷制の存在自体でもあると述べた。だが、演説のおかげで共和党は一体感を取り戻した。さらには、上南部の連邦主義者や北部の民主党員、元ホイッグ党保守派も安心したようだ。一八六〇年にジョン・C・ベルを大統領に推したジャージー・シティーの新聞は、このような状況下で「リンカン氏以上に穏やかに演説するのはほぼ無理だった」と評した。ホワイトハウスに宛てられた一通の手紙によると、演説があまりにも喧嘩腰だと思った株式仲買人が一人いたものの、彼以外の反応はみな熱狂的だった、ということだ。[60]

だが、演説を聞いて分離主義者が連邦脱退を諦めてくれるとリンカンが信じていたならば、彼は結果にひどくがっかりすることになった。連合国支持者は、リンカンが連邦脱退の合法性を認めず、脱退した州によって奪われた連邦財産を管理し続けると言い張ったので、彼が武力衝突を決断したと考えた。リンカンが演説をした二日後、連合国国会は十万の兵士動員を認めた。アメリカ人は「戦争が不可避だという厳然たる事実に目を向けたほうがよい」と、ノースカロライナ州のある新聞は書いた。フレデリック・ダグラスはリンカンが「奴隷制に反対する」自身の個人的感情に全く触れなかった、と非難した。さらに、ダグラスはこう言った。リンカンは自身の意図が南部で誤解されてきたと不満を述べるが、本当に問題なのは「奴隷所有者が共和党の見解を理解」しすぎていることだ。分離主義者は、突然リンカンが奴隷制廃止宣言を発布するなどと思うほど愚かではないが、連邦政府に対する「奴隷制の支配力」がなくなってしまった「こと」を知っている。なぜなら、「多数派」が民主的政府を支配しなければならないとリンカンが主張したからだ、と。むろん、リンカンが言う多数派は極端に異常な多数派であり、一般投票総数の四〇パーセントを占めるだけだった。だが、彼の当選から分かったのは、自由州が団結し、連邦政治における自意識を持った多数派を形成したということだった。そして、ダグラスが指摘したように、連邦脱退の真の原因はここにあった。[61]

リンカンが大統領に就任した際、連合国に位置しながら、連邦の支配下にある要塞が四つあった。それらのうち、フロリダキーズ諸島のテイラー、ジェファソンは攻撃される危険がなかった。もう一つは、フロリダ州ペンサコーラ沖の島にあるピケンズだった。残る一つ、チャールストン港のサムターは連合国の沿岸砲台の射程距離にあった。しかも、一月のスター・オブ・ザ・ウェスト号事件と同じく、サムターに再補給をすれば、連合国が反応してくるのはほぼ確実だった。二月、就任演説の原稿の修正案を示した手紙で、オーヴィル・H・ブラウニングは、リンカンがどのような政策を公表しようとも、戦争は起こるかもしれないと述べていた。従って、「反逆者が侵略者になることがとても重要だ（中略）」。「まず、サムター［要塞］に補給し、増援すれば、サウスカロライナ州が攻撃してくるので、全国民は政府がそうした攻撃を撃退するのももっともなことだと思うだろう」

三月十五日の時点ですでに、『シカゴ・トリビューン』はこう提案していた。リンカンは「増援ではなく食糧を搭載した」船をサムターに送り、「この行為を公表」すべきだ。そうすれば「ジェファソン・デーヴィス氏は、アメリカ人の救援に向かう食糧船を砲撃するのか、その船に任務を容易く遂行させてやるのかを決定しなければならないだろう」と。一ヶ月間結論が出ず、最良の行動方針を巡って長官たちの意見も大きく割れたが、リンカンはこの方針をそのまま採用した。彼は、籠城中の軍隊に武器ではなく食糧と医薬品の人道的支援を行うと発表した。四月十二日、連邦政府の権力行使に黙って従う気のない連合国大統領は、サムターへの砲撃を命令した。かくして、南北戦争は始まった。

サムター要塞が降伏すると、リンカンは連邦脱退地域で「反乱」が起こったと宣言した。四月十五日、彼は反乱を鎮圧しようと、州に七万五〇〇〇の志願兵を募るよう求め、陸海正規軍の拡充を命令した。そして、彼は南部沿岸の海上封鎖を宣言し、数百万ドルの軍事支出を認め、フィラデルフィアからワシントンDCまでの鉄道線で人身保護令状を一時停止した。さらに、リンカンは西部に駐屯する連邦軍を東部に移動させたが、その結果、インディアン部族は孤立し、皮肉にも、数多くの連邦要塞を見捨てることになった。その軍はインディアンを、彼らの土地に侵入してくる白人から守っていたのだった。国会は一時休会していた（七月四日、リンカンはそれを特別会期に持ち込んだ）ので、これらの決定はアメリカ史上最も大胆に行政権を独裁したものだった。リンカンが、いわゆる大統領権限の濫用に反対する党の一員として政界入りをしていただけに、それらは二重の意味で注目すべきものだった。五月末までに、さらに四つの奴隷州、ヴァージニア、ノースカロライナ、テネシー、アーカンソー州が、同胞である南部人の抑圧に加担しないと決め、連邦を脱退した。(62)

リンカンが南部に戦争を開始するよう巧妙に立ち回ったにせよ、彼が戦争の可能性を見積もり、自身ではなくジェファソン・デーヴィスが戦争を開始しなければならない状況を作り出したにせよ、戦争は北部の民意をかき立てた。サムター要塞が攻撃されたので、北部人は、奴隷制廃止論者と多くの共和党員が長年主張してきた、自由社会と奴隷社会の明白な対立を鮮明に描き出すことができた。しばらくすると、北部で、戦争の方針を巡る深刻な分裂が起こったが、戦争開始後の数週間については、人々の間にほぼ完全な意見の一致があった。スティーブン・A・ダグラスもホワイトハウスに飛び込み、連邦支持を表明した。彼はイリノイ州に向かい、不時の死を遂げるほんの数週間前に、議会で演説し、全員一致で連邦に忠誠を尽くすよう求めた。イリノイ州クインシーの民主、共和党合同大衆集会は満場一致でブラウニングが起草した決議案を採択した。その決議案は「反乱の鎮圧、連邦の維持、反逆の非難など」をする行政府を「熱烈に支持する」と誓うものだった。フィラデルフィアのシドニー・ジョージ・フィッシャーは日記にこう書いた。「家の窓やホテル、商店から翻る国旗で通りが埋め尽くされている（中略）。公の場で連邦脱退を支持すると発言すれば、それは命がけの行為だ」と。一八四〇年代にホイッグ党国会議員を務めたエライアス・B・ホームズはニューヨーク州北部から、こう報告した。「十日前、こちらの人々の間には、意見の大きな隔たりがあった。今日では、それが一つにまとまっている（中略）。辺り一帯に眠っていた愛国心に火がついている」と。[63]

各種の宣言の中で、リンカンは「奴隷制」という言葉を使わなかったし、出兵に、法の執行を妨げる「反乱軍」を鎮圧する以外の目的があるとも言わなかった。サムター降伏の二日後、彼は七万五〇〇〇の志願兵を徴募したが、その際も、「最大限の注意」を払い、連邦脱退州の財産に一切「手を付け」ないとはっきり述べた。ギャレット・デーヴィスはケンタッキー州選出の上院議員で連邦主義者だったが、戦争開始から二週間後、リンカンは彼に、「直接的な手段であれ、間接的な手段であれ、州」の土着の制度に攻撃を加えるつもりはない、と請け合った。リンカンは、奴隷制を出兵の目的に定めると、上南部の全てが連邦を脱退し、北部人の団結も失われてしまうと信じていた。サムター事件の直後、ある新聞が書いたように、北部民主党は、「我々は黒人の自由や黒人奴隷制廃止のために戦っているのではない」と強調した。奴隷制反対論の根強いマサチューセッツ州ウェーランドでさえ、奴隷制廃止論者デーヴィッド・チャイルドが町民会に、奴隷も「連邦側で参戦」できるようにすべきだと言ったとき、聴衆はこの戦争の目的が国家統一にあると反論し、「黒んぼについてのことなど一言も聞きたがらなかった」。それまでと同じく、リンカンは民意の最大公約数を採り、今回のそれは連邦維持のための戦いだった[64]。

だが、戦争は予期せぬ結果を引き起こした。戦争開始後の最初の数週間でさえ、奴隷制反対論が愛国主義の文書に現れるようになり、その事態は共和党急進派に限ったことではなかった。リンカンの友人オーヴィル・ブラウニングは共和党保守派に属していたが、彼はリンカンにこう忠告した。「現在はまだその時ではないが、きみが南部に進軍させ、奴隷に自由を宣告しなければならない時代がやってくるだろう」と。一八六〇年にブレッキンリッジを支持し、リンカンの就任演説が「奴隷制への宣戦布告にほぼ等しいもの」と非難したオハイオ州の新聞は、リンカンに、「自由の国を奴隷取引所にしようとする邪悪な反逆者」を処罰するよう求めた。上院議員のジェイムズ・R・ドゥーリトルはウィスコンシン州からリンカンに、「人々が、奴隷制、連邦と憲法のどちらかが滅びねばならないと認めるとすれば」すぐに奴隷制を犠牲に供するだろう、と報告した。一方、連合国は奴隷に対する財産権をはっきりと擁護する憲法を制定した。連合国副大統領アレクサンダー・H・スティーブンズは奴隷制と黒人の劣等性を信じることが新国家の「基礎」だと言った。『ニューヨーク・タイムズ』のワシントンDC特派員は、「この戦争を引き起こしたものをそのまま放置しながら（中略）、それを終結」させようとすることに一体どういう意味があるのだ、と書いた[65]。

南北戦争の四〇年前、ミズーリ州を巡る議論が行われていた際、ジョン・クインシー・アダムズは注目に値する洞察力を働かせて、日記にこう書き留めていた。奴隷制を巡る南北間の対立は内戦を引き起こすだろう。内戦は「悲惨な」結末だが、それのおかげで必ず、「この大陸から奴隷制が根絶される」だろう、と。一八三六年と四二年に、連邦下院で彼は同じ見解を次のように繰り返した。内戦だろうと、奴隷戦争だろうと、外敵との戦争だろうと、仮に奴隷州が「戦場」になれば、「非常大権〔有事において大統領に与えられる権限が拡張されること〕」は、奴隷制を擁護しようと憲法内に「こわごわ建てられた」障壁の全てを打ち壊してしまうだろう、と。一八三六年、アダムズは奴隷解放の権限を国会に付与したが、その六年後、彼は陸軍総司令官が「占領地の全奴隷を解放する」権限を持っているとした。連邦脱退危機の間、下院で、オハイオ州選出のジョン・A・ビンガムはアダムズの演説の抜粋を音読した。

戦争開始直後から、共和党急進派と奴隷制廃止論者はリンカンにアダムズの言葉を思い出させようとした。サムター要塞が砲撃されたと聞くや否や、上院議員チャールズ・サムナーはホワイトハウスに駆け込み、リンカン大統領に「交戦状態において、奴隷を解放する権利は大統領にあった」と教えた。その数日後、ボストンでウェンデル・フィリップスが演説した。彼も長年、ウィリアム・ロイド・ギャリソンと同じく、連邦を解体し北部を奴隷制の影響から切り離すべきだと主張してきた。フィリップスは奴隷制廃止運動の同志に、「戦争を支持すれば、私の過去を放棄し（中略）、新たな政治的見解で新規まき直しをし、これまでの私の人生が間違いであったと認めることになる」と打ち明けた。だが、フィリップスはまさにこのことを行い、以下のように演説した。「今日、奴隷制廃止論者は一般市民、アメリカ人と同化してしまった」。この戦争は奴隷制を一掃し、史上初めて、自由労働の理想に基づいた国民性を共有する統一国家を生み出すだろう、と。フィリップスもジョン・クインシー・アダムズの洞察に言及した。「南部がサムター要塞を砲撃した際、アダムズの亡骸も棺の中で音を立てた（中略）。そのときがついにやって来た」。フィリップスは「これまでずっとリンカンの誠実さを信用してきた」とまで言ったので、フィリップスの過去の演説になじんでいた聴衆は驚いたにちがいない。[66]

フレデリック・ダグラスの心境にも大きな変化があった。一八六〇年八月に、彼は五〇年代後半の出来事のせいで、完全に「疑い深く憂鬱」になっていると書いていた。リンカンが当選しても、ダグラスの「絶望」は晴れなかった。長年、彼は黒人の海外植民に反対してきたが、連邦脱退危機の最中、その見解を修正した。一八六一年一月、ダグラスはジェイムズ・レッドパスからの招待を受け、ハイチを訪問しようとした。レッドパスは白人の奴隷制廃止論者で、ハイチ移住事務局の局長だった。ところが、サムター砲撃が起こり、土壇場になって、ダグラスはハイチ訪問を延期した。初めて、ダグラスの月刊誌に、「万人に自由を。しからずんば、万人に束縛の鎖を」という標語つきの、アメリカ国旗と自由の帽子〔フリジア帽と呼ばれる赤い帽子。元々は奴隷の象徴だったが、そこから転じて自由の象徴になった〕の版画が掲載された。彼はこう述べた。南北戦争は「合衆国の黒人の将来（中略）に関わる大革命」を予告している。「今は我々黒人がこの国を出ていくべき時ではない」と。その代わりに、ダグラスはアメリカに留まり、奴隷解放のために戦った。「火は水で対抗しなければならない。闇は光で対抗しなければならない。自由を破壊する戦争は奴隷制を破壊する戦争で対抗しなければならない[67]」

戦争開始後、黒人が経営していた『ウィークリー・アングロアフリカン』の社説掲載面にも、「解放、しからずんば、絶滅」という標語つきのアメリカ国旗の挿絵があった。その新聞はこう予言した。「この争いから自由が生じてくるだろう。その方法はまだはっきりとはしていないが」。さらに、「奴隷制に『屈し、縛られてきた』数百万の人々」がこの争いの「傍観者」にすぎないと考えるべきではない。むろん、リンカン政権はこの争いが「白人同士の戦争」だと考えているが、奴隷は「自分たちの望みを非常にはっきりと理解している」。「彼らが望んでいるのは自由だ」。奴隷も南北戦争の結果に貢献するだろう、と[68]。

リンカンは、連邦脱退が違法なので、脱退した州も依然連邦の一員であり、それらの州の法的権利も全く損なわれていないと信じていた。彼はブラウニング、ドゥーリトルの手紙を受け取って、こう言った。「北部人の中には、この瞬間の興奮に当惑、困惑している者もいるようだ。ドゥーリトルは戦争が奴隷制の完全廃止を引き起こすと考えたいようだ」と。一八六一年の春の段階で、そこまでの想定をするのは、ほぼ荒唐無稽なことだった。だが、リンカンが自身の奴隷制反対論の核になる問題で妥協をしなかったので、まず、戦争が起こった。戦争開始直後、『ナショナル・アンチスレイバリー・スタンダード』は、連邦軍が南部に侵攻すれば、奴隷制問題が「抽象物から具体的存在へとすぐに変化するだろう」と予言した。[69] リンカンは、自身の予想よりもはるかに早い段階で、南部独特の制度と、それをどのように最終的消滅に向かわせるのかという問題に対して政策決定をしなければならなかった。

第6章

「ケンタッキー州を死守せねばならない」
南部境界州への戦略

リンカンの就任演説の一週間後で、南北戦争の始まる一ヶ月前の一八六一年三月十一日、「黒人の少年」を載せたカヌーがサムター要塞にやって来た。彼は新大統領が奴隷を解放するつもりだという噂を耳にしていた。指令官は少年に、すぐにチャールストン市当局に向かうよう命令した。その翌日、四人の奴隷がフロリダ州のピケンズ要塞にやって来た。アダム・スレマー中尉によると、彼らは「我々が自分たち奴隷を保護し、解放するためにここに駐屯している」と考えていた、ということだった。スレマーは「彼らにそうではないことを教え」ようと、ペンサコーラ市警察署長のところに行くよう命令した（ペンサコーラはチャールストンと同じく、アメリカ連合国〔南北戦争時の南部連合側のこと〕の一部だった）[1]。

四月、南北戦争が勃発しても、軍の見解は変わらなかった。『ハーパーズ・ウィークリー』は「逃亡奴隷法が軍規には見当たらない」と指摘した。にもかかわらず、四月末までに、フロリダ州のおよそ三〇人の奴隷がピケンズ要塞に逃げ込み、最初の四人と同じ憂き目に遭っていた。四月から五月にかけて、連邦軍がメリーランド州を抜けてワシントンDCの防衛に向かう道すがら、数百人の奴隷が戦列に群がったり、機会に乗じてペンシルヴァニア州に逃亡しようとしたりした。南部境界州、連合国内にある飛び地の連邦軍司令官は、その地の白人住民の忠誠心を失わないように努めた。彼らは、配下の兵士に私有財産を尊重し逃亡奴隷を返還するよう厳しく命令した。さらに、彼らは、住民や奴隷制に「敵意」を抱いていないと請け合った。逃亡奴隷法は施行され続けていたのだ。戦争開始から一週間後、シカゴで、リンカンが任命した連邦保安官は逃亡奴隷を数人逮捕した。戦争開始から三ヶ月後、メリーランド州の新聞はこう指摘した。リンカンが奴隷所有者に返還した逃亡奴隷の数は、「ブキャナン氏が就任期間全体でそうした数」よりも大きい、と。[2]

当時の人々が奴隷の逃亡に驚かなかったのはほぼ確実だ。独立戦争と一八一二年戦争の際、数千の奴隷がイギリス軍に逃げ込んだ。カンザスの新聞が述べたように、リンカン政権の公約がどんなものであろうとも、奴隷は南北戦争が「機会の到来」、つまり、自由の幕開けだと考えていた。奴隷はこうした信念に基づいて行動を起こし、奴隷制問題を連邦の議題に乗せ、アメリカを奴隷解放へと導くのに貢献した。[3]

戦争開始から一年半後、『ニューヨーク・タイムズ』は戦争が多くの神話を打ち砕いたと述べた。南部人の宣伝工作とは違って、奴隷は「自由を熱心に望み」、「この戦争の争点」をはっきり理解し、「北部人の想像以上に」ずっと迅速で内密な、仲間内での情報伝達手段を持っていた。戦争が長引き、連邦軍が南部にますます深く侵攻するようになると、元々は少数にすぎなかった逃亡奴隷ものすごい数に膨れ上がった。一八六二年初め、メリーランド州議員は「あっという間に奴隷労働が消えてなくなったので、我々の土地は全く耕されていない」と不満を言った。海軍が南部の沿岸を巡察し、海上封鎖を実行しているときには、奴隷が海岸にやって来て、海軍の船に逃げ込もうとした。奴隷の中には、そうした望みを叶えた者もいた。一八六二年五月、連邦の小艦隊がサウスカロライナ州のストーノ川を遡っていたとき、乗組員は連合軍騎兵が奴隷の大群を追いかけているのを目撃した。奴隷は奥地に移住させられないよう逃げているところだった。連合軍を射撃し追い払った後、艦隊の司令官は七〇以上もの奴隷を乗船させた。彼は奴隷を海岸近くの安全な場所で降ろした。同月、個人の勇敢さに関する、南北戦争で最も有名なエピソードが繰り広げられた。ロバート・スモールズは連合軍艦船プランター号を操縦する奴隷だったが、彼は妻子と一二人の奴隷をその船に乗せ、チャールストン港から脱出し、連邦海軍に投降した。(4)

一八六四年までに、ほぼ四〇万の奴隷が連邦側に逃げ込んだ。そのずっと前に、奴隷の逃亡は南北戦争の両陣営に大きな影響を与えていた。ほとんどの奴隷は逃げる機会に恵まれていなかったが、そういう機会に恵まれた者が逃亡したせいで、逃亡できなかった奴隷は「落ち着かず、不満足」だった。奴隷の逃亡を恐れて、所有者は奴隷を戦線から遠く離れた南部の奥地に移住させた。それ故、連合国政府は、奴隷一二人と引き換えに成人男子一人を兵役免除にして、大農園の規律を強化しなければならなかった。これらの措置は奴隷制を混乱させ、南部白人社会に深刻な対立を引き起こした。ただし、こうした状況は連邦軍の規律も蝕んだ。兵士の中には命令に背いて、奴隷に逃亡を唆し「哀れな者どもを再び奴隷制の軛に繋ごう」としない者もいた。この表現はピケンズ要塞の司令官ハーヴィー・ブラウン大佐が使ったものだった。(5)

一八六一年末、『ニューヨーク・ヘラルド』は「連邦軍の野営地にいる、これらの（中略）黒人のせいでリンカン政権が」奴隷制問題を「考慮せざるを得なく」なっている、と説明した。連邦にとどまっている四つの境界奴隷州の戦略的重要性は、緊急にこの問題に対処すべき必要性を高めていた。実際、一八六一年に始まった奴隷の逃亡のほとんどが、この地域で起こっていた。リンカンは奴隷制の対策に乗り出し、自身が長年温めてきた案を援用することにした。これらの地域で、彼は段階的、補償付の奴隷解放案を推し進め、解放奴隷を国外に植民させることにした。未だに、ほとんどの共和党員と同じく、リンカンも奴隷解放に乗り出せば、南部境界州をどう扱うのかという問題にぶつかると考えていた。(6)

一八六六年、イリノイ州選出の国会議員アイザック・N・アーノルドはこう述べた。振り返ってみれば、なぜ当初、リンカン政権が奴隷制を無視しようとしたのかを理解するのは難しい。だが、アメリカ史全体を考慮すれば、「奴隷に対する主人の権利は特別な保証によって擁護され」、憲法にも明記され、ほとんどのアメリカ人によって合法的だとされていた、と。少なくとも南北戦争初期において、リンカンを始め、ほとんどの北部人は憲法に則って戦争を遂行したがった。しかも、当初リンカンが行った戦争目的の説明は奴隷制反対論を排除していた。リンカンは、連邦脱退が州ではなく個人の反乱だと信じ、こう主張した。連邦は未だ分裂しておらず、連邦を脱退した州も依然、憲法で認められた権利を享受している、と。リンカンは海上封鎖を宣言し、拘束した南部人を犯罪者ではなく捕虜として扱う決定をしたように、彼も連合国を交戦中の大国として認識していた。戦争開始後、多くの北部人はこう主張した。戦争法に則れば、連合国の奴隷制はもはや憲法による保護を享受できない、と。(7)

連邦を脱退した州の法的資格が何であれ、リンカンは、戦時に連邦がデラウェア、メリーランド、ケンタッキー、ミズーリ州の忠誠を維持しようとする試みを最大限重視した。むろん、憲法は依然これらの州に適用できた。これらの州には、二六〇万の白人と四二万の奴隷が住んでいて、この白人人口は連合国のそれの半分に少し足りていなかった。メリーランド、ケンタッキー州は多様な経済活動を行い、戦略上の要衝でもあったので、連邦の将来を特に大きく左右する存在だった。リンカンはこう冗談を言ったとされている。「神は我々の味方になってくださるだろうが、私としては、ケンタッキー州を死守せねばならない」と。戦争初期、彼は様々な措置を講じ、南部境界州に対する連邦の支配力を高めようとした。リンカンは、連邦脱退に反対する人々を、彼らの所属政党に拘らずに、官職に就けた。連邦軍がメリーランド州の大部分を占領すると、リンカンは迅速かつ効果的に分離主義を抑圧しようとした。彼は配下の兵士に連合国支持派を逮捕させ、有権者に忠誠宣誓を求めた。これらの措置のおかげもあって、連邦主義者は一八六一年六月の州議会選挙で勝利した。一方、リンカンはケンタッキー州に対して全く異なる政策を実行した。彼は、ケンタッキー州の「武装中立」宣言を無条件で認め、連邦軍がそこに侵入しないように取り計らった。リンカンの忍耐が報いられたのは、連合軍が一八六一年九月初めにケンタッキー州に侵入し、州議会が連邦に援軍を求めたときだった。リンカンは、奴隷解放を戦争目的にしてしまえば南部境界州が連邦を脱退してしまう、と信じていた。(8)

にもかかわらず、特に連合国が奴隷を軍隊に奉仕させるようになると、逃亡奴隷をどう扱うのかという問題は無視できなくなった。一八六一年五月二十三日、黒人三人がモンロー要塞に逃げ込んできた。その前日から、ベンジャミン・F・バトラー将軍がこの要塞を統率していた。モンローはヴァージニア州のジェイムズ川河口にあり、合衆国で最大の要塞の一つだった。また、その要塞は一六一九年オランダの船でやって来た二〇人の奴隷が上陸した場所の近くにあり、イギリス領北アメリカ植民地における奴隷制の始まりを象徴する場所でもあった。戦争が始まるまで、近くのノーフォークは流行の行楽地であり、毎晩、「陽気な散歩者」が要塞の胸壁に群がった。

三人の逃亡奴隷は、「カロライナ」に行き連合軍に奉仕するように命令されている、とバトラーに語った。バトラーは、他の奴隷がヴァージニア州で連合軍の要塞を建設していることを知った。彼自身も労働力の「大きな不足」に悩まされていたので、三人を返却しないことに決め、そのまま労働させた。すぐに、チャールズ・K・マロリー大佐の代理人が休戦旗を掲げて現れ、人的財産を返却するよう求めた。バトラーはこう返答した。逃亡奴隷法は「アメリカ国外には適用できないし、ヴァージニア州は自分たちがアメリカ国外にあると主張している」。だが、マロリーが合衆国に忠誠を誓うなら、三人を返却しよう、と。マロリーはこの申し出を断った。(9)

バトラーは逃亡奴隷を「戦時禁制品」と呼んだ。彼は国際法に則って、そう名付けたと主張したが、「戦時禁制品」という語は軍事目的で使用される物を指している。中立国はその物を戦争中のある国に輸出するが、敵対国は合法的にそれを差し押さえることができるのだ。女性や子供といったような、連合軍に奉仕していない奴隷も成人男性と一緒に逃亡してくるようになると、国際法を利用したバトラーの類推はさらに破綻した。にもかかわらず、彼は一つの新語を法律用語に付け加えたのだった。すぐに、戦時禁制品野営地、戦時禁制品学校、「戦時禁制品」の身分や将来に関する長々とした議論が生み出された。ボストンの共和党急進派エドワード・L・ピアスが述べたように、「もっと広範囲で高貴な含みを持つ見解ならば不愉快に思う」人々を始め、多くの北部人がバトラーの作戦を支持した。その作戦は奴隷制を激しく攻撃するものではなかった。バトラーは逃亡奴隷が財産だと認めていたが、奴隷の財産性自体を利用して、彼らが主人に奉仕しなくてもよいようにした。バトラーの作戦は連合国から労働力を奪い取るだけだったので、奴隷制廃止論者に大反対している『ニューヨーク・ヘラルド』もその作戦を肯定した。だが、『シカゴ・トリビューン』は「もし戦争が一年かそれ以上続くならば、『逃亡奴隷をどう扱えばいいのか?』という疑問が現代の大問題になるだろう」と予言した。[10]

バトラーは、奴隷制に関する新政策を率先して実行する人物だとは思われていなかった。彼はマサチューセッツ州の裕福な弁護士で、頑迷な民主党員だった。一八五九年、バトラーは知事選に出馬したが落選し、その翌年には、四人の大統領候補の中で最も親南部派のジョン・C・ブレッキンリッジに投票した。四月、バトラーはメリーランド州に進軍し、自身の軍隊が奴隷反乱の鎮圧に役立つと州知事に請け合った。にもかかわらず、バトラーがモンロー要塞でどう振る舞ったかについての噂は、すぐに、その地域の奴隷の間に広がった。五月二十七日、生後三ヶ月の幼児を含む四七人の逃亡奴隷は、黒人が「自由の要塞」と呼んでいる場所にやって来た。バトラーはできる限り多くの逃亡奴隷を労働させ、ワシントンDCのリンカンに指示を求めた。バトラーはこう言った。政治的かつ人道的問題として、私は逃亡奴隷を受け入れ続けるべきだろうか？「人道的観点から言えば、私は答えを知っている。政治的観点から言えば、私に判断する権利はない」と。このように、戦争開始後二ヶ月足らずで、逃亡奴隷の行動はリンカン政権に「政治的課題」を提供していたのだった(11)。

郵政長官モンゴメリー・ブレアは、南部生まれの連邦軍総司令官ウィンフィールド・スコットが戦時禁制品作戦を破棄したがっているとバトラーに報告した。ブレア自身は、その作戦を健康で丈夫な逃亡奴隷にだけ適用し、労働力にならない奴隷を連合国の金銭的負担にしておくべきだと感じていた。だが、リンカンはバトラーの作戦に賛成した。彼はその作戦が「バトラーの逃亡奴隷法」だと冗談めかして語ったが、「そのために」すぐに連邦軍は非常に多くの逃亡奴隷を「抱え込む」ことになるので、作戦をもっと念入りに考慮しなければならないとも言った。一八六一年五月三十日、状況の複雑さを表している読み難い手紙で、陸軍長官サイモン・キャメロンはバトラーに、作戦が「承認された」と報告した（ただし、キャメロンは誰が承認したのかについて正確には述べていなかった）。バトラーは奴隷を労働者として雇えるが、彼らの賃金と維持費を記録しておくべきだ。「最終的に」彼らを「どう処分するのか」は今後の閣議で決定される、とキャメロンは述べた。バトラーが女性や子供も保護すべきかどうかについては、その手紙は一切触れていなかった。そして、その後、何の告示もなかった。というのは、ブレアが説明したように、「この時点で下手に動いて責任を取らされたくない」からだった（予想通り、すぐに、新聞に閣議決定の報告が掲載された）。『ニューヨーク・ヘラルド』のワシントンDC特派員によると、リンカンは逃亡奴隷の問題をそれぞれの管区の司令官に一任したいと思っていた、ということだった。従って、逃亡奴隷を返還し続けた司令官もいれば、そうしなかった司令官もいた。

七月末までに、八五〇人以上の黒人がモンロー要塞に逃げ込んできた。「これらの人々は奴隷なのだろうか？　それとも、自由人なのだろうか？」とバトラーは思った。その時点では、すぐに結論が出そうになかった。その数ヶ月後、奴隷制廃止論者リディア・マリア・チャイルドはこう述べた。「私たちがどこに向かって漂流しているのか、私には分からない。でも、私たちは必ずどこかに流れ着く。それがどこだろうと、私たちの運命はこれらの（中略）『戦時禁制品』と分かち難く結び付いている」と。[12]

1

サムター要塞砲撃後の約三ヶ月間、リンカンと彼の行政府が事実上唯一の連邦政府だった。だが、一八六一年七月四日、リンカンが召集した国会の特別会期が始まると、彼は他の政治家と権力を分かち合わねばならなかった。リンカンが召集した政治家の多くはリンカンよりもはるかに国務に精通していたので、自分たちもリンカンと同じように北部の民意や国家の利害を反映し、軍略や政策を決定できると考えていた。連邦脱退のおかげで、共和党は両院でかなり優勢だった。大統領在職期間中ずっと、リンカンは共和党国会議員と出来る限り親密な協働関係を築き上げようとした。通常、リンカンは経済問題を議員に任せたが、大統領権限の範疇にあると自身が信じる問題、特に戦争指揮については、影響力を行使し続けようとした。しばらくして、彼は、国会ではなく自分が奴隷制問題を決定する権限を有していると信じるようになった。だが、国会もしぶとく、奴隷制を巡る国策を定めようとした。第三七次国会の特別会期とて、同じことだった。

リンカンは議員に長い教書を読み上げ、戦争開始以降の政策を説明し、連邦の大義を哲学的、法的に正当化した。彼は、政策の中には「厳密に合法的」とは言えないものもあったと認めたが、全ての政策が「公務上の必要性」から出たものだったと強調した。政策に批判的な議員に対しては、リンカンは鋭い問いかけを行った。「ある法律に違反したくないばかりに、それ以外の全ての法律を執行せず、政府自体を瓦解させられようか？」彼は、政策を遡及的に承認することを求めた。すぐに、このやり方はリンカンの戦時関連法案全てに利用されたが、国会は特に人身保護令状の一時停止を支持しなかった。だからといって、リンカンが必要に応じて令状を一時停止できないわけではなかった(13)。

リンカンの教書は就任演説の議論を繰り返しており、連邦の永続性や州に対する連邦の永続性、連邦脱退の違法性を扱っていた。リンカンは、元々独立国家だったテキサスを除いて、連邦を脱退した州が主権的存在だったためしはない、と主張した。彼はこの主権的存在を「政治的優越者を持たない政治共同体」だと説明したが、弁護士で政治評論家だったシドニー・フィリップ・フィッシャーは、この説明が「簡潔にして完全であり、政治学的考察に耐えうるものだ」と日記に書いた。多くの兵士だけでなく北部の新聞も、連邦維持のための奮闘が「世界中で自己統治の原則」を具現化している、と主張した。リンカンは戦争の意義を巡るこうした理解を力強く肯定した。

この問題に含まれているのは、この合衆国の運命だけではない。それは全人類に以下の問いを投げかけている。立憲共和国、すなわち、人民が人民自身を統治している民主主義国は、己自身の内に潜む敵を相手に、領土的統一性を維持できるのだろうか？

そして、リンカンは民主主義を自由労働のエートスと直接結び付けた。このエートスは有名なものだったが、就任演説で彼はそれに触れていなかった。民主主義は政治構造だけでなく経済的機会、社会正義の約束でもある。

これは基本的に人々の競争だ。連邦の立場からすれば、それは政治の形態、本質をこの世界で維持しようとする戦いだ。そして、政治の主な目的は、人間の存在条件を向上させること、万人の肩から人工的な重荷を取り除くこと、万人が立派に利益を追求できる道を切り開くこと、人生という競争において、万人に公平なスタートを切らせ、平等な機会を与えることだ。(14)

リンカンは自由労働を賞賛したが、これはその対概念、つまり、奴隷制を暗に批判していた。しかし、「奴隷州」という表現を除けば、国会での教書は、戦争の原因である奴隷制にも、結果として起こり得る奴隷制廃止にも全く触れていなかった。それどころか、リンカンは、戦争が終われば、連邦を脱退していた州も以前と変わらず憲法で保障された権利を享受できると約束した。フレデリック・ダグラスはこう不満を述べた。「合衆国に関する予備知識を持たずに、その教書を読んだ人は、我々が政府に対して起こされた奴隷の所有権を巡る戦争を行っているなどと(中略)夢にも思わないだろう(中略)。このように、我々は隠しておけないものからさえ目を背けようとするのだ」と。むろん、北部の多くの新聞は、まさにこの理由で、リンカンの教書を賞賛した。だが、『ハーパーズ・ウィークリー』は「奴隷制問題」と題した社説で国会議員に問題提起をした。それにはこう書かれていた。「この問題は、疑いなく、国会が取り組まなければならない最大の難問だ。」逃亡奴隷の処遇は個々の軍司令官に任せておくべきものではなく、政府が「統一見解」を打ち出さなければならない、と。(15)

だが、統一見解は得難いものだった。実際、五週間の会期で、国会は明らかに矛盾している法案を採択した。会期の五日目、オーウェン・ラヴジョイは下院に法案を提出した。その案は逃亡奴隷の逮捕、返還が連邦軍兵士の義務ではないとし、逃亡奴隷法の撤回を求めていた。それは審議延期になったが、その翌日、後半部の要求を削除して、下院は九三対五五でそれを可決した。共和党員のほぼ全員が賛成票を、民主党員と連邦主義者は反対票を投じた。その法案は上院で審議されず、制定には至らなかったが、こうした問題提起から分かったのは、多くの共和党員が逃亡奴隷を返還する軍司令官に不満を持っていた、ということだった[16]。

　七月二十一日、ブルランの戦い〔第一次ブルランの戦い。一八六一年七月二十一日にヴァージニア州マナッサス近郊で行われた南北戦争最初の大規模戦闘。南軍の大勝に終わった〕が起こった。この戦いは南北戦争初の主要な戦闘であり、連邦軍は大敗を喫した。その直後、両院は、戦争が行われているのは、憲法の優越を維持するためだけであり、「連邦を脱退した州の権利や既存の制度を廃止したり、干渉したりするため」ではないと確認する決議案を圧倒的多数で採択した。その決議案を下院に提出したのはケンタッキー州のジョン・J・クリッテンデンで、上院に提出したのはテネシー州のアンドルー・ジョンソンだった。ジョンソンは連邦脱退州選出の議員で、辞職をしなかった唯一の上院議員だった。リンカンもその案を支持し、それは七月二十二日に一一七対二で下院を、その三日後に三〇対五で上院を通過した。ジェイムズ・G・ブレーンによると、決議案は一八六一年半ばの「北部全体の民意」を正確に反映していた、ということだった。おそらく、そのために、ジェイムズ・アシュリー、ジョージ・W・ジュリアン、オーウェン・ラヴジョイ、サディアス・スティーヴンズ、チャールズ・サムナーといった共和党急進派の有力国会議員は、反対票を投じるのではなく棄権したのだろう（後に、アシュリーはこの決断が「我が人生で最も臆病な行為」だったと言った[17]）。

　特別会期は主に財政的、軍事的問題を扱うものだった。八月に国会が休会した際、『ハーパーズ・ウィークリー』は、「これから政府が奴隷制とどう関わっていくのか」という問題が「賛成多数で」

国会が再開する十二月に持ち越された、と述べた。しかし、七月から八月にかけてなされた議論から分かったのは、共和党が奴隷解放を戦争「目的」だと捉えていなかったにせよ、多くの党員は、結果的に奴隷を解放することになるだろうと信じていた、ということだった。カンザス州選出の上院議員ジェイムズ・H・レーンは、「自由の軍隊」が南部に突入すると「それは奴隷反乱を（中略）引き起こすだろう」と警告した。南部境界州の連邦主義者が驚いたことに、コネティカット州選出の上院議員ジェイムズ・ディクソンら多くの穏健派共和党員さえ、奴隷制が軍事的成功の妨げになるのなら「奴隷制を滅ぼしてしまえ」と述べた。インディアナ州の穏健派ヘンリー・S・レーンはこう言った。誰も奴隷制を廃止しようとは思わないが、「戦争の結果として」奴隷解放が起こるかもしれない。これ「こそが行政府の見解だ」と。ギャレット・デーヴィスは連邦主義者でケンタッキー州選出の上院議員だったので、自身が「常に奴隷制肯定論者だ」と言っていたが、そのデーヴィスさえリンカンにこう告げた。奴隷制を存続させるか連邦を維持するかという選択を迫られれば、自分は奴隷制を放棄するだろう。たとえ、そうすることで、「これ以後、我が故郷に一つの綿花さえ芽生えない」ことになったとしても、と。[18]

特にブルランでの大敗後、大量の有権者が国会議員に手紙を送りつけ、積極的な戦争支援を求めたが、こうした要求は北部の新聞にも掲載されていた。『ニューヨーク・タイムズ』のような穏健派の新聞さえ、戦争に勝つには奴隷解放が必要だとほのめかした。連合軍が「数千人単位で」奴隷を徴用しているという噂まで流れていた。特別会期が一時休止に近づくと、八月六日の国会は没収法を可決して、こうした圧力をやり過ごした。その法は民主党員と南部境界州の連邦主義者の反対を押し切って制定されたが、（奴隷を含めて）連合国の軍事目的で使用されている財産を没収するものであり、奴隷所有者がそのように徴用された奴隷に対する「所有権を喪失」すると規定していた。[19]

ジョン・J・クリッテンデンは「この法案は戦争に奴隷制廃止論の含みを持たせるものだと解釈されるだろう」と不平を言った。むろん、奴隷制廃止措置として、その法律の効果は極めて限定されたものだった。それは個々の奴隷を没収したが、奴隷制には全く影響を及ぼさなかった。また、それは、連合軍に徴用されていない連邦側の大量の奴隷について何も定義していなかった。原案は没収した奴隷が「奉公から免除される」、つまり、隷属身分から解放されたと定義したが、この条文は可決された法案には含まれなかった。むろん、その法の適用を受けた奴隷は自分が自由になったと考えた。だが、そうした奴隷の法的身分は曖昧だった。彼らはもはや主人に使役されることはなかったが、没収法は彼らを完全に解放したわけではなかった。

だが、こうした限界があったにせよ、没収法は連邦政府と奴隷制の関係における初期の転換点を象徴していた。その法は奴隷を動産ではなく「使役されている」人として扱った。奴隷以外の財産を没収するためには訴訟が必要だったが、主人、奴隷関係を破壊するのに訴訟は必要なかった。つまり、没収法は自動発効〔他の法的手続きを待たずに即座に有効性を持つこと〕できたのだった。さらに、それは連邦脱退州だけではなく、奴隷所有者が自身の奴隷を連合国に貸し出せば、連邦未脱退の南部境界州にも適用された。『ニューヨーク・タイムズ』によると、リンカンは、この法のせいで南部境界州が脱退する（そして、おそらく、デュー・プロセスによらないで財産を没収できない、所有者の死後に財産を没収できないと規定する憲法の禁止事項に違反する）のを恐れて、「渋々ながら」この法案に署名した、ということだった。だが、共和党国会議員のほぼ全員がこの法案に賛成票を投じたので、リンカンはそうせざるを得ないと感じていた[20]。

八月初めに国会が休会した際、行政府は未だ奴隷制に関する一貫した政策を持っていなかったが、むろん、リンカンはこうした状態を望んでいた。没収法の可決直後、陸軍省長官キャメロンは、大統領を代弁していると称して、バトラーにこう忠告した。軍は連邦にとどまっている州からの逃亡奴隷を引き留められないが、連合国の奴隷所有者の権利よりも「反乱によって生じた軍事的必要性を優先させ」なければならない、と。すでに、バトラー自身は逃亡奴隷を「自由身分で、再びに他人に所有されることのない」者として扱おうと決めていた。こうした解釈は没収法の字義を大幅に逸脱していた。しかし、八月初め、突然、リンカンはジョン・E・ウール将軍をモンロー要塞の司令官に任命し、バトラーをニューイングランドに派遣し軍隊を召集させた。バトラーは「黒人問題に対する自身の見解」のせいで、このように屈辱的な降格をさせられたと思い込んだ。実際のところは、バトラーが訓練不足の軍隊で連合軍の前哨地点を占領しようとして大敗北を喫していたために、そのような降格がなされたのだった。

ウールはバトラーの戦時禁制品作戦を引き継ぎ、男女を問わず、自軍が雇用した逃亡奴隷に賃金を払った。だが、それ以外の地の軍司令官は未だ逃亡奴隷が自軍に加わることをよしとせず、彼らを所有者に返還した。ウォード・ヒル・ラモンはイリノイ州出身でリンカンの昔からの友人だったので、リンカンは彼を連邦保安官に任命した。だが、彼は首都で逃亡奴隷法を施行し、その近くにあるヴァージニア、メリーランド州から逃亡してきた奴隷を投獄した。連邦財務官フランシス・E・スピナーは「これまでのところ、連邦軍は武装警察にすぎず、その職務は逃亡奴隷を逮捕して、反乱を起こしている所有者に返還することのようだ」と不平を述べた。スピナーはこう考えて自らを慰めた。「そのうち、これも丸く収まるだろう。この戦争の結果は一つしかあり得ない。それも時間の問題、どのようにその結果が達成されるかの問題でしかないのだ」と。(21)

2

個々の軍司令官に奴隷の対処法を判断させるのは、ワシントンＤＣの行政府がそうしなくていい点で好都合だった。だが、そのような決定にも何らかの政治声明が付き物だったので、予期せぬ事態が生じてきた。一八六一年八月末、そうした不都合が非常に明白なものになった。ミズーリ州の連邦軍を率いていたジョン・Ｃ・フレモントは命令で州に戒厳令を布告し、反乱者の略式処刑を認め、連合国が所有する財産を没収し、奴隷を解放した。五月に、フレモントはミズーリ州に派遣されており、その地を連邦軍の厳重な管理下に置いた。彼は、ミズーリ州が「混乱に陥っており、ほぼ全ての郡が反乱状態にある」とリンカンに報告した。フレモントは行政府がそれぞれの地域の司令官に自由裁量を与えていると思い込んでいた。だが、彼の命令は、逃亡奴隷にだけ適用されるバトラーの戦時禁制品作戦、先頃施行された軍事目的で使役される奴隷を対象にした没収法を大幅に逸脱していた。フレモントの作戦は連邦主義者の奴隷ではなく、反乱者の奴隷だけを解放するものだったが、それでも、南北戦争初の奴隷解放宣言だった。(22)

戦時に敵を弱体化させる手段として奴隷を解放する軍事的奴隷解放は、革新的な思いつきではなかった。十七世紀の時点ですでに、スペインは奴隷を所有する新大陸の強国に対抗する武器として、それを利用していた。独立戦争では、イギリスもそうしていた。第二次セミノール戦争では、連邦軍自体がセミノール族の黒人を解放した。彼らのほとんどはフロリダ準州から逃亡した奴隷で、連邦軍に降伏してきた。にもかかわらず、ケンタッキー州議会がその運命を連邦に託そうとしていた矢先にフレモントの宣言が発せられたので、南部境界州民は憤激した。リンカンの旧友ジョシュア・スピードはケンタッキー州の裕福な奴隷所有者だったので、リンカンの大統領当選に反対していたが、一八六一年には、州の連邦主義者をまとめるのに貢献した。スピードはリンカンにこう警告した。フレモントの宣言のせいで、南部境界州の奴隷が自身の自由を確信し、連邦党も完全に解体してしまうだろう。連合軍の奴隷を解放すれば、連邦主義者は自身の奴隷を支配できなくなる。「あなたが私の住む地域の奴隷を解放すれば必ず、私自身の奴隷も解放してしまう」。結局、奴隷はそれ以外のあらゆる財産と異なるのだ。「奴隷は移動力と自身を統御する頭脳を持った、この世で唯一の財産なのだ」と。彼以外の連邦主義者も大統領に懇願した。ロバート・アンダーソンはサムター要塞の前司令官だったが、彼はフレモントの命令がすぐに撤回されなければ「ケンタッキー州が連邦を脱退してしまう」と警告した。(23)

リンカンはケンタッキー州で生まれ、その州民と結婚し、イリノイ州でもケンタッキー州からの移住者と一緒に暮らしてきたので、その地の民意に多大な注意を払った。(彼を批判する者は、彼が「ケンタッキー州ひいきの大統領」だと非難した。)スピードの手紙を受け取る前ですら、リンカンは「譴責ではなく警告処分として」フレモントにその命令を修正するよう求めた。リンカンは彼が大統領の許可を得て連合軍兵士を処刑し(そうでなければ、敵は仕返しに、「捕虜の連邦軍兵士を間違いなく銃殺する」はずだった)、奴隷など財産に関する規定を改め没収法に従うことを希望した。フレモントがそうしなければ、「ケンタッキー州に対する我々の比較的明るい未来」は破壊されてしまう。フレモントはかなり頑固だったので、リンカンの要求を拒否した。彼は大統領が命令の修正をお望みなら、大統領自身がそうするがよかろうと返答した。フレモントはミズーリ州選出の上院議員トマス・ハート・ベントンの娘だった妻ジェシーを使いに出し、自身の主張を認めるよう願い出た。リンカンは彼女を冷淡にあしらった。ジェシーは奴隷を解放すれば大英帝国の支持を得られるが、そうしなければ、彼らは連合国を承認するだろうと強調したので、彼女の後の説明によれば、リンカンは彼女を「いっぱしの女性政治家」だと評したとのことだった。その翌日、リンカンはフレモントにその宣言を修正し、以前の要求に従うよう指示した。その六週間後、彼はフレモントを司令官から解任した。[24]

リンカンはフレモントの奴隷解放宣言が引き起こした熱狂に驚いたにちがいない。共和党急進派からすれば、その宣言は奴隷制に対する効果的な攻撃を象徴していた。また、それが反乱者を正当に処罰し、連合軍の戦闘力を弱める合法的な手段だと考える者もいた。メイン州選出の上院議員ウィリアム・P・フェセンデンは共和党穏健派だったが、彼はそれが「全米」の民意に「電撃的な影響」を与えたと述べた。ニューヨーク市警視総監ジェイムズ・ボーエンはこう書いた。「一般大衆がフレモントの行為を承認するのを見るのは素晴らしい。私は、民主党員だろうと共和党員だろうと、フレモントの見識にけちをつける人に会ったことがない」と。アイオワ州選出の上院議員ジェイムズ・W・グライムズは、ノースウェストの「あらゆる地域、党、性別、人種のあらゆる人々がそれを承認している」と報告した。オレスティーズ・ブラウンソンは哲学者、教育者で、戦前、奴隷制廃止論に激しく反対していたが、彼はこう述べた。フレモントは政府を奴隷制問題に直面させた。そして、その問題が「全論争の中心にあるのを（中略）皆が知っている」と。リンカン自身も後に表明したように、ブラウンソンは、長らくアメリカが「奴隷の嘆き」を無視してきたので、「全知の神」はこの戦争を起こされたのだろうと付け加えた。[25]

フレモントの宣言とその修正案のために、リンカンは大統領在任期のいかなる時期にも増して多くの手紙を受け取った。元々その宣言を歓迎していた一派を含めて、多くの民主党員はリンカンの行為を賞賛した。同じく、『ニューヨーク・タイムズ』もリンカンを賞賛したが、それでも、その新聞はフレモントの行為が「北部全域の民意と一致している」と認めた。リンカンの文通はこのことを証明していた。一八三〇年代、チャールズ・リードはリンカンと同じくホイッグ党の議員だったが、彼はリンカン大統領にこう知らせた。フレモントの宣言を修正したせいで、「あらゆる党や階級の人々が最大限の悲しみと驚きに包まれており、出征への志願をきっぱり拒否している人々までいる」と。多くの投書者は説得力のある議論でリンカンを批判した。デラウェア州からの手紙には、「我々が奴隷制政治と戦いながら（中略）、奴隷制を維持しようとしている限り、ヨーロッパがこの戦争を傍観しているのも当たり前だ」と書いてあった。[26]

リンカンがどの手紙を読んだのかは誰にも分からない。彼の秘書が大量の手紙を選別し、ごく一部だけをリンカンに回していたからだ。だが、ジョン・L・スクリップスが送って来た手紙はリンカンも注目したにちがいない。スクリップスは一八六〇年の大統領選用にリンカンの伝記を書き、先頃、シカゴの郵便局長に任命されていた。

「半分が奴隷制、もう半分が自由労働という状態では、この国は存続できない」。（中略）あなたには、人類史上最大の特権が与えられている。自由労働制度が成功するかどうかはあなたにかかっている。四〇〇〇万人の奴隷だけでなく、偉大なるアメリカ国民全員の運命（中略）があなたにかかっている。あなたはアメリカ史の偉人になり、未来永劫に名を残さなければいけない。そうでなければ、あなたは国民全体からの信任に値しなかった（中略）人物として後世に名を残すことになるだろう。[27]

これよりずっと前に行った文化団体演説で、リンカンは奴隷を解放して建国の父たちの業績を出し抜こうとする専制君主の出現を警告していた。だが、常に、リンカンは自身の足跡を歴史に刻もうとしていた。奴隷制を絶滅させて建国の父たちの任務を完了する以上に、そうした野心を満たす効果的な手段はあったのだろうか？

このような問題に対してリンカンがどのような見解を抱いていたにせよ、一八六一年九月の時点で、リンカンは戦争やケンタッキー州、文官による軍統率といった、もっと差し迫った問題に直面していた。フレモントを賞賛した手紙の中には、リンカンの友人で保守的なオーヴィル・H・ブラウニングから来たものもあった。その二五年前、イリノイ州議会で、ブラウニングは奴隷財産に対する所有者の「不可侵の」権利を擁護した決議案を書き上げており、リンカンはその案に異議を唱えていた。ところが、イリノイ州クインシーにある自宅から送ってきた手紙で、ブラウニングはこう述べた。「政府の真の友全員は」フレモントの宣言を「率直に肯定している（中略）。私の知る限り、そこに例外はない」。リンカンの行政府は「裏切り者や反逆者に対してあまりも温情」を示し過ぎてきた、と。リンカンはじっくりと長い返事を書き、自身の決定をこう正当化した。ブラウニングの手紙に「驚いている」。国会は没収法で奴隷制に反対する行動の範囲を定めた。将軍は軍事目的で使用される財産については、奴隷も含めて接収することができる。だが、「奴隷の恒久的状態を決定する」のは国会の役目だ（没収法では、そうした決定は不可能だ）。将軍、あるいは大統領が没収法を逸脱して、「奴隷解放宣言で財産に対する恒久的規則を定める」のならば、政府は「独裁」に陥ってしまうだろう、と。さらに、もっと現実的な意味では、リンカンが、フレモントの宣言を認めれば必ずケンタッキー州が連邦を脱退すると信じていたのも当然のことだった。リンカンはこう主張した。「ケンタッキー州を失えば、戦争にも敗れることだろう」。「ケンタッキー州が連邦を脱退すれば、ミズーリ、メリーランド州もそれに倣うだろう。これらの州まで敵に回せば、我々の任務は大きくなり過ぎ、遂行できなくなる」。だが、「ケンタッキー州が理由で」私は修正をしたのではない。奴隷解放は「政治」の問題で、将軍に政治的決定をさせるわけにはいかない、と。(28)

ブラウニングへの手紙で、リンカンは戦争と奴隷制の関係に対する、一八六一年晩夏の時点での見解を最も入念に説明した。だが、後には、彼の見解は変更されたのだった。手紙の締めくくりで、彼は自分にはできないことを表明した。それは、議会権力の裏付けがないにもかかわらず、「奴隷解放宣言」で奴隷に対する財産権を撤回することだった。このことから分かったのは、南北戦争開始から五ヶ月経った時点でも、リンカンはアメリカ人の大部分と同じく、奴隷制をどう扱うべきかに関する一貫した政策をまだ見つけていなかった、ということだった。

フレモントの宣言を巡る論争のせいで、大衆が奴隷制を議論するようになった。リンカンには三人の秘書がいたが、そのうちの一人ウィリアム・O・ストッダードはニューヨークの新聞にこう述べた。そうした論争は北部政治のあり方を作り変え、「軍刀での一撃で」政治を「永久に『保守派』と『急進派』という二つのグループに」切り分けた。当座のところ、リンカンが率いる保守派は「自分たちのやり方で」物事を押し進めている。だが、両派の分断は時折なされる白熱した表現ほどには絶対的なものではない。「ほとんどの場合」、それぞれの派閥とも「異なる手段で同じ目的」を達成しようとしているだけだからだ、と。(29)

にもかかわらず、両派の違いは重大なものだった。共和党急進派と奴隷制廃止論者は、その夏の間、行政府を直接的に批判しないようにしてきたが、リンカンがフレモントの宣言を修正したことを非難した。『ウィークリー・アングロアフリカン』は「非常大権はどこにあるのだろうか?」と問いかけた。こうした非難の中には、リンカンの大統領任期を通じて何度も起こってくる軽蔑的な内容を含むものもあった。ベンジャミン・F・ウェードはリンカンの「愚かさと強情」に触れ、こう主張した。リンカンは「ブルランで敗走した［将軍アーヴィン・］マグダウェル以上に（中略）連邦の大義を傷つけた」。(30)リンカンの行動は「『貧乏白人』として生まれ、奴隷州で育った人間だけがなし得るものだ」と。

数ヶ月間、奴隷制廃止論者は戦争に勝利しようとすれば奴隷を解放しなければならないと主張してきた。彼らは行政府と北部大衆を説得しようと運動に乗り出した。ボストンの人々は奴隷解放連盟を組織し、最も広く支持を集めそうな言葉で奴隷制廃止論の立場を説明した。奴隷制廃止論の編集者チャールズ・G・リーランドは「最近」、奴隷ではなく「自由労働と連邦のために奴隷解放を主張している」と書いた。多くの有権者が驚いたことに、国会の特別会期中、チャールズ・サムナーは奴隷制について何も語らなかったが、十月一日、マサチューセッツ州共和党大会の演説で、奴隷解放を求めた。

しかし、マサチューセッツ州でさえ、ほとんどの共和党員は大統領と絶交するつもりはなかった。共和党穏健派の新聞はサムナーの演説を非難し、大会の代表団も、連邦に忠誠を誓う奴隷所有者に対する補償付きで連邦側の奴隷を解放する決議案を否決した。だが、サムナーも彼の見解を支持する多くの手紙を受け取り、その中には共和党急進派以外の者からのものもあった。モンゴメリー・ブレアでさえサムナーの演説を賞賛した。「あなたの演説は気高く、美しく、模範的で、賢明なものだ。以前ならばそう思わなかっただろうが、今の私はあなたに賛成する」。いずれにせよ、大衆がこうした議論を行うようになり、その熱も冷めやらなかった。十月、かつてリンカンと一緒に国会議員を務めたリチャード・W・トンプソンは、インディアナ州からリンカンにこう報告した。「民意」は「奇妙な」状態になっており、「行政府の政策を憚ることなく調査し、議論している」。あなたほど「厳密で徹底的な吟味にさらされた」大統領はこれまでいなかった。あらゆる党派の人々が戦争を強く支持しているが、彼らは南部に対して「精力的な政策、断固たる即時行動」をとるように要求している。皮肉なことに、リンカンを最も強力に支持しているのはかつての敵で、「これまでのところ、共和党員が最も頻繁に不平を言っている」と。[31]

3

むろん、一八六一年秋、リンカンは奴隷制を真剣に考慮していた。ジョージ・バンクロフトは著名な歴史家でジェイムズ・K・ポーク元大統領の顧問団の一員だったが、十一月、彼は「神」が「社会から奴隷制を根絶する」手段として戦争を引き起こしたという自身の見解をリンカンに伝えた。リンカンは奴隷制問題を「失念したことがない」と返答した。彼は「完璧な注意力とできる限り最良の判断力をもって」その問題を取り扱うと約束した。(32)

実際、すでに、リンカンは小規模なデラウェア州を奴隷解放が最も成功しそうな場所だと考えていた。一八六〇年の州人口は、白人が九万五〇〇人（そのうち、五八七人だけが奴隷所有者だった）、自由黒人が一万九八〇〇人、奴隷が一八〇〇未満だった。奴隷人口のこの数さえ、かなりの誇張があった。というのは、デラウェア州は半自由という法的身分を認めており、この身分の奴隷は所有者が解放に同意しており、解放までの期間、年季奉公として使役されていたからだった。奴隷州の中で唯一、デラウェア州は奴隷を州外に売ることを禁じていたので、余剰労働力を深南部に売却できず、奴隷資産の価格が下落していた。その数ヶ月前、連邦上院で、デラウェア州選出の議員ジェイムズ・A・ベイヤードは奴隷制廃止が自州の繁栄に全く影響を及ぼさないだろうと語っていた。その上、州にはかなりの数のクエーカー教徒〔キリスト教の一派。平和主義、平等主義で知られる。奴隷制の時代において、南部の奴隷に最も同情的で彼らの逃亡を積極的に手助けしたのがクエーカー教徒だった〕が住んでおり、長年にわたって、州北部には、奴隷制反対論の伝統があった。一八四七年、州議会で、段階的奴隷解放案が一票差で否決された。一方、州は厳しい黒人取締まり法も制定していた。自由黒人は投票することも、法廷で証言することも、子供を公立学校に通わせることもできなかった。また、その法のせいで、自身の自由身分を証明できない黒人は全員奴隷身分になった。ベイヤードによると、州での奴隷制廃止を妨げている大きな要因は、それが「人種的平等」をもたらすのではないかという恐怖だった。[33]

一八六一年十一月初め、ホワイトハウスで、リンカンはジョージ・P・フィッシャーとベンジャミン・バートンに会った。フィッシャーはデラウェア州選出の唯一の下院議員で、バートンは二八人の奴隷を所有しており、この数は州で最大だった。両者とも熱心な連邦主義者だった。リンカンは彼らに段階的、補償付の奴隷解放を始めるよう迫り、連邦政府がその金銭補償をすると約束した。デラウェア州が始めれば、他の南部境界州もその動きに倣い、それらの州が連邦を脱退するだろうという連合国の期待を打ち砕き、「最も安価で人道的な」方法で戦争を終わらせることができるだろう。二人とも、そのような方法であればデラウェア州も喜んで奴隷制を廃止するだろう、とリンカンに語ったので、彼は州議会に提出できる二つの法案を作成した。一つ目の法案は五年間で段階的に奴隷を解放し、一八六七年で解放を終了させ、奴隷の子供を成人まで奉公させるものだった。二つ目の法案は三十五歳以上の奴隷を即時解放し、それ以外の奴隷の解放については、最長一八九三年まで引き延ばせるものだった。両法案とも、連邦政府が奴隷一人につき約四〇〇ドルを所有者に補償することを定め、解放間際にある奴隷を州外に売却することを禁じていた。長らく段階的奴隷解放を支持してきたリンカンは「よく考えると、二つ目の案が良さそうだ」と述べた。[34]

補償付の奴隷解放には、長い歴史があった。奴隷制廃止論者は「人は他人を所有できないという大原則」を反故にするそのような計画を批判したが、憲法修正第五条は連邦政府が私有財産を接収する場合、「公正な補償をする」ようにはっきりと定めていた。補償付の奴隷解放は、イギリス領西インド諸島やラテンアメリカのほとんどで実行されていた。アメリカ人がこの議論をしているのとほぼ同時期だった一八六二年初めに、オランダはカリブ海植民地での補償付の奴隷解放案を採択した。一八四九年、リンカンもワシントンDCの奴隷制廃止案を提出したが、そこにも補償の項目があった。

こうした案はいずれも、奴隷を財産として扱う、その地域の法律を尊重するという基本的特徴を持っていた[35]。

エリヒュー・バリットは「博識な鍛冶屋」で経験ある改革者だったが、一八五〇年代、クリーヴランドで、彼は補償付奴隷解放大会を組織した。それと似たような案のほとんどとは異なり、バリットの案は奴隷所有者だけでなく、少額ではあるが、解放奴隷にも金銭補償をしていた。バリットはこの計画を北部と南部境界州で広く講演し、リンカンが弁護士事務所共同経営者ウィリアム・ハーンドンと協働していたスプリングフィールドでも二度講演した。（リンカンがバリットに会ったり、彼の講演に出席したりしたことを示す記録は残っていない[36]。）

ダニエル・R・グッドローはノースカロライナ州出身の奴隷制廃止論者で、ワシントンDCで『ニューヨーク・タイムズ』の記者をしていたが、戦争が進行中の一八六一年八月、彼は小冊子を発行し連邦政府にこう迫った。政府は連邦に忠誠を誓う南部境界州に対して補償付の奴隷解放を提案せよ、と。『タイムズ』の編集者ヘンリー・J・レイモンドは無料でそれを印刷し頒布した。解放によって生み出される大量の自由黒人に対する白人の懸念を払拭するために、グッドローは解放奴隷が深南部に自発的に移住し、そこが彼らの「エルドラド」〔黄金郷のこと〕になると主張した。リンカンがこの小冊子を読んだのかどうかは分からないが、後に、彼は、国会がワシントンDCの奴隷制を廃止した後、奴隷所有者に金銭補償を割り当てる委員会の議長にグッドローを任命した[37]。

後の事態に比べると、奴隷制がもう三〇年続くと見ていたデラウェア州に対してリンカンが行った提案は、むろん用心深いものだった。だが、重要な戦闘がまだ起こっていない一八六一年十一月の時点では、その案は大胆な構想だった。これ以前に、大統領が連邦政府に奴隷制廃止を促進させたことはなかった。さらに、個々の奴隷を解放するだけでなく奴隷制を廃止しようとする点で、リンカンの案はバトラーの戦時禁制品作戦や没収法よりもはるかに先を行っていた。リンカンによれば、この案は州当局の行動に基づき、財産を接収すれば補償を行わなければならないので、法的に論破不可能だった。実際、案のおかげで、奴隷所有者は奴隷解放の敵ではなく味方になり、暴力や社会革命なしに奴隷制が廃止されることになった。

すぐに、リンカンはデラウェア州に対する提案を南部境界州全てに拡大したが、我々はその案が連合国の側面を攻撃しようとしただけのものだったと考えるべきではない。それは戦前の共和党の見解を継続しており、南部境界州の奴隷制を終焉させようとしていた。そして、解放奴隷の将来的身分に関しても、リンカンは戦前の見解に従っていた。一八六一年十一月、リンカンがフィッシャーにその案を提示した際には、彼は植民には触れなかった。だが、リンカンはイリノイ州選出の上院議員になっていたオーヴィル・H・ブラウニングに、「解放と一緒に」植民も「なされるべきだ」と語った。リンカンは次のことも良く分かっていた。ジョシュア・スピードがケンタッキー州から警告してきたように、南部境界州白人の民意は「黒人が解放後もこの地に留まること」を決して容認しない、と。「そのような見解に基づいて奴隷州に戦争を仕掛けるぐらいなら、北部で信教の自由や親が子に文字を教える権利を非難するほうがまだましだろう」とスピードは評した。(38)

フィッシャーは法案を準備した。彼は、デラウェア州の奴隷制が一八七二年に終了し、奴隷の子供は成人まで奉公しなければならないと定めたが、州の新聞で議論が湧き起った。奴隷解放反対派は解放奴隷が公民権を要求し、奴隷制廃止が「白人と黒人の平等」を引き起こすと警告した。フィッシャーはこういう非難をかわそうと、奴隷制廃止の後に起こるのは自由黒人や解放奴隷に平等を付与することではなく、彼らを植民させることだと主張した。だが、一八六二年二月までに、法案が可決できないことが明らかになっており、実際に、その案は州議会に提出されなかった。修正第一三条が憲法に採択される一八六五年十二月まで、デラウェア州の奴隷制は残存した（結局、奴隷所有者は金銭補償を得られなかった）。デラウェア州の結果は、南部境界州の奴隷所有者が自発的に奴隷を解放するというリンカンの期待が挫折する運命にあったことを早くも示していた。さらに、その結果から分かったのは、奴隷解放論者は、解放奴隷がどうなるのかという必然的な問題に説得力のある回答を用意しておかなければならない、ということだった。このため、再び、植民の可能性が注目されることになった。

長年、植民は南部境界州の段階的奴隷解放を推進する戦略に一枚噛んできた。ブレア家と彼らの支持者がその戦略を押し進め、彼らほどの熱意はなかったものの、リンカンもそれを支持していた。リンカンの顧問団には、エドワード・ベイツ、モンゴメリー・ブレア、ケーレブ・B・スミスという熱心な植民推進派が三人いた。リンカンは自身の行政の最初期から、植民の基礎固めの手段を模索した。戦争開始の一ヶ月前の一八六一年三月、グアテマラの牧師に任命されたエライシャ・クロスビーは任地に赴くにあたって、秘密の任務を受けていた。その任務は「フランシス・P・ブレア・シニアが着想し」リンカンも支持したもので、「多かれ少なかれ、連邦政府の保護下で」黒人を植民させる土地を確保せよ、というものだった。クロスビーはグアテマラ、ホンジュラスの大統領がこの計画を快く思っていないことを知った。彼らはなぜリンカン政権が自国の西方領土に黒人を住まわせないのかと尋ねてきたが、クロスビーは「この質問に答えるのは絶対的に難しい」と語った。四月十日、サムター要塞危機が最高潮に達していたときでさえ、リンカンはホワイトハウスでアンブローズ・W・トンプソンに面会した。トンプソンは、パナマ地峡のチリキ、後のニューグラナダ（今日のコロンビア共和国）の一部に数十万エーカーの土地を持っていると言っていた。彼はその地域が港と、植民させた黒人が掘る石炭鉱脈に恵まれているので、海軍基地に適していると褒めちぎった(40)。

戦争が始まると、ブレア家は植民開始を迫った。所有者に送り返すことも、根強い偏見のある北部に連行することもできない「戦時禁制品」が増えてくるにつれ、ブレア家もますます強く迫ってきた。彼らはモンロー要塞の逃亡奴隷を実験台にしたいと思った。一八六一年六月八日、モンゴメリー・ブレアは「もし最も賢い逃亡奴隷が家族と共に快適な土地に移住したいというのならば、私は彼らを直接ハイチに送り出したい」とバトラー将軍に手紙を書いた。リンカンもこれに賛成したようだ。七月八日、長らく植民を支持してきたブラウニングは日記でこう述べた。自分はホワイトハウスで大統領と「黒人問題」について話し合った。我々は共に、政府が逃亡奴隷を再び奴隷化すべきでないし、戦争後彼らを植民させるべきだと認めている、と。これとほぼ同時期に、ブレアはメキシコの代理公使マティアス・ロメロと連絡をとり、ユカタン半島に黒人植民地を建設できるかどうかを尋ねた。だが、先頃、メキシコは領土の三分の一を合衆国に割譲していたので、これ以上メキシコに侵略すれば、反米感情を抑えられなくなるとのことだった。(41)

チリキのほうが有望な選択肢だった。海軍長官ギデオン・ウェルズによると、リンカンはアンブローズ・W・トンプソンの案に「夢中」で、ウェルズにこの問題を考慮するよう迫った。ウェルズはこう返答した。海軍はチリキの石炭基地に興味がなく、「この問題には詐欺と不正」があり、黒人も石炭鉱夫になりたがらないだろう、と。リンカンはこれに挫けず、その案を内務長官ケーレブ・B・スミスに諮問した。一八六一年十月、リンカンはチリキにおける「石炭と様々な特権」を得る約定の締結権をスミスに与えた。スミスはその契約が連邦政府に利益をもたらすだけでなく、「この国から黒人を追放する」のにも役立つと期待していた。リンカンは妻メアリーの義兄ニニアン・エドワーズ、フランシス・P・ブレア・シニアにも、チリキ問題を検討するよう求めた。両者の返答とも好意的なものだった。エドワーズは主に、政府の石炭支出が節約できることに関心を寄せていたが、ブレアはこう熱弁をふるった。チリキはカリブ海のアメリカ帝国の「要」、「アフリカ人種」が「植民」すべき場所なので、「アメリカの制度全体を揺るがす存在を取り除いてくれる」ものだ、と。国会議員フィッシャーとの会見直後、リンカンは「チリキ石炭約定を（中略）締結して」もらいたいと、財務長官サルモン・P・チェースに告げた。だが、ウェルズが反対していたために、この計画は一時延期され、一八六二年に再検討されることになった。(42)

むろん、国会が再開された際も、依然、植民は奴隷制とその将来に関するリンカンの計画に含まれていた。一八六一年十二月三日の年次教書で、リンカンは、没収法が解放した奴隷、南部境界州が解放することにした奴隷、移住を希望する自由黒人を植民させるための資金を提供するよう国会議員に迫った。さらに、リンカンは、植民のための新領土獲得案を議論するよう議員に求めた。ワシントンDCの新聞は計画中の黒人植民地を「リンカニア」と呼ぶように提案した。リンカンはハイチ、リベリアを国家として承認することも求めたが、彼はこうすれば黒人がそれらの国に移住しやすくなると考えていたのだろう。（『ニューヨーク・ヘラルド』はそうした国家承認をすれば、「鞭で打たれた傷跡のある黒人」が大使としてワシントンDCにやって来ることになる、と反対した。(43)）

『ニューヨーク・タイムズ』のワシントンDC特派員はこう評した。全体として、リンカンの教書は「奴隷制に関してヘンリー・クレイが昔に提案した見解を、フランク・P・ブレア・ジュニアの計画と一緒にして」表明している。「大統領は植民を推進する現実な計画と一緒になっていなければ、奴隷解放案に決して賛成しないだろう」と。だが、『タイムズ』の社説はこう主張した。植民は完全に非現実的なものであり、アメリカはそれほど大量の労働力を手放す余裕もなく、奴隷制が廃止されれば両人種間の「完全に協調的な関係」も築き上げられる、と。だが、この新聞以外の共和党穏健派は教書の植民案を賞賛した。植民協会も大統領が植民案を支持していることに大喜びした。(44)

年次教書で、リンカンは奴隷制の将来を注意深く扱った。それ以前に、ジョン・J・クリッテンデンは彼に奴隷制を全く扱わないよう迫っていた。「奴隷制は国家の破滅を引き起こす話題なので」、それを議論「しないのが賢明だ」。リンカンは戦争の「最大の目標」が連邦の維持だと再確認した。自身が「急進的で極端な措置」を避けてきたと彼は国会議員に語った。にもかかわらず、教書は奴隷制と戦争に関するリンカンの見解を少々進化させていた。それは段階的奴隷解放に応じる州に補助金を与えるデラウェア州案に基づいていた。補助金は連邦政府に支払うべき「直接税」との相殺になる奇妙な形で交付されることになったので、『シカゴ・トリビューン』は、まるで「州が」奴隷を「貨幣として使用できる」かのようだ、と述べた。教書には、没収法の適用を受けた奴隷が「自由身分」であるという驚くべき発言もあった。この発言は没収法の曖昧な条文を逸脱したものだった。リンカンは国会が奴隷制に関する「新法」を可決するかもしれないと言ったが、実際に、彼は国会にそうするよう迫ったのだろう。また、リンカンは南部境界州の連邦主義の強さを賞賛したが、そうすることで、軽率にも、将来の政策に南部境界州民の感情を考慮するつもりがないことをほのめかしてしまったようだ。(45)

リンカンの年次教書への反応には、共和党の統一基盤だけでなく、奴隷制と戦争の関係を巡る分裂も際立っていた。共和党穏健派と保守派は大統領の判断力を褒め称えた。『ニューヨーク・タイムズ』は、包括的な奴隷解放案をとれば、戦争の遂行に不可欠な「民意の統一」が失われ、南部境界州も連邦を脱退し、連邦軍の半分が解隊されてしまうだろうと述べた。一方、驚くべきことではないが、奴隷制廃止論者と共和党急進派は教書に「ひどくがっかり」した。ウィリアム・ロイド・ギャリソンはこう評した。「明らかに」、リンカンには、「奴隷制反対論の血が一滴も流れていない」。「奴隷制を完全に消滅させることなしに戦争が終わることを思うと、私は震え上がってしまう」と。ライマン・トランブルは有権者から多くの手紙を受け取ったが、それらは教書に「スローガン」がないと不平を述べるものだった。ある人はこう書いていた。「この教書を書いたとき、リンカン氏は南部におもねっていたのだろう。もし奴隷制が残存したまま戦争が終わるのならば、自由の戦いは半分しか遂行されなかったことになる」と。(46)

共和党急進派は『シカゴ・トリビューン』のチャールズ・H・レイが陸軍長官サイモン・キャメロンの年次報告に関して「とてつもない大失敗」と呼んだものにもがっかりした。この報告は連邦軍に黒人を徴募するという極めて微妙な問題に関係していた。戦前、黒人は海軍で働いていたが、一七九二年の連邦法のせいで民兵になれず、法が規定していなかったにもかかわらず、慣習的に陸軍正規兵にもなれなかった。一八六一年を通じて、北部の自由黒人は兵役に志願したが、入隊を拒否されるだけだった。逃亡奴隷もこれと同じ目に遭った。戦争初期、モンロー要塞に逃げ込んできたヘンリー・ジャーヴィスは兵役を志願した。後に、彼はこう語った。バトラー将軍は「この戦争は黒人の戦争ではないと言った」。「一方、私は彼に、この戦争は終結までに黒人の戦争になっているだろう、と言った」と。憤慨したジャーヴィスはアフリカに移住した。その二年後、彼は帰国したが、連邦の政策が変更されていたので、連邦軍に入隊した。事実、連邦軍よりも早くに、連合軍は黒人兵士を召集していた。フランスの統治時代からずっと、ニューオリンズの自由黒人は民兵として軍務に就いてきた。一八六二年初め、市当局は黒人兵士を第一市民防衛隊に登録し、市の防衛に従事させた。(連邦軍がニューオリンズを占領すると、黒人兵士は連合軍には無理矢理入隊させられていたと言い、連邦への忠誠を誓った。)(47)

一八六一年九月、海軍長官ウェルズは「ボーイ」という最下級兵士として黒人を海軍に受け入れ始めたが、リンカンはこのことについて何も言わなかった。十月、キャメロンはT・W・シャーマン将軍がサウスカロライナ州シー諸島への遠征に適した黒人を「徴用」することを認めたが、リンカンは、そうするからといって「軍役のために黒人を包括的に武装させる」わけではないとの一文を付け足した。リンカンはキャメロンのそれ以外の言葉には手をつけなかったので、キャメロンの文言は必要に応じて黒人も武装させられることを暗示していた。だが、リンカンは南部境界州と陸軍それ自体が黒人の徴兵を認める政策にどう反応するのかを気にしていた。そのような悩みのないキャメロンは、自身の年次教書で、奴隷の解放と黒人の徴兵を勧めようとした。リンカンはキャメロンにそうした挑発的な表現を省くよう命じ、政府の検閲をかけて、キャメロンの原稿が表に出ないようにした。だが、リンカンがひどく困ったことに、陸軍長官の原稿は修正前のものも修正後のものも新聞に掲載された。一八六二年一月、リンカンはキャメロンを更迭し、陸軍長官としてはるかに有能だったエドウィン・M・スタントンを任命した。(48)

明らかに、共和党は奴隷制をどう扱うべきかについての共通認識を未だに持っていなかった。ジャスティン・S・モリルはヴァーモント州選出の下院議員で共和党穏健派だったが、彼は、奴隷解放に対する憲法に則ったためらいや疑念が奴隷制反対運動に対する大きな期待と併存していることを示唆した。モリルはこう述べた。「奴隷制がこの偉大な戦争で絶命することを祈念しているが、それは実現するだろう」。だが、国会は「ほどほどに急ぐ」べきだ、と。モリルは反乱者の奴隷に対する措置を肯定したが、たとえ金銭補償があっても、「連邦に忠誠を誓う人々」の奴隷を解放することは「野蛮で完全に実行不可能な計画」であり、憲法が定めている国会の権限をはるかに逸脱している、と考えた。しかも、奴隷解放をずさんに議論すれば、「これらのみじめで堕落したアフリカ人の感情」はかき立てられ、誰も予見できない結末になる。『ニューヨーク・タイムズ』のワシントンDC特派員はこう述べた。にもかかわらず、大統領を賞賛する穏健派さえ、「病気」(奴隷制)「を非常に急進的

なやり方で治療する」のを認めている。この事実は「必ず、行政府の政策に影響を与える」と。(49)

4

二月、ユリシーズ・S・グラントが指揮する連邦軍はテネシー州のヘンリー要塞、ドネルソン要塞を占領したが、これらの戦闘を除けば、一八六一年から六二年にかけての冬に、重要な軍事行動はほとんどなかった。だが、ますます多くの人々が奴隷制を議論するようになった。というのは、軍事的成果が思わしくないことに対するいらだちがあったり、奴隷制廃止論者が煽動を再開したりしたからだった。リンカンの秘書ジョン・ヘイは「一握りの熱心な空論家」が奴隷解放政策を求めて叫んでいるとからかった。だが、そうした空論家の奮闘は北部に影響を与え始めた。一八六二年初めまでに、奴隷制に反対する行動を求める数千の署名付きの請願書がホワイトハウスの執務室に積み上げられた。「熱狂的な奴隷制反対集会」がスミソニアン協会〔一八四六年に創設された学術研究機関。ワシントンDCなどに多数の博物館、研究所が存在する〕で開催された。一月三日、その協会で、ホレス・グリーリーが演説したが、リンカン自身もその演壇に座っていた。ある民主党員がうろたえたことに、グリーリーはそうした「奴隷制廃止論の講演」を即座に中止するよう求めた。依然として、奴隷制廃止論者はごく少数派だったが、次第に彼らは尊敬されるようになってきた。彼らの集会も共和党系の大新聞で大きく取り上げられるようにもなった。オレスティーズ・ブラウンソンは「恒久的自由国家」を樹立する唯一の方法として奴隷解放を求めた。彼は自身の戦前の見解を再考しながら、多くの人々をこう代弁した。奴隷制廃止論者が「政治的ご都合主義」をほとんど考慮していないと非難されてきたのはもっともなことだ。しかし、「彼らに反対する人々は、正義に関する政治的判断を軽視しすぎていると、彼ら以上に強く非難されるべきだ」と。(50)

この冬、ウェンデル・フィリップスは戦争と奴隷解放に関する約二〇〇の講演依頼を受けた。五万もの人々が彼の講演を聞いたのだろうが、それをはるかに上回る数の人々が新聞と小冊子で彼の文章を読んだ。フィリップスがクーパー・ユニオンで演説した際、人々は何時間も列に並び、会場に入れなかった人も大勢いた。ジョン・ヘイは奴隷制廃止論者に、「奴隷制肯定論者」と同程度の戦争責任があると見ていたが、その彼でさえこう述べた。一年前にフィリップスを非難していた人々が、彼を賞賛している。この事態は「革命における思想の進歩」を表している、と。再三にわたって、フィリップスは自身の要点を聴衆にたたき込んだ。戦争は奴隷制を廃止するだけでなく、「黒人と白人の区別がなく(中略)、万人に平等な主権を保証する」新国家を建設しなければならない。彼はリンカンが奴隷制に対して行動を起こそうとしないのを非難し、国会に主導権を握るよう求めた。一八六二年三月、フィリップスは人生で初めて、ワシントンDCでの講演を行った。チャールズ・サムナーによって上院に招かれたフィリップスは、副大統領ハムリンや多くの国会議員に見守られて国会議事堂で演説し、リンカンとも面会した。フレデリック・ダグラス、ウィリアム・ロイド・ギャリソンなどの奴隷制廃止論者も大聴衆を前に講演した。(51)

奴隷制廃止論者は民意に影響を与える運動を行い、過去の奴隷解放の結果を擁護した。『ハーパーズ・ウィークリー』が述べたように、彼らは、砂糖輸出の激減を引き起こしたので、イギリス領西インド諸島の奴隷解放が「失敗」だったという「広く知れ渡った見解」を反駁するのに特別な努力をした。奴隷制廃止論者はウィリアム・G・スーエルの『イギリス領西インド諸島における自由労働の試練』を出版した。当初『ニューヨーク・タイムズ』に掲載された一連の手紙だったこの本は、一八六一年に書籍の形で出版された。スーエルは大農園主の非効率な経営が奴隷解放後の経済問題を引き起こしたと非難し、「公正な状況下では」黒人、白人両方が「自由」から利益を得ていると主張した。ニューハンプシャー州のジョン・P・ヘールは、イギリス領カリブ海地域の解放奴隷が「勤勉で、満足し、裕福な農夫」になったと上院で請け合った。奴隷解放論者はサウスカロライナ州シー諸島も例に挙げた。約一万の奴隷は、主人が連邦海軍の進駐から逃げ出した後もその地に留まり、教育を受け、「働いて生計を立て」ねばならないことを理解していた。ジョン・マリー・フォーブズはそこを訪れ綿花栽培を再開できるかどうかを調査した。訪問後、彼は「黒人も他の人々を労働に駆り立てる利己心を持っている」ことを確信した(52)。

後に、ギデオン・ウェルズは「反乱のおかげで、あらゆる地域の奴隷制反対論が急速に強まり、政治家はそれに従って行動方針を練り上げた」と語った。奴隷制廃止論者や共和党急進派だけでなく共和党主流派も、奴隷制に対してもっと劇的な行動をとるように求めた。党のあらゆる派閥の人々はリンカンが慎重で優柔不断すぎると考えた。イリノイ州共和党の元議長ジェイムズ・C・コンクリングは、大統領が「全く責任をとらないつもりのようだ」と述べた。司法長官エドワード・ベイツでさえ、大統領が「意志や目的を持っていない」と思った(53)。

一八六一年十二月、国会が召集されたが、新聞、雑誌記者はそれが「大荒れの会期」になり、「奴隷問題が議論（中略）の中心」を占めると予想した。奴隷制に対する態度が変わってしまったことは、開会当初から明らかだった。会期の三日目、下院は同年の六月に提示されたクリッテンデン・ジョンソン決議案を再確認する動議を否決した。その決議案は奴隷制への干渉が戦争「目的」ではないと明言するものだった。共和党急進派は積極的な行動を求める運動を起こした。奴隷制「こそが戦争を引き起こした」ことを認めない人は「狂人」だと、『シカゴ・トリビューン』のワシントンDC特派員ホレス・ホワイトは述べた。カンザスのマーティン・F・コンウェイは合法性という「虚構」を鋭く批判した。行政府はそうした虚構に基づいて、政策を決定し続けていた。リンカンが連邦を脱退した州も依然連邦の一員であると主張するので、「我々は奴隷制に縛り付けられている」とコンウェイは言った。戦争の意味づけが変わらなければ、連邦が勝利したところで、「奴隷制政治」が以前と同じように優位に立つだろう。(54)

会期の前半、共和党急進派は直接、間接的に奴隷制に関わる多くの法案を提出した。マサチューセッツ州のトマス・エリオットは、リンカンに非常大権で反乱地域の奴隷を解放するよう求める決議案を提出した。ジョン・P・ヘールは既存の連邦最高裁を廃止し、新しいものを作るように要求した。オーウェン・ラヴジョイは黒人を連邦軍に登録することを支持した。首都ワシントンDCでの奴隷制廃止、逃亡奴隷法の撤回、連合側の奴隷の没収と解放を求める案も提出された。十二月初めに没収法案を提出したライマン・トランブルは、それに賛成する手紙を多数受け取った。イリノイ州南端のケアロから来た手紙には、こう書かれていた。「正直に言って、今日の政治家よりも一般大衆のほうが、はるかに積極的にこの反乱を鎮圧する方策をとろうとしている」と。十二月を通して、議論は続いた。『ニューヨーク・ヘラルド』は国会議員が「日夜、貴重な時間を黒人に関する不毛な議論に無駄遣いするのではなく」戦争法案に傾注すべきだと主張した。(55)

論争点の中には、首都ワシントンDCに逃げ込んだ奴隷の位置付けに関するものもあった。警察署長ウォード・ヒル・ラモンは主人に返還すべき約六〇人の奴隷を首都の監獄に収容していたが、この監獄の状態に関する不満が湧き起った。国務長官スーアードはワシントンDCの市当局、軍当局にこう語った。自分はリンカンの指示に従う。「肌の色だけに基づいて」逃亡奴隷を逮捕すべきではない。連合軍に使役された人は誰でも、没収法での保護に値する、と。その後、厄介な権力闘争が起こった。上院が視察に乗り出したが、ラモンは上院議員が監獄に立ち入ろうとすれば、ラモン自身の許可を得なければならないと命じた。議員は全員一致の評決で、警察署長が「合法的な権力を無視している」

とした。彼らがラモンに逃亡奴隷に関する政策を弁明するよう求めると、リンカンはラモンが「当地の伝統的で一貫した習慣に」従っているという曖昧な返答を書いてやった。リンカンはこの状況が行政府と、多くの奴隷が逃亡してしまうメリーランド州の関係を不必要に混乱させていると思っていたのだろう。（ワシントンDCの法律では、自由黒人は自由身分の証明書を持っていなければ逮捕され、外出する奴隷も所有者が出す許可証を携行していなければならなかった。）その結果、国会議員は相当に憤慨した。上院議員ジェイムズ・W・グライムズは入獄許可をラモンから得られなかったので、彼を「イリノイ州からここに連れてこられ、この地の七万人の住民に押し付けられた異邦の太守」だと評した[56]。

一八六二年の冬から春まで、奴隷制反対法案の審議が続いた。国会で黒人と白人が熱心に傍聴し、広く報道された長期間の討議のおかげで、北部の大衆は奴隷制と反乱の関係を知った。民主党員は戦争を頑強に支持する一派も含めて、共和党の見解にぞっとした。リンカンは多くの民主党員を重要な軍務に任命したが、その中の一人ジョン・A・ディックス将軍は「今すぐに、この国の保守派は国会で意見を言わなければならない」と述べた。南部境界州の連邦主義者も、共和党がはっきりと奴隷制に反対することにますます驚くようになった。国会が奴隷制に干渉する権限を持っていないのは、「公教育制度などの州制度に干渉する権限を持っていないのと同じだ」と彼らは主張した。オーガスタス・W・ブラッドフォードはメリーランド州知事で連邦主義者だったが、彼は奴隷制廃止論が「反逆罪」に等しいと言った[57]。

こうした討議のために、共和党の主流派も分裂した。党主流派だった穏健派は、いわゆる急進派の「狂信」を嘆いた。メイン州のウィリアム・P・フェセンデンは、自身が完全に正義を代弁していると考えている「紳士が議員席にいる」と、苛立ちながら言った。ウィスコンシン州選出の上院議員ティモシー・O・ハウは連邦軍大佐の甥にこう助言した。はっきりしているのは、変化が時代の趨勢だということだ。「いかなる法案にも固執すべきでない。いかなる政策にも固執すべきでない。いかなる綱領にも固執すべきでない。政府の土台こそが壊れかかっている（中略）。どんな政策や綱領もこの嵐をやり過ごせない」と。(58)

リンカンは戦争が流動的で予測不可能な状況を生み出していることを理解していたので、民意との接触を保とうとした。彼は新聞、ホワイトハウスに寄せられる手紙を読み、自身に仕える数多くの個人や代表団に民意についての質問をした。リンカンは自身の政策に対する共和党急進派の批判に憤り、「国会のジャコバン主義」〔政治的急進主義のこと。もともとはフランス革命時の革命政府の過激派を形容した言葉〕と言うことさえあった。だが、彼はできる限り党の分裂を避けようとした。「万人のための正義」という標語を信奉するリンカンは官職任命権を利用して、新しいがゆえに未だ脆弱な共和党の連帯を強化しようとした。彼は外国の奴隷制反対論に訴えかけることが連邦の大義にとって重要であるのを理解していたので、政治経験の豊富な共和党急進派や奴隷制廃止論者を外務に当たらせた。ゼビナ・イーストマンはイリノイ州の最有力奴隷制廃止論者だったが、リンカンはイーストマン「こそがイギリス人の同情を引き出せる人物だ」と国務長官スーアードに語った。スーアードはイーストマンをブリストル領事に任命した。共和党急進派は以下のような官職に任命された。ジョシュア・R・ギディングズはカナダ総領事に、ウィリアム・スレードはニース領事に、チャールズ・フランシス・アダムズはイギリス大使に、カール・シュルツはスペイン大使に、カッシアス・M・クレイはロシア公使に、ジョージ・G・フォッグはスイス弁理公使に、アンソン・バーリンゲームは中国公使に任命された。(59)

リンカンは大量のホワイトハウス訪問者との会見を利用し、様々な見解を客観的に聞こうとしたようだ。ほとんどの訪問者はどのような政治的見解を持っていようと、ホワイトハウスを去る際には、リンカンが自分の味方だと確信していた。ジョージ・バンクロフトはこう記した。一八六一年十二月初めに会見した際、リンカンは「奴隷制が」すでに「致命傷を負っている」と語っていた、と。一月、奴隷制廃止論者モンキュア・D・コンウェイと上院付き牧師W・H・チャニングは、リンカンに補償付奴隷解放を推進するよう要求した。その四年後、コンウェイはこう語った。リンカンは「奴隷制を扱うべき時がくれば、喜んで行動に移そう」と言った、と。ヘンリー・D・ベーコンは銀行家、鉄道事業者で、コンウェイよりもはるかに保守的だったが、彼もリンカンとの会見後、「反乱者が所有する奴隷の処遇について、リンカンは自分と全く同じことを考えている」と述べた。リンカンに奴隷制反対行動をとるように迫った代表団の一人は、リンカンが「長々と無駄話」しかしないこともあった、と語った。リンカンのお気に入りの話は次のようなものだった。イリノイ州を旅する一団がずっと先にある川をどう渡るべきかについて、何時間も議論している。そして、ついに、一人が「川を渡るためには、まずそのほとりに立たなければいけない」と言うことになる。(60)

行政府に対する白熱した批判があった（一八六二年一月にフレデリック・ダグラスが書いた最も重要な社説のタイトルは「奴隷制政治は未だワシントンDCに絶大な影響力を持っている」だった）にもかかわらず、奴隷制廃止論の主要紙はリンカンがさらなる奴隷制反対行動を「とろうをしている」と認めた。その一つの表れは、行政府がアフリカとの違法な奴隷取引の取り締まりを再強化したことだった。大統領に就任するとすぐに、リンカンは内務長官スミスに奴隷取引に関する連邦法を施行させた。ブキャナン政権はその法律の施行を強化していたが、ブキャナン以前の歴代大統領は基本的にそれを無視していた。一八六二年二月、リンカンは共和党所属のニューヨーク州知事からのものも含めた、寛大な措置を求める多数の嘆願書を無視して、ナサニエル・ゴードン船長の死刑執行に干渉しようとしなかった。船長は違法な奴隷取引に従事しており、約九〇〇人の奴隷を載せた彼の船は西アフリカ沖で連邦海軍船に拿捕されていた。リンカン当選の一週間後、ニューヨーク州の陪審はゴードンに国際奴隷取引罪を宣告したが、この犯罪は法的には海賊行為に匹敵し、死刑に値するものだった。ゴードンは奴隷取引業者として絞首刑になった、最初で最後のアメリカ人だった。(一八五七年、ブキャナン大統領は、ゴードン以前に同じ罪で死刑宣告された唯一人の男に恩赦を認めた。)同時に、国務長官スーアードはイギリスと新しい条約を締結し、奴隷取引禁止法の施行を強化した。この条約はアメリカが奴隷取引業者を裁く国際法廷に参加することを規定したが、従来のアメリカはこの法廷に出席しようとしなかったのだった。また、条約により、イギリス海軍は初めて、アメリカ国旗を掲げている船を停止させ、捜索できるようになったが、従来のアメリカ人はこうした行為に憤慨した。実際、その五〇年前、こうした行為が原因にもなって、一八一二年戦争が起こったのだった。リンカンは奴隷制に反対する強い主張を、これらの行動に込めていた。リンカンの「性格を最も如実に示している」のはゴードンを絞首刑にしたことだ、と『ウィークリー・アングロアフリカン』は述べた。[61]

リンカンと国会は連邦側に逃げ込んだ奴隷の身分に関しても合意をした。一八六二年一月、『ニューヨーク・トリビューン』、『シカゴ・トリビューン』のワシントンDC特派員はリンカンの見解を報告した。政府は逃亡奴隷を返還する必要がないし、いずれにせよ、民意は政府が奴隷を返還するのを認めない。にもかかわらず、この問題には一貫した政策が欠けていた。『ハーパーズ・ウィークリー』はこう述べた。「様々な将軍の気まぐれや偏見に任せてきて」、結局、この問題は解決できなかった。「現在では、公認された身分のないまま連邦軍のそばをうろつく人々が、数千ではなく数百万もいるのだ」と。逃亡奴隷を返還しようとしない司令官もいれば、依然、奴隷を所有者に返還し続ける司令官もいた。ミズーリ州でフレモントの職を引き継いだヘンリー・ハレク少将は、逃亡奴隷法が依然法律書に掲載されており、その法を改正するのは陸軍ではなく国会の責任だと述べた。[62]

一八六二年二月、下院軍事委員会のフランシス・P・ブレア・ジュニアは陸海軍条令〔陸海軍の軍規を定めた法律〕の新条項を提出した。その条項によると、陸海軍の士官が逃亡奴隷を返還してはならず、違反した場合には軍法会議にかける、ということだった。共和党員のほぼ全員が賛成する形で、国会はそれを承認したので、一八六二年三月十三日、リンカンはそれに署名した。新条項はこの会期で最初の重要な奴隷制反対法案であり、逃亡奴隷に関する一貫した政策を初めて打ち立て、軍と奴隷制の関係を根本から変えるものだった。実際のところ、その条項は逃亡奴隷法を否定していたが、一八六四年になるまで、逃亡奴隷法は撤回されなかった。条項によると、逃亡奴隷の所有者が連邦に忠誠を誓っていようといなかろうと、奴隷が連邦の州に逃げ込もうと連合の州に逃げ込もうと、そうした事態はその適用に一切関係がない、とのことだった。条項のおかげで、奴隷が実際に解放されることはなかったが、連邦軍がミシシッピ渓谷で支配を広げるにつれて、軍が逃亡奴隷の安全な避難所になった。条項は連邦軍が保護した逃亡奴隷の所有者に補償をせず、奴隷に対する財産権が尊重されなくなってきたことも明らかにしていた。トランブルはこう言った。今後、士官は逃亡奴隷を「財産」としてではなく、「彼がこの国で出会う白人」と全く同じ「人」として扱わねばならない、と。(63)

5

リンカンは軍務や、一八六二年二月二十日に亡くなった幼い息子ウィリーの長患いに忙殺されていたが、南部境界州での補償付奴隷解放案を推進し続けた。一八六一年十一月末、リンカンは「一ヶ月か一ヶ月半で我々全員が」奴隷制問題に関して「合意できる」とチャールズ・サムナーに語っていた。その一ヶ月後、サムナーはリンカンからこう警告されたと言った。連邦政府が連邦を脱退していない南部境界州の奴隷を買い取るという「予備法案」を待て、と。三月六日、リンカンはこの法案を国会に提出した。

リンカンは国会に、段階的奴隷制廃止案を制定する州に金銭補償をするという共同決議案を採択するよう求めた。彼はこう論じた。依然、連合国は南部境界州が自分たちに味方してくれると期待しているので、そのような法案は連邦維持に貢献するだろう。奴隷解放案を採択することで「連合国からその期待を奪い取れば、反乱はほぼ鎮圧できたことになる」と。リンカンは「即時解放ではなく段階的解放」を望んでいると明らかにした。連邦政府は州の奴隷制に干渉できないこと、南部境界州は彼の案を受け入れるかどうかを決定する完全な「自由裁量」を持っていることを彼は再確認した。だが、リンカンはかなりあからさまな警告もした。戦争が続く限り、今後どのような事態になるのか誰にも分からない。[64]

リンカンは共和党急進派の有力者を味方につけておこうと、サムナーをホワイトハウスに招き、国会提出前の法案を読んで聞かせた。サムナー以外のあらゆる人々はリンカンの決議案に完全な不意打ちを食らった。ウェンデル・フィリップスは聴衆にこう言った。その決議案は「青天の霹靂と言っていいぐらい、予期せぬものだった」。たとえリンカンが「地上の楽園に足を踏み入れていなかった」にしても、「彼の視線は天国に向けられていた」と。他の奴隷制廃止論者ははるかに熱狂していた。リンカンが決議案を国会に提出した当日、奴隷解放連盟主催の集会がニューヨークで開かれていたが、彼の決議案を聞きつけた参加者は「有頂天」になった。『ウィークリー・アングロアフリカン』はこう述べた。「当初、このニュースが真実だなどと信じられなかった。三ヶ月前には、誰もこのようなニュースを予測できなかったのだから」と。[65]

リンカンは民意の状態を正確に捉えていた。急進的な『トリビューン』、民主党支持の『ワールド』、反奴隷制廃止論の『ヘラルド』、常に慎重な『ジャーナル・オブ・コマース』といった、ニューヨークの全主要紙がリンカンの案を賞賛した。『トリビューン』のワシントンDC特派員は、リンカンの決議案が「おそらく、それまでに国会に提出された文書の中で最も重要なもの」だと言った。保守派は決議案が国会における「奴隷制廃止論者の攻勢」に対抗するものだと考えた。彼らはリンカンが即時解放ではなく段階的解放を支持し、奴隷制の将来に対する州の専決権を認めていると褒め称えた。むろん、多くの北部民主党員はリンカンの案が憲法の規定を逸脱していると非難した。だが、当座のところ、リンカンは「共和党に一つの政策を与え」、「保守派や急進派を含めた全党員が支持できる基盤」を提供した、とオーウェン・ラヴジョイは述べた。ラヴジョイら急進派は奴隷制に対してさらなる行動をとるように求め続けた。だが、リンカンが提出した法案はすぐに国会で可決され、共和党員のほぼ全員がその法案に賛成票を投じた(だが、サディアス・スティーヴンズはその法案が消極的すぎると思い、投票を棄権した)。リンカンが三月六日に提出した決議案は、それ以降の出来事にせいで影が薄くなったものの、奴隷制廃止に向けて重要な礎を築いた。リンカンは一八六一年十一月から、秘かに南部境界州での奴隷解放を推進し、十二月の年次教書では、国会にそのための費用を出すよう求めていたが、ついに公の場で、奴隷制の最終的消滅が国家目標であり、連邦政府がそれを推進すべきだと言った。『フランク・レスリーズ・イラストレイテッド・ウィークリー』は、リンカンの決議案が重要であり、通常の政治文書とは違って、要約ではなく全文が掲載された理由を説明した。段階的奴隷解放は「国策」になっている。[66]

三月末、ホワイトハウスでウェンデル・フィリップスと会見した際、リンカンは自身の案を彼に支持してもらおうとした。会見は一時間に及んだが、リンカンがほぼ一方的に話し続けた。リンカンはフィリップスが三月六日の決議案を「あまり」高く買っていないと感じていた。フィリップスによると、リンカンは奴隷制を嫌悪しており、「それが滅びるべきだと言いたい」のだと主張した。リンカンは逃亡奴隷を返還しないとフィリップスに請け合った。「一度でも政府の衣の縁に触れた黒人が再び奴隷になることはない」。この発言はリンカンよりもむしろフィリップスの口から出たもののように思えるが、その見解は紛れもなく大統領のものだった。[67]

リンカンの発議の成功にとって、南部境界州の反応はもっと重要なものだった。決議案を国会に提出した四日後、リンカンは南部境界州選出の国会議員から成る代表団と会見した。その直後、メリーランド州のジョン・W・クリスフィールドはリンカンの発言をこう要約した。リンカンは「連邦側に続々やって来る奴隷の処遇に関する、矛盾のある敵対的な不満にずっと悩まされている」と言った。仮に南部境界州がこの案を支持してくれれば、「悩み」はなくなり、戦争も早くに終わるだろう。大量の奴隷を所有していたクリスフィールドはこう返答した。メリーランド州の白人は「黒人を追放できる」という規定があれば、喜んで奴隷制を廃止するだろう、と。もし南部境界州が法案を拒否したらどうなるのかという質問に対して、リンカンは、今のところ奴隷制に関する「計画」はその案だけだと答えた。代表団はリンカンにこのことを公にするよう求めると、彼はこう返した。そんなことをすれば、共和党急進派と「論争」しなければならなくなる。自分は「奴隷制に反対する見解を表明している」[68]が、「そうした行為から生じている財産権の問題を認識しているし、その権利を尊重するつもりだ」と。

南北戦争開始直後、フレデリック・ダグラスは「我々の政治家は奴隷所有者の性格を未だ理解していない」と書いていた。リンカンもすぐに、南部境界州が奴隷解放を支持する積極性を相当過大評価していたことを思い知った。南部境界州の連邦主義者の中には、リンカンの案を支持した者もいて、ジョージ・P・フィッシャーと彼の同志はデラウェア州で奴隷制廃止を推進した。だが、南部境界州民の大部分はその案を拒否した。ケンタッキー州が特に頑強に反対した。州議会は「奴隷制廃止や奴隷解放の見解を支持する」住民の公民権を剝奪することを投票で決めた。メリーランド州では、リンカンに任命された官吏でさえ、リンカン案の支持者が「奴隷制廃止論者であり、紳士としての信用にもとる人物」だと非難した。国会がリンカンの決議案を可決した際、南部境界州選出の議員は「ほぼ全員」反対票を投じた。『ニューヨーク・タイムズ』は南部境界州が「臨機応変には振る舞えない」ことを暴露したと評した。(69)

南部境界州の連邦主義者はある事柄に関して意見を一致させていた。それは段階的であろうとなかろうと、奴隷解放は黒人の植民と一緒に行われなければならない、ということだった。リンカンが決議案を国会に提出する前日、モンゴメリー・ブレアはリンカンに「黒人の植民」も規定するよう迫った。その前年十二月の年次教書でリンカンは植民案に触れたが、決議案ではそうしなかった。だが、リンカン支持の南部境界州民はすぐに二つの案を一緒に扱うようになった。ブレア自身はリンカンの案が「両人種の分離」も意味していると主張する手紙をボルチモアの新聞に送った。ミズーリ州の大統領支持大会は「段階的奴隷解放と奴隷の植民」に「強く賛成した」。デラウェア州選出の上院議員ウィラード・ソールズベリは決議案に反対票を投じたが、彼は政府が「自由黒人に対する我々の責任を取り除いてくれるなら」、デラウェア州の奴隷制を廃止したいと述べた。(70)

『リベレーター』(71)はリンカンが段階的奴隷解放案を提出することで、国会のもっと急進的な措置を妨害したと非難した。だが、この非難はほぼ的外れだった。数多くの奴隷制反対法案が国会に提出されたが、リンカンが率先して国会にそれらを否決させたと信じる理由はどこにもなかった。実際、奴隷制廃止に応じる州に連邦補助金を出す決議案を国会が可決してから一週間足らずで、歴史上重要な法案がもう一つ可決された。その法案はワシントンDCの奴隷制廃止に関するものだった。

一八六一年、リンカンが大統領に就任した際、ジョージタウン〔現在では、ワシントンDCの北西部に位置する高級住宅地だが、南北戦争時にはまだ併合されておらず、独立した市であった」を含めたワシントンDCは七万五〇〇〇の人口を抱えており、その中には一万一〇〇〇の自由黒人、三二〇〇にやや満たない奴隷がいた。合衆国は「文明国」で唯一、首都での奴隷制を容認しているとメイン州選出のロット・モリルは上院で述べた。読者は覚えておられるだろうが、リンカン自身は国会議員時代にワシントンDCの奴隷制廃止案を推進していた。一八六一年十二月に国会が再開されると、マサチューセッツ州のヘンリー・ウィルソンは奴隷解放案を提出し、その案は一八六二年三月に国会で審議された。案が最終的に承認されたのは四月十一日であり、それには奴隷解放の経過と結果に対する白熱した議論を経なければならなかった。両院とも、北部共和党員は全員法案に賛成票を投じたが、北部民主党員は五人を別にして全員反対票を投じた。南部境界州選出の議員のほとんどはその案に激しく反対した。彼らはこう主張した。法案が可決されれば、南部の連邦主義者は連合国を支持し、白人の賃金も減少し、「両人種間での殲滅戦」が勃発する。黒人は自由を「労働からの自由」としてしか捉えておらず、「怠惰で仕事をせず、盗癖のある浮浪者」になる、と。これらの表現はケンタッキー州のギャレット・デーヴィスのものだった。[72]

　デーヴィスはそのように予想される結末を避けようと、新法が解放する全ての奴隷を合衆国外に強制的に植民させる修正案を提示した。これによって、植民を巡る論争が始まり、共和党急進派と穏健派の間で意見がはっきりと対立した。おそらく共和党上院議員で最も保守的だったオーヴィル・ブラウニングは、これから先、強制的植民が必要になってくるだろうと言った。オハイオ州選出の上院議員ジョン・シャーマンはこう述べた。穏健派の多くは偏見の強さ故に、奴隷解放をしても黒人は「名ばかりの」自由を手にするだけだと信じている、と。植民は黒人の意志に基づいて行われるべきだが、奴隷制反対法案は全て、他国で自由を獲得しようとする黒人が植民できるよう規定すべきだ、とシャーマンは信じていた。共和党急進派のほとんどは「黒人をアメリカに留めておきたい」と上院で語ったジェイムズ・ハーランに賛成していた。植民を強制するデーヴィスの修正案は否決され、十万ドルの補助金で黒人の自発的植民を刺激しようとしたジェイムズ・R・ドゥーリトルの修正案も一度は否決された。だが、急進派の中には、修正案なしではリンカンが法案に拒否権を行使することを危惧し、修正案の賛成に回った者もいたので、ドゥーリトルの修正も法案に組み込まれた。「私の修正案が」ワシントンDCの奴隷制廃止案を「救い出し、実現させた」とドゥーリトルは主張した。[73]

リンカンが審議に直接関わることはほぼなかった。彼は「国会議員が問い合わせてこない限り、その議題に関して彼らと話していない」と述べた。だが、リンカンはワシントンDCの奴隷制を即時廃止すれば、南部境界州を巡る自身の政策への反対が起こると思っていた。彼は秘かにこう期待していた。国会が議決する前に、南部境界州は段階的奴隷解放に動き出すのではないか。「妥当な時期に」この動きがないのならば、(一八四九年の国会決議案の草稿、一八三七年の州議会での「抗議」と同じく)法案には「段階的、補償付、住民投票という三つの特徴」があるほうがよい、と。だが、国会はリンカンの期待を無視した。法案は連邦に忠誠を誓う奴隷所有者に対して、奴隷一人当たり最大三〇〇ドルの補償をした(しかし、法案反対派が非難したように、この額は奴隷の市場価格よりも相当安かった)。だが、奴隷解放は段階的ではなく即時だったし、制定された法律は解放に関する住民投票についても全く規定していなかった。

数日間、リンカンは躊躇した。メリーランド州選出の国会議員ジョン・W・クリスフィールドは妻への手紙にこう書いた。「リンカンは本当に気の毒だ。彼はあまりに多くの厄介事を抱えている」と。ホワイトハウスでの面会後、クリスフィールドはこう主張した。リンカンは法案の数項目に「大」反対したものの、拒否権を行使すれば、得をするどころか損をすることになると感じている、と。リンカンはメリーランド州が理解してくれるのを期待した。即時奴隷制廃止をすれば大混乱が起きると彼は思った。リンカンは白人の生活を混乱させることと、解放された黒人が本当に進歩していけるのかを懸念している、とブラウニングに語った。リンカンはこう言った。「あっという間に、白人は料理人や厩務員などを失い、［奴隷も］何の補償もなく保護者を失っている」とブラウニングは説明した、と。四月十六日、リンカンはようやくワシントンDCでの奴隷解放案に署名し、「金銭補償、植民という二つの原則が両方認められ、実行される」ことに対する満足感を国会で語った。ニューヨークのジョージ・テンプルトン・ストロングは、この知らせを聞くとすぐに、「一年前には、『忌々しい奴隷制廃止論者』の中で最も忌々しい奴ら以外に、こうした事態を心に描いていた者はいなかった」と日記に書いた。(74)

リンカンはすぐに三人の委員を任命し、ダニエル・R・グッドローを委員長に据え、連邦の補償金支払い業務を遂行させた。その委員会の議事録は皮肉に満ちていた。委員会は奴隷の市場価格を算出できなかったので、ボルチモアの奴隷取引商人を顧問として迎え入れた。彼らは奴隷所有者が連邦に忠実であるかどうかを確かめるのに、解放奴隷を利用した。解放奴隷は（ワシントンDCの法律のために、法廷で白人に不利な証言をできなかったが）自分たちの主人の会話を委員会に報告した。すぐに、委員会はワシントンDCでの基準に従って、幼児から九十三歳までの、三〇〇〇人を少々超える奴隷の補償金を支払った。一八六三年一月末、数百人の元奴隷所有者が財務省に列をなし、小切手を受け取った。小切手は総額で約九〇万ドルだった。委員会の業務が終わったとグッドローが伝えてくると、リンカンは「人々が自主的に何か大きなことをやり遂げた」と聞くのは喜ばしいことだ、と返答した。(75)

補償金の支払いは迅速になされたが、解放奴隷の身分の問題はまだ解決されていなかった。共和党員の中には、植民をすれば問題は解決できる（あるいは考慮しなくても済む）と考える者もいた。だが、十万ドルの資金では、一人に最大一〇〇ドル支払えば、ワシントンDCの一万四〇〇〇人の黒人のうち、一〇〇〇人の植民費用を賄うだけだった。とにかく、この規定に関する限り、奴隷解放法は大失敗に終わった。可決直後、アメリカ植民協会は植民希望者を支援しようとした。だが、協会が知ったのは以下の事実だった。「植民希望者は一人しかいなかった。黒人は（中略）変化があれば、自分たちの生活状態が白人のそれと同じ水準にまで上昇するだろうと思って、ここにとどまろうとしている」。さらに、奴隷解放法可決直後、国会はワシントンDCの黒人取締まり法を撤回した。この法のせいで、それまで、黒人はいくつかの職に就けず、素行の良さの証拠となる保証金を提出しなければならず、自由に集会を開くこともできなかった。すぐに、国会はワシントンDC当局に、黒人が支払う財産税を財源にして黒人子弟の学校を設立するよう指示した。五月初め、リンカンの秘書ウィリアム・O・ストッダードは鋭くこう観察した。ワシントンDCの黒人の中で「最も有能な人々は、自分たちがどの国の国民であるかを感じ取って、その問いに答えを出しつつある（中略）。黒人は自分たちがアフリカ人ではないと考えている」と[76]。

　奴隷を即時解放する最初の連邦法、すなわち、ワシントンDCの奴隷制廃止法案は、奴隷制廃止論者の夢を実現し、連邦の政策に大きな変化をもたらした。個々の奴隷を所有者への奉仕義務から解放した没収法とは異なり、その法は制度としての奴隷制を廃止し、所有者が連邦に忠誠を誓っているかどうかにかかわらず、奴隷を解放した。十九世紀初めから、奴隷法を含めたヴァージニア、メリーランド州の民法と刑法がワシントンDCでも効果を持っていたが、それは連邦首都を移転する際、両州が連邦政府に土地を割譲したからだった。奴隷解放法はこうした異常な事態に終止符を打った。これは戦争が連邦政府の権限を容赦なく拡大したことを示す一例だった。

　ワシントンDCで奴隷制が廃止されたために、その近くにあるヴァージニア、メリーランド州の奴隷制はさらに揺らぐようになり、新たに大量の奴隷が逃亡した。メリーランド州選出の国会議員は、自身の支持者が「奴隷にワシントンDCへと逃げられることで、絶えず多大な損失を被っている」とリンカンに不平を言った。その議員はリンカンが逃亡奴隷法を施行するのかどうかを知りたがった。状況は依然、不明瞭で不安定なものだった。ジェイムズ・S・ウォッズワースはワシントンDCの軍政府長官〔軍隊の占領地における最高行政官〕で奴隷制に強く反対していたので、軍隊に当地の看守を逮捕させ、奴隷を監獄から解放した。そこで、リンカンはワシントンDC当局と軍を和解させようとしたが、無駄だった。ウォッズワースの派遣隊を逮捕した。リンカンは警察署長ウォード・ヒル・ラモンは警察隊を組織し、ウォッズワースの派遣隊を逮捕した。一八六二年七月、ワシントンDC市長はメリーランド州からの逃亡奴隷を「正当な所有者に返還する」よう命じたが、軍はその奴隷を救い出し、憲兵隊長のところに連れてきた。隊長は奴隷を解放して、今後一切逃亡奴隷を逮捕しないと宣言した。ある奴隷所有者は「このやり方は」ワシントンDC近郊に「奴隷解放宣言を出すようなものだ」と不平を言った。[77]

だが、ワシントンDCの奴隷制が廃止された一方で、国会での奴隷制反対論者の攻勢は一時停止に陥った。六月、インディアナ州選出の共和党急進派ジョージ・W・ジュリアンは逃亡奴隷法の撤回を求める決議案を提出したが、下院は六六対四一でその案を審議延期に持ち込んだ。チャールズ・サムナーは郵便配達人を白人に限定した一八二五年の法の撤回を迫った。上院は彼の法案を承認したが、下院は否決し、共和党員の意見も割れた。[78]

国会は連邦軍に黒人部隊を受け入れるかどうかについても合意できなかった。奴隷兵士の徴募は異常なことではなかった。革命時代の戦争で、イギリスはカリブ海地域の奴隷一万人以上から軍隊を創設した。一八〇七年の議会はその奴隷を解放し、所有者に補償金を支払った。スペインもカリブ海地域の戦争で奴隷兵士を徴募した。アメリカでも、独立戦争ではジョージ・ワシントン、ニューオリンズの戦闘ではアンドルー・ジャクソンが黒人兵士を徴募した。一八六二年一月、上院議員ジェイムズ・ハーランは「アメリカ独立のために黒人を徴募するのが問題なかったように、連邦維持のためにそうするのも問題ない」と言った。ハーランと同じくアイオワ州選出のジェイムズ・R・グライムズは、黒人の徴募が「奴隷制を廃止」すると考えた。純粋に軍事的な理由で、黒人の徴募を支持した共和党員もいた。「黒人が駆けつけ、私の兄弟や息子の命を反逆者の銃剣から守ってくれるのであれば、私は『ご成功を祈る』と黒人に言う」とライマン・トランブルは言った。民主党員はぞっとした。彼らは黒人が兵士として不適格だと主張した。武装奴隷は自身の所有者に残虐行為をするものの、戦闘の鬨の声を聞けば逃げ出してしまうと、ケンタッキー州のロバート・マロリーは言った。これに対して、サディアス・スティーヴンズは「万単位の奴隷が最初の砲撃で逃げ出すというのに」いったいどうすれば「彼らが主人に対して残虐に振る舞える」というのか、と尋ねた。[79]

黒人の徴募よりもはるかに紛糾した議論は連合国の財産をさらに没収するかどうかというもので、その問題は会期中ずっと議論された。この議論は厄介な政治的、法的、憲法的問題を生み出した。一八六一年十二月初め、ライマン・トランブルは「解放」すべき奴隷を含めた、「反乱側」の「あらゆる財産」を「永久かつ絶対かつ完全に没収する」法案を提出した。トランブルの案は軍用に徴発された奴隷だけに適用された第一次没収法よりも、はるかに激しく奴隷制を批判していた。『ニューヨーク・ヘラルド』はこう述べた。共和党幹部のほとんどは第二次没収法の可決を支持しているが、「このような法の全体像がどうなるのかについては合意していない」と。控え目に言っても、この表現は控え目なものだった。この後の七ヶ月間、国会は他のいかなる問題以上に時間をかけて、没収法の問題を議論した。共和党急進派は徹底的な没収を行えば、連合国のほとんどの奴隷を解放できると言い張った。反乱者は「いかなる権利も享受できないが、特に、他人を支配する権利を享受できない」と、ある国会議員は述べた。だが、穏健派の多くはトランブルの法案が、反乱者の財産没収を彼の存命中だけに認めた憲法の規定だけでなく、私権剥奪法案を禁じた憲法の規定にも抵触していると思ったので、躊躇した。私権剥奪法とは、裁判にかけることなく、ある人物に有罪を宣告し処罰する法的措置である。穏健派は財産が直接南部の戦力を増強する目的で使用されない限り、反乱者のものであっても、財産権は不可侵だと主張した。(80)

こうした没収に真っ先に反対した共和党員がリンカンの長年の友人オーヴィル・H・ブラウニングだった。彼は何度も長々と演説を行い、法の観点から没収に反対してみせた。ブラウニングは上院でこう語った。奴隷制はこの戦争の「唯一にして第一の原因」であり、それを「アメリカ大陸から抹殺」できれば、戦争は一ヶ月も経たずして終結するだろう。だが、憲法に則れば、連邦軍総司令官である大統領だけが奴隷制に反対行動を起こす権限を有している、と。「ブラウニングは大統領が戦争に関する全ての権限を有しており、我々議員には全く権限がないと上院でいつも主張している」とベンジャミン・F・ウェードは不平を言った。ジョン・シャーマンは「この議論に飽き飽きしている」と叫んだ。草の根運動を展開している共和党員はシャーマンに賛成した。トランブルの支持者はこう述べた。「何らかの没収法案を可決しよう。それも今すぐに。ところで、国会は（中略）自分たちが無駄に数ヶ月も、田舎学校の討論会でさえあり得ない議論をし、無駄口を叩いていることに気づいていないのだろうか？」と。(81)

実際、ワシントンDCの奴隷制廃止後の二ヶ月間に可決された奴隷制反対法案は一つだけだった。一八六二年五月、イリノイ州のアイザック・N・アーノルドは、準州や要塞、海軍工廠や連邦建造物、公海上のアメリカ船といった、連邦司法が直轄する地域の奴隷制を廃止する法案を提出した。この法案の目的は「自由を連邦レベルの規範に、奴隷制を地域レベルの例外にする」ことだ、とアーノルドは説明した。だが、穏健派はこの法案の適用範囲があまりにも大きすぎると考えた。すぐに、オーウェン・ラヴジョイは代案を提示し、その適用範囲を準州の奴隷制だけに絞った。むろん、準州の奴隷制問題は共和党員全員の意見が一致しているものだった。この代案は五月十二日に下院で、六月九日に上院で可決された。常の如く、投票行動ははっきりと分かれた。共和党員は全員賛成票を投じたが、民主党員全員と南部境界州の連邦主義者のほぼ全てが反対票を投じた。[82]

準州の奴隷制廃止は〈ドレッド・スコット〉判決を完全に否定したが、その恩恵を受けた奴隷はごくわずかしかいなかった。一八六〇年の国勢調査によると、ネブラスカ準州の奴隷は一五人、ユタ準州の奴隷は二九人だった。(一八六一年十二月に、ニューメキシコ準州は奴隷法を撤回し、領域内にいたわずかな奴隷を解放していた。)にもかかわらず、その法案は象徴的な意味を持っていた。それは「この三〇年間アメリカ人が動揺してきた」問題をとうとう解決した、と国会議員ウィリアム・D・ケリーは述べた。法案は奴隷制即時廃止を規定し、奴隷所有者への補償や解放奴隷の植民についてはまったく触れていなかった。ところが、六月十九日、リンカンはその法案に署名した。この国会会期に制定された他の法案には以下のものがあった。モリル法〔農業大学を創設するために、連邦政府が各州に公有地を付与することを定めた法律。モリルは法案を提出した議員の名前。例えば、訳者が留学したメリーランド大学カレッジパーク校はモリル法によって創設された大学で、モリル・ホールという建物が存在する〕は州に公有地を払い下げ、農業大学の設立を補助した。ホームステッド法は移住者に公有地を無償で提供した。さらには、太平洋鉄道建設法も制定された。これらの法案と並んで、準州の奴隷制廃止は奴隷制のないアメリカ西部では小農も将来性のある農商を行えるという自由労働観を推進した。[83]

リンカンが大統領に就任した一八六一年三月から、その一六ヶ月後の六二年六月までの期間に、連邦政府と奴隷制の関係は著しく変化した。その時点で、リンカンは奴隷制廃止案を国会に提出した最初の大統領になっており、ワシントンDCと準州の奴隷制を廃止する法案、逃亡奴隷法を否定する法案に署名していた。だが、同時に、政策の展望は依然不明瞭だった。戦争とそれに付随して起こった連邦軍への奴隷の逃亡は、奴隷制に対する憲法の保護規定を弱めたものの、それを無効化したわけではなかった。一八六一年の没収法、陸海軍条令の修正条項は奴隷を軍務と結び付けて取り扱うものだった。奴隷解放案を採択した州に補助金を出す決議案や、ワシントンDCと準州の奴隷制廃止といった、これら以外の法案も伝統的な憲法解釈から逸脱するものではなかった。これらの法案は奴隷州それ自体の行為を利用したり、連邦政府が論駁不可能な権限を享受していると共和党が考えた場所を選んだりして奴隷制を批判した。これまでのところ、連邦政府の政策は、軍に使役されたり連邦側に逃げ込んだりした奴隷を除いて、連合国の奴隷には全く関係がなかった。にもかかわらず、一八六二年春にリンカン主導のもと国会が法整備を行ったことは、アメリカ史における大変化を先取りしていた。「今後、アメリカの奴隷制についての論争点は次の一事に尽きる。我々はそれをいかにして廃止すればよいのか？」と北部の雑誌記者は述べた[84]。

だが、奴隷制廃止という未来は連邦軍の勝利にかかっていた。そして、一八六二年春の時点では、連邦軍の勝利は依然覚束ないものだった。四月、ジョージ・B・マクレラン将軍はワシントンDC近郊に駐留する強力なポトマック軍をヴァージニア半島になんとか進軍させた。彼はそこから連合国の首都リッチモンドに侵攻しようとした。二ヶ月にわたるこの軍事行動は五月初めに始まり、六月末の七日間の戦いで頂点に達した。マクレランは頑固な民主党員だったので、戦争が政治と繋がっていることを決して認めなかった。彼は奴隷制廃止を議論することに強く反対し、奴隷制を廃止せずとも戦争に勝利できるだけでなく、そうすべきでもあると主張した[85]。このマクレランが連合軍を打ち破り、リッチモンドを占領していたならば、戦争はそこで終わり、奴隷制も弱まりはしたものの無傷のまま残存しただろう。だが、マクレランは敗北したので、リンカンと国会は連邦の軍略や政策を再検討し、包括的奴隷解放に乗り出したのだった。

第7章

「永久に自由身分である」

奴隷解放の実現

ジョージ・B・マクレラン将軍の率いる軍がヴァージニア半島作戦を開始した時点でさえ、それぞれの軍司令官が様々な見解を持っていたため、リンカンは奴隷制に関する自身の見解を再表明せねばならなかった。デーヴィッド・ハンター少将はイリノイ州出身のウェストポイント〔ニューヨーク州北東部にある陸軍士官学校〕卒業生で、将校では数少ない奴隷制廃止論者だったが、一八六二年三月、彼は南部局の司令官に任命された。地図上では、南部局はサウスカロライナ、ジョージア、フロリダ州の全域を管理していた。だが、連邦軍が実際に支配していた地域は、一八六一年十一月に占領したサウスカロライナ州シー諸島にほぼ限られていた。任地に赴く前、ハンターは「連邦に忠誠を誓う人々を武装させる権限」を始め、「自分のやり方で奴隷制問題を扱う」許可を陸軍長官スタントンに求めた。シー諸島の白人は全員逃亡してしまったので、明らかに、ハンターは黒人兵士を徴募しようとしていた。スタントンは回答しなかったので、ハンターはこの無回答が計画の実行を認めていると考えた。一八六二年五月九日、彼は南部局管内の全奴隷（九〇万以上の老若男女）が「永久に自由身分である」と宣言し、部下の将校に黒人志願兵を入隊させるよう指示した。[1]

ハンターは軍人としては有能だったが、政治に関しては素人だった。ハンターはスタントンに奴隷制を攻撃する許可を求めた際、「行政府は責任を取らなくても済むだろう」と述べた。むろん、ハンターの宣言が取り消されなければ、それは行政府の政策になった。財務長官チェースはリンカンに宣言を破棄しないよう迫ったが、リンカンは鋭く切り返した。「司令官が私の責任でそのようなことを行えば、必ず私を侮辱することになるのだ」。リンカンは段階的、補償付、植民という原則に基づいて、南部境界州での奴隷解放案を精力的に推進していたので、それらの原則全てに違反するハンターの宣言の有効性を認めることはあり得なかった。彼はスタントンとともに、ハンターの宣言を取り消す声明を作成し、五月十九日に公表した。一八六一年八月にジョン・C・フレモントが発した解放宣言を撤回した際と同じく、その声明はこう規定した。軍将校は「いかなる州においても奴隷解放宣言を出して」はならない、と。だが、今回、リンカンは南部境界州民に補償付奴隷解放案を受け入れるよう直接語りかけた。「このような解放がもたらす変化は天上の露のように穏やかなので、何物も引き裂いたり破壊したりしない。あなたがたはこれを支持するつもりがないのだろうか?」奴隷制の消滅は不可避の事態だとリンカンは強く示唆した。「そうしたいと思ったところで、あなたがたは時代の兆候を無視できない(2)」

カール・シュルツはスペイン大使の任期を終え合衆国に帰国していたが、彼は声明を出す前のリンカンにこう迫っていた。ハンターの宣言を取り消すにしても、この先奴隷解放宣言を出す可能性まで否定すべきでない。「あなたは自分が六週間後にどれだけ先に進んでいるか、現時点では見当もつかないだろう(中略)。黒人の徴兵と、我々を助けてくれる奴隷の解放は是非とも実行しなければならない」と。その声明で、リンカンは初めて、「政府の維持に必要欠くべからざる状態になった場合」奴隷制を廃止する最高司令官としての権利を主張した。この発言は大統領の権限に関するリンカンの見解が大きく変わったことを示唆していた。興味深いことに、リンカンはハンターの宣言取り消しを本人に公式に伝えてはいなかった。シュルツはこう述べた。六月、彼がリンカンに会った際、リンカンは「ハンターに奴隷解放を宣言するのではなく、それを実行してほしかったのだ」と言った、と。共和党急進派の中には、リンカンの声明に注目し、彼がハンターには認めなかった権限をこれから行使するだろうと期待する者もいた。『シカゴ・トリビューン』はリンカンの声明が「預言者の言葉のようだ」と述べ、解放は「すぐに始まる」と奴隷所有者に警告した[3]。

ハンターがらみのごたごたは異常な結果を導いた。一八六二年六月九日、下院はハンターが実際に黒人連隊を編成したのかどうかに関する情報をスタントンに求めた。そのようなことは聞いていないとスタントンは返答し、ハンターが自身の見解を説明した書面を転送してきた。白人の奴隷所有者はシー諸島を逃げ出し、彼らが自称していた、奴隷に衣食を与える責任を放棄してしまった。「逃亡主人法」が存在しない以上、ハンターは主人を返還してもらおうとする「頑丈で忠実な」奴隷を武装させざるを得ないのだ。この手紙が朗読されたとき、国会の共和党急進派は笑って拍手した。南部境界州選出の議員は急進派の反応が「アメリカの国会を辱めるもの」だと非難した[4]。

1

リンカンが言った、奴隷制の運命を予兆する「時代の兆候」とは何なのだろうか？　一八六二年の春から初夏にかけて、政府の政策に変更を求める動きが強まった。連邦軍がさらに深く連合国に侵攻し、ノースカロライナ州沿岸部、テネシー、アーカンソー、ルイジアナ州の一部を占領するようになると、奴隷は連邦軍の到来が「千年王国〔キリスト教の終末論。歴史の終わりを待望し、それ以降は神が直接世界を支配する至福千年期がやってくると説く〕の到来」だと考え、数千人の奴隷が連邦軍に逃げてきた。南北戦争は奴隷制に破壊的な影響を与えたが、それはニューオリンズ近郊の砂糖大農園地帯で非常に顕著なことだった。そこでは、連邦軍がやって来たために、大量の奴隷が逃亡、ストライキし、賃金の支払いを求めた。奴隷制反対論に強く反対していた将校でさえ、ますます多くの逃亡奴隷に労働を課した。その上、逃亡奴隷は連合軍の位置、補給物資の隠し場所、地図上の空白地帯の道についての情報をもたらしたので、連邦軍司令官は彼らを追い払おうとしなかった。一八六二年三月、オームズビー・ミッチェル将軍はテネシー州の野営地から逃亡奴隷を追い払ったが、すぐに「有益な情報をもたらす奴隷を保護する絶対的必要性」を悟った。[5]

逃亡奴隷と関わることで、奴隷制に対する連邦軍の見解は強い影響を受けた。黒人の従軍記者はわずかしかいなかったが、その中の一人ジョージ・E・スティーブンズはこう述べた。「連邦軍の兵士は敵側の領土で出くわした黒人が味方だと知っている」と。むろん、スティーブンズは多くの兵士が根深い人種差別意識を持っていることも読者に報告していた。だが、連邦に対する奴隷の忠誠を直接目にし、奴隷制の残虐性の証拠に触れた後では、奴隷解放への機運が高まった。サミュエル・F・デュポンは海軍遠征隊を率い、シー諸島のポートロイヤルを占領したが、彼は自分が「奴隷制の恐ろしさをまざまざと見せつけられるまで、それに対して保守的な態度をとっていた」と述べた。結局、彼は自分が奴隷制廃止論者だと思うようになった。テネシー州でオハイオ州からの部隊を率いていたジェイムズ・A・ガーフィールドは「部隊の全兵士が着実かつ確実に奴隷に同情し、奴隷制を憎むようになってきている」と報告した。兵士が熱心に政治問題を討論し自身の家族に多くの手紙を書いた「思考する軍隊」による戦争では、軍人の見解が北部の政治に影響を与えざるを得なかった。[6]

一八六一年に引き続き、奴隷制を巡る意見の不一致が連合軍内にあった。最も劇的な事例はルイジアナ州南部で起きた。ベンジャミン・F・バトラー将軍はその地の白人を手なずけようと、それまで適用していた戦時禁制品作戦を撤回し、連邦軍兵士にほとんどの逃亡奴隷を追い返すよう命令した。だが、奴隷制に強く反対していたジョン・W・フェルプス准将は、ニューオリンズ近郊のキャンプパラペットで、バトラーの命令を実行しようとせず、逃亡奴隷を受け入れた。しばらく両者の間で協議がなされたが、一八六二年六月、バトラーは一連の経緯をワシントンDCの行政府に報告した。七月三日に、スタントンは返答した。彼はバトラーにこう語った。軍将校はもはや逃亡奴隷を返還できない。「公共的慈悲精神に基づいて」逃亡奴隷には住食が提供され、労働可能な者には労働させ「それに見合った対価を受け取らせ」なければならない。「大統領はこのように指示しているが、奴隷や奴隷制に関する一般法則を規定しようとしているのではない」と。[7]

だが、一般法則はますます必要なものになりつつあった。共和党急進派と奴隷制廃止論者は包括的奴隷解放を求め続けていた。シカゴの新聞記者ホレス・ホワイトの言葉を使用して、リンカンを「優柔不断」、「臆病者」だと非難する者もいた。リンカンと親しい急進派はこうした非難から彼を守ってみせた。六月、ニューヨーク市での演説で、オーウェン・ラヴジョイは奴隷解放連盟にリンカンの意図をこう説明した。大統領は「急進派という馬」が引く馬車に乗車している。「(中略)彼が私ほど速く移動しないにしても、我々は同じ道を進んでいるのだ」と。[8]

長らく奴隷解放を支持してきた者の継続的な要求以上に驚くべきことは、ついに共和党穏健派までもが行政府に対する苛立ちを表明するようになったことだった。リンカンの無謬性を「無条件で認めてきた」者でさえ、リンカンが反乱軍に対してもう少し強い態度に出てくれれば、と思っていた。ニューヨーク州バッファローの穏健派トマス・J・サイザーは小冊子を発行し、北部人自体が奴隷制に対する精神的隷属状態から解放されつつあると述べた。八月、反奴隷制廃止論の『ボストン・デイリー・アドヴァタイザー』はこう評した。「今年度の特筆すべき出来事は、人々が非常に強くこの[奴隷解放]決議案を支持していることだ。一年前だったならば、人々はそれほど極端な行動に出るべきだとは考えもしなかっただろう」。それが今や、人々は「かなりの程度まで、そうする覚悟ができている」。というのは、「戦争が進むにつれて、人々が啓蒙されてきた」からだ、と。だが、新聞、小冊子、共和党国会議員や大統領が受け取る手紙といった形で奴隷制反対論が広く支持されても、それらが具体的な政策を生み出すことはなかった。奴隷制廃止論を採るが基本的にはリンカン寄りの『インディペンデント』も、「連邦政府は何をすべきかを知らない人の集団だ」と述べた。(9)

奴隷制反対論を容認する動きが広まっていたにもかかわらず、リンカンは躊躇した。彼は北部の大衆がもっと急進的な措置に対する覚悟をまだ決めていないと思っていた。また、リンカンはニューヨークの投資銀行家オーガスト・ベルモントのような主戦派民主党員〔南北戦争を支持した民主党員のこと〕からの支持を重視していた。ベルモントはヨーロッパでの幅広い人脈を利用し、連合国の国際承認を妨害していたが、彼はリンカンに、奴隷解放を要求する「過激派」に屈せぬよう迫ってもいた。リンカンは奴隷解放令が連邦軍に影響を与えると考え、将校連の反対からして、一般兵卒も反対しているだろうと誤解していた。リンカンは戦前の法曹界にどっぷりと浸かっていたので、非常大権を行使できる状況下でも、奴隷解放令は違法だと思っていた。彼はカール・シュルツにこう語った。「民主党員は私が急進的だと考えている。共和党員は私があまり急進的ではないと考えている。結局、私はどちらからも政治的に支持されないというようなことになりはしないか」と。(10)

リンカンは連邦軍が連合国のほとんどをまだ支配できていないので、奴隷解放宣言も絶望から出た行為だと捉えられはしないかと恐れていた。一八六二年六月二十日、クエーカーの代表団はホワイトハウスを訪問し、「リンカンが（中略）奴隷を解放しアメリカを破壊から救い出すことを強く望んでいる」と言った。それに対して、リンカンはこう返答した。自分は彼らと同じように、「奴隷制が間違ったものだ」と信じており、それが最終的に消滅するものだと公言したこともあった。だが、「奴隷解放令が」奴隷制を廃止できるの「なら、ジョン・ブラウンが上手にそれをやり遂げていただろう」

と。『リベレーター』の編集者の息子ウェンデル・フィリップス・ギャリソンはこう思った。「まともな人間」の中に、ジョン・ブラウンがハーパーズフェリーで出した命令と、「憲法が非常大権の専管を認めている連邦軍総司令官」の命令を同列に語る者がいるのだろうか、と。だが、リンカンの要点は、実際には施行できない宣言をすることが無駄な試みだと思われはしないかということだった。[11]

連邦が南部境界州への支配力を強め、境界州が連邦を脱退する可能性がなくなったにもかかわらず、リンカンは依然、南部境界州での奴隷解放に関する自身の見解と、奴隷制を直接攻撃すれば南部境界州が連邦を脱退するという思いにこだわっていた。チャールズ・サムナーはリンカンに、包括的奴隷解放を宣言して七月四日を祝おうと迫ると、リンカンはこう返答した。「連邦軍の半数が武器を放り出し、三つの州が新たに反乱側に加わる」のを気にしなくてよいのなら、自分もそうするだろう、と。リンカンは奴隷制に対して早まった行動をとれば、動揺している連合国民を連邦の大義にひきつける試みが頓挫してしまう、とも思っていた。リンカンは『コンチネンタル・マンスリー』の記事を賞賛したが、それは現在の戦争では奴隷制「だけを取り扱う」ことはできないと述べ、「戦争が奴隷制に及ぼす結果」と、連邦の維持という「北部の」公式「目標」を完全に区別していた。その記事は土着の制度を決定する州の合法的権利を尊重すれば、「連邦に忠誠を誓う人々」が南部で増えるだろうとも論じていた。[12]

リンカンは連邦軍が支配権を得た地域の連邦主義者を励まして、文民による政府を樹立しようとした。戦争初期、リンカンはヴァージニア州再建政府を承認した。その政府は連邦主義者の大会であり、彼らはヴァージニア州の連邦脱退以来ホイーリングに集まり、奴隷制に反対する有力弁護士フランシス・H・ピアポントを州の新知事に選出した。(彼の実際の支配圏は、ヴァージニア州西部・ワシントンDCのごく近郊・ノーフォーク近郊だけだった。)一八六二年、リンカンはテネシー、ルイジアナ、アーカンソー、ノースカロライナの軍政府長官を任命した。彼は軍政府長官が連邦に対する州民の忠誠心を回復し、州を完全に連邦に復帰させることを期待した。一八六二年七月初め、リンカンはテネシー州軍政府長官アンドルー・ジョンソンに、選挙を実施し州の連邦復帰を準備するよう迫った。「我々がなんとかテネシー州民の票を得て、それをきちんと結果に結び付ければ、それは戦闘で勝利するよりも価値のあることだ」とリンカンは説明した。彼は軍政府長官が支配地域の白人を味方につけることを期待していたが、その期待は奴隷制廃止に向けたさらなる措置にとって不利なものだった。「南部人の怒りを和らげるあらゆる試みにおいて、黒人は生贄にされている」と、ある北部人の記者は抜け目なく述べた。例えば、アンドルー・ジョンソンは遠慮なく反乱者に対して強い態度をとり、連邦ではなく連邦脱退を支持する官吏や牧師を投獄した。だが、彼はテネシー州民に、「現行の反乱前と全く同じ状態」、すなわち、奴隷を「奴隷にしたままで」彼らを連邦に復帰させるつもりだと請け合った(13)。

軍政府長官がとった措置の中には、驚くほどその土地の白人の民意に配慮したものもあった。一八六二年四月、リンカンはホイッグ党の元国会議員エドワード・スタンリーをノースカロライナ州軍政府長官に任命した(彼の支配圏は大西洋沿岸のごくわずかな地域に限られた)。スタンリーは連邦軍がニューバーン占領後に建てた黒人学校を閉鎖するよう命じた。ノースカロライナ州法では、黒人に読み書きを教えることは禁じられている、と彼は説明した。とにかく、黒人学校の存在は「連邦の大義に害をなす」。スタンリーは奴隷所有者が軍の野営地から逃亡奴隷を取り戻してもよいとした。彼はスタントンにこう語った。自分は「旧秩序を復活させるために」ノースカロライナ州に「派遣」されたのであり、近々、奴隷解放があるとその地の白人が捉えるならば、その目的は達成できない、と。大勢の白人がスタンリーのもとを訪れ、彼が幸先よく統治を開始したと褒め称えた。だが、スタンリーの政策は北部で激しい怒りを引き起こした。「全世界」は教育の禁止が「奴隷制の（中略）最も忌まわしい特徴」だと考えている、と『ニューヨーク・イヴニング・ポスト』は述べた。[14]

六月初め、軍の貧民監督官として学校を建てたヴィンセント・コリヤーはワシントンDCに赴き、チャールズ・サムナーとともにホワイトハウスを訪問し、スタンリーの政策の不備を陳情した。後に、コリヤーはこう語った。当初、リンカンはこの問題への介入要請にいら立っていた、と。「あなたは私が教育委員だと思っているのかね？」とリンカンは言った。だが、話が逃亡奴隷の返還に及ぶと、彼の調子は一変した。リンカンはスタンリーが指示を誤解してしまっていると言った。コリヤーの記憶によれば、リンカンはこう述べた。「私は子供のときから奴隷制を嫌悪してきた」。「反乱者の逃亡奴隷は決して所有者に返還されるべき」ではない、と。だが、リンカンはスタンリーの罷免要求を拒否し、この論争がもっと重要な問題からの気分転換になっていると考えた。テネシー州東部選出の国会議員ホレス・メイナードはアンドルー・ジョンソンにこう報告した。リンカンは「あなたが厄介な『黒んぼ』問題を全く引き起こさないので、完全に満足している」と。[15]

にもかかわらず、奴隷解放論が盛り上がってくると、リンカンは段階的、補償付の奴隷制廃止の推進を加速した。七月十二日、彼は南部境界州、ヴァージニア、テネシー州選出の国会議員を二〇人以上ホワイトハウスに招き、注意深く作成した原稿を読んできかせた。彼は幾分おおげさに、彼らにこう語った。自分が三月に提示した案をそれらの州が支持していたならば、戦争は現時点でほぼ終結しているだろう。奴隷制が憲法で保護されていようが、それは戦争のおかげで衰弱し、ついには「ちょっと触れるだけで」粉々になってしまうだろう。それよりも、「今すぐ段階的奴隷解放を決断」し、金銭補償を受けるほうがはるかによいだろう。その上、黒人を植民させる土地はすぐに見つかるし、「黒人も植民をそれほど嫌がりはしないだろう」と。明らかに、リンカンは自身の案を、南部境界州にとってできるだけ魅力的に映るものにしようとしていた。だが、彼は五月にハンター将軍の宣言を撤回したことで、「多くの人々が怒りではないにせよ、不満を感じているが、アメリカはそうした人々からの支持を失うわけにはいかない」とも言った。さらに、「この点での圧力は未だ私にふりかかっており、しかもその圧力は大きくなりつつある」。リンカンは南部境界州民に素早く行動に移るよう求めた。[16]

その晩、代表団は会合を持ち返答を作成したが、「嵐のような議論」が起こった。リンカンはその結論にひどくがっかりしたにちがいない。八人の国会議員はリンカンの案を支持し、自分たちの支持者にその案を「考慮する」よう忠告してみると言った。だが、リンカンを支持するデラウェア州のジョージ・P・フィッシャーが「嫌悪感をむき出して」言ったように、大多数の議員は「一人の奴隷も解放する」つもりはないとした。メリーランド州のクリスフィールドが作成し、二一人の国会議員が署名した報告書は、リンカンの提唱する「我々の社会制度に対する急進的変革」案をきっぱりと拒絶していた。クリスフィールドは大統領の案が「個々の州の専管事項」に口出しをしていると書いていた。報告書はリンカンに望ましい行動方針を告げていた。「あなたは憲法が規定する権限だけを行使しなければならない。あなたの部下もそうしなければならない。憲法を常態に復帰させるためだけに戦争を遂行せねばならない」[17]

リンカンは未だ、南部境界州が全米での奴隷制廃止に繋がる鍵を握っていると考えていた。その四年後、アイザック・N・アーノルドはこう語った。七月十二日の会合の翌日、リンカンは自分とオーウェン・ラヴジョイに、南部境界州が廃止案を受け入れさえすれば、「ラヴジョイ、きみの人生の苦役は成功でもって報いられ、生きて奴隷制の最期を目の当たりにすることになる」と言った、と。七月十四日、リンカンは、奴隷制廃止案を採択した州に国債で金銭補償をする法案を国会に提出した。

そこには新事項が一つ含まれていた。リンカンは州が後に奴隷制を「再導入する」かもしれないと考え、そのような場合には、国債が「完全に無効」になるとしていた。これに対して、共和党の指導者は反応を示さなかった。中には、リンカンの案が「こっけい」だと思った者もいると『ニューヨーク・トリビューン』の記者は述べ、国会もそれを審議せず休会を迎えた。[18]

南部境界州がリンカンの案を拒絶すれば、彼は「否応なしに革命の渦にのみ込まれてしまう」だろう、と七月十二日の会合出席者は北部の記者に述べた。軍事状況は新規まき直しを求める圧力を強めていた。七月初めまでに、マクレランが春に開始したヴァージニア侵攻は明らかに行き詰っていた。その影響は非常に大きかった。「この(中略)戦争の遂行と展望に関して、民意は(中略)ひどく打ち沈んでいた」と『ニューヨーク・タイムズ』は述べた。リンカンの友人リチャード・イェーツはイリノイ州知事を務めていたが、彼は公式書簡を書き、連邦を救うもっと強力な行動を求めた。「勝敗の帰趨と連邦の存続は我々の肩にかかっている。さらに決定的な措置を講じるべき時が来た」。オハイオ州選出の穏健派ジョン・シャーマンは上院でこう語った。自分は「南部人の権利」を尊重しているが、奴隷など「反乱者」の財産を没収、国力を総動員し、「戦争を本気で遂行」しなければならない時期が来た、と。いかに戦争を遂行すべきかに関する意識の大変化があって初めて、国会は黒人兵士の徴用や連合国財産の没収を巡っての長い停滞期を打ち破り、リンカンも奴隷解放を決断した。[19]

七月、戦争の終結時期が分からなくなり、永久に人的資源を発掘することになった国会は黒人の徴募という、意見の分かれる議題を扱い始めた。国会会期の開始以来、共和党急進派はそれを支持していたが、何の効果も及ぼせずにいた。休会が近づくと、国会は一七九五年の民兵法を修正する法案を審議するようになった。その修正案によると、大統領は黒人を徴用し、「塹壕を掘らせたり、野営地の雑務やその他の労働に当たらせたり、彼らが遂行できる陸海軍役に就かせたりすることができる」、ということだった。連合国支持者を主人にする黒人が連邦軍に入隊すると、その黒人だけでなく、彼と最も関係の深い家族（母や妻、子供がこれに該当した）も自由身分になった。法的なお墨付きを与えた州はなかったが、奴隷にも家族がいるとの認識は画期的なものだった。この修正案は黒人兵士に門戸を開いたが、それは黒人を主に従軍労務者として規定、白人兵士を雑務から解放し、戦闘に集中させようとしていた。従って、修正案が定めた黒人の週給は一〇ドルであり、そこから軍服支給費として三ドルが引かれた。これは白人兵士の週給よりも六ドル少なかった。この案は男性奴隷とその家族を即時に解放するので、南部境界州選出の議員は大反対した。デラウェア州のウィラード・ソールズベリはこの案が「最も壮大な奴隷解放案」だと評した。白人兵士は「黒人と一緒に戦おう」とはしないだろうと、彼は警告した。[20]

だが、共和党穏健派はこぞって修正案を支持した。上院議員ウィリアム・フェセンデンは、「通常とは異なる原則に従って」戦争を遂行せねばならないと述べた。フェセンデンは長い演説で黒人の徴募に賛成したが、これが決定的な転換点になった。北部のある新聞記者はこう述べた。フェセンデンの発言には「急進派も驚いた」。彼は「気難しい保守派」であり、上院の最有力者である。「彼が行動に出ることは、氷河全体が動き始めたことを意味している」と。七月十七日、リンカンは民兵法に署名した。だが、彼はこの法を施行するために大統領命令を発しなければならなかった。[21]

数ヶ月間のイデオロギー上の対立を経た後の一八六二年七月十一、十二日、国会は第二次没収法を承認し、大統領に提出した。後に、イリノイ州選出の国会議員アイザック・N・アーノルドはこう述べた。この法の重要性は「きちんと認識されてきたわけではない」と。というのは、この法は成立までの数ヶ月間に提出された様々な案に由来する、矛盾した要素を含んでいたからでもあった。法案の前半部にある規定は、罰金、投獄、極端な場合には死刑、反乱に加担したと判決された場合には奴隷の没収、連合国高官の財産の即時差押えや売却といったものだった。法案のおかげで、大統領は連合国の支持者に警告し、反乱から手を引くか、連邦裁判所による財産の没収や売却を目の当たりにするかを選ばせることもできるようになった。第九項によると、反乱者が所有する奴隷が連邦側に逃げ込んだり、連邦軍の占領地域に住んでいたりすれば、「永久的に隷属身分から解放される」ということだった。法案によって、連邦軍は逃亡奴隷を反乱側の所有者に返還できなくなり、リンカンは「この反乱の鎮圧に必要かつ適切だと思う」方法で黒人を徴用することもできるようになった。そして、この法案の最終項はリンカンに、植民の意思を持つ解放奴隷を「熱帯地方に」植民させる法案を作成するよう求めていた[22]。

ある意味で、第二次没収法の最も目立つ特徴は、奴隷以外の財産の没収と奴隷解放をはっきり区別していたことだった。ほとんどの財産の没収に関して、その法は厄介な司法審査の必要性を規定していたので、実際にその規定に則って没収や売却された土地はほとんどなかった。だが、反乱者に所有されているが連邦側に逃げ込んだ奴隷の解放に関する条項に、司法審査の規定はなかった。この条項は独立執行のものだった。『スプリングフィールド・リパブリカン』はこう述べた。「連邦軍が南部を占領するとすぐに」奴隷は自由身分になる。それ故、「戦闘での勝利は全て、奴隷解放の勝利なのだ」と。むろん、この法がどれだけ多くの奴隷を解放できるのかは、連邦軍がどれだけ連合国の領土を占領できるのかにかかっていた。だが、この法に反対する人々は、共和党が合衆国の「ほぼ全ての奴隷」を解放しようとしていると思ったのだった[23]。

曖昧な点はあったものの、第二次没収法は連邦政策の大きな変化を体現していた。オーヴィル・H・ブラウニングは共和党所属の上院有力議員で法案を批判していたが、彼はリンカンにそれに対する拒否権を行使するようせがんだ。大統領が「奴隷制廃止論者と共和党急進派を動かすのか、彼らの方が大統領を動かすのか」をはっきりさせるべき時がやって来た、とブラウニングは言った。国会が没収法など制定しないでくれればよかったのだが、とリンカンは返答した。だが、ブラウニングを除く、ほぼ全ての共和党員が法案に賛成票を投じたので、リンカンはそれに拒否権を行使したくなかった。代わりに、彼は珍しい行動方針をとった。リンカンは自身の反対意見をまとめた否定的教書を作成した。それは反乱者の財産を永久に没収することだけでなく、逃亡奴隷の所有者が連合国民だったのか、それとも連邦主義者だったのかを全く考慮していないことも批判していた。そして、リンカンは休会目前の国会に、会期を一日延長するよう求めた。彼は有力者フェセンデンを含む数人の議員と会合を持ち、憲法の規定通り、不動産の没収を当該人物の生存時だけに限る決議案を作成するよう、彼らに求めた。国会はこの決議案を可決し、休会した。民兵法を承認した七月十七日、リンカンは第二次没収法にも署名したが、自身が作成した否定的教書もそれに添付した。[24]

リンカンはこうした決議案を要求しただけではなく、法案に拒否権を行使しなかったものの、それに否定的教書も添付した。多くの国会議員はこれらの行為が「表現できないほどしゃくにさわるもの」だと思った。下院は儀礼的慣習を無視して、リンカンの教書を重刷しようとせず、上院はそれを印刷にも回さなかった。にもかかわらず、リンカンが法案に署名すると、反乱者が所有する奴隷で、連邦側に逃げてきた者は全員、無条件で自由身分になった。チャールズ・サムナーはこう述べた。大統領と国会は二点で合意している。「黒人を徴募し、奴隷を解放できるようになった」と。『ハーパーズ・ウィークリー』はこう書いた。リンカンは「これまで民意を体現してきた」。「今や、その民意は変わってしまったので、行政も政策を変更することが望ましい」と。実際のところ、第二次没収法に署名する数日前に、リンカンは奴隷制と奴隷解放に対する新政策を始めていた。[25]

リンカンが奴隷解放宣言を公布しようと決心したのがいつ頃なのかは明らかになっていない。ハムリンカン家の言い伝えによると、一八六二年六月半ばの時点ですでに、リンカンは副大統領ハムリンに宣言の原稿を読んで聞かせたのだった（しかし、これはあり得ない話である。同年秋、リンカンがそうした決意を公表したとき、ハムリンは驚いたのだから）。オーウェン・ラヴジョイもリンカンから宣言について予め知らされていたと言った。一方、一八六二年七月一日、オーヴィル・ブラウニングは、リンカンから「奴隷制に関連して」いかに戦争を遂行すべきかを述べた原稿を読んで聞かされたと日記に書いていた。この原稿には、新政策は何も出されておらず、それまでの政策が繰り返されているだけだった。戦争中に逃亡してきた奴隷を返還することはできない。黒人を徴兵しない。国会は「州の奴隷制に介入する権限を持たない」。ブラウニングによると、奴隷制の中で戦争の終結まで生き延びた部分を「奴隷州の専管に委ねる」つもりだとさえリンカンは言った。先述したように、その三日後、リンカンは「奴隷解放宣言を発して」独立記念日を「再奉献」しようと求めるチャールズ・サムナーの嘆願をはねつけた[26]。

　七月七日、リンカンはジェイムズ河畔のハリソンの渡しまで出かけ、東部戦線の連邦主力部隊を率いるマクレラン将軍と協議した。マクレランは「キリスト教文明が知る最高の原則に従って」戦争を遂行しなければならない、と主張する手紙をリンカンに差し出した。一般人の財産権を侵害したり、「奴隷を強制的に解放したり」することは文明国の軍隊の沽券にかかわるとマクレランは主張した。だが、マクレランを訪問したことで、リンカンはマクレランの意図とは全く異なる結論に達したようだ。帰途に就いたリンカンはこう確信していた。マクレランのやり方では戦争に勝つことはできない。後にハード・ウォー〔敵軍だけでなく、その存在を支える市民財産までも破壊しようとする戦争。例えば、家屋や食糧を破壊したり、奴隷を解放したりする〕と呼ばれることになったもの、異なる軍隊の間だけではなく、異なる社会の間の戦争が必要になっている、と。これは、南部の一般人を連邦脱退の結果から切り離して扱うそれまでの努力の放棄を意味していた[27]。

七月十日、リンカンはワシントンDCに戻り、国会は奴隷解放条項を含む第二次没収法を成立させた。その二日後、リンカンは南部境界州の代表団と会合を持ち、段階的奴隷制廃止に関する自案を提案した。その翌日の七月十三日、リンカンは海軍長官ウェルズ、国務長官スーアードと同じ馬車で、スタントンの生後間もない息子の葬式に向かったが、その車中で初めて、リンカンは大統領布告による奴隷解放を話題にした。後に、ウェルズはこう述べた。リンカンはこの問題の「重大さを真剣に考えており」、「奴隷解放は連邦を救うために絶対不可欠な軍事的要請だ」と言った。リンカンの意見では、二つの要因が重要だということだ。一つは軍事的な成功を得ていないことであり、リンカンは連邦が連合国に対して「寛大な政策」を採り続けることはできないと確信した。もう一つはリンカンが南部境界州を優先できなくなったことだ。彼は「南部境界州の奴隷解放から手を付けるのではなく、反乱地域の奴隷解放を先に行うべきだと結論づけた」、と。七月十三日の妻宛ての手紙で、ウェルズはなぜ自分がこの重要な告知の聞き役に選ばれたのだろうかといぶかしがった。彼は「それをどう理解すればよいのか見当もつかない」と述べた(28)。

第二次没収法と民兵法に署名した四日後の一八六二年七月二十一日、リンカンは決定的な新法案の作成を決意したと顧問団に語った。彼は四つの命令の原稿を提示した。一つ目は戦場指令官に、敵陣内での食糧調達を認める(つまり、一般市民の財産を接収することのできる)ものだった。その他の命令は以下のようなものだった。黒人を軍隊労働者として徴用してもよい。軍は奴隷を含めて、没収した財産の目録を作成し、連邦に忠誠を誓う者が補償を受けられるようにしなければならない。「黒人を熱帯地方に植民させる」べきだ。最初の三つの命令は基本的に没収法と民兵法を執行するものだったので、顧問団も全員賛成した。だが、植民案を支持する長官はほとんどいなかったので、当座のところ、案は凍結された。顧問団はハンター将軍が再び要求してきた黒人徴兵の問題も議論した。顧問団は要求を支持したが、リンカンは「黒人の武装に反対した」[29]。

その翌日の七月二十二日、引き続き議論がなされた。リンカンは命令の原稿を改めて用意し、顧問団に読み聞かせた。その命令は三つの文から構成されていた。第一文は第二次没収法を引用し、連合軍に六〇日以内に戦争を止めなければ奴隷を含めた財産を没収すると警告するものだった。第二文はリンカンが補償付の段階的奴隷解放を支持していることを再確認していた。第三文は最高司令官としてのリンカンの権限を援用して、こう宣言した。一八六三年一月一日、連合国が支配する「州の奴隷は全て、その時点以降永久に自由身分になる」と[30]。

この最終文は誇示されもせず、ほぼ後からの付け足しでもあったが、奴隷解放宣言の初版だった。それは国会やリンカンが考えてきたことから大きく外れていた。準州の少数の奴隷を解放した法令を別にして、奴隷解放に対するこれまでの措置は、連邦に忠実な者と連合国を支持する者を慎重に区別していた。北部のある新聞はこう不平を述べた。それらの法案は「奴隷がどちらのタイプの主人に所有されているのかという忌々しい区別」にこだわるので、奴隷解放は反乱者に対する罰、奴隷所有の容認は連邦政府に忠実な者に対する褒美になっている、と[31]。その上、これから奴隷を解放する可能性があるとはいえ、第二次没収法は奴隷が連邦側に逃げ込んで初めて、彼らに適用されるものだった。だが、ついに、リンカンは大胆にも、戦時奴隷解放を奴隷州のほぼ全ての奴隷に拡大適用しようとした。奴隷制廃止は即時かつ補償なしで行われる。奴隷所有者が連邦に忠実であろうが、反乱者の味方をしようが、それは解放には全く関係がない。

リンカンの顧問団はこの告知に当惑したようだ。顧問団の中で最も急進的だったチェースは、告知の際、何も言わなかった。会合の直後、彼はリンカンの計画が「これまでの私の意図から」逸脱していると認めた。だが、チェースは州裁判所がそのような宣言で解放された人々の自由を認めないのではないかと危惧し、リンカンの案のせいで「略奪や大虐殺」が起きるのではないかと思った。チェースは連邦軍が南部に侵攻するにつれて、それぞれの司令官がその場その場で奴隷解放を行うべきだと思った。スタントンは数ヶ月間奴隷解放を支持していたので、即座にリンカンの命令を公表すべきだとした。モンゴメリー・ブレアはその命令に反対を表明した。彼は奴隷解放を行えば、同年秋の選挙で共和党が票を失うと考えた。ウェルズは何も言わなかった。後に、ウェルズはこう述べた。リンカンの案は、「長期的にも短期的にも、人間の洞察力では計り知れない結末に満ち満ちている」。それは「全奴隷州に社会的、市民的、産業的、習慣と社会状況の革命」を引き起こすだろう、と。[32]

　最も驚くべき反応はスーアードのものだっただろう。リンカンが奴隷解放宣言の原稿を顧問団に読み聞かせた前日に、スーアードはブラジル大使ジェイムズ・ワトソン・ウェブに手紙を書いていた。そこで、スーアードは「奴隷制がこの内戦を引き起こした」と遠慮なく述べた。数ヶ月間、アメリカの外交官は奴隷解放をはっきりと戦争目的に定め、外国が連合国を承認しないようにするか、何らかの国際調停に乗り出そうとしないようにするべきだと主張してきた。ヘゲモニー国家〔ある時代の世界の超大国のこと〕イギリスは一八三〇年代に自帝国内の奴隷制を廃止していたので、戦争目的が南部の自決権から奴隷制の将来的展望にすり替えられれば、イギリスが連合国を支持する可能性はかなり低くなるのだった。国際情勢はかようであり、スーアード自身も長らく政治的に奴隷制に反対してきたので、誰もがスーアードならばリンカンの案を熱狂的に支持するだろうと考えていたことだろう。だが、長らく、スーアードは戦争が奴隷制を破壊してしまったので、政府があえて動く必要はないと考えていた。実際、彼はこう主張した。奴隷解放案を公表すれば、外国が干渉してくる可能性は逆に高くなる。そうすることで綿花の供給がこの先ずっと不安定になるとイギリスが思うからだ。さらに、リンカンの望み通り、今すぐ奴隷解放宣言を公表すれば、人々はそれが絶望から来た行動だと思い込むだろう。次の軍事的成功を待って公布するほうがはるかに望ましい。七月二十二日の晩、リンカンはスーアードの政治的盟友に会った。その人物はオールバニーの編集者で、「圧力団体の魔法使い」と呼ばれるサーロウ・ウィードだった。ウィードはこう警告した。奴隷解放宣言をすれば、南部境界州は大きな「不満」を持つようになる。さらに、連合国内でその宣言を実行に移すことも不可能だ、と。(33)

顧問団の意見が分かれ、リンカン自身もまだ確信には至っていなかったので、奴隷解放命令はお蔵入りになった。にもかかわらず、議事の結論ではないにせよ、議事録の内容はすぐに新聞に掲載された。『ニューヨーク・イヴニング・ポスト』の通信員はこう報じた。大統領顧問団は連合国の「奴隷制完全廃止」を認めた。「そうでなければ、私はひどく誤った情報を摑まされたことになる」と。その直後の数週間、他の新聞もこう述べた。リンカンは奴隷解放を決定したが、スーアードとブレアの「断固たる反対」のために、その決定を公表できないでいる、と。(34)

リンカンは奴隷解放令を棚上げにしたにもかかわらず、第二次没収法を施行すると南部に警告しただけでなく、顧問団が提案した命令を発し、軍司令官が私有財産を没収したり破壊したりできるようにした（だが、「気まぐれや悪意から」そうすることはできなかった）。一方、新たにヴァージニア方面軍の司令官に任命されたジョン・ポープ少将は独自の命令を出し、配下の兵士にできるだけ進軍中に食糧を得て、居住地域でゲリラ活動に従事した市民を罰し、反乱分子を占領地域から連合国へと追放するよう迫った。マクレランが総司令官ヘンリー・ハレクに「洗練された」戦争からのこうした逸脱を難じた際、ハレクは大統領がポープの命令を理解し、承認していると思われる以上、それを撤回できないと返答した。だが、ポープは自分の政策をほとんど実行に移せなかった。八月末、彼は第二次ブルランの戦い〔南北戦争の東部戦線の一つ。一八六二年八月二八日から三〇日にかけて行われ、北軍が敗退した〕で敗北してしまい、西部方面へと配置換えされてしまった。一八六四年に、はるかに有能なユリシーズ・S・グラント、ウィリアム・T・シャーマンに指揮されるようになって初めて、「連邦軍」は本領を発揮するようになった[35]。

にもかかわらず、戦争の性格は一変し、奴隷解放もそうした変化の一翼を担った。リンカンは奴隷解放令こそ出さなかったが、連邦に忠誠を誓いながら大統領には奴隷制に干渉しないことを求める南部人に憤激を募らせていた。後に確認するように、ジョン・W・フェルプス将軍は奴隷に連邦側への逃亡を促した。ニューオリンズの有力者が将軍の行為に文句をつけてきた際、リンカンはこう言い返した。「あなたが大統領だったら、どうするのかね？（中略）見込みのある手段を全く試さずに、戦争を終わらせようというのか?」と。七月三十一日、リンカンは同じ趣旨の手紙をオーガスト・ベルモントに送った。「覆水盆に返らず」。ルイジアナ州が奴隷制を廃止したくないのならば、すぐに連邦に復帰しなければならない。連邦政府は「自分だけがあらゆるものを賭け、相手は何も賭けない戦争を続けられない[36]」。

2

リンカンが連合国における包括的奴隷解放案に舵を切ったからといって、奴隷解放宣言の適用できない南部境界州に対する以前からの政策をあきらめた、というわけではなかった。秘書ジョン・ヘイによると、この問題は依然「大統領に最も強くのしかかっていた」のだった。むろん、リンカンは南部境界州での計画、連合国に対する差し迫った新政策の両方に取り組んでいたので、長年取り組んできた解放奴隷の植民にますます関心を抱くようになった。南部境界州は依然、州内で自由黒人が増える事態に断固反対していた。『ニューヨーク・トリビューン』のワシントンDC特派員によると、「奴隷解放と同時に解放奴隷の植民を行えば」、ケンタッキー州の連邦主義者は「リンカンの段階的奴隷解放案に反対しない」という、ケンタッキー州選出の上院議員ギャレット・デーヴィスの発言をリンカンは頻繁に引用した。さらに、『シカゴ・トリビューン』によると、北部人も解放奴隷が北部になだれ込み、「放浪する悪党」になると恐れており、このことが包括的奴隷解放の推進に対する最大の障害になっていた。このように、南部境界州での解放案は未決状態のままで、奴隷解放は公表されていないにしろ、目前に迫っていたので、リンカンは植民を一層強く推進しようとした。だからといって、リンカンは政治的理由から不誠実に行動したり、無邪気に行動したりしたわけではなかった。この時点で、彼の植民支持は十年来のものになっていた。解放奴隷がアメリカでどのような位置を占めるかについて、リンカンはまだ真剣に考えていなかったのだった。彼以外のほとんどの共和党員についても同じことが言えた[37]。

国会が奴隷制反対法案を審議し続けた一八六二年の春から初夏にかけて、植民案は重要な役割を果たした。解放奴隷がどのような権利を享受するのかではなく、彼らがどこに住むのかについての議論がなされた。植民の実行可能性を示そうと、植民推進派は数字を駆使して奇妙な結論を出した。フィラデルフィアの合衆国造幣局長ロバート・パターソンは、「出産適齢期に達した黒人女性だけを植民させれば」二十世紀初頭には黒人が「いなくなる」と証明しようとした。（パターソンは自案が「非人道的」であり、南部で「男性奴隷の比率が異常に高くなる」のも危険だと承知していたが、国会がそれを審議することを望み続けていた。）上院では、ジェイムズ・R・ドゥーリトルが手の込んだ表を用いて、毎年一五万人を植民すれば、一九〇七年までに「奴隷は跡形もなく」消えてなくなると言った[38]。

ワシントンDCでの奴隷制廃止法、第二次没収法の両方に、希望者の植民を規定する箇所があった。一八六二年、国会は総額六〇〇万ドルを割り当て、アフリカ系アメリカ人の植民を援助しようとした。共和党員全員の支持を受けて、国会はハイチ、リベリアと国交を樹立しようというリンカンの要求を認めた。七月十二日、リンカンは南部境界州選出の国会議員使節団と面会した際、ハイチ総領事を任命した。共和党急進派はこの措置が黒人共和国を「国家の家族的集合」における対等な構成員だと認めたものだと賞賛した。だが、多くの国会議員は植民を推進する期待もあって、賛成しただけだった。[39]

国会で最も熱心に植民を推進したのは、南部境界州の連邦主義者と北西部の共和党穏健派だった。ライマン・トランブルは第二次没収法の原案に植民条項を付け、率直にこう説明した。「西部には（中略）自由黒人を受け入れることに対する非常に大きな反感がある。我々の人民は黒人と関わりたいと全く思っていない」と。イリノイ州共和党の有力者ジェイムズ・C・コンクリングら多くの有権者がトランブルに手紙で、彼のとった立場は「共和党員が黒人崇拝者だといつも激しく非難する」民主党に反駁していると褒め称えた。共和党急進派は基本的に長らく北部の自由黒人の権利を擁護してきたので、植民案に反対した。ジョン・P・ヘールはニューハンプシャー州選出の上院議員で共和党急進派に属していたが、彼は「黒人全員をアメリカから追い払うなどという考えは、これまで人々が思いついてきたものの中で最も馬鹿げたものだ」と述べた。だが、急進派の多くは大統領や南部境界州、西部共和党員をなだめようとした。[40]

共和党の国会議員の中には、黒人も「根っからの市民」であり、政治的、社会的平等を享受できないものの、「基本的人権と労働の対価を享受できる権利については白人と同等である」と言う者もいた（これはリンカンも一八五〇年代にとっていた立場だった）。だが、植民に反対する人々でさえ、解放奴隷が温暖な気候や家族の絆などといったもののために、南部に留まり続けるだろうと主張した。リンカンは国会審議に直接的な影響力をほとんど行使しなかったようだが、植民推進派はリンカンの名前を引き合いに出した。『ニューヨーク・タイムズ』は、リンカンとフランク・ブレアが「この問題全般にわたって」完全に意見を一致させていると述べた。[41]

一八六二年には、様々な植民案が持ち上がった。ブラジル公使ジェイムズ・ワトソン・ウェブは『ニューヨーク・クーリエ・アンド・エンクワイアラー』の編集者として植民を推進していた一八三四年、反奴隷制廃止論の暴動に油を注いだことがあったが、彼は株式会社を作ってアマゾン川流域にアメリカ黒人を住まわせるべきだと提案してきた。ワシントンDCに滞在するデンマーク代理大使は、セントクロイ〔カリブ海のヴァージン諸島の一島。現在はアメリカ領〕に黒人を植民するよう行政府に求めてきた。一八四八年に、デンマーク政府がその地の奴隷制を廃止して以来、砂糖大農園は「肉体労働者不足」に悩まされていたのだった。[42]

ここで、チリキ計画が蘇った。一八六一年、リンカンはその計画をアンブローズ・W・トンプソンと話し合ったが、トンプソンはコロンビアのチリキに植民用の土地を購入すべきだと主張した。トンプソンの息子は連邦陸軍大尉であり、土壌や気候、炭鉱、「亀や魚」が港に溢れているといったことさえも含む、チリキの魅力をリンカンに手紙で詳しく説明した。もっと実際的な点では、トンプソン・ジュニアはチリキのアメリカ植民地が「中央アメリカと南アメリカに圧倒的な影響を及ぼす」だろうと予測した。一八六二年四月、内務長官ケーレブ・B・スミスはこう勧めた。政府はトンプソンに三〇万ドルを融通し、チリキに炭鉱を開かせるべきだ、と。これは「最後には合衆国から余分な黒人を追放する、重要な国策」の嚆矢になる、とスミスは大統領に手紙で述べた。リンカンは顧問団の誰よりもスミスの報告書に興奮した。一八六二年六月、リンカンはジェイムズ・ミッチェル師を内務省移民局長に任命した。ミッチェルはインディアナ州の植民推進派であり、リンカンはこの九年前に彼に会ったことがあった。[43]

植民を巡る議論が過熱してくると、黒人の反対も強まった。「植民の意思を表明した黒人はあまりいない」と、マサチューセッツ州のある新聞は述べた。ミッチェルが呆然としたことに、一八六一年から六二年にかけて自由を獲得した黒人の「ほとんどが、新しく付与された自由と公民権に満足していた」。リンカンはこうした植民忌避の動きに対抗しようと、一度限りで、植民案をアメリカ黒人に直接提起することにした。七月初め、リンカンはミッチェルに、黒人代表団をホワイトハウスに呼びつけるよう求めた。ミッチェルはワシントンDCの黒人教会員に招待状を送った。教会員は植民案が「不適切、不吉、愚策」だとする決議案を採択した。だが、大統領との面会まで拒絶するのは礼儀に欠けると彼らは考え、五人の委員を任命した。ミッチェルによると、一八六二年八月十四日、「アメリカ史上初めて、親切心から」大統領が「大勢の黒人と会見、懇談した」(44)。

だが、実際のところ、リンカンがアフリカ系アメリカ人の有力者に会ったのはこれが初めてではなかった。一八六二年四月には、リンカンは黒人神学者ダニエル・A・ペインとワシントンDCでの奴隷解放案について、四五分間だけ話し合っていた。同月、リンカンはリベリア政府高官二人と植民について議論した。高官の一人は著名な汎アフリカ主義者アレクサンダー・クラメルだった。二人がリンカンに「強制的植民」を支持するよう迫ったと新聞が報じたので、アメリカ黒人は「ひどく騒ぎ立てた」。リンカンは慌てて二人に手紙を書き、中傷被害の修復を図った。「あなたがたをはじめいかなる人物も、私の面前で、リベリアやそれ以外の場所への解放奴隷の強制的植民を支持したことは決してない」とリンカンは認めた(45)。

黒人代表団に対するリンカンの八月十四日の発言のせいで、この日の会合は彼の生涯を通じて最も激しく論争を呼ぶものになった。リンカンは代表団にこう語った。「あなたがたは我々と異なる人種だ」。白人側の偏見のせいで、「解放奴隷でさえ、決して白人種と平等に扱われることはない（中略）。

それ故、両種族は分離されるべきなのだ」。リンカンは奴隷制を強く非難した。「私の意見では、あなたがた黒人は人間に課せられる罪悪の中で最悪のものを味わっている」。だが、リンカンは自分が人種差別主義者ではないとしながら、人種差別を非難することもなかった。彼はこう言った。合衆国で「黒人が白人種と平等に扱われる」ことは決してない。このことの「善悪を私が論じる必要はないだろう」と（リンカンは奴隷制に関するスティーブン・A・ダグラスの不可知論を激しく非難していただけに、この発言は注目に値する）。黒人の存在が南北戦争を引き起こしたと、リンカンは非難した。「合衆国にあなたがた黒人がいなければ、戦争は起こらなかっただろう」。紛争の解決策として、リンカンは黒人の植民を提案した。彼はチリキに言及しなかったものの、中央アメリカが良港と「炭鉱に恵まれ」、少人数で植民しても上手くやっていける土地だと褒め称えた。リンカンはジョージ・ワシントンが独立戦争時に舐めた「苦難」を引き合いに出し、黒人も植民に同意して「快適な現状をある程度放棄」すべきだ、と主張した。植民案を拒絶するのは「利己的すぎる」。だが、リンカンは植民を強く支持していたにもかかわらず、ベイツ、ブレア家ら南部境界州の奴隷解放論者とは違って、植民は自発的なものでなければならないと主張し続け、実際に、決定権を黒人たち自身に委ねた。だが、この発言のせいで、それまで以上に、リンカンは黒人問題を最も確実に解決できる植民案に深く関わることになった、と『ニューヨーク・タイムズ』のワシントンDC特派員は述べた(46)。

その会合には速記者がいたので、リンカンの発言はすぐに全米の新聞に掲載されたが、むろん、彼はそれを狙っていた。エドワード・M・トマスは代表団のスポークスマンだったが、彼はリンカンに手紙で、その発言が説得力あるものだったと告げた。「あなたが植民の利点を我々に上手く説明するまで、我々は植民案に完全に反対していた」。だが、全体的に言えば、この会合はリンカンがその一ヶ月前に南部境界州選出の国会議員と懇談した際と同じような結果になった。要するに、会合は失敗に終わったのだった。奴隷制反対論者のほとんどだけでなく、反対論者ではない多くの人々も、出版されたリンカンの短い発言を読んで、うろたえたのだった。ニューヨーク市警視総監ジェイムズ・ボーエンはこう述べた。「その案はただただ馬鹿げたもので、イカサマか田舎弁護士の政策といったものだが、行政府に味噌をつけた」と。財務長官チェースも会合にショックを受けた。「人種差別に対する男らしい抗議があれば、どれほど良かったことだろう」と彼は日記に書いた。ニュージャージー州に住む黒人A・P・スミスは大統領に手紙を送った。「どうか教えてください、リンカンさん。我々黒人はあなたほどには、この国を故郷にする権利を持っていないのでしょうか？（中略）あなたはアメリカ人ですか？　我々もアメリカ人です。あなたは愛国者ですか？　我々も愛国者です」。黒人の存在が「現在の流血沙汰を引き起こした」という発言と、黒人が「生まれ育った土地」に住み続けたいと思うのは「犠牲を払い」たくないからだという発言は「完全な侮辱」だ、と黒人は思った。(47)

あらゆる人々の中で最も激しく憤ったのはフレデリック・ダグラスだった。彼は人種決定論を超越した社会を思い描いていたが、それはリンカンが述べたと彼が指摘する「人種と血の誇り」とは正反対に位置するものだった。ダグラスはこう不平を漏らした。「リンカン氏は植民推進派の巡回説教師の言葉と議論を用い、一貫性のない自身の態度（中略）、黒人への軽蔑心、もったいぶった偽善心を暴露している」と。黒人ではなく、奴隷制が戦争を引き起こしたとダグラスは指摘した。政治家が実際にやるべきことは、黒人にとっての「最善」策を決定し、彼らに恩を着せることではなく、黒人に自由を認めることである。その一四年後、ワシントンDCのリンカン像除幕式で、ダグラスは有名な演説を行ったが、その時でもまだ、一八六二年の会合は尾を引いていた。リンカンは「我々が戦争を引き起こし（中略）、我々が生まれ育った土地から立ち去るべきだという奇妙な発言をした」と、ダグラスは言わずに済ませることはできなかった。(48)

黒人代表団との会合について、ロンドンのある新聞はこう述べた。「政治家が自身の言葉の重みを意識することがあったとすれば(中略)、リンカンはまさにその重みを実感したにちがいない」と。だが、リンカンは自身の発言が人種差別を強化し、人種差別主義者が信念に基づいて行動に出たことを見落としていた。北部の黒人は、大統領の声明が発表されて以来「何度も侮辱されたり、この国から出ていけと言われたりしている」と述べた。一八六二年夏には、黒人を標的にした暴動が頻発した。『シカゴ・トリビューン』はこう述べた。「近頃、北部都市の品位を下げている暴動や騒擾だけが目立っているが、リンカンが黒人代表団と行った会合は「それらの広範かつ憂鬱な背景になっている」。「思いやりのある」リンカンが「こうしたこと全てを意図しているわけではないが、そう勘繰らざるを得ない」と。[49]

リンカンはこうした反応を気にも留めず前進した。会合の数日後、リンカンはカンザス州選出の上院議員サミュエル・C・ポメロイと植民案を徹底的に話し合い、中央アメリカに向かう黒人植民団を組織するというポメロイ案を認めた。それ以前には、ポメロイは植民に反対していた。彼は万一誰かがこの国から出ていかなければならないのなら、「いなくなっても全く困らない」奴隷所有者がそうすべきだ、と皮肉を言っていた。だが、ついに、一八六二年八月二十六日、ポメロイは「大統領公認の」演説を行い、彼とともにチリキに向かう黒人家族一〇〇組を募集した。数日間で、彼は一〇〇以上の応募を受け取った。実際のところ、フレデリック・ダグラスもポメロイに手紙を出し、彼の二人の息子も参加したがっていると伝えた。むろん、ダグラス自身はこの案に反対していた。九月十一日、メリーランド州で重要な軍事行動が始まったが、リンカンは内務長官スミスにチリキ会社と協定を結ばせた。それによると、合衆国政府は植民者用の土地を購入し、炭鉱開発用の資金を前払いする、とのことだった。また、協定には、一万人の植民者を派遣する、とあった。十月までに、一万三〇〇〇以上の移住希望者の名簿ができたとポメロイは言った。たとえ彼が誇張していたとしても、黒人の中には、その案が魅力的なものだと感じた者もいたことは間違いない。応募者のほとんどは、逃亡奴隷やワシントンDCの解放奴隷ではなく、北部の黒人だったようだ。(50)

リンカンは黒人代表団と会合を持ち、植民をさらに推進したが、それは奴隷解放令を棚上げした七月の決定からその二ヶ月後の奴隷解放予備宣言の公布までの間に起こった数々の異常事態の中に含まれていた。その間、軍事状況はほとんど好転せず、奴隷解放を求める声も高まり続けていた。私人としてのリンカンは「上手く反対を切り抜けた」と言ったが、新聞で大々的に報じられたように、彼は奴隷解放宣言を出すことに躊躇した発言を繰り返していた。振り返ってみれば、リンカンは北部人に来たるべき奴隷解放宣言への心の備えをさせようとしていたのだ、と思われる。

この二ヶ月間、民主党系だけではなく共和党系の新聞も、行政府に「決断力と目的がない」のを批判した。国会延期後に地元に帰った共和党国会議員は、民意が「戦争を精力的に遂行する」ことを求めているのに気づいた。オハイオ州のジョン・シャーマンは兄ウィリアム・T・シャーマン将軍にこう手紙を書いた。「黒人問題について、当地の民意を変えてみせようなどと思いつきもしないでしょう。(中略)包括的奴隷解放という大きな問題に対処できる案を準備しているところです」と。ホワイトハウスにも、奴隷制に反対する行動を求める手紙が押し寄せた。「反乱を鎮圧するには、包括的奴隷解放を行わねばならない」とペンシルヴァニア州の有力編集者ベンジャミン・バナンは述べた。(51)

こうした議論において、神意が取り沙汰されるようになった。リンカンのような人物からすれば、この状況は奇妙なものだった。彼の宗教的見解は、控え目に言っても、真っ当なものではなかったからだ。北部の牧師は説教を行い、ホワイトハウスに請願書と代表団を送った。彼らは南北戦争が奴隷制の罪悪に対する神の裁きだと言い、神はリンカンに奴隷を解放させたがっていると請け合った。リンカンは「シカゴのキリスト教全宗派」の代表者二人と面会したが、その際、彼は神意が自明であるという考えを上品に当てこすった。問題を別な角度から見る聖職者が圧力をかけてきたが、「彼らも同じように自分たちが神意を体現していると考えている」とリンカンは指摘した。連合国民も神が自分たちの味方だと信じている。なぜ神は決定権のある自分ではなく、代表者二人に意志をお伝えになったのだろうか、とリンカンは問い質したが、「直接啓示」があるなどとは思っていないと慌てて付け加えた。

その頃、リンカンは奴隷解放の良し悪しを議論していた。彼は自問自答した。むろん、一方で、奴隷制は「反乱の根源」だった。奴隷解放をすれば、「我々がヨーロッパで有利になり、北部でもいくぶん有利になり」、連合国は不利になる。他方、リンカンは南部境界州が「反乱側につくのではないか」と考え続けていた。その上、「全世界」は施行不可能な宣言の公布が、「彗星に対する教皇の教書」〔ローマ教皇カリクストゥス三世（一三七八―一四五八）は彗星を不吉な兆候と怯え、彗星を破門した〕と同じく、負け犬の遠吠えであると考えるだろう。奴隷解放をすれば北部は団結する原則を得るだろうと長官たちは言ったが、リンカンはそれを不快に思った。「我々はすでに重要な原則、すなわち、立憲政体が脅かされているという事実を持っている」と彼は述べた。(52)

リンカンがホワイトハウスで黒人代表団と会合を持った六日後の八月二十日、ホレス・グリーリーは『ニューヨーク・トリビューン』に公開状を掲載した。それは大統領に向けたもので、「二〇〇〇万人の祈り」と題されていた（その数は、だいたい、北部の全人口に匹敵した）。公開状は多くの問題を扱っており、リンカンが南部境界州の「時代遅れの政治家」に服従しているようだと書いていた。だが、基本的に、それはリンカンに、「奴隷解放条項」を持つ第二次没収法を施行するよう迫っていた。これは奇妙な要求だった。というのは、七月下旬に、リンカンは宣言を出し、連合国民に六〇日間で反乱を止めるか、同法の施行によって財産を没収されるかを選ぶよう迫っていた。この猶予期間はあと一ヶ月あった。リンカンはしようと思えば、グリーリーの要求を実行しているところだとだけ答えてもよかっただろう。あるいは、『シカゴ・トリビューン』と同様に、リンカンはこう指摘することもできただろう。第二次没収法の下では、反乱者所有の奴隷が連邦側に逃げ込んだ場合、奴隷は合法的に「自由になって」おり、奴隷の自由資格は大統領の承認を必要としない、と。リンカンはこのようには答えないで、リンカンは公開状で返答した。グリーリーの公開状が即時かつ無条件の奴隷制廃止を求めていると解釈した。リンカンは公開状で返答した。これは最もよく引用されてきたものである。彼はその公開状を競合他社の『ワシントン・ナショナル・インテリジェンサー』に掲載させたが、グリーリーはこれを自分に対する侮辱だと捉えたにちがいない。

私は連邦を救いたいのだ。法に則り、最も簡便な方法で連邦を救いたいのだ(中略)。この戦争における私の至上命題は、連邦を救うことであって、奴隷制を維持したり廃止したりすることではない。一人の奴隷を解放せずに連邦を救えるのなら、私はそうしたい。奴隷を解放することでしか連邦を救えないのなら、私はそうしたい。奴隷制と黒人に対する私の措置は、それが連邦維持に貢献すると思うからやっているのだ(中略)。以上は私が大統領の責務だと信じるものに従って、私の意図を説明したものである。むろん、これまでしばしば口にしてきた、万人はいかなる場所でも自由を享受できるという私的願望を変更しようとは思っていない。(53)

共和党穏健派はグリーリーの「無礼な」公開状に対するリンカンの返答が奴隷制と戦争の関係を「最も明快に説明している」と褒め称えた。ウェンデル・フィリップスはリンカンの返答が奴隷制の運命に無関心だと思ったので、『ニューヨーク・トリビューン』の編集長を務める奴隷制廃止論者シドニー・

ハワード・ゲイへの手紙でこう述べた。その返答は「自由国民の長が書いたものの中で最も不名誉なものだ」と。だが、ゲイ自身はリンカンを賞賛した。北部人「一般の認識」ではリンカンはすぐに「奴隷制廃止」が連邦の維持に必要だと言うだろうとのことだ、とゲイは述べた。

ゲイの発言は洞察力に満ちていた。むろん、リンカンは戦争に勝つことと連邦を維持することを第一に考えており、弁護士時代に遡っても、常に職業的な責務と個人的信念を分けて考えていた。だが、グリーリーへの返答はリンカンが逸脱するつもりのない原則を表明したものではなく、彼の心に秘めていた政策転換に北部の民意を心構えさせる手段だったと捉えるべきである。むろん、それは全奴隷の解放が、半年前や一年前とは違って、現実的な選択肢であると告げていた。だが、おそらく、最も意義のある評価をしたのは『スプリングフィールド・リパブリカン』だっただろう。その編集者はリンカンの見解を賞賛したが、連邦「維持」という原則自体が再考を迫られている、と指摘した。戦前の連邦は完全に失われてしまったのだ[54]。

大変化の兆しは、一八六二年夏に黒人兵士徴用に対して見せた行政府の動きにもあった。七月、陸軍省は三〇万の志願兵を募ったが、それは不満足な結果に終わった。八月四日、陸軍省は再び三〇万の志願兵を募ったが、今度は、必要な際には州民兵を徴募すると脅した。有力国会議員は数ヶ月間黒人徴募を支持しており、リンカンが望めば、民兵法と没収法はそれを可能にしていた。だが、当座のところ、彼は黒人を「非戦闘員」として雇用することを認めただけだった。長らく、リンカンは黒人徴兵を求める声に反対していた。彼は南部境界州、将校のほとんど、白人兵士の多くがそうした動きに反対していることを知っていた。リンカンは黒人の戦闘能力を疑ってもいた。彼はシカゴの牧師団にこう言った。「仮に黒人を武装しても、数週間で、黒人部隊は反乱軍に制圧されてしまうだろう」と[55]。

一八六二年八月、政策の変更が始まった。平和的に遂行するかぎり、各地の司令官が主導権をにぎるべきだとリンカンは考えた。熱血漢のジョン・W・フェルプス将軍はバトラー将軍に、ルイジアナ州で勝手に徴募した黒人部隊用の武器を送るよう求めた。バトラーがこれを拒否したので、フェルプスは辞任した。だが、財務長官チェースはバトラーに、黒人を徴兵しないわけにはいかないと警告した。八月八日、政治的嗅覚に優れた妻サラは夫バトラーに、「あなたの政策ではなく、フェルプスのそれが標準なのです」と手紙で知らせた。バトラーは政治の風向きが変わりつつあることを知り、第一国防隊を連邦軍に編入させるつもりだとスタントンに述べた。その隊はルイジアナ州の自由黒人による部隊で、それまでは連合軍に従っていた。だが、隊所属の黒人兵士全員が自由身分だったわけではなかった。というのは、ニューオリンズの財務官が説明したように、「黒人兵が奴隷であるか（あるいは、奴隷であったか）どうかを気にする者はいない」からだった。

皮肉なことに、南北戦争に従軍した最初の黒人は、現在のオクラホマ州にあったインディアン特別保護区で戦った。一八六一年十一月から十二月にかけて、クリーク族とセミノール族の連邦主義者は、部族長が連合国と締結した同盟を拒絶し、親南部勢力と互角の戦いを繰り広げ、カンザス州へと退却した。こうした一連の戦いで、約三〇〇人の黒人兵士は連邦側で戦った。彼らはインディアンと暮らす元奴隷や自由黒人だった。カンザス州選出の上院議員ジェイムズ・H・レーンは、すぐにインディアンを連邦軍に編入させようとしたが、陸軍省は西部白人の反対を恐れて躊躇した。だが、一八六二年五月、第一インディアン国防隊は連邦軍に編入されることになった。隊はその名称に反して、三人種から構成されていた。カンザス州の白人、インディアン、黒人は一緒に戦った。一八六二年七月、部隊はインディアン特別保護区に攻め入ったが、その地を連合国の支配から切り離すことはできなかった。[56]

一方、レーンも、きちんと許可を得ずに、カンザス州で徴兵し黒人部隊を創設した。『ニューヨーク・トリビューン』のワシントンDC特派員によると、陸軍長官スタントンとリンカンは自分たちが干渉しないことをレーンに伝えたが、数ヶ月間、レーンは「[黒人兵士を]人々の目につかない」ようにしなければならなかった。八月二十五日、スタントンはサウスカロライナ州に駐屯するルーファス・サクストンが五〇〇〇人の黒人兵士を徴募するのを認めた。スタントンは自身の命令書にメモを付した。「この書簡は絶対に人目に触れてはいけない。というのは、これは民意にはるかに先んじているからだ」。これらの措置は黒人徴兵を全国で開始するためではなく、特定の地域で労働力不足を補うためのものだった。だが、軍の兵士需要は徐々に高まりつつあったので、全国各地での黒人部隊の創設をずっと先延ばしにすることはできなかった。(57)

3

リンカンがホレス・グリーリーに宛てた公開状に関して、ある記者はこう評した。「リンカンの発言の趣旨からすると、ヴァージニア州での次の戦闘で我が軍が大勝利を収めれば」奴隷解放宣言は「即座に公布されるだろう」と。その数日後、連邦軍は第二次ブルランの戦いで屈辱的な敗戦を喫した。九月十七日、アンティータムで、ジョージ・B・マクレランはメリーランド州への連合軍侵攻を阻止したが、一日当たりの死傷者数では、この日のものが南北戦争中最大だった。このときにようやく、連邦軍はリンカンの待ち望んでいた勝利を得ることになった。一八六二年九月二十二日、リンカンは顧問団にこう告げた。七月、奴隷解放令発布は延期ということになったが、発布をこれ以上後回しにできない。「私はこの問題に憑りつかれている。今や、それを公布すべきである」。ロバート・E・リーの軍隊がメリーランド州から駆逐された暁には、奴隷解放宣言を出すと自分は神に誓った、と。リンカンはこのことに触れなかったが、連合国民に認められていた第二次没収法可決後六〇日の執行猶予期間が翌二十三日に満期を迎えるので、さらに踏み込んだ政策が求められていた。いずれにせよ、リンカンは公布を決断していた。だが、彼は顧問団に諮り、文言の修正案を募った(58)。

リンカンが顧問団に提示した奴隷解放予備宣言は、延期になった七月の解放令と同様に、連合国が一月一日までに反乱を止めるか、奴隷を失うかを決定すればよいとしていた。予備宣言は段階的奴隷解放という選択肢も用意し、解放奴隷の植民を支持していた。だが、スーアードに諌められたリンカンは文言を書き換え、植民者自身と中央アメリカ政府の同意がなければ、植民を推進しはしないと明言した。一方、七月の解放令とは異なり、予備宣言は三月の陸海軍条令と七月の第二次没収法を引用し、逃亡奴隷と奴隷解放に関する条項を軍人に執行させた(以前、グリーリーはそれを求めていた)。リンカンが顧問団に提示した草稿には、奴隷の自由は「現職大統領」の在任期間中のみ保証されるとあったが、この記述は、正確な言い回しを心掛けていたリンカンからすれば、奇妙なものだった。リンカンの退任後、奴隷の身分はどうなるのだろうか? スーアードとチェースはこの記述に反対し、リンカンはそれを削ることにした。宣言の完成版には、その適用を受ける人々が「永久に自由身分である」とあった(59)。

モンゴメリー・ブレア以外の長官はリンカンの決定を支持した。「連邦、ひいては自由の大義からすると、この行為は専制的だ」とウェルズは述べた。ニューヨーク民主党指導者サミュエル・L・M・バーローの諜報員は、ワシントンDCから次のように報告していた。宣言は「北部での革命」を予告している。「当地では、もはや誰も保守主義について話していないし、由緒ある憲法にも触れていない」と。だが、全般的に言えば、一八六二年九月二十二日の予備宣言によって、奴隷制を廃止する二通りの方法が始まった。予備宣言は反乱州では包括的奴隷解放を支持していたが、南部境界州では段階的、補償付の奴隷解放を行うことに固執していた。むろん、連合国で奴隷解放を行えば、あらゆる地域の奴隷制が決定的な打撃を受けることになった。深南部で奴隷制が廃止されれば、「メリーランド、ケンタッキー、ミズーリ州が奴隷制を維持することは絶対に不可能だ」と『ハーパーズ・ウィークリー』は指摘した。『スプリングフィールド・リパブリカン』はこう述べた。宣言から、「感動的な未来を垣間見ることができるが、そうした未来の正確な輪郭を現時点で定めることはできない。「社会的、政治的、経済的に巨大な革命が反乱している全州で起こることだろう」と。(60)

奴隷解放予備宣言は「その頃の噂や非公式の報告から、ある程度予想されていた」とある新聞は述べた。にもかかわらず、一般市民の反応は強烈だった。『ニューヨーク・トリビューン』は予備宣言によって「羊と山羊を見分けることができる」と予言した。むろん、この予言は南部境界州、南部の占領地域に当てはまった。そこでは、予備宣言が連邦主義者の連帯にくさびを打ち込んだ。トマス・A・R・ネルソンはホイッグ党の前国会議員で、テネシー州の連邦主義者の中でも最有力者だったが、彼はリンカンが「我々の自由の痕跡を完全に消し去ろう」としていると非難し、連合国に寝返った。宣言は南部境界州には適用されなかったが、その地での反応のほとんどが敵意に満ちていた。「その法案は完全に不当で邪悪なものだ」と『ルイヴィル・ジャーナル』は述べた。「ケンタッキー州はこの法案を黙認できないし、そうするつもりも絶対にない」。一方、ミズーリ州の共和党急進派はブレア家とともに州政治を掌握しようとする戦いの中で奴隷解放を求めてきたので、予備宣言を賞賛した。「その宣言の公布はこの時代のこの大陸において最も気高い行為だ」と、急進派の指導者B・グラッツ・ブラウンはセントルイスから書き送ってきた。(61)

北部共和党員のほとんどは宣言を歓迎した。宣言が出された際、一二人の州知事がペンシルヴァニア州アルトゥーナに集まり、戦時の政策を議論していた。彼らは投票で休会を決め、ワシントンDCに代表団を派遣し、祝賀の意を表した。ニューヨーク州選出の上院議員アイラ・ハリスは「自分よりもはるかに保守的な人物までもが」リンカンの政策に賛成している、と報告した。主戦派民主党員の多くもリンカンの政策に賛成した。「彼らが黒人を失ったところで、それは我々のではなく、彼らの責任である」と、イリノイ州の主戦派民衆党員は述べた。奴隷制廃止論者や共和党急進派の中には、予備宣言が奴隷制を道徳的に非難していないのを嘆く者もいた。宣言は「戦時法案にすぎず、正義や人道という原則を全く考慮していない」とリディア・マリア・チャイルドは不平を言った。だが、彼らのほとんどが大喜びしたが、その中には、これまでリンカンを最も厳しく批判してきた人物もいた。ベンジャミン・F・ウェードは「リンカンと宣言に万歳」と大喜びした。「この宣言の日から、自由の地としての（中略）アメリカ史は始まった」と『シカゴ・トリビューン』は述べた。その一ヶ月前に、フレデリック・ダグラスはリンカンが植民を支持していると激しく非難していたが、ダグラスはこう評した。奴隷解放予備宣言は、アメリカの大統領がこれまで出した声明文の中で最も重要なもので、新時代のアメリカの「第一章」である、と。リンカンが「後戻りをすることはない」とダグラスは読者に請け合った。ホワイトハウスには称賛の声が殺到した（「虚栄心の強い人間なら、こうしたものだけを欲することだろう」とリンカンは述べた）。[62]

「解放奴隷は法に裏打ちされた権利を享受すべきだ」と『スプリングフィールド・リパブリカン』は書いた。だが、予備宣言は彼らの将来の地位をきちんと定めていなかった。多数の解放奴隷が国外への植民に賛成するだろうと、リンカンは依然思い込んでいた。予備宣言を協議した二日後の九月二十四日だけでなく九月二十六日にも、顧問団は植民問題を議論した。海軍長官ウェルズによると、リンカンは「我々と対等な人間だとは決して認めてもらえない解放奴隷に避難所を提供」しなければならないと考えていた。リンカンは「黒人が植民する」西アフリカや中央アメリカの政府と協定を結べると考えていた。奴隷解放と植民が同義なのは「はっきり」している、とウェルズは日記に書いた。司法長官ベイツは強制的植民を再提案した（「その数が多ければ多いほどよい」と考えていた）が、リンカンは反対した。「彼らの植民は自発的なものでなければならず、彼らが犠牲を払うようなことがあってはならない」[63]

顧問団の議論までに、アンブローズ・W・トンプソンがコロンビアに所有する土地の権利、その地の天然資源に関する大げさな話、コロンビア政府の態度といった数々の問題が生じていた。ウェルズはトンプソンの計画全体が「前行政府の陰謀の腐り切った残滓」だと考えた。下院歳入委員会はその地が「居住に適しておらず」、いずれにせよ、トンプソンが「その地の一インチたりとも所有権を持っていない」と判断した。スミソニアン協会は一流の科学者がチリキ産石炭の見本を調べたところ、それが無価値だと判明したと報告した。その石炭を船に積載したところで、それは「勝手に発火する」とのことだった。一八六〇年以降、コロンビアも内戦状態にあり、それは合衆国の内戦ほど血なまぐさくはなかったが、チリキに解放奴隷を住まわせる協定を締結できる人物が特定できなかった。さらに、中央アメリカの他の政府は、自分たちの土地に植民地が建設されるという政治的議論について、国務長官スーアードに文句を言ってきていた。顧問団は相手国政府の賛成がない限り植民案を推進できないと認めた。九月二十四日、行政府はその翌週に出発するはずだったポメロイの植民事業を一時停止させた。[64]

スーアードは西半球にアメリカ帝国を建設するというブレア家の熱狂を共有していたが、植民に関しては長らく「深い疑い」を抱いていた。従って、リンカンは植民を推進する際にスーアードを仲間に入れなかったのだろう。スーアードはそれなりの数の黒人が自発的に植民するとは思わなかったし、合衆国が国内の全ての労働力を必要としていると思っていた。「人民や州を連邦に編入することにずっと賛成し、それらを追放することにずっと反対してきた」と彼は言ったことがあった。実際、一八六一年から、スーアードは北部の黒人にパスポートを発行し始め、彼らも合衆国民であると述べていた。この行為は〈ドレッド・スコット〉判決を否定し、植民とは異なる黒人の将来像を呈示していた。リンカンとスーアードは大変に親しかった。リンカンの暗殺直後、スーアードの秘書ジョージ・E・ベイカーはこう語った。彼らの「意見が異なったのは一点だけだった。それは黒人の植民に関することだった」と。(65)

にもかかわらず、リンカンが植民に関する協定の締結を望んだので、九月三十日、スーアードはカリブ海地域に植民地を持つイギリスやフランス、オランダやデンマーク政府に回覧状を送付し、アメリカからの黒人植民者を受け入れる協定を締結するよう求めた。彼は協定に数多くの条件を付けたので、各国からの否定的回答はほぼ確実だった。その条件とは、植民者の到着時に住まいが確保されていなければならない、十分な補償金が支払わねばならない、学校や医療機関が存在しなければならない、植民者が完全な市民権を享受できなければならない、といったものだった。興味を示した政府はほとんどなかった。一八六二年十月末までに、内務長官スミスは行政府に「筋の通った」植民「案」がないことを認めなければならなかった。だが、その一ヶ月後、リンカンはチェースへの手紙で、チリキに関する協定が依然締結可能であると期待していた。(66)

植民を支持すれば奴隷解放の批判分子を宥めることができるとリンカンが予想していたとすれば、一八六二年の選挙では、それが間違いだと判明した。選挙活動では常にあることだが、人身保護令状の一時停止といった市民的自由の侵害、ミシシッピ川の通商閉鎖がノースウェストに与えた経済的影響、軍事的不成功など、多くの問題が有権者の決定に影響した。だが、民主党員は活動のほとんどを、共和党員が「黒人崇拝者」だと非難することに費やした。リンカンが独断で非合法に戦争目的を変更した、と彼らは非難した。奴隷解放をすれば、南部では「性欲と強奪の騒擾が頻発」し、北部では「黒人労働者や乞食が群れをなして大地を黒く染め上げる」だろう。民主党は黒人に対する恐怖心を煽り、選挙で躍進した。党はニューヨーク、ニュージャージー州の知事職を獲得、イリノイ、インディアナ州議会で過半数を確保し、連邦下院でも三四議席を獲得した。国会での議席を失った者の中にはリンカンの盟友ジョージ・P・フィッシャーもいた。それはデラウェア州有権者が大統領の補償付奴隷解放案を拒否したことを意味していた[67]。

だが、選挙結果はワシントンDCの新聞が「一連の壮観」と呼んだものに全く影響を与えなかった。その壮観は政治家や将軍が慎重に練り上げた政策を「打ちのめして」いた。実際、激烈な変化の際に必ず生じる矛盾を反映する形で、リンカンが植民を推進する一方で、行政府は黒人を自由労働者、アメリカ市民として認知する動きを見せていた。連邦軍では、将校が第二次没収法に則って全黒人を自由人として扱い、賃金を払っていた。ミシシッピ渓谷では、グラント将軍が軍の駐屯地に押し寄せる解放奴隷の「面倒をみる」ようジョン・イートンに命じた。イートンはダートマス大学を卒業し、オハイオ州トレドで教育長を務めたことがあった。彼は「戦時禁制品収容所」の学校に数千の解放奴隷を登録した。ルイジアナ州では、ベンジャミン・F・バトラーが「自由労働という実験」を開始し、黒人が連邦支持の大農園主の下で賃金労働をしていた。リンカンが自由労働についての詳細を求めてきた際、バトラーはこう返答した。黒人の「自由」労働は確実に「奴隷制と同程度の利益を生み出す」。「奴隷制が滅ぶ」と全軍人が信じている、と。一方、黒人兵士の徴用に対する動きは、戦後に彼らがどういう位置を占めるのかという問題を提起せざるを得なかった。「アフリカ人を兵士として徴用し、戦後に追放するのでは、彼らを人間扱いしていることにはならない」と、ある新聞は述べた[68]。

司法長官エドワード・ベイツの方針ほど、政策の大変更があったものはなかった。再三にわたって、ベイツは解放奴隷の強制的移住を支持していた。だが、一八六二年十一月、彼はアメリカ生まれの自由黒人の公民権を認める声明を出した。それに先立って、ベイツは一級の法学、政治哲学者フランシス・リーバーに諮問していた。リーバーは黒人がアメリカの公民権を享受できることに「いささかの疑いもない」と返答し、ベイツもそれに賛成した。ベイツは大胆にもこう述べた。〈ドレッド・スコット〉判決は特殊な状況を除けば「全く効力」を持た「ない」。公民権があるからといって、必ずしも法の下の平等や政治的権利を享受することにはならない（結局、女性や子供も公民権を持っているのだ）、と。にもかかわらず、ベイツに決定を求めていたサルモン・P・チェースは、すぐにその声明をルイジアナ州に回送した。そこでは、自由黒人の活動家が公民権と政治的権利を要求していた。声明は政策の大転換だったが、十二月初めに公表された。「声明は大統領が一月一日に行う偉大な政策の前触れになっている」と、グリーリーが発行する『トリビューン』は報じた。(69)

選挙で敗北したからといって、リンカンの見解が変わることはなかった。一八六二年末、リンカンの知己デーヴィッド・デーヴィスはホワイトハウスを訪ねた。リンカンは「全身全霊を込めて、補償付奴隷解放案に取り組んでいた」。デーヴィスはこう述べた。国会が補償用の公債発行を認めてくれれば、南部境界州は奴隷制廃止措置を講じ、「問題はそれで終わりになる」とリンカンは信じ続けている、と。リンカンは十二月に再開した国会で年次教書を読み上げたが、そこでも、こうした信念が表明されていた。控え目に言っても、この年次教書は奇妙なものだった。それは戦争の進行状況にはほとんど触れていなかったが、国土それ自体に関する挽歌調の空想をしていた。それは、「束の間の存在である人々」と彼らの束の間の議論が生まれては消え去る一方で、国土が存在し続ける模様を描いていた。民主党の国会議員は教書の半分が「黒人問題に充てられている」と不平を言った。(70)だが、リンカンは目前に迫った奴隷解放宣言を扱ってはいなかった。その代わりに、彼は黒人問題セクションのほとんどを割いて、補償付奴隷解放と植民への傾注を再確認した。リンカンは以下の修正案を要求した。国会は植民に財源を割り当てることができる。国会は一九〇〇年までに奴隷解放をすると表明した州に金銭を支払わなければならない（その州が奴隷制を再導入した場合、返済を命じる規定があった）。戦後自由を得た奴隷の元所有者が連邦を支持していれば、国会は彼らに補償をしなければならない。この案は解放奴隷が「我々の下で」暮さねばならないと言う奴隷制廃止論者と、段階的奴隷制廃止、解放奴隷の「追放」を支持する人々を「妥協」させるものだ、とリンカンは言った。この案に従えば、解放奴隷は「即時奴隷解放」後、「乞食としてさすらう」必要がなくなるだろう。

「私が植民を強力に支持していることを、これ以上完全に表明することはできない」とリンカンは述べた。三度、彼は「移送」という不吉な言葉を使ったが、行政府が引き続き協定を結んで、黒人を「自発的に植民させる」つもりだとも言った。リンカンは黒人がアメリカを去ろうとしないことを軽くたしなめ、そのうち、「かなりの数の移住者」が出てくるだろうという希望を述べた。植民を行えば、白人にも利益があると彼は主張した。「労働も市場に出回る他の商品と同じ性質を持っている。（中略）黒人労働者を植民させ、黒人労働の供給を減らしてみよう。（中略）そうすれば（中略）、白人労働に対する需要と、白人の賃金は上昇する」。だが同時に、リンカンは秋の選挙戦で争点になった黒人への恐怖感情を直接取り扱い、解放奴隷が合衆国に留まったところで、多数派である白人の脅威には絶対にならない、という長い議論を行った。彼はイリノイ州にあった黒人取締り法を仄めかした。「いずれにせよ、北部が黒人を受け入れるかどうかを自発的に決められないことがあろうか？」

十二月の年次教書は即時奴隷解放とは異なる奴隷制廃止措置を最後通牒として南部境界州、連合国に突きつけた。リンカンの案では、政府が利子付きの公債を奴隷所有者に発行し、当該の州で奴隷制が廃止されたときを支払い期日に定めるものだった。彼は費用や利点、人口動態を詳しく計算し、奴隷財産の経済的価値が三〇億ドル超という巨額に達しているにもかかわらず、出産や移民によって白人が増えれば、公債償却の税金負担も徐々に軽減されることを証明した。リンカンは白人人口が黒人人口よりも速く増加し、それこそが植民の約束する未来だ、と請け合った。彼は自案が受け入れられれば、「今すぐ戦争が終わり、連邦も永久に救われることになる」と言った。

リンカンは年次教書を感動的に締めくくった。

> 無風だった過去の原則は嵐の現在には不適切だ。現状は困難に満ちているが、我々は臨機応変に対処せねばならない。現状は前代未聞のことなので、我々は斬新に考え、斬新に行動せねばならない。我々は自分自身を解放しなければならない。そうすれば、この国を救えるだろう。
>
> 同胞よ、我々が歴史から逃れることはできない。この国会、この行政府にいる我々は、期せずして、後生によって記憶されることだろう（中略）。我々が経験している業火の試練は、大人物であるかどうかにかかわらず、我々を現在に生きる人民の下へと至らせるだろう（中略）。我々、ここにいる我々でさえ権限を持ち、責任を負っているのだ。我々は奴隷を自由にすることで、自由人に対しても自由を確保しているのだ。我々は与えるもの、確保するもの両方の点で高潔なのだ。我々は地上にある最後にして最良の希望を雄々しく守り通すか、みじめに失ってしまうかのどちらかだ。他のやり方でも上手く行くのかもしれないが、この方法は必ず成功するだろう。この方法は簡単で平和で寛大で公正なものだ。

『コンチネンタル・マンスリー』は「万人が」この教書を「記憶に刻み込み、常に意識して」おかねばならない、と述べた。それから一五〇年経った今でも、リンカンの教書はアメリカの大統領がした発言の中で最も雄弁なものであり続けている。リンカンは国民に奴隷制廃止を支持するよう求めた。だが、それは彼が言及はしなかったが目前に迫っていた奴隷解放宣言を通じてではなく、彼が三七年間支持してきた補償付の奴隷制廃止を通じて達成されるものだった。国会での年次教書から分かるのは、過渡期のある決定的な瞬間にリンカンがどのように考えていたのか、ということだった。彼はそれまでの一年間に推進してきたが失敗してしまった案にこだわった。だが、リンカンは国民に過去の「原則」を放棄するよう求めた。彼は植民を再び支持してみせたが、これから植民に出かける者が他国籍の異邦人ではなく、「アフリカ系の自由アメリカ人」だと言った。さらに、リンカンは解放奴隷が合衆国に留まることになっても、国民は何も恐れる必要がないと主張した。(71)

多くの人々は教書の内容にまごつき、がっかりした。「大統領がこの九月二十二日に出した「奴隷解放予備」宣言はどうなったのだろう」とオレスティーズ・ブラウンソンは思った。共和党員の中には、リンカンの衝撃的な計画に「微笑」した者もいた。ワシントンDCを訪れていた際に教書の朗読を聞いたジェイムズ・A・ガーフィールド大佐は「自分の耳を疑った」と述べた。チェースは採択される見込みのない憲法修正条項案を省くようリンカンに迫ったが、無駄に終わった。チェースの予想通り、修正条項案は実を結ばなかった。(72)

リンカンからすれば、一八六二年十二月は戦争中で最も過酷な一月だった。十二月十一日から十五日まで、連邦軍はヴァージニア州フレデリックスバーグで大敗を喫した。このことは政治危機を決定的に早め、長官たちはお互いに反目し合い、国会代表団は国務長官スーアードの解任を要求した。これは、行政府の失政がスーアードのせいだと、多くの共和党員が考えていたからだった。

リンカンはこの危機を切り抜けた。彼は一月一日に奴隷解放宣言を出す約束を引っ込めるつもりがないと、国会議員に請け合った。だが、一八六三年が近づくにつれ、宣言の適用除外を巡る見苦しいゴタゴタが起こった。奴隷解放予備宣言で、リンカンは連合国においても、その適用を逃れる地域が出てくる可能性に触れていた。彼はどのように適用除外を受けるべきかについて、詳しい指針を示した。「適切な有権者」大多数による国会議員選が行われなければならない。これが南部白人の連邦主義者を増やす手段になると、リンカンは思った。彼は南部の占領地域に駐屯する軍司令官にこう命じた。一月一日までに選挙の日取りを定め、選挙に参加すれば奴隷解放という「目前に迫った不愉快な事態に向き合わなくてもよい」と、その地の住民に伝えよ、と。[73]

リンカンの求めに応じて、ルイジアナ州軍政府長官ジョージ・F・シェプリーは、十二月にニューオリンズ一帯で選挙を行った。彼の下手な言い回しに従うと、そうすることで、住民は奴隷解放宣言の適用除外という「恩恵」を受けられるからだった。七七〇〇という投票数は一八六〇年のそれの六〇パーセントに当たった。十二月後半に、テネシー州の一部地域で選挙を行うと、軍政府長官アンドルー・ジョンソンは発表したが、連合軍に攻撃をされたために、選挙の実施はできなかった。にもかかわらず、ジョンソンを始めテネシー州の連邦主義者は、州全域を宣言の適用除外地域にするようリンカンに「しつこく」求めた。ヴァージニア州東部選出の国会議員ジョゼフ・シーガーは、自身の選挙区を宣言の適用除外地域にするようリンカンに迫った。リンカンはこれに応じる構えを見せた。十二月三十一日、彼は電報でジョン・A・ディックス将軍にこう知らせた。「ほぼ」時間「切れ」だが、選挙についてまだ何の報告も受けていない、と。ディックスはノーフォークで選挙が行われたところだ、と返答した。[74]

ヴァージニア州西部は別の方策で適用除外を受けた。先述したが、戦争初期、その地の連邦主義者はヴァージニア州再建政府を設立し、国会と大統領はそれが合法的な州政府だと認めた。一八六二年初め、議会はウェストヴァージニア州の分離を求めた。その地の人口は三七万八〇〇〇だったが、そのうち約一万八五〇〇が奴隷、二八〇〇が自由黒人だった。六月、連邦上院はこの案を承認したが、ウェストヴァージニア州は一八六三年七月四日以降に生まれた奴隷を解放しなければならない、との条件をつけた。一八六二年十二月、連邦下院で法案が可決されたので、リンカンはそれに署名をするかどうかを決めねばならなかった(75)。

憲法では、当該州が認めた場合、州の分離ができることになっていた。だが、サディアス・スティーヴンズに言わせれば、再建政府がヴァージニア州の正当な代表だなどという考えは「いんちき」だった。リンカンはウェストヴァージニア州の樹立について顧問団に諮問したが、彼らの意見は割れた。スーアードは「オハイオ川よりも南に自由州を樹立」すべきだと考えた。ベイツはその議事全体が違法だと述べた。ウェルズは樹立に賛成し、こう指摘した。仮にウェストヴァージニア州が認められなかったとしても、その地の奴隷は「奴隷解放宣言が出される火曜日までに解放されるだろう」と。リンカンの論点はそれが合法かどうかではなく、承認が戦争遂行に役立つかどうかというものだった。彼は役立つと判断したので、十二月三十一日、決議案に署名し、ウェストヴァージニア州は連邦の一員になった。一八六三年二月、州はその憲法を修正し、条件になっていた段階的奴隷解放を組み込んだ(76)。

一八六二年末日、リンカンは最も具体的な方策で植民案も推進した。植民案を最も熱烈に支持していたジェイムズ・R・ドゥーリトルの立ち会いの下、リンカンはチャールストン出身の実業家バーナード・コックと契約を結び、ハイチ沿岸のイラヴァシュ（カウ島）に黒人を移送することにした。コックはハイチ政府を説得し、ハイチの木材伐採権を取得していた。同年秋、彼はリンカンに公開状を送り、「美しく健康的で肥沃な島」に詩的な説明を施した。リンカン政権の移民局長ジェイムズ・ミッチェルはコックのために奔走した。司法長官ベイツはあまり乗り気ではなかったので、リンカンにこう言った。「コックという知事もどきは渡りのペテン師で（中略）、いんちき冒険家だ」と。だが、リンカンはコックが五〇〇〇人の黒人をカウ島へ移住させた暁には二五万ドルの報酬を受け取るよう取り決めた。ドゥーリトルとブレア家は大喜びした。エリザベス・ブレア・リーはフランク・ブレアの姉でモンゴメリー・ブレアの妹だったが、彼女はこう述べた。彼らは「これが新しい出エジプトだと信じている」と[77]。

4

一八六三年一月一日、リンカンはホワイトハウスで毎年恒例の新年祝賀会をしていた。会は正午近くに始まり、彼は訪問者たちの長蛇の列に挨拶をした。そこには、外交官、（主席判事のトーニーを中心に）最高裁判事、将校、二時の閉門までに中に入ろうとする一般大衆がいた。午後遅く、リンカンは書斎に行き、奴隷解放宣言にサインをした。彼は最初にサインをしようとしたとき、手を止めペンを置いた。彼の手が震えていたのだが、それは緊張からではなく、極度の疲労からであった。彼は「サインをためらっているように見られたくはない」と言った。彼は束の間の休息後、無事にサインを終えた。リンカンは自分が歴史のどの位置を占めるのかに絶えず関心を持っていたので、この行為で人々に記憶されることになると確信していた。一八六三年から六四年にかけて、彼は積極的に画家、写真家、彫刻家のモデルになり、自分を解放者として描かせた。『奴隷解放宣言の起草』を描く四ヶ月間、彼は画家フランシス・カーペンターをホワイトハウスに住まわせた[78]。

宣言によれば、適用地域の奴隷、三〇〇万以上の男女成人と未成年者の黒人は全て「現在そしてこれより先、自由身分である」。（なぜリンカンが予備宣言にあった「永久に自由身分である」という、もっと分かり易い言葉を使わなかったのかは依然謎につつまれている。）陸海軍ともに自由を「承認し維持に努め」ねばならなかった。解放奴隷は「やむにやまれぬ自己防衛」の場合を除いて暴力を慎み、勤勉に働き適正な賃金を稼がなくてはならなかった。また、宣言により、初めて黒人兵士がアメリカ合衆国「軍」に登録できるようになった。

奴隷解放宣言にまつわるあまりに多くの神話があるので、その内容も誤解されがちである。退屈な法律用語で書かれている違いはあるが、宣言の大部分は九月二十二日の予備宣言からの引用である。独立宣言とは違い、奴隷解放宣言には人権を謳い上げる前文も存在しない。財務長官チェースの指摘を受けてはじめて、この「正義の行い」に対する「人類の審判、全能の神の許認」をほのめかす結語をつけ加えた。[79]

一般に思い込まれているのとは違って、リンカンは一瞬で全ての奴隷を解放したわけではない。宣言は四つの南部境界州とウェストヴァージニア州のおよそ五〇万の奴隷を適用範囲に定めていなかった。アメリカ連合国、しかも、連邦の支配の及ばない地域のみに適用されたのであった。多くの長官が反対したにもかかわらず、宣言は連邦軍の占領地域を対象にしていなかった。（ベンジャミン・バトラーが奴隷の「戦時禁制品」作戦、戦時解放を始めた）ヴァージニア州沿岸地方七郡、ルイジアナ南部一三郡、テネシー州全体が適用除外地域だった。これらの地域には三〇万の奴隷が居住しており、全奴隷人口三九〇万のうち八〇万は宣言の対象外であった。[80]

宣言は人権の尊重からではなく、「軍事上の必要性から」なされたものだった。一八六二年五月、リンカンはデーヴィッド・ハンター将軍の解放令を撤回したが、そのとき、政府を守るために必要になれば、総司令官の自分がそれを出すつもりだと述べた。だが、同年秋、〈ドレッド・スコット〉判決で反対意見を出した前最高裁判事ベンジャミン・カーティスは『行政権力』というパンフレットを

奴隷解放宣言

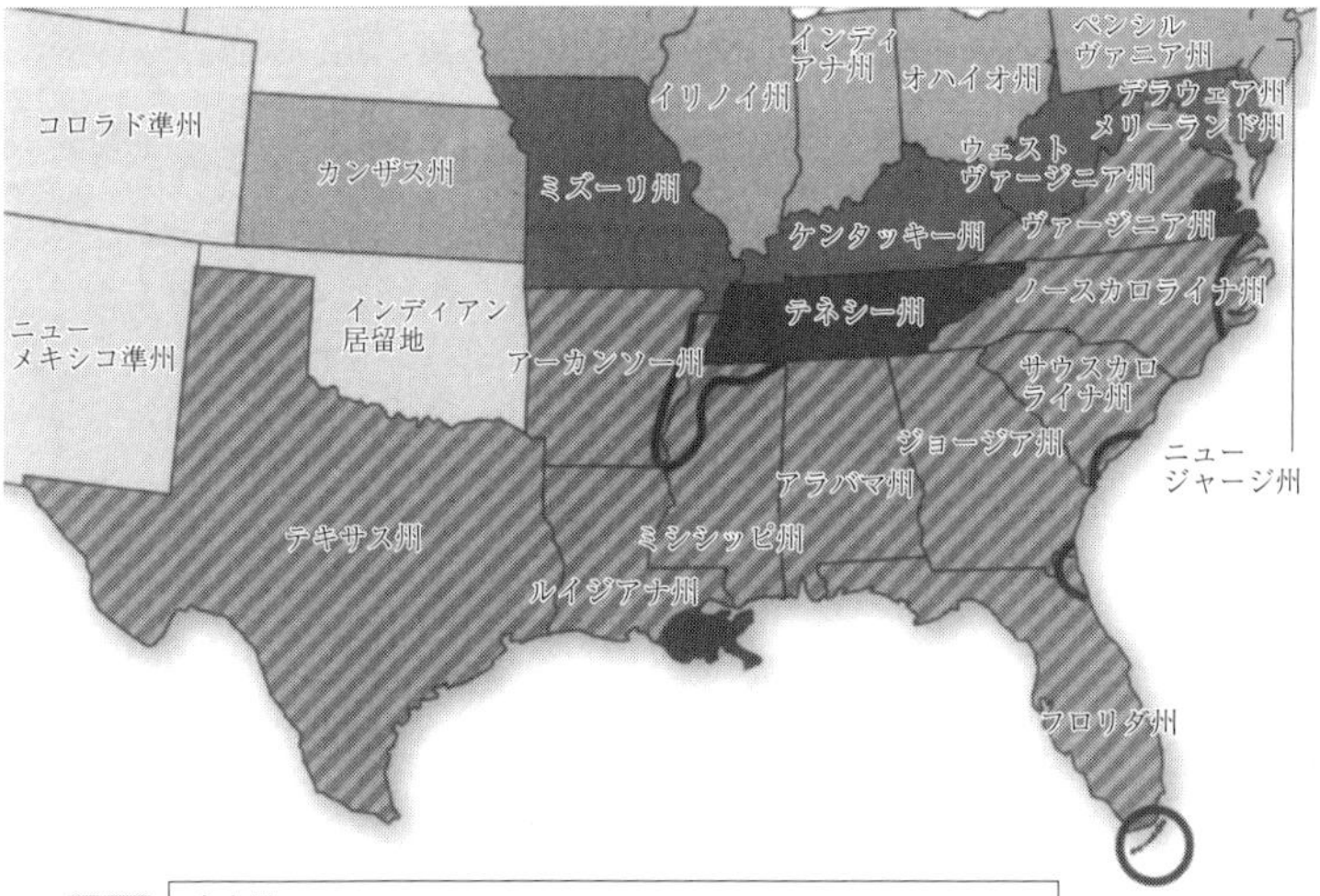

	自由州
	連邦側の奴隷州で宣言の適用除外地域になった州
	自由準州
	連合側の州で連邦軍に占領され、宣言の適用除外地域になった地域
	宣言が適用された地域
	連合側の州で連邦軍に占領され、即時奴隷解放が行われた地域

書き、奴隷解放予備宣言が違憲であると言い切った。リンカンは、引き続き適法論争を熱心に見守った。カーティスがパンフレットを書いたころ、ボストンの弁護士ウィリアム・ホワイティングは、大統領の非常大権を丁寧に分析した。彼によれば、奴隷制は戦争目的として合法的だった。それは奴隷制のおかげで連合国が「合衆国との戦争」を遂行でき、「罪なき三〇〇万の奴隷」をも反逆者に仕立て上げているからだった。憲法上、議会と大統領は独自の非常大権を持ち、「戦時立法として」合法的に奴隷制を廃止できると、彼は述べた。[81]

ホワイティングの論文は広く出回り、リンカンの見解に影響を与えたようだ。一八六二年十一月、リンカンはホワイティングを陸軍省の法務官に任命し、ホワイティングは終戦までその地位にあった。七月に長官の間に回覧させた解放令の草稿、九月の予備宣言はともに第二次没収法と関係があり、リンカンは議会の指導のもとにあるという印象を植え付けることに成功した。奴隷解放宣言では、議会の立法過程に全く触れていなかった。それの書き出しは「私、エイブラハム・リンカンは」だった。今や、リンカンは総司令官として解放を布告する全ての権限を持っており、それに伴う責任も全て背負っていた。だが、リンカンは州裁判所が宣言の対象となる奴隷の自由を否認するのではないかと気をもんでいた。しかも、最高裁はリンカンが三判事を任命したにもかかわらず、民主党優勢の状態にあり、主席判事は依然奴隷制が合法的だと言い切る人物のままだった。ワシントンDCの新聞記者が宣言公布の前日に書いたように、リンカンは宣言が「博愛の精神から出たもの」としてではなく、「戦時措置として」のみ法律審査で適格認定されると知っていた。宣言の根拠を軍事上の必要性以外のものに求め、それが「政治的に有益で道徳的に正しい」ことだと考えたら「憲法的、法律的な根拠をことごとく失うだろう」と、リンカンは後にチェースに語った。[82]

だが、実際には、奴隷解放宣言は軍事的であると同時に政治的な文書でもあった。司法長官ベイツはリンカンにこう警告した。反乱軍の支配地域の指定は「きちんとしておかねばならない」と。しかし、連合国のどこを宣言の対象外にするかを決めるにあたって、リンカンは実際の軍事情勢だけでなく、これから支持を得られそうな場所についての勝手な思い込みをも考慮した。テネシー州全域を適用除外地域にしてほしいと言った連邦主義者でさえ、州の大部分が「反乱軍の支配下に」あると認めていた。だが、アンドルー・ジョンソンの支配体制を強化し、奴隷所有者からの協力を取り付けるために、リンカンはそうすると同意した。しばらくの間、彼はテネシー州の奴隷の利害を犠牲にすることにしたのだった。[83]

国内外の批判者たちは宣言が連合支配下の地域にしか適用されないので、実際には一人の奴隷も解放していない、と言った。だが、リンカンは占領地域でも連邦主義の白人がいないか、いてもわずかにとどまるところ、政治的再建がほとんどあるいは全く進んでいないところについては宣言の適用除外地域にしなかった。それは、アーカンソー、フロリダ、ミシシッピ、ノースカロライナ州の占領地域と、サウスカロライナ州のシー諸島だった。こうした地域では、即時奴隷解放が行われた。ノースカロライナ州東部を対象外にしなかったことには、多くの人々が驚いた。そのため、軍政府長官スタンリーは辞職する羽目になった。全体では、数万の奴隷、ある統計では五万の奴隷が、リンカンがサインをした瞬間に自由を手にした。むろん、施行当日には、南部のほとんどの地域で宣言を実行に移せなかったので、それは合衆国の勝利の日までお預けとなった。だが、ボストンの企業家で共和党活動家のジョン・マリー・フォーブズによると、「宣言によって言葉は目に見える『もの』になった」のだった。[84]

奴隷解放宣言は奴隷制や奴隷解放に関するそれまでのリンカンの政策とは劇的に異なっており、それらの政策はイリノイ州議会や国会での経験からきていた。宣言では、奴隷解放に奴隷所有者の協力、彼らの連邦への忠誠を問題にしなかった。宣言は即時奴隷解放を求めたので、段階的解放を認めず、奴隷所有者に金銭補償をしなかった。また、それぞれの州による承認も求めなかったし、黒人の植民にも触れていなかった。（おそらく、段階的解放や補償、植民が、宣言を正当化する「軍事上の必要性」と全く関係がなかったからだろう。）リンカンはずっと黒人徴兵に反対していたが、今や、黒人の入隊に喜んでいた。宣言は敵の所有物としてではなく、南北戦争に勝利できる意志を持った人間として奴隷に直接語りかける形をとっていた。

リンカンはそれまでの信念の全てを捨て去ったわけではなく、そうしたものの中には、この後の二年間に復活したものもあった。リンカンは段階的解放や金銭補償に触れることもあったが、それらが解放案の中心を占めることはもはやなかった。異なる手段で奴隷制を廃止したために、それらは不適切なものになってしまったのだった。バーナード・コックとの契約が示したように、リンカンは依然黒人の植民に関心を持っていたが、人前では二度とそのことを口にしなかった。解放奴隷が社会秩序に対する脅威となり、『ニューヨーク・タイムズ』が警告したように、「仕事をしないあぶれ者の生活」に陥ってしまうという恐れをリンカンは宣言の中で否定している。[85]黒人を軍隊に入れたり、賃金労働者にしたりすることは、植民案とは全く異なる形でアメリカ社会での黒人の将来を見ていたということだった。リンカンは解放奴隷の立場をわざわざ定義しなかったが、宣言によってこの問題は国会での必須の議題となった。

宣言が適用されない八〇万の奴隷の存在を除いても、それだけで奴隷制の廃止が撤回不可能なものになったのではなかった。奴隷制を廃止するためには、連邦軍の勝利が必須事項となった。奴隷制は非常に柔軟性のある構築物である。それは独立戦争時の混乱を生き延び（そのとき、数万の奴隷がイギリス軍に寝返ったが）、結局、前代未聞の発展を遂げてしまった。フランスは一七九四年に西インド植民地の奴隷制を廃止したが、ナポレオンが一八〇二年にそれを復活させたので、独立国家ハイチという例外はあるにしろ、一八四八年まで奴隷制は続いた[86]。仮に連合国が独立を達成していれば、間違いなく奴隷制は続いていただろう。

ウェンデル・フィリップスはこう言った。宣言の「最大の特徴」はそれによって奴隷解放が反乱者への罰でなったのではなく、奴隷制が廃止されるべき「もの」となったことである、と。法的に言えば、この言い方はあまり正確ではなかった。ウィリアム・ホワイティングが非常大権に関する論文で指摘したように、何百万という奴隷を解放しても、奴隷制を支える州法を廃止したわけではなかったからだった。彼の意見では、「奴隷制を非合法化する」ためにはさらなる試みが必要だった[87]。

にもかかわらず、『ニューヨーク・ヘラルド』が評したように、奴隷解放宣言はアメリカ史の分岐点、「地球上のあらゆる国の将来の運命を決定する新時代」を体現していた。それまでに、これほど多くの奴隷が解放されたと宣言されたことはなかった。宣言のために、南北戦争の性質、連邦政府と奴隷制の関係、アメリカ史の展望は変わってしまった。宣言は金銭補償なしに、アメリカ最大の私有財産を清算してしまった。それによって、連邦が自由の約束を撤回しなければ、妥協は不可能なものになってしまった。宣言は自由という理想と、戦争が進むにつれ権限を強化した国民国家との新しい結合を具現化していた。むろん、宣言はそのような手段を強制できる国家を前提にしていたし、その手段は一八六〇年より前には存在していなかった。それ以降、アメリカの国旗と自由は同義になった。フレデリック・ダグラスは「奴隷の大義と国家のそれ」が一致した、と述べた。宣言の限界が何であれ、軍を解放の主体にし、連邦の目的と奴隷制廃止を結びつけることで、北部の勝利が南部の社会的変革を引き起こし、アメリカ社会における黒人の占める位置を定義し直すことになった。一八六一年十二月の国会での教書で、リンカンは戦争を「暴力的で情け知らずの革命的事象」にしたくはないと述べていた。だが、宣言はそれ自身が革命に他ならないことを明らかにした。[88]

後に、リンカンは「率直に言えば、私が一連の出来事を操っていたのではなく、出来事が私を操っていたのだ」と語った。リンカンとアメリカを奴隷解放へと突き進ませた最大の要因は、連邦軍の占領地域での奴隷の振る舞い、奴隷解放論者と共和党急進派からの圧力、戦争の遂行と奴隷制廃止の必然性、兵力増強の必要性、南部境界州による段階的解放の否認、ある新聞が「革命的立法府」と呼んだものによる奴隷制反対法案といったものだった。だが、リンカンはただ手をこまねいていただけではなかった。一八六二年十月、抜け目ない黒人はこう述べた。リンカンの行動は「ぼやけている」が、「よく見れば、そこには自由への希求が透けて見えてくる」と。[89]

戦争の最初の二年間にリンカンがとった行動には、誤算がつきものであった。彼は南部の連邦主義者の忠誠心、南部境界州の奴隷所有者が奴隷解放を、黒人が植民という素晴らしい計画を受け入れる積極性を過大評価していた。だが、戦争初期に、リンカンは奴隷解放計画を公にし、それはうまくいかなかったにもかかわらず、連邦政府が奴隷制の廃止を模索するものであった。リンカンは度々「地上の人間は全て自由を享受できる」と言い、民兵法や第二次没収法など、国会が制定した全ての奴隷制反対法案に署名した。リンカンは奴隷解放論者や共和党急進派ほど素早く、即時奴隷解放の必要性を認識しなかった。宣言を祝賀するムードの中、『クリスチャン・レコーダー』にはこう書いてあった。サムナー、スティーブンズ、ラヴジョイ、チェースら「自由の使者」が民意や政策の変更に大きな貢献をしてきたことに黒人はお礼を言うべきだ、と。だが、民意はリンカンが見せた政治的指導力と無縁ではなかった。一八六二年五月、カール・シュルツはリンカンに手紙でこう知らせていた。「民意を形成するあなた自身の力は膨大である。とはいっても、あなたは自身の道徳力の強さを正確に理解していないだろうが」。独自のやり方でリンカンは奴隷解放を成し遂げる民意を形成した。[90]

明らかに限界があったにもかかわらず、宣言によって、北部の自由黒人と南部の戦時禁制品、奴隷は祝賀ムードに包まれた。シー諸島のボーフォートでは、五〇〇〇を超える黒人が、その場に居合わせた白人が「奴隷たちのラ・マルセイエーズ」と呼んだものを歌って自由を祝賀した。「この地上の楽園で我は死を恐れない。この地上の楽園で我々は自由のために戦わねばならない」。北部では黒人が教会に集まった。奴隷制廃止論者ベンジャミン・プラムリーはフィラデルフィアからリンカンに手紙でこう知らせた。「これほどまでに熱烈で賢明で敬虔な『感謝の祈り』を見たことがない」。リンカンの名前を出すと、「会衆から一斉に祈りが湧き起り」、「聖年」〔聖歌の一つ〕を口ずさんだ。「黒人はみなあなたを信愛している。あなたが黒人を公平に扱おうとしていると思っているのだ」。リンカンは「何らかの植民案」を画策しているぞ、と誰かが口にすると、女性が叫んだ。『神は彼にそんなことをお命じにならないわ』。（中略）そして、会衆からは大きな拍手が湧き起こった」。偉大なる解放者リンカンの崇拝はすでに始まっていたのだった。[91]

　南北戦争中、ヨーロッパ人はアメリカの動向をじっと見守った。奴隷解放宣言が公布されると、ヨーロッパ中で祝福の声が上がった。言葉の美しさの点で、イタリアの愛国者ジュゼッペ・ガリバルディと二人の息子のメッセージに勝るものはなかった。

> キリストと［ジョン・］ブラウンの精神を受け継ぎし者よ、そなたは、解放者の称号と共に後生に記憶されることだろう！　いかなる王冠や人類の宝以上に羨むべきものかな！　利己心のために奴隷制のくびきにつながれた種族が、そなたによって、アメリカの何よりも高貴な血と引き換えに、人間の尊厳、文明、愛を再び勝ち得たのだ。

一八六一年から六二年にかけての論争で、奴隷解放と愛の再生を結びつけたアメリカ人はいなかった。それには、イタリア人ガリバルディが必要だった。もっと地に足のついた評価はロンドンから『ニューヨーク・トリビューン』に度々寄稿していたカール・マルクスが行った。「これまで我々が目にしてきたのは南北戦争の第一幕、すなわち、戦争の合法的遂行だけだった。第二幕、戦争の革命的遂行はすぐそこまで来ている」(92)

第8章　「自由の再生」

奴隷解放の実施

リンカンが奴隷解放宣言に署名してから一週間とちょっと経った一八六三年一月九日、スプリングフィールドの戦時集会で、リチャード・J・オグルズビー将軍は演説した。オグルズビーはこれまでにイリノイ州議員を務め、後にはイリノイ州知事を務めることになったが、彼はこう言った。宣言の公布は「偉大な事柄、おそらく今世紀最高の偉業だろう」。「それはあまりに偉大なので、我々はその射程を理解できないのだ」と。[1] 拙い言い回しではあったが、オグルズビーは次のことを理解していた。奴隷解放がアメリカ史の新たな一章の幕開けを告げているとすれば、それが長期的に引き起こす結果は予測できないし、ある意味では、把握すらできない、と。

オグルズビーが演説したとき、奴隷解放はまだ終わっていなかっただけでなく、実行できそうにもなかった。リンカンが解放した奴隷の自由を認めるつもりはない、と連合国政府は言った。実際、戦況には浮き沈みがあったので、一度は連邦側で自由を満喫した奴隷が、連合軍の巻き返しによって、再び奴隷身分に落とされることもあった。北部民主党はリンカンの布告が憲法に違反しており、議会の同意なく戦争目的を変更したと非難した。一八六三年一月八日に召集された、民主党優勢のインディアナ州議会は奴隷解放宣言を撤回するよう求めた。共和党員にも、宣言が既成事実であることを認めようとしない者もいた。宣言公布の数日後、オーヴィル・H・ブラウニング、デーヴィッド・デーヴィス、ジェイムズ・R・ドゥーリトル、トマス・ユーイングら共和党保守派の代表団は、リンカンに宣言を撤回するよう懇願した。宣言のせいで、連合国が決意を新たにし、北部も分裂してしまったと彼らは主張した。リンカンは要求に応じなかった。宣言は「既成事実」だ、と彼は代表団に言った。リンカンは「宣言が奴隷制を根底からくつがえした」と、ホワイトハウス訪問団に請け合った。[2]

一八六三年、『ニューヨーク・タイムズ』は「この戦争のあらゆる理屈が我々をますます普遍的自由へと導いている」と述べた。リンカンはこうした理屈を支持した。一八六二年十二月の国会教書演説で、リンカンはアメリカ国民に大前提を疑ってかかるよう求めた。一八六三年一月から暗殺されるまでの間、リンカンはそれまでの信念を放棄したり、修正したりした。依然、リンカンは軍事情勢を最重要視していたが、奴隷解放によって未決になっていた問題も取り扱い始めた。それは、例えば、南部境界州と連合国内の宣言適用除外地域における奴隷制の未来、反乱州が連邦に復帰する際の条件、奴隷制に取って代わる労働システムといったものだった。奴隷制の解体が進行し、連邦の勝利が確実になるにつれ、こうした問題はますます緊急に対処せねばならなくなった。リンカンは奴隷解放を完全に実施しようと、南部境界州に奴隷制反対論を標榜するよう勧め、連合国が連邦に再加入するには奴隷制廃止が必要だとした。公開状や国会教書において、リンカンは国民に奴隷解放の利点を納得させようとした(彼はベイヤード・テイラーに農奴解放についての講演をさせることさえした。テイラーは著名な詩人、劇作家であり、外交官としてロシアに駐在したこともあった)。[3] リンカンの人種観は変わり始め、生涯で初めて、黒人が奴隷解放後のアメリカでどのような役割を担うのかを真剣に考慮するようになった。

1

奴隷解放宣言で最も急進的な規定はリンカンがアフリカ系アメリカ人を連邦軍に登録させたことだった。黒人徴兵は「この国がこれまで認めてこなかった黒人の男らしさを認めるものだ」と、オハイオ州選出の国会議員ウィリアム・P・カトラーは言った。まさにこのために、黒人兵士の武装化は奴隷解放それ自体と同程度に大きな論争を巻き起こした。一八六三年一月十二日、サディアス・スティーヴンズは下院に法案を提出し、リンカンに一五万の黒人兵士を徴用させようとした。徴兵された奴隷は、彼の家族と共に自由身分になり、政府は連邦支持派の奴隷所有者には補償金を支払うことになるのだった。

「我々が戦争を継続したいのならばアフリカ人の助力を求めねばならないことを理解しないのは、頑迷な煽動政治家だけであろう」とスティーヴンズは述べた。だが、その後の数週間、国会は黒人の軍役を巡って喧々囂々の議論を行った。「今国会で、これほど大きな論争を引き起こした法案は他にない」と、ある議員は言った。民主党員と南部境界州の連邦主義者は黒人の徴兵が信用のない行政府の「絶望の叫び声」であり、南部白人を「根絶」しようとするか、少なくとも黒人に完全な平等を与えようとする共和党急進派の計画だと非難した。彼らはこう予言した。白人兵士は「サンボ大佐」の命令が耐えがたい侮辱だと思うだろう、と。彼らは無数の定足数要求〔定足数とは、議会での議事進行に必要な最低限の出席者数のこと。出席者数が定足数に満たない場合、議事進行は中断されるので、議決を送らせたい議員は定足数要求を出すことがある〕や休会申請を出し、投票を遅らせた。スティーヴンズの法案は南部境界州、テネシー州の連邦派が所有する奴隷を徴兵しないように修正されてようやく、下院を通過した。だが、法案は上院でさらなる困難に直面した。とうとう、軍事委員会議長ヘンリー・ウィルソンは法案を廃棄してしまった。一八六二年七月の民兵法によって、大統領は兵士にふさわしいと判断する黒人を徴用できるのだから、法案は不要のものだ、とウィルソンは述べた（4）。

かつて、リンカンは黒人徴兵に反対し、黒人の軍事力にも疑いを抱いていたが、一八六三年になると、彼はそれらを熱心に肯定するようになった。一月、リンカンはマサチューセッツ州知事ジョン・アンドルーに黒人連隊を編成させた。ロバート・グールド・ショーが司令官を務める、マサチューセッツ州第五四歩兵連隊は北部全域から黒人志願兵を募った。ショーはボストンの著名な奴隷廃止論者の息子だった。奴隷制廃止論者は黒人に入隊するよう迫った。『ウィークリー・アングロアフリカン』はこう述べた。「百年経てば、我々に欠けている権利を要求し獲得する機会が再び訪れるだろう（中略）。自由は我々のものだ。平等という果実は美味そうに木に生っている。勇敢な者は立ち上がり、それをもぎ取るべきだ」と（5）。

リンカンが奴隷解放宣言を出した直後、『ニューヨーク・トリビューン』のワシントンDC特派員は大統領が黒人部隊を基本的に戦闘以外の軍務に従事させるつもりで、「彼らに武器を持たせるつもり」はない、と報道した。だが、すぐにリンカンは決心を変えた。一八六三年三月初め、彼はイリノイ州議会議員を務めたトマス・リッチモンドから長文の手紙を受け取った。手紙の中で、リッチモンドは即座に「筋力に溢れた奴隷」を入隊させるようリンカンに迫った。すぐに連邦政府が奴隷を武装させないと、「連合軍が奴隷を武装してしまうだろう」とリッチモンドは警告した。リンカンはこの手紙の封筒に「素晴らしい忠告」と書きつけた。同月、陸軍省は南部占領地域で大規模な徴兵を行うことを認めた。この決定を引き出したのは、サウスカロライナ州第一義勇軍、第二義勇軍が戦功を収めた事実だったようだ。その軍は基本的に元奴隷で構成され、三月初めにフロリダ州ジャクソンヴィルを占領した。リンカンはデーヴィッド・ハンター将軍に祝辞を送り、黒人部隊の重要性を指摘した。「敵はさらなる努力を払って、黒人部隊を打ち負かそうとするだろう。我々もさらなる努力を払って、それを維持、拡大しなければならない。」この戦闘の直後、リンカンは手紙でテネシー州軍政府長官アンドルー・ジョンソンに黒人部隊を編制するよう迫った。リンカンはこう述べた。「黒人は連邦を再建するのに大いに役立つ勢力でありながら、これまで利用されてこなかった勢力でもある。ミシシッピ川の両岸に五万の黒人兵士が整列しているのを見せるだけで、反乱はすぐに終わるだろう」と。[6]

リンカンは陸軍長官スタントンに命じて、軍務局長ロレンゾ・トマスにミシシッピ渓谷での徴兵を推進させた。一八六三年四月、トマスはルイジアナ州北部に駐留していたユリシーズ・S・グラントの軍に対して演説を行った。トマスは自分が「大統領の完全なお墨付きのもとに」演説していることを告げ、連邦軍は奴隷解放を実施し、黒人部隊を編制しなければならない、と述べた。解放奴隷を粗末に扱った兵士は、将校、兵卒を問わず馘首される。同年の春から夏にかけてルイジアナ州ポートハドソン、ミリケンズベンド、サウスカロライナ州フォートワグナーで黒人兵士が活躍したので、彼らの能力にけちをつける者はなくなった。（黒人兵士が敵に包囲された白人部隊を救い出した）ミリケンズベンドの戦闘だけが軍事的成功を収めた。マサチューセッツ州第五四歩兵連隊は失敗に終わったフォートワグナーへの攻撃で兵士の半数を失った。だが、こうした戦場の全てで、黒人兵士は英雄的な活躍をしたので、スタントンは彼らが「連邦のために戦った勇者の中でも最も勇敢な兵士である」ことを証明してみせた、と述べた。特に、フォートワグナーの戦いは黒人の軍事能力を見直すきっかけになった。その戦いと黒人の関係は、独立戦争時のバンカーヒルの戦い〔独立戦争の一戦闘。アメリカ軍は敗れたものの、当時の世界最強軍であるイギリス軍と渡り合う自信を得た〕と白人の関係に等しい、と『ニューヨーク・トリビューン』は評した（その記事は黒人もバンカーヒルで戦っていたことを失念していた）[7]。

一八六三年八月までに、リンカンは手紙でグラント将軍に、すぐに「少なくとも十万」を入隊させるという希望を伝えていた。グラントは奴隷解放が「連合国に最大の打撃を与え、自分たちが黒人を武装させることで強力な味方を得た」と返答した。彼の手紙は軍隊内の意見を多角的に評価していた。むろん、『ハーパーズ・ウィークリー』の記述通り、黒人への嫌悪感は依然軍隊内にはびこっていた。グラント配下の将校二人は黒人部隊の編成に尽力しようとせず、辞職することを選んだ。だが、グラント自身は新政策が黒人を入隊させることだけではなく、「彼らへの偏見をなくす」ことをも要求していると知っていた(8)。

連邦軍はますます積極的に奴隷制を解体するようになり、宣言の適用除外地域でさえ例外ではなかった。一八六三年、ある将校はテネシー州から妻のもとへ「戦場では俺も奴隷制廃止論者だ」と書いた手紙を送った。ますます多くの連邦軍兵士が戦争目的の変化を支持した。奴隷制を廃止するために軍に入隊した白人はほとんどいなかった。だが、「自由、そして自己統治という偉大な原則」の模範になろうとするアメリカの使命を奴隷制が妨害していると、ますます多くの兵士が思うようになった。彼らは戦前の連邦を回復するのではなく、奴隷制なき新国家のために戦っており、それを達成するために黒人兵士を徴用する必要性を認めていた。彼らは南部大農園での隷属状態の過酷な現実を知って、さらに強く奴隷解放を支持するようになった。ルイジアナ州に駐留する、民主党支持のある大佐はこう述べた。「私はここにやって来て、奴隷制の恐怖を目の当たりにした（中略）。これ以降、私が奴隷制を擁護する発言をしたり、投票をしたりすることはないだろう」と。一八六四年一月、ジェイムズ・A・ガーフィールドは、概して「事態の素早い進展のために、共和国軍は奴隷制廃止軍になった」と言った(9)。

黒人兵士もこうした事態の変化に貢献した。戦争終結までに、一八万人以上が連邦軍に付き従ったが、彼らの大部分が解放されたばかりの奴隷だった。この数字はアメリカの四十五歳未満の黒人成人男子人口の五分の一以上であり、連邦軍総兵士数の約一〇パーセントに当たった。多くの兵士は南部境界州やテネシー州の出身だった。これらの地域には、奴隷解放宣言が適用されず、戦争中ほぼずっと、軍事行動も合法的に自由を付与しただけだった。従って、黒人の徴兵によって、行政府は宣言の文言を逸脱した奴隷制廃止に乗り出すことになった。当初、リンカンは自由黒人と反乱者の奴隷の登録だけを認めた。だが、一八六三年十月、彼は徴兵許可をデラウェア、メリーランド、ミズーリ、テネシー州の全奴隷に拡大し、連邦支持の奴隷所有者に三〇〇ドルを支払った（この金額は自由人が徴兵免除のために支払うものと同額であった）。入隊した奴隷は皆「これより先、永久に自由身分になる」のだった。ケンタッキー州では激しい反対が起こったので、一八六四年一月になって初めて、陸軍省は黒人兵士徴用局を設置できるようになり、七月になって初めて、奴隷所有者の許可なく奴隷を徴兵できるようになった。州知事トマス・E・ブラムレットはリンカンにこう告げた。奴隷に主人のもとを離れるよう唆す者は、たとえ軍将校であろうと、州法にて裁かれることになる、と。だが、戦争終結までに、約二万四〇〇〇の黒人兵士がケンタッキー州から出征したが、この数字は州内の徴兵可能黒人男性のほとんど全員であり、出征黒人兵士数に関しては、ルイジアナ州だけに後塵を拝していた。一八六五年初め、国会は全黒人兵士の家族に自由を与えた。法的な奴隷制廃止にはるかに先立って、黒人徴兵はケンタッキー州の奴隷制に打撃を与えた[10]。

　一八六四年初め、オレスティーズ・ブラウンソンはこう述べた。「政府は黒人を武装させることで、黒人をアメリカ人にした」と。むろん、黒人兵士は人種別の連隊に所属させられ、白人の上官から虐待を受けることもあった。黒人は戦闘能力を証明してみせたけれども、戦争終結の数ヶ月前まで、将校に昇進することができなかった。黒人兵士の給与は白人兵士のそれよりもはるかに少なかった。一八六二年の民兵法が給与を規定していたが、それによると、黒人は主に労働者として従軍することになっていたからだった。黒人連隊には、それ特有の危険もあった。連合国政府は黒人兵士を捕虜と認めず、彼らを奴隷にしたり、反逆奴隷として処刑したりしたのだった（黒人を捕虜扱いすれば、「我々が維持するために戦っている社会制度」の土台をくつがえすことになる、と南部のある新聞は述べた）。連合軍の将校には、黒人捕虜を受け入れない者もいたので、投降後に黒人兵士が殺害される事態は日常茶飯事だった[11]。

にもかかわらず、黒人兵士は南北戦争の勝利だけでなく、戦争後の国家の定義にも決定的な役割を果たした。一八六一年には、逃亡奴隷が行政府に奴隷制を巡る政策を実行させたが、その時と同様に、黒人の出征は戦後の権利問題を国会で審議すべきものにした。一八六四年、ミズーリ州の共和党急進派チャールズ・D・ドレークはこう分析した。「黒人の出征の論理的帰結として、彼らは今後アメリカで新たな位置を占めることになるだろう」と。こうした変化は軍隊で始まった。アメリカ史上初めて、黒人のほとんどが、軍法に限られるにしろ、法の下で白人と対等に扱われたのだった。軍事裁判において、黒人は白人に不利な証言をすることができたが、この事態は北部のごく一部を除いて認められていないものだった。マサチューセッツ州第五四、五五歩兵連隊は連邦軍の他の兵士と同じ待遇を求めて、月給を受け取ろうとしなかった。州議会が投票で給与に違いを設けた後でも、連隊員は月給を拒み続けた。黒人兵士は給与問題に関する大量の不満を黒人新聞に投稿し、国会や大統領に請願書を送り付け、州知事ジョン・アンドルーが自分たちの代わりに大統領や陸軍省に働きかけることを要求した。問題になっているのは金ではなく「自由、正義、平等」なのだ、と七四人の従軍兵士が署名した請願書には書かれていた。一八六四年六月、こうした兵士の運動の甲斐あって、国会は給与や兵役奨励金、自由黒人ならば入隊時にまで、解放奴隷ならば一八六四年一月一日にまで遡る、その他の補償金における平等を定めた法案を制定した。さらに、一八六五年三月、国会は過去の給与の差額を全て補償するとの規定を設けた。これらの規定は人種差別を行わず、純粋に平等権原則だけに基づいた、最初の連邦法規だった[12]。

一八六三年から六四年にかけて、リンカンは黒人兵士や彼らの家族、彼らに同調する白人が提起した、黒人も平等に取り扱うべきだという問題を取り扱った。当初から、リンカンは連合軍が捕虜になった黒人兵士をどう扱うのかを心配していた。彼は連合軍が黒人捕虜を虐待したら、報復するよう求める願いをたくさん受け取った。例えば、フランシス・G・ショーからの手紙だった。ショーの息子ロバートはフォートワグナーの戦いで数十人の部下とともに戦死した。その他には、ハンナ・ジョンソンからの手紙があった。彼女は逃亡奴隷の娘で、マサチューセッツ州第五四歩兵連隊の兵士の母だった。

私はまともな教育を受けていませんし、学校に通ったこともありません。でも、人として正しい行いについては、誰よりもよく知っています。黒人も白人もお国のために戦いに行かねばなりません。黒人が白人以上の危険にさらされることがあってはいけません（中略）。なぜ敵は黒人を同じように扱わないのでしょう。同じように扱うべきなのに（中略）。息子を戦争にやるにあたって、こうしたことに悩んでいますが、皆はこう言います。リンカンさんは敵に黒人兵士を奴隷扱いさせはしない、と。

ジョンソン夫人はこのことを知らなかったが、彼女が手紙を書く前日の一八六三年七月三十日、リンカンは軍令で黒人兵士の奴隷化を「野蛮への退行、現代文明に対する犯罪行為」だと非難した。この言い回しはリンカンにしては異常に感情的なものだった。さらに、リンカンは捕虜の連邦軍兵士が殺される度に、捕虜の連合軍兵士を処刑すると脅し、黒人兵士が奴隷化される度に、捕虜の連合軍兵士に過酷な労働を課すと脅した。[13]

リンカンは黒人兵士の処遇問題に関わったことで、初めてフレデリック・ダグラスと面会する機会を得た。ダグラスは奴隷制廃止論を奉じる黒人で、奴隷制廃止論者の多くが購読している月刊誌の編集者だった。一八六三年八月十日、ダグラスはホワイトハウスを訪問し、給与や昇進機会の平等、黒人捕虜の保護を要求した。ダグラスは自身の発行する雑誌の最新号で、リンカンが「黒人捕虜の殺害に無関心だ」と非難していた。二者会談で、リンカンは「奴隷制問題全般に関する自身の見解」を説明した。給与問題に関して、リンカンはこう言った。依然、多くの人々が黒人を「軽蔑して」おり、黒人徴兵を巡っても大きく意見が分かれている。人種差別的な給与は「この先の障害を取り除ける」ので、しばらくすれば、黒人兵士も白人兵士と同額の給与を受けることだろう。自分は行動が遅い、優柔不断だと非難されてきたが、「ひとたび立場を決すると、何があろうとも、それを曲げることはなかった」と。リンカンは七月三十日に軍令を出していたにもかかわらず、黒人兵士虐待に対する報復が「まずいやり方」だと考えていた。というのは、そんなことをすれば、報復応酬の負のスパイラルに陥りかねないからだった。「いったん報復合戦が始まれば、いつそれが終わるのか全く見当もつかない」[14]

実際、リンカンも連邦軍も報復令を実行しなかった。一八六四年四月、ネイサン・B・フォレスト指揮下の連合軍部隊はテネシー州フォートピロウで降伏した数十人の黒人兵士を虐殺したが、そのときでさえ、リンカンは報復をにおわせるだけで、実行しなかった。だが、一八六三年五月、リンカンは連合軍が黒人兵士を捕虜として扱わない限り、捕虜の交換を行わないことにした。捕虜の交換は、連邦政府と連合政府の公式な取り決めで、一八六二年七月から行われていた。民主党はこの捕虜交換中止を批判し、南部の捕虜収容所にいる白人兵士は請願書でリンカンに交換を再開するよう求めたが、リンカンは戦争が終わるまで態度を軟化させなかった。一八六五年初め、とうとう、連合軍は黒人捕虜も交換人員に含めることを認めた[15]。

一八六四年の公開状で、リンカンは黒人兵士に対する需要が奴隷解放を決定的に早めたと述べた。彼は「連邦を売り渡すか（中略）、黒人を擁護するか」の二者択一に直面して、後者を選んだ。黒人徴兵が大々的に行われるようになって一年経った頃、リンカンはこう述べた。「我々には黒人兵士がいる」。奴隷解放がなければ「黒人兵士はいなかっただろう」と。彼は黒人兵士が連邦の勝利に貢献したことを高く評価するようになった。リンカンは論理的で量的な議論に惹かれていた。一八四八年、リンカンもナイアガラの滝に訪れたが、彼は瀑布が生み出す力、蒸発に使われる太陽エネルギーの量を算定しようとした。ナイアガラの滝を訪れたアメリカ人はほぼ全員、自然の雄大さに圧倒されたものだった。一八六四年、リンカンは黒人部隊の編制を「物理力」の問題だと擁護した。そうした「物理力」は「蒸気力」と全く同じように「測定し見積もる」ことができるのだった。だが、数字の議論だけでなく、黒人と国家の関係についてのリンカンの認識も変わり始めた。一八六四年五月、彼は次の勧告を行った。国会は黒人戦死者の未亡人や子供を「法律で保護し、黒人の結婚も合法的だと認め」、彼らが白人戦死者の場合と同額の年金を受け取れる規定を設けるべきだ、と。この内容の法律はすぐに制定された。リンカンの秘書ウィリアム・O・ストッダードはこう述べた。「黒人の武装」から「新種の自由人」が生まれ、戦後、「彼らは南部と自分たち自身を引き受ける存在になるだろう」と。後述するように、リンカンは衆目を憚りながら黒人参政権を推進し始めるが、その際、彼は投票権を黒人兵士に拡大しようとした[16]。

一八六四年、改革者ロバート・デイル・オーウェンはこう述べた。戦争は「人間の洞察力では予見できない」事態、例えば、白人が抱いている「黒人観」の急速な変化を引き起こした。「黒人兵士が男らしさを示したこと以上に、こうした結果を導いた」ものはない、と。むろん、人種差別は根強く残っていた。一八六三年七月にニューヨーク市で起きた徴兵反対暴動はこのことを最も劇的に示していた。その際、黒人住民は「文字通り動物さながらに狩り立てられ」、セントラルパークやニュージャージー州に避難しなければならなかった。だが、その二ヶ月後、ワシントンDCの新聞は「黒人に対する偏見がなくなりつつある」と報じ、この変化の原因には黒人兵士の奉仕があると分析した。黒人部隊の手柄が大々的に報道されたことで、従順な奴隷や野蛮な奴隷といった固定観念もなくなった。ニューヨークでさえ、暴動の一年後には、物見高い大勢の群衆が黒人部隊への軍旗授与式を見ようと、ユニオンスクウェアに押し寄せた。(17)

リンカンは黒人兵士の貢献を評価しており、彼の人種観も変わっていた。むろん、それには他の理由もあった。後に、フレデリック・ダグラスはこう述べた。リンカンとの会合を終えた自分は、彼が「よくある黒人蔑視を全くしないこと」、彼が「肌の色の（中略）違いを全く意識させずに」議論しようとすることに感動した、と。リンカンはダグラスの中に、自分と同じ独立独行の人間を見出していたのかもしれない。グラント将軍旗下で解放奴隷事務を統括したジョン・イートンによると、大統領は奴隷としての生まれを勘案すればダグラスが「アメリカで最も立派な人物になる」と言ったのだった。(18)

戦争中、リンカンは多くのアフリカ系アメリカ人の有力者に会っていたので、ダグラスはそのうちの一人にすぎなかった。むろん、彼はリンカンが最も早くに面会した黒人ではあったのだが。戦前、リンカンは黒人有力者と接触したことがほとんどなかった。リンカンの大統領当選後、一八六〇年十一月から十二月にかけて、無数の篤志家や政治家、猟官者がスプリングフィールドのリンカンを訪ねてきたが、そうした人々の中に、黒人の姿があったことはなかった。だが、リンカンは歴代の大統領とは違って、ホワイトハウスを黒人にも開放した。先述したが、一八六二年、彼はワシントンDC

での奴隷解放をアフリカン・メソジスト監督教会のダニエル・A・ペインと、植民をアレクサンダー・クラメルと議論した（むろん、リンカンは他の黒人代表団と議論し、彼らにアメリカから出ていくよう迫ったこともあった）。そして、リンカンはダグラスだけではなく、ソジョーナー・トゥルースやマーティン・R・ディレイニーとも面談した（彼はディレイニーを「最も偉大で知的な黒人」と呼んだ）。さらには、ハイチ、リベリアの黒人外交使節団。ノースカロライナ州から投票権を求める請願書を携えてきた五人の黒人代表団。数多くの黒人牧師。アフリカ植民協会の五人の指導者。ニューオリンズの自由黒人居住地区からやって来た二人の特使。一八六四年、リンカンは黒人をホワイトハウスの庭に招き入れ、「忍従と祈り」の国祭日の祝賀に参加させた。彼は日常的にエリザベス・ケックリーと接していた。彼女はリンカンの妻のお針子、相談相手であり、元奴隷だが学があったので、ワシントンDCの貧しい黒人を助ける戦時禁制品救済協会を率いた。[19]

リンカンは有能で政治活動をしている黒人男女に触れていたので、自身の周りにあった偏見をそれほど共有せずに済んだのだった。むろん、彼は完全な人種的平等主義者になったわけではなかった。個人的な付き合いの場面では、依然、リンカンは「ニガー」や「ダーキー」のような語を使っていたし、人種差別的な話を持ち出した。だが、多くの場合、彼のユーモアには皮肉が付き物で、人種差別的な含みは減じられていた。以下のような出来事があった。戦前、イリノイ州で、民主党の演説者は共和党が政治的権利を黒人に拡大しようとしていると聴衆に警告した。リンカンはこのような予想を語った演説者を真似て嘲った。「白人がやって来た（中略）。俺は［スティーブン・A・］ダグラスに投票するぞ。さて、しゃれた格好で思い上がった黒人がやって来た。俺、リンカンのだんなに投票する（中略）。この事態をどうお考えになりますか？」リンカンはこう続けた。その時、聴衆の中から農夫の声がした。「その黒んぼのほうが、白人よりも分別がある、ってことだな」と。ユーモアであからさまの人種差別意識に不快感を表した他の事例には、次のものがあった。リンカンはペンシルヴァニア州から届いた電報に返信した。その電報には、ずけずけとこう書かれていた。「平等権と正義を永久に合衆国の全白人に。白人は一級市民だ。黒人は二級市民で、永久に白人の支配下にとどまらなければならない」と。リンカンは返事を下書きし、秘書がそれを完成させた。

昨日、大統領閣下はそなたの電報をお受け取りになり、いみじくもお目を通しになった。できる限り閣下をお助けするのが吾輩の義務なれば、吾輩は閣下に代わって、そなたにお礼を申し上げたい。そなたは自身が凡人であると知らせてくれた。というのは、そなたが白人であれ黒人であれ、完全に客観的な判断をしているとは言えないからだ。ひょっとすると、そなたは三級市民の黄色人種、四級市民の赤色人種なのかもしれない。その場合、そなたの判断の客観性はもっと高くなるだろう。(20)

リンカンはワシントンDCに赴き大統領に就任しようとした際、それまで従者として使っていたスプリングフィールドの黒人ウィリアム・H・ジョンソンも連れていった。リンカンはジョンソンを国家公務員にした。ジョンソンはすでに成人していたが、リンカンは彼を「黒人少年」〔原文は colored boy。英語では（特に有色人種の）成人に対して boy と呼びかけることがあったが、それは相手を成人ではなく子どもとして遇する差別的態度を表していた〕として扱った。一八六四年、ジョンソンは亡くなった。リンカンは彼をアーリントン墓地に埋葬した。リンカンは彼の名前を刻んだ墓石を購入し、そこに「市民」という語を刻んだ。(21)

リンカンは植民案も撤回した。奴隷解放宣言が公布された際、奴隷制廃止論者の黒人H・フォード・ダグラスはこう予言した。戦争が進行すればするほど、「リンカン氏は黒人移送計画から距離をとるようになるだろう」と。ダグラスが予想した変化は実際に起こったが、それは遅々たるものだった。一八六三年一月一日以降、リンカンが公の場面で植民に触れたことはなかったが、植民を持ち出したところで黒人は移住しないし、北部と南部境界州の批判分子も奴隷解放を支持するようにならない、と彼は悟ったのだろう。だが、一月下旬、ペンシルヴァニア州植民協会の役員との会合後、リンカンはリベリアに入植地を建設しようとする黒人牧師に資金を融通するよう、内務省に命令した。彼はオハイオ州選出の国会議員ウィリアム・P・カトラーにこう語った。依然、自分は「悩んでおり、平和の回復後にこうした黒人をどう扱えばいいのか分かっていない」と。カトラーは大農園が引き続き黒人労働力を必要とするだろう、と返事した。(22)

ジョン・P・アッシャーは植民推進派であり、ケーレブ・B・スミスの後を継いで内務長官に就任していた。アッシャーは様々な計画を推進し続けた。四月、彼はイギリス領ホンジュラス〔現在のベリーズにあったイギリスの植民地。ベリーズは中央アメリカ北東部に位置する小国〕会社の代表ジョン・ホッジと会談した。会社は「ロンドンの一流銀行資本家や商人」、大きな労働力不足に悩まされている「肥沃な土地」所有者で「構成されていた」。ホッジは五万か「それ以上の数」の黒人年季奉公人をイギリス領ホンジュラス植民地に移送する際に、リンカン行政府の後押しがほしいと思っていた。リンカンはホッジがヴァージニア州の戦時禁制品収容所を訪れ、「彼らから移住希望を引き出す」ことを認めた。だが、陸軍長官エドウィン・M・スタントンはホッジの来訪を認めなかった。というのは、軍が心身強健な者を徴募している最中だったからだった。「計画は失敗に終わり、紳士は帰国してしまった」と『ニューヨーク・タイムズ』は報じた。(23)「陸軍省のこのところの行動のせいで、当座、これ以上多くの黒人を合衆国外に送り出せない」と、アッシャーは述べた。移民局長ジェイムズ・ミッチェルの言葉を信じれば（あまり信じることはできないのだが）、一八六三年八月に至っても、依然、リンカンは植民に取り組んでいた。後に、ミッチェルは大統領が七月の徴兵反対暴動に言及した、と主張した。「先日、ニューヨークで起こった事態を再び経験するくらいなら、白人と黒人を分離するほうがはるかにましだ。あのとき、黒人は街燈柱に首を括られたのだから」。にもかかわらず、黒人を徴兵すれば、彼らに植民以外の処遇を用意しなければならないのだった。[24]

イラヴァシュの大失敗も植民に引導を渡した。一八六三年初め、国務長官スーアードはリンカンに、奴隷解放宣言公布の直前にバーナード・コックと契約した植民案の実行を延期するよう求めた。三月、コックは契約を二人のウォール街株式仲買人ポール・S・フォーブズ、チャールズ・K・タッカーマンに売り渡した。コックはハイチ沿岸のイラヴァシュがシーアイランド綿の栽培に最も適した場所だと、彼らに信じ込ませた。同月下旬、タッカーマンはリンカンと面会し、こう求めた。リンカンはタッカーマン、フォーブズと改めて契約し、ハイチ政府の同意なしでも、五〇〇人の黒人をイラヴァシュに移送すべきだ、と。その後、タッカーマンはコックを計画の監督役に任命した。[25]

一八六三年四月十七日、コックと四五〇人の老若男女がヴァージニア州のモンロー要塞を出発した。すぐに、植民者が貧困や不満を経験しているとの報告が返ってきた。コックは自分が「知事」だと称するようになり、植民者の金を奪い、自身が印刷した代用紙幣を発行した。植民者が上陸すると、荒廃した三つの小屋があった。コックは住居建設に使われるはずだった金を、「手錠や足枷、懲罰用さらし台の建設」に費やしていた。怒った植民者はすぐにコックを島から追放した。数十人の植民者はそこで死亡し、ハイチ本土へと渡った者もいた。一八六三年七月、ジョン・イートンとの面会で、リンカンはとうとう、植民が「失敗」し、イラヴァシュの受難に心を痛めていると言った。[26] 一八六四年二月、リンカンは陸軍省に船を出させ、生き残った植民者をアメリカに連れ帰った。

リンカン行政府が実行した唯一の植民案は以上のような結末を迎えた。『シカゴ・トリビューン』

は植民失敗を扱った社説に、「植民事業の終焉」という題を付けた。内務長官アッシャーはこの大失敗を受けて、植民案を完全に放棄した。彼がリンカンに説明した通り、「これまで両人種の分離を非常に重視してきたけれども」、植民案は完全に潰えてしまった。アッシャーは植民事業の終焉を哲学的に分析した。「これまで我々に多くの知恵を授け、多くの必然的変化を生み出してきた時間や経験が、そのうち、我々のためにこの問題も解決してくれるだろう」。上院は調査に乗り出し、国会はこれまで植民事業に割り当ててきた資金の不払いを決めた。一八六四年七月一日、ジョン・ヘイは日記でこう述べた。「有難いことに、大統領は植民案を放棄してくれた。私はそれが忌まわしく残酷なペテンだと、いつも思っていた」。(直前の文は正しくなかった。ヘイの意見は基本的にリンカンのそれと同じであり、一八六二年、ヘイも植民案を強く支持していた。[27])

依然、リンカンは自発的移住が合衆国での生活状況に満足できない黒人の安全弁になる、と考えていたが、一八六四年までに、大規模植民の可能性を放棄していた。オランダ大使に宛てた手紙で、国務長官スーアードは植民案を断念した理由を説明した。彼はその手紙で、恥ずかしげではあるが、リンカンがこれまで植民案を支持してきたことに問題はない、とした。「大統領が民意を汲んで植民案を認めたときから、アメリカ人は進歩して、奴隷制やアフリカ人種に関する新しい見解を抱くようになった。今や、黒人の自由労働だけでなく、軍役も正しく評価され、受け入れられている」。同年春の国会が奴隷制を廃止する憲法修正条項を議論した際、議案を支持した議員のほぼ全員がこう理解していた。解放奴隷は引き続き合衆国に住むことになる、と。少数ではあったが、ペンシルヴァニア州選出の国会議員ジョン・ブルーモールのように、黒人がそのうち熱帯地方の「約束の地」へと自発的に向かうだろうと予言する者もいた。だが、その「事業」には「多くの年月」がかかるだろう。[28]

スーアードの手紙が示唆した通り、共和党は戦後の南部で黒人労働力が必要になることをますます確信するようになった。全国規模での労働力不足の懸念から、国会は移民奨励法を可決した。一八六四年七月四日、リンカンはこれに署名し、雇用主は短期の契約で外国から労働者を連れて来られるようになった。（この法律が対象にするのはヨーロッパ人で、「中国人、インド人、トルコ人」ではない、と『ニューヨーク・タイムズ』は心配性の読者に請け合った。）黒人労働力は『コンチネンタル・マンスリー』の記者が「綿花生産という非常に重要な問題」と呼んだものにとっても不可欠だった。綿花栽培は戦前のアメリカで最大の輸出品であり、これを再開しなければ、経済大不況がやって来るだろう。むろん、政策の転換の原因には、黒人が移住に全く興味を示さなかったことも含まれていた。一八六四年初め、アメリカ植民協会長はこう嘆いた。両人種とも、多くのアメリカ人は戦争の結果、「黒人を取り巻く状況が大幅に改善し（中略）、両人種の分離はもはや必要なくなる、白人と黒人は対等に扱われるようになる、と信じている」と。[29]

むろん、平等は実現の難しい夢であり続けた。白いアメリカという幻想は南北戦争とともに滅んだわけではなかったし、黒人の移住願望もそれと同じだった。だが、政府政策としての植民は完全に過去のものとなった。フレデリック・ダグラスは植民案の消滅についての最も適切な文章を書いた。植民を推進する、郵政長官モンゴメリー・ブレアの公開状に返答する形で、ダグラスは植民案を徹底的に反駁した。人種差別や人種闘争は不変のものではなく、生まれつき熱帯気候に適している人種などというものは存在しない。さらに深刻なレベルでは、植民案を採択すれば、白人は奴隷制の結果を考慮する必要がなくなってしまう。植民案は「悩める良心」にとって一服の「アヘン」であり、そのせいで、人々は奴隷解放の結果に向き合わなくてもよくなってしまう、とダグラスは述べた。[30]

リンカンの黒人に対する見解は常に進化を見せたが、それとは対照的に、ネイティヴ・アメリカンに関する限り、リンカンの態度に変化はなかった。リンカンの父方の祖父エイブラハムはケンタッキー州の農場を経営しているときに、インディアンに殺され、当時七歳のトマス・リンカンはそれを目撃していた。リンカンの名はこの祖父から付けられたものだった。驚くべきことではないが、この悲劇はリンカン家の言い伝えになり、それは「自分の意識と記憶に刻み込まれている」と、リンカンは後に述べた。彼は一八六〇年の大統領選用に作成した自伝でそれに触れた。だが、多くの辺境人や軍将校とは違って、リンカンはインディアン嫌いではなかった。例えば、彼はジョン・ポープ将軍やミネソタ州知事アレクサンダー・ラムジーの見解を支持しなかった。ポープは一八六二年八月、ミネソタ州で起きたサンティー・スー族の反乱鎮圧に向かった際、「できればスー族を絶滅させたいものだ」と述べた。ラムジーは反乱後軍法会議で死刑宣告された三〇〇人のインディアン全員の処刑許可をリンカンに強く求めた。リンカンは裁判記録を調べ、二六二人の減刑を行った。(にもかかわらず、一裁判あたり三八人の処刑というのは、アメリカ史上最大の処刑執行数だった。) さらに、リンカンはスー族とウィネバゴ族をミネソタ州の居住地域から追放する法案に署名した(ウィネバゴ族は反乱に全く加担していなかった)。概して言えば、驚くべきことではなかったが、リンカンは大統領在任中、インディアン関連の政策にほとんど興味を示さなかった。西部のインディアン征伐に関して、リンカンは軍司令官に自由裁量を認めたので、当然、南北戦争中には、一八六四年にコロラド州で起きたサンドクリークの虐殺のような事件が頻発した。その事件では、ジョン・シヴィントン大佐の指揮下にあった軍隊がシャイエンヌ族とアラパホ族の村を攻撃し、およそ四〇〇人の老若男女を殺害した。(31)

リンカンはインディアンに対して特別な嫌悪感を持っていなかったようだが、彼らが文明を持っておらず、西部の経済発展の足枷になっているという固定観念を共有していた。インディアンに関して、彼の黒人観を修正した影響力と同じ働きをしたものは存在しなかった。黒人は連邦の運命と結び付けて考えられたが、チェロキー、チョクトー、クリークといったインディアン主要部族は連合軍に同調したので、彼らの存在は連邦維持を脅かすものとされた。実際、協定によって保証されていたが、インディアンの独立主権要求は、戦争が生んだ国民国家の統合性とますます矛盾するようになった。西部の辺境では、約五〇〇〇のインディアン兵士が連邦側で戦ったが、この数字はあまりにも少なく、戦後の公民権を巡る議論は起こらなかった。リンカンは生涯を通じて、めったにインディアンと接したことはなかった。一八六二年、彼はチェロキー族酋長ジョン・ロスと会談したが、会談は何の成果ももたらさなかった。一八六三年三月、ホワイトハウスで、リンカンは西部部族の一四人の酋長と会談した。彼の発言は横柄で支離滅裂だった。リンカンは酋長たちに、地球は球体だと言った。それは、あたかも彼らがそのことを知らないかのような口ぶりだった。さらに、リンカンは彼らに農業を始めるよう迫った。リンカンは日々自分の周りで起こっている殺戮を棚に上げて、彼らにもっと平和を好むよう、白人の平和的手段を見習うよう勧めた。シャイエンヌ族酋長リーン・ベアは白人が西部での暴力事件のほとんどを引き起こしている、と指摘した。多くのアメリカ人が汚職で有名なインディアン事務局〔内務省管轄の事務局。インディアン居留地の管理、運営を行う〕改革の必要性を認識していた(リンカンも一八六二年と六三年の年次教書でそのことに触れていた)が、ネイティヴ・アメリカンの将来的地位はホワイトハウスに連邦政策の変更を迫る社会的大変動の中心ではなかった。おそらく、もっと重要なのは、西部人の労働観がインディアンの土地を絶えず侵略することと同義だった点だろう。そうした労働観は太平洋鉄道建設法やホームステッド法といった戦時法案の後押しを受けていた。国会での年次教書演説で、リンカンはこう述べた。「利用価値のある広大な土地に対するインディアンの所有権」を無効にし、白人が西部の土地や鉱物資源を活用できるようにしなければならない。その一方で、「インディアンの繁栄」も確保しなければならない、と。リンカンはこれらの目的が二律背反であることに気づいていなかった。(32)

だが、インディアンに対するリンカンの政策が、我々をがっかりさせるほど十九世紀の大統領ほぼ全員のそれと似通っているとしても、アフリカ系アメリカ人に関して、戦争後半の二年間のリンカンは両人種から成るアメリカという未来を思い描くようになっていた。

2

一八六三年夏、連邦軍は戦闘での大勝利を収めた。北アメリカ大陸で行われた最大の戦闘、ペンシルヴァニア州ゲティズバーグの戦いで、ポトマック川方面軍はロバート・E・リーの北部侵攻を阻止した。リーの攻撃を全て退けた翌日の七月四日、ミシシッピ川沿いの連合軍最後の主要基地ヴィックスバーグがユリシーズ・S・グラントの軍門に下った。この勝利のおかげで、連合国の東西交通は分断され、連邦の軍艦や商船はミシシッピ川の全流域を航行するようになったので、ヴィックスバーグの戦いは「北部が収めた戦略上最も重要な勝利」だった。これらの勝利によって、ますます多くの北部人が行政府を支持し、奴隷解放と黒人徴兵を受け入れるようになった。だが、同時に、民主党は前年の選挙での躍進に気を良くして、行政府を手厳しく批判し続けた。大統領在任期中、リンカンは長い政治演説で自身の見解を広めようとしなくなったが、公開状を積極的に再発行し、政策を説明した。この試みは戦時の政策、奴隷解放の支持の強化に大きな役割を果たした[33]。

一八六三年五月、銀行家、鉄道界の大立者イラスタス・コーニングが率いるニューヨーク民主党の一団が、大統領に手紙を送りつけてきた。その手紙で、彼らは軍事法廷がオハイオ州選出の前国会議員クレメント・ヴァランディガムを逮捕し裁判にかけたことに抗議した。ヴァランディガムはアンブローズ・バーンサイド将軍の命令に違反した罪を問われ、連合国に追放された。バーンサイドはオハイオ、インディアナ、イリノイ州から成るオハイオ軍管区を統轄しており、「敵側への同情」を禁じていた。こうした試練ゆえに、ヴァランディガムのもとには、リンカン反対派が集結した。ヴァランディガムはなんとかカナダにたどり着き、デトロイトから国境を越えてすぐのところにあるホテルに逗留し、合衆国からの訪問者と絶えず面会していた。六月、オハイオ州民主党は彼を知事候補に指名した。共和党からも同調者を得た民主党は、市民的自由に対する他の制限事項に不快感も示した。それは、例えば、人身保護令状の停止、通常の法廷が機能しているにもかかわらず、軍事裁判が行われていること、『シカゴ・タイムズ』のような民主党系新聞の発行禁止処分、といった事項だった。狂信的なバーンサイドは、ヴァランディガムの指名時期を見計らって、一時的にその新聞を発行停止にしていた。海軍長官ウェルズは日記でこう述べた(34)。そのようなやり方は「我々の政府や組織が土台にしている偉大な原則を踏みにじるものである」と。

ウェルズはリンカンがこうした措置を後悔しているのを知っていた。実際、大統領は陸軍長官スタントンに命じて、『シカゴ・トリビューン』の発行を再開させた。だが、一八六三年七月十一日、リンカンは『ニューヨーク・トリビューン』にコーニングの抗議への返答を書き、市民的自由の制限を強く擁護した。彼はヴァランディガムが演説で積極的に徴兵忌避や軍隊脱走を勧めていると非難した。そういうわけで、ヴァランディガムは軍法で裁かれたのだと、リンカンは主張した。頻繁に引用される言い回しだが、彼はこう問いかけた。「私は脱走した愚か者の少年兵士を銃殺しなければならないのか？　彼に脱走を唆した狡い煽動者には指一本たりとも触れることはできないのに」と。だが、リンカンはこうした言葉以上に急進的な行動をとった。彼は背信罪を適用したが、適用された人々には、積極的に連合国に肩入れした人物だけでなく、あえて言論の自由という問題を提起した人物や戦争支持を明言しなかった人物もいた。はっきりと批判を口にする者だけでなく、「曖昧にしか連邦支持を口にしない」者、「傍観するだけでだんまりを決め込む」者も敵に肩入れしているのだ。その二週間後、リンカンは「各種言論の自由」の侵害を非難する組織に同じ趣旨の手紙を送った。「あなたがたの態度は軍隊脱走や徴兵忌避などを使嗾している」とリンカンは述べた。(35)

リンカンは独裁者ではなかった。だが、戦争中も予定通りに選挙が行われ、民主党系新聞は最も辛辣な言葉で行政府を批判し続けた。リンカンは現代人ほど市民的自由に対する優れた嗅覚を持っていたわけでもなかった。彼は、平時には憲法違反になる行動でも戦時には合法的なものになり、奴隷解放宣言自体がその好例だと信じていた。戦争が国民国家を新興し、アメリカ人の日常生活に先例のない影響を与えているだけでなく、愛国心を高め、民主主義と自由を連邦権力に結び付けている事態をリンカンの見解は反映していた。「一つの国家、一つの政府、一つの普遍的自由」が戦争の帰結だと、『コンチネンタル・マンスリー』の記者は述べた。こうした精神構造はすぐに、異議を反逆行為だとし、愛国心を連邦の政策に対する全面的支持だとする思考を後押しした。選挙運動で、共和党はこれらのテーマに何度も言及した。一八六三年に発行された、『完全な忠誠』という題の小冊子には、危機の時代にあって、「良き市民の第一にして最も神聖な義務」は、「疑いや異論を持たずに大統領の下に馳せ参じること」だ、とあった。リンカンも強烈な愛国心を持っていたので、彼がこうした見解を共有していたとしても驚くべきことではない。むろん、一八六三年までに、連邦と大統領を支持することは、奴隷解放を支持することをも意味するようになっていた。一八六三年十月、政治評論家シドニー・フィリップ・フィッシャーは日記にこう書いた。「我々は奴隷制廃止論者でないにしろ、かつての定義に従えば奴隷解放論者であり、奴隷制が連邦を破壊しようとしてきたが故に、奴隷制を廃止したがっている」と。(36)

リンカンは公開状をしたため、数人に返答するだけでなく、民意も動かそうとした。彼は一八六二年にホレス・グリーリーへの返答でこれを実行したが、六三年にも再びそれを試みた。リンカンはジェイムズ・C・コンクリングへの手紙で、イリノイ州共和党大会での演説要請を断った。彼は慎重に文面を練り上げ、コンクリングに「じっくりと読む」よう命じた。リンカンは手紙が「不完全な形で」数多くの新聞に掲載されたのを悔しがった。コンクリングへの手紙で、リンカンは「黒人問題に関して、私のやり方に不満を抱く」人々を激しくやり込め、奴隷解放宣言と黒人徴兵を長々と弁護していた。彼はグラント将軍から受け取ったばかりの手紙にあった文句に倣って、こうした政策が「反乱軍に対する会心の一撃」だと評した。リンカンは宣言の合法性に対する異論にまともに対峙した。彼はこう述べた。奴隷は財産であり、「戦時法」に則れば、総司令官は「必要に応じて」財産を接収することができる、と。リンカンは黒人兵士の愛国心を褒め称え、それをリンカン反対派の白人の背信行為と比較した。

黒人も、彼ら以外の人々と同様に、動機があるから行動する。我々が彼らに何もしてやるつもりがないのに、いったいどうして彼らも我々のために動いてくれようというのか？　彼らが我々のために命を懸けるというのならば、我々は最高の動機、自由の約束さえ与えて、彼らを奮い立たせねばならない。そして、与えた約束は守らなければならない（中略）。

平和はかつてよりも身近にあるようだ（中略）。ならば、自分が黙って、歯を食いしばり、しっかり目を開けて、銃剣を摑んで、人類をこの偉業に導いたことを記憶できる黒人も出てくるだろう。一方で、邪心を抱き煽動的な弁舌を用い、黒人による偉業を阻もうとしてきたことを忘れられない白人も出てくるだろう。[37]

リンカンの公開状が非常に人気を博しているのが明らかになった。フィラデルフィアのある民主党員はコンクリングへの手紙についてこう述べた。「大統領就任演説以降にリンカンが書いた書簡の中で、これが最も民意を満足させるものだった」と。「連邦支持の新聞は全て」この手紙を掲載し、愛国者出版協会は手紙を五〇万部以上発行した。共和党系新聞はコンクリングへの手紙の「鋭い常識」を賞賛し、手紙の「簡潔で誠実な言い回し」が他の政治家の「美辞麗句」よりも強く北部人の心に響くだろうと予言した。リンカンの手紙が広く出回ったおかげで、一八六三年の州議会選では、六二年の選挙結果が驚くべき程度まで覆されてしまった。実際、一八六三年の州議会選はアメリカがそれまでの一年間に経験した大変化の是非を問う住民投票でもあった。共和党は主要な州選挙全てで勝利し、国会での優勢をさらに大きなものにした。大きな注目を集めたオハイオ州知事選で、ヴァランディガムは四〇パーセントの得票率を記録しただけだった。この数字は民主党が通常記録する総得票数よりもはるかに少なかった[38]。

共和党が勝利を収めた二週間後、リンカンは鉄道でゲティズバーグに移動した。彼は八〇〇〇人の兵士が戦死した戦場で軍共同墓地の除幕式を行った。リンカンが大統領任期中にワシントンDCを離れて演説したのは稀だったが、これはその一回だった。一八六三年十一月十九日、彼は演説したが、そうするまでに二時間待たなければならなかった。その間、呼び物の演説家エドワード・エヴェレットが派手な演説をした。彼は古典古代や政治哲学に言及しながら、戦闘の詳しい経緯を説明した。その後、一万五〇〇〇人の聴衆は手足を伸ばし、身を捩り、一息ついた。そして、メリーランド州音楽協会が頌歌を演奏した。そうしてようやく、リンカンの友人でワシントンDC警察署長を務めるウォード・ヒル・ラモンがリンカンを演壇に導いた。彼の演説は二分少々のものだった。演題は南北戦争の超越的重要性だった。

八七年前、建国の父たちはこの大陸に新国家を樹立した。その国家は自由を基礎にして生み出され、全ての人が平等に造られているという命題に捧げられた。

現在、我々は偉大な内戦を経験しており、その国家、ひいては同様に生み出され同様に捧げられたあらゆる国家が永続できるのかどうかを問いかけている。我々はその内戦の激戦地に会している。我々はこの戦場を、国家存続のために自らの命を差し出した人々が憩う最後の土地として奉献しようとやって来た。我々がそうするのは絶対に正しく、当然のことなのだ。

だが、もっと大きな文脈から言えば、我々はこの土地を奉献できないし、聖化できないし、崇め奉ることができない。戦死していようがいなかろうが、この地で戦った勇敢な兵士こそがこの地を聖化してきたのだ。我々の乏しい力でそれに干渉することなど、どだい無理である。世間の人々は今日ここでの我々の演説に注目しないし、間もなく忘れ去ってしまうことだろう。だが、彼らといえども、この戦場での兵士の功績を忘れることはないだろう。いや、この戦場で戦った兵士がここまで気高く推進してきた未完の計画に、今日ここで我が身を捧げることは我々の責務なのだ。いや、我々の目前に控えるこの偉業に、今日ここで我が身を捧げることは我々の責務なのだ。その偉業とは、我々が栄誉ある戦死者に倣って、彼らが全力で維持しようとした大義にますます深く我が身を捧げることだ。彼らの死を無駄にはしないと、今日ここで我々が堅く決意することだ。神の祝福を受けたこの国に自由を再生させることだ。人民が人民のために人民を統治する原則をこの世から絶やさぬよう試みることだ。(39)

聴衆の中には、ゲティズバーグ演説の真髄を即座に理解した者もいた。『スプリングフィールド・

リパブリカン』はこう述べた。それは「瑕一つない宝石であり、感情的に深みがあり、思想的、表現的に簡潔であり、言語的完成と美」の模範であり、何度も読み返すだけの価値を十分に持つものだ」と。演説の翌日、エドワード・エヴェレットは手紙でリンカンにこう知らせた。「残念ながら、私は二時間かけても除幕式の要点に触れることができなかったが、あなたはそれを二分間でやってしまった」と。だが、多くの民主党員はリンカンが勝手に戦争目的を修正したと非難した。戦争目的は平等とは全く関係がない、と彼らは主張した。『シカゴ・タイムズ』はこう述べた。建国の父たちは「黒人が自分たちと同等だという」見解に同意しない（中略）。「それなのに、よくもリンカンは「兵士の」墓地で、彼らが命を捧げた大義を誤って伝え、政府を樹立した政治家を中傷できたものだ」と。[40]

リンカンは、一八三八年に青年団体で演説した時点ですでに、合衆国が自由と平等権の政治体系であり、民主主義的な自己統治という原則がアメリカ政治の核心である、と考えていた。だが、その他の点で、ゲティズバーグ演説の表現と内容は新しいものだった。声の抑揚や、崇め奉る、聖化する、再生といった表現は、それまでの演説に比べると、明らかに聖書を意識したものだった。それまでリンカンは題辞を用いなかったが、その演説の題辞は詩篇〔旧約聖書所収の、神を賛美する詩集〕の文章を思い起こさせるものだった。それだけでなく、題辞は連邦下院議長ガルーシャ・グロウが一八六一年七月の国会特別会期召集に際して行った演説にも影響されたのだろう。（リンカン同様、グロウも一七七六年七月四日が建国の日だと考えていたが、グロウの計算は間違っていた。彼は「八〇年前」といったが、それでは一七八一年にしかならなかった。）ゲティズバーグ演説には、目立たないが重要な言葉使いの変化があった。一八四〇年代半ば以降、リンカンは合衆国のことを言うとき、中央集権を意味する「国家」ではなく、独立州から成る政体を意味する「連邦」という表現を使っていた。一八六一年七月に国会で教書を読んだ際、リンカンは四〇回以上「連邦」と言ったが、「国家」と言ったのはたった三回だった。ところが、ゲティズバーグ演説で、リンカンは五回「国家」と言ったが、一度も「連邦」とは言わなかった。このように、演説には、南北戦争が引き起こした国家としての自意識の爆発的高まりが見られた(41)。

ゲティズバーグ演説で、リンカンは奴隷制や奴隷解放にはっきりと言及したわけではなかった。だが、彼がほのめかした「自由の再生」の意味を誤解する者はいなかった。ゲティズバーグ演説は南北戦争が自由と平等の国として生み出しつつあった国家の再生を強力に定義した。ただ、そこでは、以下の問題に回答が与えられていなかった。黒人はそれまで自由を認めてこなかった国で、どの程度までその分け前にあずかるのだろうか？　最後には、黒人も、政府の基礎になるとリンカンが結論で述べた「人民」として受け入れられるのだろうか？　だが、奴隷解放が依然不完全なものである以上、リンカンの主な関心も、平等の定義ではなく奴隷制廃止の実行にあった。ゲティズバーグ演説の三週間後、リンカンはこの問題に立ち戻り、再建と呼ばれていたものの計画を初提示した。それは、連邦占領下の南部をいかに統治すべきか、いかなる条件でその地域を連邦に復帰させるべきか、という問題だった。

戦争開始時、リンカンは連合国が法的には連邦所属のままだと主張したが、この主張は連合側の州が自州の奴隷制に関する権限を持っていることを特に意味していた。一八六二年前半には、国会の共和党急進派がこれとは異なる解釈を採るようになった。チャールズ・サムナーは上院に決議案を提出し、連邦を脱退した州は政体として自殺をし、準州に格下げされたと述べた。従って、国会は脱退州を直接統治でき、奴隷制を頂点に、州法が存続を保証していた「地域独自の制度」も廃止できるのだった。下院では、オハイオ州選出の共和党急進派ジェイムズ・アシュリーが法案を提出し、占領中の南部に準州政府を樹立しようとした。民主党員、南部境界州選出の国会議員、共和党穏健派はこれらの法案に激しく反対した。彼らはこうした法案が「連邦脱退布告にほぼ等しい」と考えた。というのは、それは連合国がもはや完全には連邦に所属していないと認めるものだったからだ。両陣営が合意に至る見込みはなかったので、一八六二年三月、下院はアシュリー案を審議延期にした。[42]

奴隷解放宣言は再建問題を一変した。というのは、連合側の州が戦前の地位を回復しようとすれば、必ず奴隷制廃止を認めねばならなかったからだ。一八六三年、リンカンは度々南部の軍政府長官に、奴隷制を廃止する州政府を組織するよう迫った。全域を宣言の適用除外地域にした州や、除外地域にした地域を含む州に対してさえも、リンカンはそう迫った。九月、彼はテネシー州軍政府長官アンドルー・ジョンソンに、「奴隷解放をあなたの州新政府、憲法に取り込むように」と迫った。その二ヶ月後、リンカンはこう主張した。ルイジアナ州の新政府は奴隷制廃止に取り組まなければならない。人々は我々の側につかねばならない、「恒久的自由（中略）に賛成しなければならない、それに反対してはならない」と。[43]

だが同時に、一八六三年、リンカンは自分が段階的奴隷制廃止、黒人年季奉公という移行期間を設けることを望んでいる、と繰り返し主張した。彼は一八四九年に提出したワシントンDCでの奴隷制廃止法案でもそのような提案をしていた。長らく、リンカンは即時奴隷解放をすれば、混沌状態に陥ると危惧していた。奴隷解放宣言公布の一週間後、彼はグラント軍の一部を率いてヴィックスバーグ攻撃をしていた少将ジョン・A・マクレナンドに手紙でこう知らせた。南部の奴隷州は「黒人年季奉公制度を採用し、段階的奴隷解放の最良の案にほぼ全面的に従って」も構わない、と。一八六三年七月、リンカンはスティーブン・A・ハルバット将軍に、「実質的には段階的奴隷解放になってしまうが、案によっては白人と黒人の両方がよりよい結果を手にできるだろう」と言い、将軍にアーカンソー州の連邦主義者をその方向に導くよう迫った。十一月、ゲティズバーグへと向かう当日に、リンカンはテキサス州の連邦主義者に、即時奴隷解放をすれば「大損害が生じかねない」と言った。テキサス州は「段階的奴隷解放」案を採って「ほしい」。[44]

段階的奴隷制廃止がいかに機能するのかについては、依然不透明だった。一八六三年一月一日に自由を与えられた人々が、しばらくの間、隷属身分や年季奉公身分に格下げされるのだろうか？　建国初期には、北部諸州が段階的奴隷解放を実行していた。だが、リンカンの時代の段階的奴隷解放史は、特にイギリス領カリブ海地域において、有望なものではなかった。リンカンも認識していたに違いないが、イリノイ州では、年季奉公が自由を約束するのではなく、奴隷制を存続させる手段になっていた。彼が段階的解放や年季奉公を持ち出したのは、それらが慎重に考慮した結果としての提案だったからではなく、奴隷解放と連邦復帰を南部白人の受け入れられるものにする目的からだった。連合側の州が連邦復帰しようとすれば必ず、その後で奴隷制を廃止する措置を取らなければならない、と彼は主張していたにもかかわらず、そう提案したのだった。財務長官チェースはこの試みが間違っていると考えた。一八六三年四月、彼はこう述べた。「我々が手なずけなければならない南部人は黒人」と、自由労働制に即座に適応しようとする白人である。「むろん、彼ら以外の人々は全て、反乱側に共感を抱いている」と。オレスティーズ・ブラウンソンは、奴隷所有者にしばらく奴隷の管理権を認めることが奴隷解放宣言の論理と矛盾していると指摘した。奴隷制廃止の根拠が軍事的必要性だというのであれば、奴隷制廃止は「即座に行わなければならない」と、彼は述べた。[45]

リンカンは段階的解放やその他の措置を議論し、南部の連邦主義を促進させようとしたが、一八六三年に連邦支持派の政府を南部に樹立する試みは上手くいかなかった。アンドルー・ジョンソンはテネシー州で文民政府を機能させられなかったし、ノースカロライナ、アーカンソー、ルイジアナ州の軍政府長官は何事も達成することができなかった。政策の転換が必要不可欠だった。その上、一八六三年夏には、連邦軍が多くの戦闘で勝利を収めたので、突如、再建問題が政治的議論の最前線に躍り出て、共和党内での派閥争いを激化させた。「全ての党派がこの議論に軽率なやり方で首を突っ込んでいるようだ」と、『ニューヨーク・タイムズ』は述べた。『タイムズ』はリンカンに奴隷制廃止を連邦復帰の条件にしないよう迫った。十月、メリーランド州ロックヴィルで、郵政長官モンゴメリー・ブレアは感情的な演説を行い、チャールズ・サムナーが『アトランティック・マンスリー』に寄稿した記事を非難した。サムナーの記事は州の自殺という見解を大まかに説明し、解放奴隷に平等権を付与するよう求めていた。ブレアは共和党急進派を非難し、こう主張した。彼らは「異人種混淆」と解放奴隷への投票権付与を望み、そうすることで黒人に白人を支配させようとしている。連邦を脱退した州は、投票権を規制する権限などのそれまでの権利を全く失っていないのであり、連合軍と共和党急進派は憲法を廃止しようとする点で「同程度に横暴な」過激派である、と。(46)

一八六三年、ブレアは数多くの演説で、州政府を廃止し黒人に利益供与をはかる革命的試みに対抗しようとした。彼は(お墨付きを得ていなかったのだが)自分が大統領の見解を代弁している、と主張していた。ロックヴィル演説はそうした演説の一つだったが、共和党急進派はそれに怒って反撃した。十一月、ミシガン州選出の上院議員ザカライア・チャンドラーは保守派の圧力に「しっかりと」抵抗するようリンカンに迫った。共和党は先頃行われた選挙で、奴隷解放に賛成し奴隷所有者に反対する「大胆で急進的な」見解を採って勝利した、と彼は指摘した。これまで通り、リンカンは党のまとまりを維持しようとした。リンカンはロックヴィル演説を読むとすぐに、ブレアとサムナーの論争が「単に形式だけのもので、大した問題ではない」と言った。リンカンはチャンドラーに対してこう返答した。「過去に逆戻りしない程度に『しっかり立ち』ながら、アメリカの大義を破壊しない程度に先進的でありたい」と。(47)

一八六三年十二月二日、一〇〇発の砲弾が打ち鳴らされる中、トマス・クロフォードの壮大な《自由の像》が国会議事堂の円天井の頂上に据え付けられた。その八年前、当時陸軍長官を務めていたジェファソン・デーヴィスは、その作品の下書きに変更を加えるよう命じた。というのは、作品の女性像は古代ローマでは解放奴隷の象徴だとされた自由の帽子をかぶっていたからだった。クロフォードは帽子を羽根つきの鉄兜に取り換えた。彼は作品が完成するまでに、数十万人の奴隷の自由が寓話的であるだけでなく、現実のものとなるなどと想像しなかっただろう。像が据え付けられた六日後、第三八次国会の開会に際して、リンカンは恩赦や再建宣言とともに、年次教書を読み上げた。十二月、ニューハンプシャー州選出の上院議員ウィリアム・E・チャンドラーは、共和党が「奴隷制を廃止できるほど急進的でありながら、連邦を維持できる程度には保守的な政策」を望んでいる、と述べていた。リンカンが実行しようとしていたのは、まさにこのことである。[48]

この年次教書で、リンカンは奴隷解放と黒人兵士徴兵を長々と擁護した。彼はこう述べた。一八六三年一月に公布された際、これらの議案は「未来に新たな側面を付け加えたが、その周りには、希望や不安、疑念が渦巻いていた」。それから十一ヶ月が経って、不安や疑念は雲散霧消した。「奴隷の反乱」も起こらなかったし、黒人兵士は戦場で自己の能力を証明した。北部人は先頃行われた選挙で、これらの新政策に支持を表明した。従って、残る問題は希望だけである。アメリカが自由の約束を反故にすれば、重要な「推進力」を失ってしまうだけでなく、「残酷で驚くべき背信行為」を犯すことにもなる、と。

その後で、リンカンは新しい再建策を提示した。彼は連合国民に完全な恩赦を与え、奴隷関連の権利を除いた全ての権利を再び認めることにした。その代わりに、彼らはそれ以降の忠誠を誓い、「最高裁判決が修正、あるいは無効宣言をしない限り」奴隷制廃止を受け入れなければならなかった。最高裁うんぬんという表現は奇妙だが、そこには、依然、奴隷解放宣言の撤回を恐れるリンカンの姿があった。リンカンは連合国の高位の文官と武官、連邦軍兵士や彼が特に選りすぐった黒人兵士を虐待した者を恩赦から外した。いかなる州においても、連邦支持の南部人の数が一八六〇年の投票総数の一〇パーセントに達すれば、少数派であるとはいえ、この人々は新しい州政府を樹立できることになった。連邦支持の南部人とは、誓いを立てた者だと定義された。戦前からの投票資格も適用されることになったが、黒人は投票権から除外された。新しい州憲法は奴隷制を廃止し、解放奴隷の教育を規定しなければならなかったが、「土地や住居を持たない労働者であるという解放奴隷の現状（中略）に沿った」限時法を採択することもできた。この法律は「労働大革命」に付随する「混乱と貧困」を抑えられる、とリンカンは述べた。新政府はワシントンDCに代表を送ることができたが、リンカンは国会の両院が国会議員の資格を判断する権利を持っているとした。連邦に留まったために再建案が適用されなかった南部境界州に関して、リンカンは「これに対して熱心に推進してきた」計画、すなわち段階的、補償付の奴隷解放にこだわり続けている、と述べた[49]。

明らかに、リンカンは再建案が奴隷制廃止を超えた社会的、政治的革命だとは考えていなかった。彼の見解は州がその領域内の住民の市民的、政治的権利を決定するという従来からの権限を認めていた。リンカンは連合国内にも連邦主義の白人、連邦脱退を好まない者がかなりの数で存在しているとずっと信じており、そうした人々が彼の提示する条件をのむと思い込んできた。これは再建後の南部に対する寛容には好都合だったが、黒人の権利を求める動きには不都合だった。リンカンはこう説明した。黒人投票権を認めればこうした白人は疎外されるが、奴隷制から自由労働への移行を規制すればそうした白人も「もっと前向きに」条件をのむだろう、と。

リンカンが一〇パーセント案を提示した直後から、共和党急進派はそれに大反対した。だが、『シカゴ・トリビューン』が述べたように、「連邦支持派から寄せられた全ての意見」がそれに賛成した。共和党保守派の新聞はその案が「これまでの案の中で最良のもの」だと評した。その新聞はリンカンが州の自殺や州の準州格下げといった「抽象論」を拒否していると褒め称えた。リンカンはブレア家の歯に衣を着せない人種的中傷を嫌っていたが、彼らはリンカンが「自分たちの専売特許」を支持してくれたとして、一〇パーセント案の支持を表明した。その専売特許とは州が「その地の法律」、すなわち黒人を規制する法律を管理するというものだった。だが、共和党急進派も一〇パーセント案を賞賛した。というのは、その案によれば、州は従来の憲法で保持していた地位を失うからであった。オレスティーズ・ブラウンソンはこう述べた。「かつての州が現在も連邦の一員であり続けるならば」、いかにして大統領は有権者の十分の一に新政府樹立を認めることができるのだろうか、と。『ニューヨーク・ヘラルド』はリンカンが共和党の保守、急進両陣営から支持を取り付けたことを受けて、こうあてこすった。「二頭の馬にまたがる荒業はサーカスの専売特許ではなくなった」と。[50]

依然、いくつかの点で、奴隷解放の先行きは不透明だったが、記者ホワイトロー・リードによれば、「教書全体の要点」は奴隷制の扱い方にあった。チャールズ・サムナーは喜びで震え上がり、こう述べた。「リンカンは奴隷解放を再建案の土台に据えたので、私はこの目的に繋がる政策なら、どんなものでも支持する」と。この点では、リンカンの教書は共和党保守派の見解を無視していたので、ボストンのある新聞はリンカンが教書で「急進派への転向」を表明している、と述べた。リンカンが国会で教書を披露する前の出来事だが、財務長官チェースは彼にこう迫った。その要求は年季奉公（チェースからすれば、それは再奴隷化にほぼ等しかった）と奴隷解放宣言を反駁する司法決定の可能性への言及を削除し、それを「連邦派住民」の投票にゆだねるとの文言に修正すべきだというものだった。だが、チェースの要求は聞き入れられなかった。だが、黒人投票権はまだ政治的争点にはなっていなかった。共和党急進派のほとんどにとって、それよりももっと重要だったのは、戦前の連邦、すなわち奴隷制を有する連邦への復帰案が時代遅れのものになったことだった。[51]

遵守すべき再建案をリンカンが教書で公表していたと捉えるのは間違いだろう。記者ノア・ブルックスは定期的に大統領と会談していたが、彼は再建案が「最終決定」ではなくて概略であると述べた。実際、「我々が再建というこの問題全般において途方に暮れているのは明らかだ」と彼は書いた。『フィラデルフィア・インクワイアー』の記述によると、一〇パーセント案は戦後の南部に関する計画ではなく「戦時措置」であり、南部の連邦主義を刺激し奴隷解放を実行するための戦略だった。黒人と、連邦に反対する多数派の白人双方を無視している点で、リンカンの宣言が樹立した政府は明らかに十分な正当性を有していない。『ニューヨーク・ワールド』はこうした政府を、数千人の有権者が州全体の運命を決定する逆さのピラミッドだと形容した。フロリダ州では一四〇〇人が政府を樹立し、二人の上院議員をワシントンDCに送ることができると、その新聞は指摘した。リンカンはどのようにして一〇パーセントという数字をはじき出したのかを説明しなかったが、そこには明らかに、すぐに新政府を樹立したいという思惑が働いていた。だが、厳密に軍事的な観点からすれば、一八六〇年の有権者総数の一〇パーセントが連邦に忠誠を誓うだけで州を連合国から独立させられるという考えは大勝利だった。しかも、奴隷制を廃止した州法を採択すれば、一八六四年の大統領選で民主党が勝利したとしても、奴隷解放の法的根拠と運命に関する疑念を振り払うことができた。単なる軍令であれば、未来の大統領が奴隷解放制限を無効にすることが可能だった。リンカンはアンドルー・ジョンソンにこう述べた[52]。「次に誰が私の職位を引き継ぐのか、その人物がどのような政策をとるのかは全く分からない」と。

奴隷制を廃止した連邦派政府を樹立するとの決定のために、予期せぬ結果が生じた。南部の連邦主義者がひどく分裂し、長らく排除されてきた人々が政治的権力の分け前を要求してきた。南部境界州と連合国双方において、リンカンは厄介な派閥争いを調停しながら、州主導の奴隷解放という目的を達成せねばならなかった。その際、彼は州によっては、一〇パーセント案を大幅に逸脱した再建を認めることになった。リンカンは自身が段階的解放を支持していると述べていたが、結局、即時解放を支持する側につくことになった。戦争終結までに、リンカンの強い後押しを受けて、メリーランド、ミズーリ、ウェストヴァージニア州といった南部境界州と、アーカンソー、ルイジアナ、テネシー、ヴァージニアといった連邦軍占領州は、州主体で奴隷制を廃止した。だが、自発的に奴隷制を廃止したからといって、南部の連邦主義者は解放奴隷に法の下の平等を付与したり、彼らを戦後の政体の一員として考えていたりしているのではなかった。

3

奴隷解放宣言と一〇パーセント案の影響を受けなかった南部境界州は、再建を奴隷制廃止に結びつけた結果を最初に証明した地域だった。一八六三年十一月、デラウェア州での演説で、『ニューヨーク・タイムズ』の編集者ヘンリー・J・レイモンドはこう述べた。連邦軍が駐屯していることで、すでに「奴隷制廃止は」当地の「州政治の現実的問題」になってしまった、と。だが、その結果は州によって劇的に異なっていた。依然、デラウェア、ケンタッキー州は滅亡寸前の奴隷制にしがみつく保守的な連邦主義者に支配されていた。イリノイ州のジェシー・W・フェルはリンカンの長年来の友人だったが、彼はこう述べた。「ケンタッキー州の忠誠は奴隷制に対する忠誠である」と。黒人兵士徴用のために、これら二州でも奴隷制は弱まっていたが、一八六五年の憲法修正第一三条の批准まで法制度として残存した。[53]

一方、南部境界州のそれら以外の地域では、新勢力が台頭し、奴隷制廃止と州政治革命を熱望した。ウェストヴァージニア州は段階的解放をとることで一八六三年に連邦に加入したが、一八六五年、即時解放を成文化した。だが、共和党は、アフリカ系アメリカ人（彼らは州人口のごくわずかを占めるにすぎなかった）に投票権を付与するのではなく、有権者に連邦への忠誠を誓わせ、数千の連合支持者を締め出すことで権力を保持しようとした。このやり方は奴隷制を廃止した他の、上南部の州でも採用された。[54]

一八六四年、メリーランド州は奴隷を解放した。そこは自派に有利な議席配分によって州政府を支配している大農園地帯と、数多くの小農園をかかえる地域、工業都市ボルチモアの二つに分裂していた。そして、後者の住民のほとんどは奴隷を所有する大農園主に憤っていた。戦争開始以来、連邦軍がメリーランド州を占領していた。「青い軍服を着た偉大な軍隊」は「数々の進歩的着想」を従えてきた、と奴隷制反対論のある指導者は述べた。一八六三年までに、数多くの奴隷が連邦軍に入隊したり、ワシントンDCに逃亡したりしていたので、メリーランド州の奴隷制は解体されつつあった。州の連邦主義者は奴隷解放が不可避であると知った。だが、モンゴメリー・ブレアが率いる保守派は、段階的、補償付の奴隷制廃止案の実施を望んでいた。一方、国会議員ヘンリー・ウィンター・デーヴィスが率いる急進派は即時奴隷解放を要求し、奴隷所有者への金銭補償も認めなかった。デーヴィスはこう主張した。奴隷制を廃止すれば、メリーランド州は繁栄した自由労働社会になり、貴族的な大農園主による独立自営農民、都市労働者支配に終止符を打つことができるだろう、と。金銭補償を求める奴隷所有者に対しては、デーヴィスはこう答えた。「奴隷所有者が手にする補償はメリーランド州南部全域の開墾地だ。そこで微笑み花咲いているもの一切合財がアフリカからむりやり連れて来られた黒人の労働によるものだ」と。[55]

共和党急進派に対するブレアの長ったらしい攻撃は国政、メリーランド州政治の両方によって動機づけられていた。ブレアはこう説明した。自分の目的は「奴隷制問題を解決し、その真後ろに潜む黒人問題に取り組むことだ」と。「[急進派の]計画を完全に挫く」唯一の方法は「奴隷解放に賛成することだ」と、ブレアはオーガスタス・W・ブラッドフォードに警告した。ブラッドフォードはメリーランド州知事で連邦主義者だったが、奴隷制への反対行動を好んでいなかった。奴隷解放の主導権を握れば、国会は解放後の州の人種問題に干渉できなくなる、とブレアは信じていた。リンカンはブレア派とデーヴィス派の争いに干渉しないようにした。その結果、彼は両陣営を公平に扱い、両陣営とも彼の対応に満足しなかった。[56]

軍が有権者に忠誠の誓いを厳しく求めたので、奴隷制廃止論の連邦主義者が一八六三年のメリーランド州選挙で圧勝し、州憲法修正会議を招集した。その召集直後の一八六四年三月、リンカンは自身の見解を明らかにした。彼はジョン・A・J・クレズウェルに手紙でこう知らせた。「私はメリーランド州で奴隷解放が達成されることを強く望んでいる」。それは「反乱終結に大いに役立つだろう」と。さらに、リンカンはこう述べた。「私が即時奴隷解放よりも段階的解放を支持していること」はこれまで「誤解されてきた」と。彼は依然こう考えていた。段階的奴隷制廃止をとれば「混乱や貧困はもっと少なく済む」だろうが、万一、憲法修正会議が「即時解放を支持すれば、私は反対しないだろう」。要は、奴隷解放論者が「嫉妬、ライバル心、当然の敵意」を引き起こし、奴隷制廃止案を転覆させせないようにすることだ、と。

一八六四年四月、憲法修正会議召集の直前に、リンカンはボルチモアに出かけ、衛生博覧会(医薬品供給の寄付を募り、貧しく身体障害のある連邦軍兵士の手助けを行う博覧会)の開会式で演説を行い、奴隷解放の大義を宣伝した。彼は南北戦争がアメリカの中心的価値観、すなわち自由の本質を明るみに引き出してきた事実を考察した。

> 我々はみな自由を支持している。だが、我々は同じ言葉を用いていても、同じことを意味しているとは限らないのだ。ある人々によれば、自由という言葉は個人が好きなように振る舞い、自身の労働の対価を享受することを意味している。一方、別の人々によれば、この言葉はある集団が好きなように他の集団を使役し、他人の労働の対価を享受することを意味している（中略）。
> 　羊飼いが羊の喉元から狼を追い払ったとしよう。この行為に対して、羊は羊飼いを解放者だと感謝を捧げる。一方、狼はこの行為ゆえに羊飼いを自由の破壊者だと非難する。とりわけ、羊の毛が黒かった場合にそう非難する（中略）。このように、我々は数千の人々が日々隷属状態から解放される事態を目にし、ある人々はこの事態を自由の推進だと褒め称え、他の人々は同じ事態を自由の破壊だと嘆いている。だが、近頃、メリーランド州民は自由を定義しようとした。彼らは自分たちが主張してきた自由、狼が意味する自由を否定したのだ。[57]

　このたとえ話では、リンカン自身は羊飼いであった。羊は自由を得ようとする奴隷だった。狼は奴隷を所有する南部人だった。そして、メリーランド州の有権者は勝利の主体で、自由を自由労働の観点から捉えた。南北戦争前だったならば、リンカンは奴隷所有者を狼に喩えるような真似はしなかった。当時の彼は無理をして南部白人に対する個人的敵意を隠そうとしていた。そのような喩えは戦後の和解が困難だとリンカンが認識したことを示しているのだろう。

　奴隷制廃止を「強盗」だと言う代表団の反対を押しのけて、憲法修正会議は即時に奴隷制を廃止し、議会が奴隷所有者に金銭補償をするのを禁じた。政治勢力図が変化したので、会議は議席を再配分し、大農園地帯の権力を削減した。さらに、会議は税金で運営される州初の自由な学校制度を創設し、リンカンが一〇パーセント案で規定したものよりもはるかに厳しい忠誠の誓いをした者だけに投票権を認めた。だが、州内八万の奴隷の処遇に対して関心を示した奴隷解放論者はほんのわずかだった。奴隷の子弟は学校から締め出され、投票権も白人だけに付与された。[58]

一八六四年秋、リンカンはメリーランド州の有権者に新憲法を承認するよう迫った。十月十三日、彼らは新憲法を承認したが、総投票数六万のうち四〇〇票差というぎりぎりの過半数だった。投票前日、メリーランド州の住民であった最高裁長官ロジャー・B・トーニーが亡くなった。多くの共和党員はニューヨークの頑固な日記作者ジョージ・テンプルトン・ストロングと同じ反応を示した。「古くから存在した二つの不正と悪が手を携えて滅びつつある」。十一月一日、憲法が施行され、リンカンはホワイトハウスに行進してきた黒人集団に演説をした。彼はこう言った。「長年奴隷制が存在してきたメリーランド州で（中略）、そこが永久に自由州になったことを理解するのは並大抵のことではない」と。リンカンは解放奴隷に「道徳的にも知性の面でも自己鍛錬する」よう迫った。だが、祝賀ムードはすぐに打ち破られた。州裁判所は黒人の大反対を押し切って、彼らの子供数千人をかつての主人の下で長期年季奉公させることに決め、ずうずうしくも大農園主に半奴隷制を認めようとした。[59]

それ以外の南部境界州で戦時再建案に着手した州はミズーリ州だった。そこでは、依然、連邦主義者がメリーランド州以上に激しく対立していた。リンカンはその分裂を「有害な派閥争い」だと形容した。保守派は段階的、補償付の奴隷解放と連合国に対する寛大な処遇を要求した。一方、共和党急進派は即時奴隷制廃止と反乱者の選挙権剝奪を要求した。それぞれの派がリンカンに敵側の不満を並べ立てた。リンカンは両派の調停に乗り出したが上手くいかず、進行中の争いに怒りをぶちまけた。あるとき、彼はこう不満を述べた。自分はミズーリ州の派閥争いに「悩まされてきて（中略）、もうこれ以上我慢できない。両派とも理性（中略）に訴えかけようとする私の試みに全く敬意を示さない」と。(60)

一八六三年六月、ミズーリ州大会が再召集され、一八七〇年開始の段階的奴隷解放案を採択した。一八六一年の大会で、連邦主義者は連邦脱退に賛成する州議会への攻撃を争点にしていた。金銭補償の代替案として、年老いた奴隷は生涯隷属身分にされ、若い奴隷は二十三歳になるまで年季奉公させられることになった。代表団の審議中、ミズーリ州軍司令官ジョン・M・スコフィールド将軍は指示を求めてきた。リンカンは返信で自らの信念を再表明した。「黒人と白人双方にとって、即時奴隷解放よりも段階的解放のほうが望ましいだろう。ただし、これは軍事的必要性から状況が一変しない限りでの話である」。いずれにせよ、奴隷制廃止が実行されるまでの時間は「比較的短く」するべきだ、と。だが、ミズーリ州の奴隷は自由を得るのにさらに七年待つつもりはなかった。「毎日、奴隷は数百の単位で逃亡している」と、州選出の国会議員ジェイムズ・S・ロリンズは言った。「自ら隷属身分を脱した『奴隷』は金銭補償なしの奴隷解放を支持しているようだ」と、カンザスシティーのある新聞はあてこすった。(61)

ミズーリ州の共和党急進派は即時奴隷解放に向けて運動を開始した。一八六三年九月、急進派はセントルイスの弁護士チャールズ・D・ドレークが率いる七〇人の代表団を送り、リンカンにスコフィールド将軍の解任を求めた。彼らはスコフィールドが保守派に肩入れをしていると非難したが、それももっともなことだった。彼らがリンカンに会う二日前、フランク・ブレアはセントルイスでの演説で、急進派を厳しく非難し、即時奴隷解放に反対した。長年、リンカンはブレア家と親しくしていたが、彼らの肩を持とうとしなかった。彼は「急進派と保守派の政治的対立」に関わるつもりはないと言った。リンカンはスコフィールドの解任を拒否したが、ミズーリ州での奴隷解放が一八七〇年まで延期されたことに遺憾の意を表明した。ジョン・ヘイによると、十月、リンカンはこう述べた。おそらく、急進派がミズーリ州を支配するだろうが、「自分はそのことに反対しない。思想的にも心情的にも、彼らのほうが保守派よりも私の立場に近い。ただし、個人的には急進派が大嫌いだ。彼らは法律を完全に無視する。この世で最も扱いづらい輩だ。だが、結局、彼らの目は天国のほうを向いている」と。一八六三年十二月、リンカンはスコフィールドを解任し、職務をウィリアム・ローズクランズに引き継がせた。リンカンはローズクランズがもっと公平にミズーリ州政治に関わることを期待した。(62)

両派が数ヶ月間批判の応酬をした後の一八六四年秋、急進派の連邦主義者はトマス・C・フレッチャーを知事に選んだ。一八六五年一月、ミズーリ州憲法制定会議は公立学校制度の創設や負債者投獄の廃止などの改革と並んで、即時奴隷制廃止を決定した。ドレークのおかげで、新憲法は黒人にも裁判を受ける権利を認め、黒人用の学校を設立する権限を議会に付与した。ドレークは黒人を「白人と完全に平等な地位に引き上げる」ことはできないが、長年にわたる「資格剝奪、禁止事項、差別を取り除き、自由(中略)が名ばかりのものにならないよう」取り計らわなければならない、と主張した。ドレーク自身は黒人投票権を支持していた。だが、会議は投票権を黒人に拡大するのではなく、厳格な忠誠の誓いを課すことに決めた。一八六五年六月、新憲法を承認した人々は投票権を得た。(63)

南部境界州(例外はミズーリ州で、そこでは戦争を通じて軍法が存続した)とは違って、連邦軍の占領地域では、軍の後援を受けて戦時再建案が実行された。この地域でも、リンカンは州主体の奴隷制廃止を要求した。最初に奴隷解放に応じた連合側の州はヴァージニア州再建政府だった。一八六四年初め、一六人の代表からなる小規模な憲法制定会議が奴隷制を廃止、連邦派の白人だけに投票権を付与し、白人用の公立学校制度を定めた。この会議は州のごくわずかな地域を支配するだけで、一八六〇年の一〇パーセントの票を集めることもままならなかったが、リンカンはこの政府がヴァージニア州の正統な政府だとし続けた。[64]

長らく、リンカンはアーカンソー州が連邦派の州政府を樹立できる見込みのある土地だと考えていた。というのは、州北西部の山岳地帯にかなりの数の連邦主義者がいたからだった。リンカンは再建案を公表するとすぐに、軍将校をその州に派遣した。彼らは用紙を携え、忠誠の誓いを行った人物の名前をそこに記した。リンカンは軍司令官フレデリック・スティール将軍にこう忠告した。新政府が樹立されれば、「確実な方法で自由州憲法の条項」を設けるように、と。その数日後、リンカンは他州での事態の進展を考慮して、「できれば、特に、派閥争いをさせないように」と付け加えた。州の連邦主義者は一〇パーセント案に基づいた選挙実施をしないで、自称の憲法制定会議を組織した。一八六四年一月、リトルロックで、その会議は召集された。リンカンはそれに協力するようスティールに命じた。代表団はすぐに新憲法を承認した。新憲法では、奴隷制が廃止、投票権は白人だけに付与され、一八一八年のイリノイ州憲法に基づいて黒人年季奉公制度の採用を議会に認めた。代表団は条例で以後の黒人州内立ち入りを禁じた。例外は連邦の許可がある場合だった。一八六四年三月、新憲法は批准された。一八六〇年の有権者総数の二〇パーセント以上が投票した。一〇パーセント案に従わずに樹立されたものではあったが、リンカンはスティールに新政府の正統性を認めるよう命じた。[65]

リンカンはテネシー、ルイジアナ州の再建に最大の注意を払った。一八六三年秋までに、軍政府長官アンドルー・ジョンソンはリンカンの要求に従って、奴隷解放に賛成の意を表明していた。以前、ジョンソンはリンカンを説得し、テネシー州を奴隷解放宣言の適用除外地域にしていた。だが、リンカンが一〇パーセント案を公表した際、ジョンソンと彼の支持者はうろたえた。ホレス・メイナードはテネシー州東部選出の国会議員であり、そこでは連合国の支配下で連邦派の人々がひどく苦しめられてきた。従って、彼は一〇パーセント案が反乱者に対して「必要以上に寛大だ」と不満を述べた。ジョンソンは自ら主導権を握って、リンカンが定めた忠誠の誓いだけでなく、「強い誓い、厳格な誓い」をするよう定めた。そのため、有権者は連合軍の敗北と奴隷制廃止を「熱烈に」望んでいることを誓わなければならなかった。テネシー州から多数の不満が寄せられたが、リンカンはジョンソンが課した条件をそのままにしておいた。リンカンはジョンソンの政策と自身のそれとの間に「矛盾はない」、と述べた[66]。

ジョンソンが奴隷解放を受け入れたからといって、彼が突然テネシー州の黒人の幸福に興味をもつようになったというわけではなかった。ジョンソンは奴隷を持たない独立自営農民の指導者として自分を売り出し、テネシー州政界で台頭したので、「奴隷制政治」が政治権力を独占し、貧乏白人を抑圧していると非難した。一八六三年、彼はこう言った。アメリカ政府にいかなる被害も及ばぬよう、全奴隷は「祖国」に帰還し、「(中略)アフリカは惑星として地球から切り離され、この世界の軌道から外されてほしい」と。だが、テネシー州の白人は州政府を樹立しようとするジョンソンの試みに反対し、黒人も連邦軍に入隊していたので、彼は自身の見解を変更した。ナッシュヴィル、メンフィス、ノックスヴィルの黒人指導者が投票権を要求してきた(テネシー州では、一八三五年まで、自由黒人は投票権を享受していた)が、ジョンソンはこれを拒否した。だが、奴隷制廃止によって白人と解放奴隷の双方が「自由の時代」を享受するという州の未来像を彼は描いていた。解放奴隷は賃金労働を行い、「自身の労働の対価」を享受する。さらに、「解放奴隷が自助努力で成功できるのなら、神の名において、そうさせてやれ」。一八六四年十月、ジョンソンは黒人集会で演説した。そのときまでに、彼はリンカンの副大統領候補として大統領選を戦っていたが、一方的にテネシー州の奴隷制廃止を宣言した。彼はこう公約した。「私は皆のモーゼになろう。そして、皆を導き、争いと隷属の紅海を渡り、自由と平和に満ちた約束の地に至ろう」と。一八六五年初め、ジョンソンは文民による政府を上手く機能させられなかったので、選挙を完全に無視し、連邦主義者自称の会議の召集を支持した。その会議は憲法修正案を採択し、金銭補償なしで奴隷制を廃止した。二月、ジョンソンの条件を満たして投票権を得たテネシー州民はこの政策を承認した。(67)

戦時再建案が実行されている州のなかで、ルイジアナ州だけが連合国の中心にあった。リンカンはこの地に最大の期待を寄せた。後述するが、一八六二年、連邦軍はニューオリンズとその近郊の砂糖栽培地帯を占領した。この地域には、連合国をあまり支持していない人々がかなりの数住んでいた。彼らは元ホイッグ党の大農園主、ヨーロッパからの移民、北部出身者だった。ニューオリンズには、一万一〇〇〇の自由黒人も住んでおり、彼らの多くは裕福で教育もあった。彼らは植民地時代のフランス系住民と奴隷女性のカップル、あるいはハイチから移住してきた自由黒人を祖先にしていたので、革命時代と一八四八年に大西洋世界に吹き荒れた急進思想に大きな影響を受けていた。連邦主義者が一致団結できれば、連邦寄りの政府樹立の可能性は大きかった。一八六二年秋、ニューオリンズの有権者はバイエルンからの移民マイケル・ハーンと、ニューハンプシャー州出身の教師、新聞編集者ベンジャミン・フランダーズを国会に送り込んだ。彼らは自由州化運動を代表しており、奴隷解放がルイジアナ州を北部的自由労働社会として再建するカギになると考えていた。(68)

リンカンは白人の連邦主義者を増やそうと、ルイジアナ州南部を奴隷解放宣言の適用除外地域にした。だが、一八六三年八月、彼は南部境界州と上南部の奴隷制廃止を推進していたので、ルイジアナ州の奴隷制を廃止する憲法制定会議を組織するよう、ナサニエル・P・バンクス将軍に命じた。リンカンは自分が「即時ではなく段階的奴隷解放」を支持していると再び言い、「白人と黒人の両人種がかつての関係を段階的に改める現実的な制度」を州が採用することもできると再び約束した。だが、何事も起こらなかった。十一月五日、リンカンは再びバンクスに手紙を送った。その手紙で、彼は事態の進展がないことへの苛立ちを表明し、連邦派政府の樹立に「これ以上時間を無駄にしない」ようバンクスに迫った。リンカンは奴隷制廃止が再建の必須条件だ、奴隷制廃止を認めない「自称連邦主義者」と協力するつもりはない、と明らかにした。(69)

リンカンの一〇パーセント案は、できるだけ多くの白人を再建案に取り込んでルイジアナ州の再建を早めたいという想いに相当強く影響されていた。彼は「派閥争いを絶対に避け」、連邦復帰と奴隷解放という共通目標のために協力するよう、州の連邦主義者に求めたが、うまく行かなかった。不運なことに、他の州と同様、リンカンはすぐに連邦主義者の激しい派閥争いに対処せねばならなくなった。そうした争いは憲法制定会議が先か、文民政府樹立が先かを巡る議論から始まった。争いに油を注いだのは、財務長官チェースが官職付与の約束をしていたことだった。彼は公表していなかったが、一八六四年の大統領選出馬に向けて支持を取り付けようとしていた。だが、次第に、対立の争点は黒人が自由州となったルイジアナ州でどのような権利を享受するのかという問題に収斂するようになった。(70)

黒人投票権という意見の分かれる問題はルイジアナ州を発端に全米の注目を浴びるようになった。自由黒人は選挙での投票権を求め、新しい州政府を樹立しようとした。リンカンはこのときまで黒人投票権を支持したことはなかったが、ここでは反対しなかった。一八六三年八月、陸軍長官スタントンはリンカンの承認を得て、ルイジアナ州に指令を出した。そこで、彼は、人種に関わらず「連邦派の住民全員」を有権者として登録することを公認した。十二月に公表された一〇パーセント案が黒人投票権を認めていなかったにもかかわらず、一八六四年一月、スタントンは再び同種の公認を行った。だが、バンクス将軍は黒人に投票権を認めれば、ほとんどの連邦主義者をはじめ、白人の大部分が連邦に背を向けてしまうと思った。「奴隷解放以外の黒人関連法案を穏健派が受け入れることはないだろう」と、バンクスはリンカンに語った。彼は穏健派からの支持が是非とも必要だと考えていたのだった。一八六四年二月、バンクスは戦前の憲法の下で新州政府樹立の選挙を行った。むろん、その憲法は奴隷制を認め、黒人の権利を厳しく制限していた。ハーンとフランダーズは知事に立候補した。選挙戦で、ハーンは好き勝手に人種差別的発言をし、ライバルの支持者を「黒い噛みタバコ」、「黒人平等主義者」だと評した。そのせいで、連邦主義者の分裂はさらに大きくなり、北部の共和党急進派は不安に駆られた。事実、この時点で、黒人投票権を支持する州の白人急進派はごくわずかしかいなかった。(「そのような悪口はあまり正確なものではなかったと思う」と、チェースは述べた。)ハーンが知事に選出され、バンクスは憲法制定議会開催を強行した。[71]

その間、裕福なワイン商人アーノルド・バートノウ、農園技師ジャン・バプティスト・ルーダネズの二人は、ニューオリンズの自由黒人を代表して、ワシントンDCへと向かった。彼らは一〇〇〇人の署名のある請願書を提出し、自分たちのように自由身分に生まれついた黒人に投票権を与えるよう主張した。彼らはワシントンDCに着くと、チャールズ・サムナーに面会するようになった。彼らはサムナーの要請を受けて、「奴隷に生まれついた者」、特に黒人兵士にも投票権を与えるよう要求することにした。一八六四年三月十二日、ホワイトハウスで、リンカンは彼らと面会した。新聞記事によると、リンカンは彼らにこう言ったとのことだった。学のある黒人の投票には反対しないが、ルイジアナ州にこの条件をつけてしまえば、反乱の鎮圧という第一目標が危険にさらされることになる、と。だが、その翌日、リンカンはハーン知事に手紙を書き、「黒人を締め出すべきなのかどうかを内密に考慮する」よう求めた。その手紙で、彼はバートノウやルーダネズといった「非常に頭の良い人物」だけでなく、「我が軍で勇敢に戦った黒人のことにも」言及していた。この事態はリンカンが奴隷制廃止以外の黒人の公民権や政治的権利を支持するために州の再建案に干渉した唯一の機会だった。リンカンは黒人投票権を断固支持したわけではなかったが、この事態は彼の大きな転換点だった。それが明らかにしたのは、連邦軍で戦った黒人兵士が戦後のアメリカでの公民権を要求していることをリンカンが確信しはじめていた事実だった。さらに、この事態は一〇パーセント案からの大きな逸脱も予兆していた。[72]

一八六四年十月、ルイジアナ州憲法制定会議が召集された。それは奴隷制を即時廃止しただけでなく、州の政治と社会構造を再建させせようとした。憲法はニューオリンズを州都に定め、州議会での大農園地帯の議席を減らし、ニューオリンズの議席を大幅に増やした。憲法には、公務の最低賃金や無償の公教育制度、累進課税といった進歩的な規定もあった。バンクスはこう述べた。「我々は社会のあらゆる側面に変更を加えた。ルイジアナ州が奴隷制を復活させるような事態は、ロードアイランド、マサチューセッツが奴隷州になるような事態と同じだ」と。だが、黒人の権利拡大ということになると、変化を受け付けない空気が支配していた。チェースの通信員はこう述べた。「人々は皆、黒人に対する偏見、強くて俗悪な偏見を持っている」と。奴隷制廃止を支持した代表の中には、黒人兵士が会議場を警備しているにもかかわらず、黒人全員を州から追放するよう求めた者もいた。会議は連邦派の奴隷所有者に奴隷解放の対価を保証するよう国会に請願し、条件付き黒人投票権に関するリンカンの「要求」を無視した。ハーン知事が熱烈に働きかけ、有力な代表にリンカンの手紙を見せてようやく、会議は将来の投票権拡大と人種隔離制度での黒人公立学校を州議会に認めた。[73]

リンカンにとって、重要な規定は奴隷制廃止だった。彼は新憲法の迅速な批准を迫り、連邦の指名を受けたルイジアナ州民全員がそれを支持するよう求めた。九月初め、ニューオリンズとその近郊の有権者は新憲法を承認し、州と国会の議員を選んだ。リンカンはこうした成果を賞賛し、バンクスの後を継いだスティーブン・A・ハルバット将軍に新政府と協力するよう迫った。ルイジアナ州憲法は「イリノイ州憲法よりも貧しい黒人に優しい」ものだ、とリンカンは述べた。だが、共和党急進派の連邦主義者、自由黒人は新政体を非難し、国会にそれを否認するよう求めた。こうして、再建を巡る国会での戦いの火ぶたは切って落とされた。(74)

4

黒人労働者に対する連邦軍の政策でも論争が大きくなっていたので、再建を巡る議論はさらに複雑なものになった。リンカンが奴隷解放を宣言した直後、『ニューヨーク・タイムズ』はこう述べた。「奴隷解放宣言によって実際に奴隷が自由になるのだったら、次には、彼らが労働するように仕向けなければならないだろう。これは大変に大きく難しい問題の幕開けである」と。(75)

共和党員は皆、奴隷制の後には自由労働が来なければいけないと認めており、この認識は戦争によって強められた。だが、多くの共和党員は解放奴隷が奴隷制によって「子供のように虚弱で経験不足」な状態に留め置かれてきたので、彼らが自由労働者としてすぐに白人と張り合うのは無理だと思っていた。こう考える党員は黒人が連邦の監視下で市場経済の仕組みとそこでの振る舞い方を身につける準備期間を設けるべきだと主張した。一方、連邦が手助けすれば黒人に依存心が生まれる、と考える党員もいた。彼らはこう主張した。黒人も白人と全く同じ能力と意欲を持っており、公平に取り扱い社会での出世を認めてやれば、上手く仕事をやり遂げられる、と。『フィラデルフィア・インクワイラー』

はこう述べた。「解放奴隷の望みは教育、職業訓練、丸一日の労働に対して丸一日分の賃金を稼ぐ機会だ。この問題全てはまだ始まったばかりである」と。[76]

一八六三年三月、陸軍省はチャールズ・サムナーの要求を受け、アメリカ解放奴隷調査委員会（AFIC）を発足させ、解放奴隷の取り扱いに対する政策を検討した。その委員、サミュエル・グリドリー・ハウ、ジェイムズ・マッケイ、ロバート・デイル・オーウェンは改革の第一人者だった。ハウは奴隷制廃止論者で盲人教育を主唱していた。マッケイはチャールズ・サムナーのボストン奴隷廃止論団体の会員だった。オーウェンは女性と労働者の権利を擁護していた。委員会は北部と連邦軍占領地域の白人と黒人を聴取し、黒人部隊の司令官にアンケートを配布し、西インド諸島の奴隷制廃止の経緯を調査した。一八六三年六月、委員会は仮報告を行い、その十一ヶ月後に、最終報告を行った。委員会の勧告は陸軍長官スタントンを通じて国会に回送され、北部で大々的に公表された。その勧告によると、奴隷制廃止後の政策に自由放任主義と干渉主義の対立があるとのことだった。報告書で、委員会は奴隷解放事務局を発足させ、解放奴隷に慈善的保護を与えるよう求めたが、黒人が自己信頼できるように、そうした保護が「恒久的制度化」されてはならない、と警告した。委員会の報告は年季奉公案を強く否定し、その実験が西インド諸島で悲惨な結果を引き起こしたことを指摘した。報告の結論はこうだった。黒人の権利を保護する最良の方法は黒人に公民権、政治的権利と農地購入の機会を与えることだ。マッケイの意見はさらに過激だった。大農園を没収、それを貧乏白人と解放奴隷に再分配し、「南部諸州の社会革命」を徹底的に行うことを彼は主張した。[77]

リンカンはアメリカ解放奴隷調査委員会の報告に対して公式声明を出さなかった。長らく、彼は黒人も自分の労働の成果に対する権利を持つべきだと主張してきた。奴隷解放宣言でも、リンカンは解放奴隷に働き適切な対価を受け取るよう迫った。だが、サムナーが指摘したように、リンカンは解放奴隷が「いかにして労働の機会を得るのか」、いかにして自由労働者としての自身の権利を擁護するのか「について語る」ことはなかった。[78] 連邦軍がかなり多くの大農園を占領し、解放奴隷や元奴隷所有者、軍司令官や北部企業家が黒人労働の管理を巡って論争するようになると、リンカンはこのゆゆしき問題に向き合わねばならなくなった。

南北戦争時、連邦軍占領地域で自由労働の様々な実験が行われた。こうした「再建の実験」で最もよく知られたものはサウスカロライナ州シー諸島で行われたものだった。そこでは、北部出身の改革者が黒人学校を建設し、土地取得に関して黒人を援助しようとした。また、北部の投資家は白人が捨てて逃げた大農園で黒人を自由労働者として雇用した。だが、これよりもはるかに多くの解放奴隷がミシシッピ渓谷で始まった労働政策から影響を被った。一八六二年、ベンジャミン・F・バトラーがこの政策を開始し、黒人に連邦派の大農園主の領地で働くよう命じた。そこで、黒人は食糧と医療だけでなく、決められた作業内容に応じて賃金を受け取ることになっていた。一八六三年、バンクス将軍はこの方法をルイジアナ州の占領地全域に拡大した。彼はこれが「奴隷制から自由労働への移行の第一歩」だと言った。バンクスは黒人への鞭打ちを禁じ、黒人にも教育を受けさせるよう命じた。一方で、彼は連邦軍が黒人に「絶対服従」を遵守させると約束した。多くの解放奴隷は同意しなければならない一年契約、低賃金、自分たちが雇用者の許可なく大農園を出ていけないことに憤った。彼らはこの方法が見せかけの自由労働に過ぎないと考えた。[79]

一八六三年、バンクスの実験はミシシッピ渓谷全域に拡大された。ロレンゾ・トマス将軍は逃亡奴隷収容所を管理する費用と負担を連邦軍から取り除こう、ミシシッピ渓谷に連邦の支持者を住まわせて、その地域に対する連邦軍の支配を確実にしようと欲して、北部人とリンカンの恩赦の誓いを行った渓谷の大農園主に大農園を賃貸しすることにした。義務的自由労働というトマスの方法によって、黒人は連邦軍に入隊し軍隊内で労働するか、大農園と契約するか、という選択ができるようになった。黒人は雇用主を選択できたが、いったん選択してしまうと、年末まで辞めることができなかった。彼らは辞めてしまえば、賃金を手にすることはできなかった。(80)

無節操な農園賃借人が解放奴隷を虐待しているという苦情が多数寄せられるようになり、陸軍省と財務省は特使を派遣し、ミシシッピ渓谷の状況を調査した。一八六三年十月、スタントンはジェイムズ・ウォッズワース将軍を派遣した。将軍は黒人を大農園で雇用し、彼らを武装し「男らしい自己信頼心」を養わせるよう主張した。将軍は農園賃貸制度を承認したが、賃金は高く設定され、いつかは黒人が自分の農地を購入できるようにしなければならないとした。将軍はこう結論した。「最大の危険は管理自由労働の名の下に「奴隷制を打ち立ててしまうこと」だ、と。財務長官チェースは改革者ジェイムズ・イェーマンを派遣した。イェーマンは賃貸農園の黒人が「強制的隷属状態」に留められていると報告した。彼は賃貸用の農地を管理する財務省に、土地の分配を含めたもっと人道的な政策を採るよう迫った。(81)

一八六三年十二月、チェースは束の間ではあったが、この労役制度を管理することができた。新しい方法では、賃金は大幅に上昇し、農園を多くの黒人に直接貸し出すことも検討された。だが、二月末、リンカンは軍の要請を受けて、軍の土地管理権を復活させ、トマス将軍に「逃亡奴隷と農園賃貸業」の管理権を認めた。リンカンはこう述べた。「むろん」財務省の案は「善意から出たものだ」が、それはうまく機能しないだろう、と。労使間の争いが絶えず起こり、連合軍の攻撃が生産を妨害したので、トマスの案もあまりうまくいかなかった。実際、ミシシッピ渓谷で最も成功した解放奴隷は少数だったが、皆「黒人独立自営農民」だった。なかでも、デーヴィスベンドの黒人が成功を収めた。そこには、ジェファソン・デーヴィスと彼の兄ジョゼフが所有していた大農園があり、土地は解放奴

隷に貸し出され、彼らは好きなようにそこを使用した。(82)

スタントンが言うには、行政府は自由労働への移行に関する「筋道だった方法」を持っていなかった。だが、リンカンは軍事的状況や奴隷解放の実施にはるかに強い関心を寄せ続けていたが、こうした実験の進展にも関心を示すようになった。一八六二年二月、彼はエドワード・L・ピアスと面会した。ピアスはシー諸島に行ったことがあり、その地の状況に関する記事を北部の新聞に寄稿していた。面会の際、リンカンはしばらくじっと耳を傾けていたが、最後には、「そのような話を気に留めるべきではないと思う」と言った。だが、その一年半後にリンカンがジョン・イートンと面会した際、彼の態度は変化していた。イートンはグラントが解放奴隷に関する自身の政策を説明するためにワシントンDCに派遣した人物だった。リンカンは「我々の軍にやって来る人々について」イートンに詳しい説明を求めた。それは、彼らの目的は何なのか、彼らは自分たちに降りかかっている変化をどの程度まで理解しているのか、彼らは独力で何をなし得るのか、といったことだった。(83)

リンカンは土地を取得しようとする解放奴隷を補助する措置を講じることもあった。サウスカロライナ州ポートロイヤルで、土地の競売準備が行われていた。その土地は一八六二年に国会が課した直接税の不払いのために軍が接収したものだった。一八六三年九月と十二月に、リンカンは黒人がエーカーあたり一・二五ドルで優先的に買い取れるように数区画を競売から外すように指示した。それは黒人に「土地への関心」を植え付けるためのことだった。『ワシントン・モーニング・クロニクル』はこう述べた。そのようなことを行えば、大農園制度は破壊され、「鞭打ちを受けてきた者の子孫」が土地所有者になり、かくして「我々の制度は自由という気高い教義に取り込まれることになる」と。だが、競売の責任者はリンカンの命令を実行に移さなかった。ある人物は、土地を黒人に割り当てることを「これまで耳にしたことのある、あらゆる急進主義をはるかに凌駕する野蛮な計画」だと言った。

北部から来た「抜け目のない投機家」も黒人の土地所有に反対した。彼らは土地売買を監督していた財務長官チェースを説得して、リンカンの指示を修正させた。一八六四年二月、競売が行われ、農地を購入できた黒人もいたが、土地のほとんどは軍将校や北部の投資家の手に渡った。(84)シー諸島は特殊な事例だった。というのは、そこには、手なずけるべき土着の白人がいなかったからだ。それ以外の地域に関して、リンカンはこう思っていた。土地再分配を議論すれば、南部白人の支持を得ようとする努力が阻害されてしまう、と。リンカンの再建案、恩赦案では、忠誠の誓いを行った連合国民は奴隷を除く「全財産に対する権利」を回復することができた。一八六四年二月、リンカンは忠誠の誓いを行った南部人に二つの没収法を適用しないよう、司法長官代行に指示した。(85)

段階的奴隷解放と年季奉公制度への支持が弱くなっていたので、一八六四年までに、リンカンは(奴隷解放宣言から類推できた)見解に移行しつつあった。その見解によれば、解放奴隷はすぐに公正な条件下で自由労働者として働くべきだ、ということだった。同年一月、リンカンはアーカンソー州からの質問への返答でこう述べた。大農園主が奴隷解放を受け入れ、「公正な契約に基づいて」解放奴隷を雇い、「耕作を(中略)再開させる」状況に自分は「大賛成」している。自分は「自由白人を扱う場合と全く同じやり方、条件で」解放奴隷を扱うつもりだ。「自由労働制度」を組織するそのような措置をとれば、「自由の拡大、平和と繁栄の回復」という、戦争の二つの目的を達成できるだろう、と。(86)

その直後、リンカンはバンクス将軍、トマス将軍の労働制度がますます批判されるようになったことに配慮したのだろうが、トマスにこう勧めた。ミシシッピ渓谷の大農園を連邦支持者に貸し出す際、「労働者に対する公平性」を確保するよう気を配るべきだ、と。一八六四年二月、リンカンはダニエル・E・シックルズ将軍をミシシッピ渓谷に派遣し、次のことを報告させた。それは、リンカンの恩赦を受けようとしている連合国民は何人いるのか、テネシー州でのアンドルー・ジョンソンの政体はどのように機能しているのか、黒人は兵士、軍隊労働者、貸出農園の労働者、賃金労働者として、かつての主人とどのように付き合っているのか、といったことだった。この恐るべきシックルズはゲティズバーグの戦いで片足を失っていたが、テネシー、アーカンソー、ルイジアナ州を巡る旅に出発した。彼はニューオリンズ近郊の大農園で手厚いもてなしを受けた。そこでは、「若い黒人による不気味な踊り」が催された。このような状況下で、シックルズが連邦軍占領地域の状況を分析できたとは考えにくい。彼はワシントンDCに戻ると、感じたことをリンカンに口頭で伝えた。メンフィスの将校が敵と不正な取引をしたことを伝える手紙を除けば、シックルズは報告を文字にすることはなかった。一八六四年八月、リンカンはイートンと面会し、解放奴隷について詳しく問い質した。彼は「もっと注目に値する」逃亡「奴隷」、故郷に戻った際に予想される彼らの行動、「解放奴隷が自由をどう捉えているのか」について尋ねた(87)。

一八六四年までに、奴隷制廃止を巡るリンカンの見解はかなり変化していた。この点で、リンカンは北部の民意をもっと正確に反映するようになった。一八六四年二月、『ニューヨーク・タイムズ』はこう述べた。根深い「理論と偏見」はあっという間に「なくなり」つつある。「段階的奴隷解放案が事態の進展と共にアメリカ人の脳裏から完全に消え去ってしまったのは異例なことである」と(88)。新聞は植民案についても同じことが言える、と付け加えてもよかっただろう。だが、解放奴隷が戦後の社会でどのような役割を果たすかについての新しい共通見解は未だ生まれていなかった。リンカン自身はこの問題を、それがどのような利益をもたらすのかという観点からではなく、それが南部白人の忠誠心の獲得や州主導の奴隷解放の実行にどのような影響を与えるのかという観点から分析していた。だが、一八六四年、国会が再開され、大統領選が近づきつつあり、戦時再建案の進展に対する関心が北部で高まっていたので、奴隷制廃止の後に何が起こるのかという問題は連邦政治の一大争点になった。

第9章 「適切で必要な結論」
奴隷制廃止、大統領再選、再建の挑戦

1

「我々は黒人をどう扱えばよいのか?」リンカンが奴隷解放宣言を公布する直前に、『ニューヨーク・タイムズ』はこの問題を提起した。南北戦争が終結に近づくにつれ、ますます多くのアメリカ人がこの問題をアメリカが直面する最も難しいジレンマだと思うようになった。だが、北部の小冊子作者レナード・マーシュが戦争開始時に見抜いていたように、この問題は黒人だけでなく白人にも関係があった。この問題の本当の意味は「黒人の自由が我々にどう影響するのか」ということだ、とマーシュは述べた。言い換えれば、奴隷制廃止後のアメリカはどのような社会であるべきか、ということだった。(1)

南北戦争によって、アメリカの自由の意味、アメリカの公民権の定義や資格を巡る議論が活発に行われるようになった。そして、この議論は今日に至るまで続いている。一八六三年十二月、第三八次国会が召集された。その際、『コンチネンタル・マンスリー』の記者は「再建が今日のアメリカ政治の基調になっているようだ」と述べた。リンカンの秘書ジョン・ヘイによると、リンカンは共和党員が再建案のほとんどで意見を一致させていると思っていた。「唯一の問題は誰が州の構成員になるの

かということだ」とリンカンは述べた。だが、これこそが決定的な問題だった。黒人であれ白人であれ、奴隷制廃止論者は黒人にも投票権が認められてはじめて奴隷解放が完了したことになるのだと主張した。投票権なしでは自由は「名ばかりのもの」にすぎない、と『ウィークリー・アングロアフリカン』は述べた。同年十二月にクーパー・ユニオンで行われた演説で、ウェンデル・フィリップスはリンカンの一〇パーセント案が黒人の投票権、法の下の平等、役割を全く規定していないことに異議を唱えた。リンカンのやり方は「奴隷を解放するだけで黒人を無視するものだ」と、フィリップスは文句を言った。先見の明のあったフィリップスはこう警告した。南部白人に奴隷制から自由への移行を管理させようとする大統領の融和策では、「貧困法や浮浪者法、借金法」への門戸が開かれ、解放奴隷は別の新しい隷属状態に甘んじる羽目になる、と。フィリップスはリンカンを「今も成長中の人物」だと誉め、リンカンの見解は戦争開始以降大きく変わってきただけでなく、これからも変わっていくだろうとした。奴隷制廃止論者はリンカンを説得して、彼の再建案よりももっと安全で優れた案を採用させなければならない、とフィリップスは結論した。(2)

一八六四年前半、再建を巡る議論は新しい議案とも大いに関係があった。リンカンが州主導による南部境界州と連邦軍占領地域での奴隷解放に取り組んでいた際、奴隷制廃止論者と多くの共和党員は完全な自由の実現に向けて、それとは別の取り組みをしていた。それは憲法修正条項を設けて、全米で奴隷制を完全に廃止することだった。奴隷制廃止論者はこの目的を達成しようと、「新たな道徳的煽動活動」をすでに開始していた。この運動を組織したのは、奴隷制廃止論者、女性解放論者スーザン・B・アンソニー、エリザベス・ケイディー・スタントンが率いる全米女性愛国者同盟だった。一八六四年二月、二人の黒人が一〇万人の署名入りの「ばかでかい」請願書を上院に持ち込み、それをチャールズ・サムナーの机の上に置いた。さらに多くの請願書が提出された。一八六四年半ばまでに、署名をした人の数は四〇万に達した。奴隷制廃止論者だけでなく、彼らよりはるかに多くの人が憲法修正条項を支持した。三月、ある通信員はリンカンにこう知らせた。ボストンの商人は「あなたが奴隷制に干渉してはいけない」とこれまで思っていたが、今や、「完全な平和を得るためには奴隷制を完全に廃止しなければならない」と認めている、と。(3)

一八六三年十二月に国会でリンカンが年次教書を披露する直前、イリノイ州選出の国会議員アイザック・N・アーノルドは憲法を修正し奴隷制をアメリカから排除する勧告を教書に含めておくよう、リンカンに迫った。だが、リンカンはその要求に応じなかった。これまで確認してきたように、リンカンは再建案の一項目として州主導の奴隷制廃止を推進しようとしていた。だが、そのような修正案はすぐに両院に提出された。ライマン・トランブルが率いる上院司法委員会は、一七八七年の北西部領地条例に基づいて、最終案を作成した。「奴隷制と強制労働は、当事者が適切に裁かれた犯罪行為に対する刑罰として課される場合を除いて、合衆国とその司法権が及ぶ領域で廃止されることになる」。(従って、奴隷制を廃止する際に初めて、修正条項が「奴隷制」という表現を憲法に組み込んだのだった。)司法委員会はチャールズ・サムナーが提起した文言を拒絶した。その文言は一七九一年のフランスの、人間と市民の権利宣言に由来するものだった。「全ての人間は法の下で平等なので、何人たりとも他人を奴隷として拘束することはできない」。ミシガン州選出のジェイコブ・ハワードは「フランスの憲法や法律からの引用を全て削除して、(中略)古き良きアングロサクソンの術語に戻る」よう、サムナーに迫った。だが、トランブルはサムナーが提起した他の条文を取り込むことにした。「国会は適切な立法によってこの条項を施行する」(4)

一八六四年二月十日、トランブルは憲法修正案を上院に提出した。彼はこう述べた。国会の様々な法律、奴隷解放宣言は奴隷を解放したが、奴隷制の法的根拠を取り除いたわけではない、と。アメリカから奴隷制を取り除き、それを復活させないようにする唯一の手立ては憲法を修正することだ。当初、共和党員全員が賛成したわけではなかった。リンカンと同様、州主体での奴隷制廃止を支持した者もいたし、憲法修正など必要ないと考えた者もいた。後者はこう主張した。戦争のおかげで国会は法律で奴隷制を廃止できるようになったので、憲法修正などという煩わしいプロセスを経るよりも、即時奴隷制廃止をするべきだ、と。だが、時が経つにつれ、共和党国会議員は憲法修正第一三条を審議することで意見をまとめた。リンカンはそうした動きに関わらないよう心がけ続けた。インディアナ州選出のジョン・D・デフリーズがリンカンに法案を支持するよう求めた際、リンカンはこう返答した。「我々の仲間が目下それを審議しており、私が教書を出そうと出すまいと全く同じことだ」と。[5]

当初、修正案は民主党員からもかなりの支持を集められるようだった。二月、ニューヨーク州選出の国会議員ジェイムズ・ブルックスは奴隷制廃止を「確固たる事実、実現済みの事実」だと言ったので、下院議員は驚いた。メリーランド州選出の上院議員レヴァーディ・ジョンソンは修正案を支持した議員の中の最有力者だったが、彼はこう述べた。奴隷制は「最高の人格者でさえ犯してしてしまう悪弊」で、「それを存続させてしまえば、繁栄と恒久的平和」は得られない。奴隷は最初に連邦側に逃亡して、自分たちにも「抑えきれない自由権」があることを示して見せた、と。[6]

だが、春もたけなわになり、大統領選を控えた時期の政治プロセスが前面に押し出されるにつれて、民主党員の修正案支持は弱まった。次第に、民主党の国会議員は奴隷制廃止に反対するなじみの議論を再び持ち出すようになった。特に、それは奴隷制を廃止すれば必ず「異人種混淆」が生じ黒人に政治的平等を認めなければならなくなる、という議論だった。こうした非難のために、共和党は全てのアメリカ人が享受できる基本的権利、奴隷制のせいで黒人が剝奪されてきたが奴隷解放のおかげで回復しようとしていた基本的権利を説明しなければならなかった。共和党員は皆、鞭打ちによる支配を止め、契約関係を打ち立てなければならない、解放奴隷自身や彼の家族の生活に対する主人の権限を廃止しなければならない、と認めた。彼らは全員、自由が必然的に投票権を意味しているという民主党の非難を否定した。投票権は個々の州が規定すべき事柄だと、彼らは主張した。(7)

ただし、合意が存在したのはここまでだった。連邦主義の長きにわたる伝統に従い、ミズーリ州のジョン・ヘンダーソンのような修正条項支持者はこう主張した。「我々は黒人に自由以外の権利を与えるべきではない。自由以外のこと全ては州に任せておけばよい」と。これとは完全に反対の政治的見解として、共和党急進派はサムナーの平等主義観を支持していた。アイザック・N・アーノルドはこう述べた。戦争後に「新しい国家」が誕生するだろうが、それは「完全に自由な」国家であり、そこでは、「自由、すなわち法の下の平等が大きなかなめ石になるだろう」、と。アイオワ州のジェイムズ・ハーランは奴隷制の罪悪として、結婚する権利、財産を所有する権利、法廷で証言する権利、教育を受ける権利を認めなかったことを挙げた。おそらく、奴隷解放はこれらの基本的人権を尊重するものであろう、と彼は言った。こうした議論において、一八五〇年代後半にリンカンが強調した言葉以上に頻繁に繰り返されたものはなかった。それは自身の労働の対価を享受する権利という言葉だった。イリノイ州のイーボン・インガソルは「土地を耕す権利、額に汗してパンを稼ぐ権利、自身の労働の対価を享受する権利」について話した。共和党員は修正条項の第二項が国会に権限を与えているので、州は解放奴隷からそのような機会を剥奪できないはずだと考えた。憲法修正第一三条を巡る議論は、アメリカの自由の意味を巡る南北戦争後のはるかに広範な議論を先取りするものだった。(8)

こうした議論のほとんどは馴染みのあるものだった。だが、一つだけ新しい要素があり、それは戦争が引き起こしたイデオロギーの変化を体現していた。共和党は奴隷制が基本的人権を尊重しないと非難するだけでなく、それが国家自体を侮辱するものだと非難した。奴隷制は個人が国民国家にひたむきな忠誠を誓うという原則に違反していた。「奴隷所有者の反抗的な身振り、すなわち奴隷に対する支配権を主張することは、連邦政府の最高の権利とまともに矛盾する」と、チャールズ・サムナーは述べた。修正条項の第二項には、連邦の権限強化に対するこうした新しい理解があった。伝統的には、連邦政府が個人の自由に対する最大の脅威だと考えられていた。従って、権利章典は州議会ではなく国会の行為を制限し、市民的自由を保護していた。だが、『シカゴ・トリビューン』が述べたように、「一連の出来事から判明したのは、自由（中略）に対する脅威は連邦政府ではなく、州が生み出している、ということだ」。第二項によって、国会は奴隷制を創設し、復活させようとする州や地方当局、個人の企みを禁じるほぼ無制限の権能を得たが、これは連邦制上の驚くべき変化だった。「あるいは強制労働」という一見冗長な用語法によって、立法府はリンカンの主張通り、様々な年季奉公を禁じることができるようになった。[9]

一八六四年四月八日、上院は賛成三三、反対六で憲法修正第一三条を可決した。ケンタッキー、デラウェア州選出の上院議員四人と北部民主党員二人が反対票を投じた。賛成票を投じたのは共和党員全員、北部民主党員三人、南部境界州選出の上院議員五人だった。修正第一三条は連邦主体の即時かつ補償なしの奴隷制廃止を規定していたので、『ニューヨーク・ヘラルド』はこう評した。上院の投票結果はリンカンを非難するもので、「リンカンのちっぽけでから騒ぎの奴隷解放案が成功しないだろう」と国会に宣言させるものだ、と。だが、六月、下院での投票動向は共和、民主党間でほぼ完全に分かれたので、修正第一三条は九三の賛成票を得るに留まり、可決に必要な三分の二の賛成には一三票が足りなかった。賛成票を投じた民主党員は四人しかいなかった。[10]

一八六四年の初めの数ヶ月間に、黒人の戦後の地位に関する法案が多数議論されたが、憲法修正第一三条はそのうちの一つだった。国会が召集されると、下院公有地委員会議長ジョージ・W・ジュリアンは政治運動を開始し、一八六二年の合同決議を撤回しようとした。その決議は所有者の生存中に限り、土地を没収するものだった。ジュリアンは長らく「土地独占」に反対してきたので、経済の自律性がなければ解放奴隷は「奴隷制自体以上にひどい」状況に甘んじるしかなくなるだろう、と主張した。多くの議員は依然、リンカンの自惚れというものに憤っていた。その自惚れとは、国会が合同決議を採択しなければ、自分は第二次没収法に署名しないとリンカンが主張したことを意味していた。一八六四年、合同決議が施行されなかったにもかかわらず、両院は別の法案を可決し一八六二年の決議を廃棄した。いずれにせよ、リンカンは没収地を返還すれば、南部白人が連邦主義者になると考えていた。リンカンは忠誠の誓いを行った南部人には、奴隷を除く全ての財産を返還すると約束したので、再分配可能な土地はごくわずかな量に留まった。[11]

国会は奴隷解放局を創設し奴隷制から自由労働への移行を監督すべきだというアメリカ解放奴隷調査委員会の勧告も、長々と議論された問題だった。勧告に賛成する人々はこう主張した。奴隷解放によって黒人はアメリカの被後見人になった。その上、連邦政府は黒人が戦争後「奴隷や年季奉公人にされないように」しなければならない、と。二つ目の発言はミズーリ州選出の共和党急進派上院議員B・グラッツ・ブラウンもしていた。民主党は議題にされている解放局が「全面的かつ革命的に」連邦の権限を拡大するものだと捉えた。共和党員の中にも、長期にわたって保護すれば黒人が自己信頼を身につけなくなってしまうと考えて、解放局創設に反対する者がいた。上院議員ジェイムズ・W・グライムズはこう言った。「黒人は自由人なのか、それとも自由人ではないのか？　黒人が自由人ならば、自由人として自立させようではないか」と。リンカンは自身の見解を披露せず、国会も会期終了まで何の行動も起こさなかった。[12]

国会は他の法案を制定し、奴隷制を弱体化させ黒人の権利を拡大した。一八六四年六月、国会は逃亡奴隷法を撤回した。奴隷解放があったにもかかわらず、それが依然法律であったのは不適切なことだった。この会期では、国会は第8章で説明した黒人兵士に白人兵士と同額の賃金を与える法律も制定した。チャールズ・サムナーは他の多くの法案を提出し、法律から人種差別を締め出そうとした。あるとき、レヴァーディ・ジョンソンは上院の会期の半分がサムナーの平等権の審議に費やされている、と文句を言った。国会は黒人が郵便配達に従事することを禁じた法律を撤回し（サムナーは一八六二年にもこれを試みて、失敗していた）、連邦裁判所やワシントンDCの司法審査では黒人も法廷で証言できるようにした。上院は黒人乗客を拒否しないようワシントンDCの路面電車会社に求めるサムナーの法案も可決したが、下院はそれを撤回した。リンカンはサムナーの改革運動を黙って眺めているだけだった。従って、サムナーはこう不満を述べた。大統領はこうした問題の推進に全く「力を貸してくれなかった」。「彼が一言でも好意を寄せてくれれば（中略）、私の骨折りはかなり楽になったのに」と。だが、リンカンは可決された法案全てに署名した。[13]

一八六四年春には、これら以外でも、戦後の議論を先取りする事態が生じてきた。国会はモンタナに準州政府を樹立する法案を審議していた。その地に黒人は住んでいないとされていたが、共和党急進派は人種を根拠に選挙権を制限すべきではないと主張した。上院議員ジョン・P・ヘールはこう不満を述べた。アメリカは「お国の為に戦うことを黒人に求めている」のに、彼らから「自由人の」基本的「権利」を奪っている「不条理で野蛮な偏見」に関わることを未だに避けている、と。一方、民主党員と共和党保守派は、そんなことをすれば「黒人に政治的平等だけではなく社会的平等まで」認めることになると警告した。上院議員ジェイムズ・R・ドゥーリトルはこう指摘した。万人は投票権の規定が国会ではなく「州に認められた権利」だと考えている。さらに、「大統領選」が間近に迫っており、共和党は黒人参政権を支持する姿勢を見せてはいけない、と。多くの共和党員はドゥーリトルの主張に賛成した。『ニューヨーク・タイムズ』は彼の演説を再録し、その編集者ヘンリー・J・レイモンドは「それに全面的に同意する」と記した。共和党急進派がアメリカを黒人投票権と黒人のあらゆる類の権利を巡る新たな戦場にしようとしているのは「驚き」だ、とレイモンドは思った。この件で、下院は投票権を白人に限定したモンタナ法案を採択した。一方、上院はその人種による資格制限を削除した。だが、下院は譲ろうとしなかったので、下院案が可決された(14)。

　共和党が黒人の戦後の地位に関して意見を一致できていないことは明らかだった。党内の不一致は来たるべき大統領選に対する党の見解に影響を与えた。一八四〇年のマーティン・ヴァン・ビューレン以来、現職の大統領が再選に打って出たことはなかった。アンドルー・ジャクソン以来、大統領を二期務めた者はいなかった。多くの共和党員はリンカンがもう一期大統領を務めることに不安を覚えた。一八六四年二月、ライマン・トランブルはこう述べた。「あなたが一般人と話し、彼らの本当の思いを知ったなら驚くだろう。リンカン氏の再選を支持する人はほとんどいない。彼があまりに優柔不断で無能なので、反乱を鎮圧できないという不信と懸念が存在している」と。リンカンが完全に奴隷制を廃止しようとしているわけではない、と考えた共和党員もいた。カンザス州選出の共和党急進派国会議員マーティン・F・コンウェイはこう非難した。「リンカンの奴隷解放はクレイのそれと同じで（中略）、段階的で『金銭補償付』のものだ」。それは戦争が生み出した「新世界」にはふさわしくない、と。上院で、穏健派のジョン・シャーマンはこう述べた。当初、リンカンは奴隷制に反対したがらず、アメリカがその煮え切らなさに「飽き飽きして」初めて、彼は行動を起こしたのだった、と(15)。

　むろん、リンカンは共和党員から大きな支持を得ていた。「人々はリンカン氏の再選を望んでいる」と、オハイオ州選出の国会議員ジェイムズ・A・ガーフィールドは述べた。大統領を批判する者は「偏執狂者」であり、愛国心を「黒人への献身」だと思い込んでいる、と『ニューヨーク・タイムズ』は酷評した。共和党急進派の中には、リンカンが奴隷制反対論者だと強力に請け合う者もいた。一八六四年一月、アイザック・N・アーノルドは長い演説で、「真二つに裂けた家」演説を引用し、リンカンの生涯の「大目標」が常に奴隷制の廃止であり続けてきたことを証明した。アーノルドはこう主張した。「リンカンは急進主義者だ」。リンカンは他の誰よりも「民意の形成に大きな影響を与えて」きた。彼の演説や書き物は質素で、素朴で洗練されていないこともあるが、人民の日常の言葉になり、奴隷制廃止を要求する圧倒的な民意を形成してきた」と。オーウェン・ラヴジョイもリンカンのために演説した。一八六四年三月、ラヴジョイは亡くなったが、その際、リンカンは「下院における最良の友を失ってしまった」と言った。[16]

リンカンに反対する人々は対立候補を擁立するのに苦労した。少なくとも一年間、サルモン・P・チェースは財務省の官職任命権を活用し、リンカンに代わって共和党公認候補になる企みの基盤作りをしようとした。チェースは野心と自尊心の強さで悪名高かったが、だからといって、黒人投票権獲得努力を犠牲にすることはなかったので、共和党急進派の中には、彼がリンカンよりも確実に人種的に平等な再建案を実行に移しそうだと考える者もいた。だが、二月、チェースの大統領選出馬準備は失敗に終わった。カンザス州選出の上院議員サミュエル・C・ポメロイはリンカンに党公認候補を辞退するよう求める暴論を触れて回った。リンカンが再指名されれば、「人間の自由という大義、アメリカの尊厳と名誉」が損なわれてしまう、とポメロイは述べた。[17] これに対する共和党員の反応は否定的だったので、チェースは大統領選への不出馬を表明した。

これまでと変わらず、リンカンは共和党が自分の支持でまとまるように取り計らった。彼は奴隷制に対する自身の政策の進化を説明し、奴隷制反対論者としての印象を強めようとする一方で、保守派からの支持も繋ぎとめようとした。一八六四年四月、リンカンはそうした目的で、影響力のある公開状を作成した。この公開状はアルバート・G・ホッジズに宛てたものだった。ホッジズはケンタッキー州の新聞編集者で、間近に迫った共和党全国大会に参加する委員だった。要するに、リンカンは一八六二年の公開状でホレス・グリーリーに説明した見解を再提示したのだった。それは、連邦の維持が第一目標であり、大統領としての責任と奴隷制に対する個人的な嫌悪を分けて考えている、といった見解だった。

私は生まれながらに奴隷制に反対している。奴隷制が悪ではなかったら、この世に悪は存在しない。いつもそう考え、そう感じてきた。だが、大統領であるからといって、こうした判断や感情に基づいて気ままに政治を行う権限が与えられているわけではない、と理解している（中略）。今日に至るまで、私は奴隷制に対する私自身の抽象的な判断や感情だけに従って、政策を実行したことはない（中略）。だが、私はこう理解していた。自分はできる限り憲法を維持すると誓ったので、いかなる必要な手段をとっても、政府と国家を維持しなければならない、なぜなら、憲法はその基本法だからである（中略）、と。一八六二年三月と五月と七月に、私は南部境界州に補償付の奴隷解放を支持するよう、真剣に、かつ連続して求めた。その際、私はこの法案が受け入れられなければ、絶対に軍事的奴隷解放を行い、黒人を武装させなければならないと考えていた。実際、彼らはこの提案を拒絶した。そこで、私は判断力を駆使して、連邦と憲法を譲り渡すか、黒人に肩入れするかを選択しなければならなかった。私が選んだのは後者だった。[18]

ホッジズへの公開状のおかげで、リンカンはより大きな支持を得た。だが、依然、共和党急進派の中には、他の大統領候補を望む者もいた。一八六四年五月末、一部の共和党急進派、主戦派民主党員、行政府から離間した人々がクリーヴランドに集まり、ジョン・C・フレモントを大統領候補に指名した。彼らは綱領で憲法修正を求め、奴隷制を廃止するだけでなく、「法の下での完全な平等」を実現しようとした。だが、その綱領に黒人投票権に関する記述はなかった。綱領は連合国の土地を没収し、それを兵士や解放奴隷に再分配することを支持していた。この最後の項目は綱領委員会を分裂させるだけだったので、フレモントはすぐにこれを撤回した。[19]

フレモントの擁立に動いた人々には、ウェンデル・フィリップスやフレデリック・ダグラスがいた。彼らはともにクリーヴランドの大会に手紙を送った。フィリップスはリンカンの再建案をこう非難した。リンカンの案では「全権力が元通り白人の手に渡ってしまい、黒人の自由が見せかけのものになってしまう」と。フィリップスの行動方針は彼の以前のそれとは全く異なっていた。以前の彼はこう主張していた。奴隷制廃止論者は選挙戦に関わらないようにし、民意を変えることに専念すべきだ、と。ある批評家はフィリップスにこう語った。フィリップスの影響力は「政治に全く関わろうとしないところから生じている（中略）」。「あなたはいかなる大統領候補であれ、その人物への支持を表明すればすぐに今の地位を失ってしまう」と。[20]

クリーヴランド大会は連邦党（共和党はこう名称変更し、民主党員を引きつけようとした）全国大会がボルチモアで開かれる一週間前に召集されたので、リンカンの党公認候補指名が頓挫する見込みはほとんどなかった。共和党急進派のほとんどはフレモント擁立に関心を示さなかった。『シカゴ・トリビューン』は常日頃からリンカンを批判していたが、クリーヴランド大会は「数百の不満を集めた、長ったらしく騒々しい苦行」だと評した。サムナーは上院で黒人の権利を擁護する第一人者だったが、フレモントを支持しなかった。その理由の一つとして、彼は個人的にリンカン夫妻と親しかっ

たことがあった。サディアス・スティーヴンズは急進派下院議員の急先鋒だったが、彼もフレモントを支持しなかった。(21)

にもかかわらず、党の分裂気配はリンカンの大統領再選に深刻な問題を投げかけた。明らかにフレモントの候補指名への反応として、リンカンは全米行政委員会組合の長を務める上院議員エドウィン・モーガンに、奴隷制を廃止する憲法修正案を全国大会開会演説の「基調」にするよう命じた。モーガンはそれに従ったので、その綱領には、憲法修正によって奴隷制を「完全廃止」することを求める項目が設けられた。この項目が読まれたとき、「拍手喝采」が湧き起った。さらに、綱領は連合国の「無条件降伏」を求め、奴隷解放宣言と黒人徴兵策をほめちぎった。綱領には、再建案のような意見の分かれる問題、黒人の法の下の平等に関わる問題は記載されていなかった。ただ、兵士に関しては、「肌の色の違いに関わりなく」軍法の保護を享受できる、と記載されていた。党候補指名を受諾する手紙の中で、リンカンは初めて憲法修正第一三条の可決を求め、それが戦争の「適切で必要な結論」で、それによって「自由と連邦」という二つの大義が恒久のものになる、と説明した。(22)

リンカンの再指名獲得は既定路線だったが、全国大会では、リンカンに反対する代表団の出席許可、副大統領の指名という二つの問題に関して論争が起こった。予想通り、リンカン反対派の代表団がミズーリ州からやって来た。全国大会は圧倒的多数の賛成で、ミズーリ州の共和党急進派の出席を認め、ブレア家の人種差別的長広舌がどれほど徹底的に共和党の主流派を疎外してきたのかを明らかにした。ミズーリ州からの代表団二二人は投票でグラント将軍を支持したが、これがなければ、リンカンの再指名獲得は全会一致のものになっていた。連合国の州も、六州が代表団を派遣した。この代表団は共和党が南部にさらに根付いていくことを象徴している、と歓迎した共和党員もいた。だが、リンカンの戦時再建案を批判する分子は、これらの州に連邦派の正統政府は存在しないと主張した。二対一の票差で、大会はルイジアナ、アーカンソー、テネシー州からの代表団を正式な代表団、ヴァージニア、フロリダ州からの代表団を投票資格のない代表団と認めた。大会はサウスカロライナ州ボーフォート(ここはフロリダ州同様、連邦派の州政府が未だ樹立されていなかった)からの代表団を承認しなかった。彼らは白人と黒人の両人種で構成され、その中には海軍の英雄的黒人ロバート・スモールズもいた。(23)

多くの参観者が驚いたことに、代表団は副大統領ハンニバル・ハムリンの再選を拒否し、テネシー州軍政府長官アンドルー・ジョンソンを副大統領候補に指名した。大会前、リンカンは副大統領候補について何も公表せず、大会に出席したジョン・ヘイにも「副大統領候補選に干渉しない」よう指示していた。リンカンはジョンソン指名のために秘かに運動していたのだろうか? 彼がハムリンを副大統領候補にしたいと言ったならば、大会はそれに従っただろう。だが、ハムリンは再指名を受けられそうになかった。自身の役割は「皆無」だ、とハムリンは後に語り、実際、彼は政策決定に全く何の役割も果たさなかった。それよりもむしろ、多くの共和党員は主戦派民主党員を取り込めば、大統領選が有利に進むと考えた。実際に、ジョンソンはアメリカで最も著名な南部連邦主義者だという、より大きな強みを持っていた。投票が始まると、マサチューセッツ州からの代表団は予期せぬ作戦を実行に移した。彼らはニューヨーク州の主戦派民主党員ダニエル・ディキンソンを支持した。(メイン州在住の)ハムリンを再び上院議員にし、彼の代わりに保守派ウィリアム・P・フェセンデンを追放しよう、ディキンソンが当選すれば、同一の州選出の人物が二つの最高官職を占めることはできないために、スーアードは辞職する羽目になる、と彼らは考えていた。結局、サーロウ・ウィードがスーアードを守ろうと、ニューヨーク州からの代表団にジョンソンを支持させ、他の州もそれに倣った。(24)

こうした裏工作があったからといって、共和党内でのジョンソンの人気が弱まったわけではなかった。派閥に関わらず、党員は彼が「連邦脱退に見事に反対してきた」と賞賛した。一八六四年二月の時点ですでに、『シカゴ・トリビューン』はこう記していた。「連邦の有力な大派閥」はジョンソンをリンカンの副大統領候補として支持している、と。いずれにせよ、共和党員のほとんどは副大統領候補指名が「比較的重要ではない」事項だと考えていた。だが、結局、これが悲劇的な過ちになった。一八六六年、ジョンソンが突然大統領になった後、ジョン・D・デフリーズはこう述べた。「忠誠を誓ってきた南部人を副大統領候補にするのは上手いやり方だと思ったので、私はジョンソンを支持した。だから、私に責任はない」と。(25)

ウィリアム・ロイド・ギャリソンも連邦党の大会に出席したが、奴隷制を非難する演説に対する代表団の熱狂に大喜びした。大会が一時休止になった後、彼はワシントンDCに向かい、ホワイトハウスで一時間の面談を行った。ギャリソンはリンカンが「全力で（中略）奴隷制を廃止するつもりであること」を確信した。ギャリソンもフィリップス同様、過去の行動方針を撤回し、奴隷制廃止の実行にはリンカンの再選が不可欠だと認めた。だが、代表団がボルチモア大会のおかげで党内統一を回復できると思っていたとしても、その直後に起こった事態によって、彼らの読みが誤っていたことが分かった。南部からの代表団を認めるかどうかの議論は、再建案を巡る共和党のさらなる分裂の前触れだった。実際、大会がアーカンソー州からの代表団を着席させた直後、国会はその州から選出された上院、下院議員を承認せず、リンカンが認めたアーカンソー州政府が違法なものだと宣言した。リンカンはアーカンソー州に駐屯する軍司令官にとにかく州政府を支持するよう命じた。(26)

第8章で確認したことだが、リンカンの一〇パーセント案は一八六三年十二月に公布された当初、共和党のあらゆる派閥から支持を受けた。だが、一八六四年春にルイジアナ州憲法制定会議の議員が人種差別をはっきりと表明し、その州で黒人労働者がどのような待遇を受けているのかについての騒々しい報道があったので、国会は黒人使節団がニューオリンズから投票権を求めてやって来たときと同様に、関心を示すようになった。国会が憲法修正第一三条などに集中している際、再建問題はしばらく下火になった。だが、一八六四年の一時休会の直前、国会はウェード-デーヴィス法案を可決した。その法案はリンカンの再建案を撤回するものだった。その趣旨はこういうものだった。州の白人男性の一〇パーセントではなく大多数が合衆国憲法を支持する誓いを終えるまで、再建を開始してはならない。そうして初めて、憲法制定会議に向かう選挙を行うことができる。投票権は、将来だけではなく過去にも連邦に忠誠を誓っていたことを証明する厳密なる誓いをした白人男性だけに認められる。(ベンジャミン・F・ウェードがヘンリー・ウインター・デーヴィスと共にこの法案を提出したが、ウェードは黒人投票権を支持していた。だが、それを法案に盛り込めば「法案自体が駄目になってしまう」と彼は説明した。)下院が修正第一三条を否決した二週間後、ウェード-デーヴィス法案は可決された。それは連合国の全奴隷に自由を与え、南部再建政府によって解放奴隷にも法の下の平等が認められるようになると保証していた。(27)

リンカンは立法府の意図する奴隷制廃止が違法だと考え、法案が制定されれば自分がアーカンソー、ルイジアナ州の新政体を否認しなければならないと危惧し、法案を握りつぶした(つまり、国会が休会するまで法律に署名をしなかった)。リンカンがその法案に強い関心を寄せていたのは明らかだった。彼はほぼ常に立法府と歩調を合わせていた。大統領在任中、リンカンはほとんど拒否権を行使しなかったが、これは数少ない拒否権行使の一つであり、重要法案に限れば、唯一の拒否権行使だった。拒否権行使の教書で、リンカンは憲法修正第一三条の批准を再度要求し、南部が自発的にウェード-デーヴィス法案を採択するならば、自分はそれに反対しないと述べた。むろん、南部がそのようなことをする可能性はほとんどなかった。この発言が和解に向けた試みだったとしたら、その試みは失敗に終わった。法案を作成した二人は公式声明を出し、リンカンが「独裁的な権利侵害」を行い、奴隷解放宣言を公布したにもかかわらず、内心では奴隷制を温存しようとしていると非難した。同年二月のポメロイの回覧状と同じく、ウェード－デーヴィス宣言は期待はずれに終わった。共和党急進派の新聞でさえもその法案が「意地悪」だ、と非難した。だが、失敗に終わったところで、圧倒的多数の共和党国会議員がその法案を支持した事実は否定のしようがなかった。穏健派でさえ、国会は再建に貢献せねばならないと信じ、リンカンの一〇パーセント案以上に急進的な法案を望んでいた。[28]

これらの議論で明らかになったのは、共和党の再建案に相当大きな食い違いがあった、ということだった。リンカンは、何はさておき、再建が戦争に付随するものだと考えていた。再建は連合国を弱体化させ、南部白人を連邦主義者にし、奴隷解放を実行する手段だった。一方、急進派はこう考えていた。再建は戦後まで延期されるべきであり（大多数の白人が忠誠の誓いをするべきだと求めたウェード－デーヴィス法案を見れば、この考えは明らかだった）、連邦政府は解放奴隷に基本的人権を保証しようとすべきだ、と。ほとんどの共和党国会議員からすれば、この時点で、黒人投票権ではないにしろ、法の下の平等は最重要課題だった。だが、黒人の投票なしで、心から連邦を支持する政府を樹立できるのかどうかをいぶかしく思う者もいた。マサチューセッツ州の共和党急進派ジョージ・バウトウェルが指摘したように、南部の多くの地域では、「連邦支持派だと信じるに足る存在が」解放奴隷「にほぼ限られていたのだった」。「再建問題は全体にわたって、困難につきまとわれている」と、海軍長官ウェルズは日記で述べていた。だが、共和党の緊急の課題は目の前の大統領選だった。[29]

2

軍事的状況がリンカン再選の可能性に暗い影を投げかけた。一八六四年五月、東部戦線に移動しポトマック方面軍を率いていたユリシーズ・S・グラントは、ヴァージニア州のロバート・E・リーの軍に攻撃を開始した。東部戦線でグラントの前任者たちは軍事行動を数日間の戦闘だけに限定していたが、グラントはそれに倣わず、連合軍を攻撃し続けようとした。従って、毎日、血なまぐさい戦闘がなされた。一ヶ月間の戦闘の後、グラント軍の死傷者数は四万人以上にものぼった。この数字はリーの軍隊の兵士数とほぼ同じだった。結局、グラントは会戦を止め、リッチモンドの南にある鉄道の要衝ピーターズバーグへと進軍した。そこにはリーが先に着いたので、グラントは包囲攻撃をしかけた。ナサニエル・P・バンクスはルイジアナ州のレッドリバー渓谷を連邦の支配下におこうとして失敗し、ウィリアム・T・シャーマンは軍をテネシー州からアトランタへと進めていたが、その行軍は遅々とした足取りだった。七月初め、ジューバル・アーリー率いる連合軍師団がワシントンDC郊外に進軍し、戦争がまだ終わってはいないことがさらにはっきりとした。その一週間後、リンカンはさらに五〇万の兵隊を募集した。(30)

「我々が真剣に戦争を遂行していないと文句を言う人はいないだろう」と『ハーパーズ・ウィークリー』は述べた。だが、北部人のほとんどはこれほどの規模の流血沙汰を望んでいなかったし、勝利がおぼつかない現状ではなおさらのことだった。結果、起こったのは士気の阻喪と平和を求める声の高まりだった。マーティン・F・コンウェイは共和党急進派の国会議員で、リンカンがあまり精力的に戦争を遂行していないと非難したこともあったが、その彼でさえリンカンにこう頼んできた。「どうぞ、南部と「和平を」取り決めてください。むろん、南部が奴隷制を容認する連邦の権限を復活さ

せない限りでのことですが（中略）。戦争に対する意欲はなくなってしまいました」と。(31)

ほぼ戦争開始直後から、『ニューヨーク・ヘラルド』が「素人和平交渉人」と呼んだ人々が戦争を終結させようとしてきた。一八六三年五月、イリノイ州出身の従軍牧師ジェイムズ・F・ジェイクウィズはリンカンを説得した。ジェイクウィズはリンカンの許可を得て、リッチモンドへと向かい、連邦復帰の条件を取り決めようとした。その二ヶ月後、リンカンは『コンチネンタル・レヴュー』の発行者ジェイムズ・R・ギルモアがノースカロライナ州知事ゼブロン・ヴァンスに宛てて書いた手紙の投函を認めてやった。その手紙でギルモアは「奴隷制廃止をしたうえで連合国は連邦に復帰し（中略）、連合国民は全員、あらゆる公民権を再び完全に享受できる」と主張した。(32)

こうした行動は何ももたらさなかった。だが、一八六四年七月初め、気まぐれなホレス・グリーリーは北部人が交戦状態を受け入れるようになったことに絶望して、リンカンにこう告げた。「和平交渉を行うよう命を受けた」連合国の使者二人がナイアガラの滝のカナダ国境側にいる、と。（実際には、使者は三人で、彼らは「あらゆる手段で北部政府を悩ませ」、間近に迫った北部での選挙をにらんでの和平感情を煽るために最善を尽くすように命を受けていた。）グリーリーの提唱した「和平交渉案」は以下のようなものだった。連邦を復活させ、奴隷制を廃止する。連合国民全員に恩赦を与え、奴隷所有者には四億ドルの補償金を支払う。総人口に基づいて国会での議席配分をする（これを行えば、南部の政治権力は強化されることになった。というのは、それまでは五分の三人とされた解放奴隷全員が一人として数えられることになるからだった）。合衆国憲法を修正する連邦大会を召集する。リンカンはこうした行動が何ももたらさないことを知っていたのだろうが、和平交渉にやる気がないとの評価を嫌って、グリーリーにカナダへ向かい連合国の使者と会談するよう指示した。七月十八日、リンカンはグリーリーに「関係者各位」と題した手紙を送った。その手紙で彼は「平和状態への復帰、連邦の統一、奴隷制廃止を支持する和平案なら、どんなものでも」受け入れるつもりだと述べた。グリーリーがその手紙を見せると、連合国の使者は公式声明を出し、連合国が受け入れるはずのない条件をリンカンが提示したことに「遺憾」の意を表した。(33)

こうした事態の進展中に、ジェイクウィズとギルモアはリッチモンドに行き、ジェファソン・デーヴィスと面会し、リンカンが承認した和平条件を提示した。その条件はほぼグリーリーの案に沿っていたが、変更点が一つあった。国会での議席数は州の総人口ではなく有権者総数に応じて決定され、南部は国会での議席数が削減されるのか、黒人に投票権を認めるのかを選択しなければならないことになった。(一八六六年に国会が可決した憲法修正第一四条も、これとは少々異なる形ではあったが、南部にこうした選択を迫るものだった。)後に、ギルモアはこう主張した。リンカンは交渉での和平が不可能であることを示そうと、南部行きを了承していたのだ、と。これがリンカンの狙いだったとしたら、デーヴィスはまんまと罠にひっかかった。彼は激怒して、北部からの使者にこう伝えた。連邦が「我々に自己統治権」を認めない限り、戦争の終結はあり得ない、と。(34)

リンカンは自身の考えが正しいことを証明した。だが、民主党は関係者各位と題された手紙を用い、和平への唯一の障害が奴隷解放宣言の撤回に応じないリンカンだと論じてみせた。リンカンは「かつての権利を全て保持したまま、脱退州が連邦に復帰するという提案を受け入れるよりも、戦争を継続し奴隷制を廃止」したがっている、と『ニューヨーク・ワールド』は非難した。むろん、連合国の使者もデーヴィスもそのような提案をしたことはなかった。だが、多くの共和党員はリンカン再選の可能性がかなり危うくなった、と懸念した。大統領は連邦の復活だけを主張し、奴隷制の今後といった他の問題全てを戦争終結後に「議論するもの」として扱うべきだったのに、と『ニューヨーク・タイムズ』は述べた。その間、依然として、グリーリーはリンカンに「この無益な殺戮を終えさせる」措置を講じるようせがんでいた[35]。

七月から八月にかけて、北部人の士気は南北戦争中で最低の水準にまで落ち込んだ。リンカンは出馬を辞退し、他の候補に党の公認を譲るべきだという要求が盛んになされた。「リンカン再選の可能性は皆無だ」と、イリノイ州の彼の旧友レナード・スウェットは妻への手紙で述べた。リンカンに和平交渉での見解を修正するよう求める声も大きくなっていた。一八六四年八月十六日、ウィスコンシン州の共和党指導者である元知事アレクサンダー・ランダルと判事ジョゼフ・T・ミルズの二人がホワイトハウスを訪問し、主戦派民主党員チャールズ・D・ロビンソンの手紙を見せた。その手紙でロビンソンはこう不満を述べていた。奴隷制廃止なくして和平はありえないとリンカンが言ったせいで、「戦争の目的が完全に変わり、我々主戦派民主党員は従来の足場を失ってしまった。依然、我々はよって立つべき足場がないままである」と[36]。

こうした事態の進展のために、リンカンは奴隷解放と戦争の関係を巡る自身の見解を明らかにしなければならなかった。彼はロビンソンに対する鋭い反論を作成し、自分が奴隷解放宣言を撤回しない道徳的、現実的理由を説明した。リンカンは奴隷制廃止を黒人徴兵と直接結びつけた。

じっくり考えてくだされば、あなたもすでに発した奴隷解放の約束をすぐに撤回しなければならないなどとはおっしゃらないでしょう（中略）。道徳的に言って、そのような裏切り行為を行っても（中略）、私は天や正直者の非難を受けないで済ませられるのでしょうか？　政治的に言えば、こうした意図を公表してしまえば、連邦の大義自体が破壊されてしまうでしょう。すぐに、黒人は入隊を志願しなくなり、現在軍役に就いている黒人も我々の軍を見捨てるでしょう。彼らがそうするのは当然でもあります。いったいどういった理由で、黒人は我々が彼らを見捨てるつもりだと熟知しながら、自らの命を我々に捧げてくれるのでしょう？「黒人なしでは」我々は戦争を継続できません。

だが、この手紙の結びで、リンカンはこうも述べていた。「ジェファソン・デーヴィスが奴隷制に一切手をつけず、和平と連邦復帰を提案すれば私がどう動くのかを知りたがっているのなら、やつにそうさせてやりましょう」と[37]。この記述で、リンカンは実際に奴隷解放を撤回しようとするのではなく、長引く戦争の責任をデーヴィスに転嫁しようとしたようだ。八月十九日、リンカンは手紙をランダルとミルズに見せたが、その際、彼は自分に政策の変更を迫る輩に対する怒りをぶちまけた。リンカンはこう言った。戦争は連邦のためだが、「人間がこの反乱を鎮圧しようとすれば必ず、私が現にやったように、奴隷解放宣言という梃を用いざるを得ない」。仮に黒人兵士を奴隷に戻してしまえば、「私は未来永劫にわたって呪われるだろう」と[38]。

同日、リンカンはフレデリック・ダグラスにもこの手紙を見せた。それ以前に、彼はダグラスにホワイトハウスに来るよう求めていたのだった。ダグラスはリンカンにこの手紙を送るべきではない、と言った。彼は手紙の最終文に強く反対し、それには「あなたが伝えたい意味以外のものも含まれており、あなたが奴隷制に反対する政策をきっぱり止めようとしているとも」解釈できる、と警告した。だが、リンカンがダグラスと面会した第一の目的は、リンカンが選挙に負けても再び奴隷にならなくてもすむ黒人を増やすにはどうすればよいのかについて、ダグラスの意見を求めることだった。奴隷が期待しているほど早く連邦側に逃げてこない、とリンカンは言った。黒人「偵察部隊」を連合側に送り込み、奴隷解放宣言というニュースを広め、奴隷に逃亡を勧める、といった戦前の地下鉄道〔奴隷州からの逃亡奴隷を自由州に逃がす手伝いをする秘密組織。鉄道用語を仲間内での隠語に転用したため、この名前がついた〕の政府公認版のようなものを作り出すよう、リンカンはダグラスに求めた。面会の数日後、ダグラスはその注目に値する構想を実行に移せる案をリンカンに送ってきた。だが、その案は何も生み出さなかった。というのは、軍事的、政治的状況が急に好転したからだった。面会の直後、ダグラスはこう述べた。この面会でリンカンは「これまで彼の演説や書き物で見られなかったほどはっきりと奴隷制に反対する道徳心を見せつけてきた」と。一方、戦争終結時に奴隷が解放されているためには、それまでに連邦側に逃亡していなければならないとリンカンが信じていることに関して、ダグラスは不安を感じていた[39]。

結局、リンカンは書いた手紙をロビンソンに送らなかった。だが、政策の変更を求める声は高まり続けていた。八月二十二日、ニューヨークで催された共和党全国委員会は、リンカンの再選があり得ないことだと結論した。委員会はヘンリー・J・レイモンドをワシントンDCに派遣し、大統領にこう迫った。和平委員がリッチモンドに向かい、連邦復帰という「条件をつけるだけ」で戦争を終結させるよう提案すべきだ、と。レイモンドはリンカンにこう請け合った。こうしたからといって「一貫性がなくなるわけではない」し、むしろ、それは抜け目のない政治戦略だと言える。ジェファソン・デーヴィスはそのような予備交渉を拒否するだろうから、それで「和平実現に対する北部人の幻想を全て」を振り払うことができる、と[40]。

リンカンは選挙での敗北が必至だと信じていた。彼は機密文書の封筒に署名するよう長官たちに頼んだ。再選を果たしてようやく、リンカンは長官たちが署名した文書の中身を明かした。

これまでの数日に引き続き、今朝の時点でも、この行政府が再選されない可能性はとても高そうだ。ならば、私の義務は大統領当選者と協力して、彼の当選から就任までの間、連邦を救おうとすることになるだろう。というのは、当選者は当選後絶対に連邦を救い得ない公約でもって選挙に勝利するだろうからだ。[41]

この「機密の覚書」は奴隷制に触れていなかった。従って、これは奴隷解放が連邦維持のために犠牲にされる状況を想定しているとも考えられる。長官たちが署名した翌日の一八六四年八月二十四日、リンカンは手紙を書いた。その手紙の内容は、レイモンドにリッチモンド行きを認め、「連邦とその権威が復活してすぐに、戦争は終わるべきであり、それ以外の問題は全て和平のプロセスでの調整にゆだねるものとする」という提案を彼にさせるもので、そこには、この提案も拒絶されるならば、「どのような和平案」を連合国は受け入れるのだろうかとレイモンドは思うようになる、とまで書いてあった。その翌日、リンカンはこの手紙についてレイモンド、上院議員ウィリアム・P・フェセンデン、国務長官スーアード、陸軍長官スタントンと話し合った。一晩のうちにリンカンは決心を変えたようだった。彼と相談相手の四人はこのように意見をまとめた。レイモンドの南部行きを実行すべきではない。そんなことをすれば「屈辱的な」降伏をしたのも同然で、それは「大統領選での敗北以上にひどい」ことだ、と。こうして、しばし躊躇したものの、リンカンは南北戦争の性格や目的に起こった変化を再了承した。スーアードの言葉によると、戦争は連邦を維持する手段として開始されたが、結局、「アフリカ人奴隷制に反対する民衆革命」に進化した。ついに、奴隷解放それ自体が目的になったのであり、たとえ奴隷解放がリンカンの再選を危ぶませても、彼はそれを撤回しようとはしなかった。[42]

一八六四年八月に起こった困難な事態のために、リンカンはそれまでよりも正確に、奴隷解放宣言の範囲と永続性に対する自身の見解を説明しなければならなかった。彼はその宣言が合法であるかどうか、戦争終結後それがどうなるのかにいつも悩んでいた。リンカンは奴隷解放をもっと実行可能なものにしようとしたので、一八六三年から六四年にかけて州憲法を改正し奴隷制を廃止することを迫ったのであり、結局、合衆国憲法修正条項によって奴隷制廃止を支持するようになったのだった。奴隷解放宣言が反乱地域の全奴隷を「解放」したにもかかわらず、多くの奴隷は未だ「自由にはなって」いない、と『ニューヨーク・タイムズ』は述べた。これと似たような区別をリンカンもしていた。彼は黒人兵士を再奴隷化することはできない、といつも主張してきた。一方、彼は「奴隷解放宣言や国会制定法によって自由になった人々を奴隷制に引き戻す」つもりはない、とも言ってきた。こう言うことで、リンカンは連邦側にいる限りでは自由を享受できる人々のことを意味しているようだった。彼は民主党が次の選挙に勝ったとしても、こうした人々は自由を享受し続けるべきだと想定していた。従って、リンカンはダグラスにこの類の人々を増やすよう求めたのだった。

だが、厳然たる事実として、一八六四年八月の時点で、奴隷解放宣言が適用される三一〇万人の奴隷の大部分が、連邦軍が実効支配していない地域にいるのだった。連合軍がいきなり降伏するか、民主党候補が一八六四年の大統領選で勝利すれば、そうした奴隷の身にはどういったことが起こるのだろうか？　リンカンはこの問題を熟考し、こう述べた。奴隷制が戦争後も生き延びるならば「震え上がってしまう」だろう。自分が大統領である限りは、連邦政府も「奴隷解放宣言や国会制定法によって自由になった人々を奴隷制に引き戻し」はしないだろう。ただ、最高裁が連邦政府に奴隷制を復活させるよう命じる場合は別である。そんなことになれば、「私は自身の個人的義務だと思われるものに従って行動するのみだ」と。最後の発言の意味は、そのような場合リンカンは辞職する、ということだった。[43]

リンカンが和平使節をリッチモンドに派遣しないと決めた四日後の八月二十九日、シカゴで民主党全国大会が召集された。ジョージ・B・マクレラン将軍の党公認候補指名は既定路線だったが、亡命先のカナダから帰国していたクレメント・ヴァランディガム率いる「超平和主義者」が綱領委員会を支配した。彼らの作成した綱領案は戦争をただの失敗だとし、「戦争を止め」、平和と「合衆国連邦」を復活させる大会を全州で組織するよう求めた。共和党は即座にこの綱領が降伏文書であると決めつけた。マクレランの指名受諾文書はこの「和平項目」を否定していた。マクレランは奴隷解放の撤回に応じる構えを見せていた（戦争は連邦の統一という「唯一の目的」に従って遂行されるべきだ、と彼は言った）が、南部が連邦の復活に同意するまで休戦はあり得ないと宣言した。(44)

八月三十一日、ニューヨーク州のある共和党員はこう報告した。「我々が一つの戦闘でも大勝利を収めなければ、私は負け犬になってしまう」とリンカンが述べた、と。その二日後、ウィリアム・T・シャーマンはついにアトランタを占領した。アトランタは鉄道の要衝で、南東部全域の流通と交通の中心だった。この勝利のおかげでシャーマンは連邦の英雄になり、戦争に対する北部人の懐疑もなくなった。民主党大会とシャーマンの勝利が相俟って、共和党は楽観するようになり、そのおかげで「我々の同志も魔法にかかったように団結した」と、ある政治家は述べた。セオドア・ティルトンは「我々が大統領選に勝利するだろう」と大喜びして言った。彼は『インディペンデント』の編集者で、リンカンが共和党公認候補の座を譲るべきだと思っていた連中の一人だった。「つい先日、我々はアトランタで勝利を収めたが、それ以来民意はそれまでにはなかったほど突然の高揚を見せている。アメリカ史上最悪の公約であるシカゴ綱領の後に起こったこの大事件のおかげで、リンカン氏は突如全員一致の支持を取り付けることになった」。今や、心配するのは民主党の番になった。ある党指導者はオールバニーからこう報告してきた。「共和党は勇気を得、攻撃を再開し、選挙の結果で賭けを行えるほど自信に満ちている」と。(45)

リンカンは万全を期し、共和党急進派からの支持を固めようとした。九月二十三日、彼はモンゴメリー・ブレアに長官職からの辞任を求めた。ブレアは人種差別的な演説をするので、彼は急進派の有権者から「嫌われて」いた。ただ、この辞任劇は上院議員ザカライア・チャンドラーが取りまとめた双方了解済みの事項だった。また、このチャンドラーの仲介で、ジョン・C・フレモントは出馬を断念した（が、彼は現行政府が「失敗作」だと非難してようやく出馬を断念した）。リンカンの大統領選のもとで共和党は団結した。[46]

　秋の選挙戦では、マクレラン支持派は関係者各位と題された手紙のことをしつこく繰り返し続け、リンカンの「奴隷制廃止案」が無駄に戦争を長引かせていると主張した。クーパー・ユニオンでの大会で、党指導者オーガスト・ベルモントはこう述べた。マクレランが当選した暁には、「南部の州が続々と連合を脱退するだろう」と。だが、一八六四年、民主党は平和の回復を約束するだけでなく、ある歴史家の言葉を借りると、「主要政党によってなされた、アメリカ史上際立って最悪の人種差別的選挙戦」を展開した。マクレランを党候補に指名した大会で、あらゆる演説者が最も軽蔑的な言葉で黒人を形容した。ある演説者は「しし鼻で、かかとが長く、神に呪われ、大馬鹿のアフリカ人の子孫」とまで言った。民主党の演説者や新聞は「異人種混淆」〔miscegenation という人種差別的術語の訳。デーヴィッド・クローリーとジョージ・ウェイクマンによる造語〕の危険性について警告した。異人種混淆という語は、『ニューヨーク・ワールド』への二人の寄稿者が白人、黒人両人種の性的関係を言うために作り出したもので、彼らは奴隷制廃止論者と共和党がこの異人種混淆を狙っているのだ、と主張した。「異人種混淆の舞踏会」と題された選挙用のリトグラフは白人男性がリンカン中央選挙戦クラブで放縦的な雰囲気の中、黒人女性とダンスをする様子を描いていた。これまでと同様、民主党の演説者は奴隷解放を行えば、北部人が受け入れたくない黒人が大量に北部にやって来るだろうと警告した。[47]

　連邦、軍事的勝利、民主党の「裏切り」が共和党の選挙戦の基調となった。「アメリカの連邦と自由に対する、国内外のあらゆる敵もシカゴ大会の綱領に満足するであろう」と、『ハーパーズ・ウィークリー』は述べた。共和党は奴隷解放こそが戦争継続の唯一の理由だという民主党の非難に苦しみ、当初奴隷制問題を軽視したが、選挙戦が終わりに近づくにつれ、ますます多くの演説者が道徳的、実際的な見地から奴隷制廃止を擁護した。だが、ウィリアム・D・ケリーのような共和党急進派さえ、こう主張した。南北戦争は「二つの文明の秩序同士の衝突」であり、奴隷制は滅びる運命にある。奴隷解放が実施されれば、黒人は北部に移住しようなどと思わないばかりか、「ペンシルヴァニア州には、熱帯地方に行こうとしない黒人は決していないだろう」と。十月、フレデリック・ダグラスはうんざりし、こう述べた。共和党は「黒人の存在を恥じている」ようだ、と。だが、奴隷制廃止論者ほぼ全員と同じく、ダグラスも結局、リンカンの再選を支持することにした。「もっと断固たる奴隷制反対論の」候補者がいれば、そちらを支持しただろうが、選択肢はリンカンかマクレランしかなかったので、「躊躇する必要は全くなかった」、とダグラスは述べた。(48)

十月、一八五五年に始まった全国黒人大会が、黒人の戦後の権利や地位を政治的議論の俎上に載せようとの目的もあり、ニューヨーク州シラキュースで開催された。それには、北部全域と南部の一部から代表が駆けつけた。その中には、急進的再建に大きな役割を果たすことになる人物もいた。それは、例えば、ノースカロライナ州のエイブラハム・H・ギャロウェイ（五月、彼が率いる黒人代表団はホワイトハウスを訪問し、投票権を求める請願書を提出した）、ルイジアナ州のジェイムズ・H・イングラハム、サウスカロライナ州のフランシス・L・カルドーゾといった人物だった。ダグラスが書いた大会演説は完全な奴隷制廃止や法の下の平等、黒人投票権を要求していた。その演説は民主党の人種差別主義を非難したが、さらにこう不満を述べた。共和党も「黒人の性格や権利に対する世間並みの軽蔑にかなり影響され」続けている、と。その演説によると、リンカンの再建案もウェード－デーヴィス法案も黒人には「政治的存在感も権利も全くない」ことを認めていた。大会は全国平等権同盟を結成し、平等の大義を押し進めた[49]。

リンカンは伝統に従い、選挙運動を行わなかった。だが、彼はワシントンDCで多くの部隊に即席演説をし、公開状を書いた。リンカンは「人生という競争において（中略）『開かれた場と公平な機会』を万人に保証する「自由と平等」に基づく統治形態の必要性を説いた。「リンカン氏は自由労働的な民主主義を代弁し、それを求めて戦っている」と、『ノース・アメリカン・レヴュー』は述べた。「文明から奴隷制という汚れをさっさと拭い取ったことを我々は一緒に喜んでも問題ないだろう」と。奴隷制に反対するメソジストから支持決議案を受け取った際、こう答えた。リンカンは奴隷制反対派のメリーランド州の大集会に対しても、リンカンは手紙を送り、それはその場で読まれた。彼はその手紙でこう述べた。「万人が自由になってほしい。すでに自由を得ている人々が物質的繁栄を享受してほしいし、奴隷制が廃止されれば、きっとそうなると思う。この国を内戦に導く唯一のものが絶滅しつつある姿を私は目にしたい」と[50]。

十月半ばの時点ではまだ、リンカンは五州以上で敗北し、たった三人の選挙人の差で再選される見込みだった。だが、十一月初め、彼は地滑り的勝利を収め、ニュージャージー、デラウェア、ケンタッキーを除く全州で勝利した。リンカンは一般投票の五五パーセントを獲得したが、これは一八二八年のアンドルー・ジャクソンの当選以来最大の多数票獲得だった。一九州で、兵士が軍野営地で投じた票が集計され、リンカンはその七〇パーセント以上を獲得した。リンカンは「この戦争が失敗ではなく、奴隷制は必ず滅びる」と認めているので、兵士たちは彼を信用している、とある将校は述べた。共和党も国会への影響力をさらに強めたので、第三八次国会の第二期が憲法修正第一三条を認めなかったとしても、第三九次国会がそれを認める目算がたった。リンカンは彼の勝利を祝うためにホワイトハウスに集まった人々に対して、こう言った。戦争の最中に選挙が行い得たという事実は人民による自己統治の正当性を証明している、と。ニューヨークの貴族的な日記作者ジョージ・テンプルトン・ストロングさえもこの意見に賛成した。「投票が発明されて以来最も重要な選挙」の結果のおかげで、「民主主義と投票権の拡大に対する私の軽蔑」も少々和らげられた、と。[51]

3

選挙戦中、共和党はむしろ奴隷解放の支持に慎重だったが、選挙結果が奴隷制廃止に邁進することを後押ししていると解釈するようになった。イリノイ州知事に当選したばかりのリチャード・J・オグルズビーはリンカンにこう請け合った。「あなたが『関係者各位』に言ったことを」私は「反乱者に対して言うことができる」と。リンカン自身も選挙結果を同様に捉えていた。一八六四年十二月初め、国会での年次教書を読んだ際、リンカンはこう主張した。「民意」は憲法修正第一三条の批准を支持している。「この国会がそれを批准しなければ、次の国会が批准するまでだ。ならば、早ければ早いほど良いと諸君は思わないのかね？」と。さらに、リンカンは和平の見込みについて議論し、忠誠の誓いを行った連合国民全員に恩赦を与えると再確認した。それだけでなく、彼は連邦復帰を実施する「もっと強力な措置」を採る時期が「まもなく」やってくると警告した。リンカンは奴隷解放宣言や国会が解放した奴隷を再び隷属身分に戻すつもりはないという、以前行った宣言をここでも繰り返した。この教書は植民案に全く言及していなかった。「我々はもうこれ以上自殺したくなるような馬鹿げた考えを聞くつもりはない」と、黒人が所有する『ニューオリンズ・トリビューン』の特派員は述べた。[52]

リンカンはさらに党内一致を固め、奴隷解放の完遂を試みた。十二月、彼はケンタッキー州のジェ

1864 年の大統領選

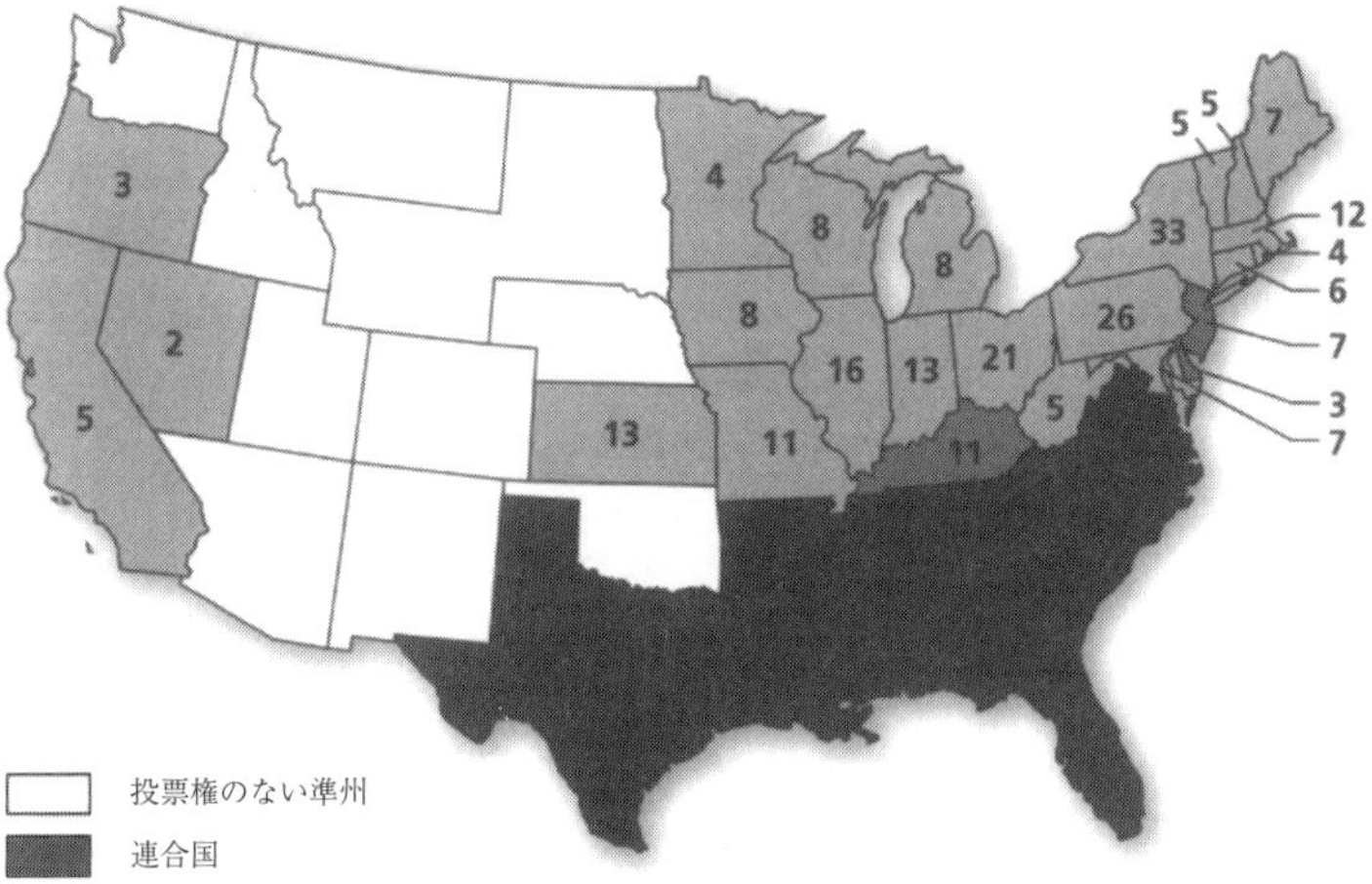

投票権のない準州

連合国

政党	大統領候補	獲得選挙人（%）	一般投票数（%）
連邦党（共和党）	リンカン	212（91%）	2,206,938（55%）
民主党	マクレラン	21（9%）	1,803,787（45%）

イムズ・スピードを司法長官に任命した。スピードはリンカンの友人ジョシュア・スピードの兄だった。ジェイムズ・スピードはこの弟とは異なり、ケンタッキー州で最も急進的な連邦主義者だった。南北戦争初期、彼は自身を「奴隷制廃止論者同然」だとリンカンに説明していた。さらに、リンカンはサルモン・P・チェースを最高裁長官に任命した。彼がそうしたのは、手紙の嵐でチェースの任命を迫る共和党急進派を宥める目的もあったが、訪問者に対して行った彼の説明によると、最高裁が奴隷解放宣言の合法性を問題にしないようにするためでもあった。「あなたが国の首長の座にあり、チェースが最高裁の首長の座にある」と、リンカンの旧友ノーマン・D・ジャッドは小躍りした。連邦政府が一八六〇年以降どのように変容するのかほとんど分かっていなかったのはジャッドだけではなかった。「議長、奴隷制反対党が権力の座に就いています。我々はその事実を認識し、実感しています」と、民主党のある国会議員は述べた[53]。

一八六四年十二月に国会が再召集された際、共和党が最初にしなければならなかったのは、憲法修正第一三条を否認した同年六月の下院投票を再検討することだった。この試みに対してリンカンは支援を行い、これまでの任期中にはなかったほど議事進行に直接介入した。彼は南部境界州の連邦主義者にこれまでの見解を改めるよう迫った。彼らのほとんどが六月の時点で修正条項に反対していた。後に、マサチューセッツ州選出の国会議員ジョン・アレーはこう主張した。自分は好きなやり方で票を調達してくるようリンカンの命を受けた。その際、大統領は自分に「強大な権力がある」ことをにおわせた、と。南部境界州選出のある国会議員は、修正条項に賛成票を投じた後、デンマーク大使に任命された。リンカンは下院議長スカイラー・コールファックスにもこのように宣言する許可を与えた。修正条項が再度否決されれば、リンカンは三月、現国会が休会すると同時に、次の国会で特別会期を召集するつもりだ、と[54]。

現職と前職の長官たちもロビー活動に加わった。再選を果たせなかったが憲法修正第一三条案に賛成票を投じる民主党員に対して、スーアードは官職への任命を約束した。モンゴメリー・ブレアは有力者サミュエル・L・M・バーローに民主党の票を修正条項支持に回すよう迫った。彼は修正条項を可決すれば、民主党が「奴隷制問題とは別の黒人問題で」失地を挽回できると言った。一八六四年十二月、「デルモニコス〔ニューヨーク市マンハッタンにあった高級レストラン〕のテーブル席で」、バーロー、サミュエル・J・ティルデンといったニューヨーク州民主党の有力者と『ニューヨーク・ワールド』の編集者マントン・マーブルは、修正条項の可決が共和党の利益になるのかどうかを議論した。依然、バーローは納得していなかったが、投票が近づいても、『ワールド』は修正条項についてほとんど何も書かなかった。条項支持派はそのことに安堵した[55]。

一八六五年一月三十一日、決定的な瞬間が訪れた。その際、長官や最高裁判事だけでなく、ワシントンDC在住の一般黒人も観客として下院議場に押し寄せた。賛成一一九、反対五六で、下院は憲法修正第一三条を可決した。これは必要な三分の二の賛成多数をぎりぎり満たしていた。共和党員は全員賛成票を投じた。賛成した民主党員は一六人だったが、そのうち一四人が一八六四年の選挙に敗れたか出馬しなかった任期満了直前の議員だった。かつてリンカンが共に弁護士事務所を経営したジョン・T・スチュアートはイリノイ州選出の民主党国会議員になっていた。リンカンは個人的に彼に働きかけたにもかかわらず、彼は反対票を投じた。だが、リンカンの票取りまとめ工作は南部境界州選出の国会議員に対して効果があった。一連の議論が行われている際に、以前可決に反対した南部境界州選出の国会議員が改心を表明した。メリーランド州のジョン・A・J・クレズウェルはこう言った。「戦争は物理的障害だけでなく理論も破壊した」。南北戦争のおかげで、「黒人種」は自由にふさわしくないと思わなくなった、と。かつて「大量の奴隷を所有していた」ミズーリ州のジェイムズ・S・

ロリンズはこう述べた。「奴隷制が残存する限り、この国に完全な平和はやって来ない（中略）。奴隷制を残存させながら完全な平和を期待するぐらいなら、剣を抜きゴルディオスの結び目を切る〔ゴルディオスの結び目とは解決できない難問、切るとはそれを解決することである。要するに、ゴルディオスの結び目を切るなどというのはあり得ない事態である〕ほうがましだ」と。ケンタッキー州のグリーン・C・スミスは奴隷制のせいで自州がオハイオ州ほど繁栄「していない」と考えた。こうして、深南部が長年見ていた悪夢はついに現実のものとなった。奴隷制国家の北部に位置する諸州は奴隷制廃止に際して北部に協力した。(56)

『コングレッショナル・グローブ』のまじめすぎる記者はこう述べた。「国会の規則が禁じているにもかかわらず」、最終得票結果が伝えられた際、下院は「爆発的な熱狂」で沸き返った。国会議員は「子どものように泣いていた」。傍聴席では男性が帽子を空中に投げ、「女性は（中略）座席から立ち上がり、ハンカチを振っていた」。『ワシントン・モーニング・クロニクル』はこう述べた。憲法修正第一三条に賛成票を投じた議員は、独立宣言に署名した人々と同じく、自身の名前を歴史に刻むことになるだろう、と。リンカンは祝福のためにホワイトハウスにやって来た人々に即興の演説を行った。彼はこう言った。憲法修正第一三条は「奴隷制を廃止する」方法として奴隷解放宣言よりもはるかに強力で、宣言の「法的妥当性」に対する疑念を全て振り払うだろう。宣言は連邦側に逃亡してこない奴隷には「無効で」あり、生まれてくる子供に全く影響を与えられなかった。「だが、この修正条項はあらゆる悪に効く万能薬である」と。(57)

憲法修正第一三条を巡る議論が最高潮に達した頃、リンカンの大統領任期中において比較的異常な出来事が起こっていた。一八六四年十二月、国会での年次教書で、リンカンは連合国との交渉をきっぱりと拒否していた。というのは、「反乱の指導者」がほぼ「連邦分離」しか受け入れるつもりがないと明らかにしていたからだった。だが、その数日後、リンカンはフランシス・P・ブレア・シニアにリッチモンドに向かいジェファソン・デーヴィスに面会する許可を与えた。ブレアは連邦と連合が休戦し、フランスがメキシコに樹立した政体を転覆するために合同軍を派遣するという奇妙な計画を温めていた。デーヴィスはブレアに「協議を行い両国の平和を築きたい」と語った(58)。

「両国」が存在するなどと、リンカンは絶対に認めなかった。にもかかわらず、彼は国会でのかつての盟友アレクサンダー・H・スティーブンズ率いる和平使節団の三人と面会することに同意した。この緊急協議の情報が漏れてしまい、下院での憲法修正第一三条の可決が失敗しそうになった。というのは、それは和平への障害になると民主党が非難したからだった。ジェイムズ・アシュリーはオハイオ州の共和党急進派で、修正条項の票を取りまとめていたが、彼はリンカンに和平が間近であることを否定するよう求めた。投票当日の一月三十一日、リンカンはアシュリーに覚書を送り、アシュリーは下院でそれを朗読した。「私の知るかぎりでは、和平交渉の使者はワシントンDCにいない。いや、いないはずだ」。文字通りの意味では、この言葉に嘘はなかった。というのは、使者はワシントンDCには来ていなかったからだった。だが、それは間違いなく紛らわしいものではあった。いずれにせよ、二月三日、リンカンと国務長官スーアードはヴァージニア州ハンプトンローズの沖合に停泊中の海軍艦上で三人の使者に面会した。連邦の陸軍将校はこう述べた。南部側の代表団は「背嚢をかついだ黒人の形をした（中略）争いの種」を従えて登場した、と(59)。

　ハンプトンローズでの協議は数時間続き、その参加者はメモをとらないことで合意した。だが、結局、彼ら全員がすでに知れわたっていた事項の説明を記録した。それらの記録はだいたい一致しているが、いくつかの重要な点で見解を異にしている。スーアードとスティーブンズがモンロー宣言〔アメリカとヨーロッパ諸国がそれぞれの大陸の騒擾に相互に干渉しないと定めた宣言〕とブレアのメキシコ案についてだらだら話し続けると、ついにリンカンがしびれを切らし、自分はその案に全く興味がないと明言した。彼はこう主張した。連合国が連邦の権限を承認するまで、「諸々の条件」は一切考慮できない。だが、自分は寛大に恩赦を発し、没収財産を返却することを約束する、と。ある使者が戦争終結以前に反乱者と協議を行った支配者の例としてチャールズ一世を引き合いに出すと、リンカンはこう答えた。「チャールズ一世〔十七世紀のイギリスの国王。清教徒革命にて刑死〕で私がはっきり覚えていることといえば、彼が結局ギロチンにかけられたということだけだ」と。[60]

後に、アレクサンダー・H・スティーブンズはこう主張した。自分はジョージア州を連合から脱退させ、五年後の施行を条件に憲法修正第一三条に批准するよう、リンカンから迫られた、と。これは相当あり得ない話だ。リンカンは有能な弁護士だったので、そのような追加条項が法的効果を有していないことをきちんと知っていた。スーアードの説明によると、リンカンは連合側に、まもなく憲法修正第一三条が憲法になるのは当然のことだと言っただけだった。リンカンは長らくこだわっていた補償付奴隷解放案にも言及した。実際、リンカンはワシントンDCに帰京直後、顧問団にこのような提案を行った。戦争が四月一日までに終結すれば、自分は南部境界州を含めた奴隷州に四億ドル（この金額は前年の七月にホレス・グリーリーが自身の和平案で主張していたものだった）を割り当てるつもりだ、と。このリンカン案は第三者に売却済みでなければ、奴隷を除いた没収財産全部を返却することも約束していた。顧問団は全員一致でリンカン案を拒否した。和平への願いは立派だが「やりすぎの感がある」と、海軍長官ウェルズは述べた。「みなさんは私に反対なのですね」とリンカンは言い、自身の案を撤回した。彼は和平協議についての国会報告書でそのことに触れなかった。[61]

共和党急進派の上院議員ザカライア・チャンドラーはハンプトンローズの議事録を「不名誉」だと考えた。だが、ほとんどの共和党員はリンカンの行動を褒めた。というのは、彼らはリンカンが妥協をせずに連邦復帰と奴隷解放を主張していると考えたからだった。その結果、共和党は憲法修正第一三条を批准し、奴隷制の運命をきっぱりと定めてしまう決心をますます強く固めた。憲法修正第一三条が憲法の一部になるためには、四分の三の州の承認が必要だった。一八六四年の選挙直前、ネヴァダ州が連邦に加入したため（この州の三人の選挙人を獲得すれば、リンカンがぎりぎりで大統領選に勝利できると考えた共和党員がいたのだった）、州の数は連合側の一一州も含めて、三六に膨れ上がっていた。従って、リンカンがそうあるべきだと言い張ったように、連邦を脱退した州も考慮すれば、批准には二七州の承認が必要だった（リンカンは脱退州を除外すれば、連邦脱退の合法性を認めてしまうことになる、と考えた）。マクレランが勝利した三州が批准するとは到底思われなかった。従って、連合側の五州が批准しなければならなかった。リンカンが承認した新政府を有する四州、つまりアーカンソー、ルイジアナ、テネシー、ヴァージニア州は当てにすることができた。残る一州がどこになるのかは再建の進度によりけりだった。(62)

イリノイ州が最初に批准した州になったのは適切だった。デラウェアはリンカンが一八六一年に奴隷解放案を実行した南部境界州だったが、最初に憲法修正第一三条の批准を拒否した州になった。それが憲法に組み込まれてから随分経った後の一九〇一年になってようやく、デラウェア州はそれを承認した。ケンタッキー州も批准しなかった。ある通信員がリンカンに報告した通り、「連邦脱退を支持する保守派と堕落した連邦支持派」がその州の政府を支配していたのだった。リンカンの生誕地は憲法修正第一三と一四と一五条全ての批准を拒否した唯一の州として名を馳せることになった。にもかかわらず、これら二つの南部境界州の奴隷制が衰退していたのは明らかだった。黒人が入隊したために、デラウェア州は「ほぼ自由州」になっていた。ケンタッキー州については、『ルイヴィル・ジャーナル』がこう不満を述べていた。「自分たちに朝食を作ってくれる召使がいるのかどうかを把握している一家は存在しない」と。さらに、下院が憲法修正第一三条を承認した直後、国会は第8章で説明した、黒人兵士の家族に自由を与える法案を可決した。リンカンは陸軍長官スタントンの助言を聞いた後、その法案に署名した。「愛する家族」に対する「大きな不安」を黒人兵士から取り除けば、軍がさらに強くなるとスタントンは認めた。戦争終結までに、奴隷制は法的に存続していたにもかかわらず、ケンタッキー、デラウェア州のほぼ四分の三の奴隷が自由身分になっていた。だが、残りの奴隷は一八六五年十二月に憲法修正第一三条が批准されるまで自由を享受できなかった。[63]

「現代の唯一の問題が片付いた」と、カリフォルニア州のコーネリアス・コールは宣言した。だが、憲法修正第一三条は問題を一つ解決したとしても、それは大量の他の問題を提起した。一連の議論がなされているとき、民主党員は幾度となく「解放奴隷をどう扱えばいいのか」と質問した。共和党は自由と共に生じてくる権利をきちんと論じるつもりはなかった。だが、党員の多くは奴隷制を廃止すれば黒人も戦争が生み出す「連邦公民権」を享受すべきだと主張した。だが、当座のところ、公民権が正確に何を意味するのかに関しての見解の一致はなかった。ほとんどの共和党員は「奴隷解放が生み出す問題の全てはひとまず脇に置いておくべきだ」という国会議員ジョン・ファーンズワースの意見に同意していた。[64]

にもかかわらず、黒人の戦後の権利に関する問題は再燃した。一八六五年二月は北部の人種的境界線が著しく破壊された一ヶ月間だった。憲法修正第一三条を可決した翌日の二月一日、最高裁長官チェースはボストンのジョン・S・ロックに黒人弁護士として初めて最高裁の法廷への入場を認めた。このことについて、『ハーパーズ・ウィークリー』はこう述べた。これは「特に」〈ドレッド・スコット〉判決を「覆す」もので、「立派な人々の見解に起こりつつある革命を象徴している」と。その数日後、リンカンの五十六歳の誕生日に、ヘンリー・H・ガーネットが国会下院会議場で説教を行った初めての黒人牧師になった。彼はこの機会を利用し、黒人にも「アメリカ公民権の全て」を与えるよう求めた。黒人だけでなくアメリカ全体が長らく続いた奴隷制への隷属状態から脱出し始めた、と彼は宣言した。同じくこの二月に、リンカンはマーティン・R・ディレーニーを黒人初の士官に任命することを承認し、ディレーニーをサウスカロライナ州ボーフォートに派遣し、黒人兵士を徴募させた。さらに、とうとう、イリノイ州が人種差別的な黒人取締り法を撤回した。これはシカゴの黒人奴隷制廃止論者ジョン・ジョーンズの運動の結果だった。彼は「朝から晩までずっと」州議会の玄関に待機し、議員たちに根回しをした。一八六五年末までに、インディアナ州を除く全州が州法からこのような差別法を撤回することになった。[65]

リンカンは差別法の撤回や権利拡大を求める北部黒人の政治運動について発言しなかった。だが、国会が改めて再建を議論するようになると、ニューヨーク州司法長官ジョン・コクランが「解放人種の大問題」と呼ぶものも必然的に表に出てくるようになった。この問題はリンカンの再建案の見本とでもいうべきルイジアナ州政府の政策によって、さらに緊急のものになった。新州議会は四分の一黒人法案を否決した。その法案が可決されれば、祖父母に三人の白人を持つ自由黒人も投票権を享受できたが、黒人教育への予算割り当てはなかった。ニューオリンズの自由黒人はこう気づいた。ナサニエル・P・バンクスの労働制度の一部として発令された「浮浪罪」と夜間外出禁止は自分たち自由黒人と解放奴隷を区別しておらず、これまで自分たちが享受してきた移動の自由が厳しく制限されている、と。[66]

一八六四年のルイジアナ州憲法制定会議の直後、自由黒人の一団はルイジアナ州急進主義の拠り所として『ニューオリンズ・トリビューン』を創刊した。彼らはジーン・チャールズ・ホーゾーを編集者に雇った。ホーゾーはベルギー出身の天文学者、新聞記者で、一八五八年に合衆国に移住していた。彼らと同じく、ホーゾーの政治的見解は啓蒙主義とフランス革命の遺産の影響を受けていた。『トリビューン』は連邦軍の労働制度を奴隷制の復活だと非難し始め、自由黒人だけでなく、「休眠中の同胞」、つまり解放奴隷にも投票権を付与するよう要求した。ホーゾーは北部共和党員の多くが尊重する新聞、ヨーロッパ人さえ知っている新聞に『トリビューン』を仕立て上げた（一八六五年、それはフランスの文豪ヴィクトル・ユゴーから手紙を受け取った）。一八六五年一月、ニューオリンズで、全国平等権同盟の会議が召集され、都市の自由黒人と田舎の解放奴隷が共に完全な公民権と政治的権利を求めた。『トリビューン』はこう宣言した。「我々にもはや階級や身分は存在しない。我々は一つの人種、一つの国民になった（中略）。自由は万人に平等でなければならない」と。[67]

これらの事態の進展に対し、ルイジアナ州政府は何の反応も見せなかったが、リンカンは新政府の成功にこだわり続けた。一八六四年十一月、リンカンはルイジアナ州で失敗すれば、連邦の敵と「奴隷制支持派全員が喜ぶ」ことだろうと述べた。その翌月の国会年次教書で、リンカンは自身が設立に手を貸した「自由憲法を有する連邦派の州議会」を褒め称えた。だが、ますます多くの国会議員がルイジアナ州の新政体についての不満に共鳴したので、再建案に関して共和党内の分裂はさらにひどいものになった。『ワシントン・モーニング・クロニクル』はこう述べた。「黒人種にも完全な投票権を拡大するという問題は（中略）アメリカ人がこれまで経験してきた問題以上に、現実的解決を許さない難しいものだ」と。だが、ルイジアナ州の事態はこれを政治的議題の俎上に載せた。[68]

一八六四年十二月、チャールズ・サムナーら共和党指導者は「立法府と行政府の意見一致の必要性」についてリンカンと何度も議論した。サムナーは双方が以下のような案で合意に達したと考えた。その案は、ルイジアナ州政府の正当性を認めると同時に、それ以外の連合側の州に連邦に再加入する前に法の下の平等を「全市民」に付与するよう求めるものだった。「これらの取り決めが実行されれば、途轍もなく大きな政策が生まれるだろう」とサムナーは言った。だが、結局、それはあまりにも大きすぎて上手くいかなかった。[69]

すぐに、ジェイムズ・アシュリーはサムナーの取り決めを実行できる再建法案を下院に提出した。だが、リンカンは権力を行使しルイジアナ州に少なくとも一部の黒人に投票権を付与させるつもりだ、と有力議員に秘かに漏らしていたが、黒人投票権をその法案に記載することには反対した。投票権は連邦政府ではなく州が決定するべき事項である、とリンカンは依然として思っていた。アシュリーは法案をリンカンの見解に沿う形にしようと、それを書き直し、連邦派の白人と軍役に就いた黒人だけに投票権を与えることにした。というのは、圧倒的な勝利で再選を果たして以来、リンカンの国会での立場はかなり強くなっていたからだった。その後、数週間にわたる議論が行われ、法案には様々な変化が加えられた。だが、アシュリーによると、黒人投票権などを主張する共和党員、民主党と共にそれに反対する共和党員がいたので、「反乱州に樹立した連邦派の州政府を再編する法案をこの国会が可決しないのは火を見るよりも明らかだった」。[70]

「大統領の再建案は停止したままである」と、『スプリングフィールド・リパブリカン』は述べた。だが、国会は一八六四年の選挙でのルイジアナ州の選挙人を計算に入れようとせず、一時休会の直前には、サムナーの議事妨害のせいで、彼が「いんちき州政府」と呼んだものが選出した上院議員は着席できなかった。サムナーのこの行動に対してリンカンは「激怒」した、と『リパブリカン』のワシントンDC特派員は報じた。だが、こうしたことがあっても、二人の私生活での友情は壊れなかった。特派員はこう続けた。「依然として、リンカンはサムナー氏を尊敬し、彼と話し合い、おそらく彼を恐れてもいるのだろう」[71]と。この議事妨害の数日後、リンカンは私用の馬車でサムナーを大統領就任演説会場へと連れてきた。

一八六五年三月初め、国会は一時休会したが、再建問題は未だ解決されていなかった。国会再開まで八ヶ月間の猶予があったが、その間にリンカンは好きなように政策を練り上げた。一方、共和党急進派は問題をそのまま秋まで持ち越すことを望んでいた。その間に「国民が平等な投票権を求める我々の見解を理解するようになってほしいものだ」と、アシュリーは言った。リンカンは「なかなか真実を受け入れないが（中略）、彼の見解は徐々に変わってきている」と、サムナーは考えていた。[72]

奴隷制廃止論者の間でさえも、奴隷解放の後、何をすべきかに関する意見は一致していなかった。一八六五年一月、マサチューセッツ州奴隷制反対協会の年次大会で、ウェンデル・フィリップスとフレデリック・ダグラスは「異常に穏やかな調子で」、ルイジアナ州の連邦復帰を認めてはいけないと言った。ルイジアナ州を認めてしまえば、南部の他の州も同じような州法を持ったまま連邦に復帰するので、「我々は物理的ではないにせよ心理的に奴隷制を再導入することになるだろう」。ダグラスはこう述べた。民主主義の模範を自認する国において、黒人に投票権を認めないのは「我々に劣等人種の烙印を押す行為に等しい」と。だが、これに対して、ウィリアム・ロイド・ギャリソンはこう答えた。投票権は「憲法上の権利であり（中略）、生得的な」自由「権と混同すべきではない」。「産業的、教育的な成長」があって初めて、政治的権利が付与されるのだ、と。『リベレーター』はルイジアナ州政府が「刷新される」ことを支持した。「ああ、ギャリソン。これは奴隷制廃止論ではない」と、『ボストン・コモンウェルス』は述べた。この議論は同年五月に起こったアメリカ奴隷制反対協会の分裂を先取りしていた。協会員は勝利宣言を行った上で解散しようというギャリソンの提案を拒否した、ギャリソンに代わって、フィリップスが会長に就任し、『ナショナル・アンチ・スレイバリー・スタンダード』はその発行人欄に新しい標語を掲げた。「黒人投票権なくして再建なし」[73]

一八六五年初め、政治の世界にも同じぐらい不吉な問題が持ち上がった。それは、連邦政府は土地を解放奴隷に分配すべきなのかどうか、という問題だった。一八六四年に国会議員数人がこの問題を主張していたが、ウィリアム・T・シャーマン将軍のおかげで、それが新たに緊急性を帯びることになった。リンカンの再選直後、シャーマンと彼の六万の兵士はアトランタから大西洋への光栄ある行進を開始した。十二月末、彼らはサヴァナに到着した。その際、彼らは大農園から逃亡し軍の後をついてきた約二万の奴隷を抱えていた。一八六五年一月十二日、シャーマンはサヴァナまで出向いた陸軍長官スタントンの説得を聞き入れ、その地の黒人共同体の指導者二〇人と面会した。指導者のほとんどはバプテストやメソジストの牧師だった。その面会で明らかになったのは、黒人指導者が奴隷制や自由の意味をはっきりと理解していたことだった。その二〇人の代表者ギャリソン・フレーザーは、奴隷制の意味を尋ねられると「相手の同意ではなく不可抗力を用い相手の労働を受け取ること」だと答えた。自由については、それは「我々を自身の労働の成果を刈り取れる場所」に置くものだと、フレーザーは説明した。この定義はリンカンのそれと異なるところはなかった。これを成し遂げる最善の方法は「土地を所有し、自身の労働でそれを耕すこと」だ。[74]

その四日後、シャーマンは特別土地令第一五番を発し、四〇エーカーの土地に黒人を住まわせるためだけにシー諸島とサウスカロライナ州大西洋沿岸地域の大量の土地を取り置いた。彼は軍用にならない衰弱したラバも黒人に与えた。これが「四〇エーカーと一頭のラバ」という表現の始まりだったが、この慣行は再建時代の南部全域で盛んに行われた。だが、シャーマンは共和党急進派ではなかった。彼の目的は社会革命を起こすことではなく、黒人避難民を世話する負担を自軍から取り除くと同時に、連合国の大農園主を処罰することだった。だが、黒人は先を争ってシャーマンの軍令を利用した。六月までに、約四万の解放奴隷が「シャーマンの土地」に住むようになった。[75]

ジョン・C・ロビンソン将軍は黒人の定住者が「貧乏土地あり」になると警告し、リンカンにその軍令を破棄するよう迫った。というのは、土地を所有しながら貧乏な人がいれば、「北部の精力や産業」が価値あるその土地を利用できなくなってしまうからだった。シャーマンの政策はリンカンがこれまで思い描いたり支持したりしてきたものよりもはるかに急進的だったが、いずれにせよ、リンカンは何の行動も起こさなかった。それが現場の軍司令官の決定を尊重する精神からきたのか、それともこの実験がどのような結果になるのかを知ろうとする思いからきたのかは分からない。だが、リンカンは南部の自由労働の実験を監視し続けていた。一八六五年二月、リンカンはジョン・イートンと再び面会し、「これまでの原理を踏襲しつつ、適宜改善を加え」、ミシシッピ渓谷の解放奴隷の監督を続けるよう命じた。三月一日、バンクス将軍の労働制度をもっと公平なものにしようとしていたトマス・コンウェイからの報告書を受け取ったリンカンは、コンウェイが「黒人の道徳と肉体を向上」させたことを賞賛し、こう述べた。戦時の実験は「解放奴隷を最も楽天的に評価している人々の予想以上に素早く幸福な完成」に到達しようとしている、と。[76]

シャーマンの軍令では、土地交付が永久的なものなのか一時的なものなのかが不明なままだった。だが、連邦政府が解放奴隷に土地所有を認める案は強化されることになった。三月初め、とうとう国会はその案を承認し、リンカンは奴隷解放局を創設する法案に署名した。現在、奴隷解放局は解放奴隷局と呼ばれている。この法案は衣料や食料、燃料を貧しい解放奴隷に配り、南部での彼らの生活に関する「あらゆる問題」を監視する権限をその局に認めた。国会は黒人をえこひいきしている印象をなくそうと、土壇場で局の監督領域を拡大し、南部白人の避難民もその適用範囲に加えた。

依然、議員は解放奴隷が連邦の保護を当てにするようになることを恐れていたので、奴隷解放局の活動期限を一年間に限定した（後に、それは一八七〇年まで延長された）。にもかかわらず、解放局は連邦の権限の大幅な拡大を象徴していた。活動期間中、解放局は独自の法廷を立ち上げ、学校を設立し、労働契約を規制し、解放奴隷を暴力から守ろうとし、それ以外でも様々な方策で従来は地方自治体や州の業務だった問題を監督した。避難民と解放奴隷、所有権喪失土地に関する局という正式名称から分かる通り、解放局は所有者が逃亡し放棄した土地や没収地を区画に割り、解放奴隷や連邦派の白人避難民に貸し出し、しばらくして「合衆国が譲渡できるような土地権利証書」付きで売却することができた。この言葉遣いは連邦政府が所有するようになった南部の土地についてまわる法的な曖昧性を表していた。解放奴隷局法は大規模な土地分配をはかるものではなかったが、連邦政府が解放奴隷を彼ら自身の土地に住まわせる状況を思い描いていた。すぐに、大勢の局員がそうしようとした。だが、一八六五年夏、大統領就任初期に施行した法の一つで、アンドルー・ジョンソンはシャーマンが分配した土地を含めて、未売却の政府管理地全てをかつての所有者に返却するよう命じた。皮肉にも、連邦政府に土地を保証された唯一の解放奴隷は、戦争中連合国に味方したチェロキーらインディアン部族に所有されていた人々だった(77)。

「黒人問題から逃れられないのが我々の運命みたいだ」と、シドニー・ジョージ・フィッシャーは日記に書いた。彼はフィラデルフィアの弁護士で政治評論家だった。「我々は黒人をどう扱えばいいのか？　今でも全く答えは分からないようだ(78)」。戦争終結が近づくにつれ、解放奴隷の運命が第二期の大統領職を務めるリンカンの重要問題になることは明らかだった。

エピローグ

「流された血の一滴一滴」

戦争の意義

一八六五年三月四日、リンカンは二度目の大統領就任演説を行った。この舞台自体がそれまでの四年間にどれほどの変化があったのかを示していた。リンカンが最初に就任演説を行った際、国会議事堂の新しい丸屋根は従来の木製のものと交換中で、半分しか建設されていなかった。今や、《自由の像》が完成した丸屋根に鎮座し、普遍的自由に基づいてアメリカが再編成されたことを象徴していた。アメリカ史上初めて、黒人部隊が就任パレードで行進した。ある調査によると、リンカンの演説を聴いた人々の半数が黒人だった。その日にホワイトハウスで行われた祝賀会に挨拶にやって来た人々の多くも黒人だった[1]。

リンカンが演説した時点でようやく、戦争と奴隷制の終焉が目前に迫っていた。二月初め、ウィリアム・シャーマンの軍はサヴァナからサウスカロライナ州へと進軍した。ある大農園主はそのときのことを日記にこう書き留めていた。シャーマンの軍は連邦脱退思想の中心に「奴隷解放宣言の息吹」をもたらした、と。その数日後になって初めて、連邦軍はチャールストンを占領した。その中には、あの有名なマサチューセッツ州第五四歩兵連隊もいて、彼らは「ジョン・ブラウンズ・ボディー〔奴隷制廃止論者ジョン・ブラウンを歌った歌。南北戦争中に盛んに歌われた〕」を歌っていた。その間、グラントはピーターズバークのリー軍に対する包囲網をさらに強めていた。ピーターズバーグはリッチモンドの玄関口だった[2]。

リンカンが就任演説で戦争の進行状況をまとめ、目前の勝利を受けて自身と国家を祝賀するのは魅力的な構想だったにちがいない。だが、彼は信じられないほど短く謙虚な演説をした。(3) 演説の最初で、リンカンは「長々とした演説」や「戦争の進行状況」の詳しい説明が必要でないことを述べた。彼は戦争がいつ終わるのかについての予想もしなかった。就任演説の一週間後、デラウェア州選出の上院議員トマス・F・ベイヤードは戦争の「隠された大義」を「ようやく、しぶしぶと」理解した、と述べた。(4) ベイヤードはそれが何であるかを明かさなかったが、リンカンは第二期就任演説でそれを明かしていた。奴隷制が戦争の原因だ、と彼はきっぱりと言った。

人口総数の八分の一が黒人奴隷だった。彼らはアメリカ全土に遍在していたのではなく、その南部だけに偏在していた。この奴隷は独特で強力な利害関係を構成していた。皆が認めたように、なぜか、この利害関係が戦争の原因になった。この利害関係を強化、永続化、延長することが、戦争に訴えてでも連邦を引き裂こうとした反乱者の目的だった。一方、連邦政府はその利害関係が準州にも拡大されることだけを制限しようとした。

これまでと変わらず、リンカンは慎重に言葉を選んだ。奴隷を「人口」の八分の一と言うことで、リンカンはかつての考えを改め、奴隷が異質で同化不可能な存在ではなく、国民の一員であることを示した。むろん、「独特」とは、南部人自身が奴隷制を形容する際に往々にして用いる言葉だった。「強力な」という言葉は奴隷制政治に対する戦前の共和党の言い回しを想起させた。奴隷制が戦争の原因だと言うことは、この殺戮行為の責任を南部に押し付けるものだった。だが、責任転嫁の印象を与えないように、リンカンは「そして、戦争が起こった」とだけ言葉を継いだ。さらに、彼はこう言った。

だが、戦争は予期せぬ結果を引き起こした、と。

共和党、民主党とも、これほどの規模と期間の戦争を想定していなかった。戦争の原因が戦争の終結と同時に、ましてやそれ以前に消滅してしまうなどとは、両党とも想定していなかった。両党ともっと簡単に得られる勝利を想定し、これほど根本的で驚異的な結果は想定外だった。

むろん、「驚異的な」結果とは奴隷制廃止のことだった。これは神が連邦軍の行為を裁可した証拠だ、と北部の無数の聖職者は指摘したが、リンカンはそれとは異なる解釈をした。彼は自己礼賛を避け、戦争のより重大な意義をとても哲学的に考察した。

両陣営が同じ聖書を読み、同じ神に祈っている。それぞれが敵を罰する神の助力にすがっている。額に汗して労働する他人からそのパンを奪う人々があえて公正な神の助力を願うなど、幾分奇妙ではあるかもしれない。だが、我々自身が裁かれぬよう、我々は他人を裁くことを控えよう。両陣営の祈りが叶えられたわけではなく、両陣営の祈りとも完全に叶えられたわけではなかった。全能の神は神自身にしか分からぬ意図をお持ちである。「つまずきがあるからこそ、この世に災いがある。というのは、つまずきは必ず起こるからである。だが、災いはつまずきの原因となった人物にふりかかるものだ」。アメリカの奴隷制が神の摂理において必ず生じるつまずき、神が予定した年月を生き延びてきたものの、今や神が取り除こうとしておられるつまずきだ、と仮定しよう。そして、神がこの恐ろしい戦争を、つまずきの原因となった人物が引き起こした災いとして北部と南部の両方にお与えになっている、とも仮定しよう。だとすると、生ける神を信仰する者どもがその神のものだと常に考えてきた神性からの逸脱を我々はそこに見出せようか？　戦争というこの大いなる災いが速やかに消滅するよう、我々はひたすらに望み、熱心に祈るのみである。奴隷が二五〇年間の無償労働で築き上げた全ての富が使い尽くされるまで、鞭によって流された血の一滴一滴が剣によって流される血で完全にあがなわれるまで戦争が続くことを神がお望みならば、三〇〇〇年前に言われたことではあるが、今なお、「神の裁きは常に真実で正しい」と繰り返さなければならない。

リンカンは南部を裁かないと言いながらも、実際には南部を裁いた。演説の最後になって、彼は再度、奴隷制が他人の労働をかすめ取ることだと非難し、自身のあらゆる書き物の中で最もあからさまな表現で、このことを奴隷制の身体的虐待と結び付けた。南北戦争の「恐ろしい」暴力は奴隷制の二五〇年間の恐ろしい暴力を引き継いでいる、とリンカンは国民に知らせた。だが、彼は奴隷制を南部の奴隷制ではなく、アメリカの奴隷制と言ったが、それは国全体がこの罪の責任を負っていることを意味していた。どうやら、そういうわけで、リンカンはあれほど長い間、補償付奴隷解放に固執していたのだった。アルバート・G・ホッジズに宛てた一八六四年の手紙で、リンカンは北部も「あの悪行に加担した償いをきちんと」しなければならないのではないかと述べていた(5)。だが、第二期就任演説で、リンカンは奴隷所有者に課すべき道義的責任を奴隷に対する国家の責任に暗にすり替えた。

演説のこの長い段落はアメリカの書き物の中で最も有名なものの一つだが、そこには奴隷制廃止論者の見解が含まれていた。彼らは奴隷制があらゆる社会制度と深く結び付いた国家全体の悪であり、南北戦争自体がこの罪に対する「神の裁き」であると考えていた。イリノイ州のある新聞はこう述べた。リンカンの言葉の「産みの父はウェンデル・フィリップスかもしれない」と。あるいは、フレデリック・

ダグラスかもしれない、とその新聞は付け足してもよかっただろう。「黒人にとっての七月四日の意義」という素晴らしい演説で、ダグラスも「アメリカの奴隷制」と言っていた。実際、『シカゴ・トリビューン』の共和党急進派の編集者は、自分たちもその二年半前に「全能の神の裁き」というタイトルの記事でリンカンとほぼ同じことを言っていたと指摘した。ただし、その論評はリンカンの演説ほど「見事にまとめられて」いない、と彼らは認めた。「奴隷所有から生じた利益の総和」が使い尽くされるかもしれず、「我々自身の受難」は奴隷制の二〇〇年間の「流血と涙」で「あがなわれる」、と『トリビューン』は述べていた[6]。

　リンカンが奴隷制廃止論者の見解を自己流のものにたたき上げたのはこれが初めてではなかった。奴隷制が長らく築いてきた遺産にまともに対峙するよう、彼は全国民に求めていた。二五〇年間の無償労働に対する正義の要件とは何であろうか？　解放奴隷とその子孫が幸福追求権を享受できるようにするには何が必要なのか？　幸福追求権は彼らの生得的権利だとリンカンはずっと主張してきたが、彼らはそれを長らく奪われていたというのに。リンカンはこうした問題の答えを出すまで生きられなかった。だが、こうした問題をほのめかす程度のことでさえ、将来に横たわる課題がいかに大きなものであるのかが窺い知れた。

　この段落で、リンカンはいにしえのピューリタンの説教者と同様に、自身の選民とともに神の怒りの原因を理解しようとした。そして、この後、第二期就任演説は現在でも最も頻繁に引用される雄弁で幕を閉じた。

> いかなる者にも悪意を抱いてはならない。あらゆる者を思いやらねばならない。正しきことを信じなければならない。神は我々に正しきことを理解するよう命じておられる。現在着手している

事業を終わらせようではないか。国家の傷を縫い合わせようではないか。戦死者、その未亡人、その孤児を労わろうではないか。我々自身、ひいてはあらゆる国家の間に公正かつ恒久的な平和を樹立し、維持するあらゆる手段を試そうではないか。

リンカンは和平プロセスを重視してきた。一八六五年初の数週間、彼はミズーリ州の軍司令官と知事トマス・C・フレッチャーに命令した。その命令は、州民に内戦を止めさせ、復讐を企てるのではなく戦死者のことは水に流させるよう指示したものだった。リンカンはこう言った。全住民が「これまで考えたり言ったり行ったりしてきたこと全て」を水に流すと約束する場合、その地域で集会を開催しよう。「それぞれの地域が他の地域に干渉しない限り、問題は片付くだろう」と。だが、フレッチャーはリンカンの提案を却下した。反乱者の約束は信用に値しない、と彼は返答した。奴隷所有者に寛大な措置を取りつつ解放奴隷にも公正な態度を取らなければならないという緊張状態は、リンカンのミズーリ州和平案や第二期就任宣言それ自体でも解決されなかった。一方を取れば必ずもう一方を見捨てることになるのか？　それに対して、チャールズ・サムナーはこう主張した。「奴隷所有者への寛大な処置よりも「法の下の平等」を優先しなければならない。「そうしてようやく和平が実現するのであって、その逆ではない」と[7]。

第二期就任演説をその場で聴いたフレデリック・ダグラスは、それが「政府関係文書というよりは説教に近かった」と評した。たった七〇〇語の演説で、リンカンは八度、神や全能の神という語を使用し、頻繁に聖書の表現を引用、パラフレーズした。「この世に災いがある」、「我々は他人を裁くことを控えよう」はイエスの言葉を引用したもの、「そのパンを奪う」は創世記の文章を言い換えたものである。「奴隷（bond-man）」という古めかしい言葉は聖書に何度も出てくる（が、リンカンはそれまでこの言葉を使ったことがなかった〕。むろん、彼は昔からずっと聖書によく親しんでいた。戦争中、リンカンは教会に行かなかったが、精神的覚醒を経験したようだ。一八六二年に幼い息子ウィリーを亡くしてから特に、リンカンは宗教に対するそれまでの懐疑論を捨て去った。彼は神の意志、それが戦争とどう関係しているのかについて個人的に考えるようになった。それまでずっと、リンカンは人間の与り知らない高次の力が人間を支配している、と考えていた。だが、ついに、彼は人間が完全には理解できない方法で神は世界に直接干渉する、と結論づけた。[8]

リンカンは非常に控え目だったので、自身の宗教的見解をひけらかしはしなかった。一八六三年、彼は聖職者の一団に対して、「自分が今よりもっと敬虔だったらよかったのになあ、と思うことがよくある」と言ったが、すぐに、だが、「私は神を絶対に信頼している」と言い足した。むろん、リンカンは啓示宗教が北部人に多大な影響を与えていることも理解していた。戦争中、彼は感謝の日〔感謝祭のこと。この廃れていた伝統を復活させたのがリンカンだった〕と断食の日を設け、自身とアメリカをお助けくださるよう神に祈った。リンカンは戦争が奴隷制に対する神の罰だと考えるようになったが、南部を非難し復讐するつもりはなかった。たとえ彼の第二期就任演説が説教だったとしても、それは北部人が南北戦争中に聞きなれていた類のものとは一線を画していた。[9]

演説後、ダグラスは約五〇〇〇の人々と共にホワイトハウスに向かった。彼がお祝いを述べようと前に進み出たところ、リンカンはダグラスの手を固く握り締め、「お目にかかれて光栄です」と言った。ダグラスはリンカンの演説を「神聖な行為」だと評した。[10]だが、演説を聴いた人全員がこれほど好意的に捉えたわけではなかった。特に手厳しかったのが『ニューヨーク・ワールド』で、それは「恥ずかしさで赤面しながら」演説を掲載した。その新聞の編集者はこう不満を述べた。リンカンの演説は「非常に不愉快な侮辱発言」で、「鞭打たれた黒人の背中から流れる」血を「史上最も血なまぐさい戦争」の殺戮と同列に扱っている。「大統領の神学には、教皇ピウス〔ローマ教皇ピウス五世のことか。ピウス五世は異端審問とプロテスタント迫害に力を注いだ教皇〕の政治学と同じく、暗黒時代の雰囲気が強く漂っている」と。だが、多くの共和党員も演説にとどまった。なぜリンカンは戦争の終結を約束し再建に関する「明快な政策案」を提示しなかったのだろうか、と彼らは思った。一方、少数だが、演説の偉大さを理解している人々もいた。黒人部隊の大佐チャールズ・フランシス・アダムズ・シニアは大使としてロンドンに駐在する父に手紙でこう知らせた。「かつて横木挽きだったあの弁護士は現代の驚異だ（中略）。この就任演説はすばらしく単純明快で、この戦争中ずっと歴史的基調であってきたのだろう」と。だが、リンカンの認識通り、一般的には第二期就任演説は「すぐに人気の出るものではなかった」が、依然、彼には、それが「自分のこれまでの最良の演説と同じくらい、あるいはもしかするとそれ以上に人気を維持する」かもしれないという自信があった。リンカンはなぜ自分の演説が人々に好まれないのかを分かっているつもりだった。「人々は自分たちと全能の神の間に意図の違いが存在してきたことを知りたがらない」。ただし、一点だけみなの意見が一致した。ジョージ・テンプルトン・ストロングが日記で述べたように、第二期就任演説は「今世紀のアメリカのいかなる政治文書とも全く異なって」いた。[11]

第二期就任演説の九日後、連合国の国会は長い審議を経て、南部側でも黒人兵士の入隊を認めることにした。その数日後、ワシントンDCに駐屯するインディアナ州の連隊を前にした演説で、リンカンはこの自暴自棄の試みに触れた。「万人が自由であるべきだと私は常々考えてきた」が、奴隷にふさわしい人物がいるとすれば、それは自分や他人を奴隷にしておくために武器をとる連中のことだ、と彼は述べた。[12]

一八六五年四月三日、ついにロバート・E・リーの軍はピーターズバーグから退却した。これでようやく、そこから北に二〇マイルのところにあるリッチモンドへの道が切り開かれた。連合国の政府役人は無防備の都市から逃げ出し、鳴り止まない砲火がその商業地区の大部分を破壊した頃、黒人のみで構成されたマサチューセッツ州第五騎兵隊が率いる連邦軍が連合国の首都に入城した。その後、アメリカ大陸で前代未聞の出来事が起こった。黒人が踊ったり祈ったり、「奴隷制の鎖がついに断ち切られた」と歌ったりしながら街路に飛び出してきた。黒人連隊付の牧師ガーランド・H・ホワイトは「巨大な群衆」に演説するよう召喚された。彼は「この都市の歴史で初めて、万人が自由を享受していることを宣言した。その後、奴隷用の檻の扉が開かれ、数千人が神様や父なるエイブ、エイブのだんなに祝福の叫び声を上げながら外に出てきた」

その翌日、リンカンは海軍の小分遣隊だけを引き連れ、リッチモンド市内を練り歩いた。『フィラデルフィア・プレス』の従軍記者T・モリス・チェスターは「黒人たちが興奮で我を忘れた」と述べた。リンカンは一歩ごとに解放奴隷に取り巻かれた。彼が戸惑ったことに、解放奴隷はひざまずき、彼を救世主だと称えたり、彼の手に接吻したりした。ある黒人女性はこう叫んだ。「実際に、父なるエイブラハムをこの目で見、この手で触って、自分が自由になったと実感した」と。リッチモンドの白人は屋内に閉じこもった。彼らは奴隷が自分たちに忠誠を誓い、現状に満足していると考えていたので、黒人がリンカンと連邦の占領（あるいは、解放）軍を拍手喝采で迎えていることに茫然とした。チャールズ・サムナーはリンカンがリッチモンドで歓迎を受けたことで、彼の再建案にも影響が出ることを期待した。サムナーはサルモン・P・チェースに手紙でこう知らせた。「姿を現した人々が黒人だけだったことを彼は自身の目で確認した（中略）。黒人の投票に基礎を置いていない政府が絶対に不可能なことを、私はこれまで以上に確信している」と。[13]

四月四日から五日にかけて、リンカンは戦争を即座に終結させようと、リッチモンドでジョン・A・キャンベルと面会した。キャンベルは前連邦最高裁判事で、ハンプトンローズ会議に出席した使者の一人だったが、彼はこう提案した。リンカンは連合支持のヴァージニア州議会を招集し、それに連邦脱退令を撤回、州軍を南部軍から引き揚げさせるべきで、そうすればリーは降伏する、と。四月六日、リンカンは議員をリッチモンドに召集しそれを実行させるよう、ゴドフリー・ワイツェル将軍に命令した。リンカンはグラントにもこの行動について知らせたが、「こうした取り組みから何かが出てくるようには思えない」と付け加えた。さらに、リンカンはフランシス・H・ピアポントと面会し、ピアポントが率いるヴァージニア州復活政府を承認し続けるつもりだと請け合った。ピアポントの後の回想によると、リンカンは答えを出すのではなく、質問を続けた。実際に、南部にはどのくらいの数の連邦主義者がいるのか？　彼らは共和党に加わるのだろうか？　解放奴隷の運命はどのようなものだろうか？　ピアポントの発言が信用に値するならば、リンカンは「再建案を全く持っていない」と言ったとのことだ(14)。

四月九日、アポマトックスでグラントはリーの降伏を認めた。連合軍の最後の残党となったテキサス州のカービー・スミス軍はようやく五月に降伏したが、南北戦争はこの日に終結していた。リーの降伏直後、リンカンは連合国ヴァージニア州議会の招集許可を取り消した。というのは、大統領顧問団とワシントンDCに残っていた共和党国会議員全員がその許可に反対していたからだった。リンカンが困っていたことに、キャンベルは召集許可が国会でのヴァージニア州の代表権と「奴隷人口の規定」などの休戦、和平条約交渉を後押しするものだと解釈していた。だが、いずれにせよ、リーが降伏したので、この問題を解決する必要がなくなった(15)。

ついに、再建がアメリカの直面する最大の問題になった。四月十一日、ワシントンDCに戻ったリンカンはホワイトハウスに集まった大群衆を前にこの問題に関する演説を行った。ある新聞によると、彼はこの演説を「異常に注意深く慎重に」準備した。ある意味で、この演説はリンカンが多大な労力を注いで支持してきたルイジアナ州の新政府を擁護していた。それまでの一ヶ月間に、ルイジアナ州の事態は不吉な様相を呈示し始めていた。リンカンが第二期就任演説を行った当日に、上院議員に当選していた州知事マイケル・ハーンが辞職し、J・マディソン・ウェルズがその後を引き継いだ。ウェルズは連邦主義の大農園主で、南北戦争以前には一〇〇人以上の奴隷を所有していた。彼は戦争が終結に近づくにつれ迅速に政治的状況を検討し、こう悟った。連合国民が忠誠の誓いを行い、投票権を回復すれば、現にウェルズ政権を支持している白人を数で大いに上回るだろう、と。すぐに、ウェルズはハーンが任命した州や地方の役人を保守派連邦主義者や元反乱者と取り換え出した。[16]

演説でリンカンは再建問題が「多大な困難に満ちている」と認めた。にもかかわらず、彼はルイジアナ州の政体に対する北部人の支持を再強化しようとした。それと同時に、リンカンは共和党内の批判分子との共通点を探ろうともした。実際、リンカンはチャールズ・サムナーに演説中ホワイトハウスのバルコニーに立っていてくれるよう求めていた。そして、彼はこう述べた。自分が一〇パーセント案を公布した際、長官たちはみなそれを承認し、「筋金入りの奴隷解放論者も大いに賞賛し（中略）、それに全く反対をしなかった」と。（その翌日、チェースはリンカンに手紙でこう知らせた。実際のところ、自分は黒人に投票権を与えないことに反対していたが、「頑固者」だと思われたくなかったので、それほど激しく反対したわけではなかった、と。）リンカンはルイジアナ州がこれまで成し遂げてきたこと、例えば、奴隷制廃止、両人種に対する公教育、奴隷制廃止が即時のものであり、彼自身が一時期支持していた年季奉公案を認めなかったことを賞賛した。だが、それは「黒人に投票権を認めていない点で不満の残る」ものだ、とリンカンは付け足した。ここで初めて、彼は「黒人が（中略）投票権を望んでいる」と認めた。ここで、リンカンは知事ハーンに宛てた一八六四年の私的文書で示していた見解を再び述べた。「私自身は［投票権が］非常に頭の良い人物、兵士として我々の大義に奉仕した人物に与えられることを望んでいる。」これは注目すべき発言だった。たとえ制限付きではあっても、黒人投票権を公の場で支持したアメリカの大統領はそれまでいなかった。この時点で、北部の六州だけが黒人に投票を認めていた。[17]

リンカンの「最後の演説」（この書き方は彼が演説した時点ではその演説が最後になるとは予想されていなかったことを示している。確かに、最後の演説という言い方は事実としては正確であるのだが）として知られるようになったこの演説は多くの点でリンカンに典型的なものだった。彼は共和党員に再建を哲学的問題ではなく現実的問題として考えるよう迫り、こう言った。南部が「連邦内なのか連邦外なのか」という問題は「現実的に重要ではない」だけでなく、完全に「有害」である。というのは、連邦を脱退した州が連邦と「適切な関係を実際に有していない」ことは、みなが認めているからである、と。リンカンはルイジアナ州の政体を支持するよう求めたが、それ以外の州については「柔軟性のない計画」に固執しないと認めた。そのルイジアナ州に関しても、彼は「悪質な約束は守られずに破られるものだ」と述べ、自身がその州で始めた再建案が修正、あるいは撤回されることすらありうるとにおわせた。リンカンは聴衆に再建に関する「新しい発表」を待つように命じて、演説を締めくくった。

リンカンがこれまで頻繁に使用してきた「復活」ではなく「再建」と言ったことは意義深かった。これら二つの言葉は非常に異なる含みを持っていた。民主党のある指導者がこの時期に述べたように、「再建は急進主義と、復活は保守主義と同義だ」。だが、リンカンが自身の政策に対する批判を黙らせることを演説に期待していたとしたら、がっかりすることになった。サムナーはチェースに手紙でこう知らせた。リンカンは「あり得ないほど上手く問題を扱ってきたが、現状、私は彼の政策を恐れている」と。共和党急進派の他の連中はサムナーよりはるかに手厳しかった。「我々が国家として肌の色による何らかの差別を再建州に認めれば」、その行為は「邪悪で冒瀆的」だろう、とある人物は述べた。穏健派の『ニューヨーク・タイムズ』までもが、従来の権利をそっくりそのまま回復した南部に黒人を虐待させないでおくにはどうすればいいのかと考えた。「連邦政府がいかなる形のものであっても黒人の束縛を存続させれば必ず最悪の恥辱を受けることになる」と、その新聞は主張した。[18]

演説から、多くの人々がリンカンはまだ再建案を固めていないと結論づけた。「リンカン氏は地図を持たずに未知の国を旅する人のように手探りしている」というのは、『ニューヨーク・ワールド』が発したつれない言葉だった。ワシントンDCの記者が述べたように、実際には、この時点で、ほとんどの共和党員も未だ再建案を「固めて」いなかった。黒人投票権を支持した『シカゴ・トリビューン』でさえ、合衆国憲法に則れば州が投票資格の決定権を持っていることを認めていた。だが、聴衆の一人は自分がリンカンの意図を正確に理解していると思った。「その意図は黒んぼの公民権だ」と、俳優ジョン・ウィルクス・ブースは言ったとされている。ブースら連合支持の陰謀家の一団は大統領を誘拐し、南部人捕虜の釈放を要求するつもりだった。「畜生、やつをしごいてやる」とブースはつぶやいたということだ。[19]

四月十四日、顧問団が集まった際、リンカンは自分が「おそらく早期再建にこだわりすぎてきたかもしれない」と述べた。この会合の前に、リンカンは司法長官ジェイムズ・スピードにチェースからの手紙を見せた。その手紙で、チェースは新しい州政府が樹立される際には人種を問わず「連邦を支持する市民」全員に投票権を付与するよう迫っていた。スピードはリンカンが共和党急進派の見解に近づきつつあると思った。その翌日、スピードはチェースに「彼が現在ほど我々の見解に近いところにいた「ことはなかった」」と言った。今や、リンカンは早急に取り組むべき問題が南部の無秩序状態だと考えた。だから、彼は陸軍長官スタントンに軍による暫定支配案を作成するよう、すでに命じていた。スタントンはヴァージニア、ノースカロライナ州に暫定の軍政府を任命する案を顧問団に提出した。彼の案は文民支配の樹立を延期するものだったので、黒人も投票すべきかどうかという問題は「未決のまま」であった。だが、白人の連邦主義者に頼るだけでは連邦支持の安定した政府を樹立できないことをスタントンの案が意味しているのは明らかだった。その後、ちょっとした議論がなされたが、リンカンは長官たちに「眼前の大問題」に専念するよう迫った。その際、彼は「我々は即座に」その問題に「取り組まなければいけない」と述べた。スタントンは顧問団の次回会議での審議のために計画を練り直すよう指示を受けた。[20]

一八六五年四月十四日の夜、ジョン・ウィルクス・ブースはフォード劇場でリンカンに致命傷を負わせた。リンカンは通りの向かいにある家に運び込まれたが、彼の生命はゆっくりと尽きていった。夜明け前、海軍長官ウェルズはリンカンの枕元を離れ、戸外に出た。すでに、悲しみに暮れた人々がワシントンDCの通りに溢れていた。「おそらく、その時点で、白人よりも黒人のほうが多く見られたが、黒人はひどく打ち沈んでいた」と、ウェルズは述べた。午前七時を少し過ぎた頃、リンカンは亡くなった。彼の死によって、国中が前代未聞の悲しみに暮れ、アメリカ史上初めて国葬が催された。リンカンの亡骸は一〇〇以上の都市をくねくねと経由しながら、ワシントンDCからスプリングフィールドまで一七〇〇マイルの移動を行った。その間、数百万人がリンカンの棺を目にした。そのルートは基本的に、リンカンが一八六一年の就任演説に向かう際にとったものを逆にたどっていた。リンカンの葬送の記事を読めば、アメリカ人が南北戦争時のリンカンの経験を自分に重ね合わせていたことが分かる。というのは、リンカンを辛辣に批判した『ニューヨーク・ワールド』が彼の死後に述べたように、「彼よりも素早く変化した人々もいれば、彼よりもゆっくりと変化した人々もいる。しかし、全く変化しなかった彼の同胞はほとんどいないのだ」。だが、その変化は完全ではなかった。リンカンの亡骸がニューヨークに到着した際、市議会は黒人に葬列への参加を禁じようとしたが、陸軍省がその計画を却下した。[21]

国家最大の危機を通じてアメリカのかじ取りを行い、奴隷解放を統轄した業績だけでなく、リンカンの最期の迎え方のおかげで、彼は最も偉大なアメリカの指導者の殿堂に名を連ねることになった。リンカンの暗殺が聖金曜日（受難日）に起こったことも、彼が罪深い国家を救おうと自分を犠牲にしたという人々の確信を強めた。リンカンが亡くなった後しばらくは、彼は主に偉大な解放者として記憶されていた。（白人間の）和解のプロセスがかなり進んだ世紀の変わり目になって初めて、アメリカ人は戦争体験の中心に奴隷制と奴隷解放があったことを忘れたり、抑圧したりするようになった。その頃、リンカンは国家統一の象徴に変化し、人々の記憶の中で、奴隷解放宣言の代わりにゲティズバーグ演説が彼の思想を最も強く体現するものとなった。むろん、ゲティズバーグ演説は奴隷制にあまり触れていなかった。さらに時代が下ると、我々はリンカンが第二期就任宣言で示した洞察に再注目するようになってきた。その洞察とは、奴隷制が戦争の原因であり、奴隷解放が戦争の最も意義深い結果であるというものだった。リンカンが偉大な人物になるにはこうした問題が不可欠だったと言い添えてもよいだろう。[22]

一八六五年四月、北部のある編集者は「戦争終結とともに、政治家としての資質、愛国心、忍耐力が真に試されるようになった」と述べた。[23] リンカンが生きて二期目の大統領職を全うしたとすればどのような政策を行ったのか、ということは誰にも分からない。リンカンの最後の演説と顧問団との最後の会談が示しているように、彼が亡くなった際、再建案は流動的だった。リンカンはルイジアナ州の政体の支持を決めていたが、単独の再建案に固執することはなかった。南部の様々な地域で様々な政策が同時進行していたが、それら全てが戦後の南部の確固たる青写真ではなく、連合国を弱体化、奴隷制廃止を実行する方策として構想されていた。非常に上手くいった計画は一つもなかった。リンカンは一つたりとも再建州を連邦に再編入できなかった。彼が音頭をとった新しい州政府は解放奴隷を公平に扱おうとはしなかった。

我々が知っているのは、リンカンの職務を引き継いだ人物がリンカンの偉大な資質をことごとく欠いていた、ということである。リンカンは知的好奇心に恵まれ、批判に耳を傾け、北部の民意に合わせることができ、国会と上手くやっていこうとした。戦争が進むにつれ、彼は自分が解放した奴隷に深い同情、彼らの運命に関心を示すようになった。そのことを『ニューヨーク・タイムズ』は第二期就任演説を論じた際に、「奴隷と彼らに加えられてきた巨悪に対する感情」と評した。[24]一方、アンドルー・ジョンソンは自己陶酔的で、他人の意見に関心を示さず、妥協を好まず、頑固な人種差別主義者だった。ジョンソンが大統領職を失墜させた原因を誰かに求めるとすれば、それはジョンソン自身に求めるしかなかった。国会が一八六五年十二月までの休会期に入ると、彼は再建を引き受け、黒人に全く代表権を認めない新政府を南部に樹立した。これらの新政府が奴隷制を彷彿とさせる状況に解放奴隷を追い込んでも、ジョンソンは北部の民意の高まりに注意を払おうとも、自身の政策を修正しようともしなかった。国会はジョンソンとの共同作業を模索したものの、結局、彼の再建案を一掃しアメリカ史上最も画期的な法案を施行せざるを得ないと考えた。一八六六年の公民権法は黒人に法の下の平等を付与するものだった。合衆国憲法修正第一四条は人種に捉われない平等原則を憲法に組み込むものだった。一八六七年の再建法はアメリカ史上初めて黒人が政治的権力を共有する新政府を南部に樹立する命令だった。だが、ジョンソンは自身のあらゆる権力を行使して、これらの法律の施行を妨害した。一八六八年、ジョンソンの頑固さと無能さに辟易した連邦下院は彼を弾劾し、彼はあやうく上院でも弾劾されそうになった[25]。

リンカンが生きていたとすれば、彼が国会や共和党、北部人を敵に回した挙句、弾劾されもう少しで解任されそうになることなど及びもつかない。また、リンカンならば、政策を実行しそれが明らかに失敗したときでもそれに固執し続けることなどありそうもない。南北戦争中、リンカンは大いに変化した。後に、ある解放奴隷は「リンカンが成人後に学ぶことを恥ずべきものだと考えていたとしたら、我々黒人は依然」隷属身分に「甘んじていただろう」と述べた。おそらく、再建時代でもリンカンの見解は進化し続けたことだろう。従って、一八六五年、フレデリック・ダグラスはしばしばリンカンを批判していたにもかかわらず、彼の死をアメリカの黒人にとって「名状しがたい災難」と評したのだった[26]。

リンカンの死に対する頌徳文で、チャールズ・サムナーは「自由は得られたが、平等を求める戦いは依然進行中である」と述べた[27]。サムナーら共和党急進派とは違って、リンカンは再建が奴隷解放だけでは終わらない徹底した政治的、社会的革命の機会だと考えていなかった。長らく、彼は土地の没収や再分配にははっきりと反対してきた。一八六五年四月にほとんどの共和党員がそう考えていたように、リンカンも州が選挙資格を定めるべきだと考えていた。南部の政治運営は白人連邦主義者、消極的連邦脱退論者、未来志向の元連合派に委ねられることになると、彼は想定していた。だが、戦時中、時として、リンカンは当初の反対を改め、奴隷制廃止論者と共和党急進派が生み出した見解を支持することもあった。リンカンが一八六二年に早死にしたとすれば、彼が奴隷解放宣言を公布せず、連邦軍に黒人を入隊させず、黒人への投票権付与を支持しなかった、と論じるのはかなり容易いことだろう。リンカンの第二期に樹立された南部の新政府がどういう性質のものであれ、それがジョンソン時代に樹立された州政府と同様に、解放奴隷の職業選択権や財産所有権、共和党が自由に不可欠だと考えた基本的人権を厳しく制限する法律を可決したとすれば、おそらく、リンカンは解放奴隷の保護強化を求める叫び声にきちんと耳を傾けたことだろう。

リンカンと国会の共和党多数派の間には違いがあったにもかかわらず、彼は常に彼らとの共通点を探ろうとした。リンカンが死亡直前に定めた方針に沿って、両者が制限付投票権だけでなく連邦による基本的人権の保護も黒人に与える再建案で合意しただろうと想定するのは完全に理にかなったことだ。共和党急進派はそれ以上を求めただろうが、これはリンカンの後継者の認めるところでは絶対になかっただろう。おそらく、意見を集約させた共和党と大統領がそうした再建案を施行しようとすれば、南部白人も解放奴隷の権利を認めるようになっただろう。南部白人がそうしていたら、黒人とアメリカは再建終了後の黒人投票権剝奪、人種分離政策、黒人に対する暴力といった長い悪夢を体験せずに済んだことだろう。あるいは、この再建案に対してさえも、南部人は激しく反対したかもしれない。そうだとしたら、リンカンも国会が実際に直面した二択に向き合うことになっただろう。その二択とは、黒人投票権を完全に認め、黒人の公民権の保護に連邦が積極的に干渉するのか、解放奴隷を元の所有者に支配させ、擬似的な自由身分に格下げしてしまうのかというものだった。こうした場合にどういうことが起こったのかは誰にも分からない。というのは、すでに我々は純然たる仮定の世界にずいぶんと深入りしてしまっているからである。

リンカンは奴隷制廃止を統轄するつもりでホワイトハウス入りしたのではなかった。我々がこれまで確認してきた通り、抗いがたい事態の連続のために、リンカンは奴隷解放への道、奴隷制廃止後のアメリカで黒人が占める位置の再考への道を突き進むことになった。むろん、ある国会議員が「一〇〇年間に起こる全ての事態がたった一年で生じる」と評した前代未聞の危機が時代の風潮を変化させた。だが、ジョンソンが大統領在職中に示したように、リンカンと同じ状況に置かれた人物が必ず成長の余地、つまりリンカンの偉大さの本質を持ち合わせていたとは限らなかった。彼の死の一週間前に、奴隷制廃止論者リディア・マリア・チャイルドはこう述べた。「我々はエイブラハム・リンカンを賜ったことで神に感謝せねばならない。むろん、彼にも欠点があったが、彼が成長し続けていることは認めねばならない。奴隷制が国全体の道徳観を弱め歪曲してきたことを考慮すれば、成長を厭わない人物を人民が選んだことはたいそうな幸運だった」と。(28)

リンカンが奴隷解放宣言を公布した二ヶ月後、ある奴隷制廃止論者はこう述べた。「宣言を成功に導くよう、我々は自由を解放奴隷にとっての天の恵みにしなければならない」と。(29) これをどう実行するのかという問題はリンカンと南北戦争よりもはるか先の時代にまで存続することになった。

謝辞

歴史に関する私の最初の著作は南北戦争以前の共和党のイデオロギーを研究したもので、私はそれを四〇年前に出版した。それ以来、エイブラハム・リンカンは私の歴史研究に重要な役割を果たしてきた。だが、これまで、彼が私の議論の中心を占めたことはなかった。にもかかわらず、アメリカ史の他の研究者と同様、私もリンカンと、彼の人生が我々の社会やアメリカ史について語りかけてくるものにいつも惹かれていた。

この本の執筆にあたって、私が最も大きな恩恵を受けたのは、リンカンとその時代をありとあらゆる角度から研究してきた大勢の歴史家からである。ここで特に感謝の意を表しておきたいのは、この十年ほどの間にこれまで参照できなかったリンカン関連の文献を参照できる本を出版してきた多くの学者である。マイケル・バーリンゲームはリンカンと親しかった人々による膨大な書き物を編集してくれた。ドン・E・フェーレンバッハーとヴァージニア・フェーレンバッハーは、後に他人が語り直したリンカンの言葉を編集・評価してくれた。ダグラス・L・ウィルソンとロドニー・O・デーヴィスは、リンカンの弁護士事務所共同経営者ウィリアム・ハーンドンによるインタビューを編集し、出版してくれた。リンカン法律文書プロジェクトのスタッフは、リンカンの弁護士時代の文書を電子媒体で公表してくれた。

実際、この十年間のデジタル革命のおかげで、リンカン研究に不可欠な大量の一次資料がインターネット上で手に入り、研究者の仕事ははるかに手軽に行えるようになった。コロンビア大学図書館のジョン・トファネリは電子媒体資料の調査で私をサポートしてくれた。これとは矛盾するようだが、南北戦争『公式記録』、『コングレッショナル・グローブ』、国会図書館のエイブラハム・リンカン資料集、エイブラハム・リンカン協会のウェブサイトにあるリンカン『全集』といった、この本の執筆のためのオンライン資料調査は二〇〇八年春に行った。その際、幸運にも、私はロンドン大学クイーン・メアリー校に、リーヴァーヒューム客員研究員として招いていただいた。このような機会をいただいたリーヴァーヒューム財団とクイーン・メアリー校の同僚に感謝している。二〇〇九年のウィリアム・E・マッシー・シニアを記念するアメリカ文明史講座を担当させていただいたハーバード大学アメリカ文明学部にも感謝している。その際、私はこの本の構想の一部を披歴できた。コロンビア大学の専任教員研究プログラムは研究費を援助してくれた。

また、私は友人や同僚からも大きな恩恵を受けることができた。有難いことに、彼らはこの本の原稿全部に目を通し、貴重な修正案やアドバイスをくれた。彼らの名前を以下に記しておく。アラン・ブリンクリー、アンドルー・デルバンコ、ピーター・フィールド、メリンダ・ローソン、オリヴィア・マホーニー、ブルース・マイロフ、マーク・E・ニーリー、ジェイムズ・オークス。毎週末のテニスの試合の行き帰りにジュディス・スタインとした歴史記述に関する様々な会話からも私はヒントを得た。さらに、私の質問に回答し自分の研究結果を知らせてくれた研究者にも感謝しておきたい。それは、A・J・アイセリセ、グレゴリー・バゲット、エリザベス・ブラックマー、マイケル・バーリンゲーム、エドゥアルド・ポサダ・カルボ、ハロルド・ホルザー、フランク・サフォード、リー・ヴァンデヴェルデ、ジョン・ウィットといった人々である。タノンヤ・ジャクソンとベンジャミン・ソースキスは国会図書館、ナショナル・アーカイヴスで検索困難な資料を見つけ出してくれた。ピーター・カンハード、フィリップ・カンハード、オリヴィア・マホーニー、スーザン・セヴァートソンはこの本の図表の作成をサポートしてくれた。

私が特に感謝の意を述べておきたいのは以下の人々である。私の出版物の代理人サンドラ・ダイクストラは私を励ましてくれた（彼女はずっと昔に通っていたロングビーチ高校の同級生である）。スティーヴ・フォーマンはW・W・ノートン社で私を担当する編集者であり、この本の執筆中ずっと有益なアドバイスをしてくれた。彼の助手レベッカ・チャーニー、優れた編集員メアリー・バブコックにも礼を言っておきたい。

これまでと同様、私が最も大きな恩恵を受けたのは、妻リン・ガラフォラと娘ダリア・ローズ・フォーナーからである。彼女たちはいわば数年間リンカンと共に暮らすことを全く厭わなかっただけでなく、私の構想の相談役になり、特に原稿を読み数々の貴重なアドバイスをしてくれた。

私はこの本をおじヘンリー・フォーナーに捧げる。おじは、アメリカ社会の正義の拡大に人生を捧げた有能な四兄弟の唯一の生き残りである。むろん、そこには、今は亡き父ジャック・D・フォーナーも含まれている。

訳者あとがき

本書はEric Foner, *The Fiery Trial: Abraham Lincoln and American Slavery* の全訳である。原著は二〇一〇年にノートンより出版された。本書はアメリカ最高の歴史学者エリック・フォーナー博士が満を持して執筆したリンカンの評伝だっただけに、ピュリツァー賞、バンクロフト賞、リンカン賞（いずれも二〇一一年度）という歴史著作の主要タイトルを総なめにした、いわば傑作中の傑作である。もちろん、これほど優れた著作の翻訳を私が請け負うなどとは夢にも思っておらず、仕事の依頼を受けた際の喜びを言葉にすることは今もできない。

まずは、著者フォーナー博士を簡単に紹介しておこう。フォーナーはコロンビア大学にて博士号を取得。博士論文のテーマは自由土地党のイデオロギーに関するもので、指導教官はリチャード・ホフスタッターであった。ホフスタッターはアメリカの歴史の土台に独立自営農民としてのセルフメイドマン志向があることを指摘した歴史家である。私が読む限りでは、フォーナーもホフスタッターと同じ路線で議論を進めているが、その師よりも学問的に緻密な歴史叙述を実践している。両者の議論に興味のある読者諸賢は、ホフスタッターの『改革の時代――農民神話からニューディールへ』（みすず書房）とフォーナーの『アメリカ　自由の物語　上下』（岩波書店）を読み比べていただきたい。両著作とも非常にスケールの大きな議論で、両者がこれほどスケールの大きな議論をしながら歴史学者としても正当な評価を得ているところに、アメリカ社会の懐の深さを感じざるを得なかった。

私がフォーナーのことを知ったのは彼の主著『南部再建』*Reconstruction: America's Unfinished Revolution, 1863-1877*（未邦訳）を通じてのことだった。一九八八年に出版されたこの本は本書の二倍以上の分量があり、それだけの紙数を費やして、南北戦争の後日譚「南部再建時代」という悲劇を扱っている。この時代が悲劇であったのは、ひとえに本書の主人公リンカンが志半ばでジョン・ウィルクス・ブースの凶弾に斃れたからである。リンカンという急進派と保守派の調整装置を失い、急進派の独壇場となった連邦政府は敗戦後の南部に白人、黒人両人種の完全平等政策を押し付け、南部白人の猛反発を招いてしまう。一八七七年に急進派の試みは頓挫するのだが、急進派はその失敗の原因を黒人になすりつけ、アメリカには黒人差別意識だけが残ってしまう。改革が頓挫したのは急進派の政策に問題があったからではなく、黒人が生まれつき無能だったからだ、という責任転嫁。このような時代をフォーナーは新資料をふんだんに用いながら見事に描き出しており、この著作でもって、彼は再建時代に関するアメリカ最高の権威との評価を確立した。

フォーナーに関しては、この三〇年間で最も偉大なアメリカ史家との評価を耳にするが、私に言わせれば、この評は過小評価も甚だしい。本書のように、これだけで知的でありながら読み物としても面白い著作を他のどの歴史家が書いてきたというのであろうか。

そのことはさておき、本書の主人公エイブラハム・リンカンであるが、言わずもがな、彼はアメリカ史上最高の英雄的人物である。アメリカの首都ワシントンDCには、歴代大統領の肖像画を展示した美術館（スミソニアン国立肖像画美術館）があるが、そこでも黒山の人だかりができ、人々が先を争って写真に収めようとしているのはリンカンの姿だけである。（ちなみに、この美術館をはじめ、スミソニアン系の美術館、博物館は入館無料である。）リンカンはおそらく、日本でも一番よく知られたアメリカ人であるだろう。

リンカンの高評価は一般の人々だけにとどまらず、歴史家による偉大な大統領ランキングでも、彼は基本的に首位の座に君臨し続けてきた。次点が二十世紀の世界全体のシステムを構築したと言っても過言ではないフランクリン・デラノ・ローズヴェルトであることからして、リンカンがいかに優れた勝者であるのかがよく分かる。（ローズヴェルトとは、私が敬愛してやまない現代アメリカの大作家フィリップ・ロスまでもが「ローズヴェルトが当選した時代は大衆が正しい投票行動をした唯一の時代だった」と言ってはばからないレベルの傑物である。ちなみに、ロスの『プロット・アゲンスト・アメリカ』には、ロス少年が家族旅行でワシントンDCのリンカン・メモリアルを訪れる場面が描かれている。リンカン・メモリアルは言わずと知れた観光名所である。）やはり、奴隷解放を行い、南北戦争を勝利に導いたという業績に勝るものは絶対にないということか。

時代に先駆けて、奴隷解放を行った偉人。リンカンについて一般のアメリカ人、日本人が知っていることと言えば、おそらくこのようなものになるだろう。リンカンのこうした神格化は彼の生前から脈々と受け継がれてきたもので、もちろん、彼の特異性についてある程度正確に表したものであるだろう。

それに対して、歴史を少しかじったことのある人々ならば、リンカンは世間一般の評価ほど偉大ではなく、むしろ戦争の成り行きから仕方なく奴隷解放を行った保守的な人物だったと主張するかもしれない。要するに、世の中にはリンカン・サポーターとアンチ・リンカンの人々がいるのだ。

本書でフォーナーはこの両陣営から距離をとり、あくまで中立、公平な立場に徹している。もちろん、フォーナーとて、リンカンに敬意を抱いていないわけではなく、むしろ、彼を尊敬してやまないのであるが、そうした主観を排除したところに歴史家の歴史家たる所以があるのだ。（ただし、フォーナー自身が一般大衆向け講演で披露しているように、完全に主観を排除した歴史記述というものは存在しない。こうした「歴史の相対性」に関する著作で読者に勧めたいのがヘイドン・ホワイト **Hayden White** の『メタヒストリー』*Metahistory: The Historical Imagination in Nineteenth-Century Europe* である。だが、残念ながら、今この「あとがき」を書いている時点で翻訳は出版されていない。かなり前に翻訳刊行の告知を目にしたのだが。）要するに、本書でフォーナーが実践しているのは、リンカンを神格化することでも彼を必要以上に矮小化することでもなく、等身大のリンカンを描き出すことである。リンカンを彼の生きた時代の文脈から再解釈すること。専門用語を使用すれば、リンカンを「歴史化（historicize）」することである。

そのリンカンの生涯を一言でまとめるならば、リンカンとは成長することを止めなかった人物である。リンカンはイリノイ、インディアナ州といった北部で育ったのであるが、彼の故郷は北部の中でも南部との結び付きが強い地域であり、青年時代のリンカンは奴隷制の批判分子ではなかった。それどころか、彼の妻メアリーの生家トッド一族は奴隷を所有さえしていた。従って、駆け出しの政治家だった頃のリンカンは奴隷制に関わることを極力避けながら、工業社会における自由労働のあり方を模索していた。これがホイッグ党員としてのとなり、結局、選挙に勝てず党も解体してしまった。

彼の政治活動であったが、北部で奴隷制に対する批判が強まるにつれて、ホイッグ党の綱領は時代遅れのものとなり、結局、選挙に勝てず党も解体してしまった。

ところで、リンカンの生きた時代には、合衆国憲法に「五分の三条項」と呼ばれる奴隷をも州人口に含める規定が存在しており、南部は連邦下院において代表過多の状態が続いていた。従って、南北戦争前夜の一八五〇年代において、北部では（キリスト教福音主義に基礎を置く）奴隷制廃止論がますます勢いを得る一方、連邦政治では南部の奴隷制を容認する数々の妥協がなされた。（ちなみに、日本語の「妥協」にあまりよいニュアンスはないが、アメリカ社会における「妥協」は、はるかに積極的な意味を持っている。アメリカでは、利害の異なる主体同士が話し合いという民主主義的なプロセスを経て、最終的に合意に至ることを「妥協（compromise）」というのである。）だが、こうした妥協による南北間の合意も長くは続かず、一八五四年のカンザス・ネブラスカ法でもって（ようやく）、北部は南部の奴隷制拡大要求に際限がないことを悟るのである。

そして、この法律に反対して結成されたのが共和党である。ただし、この党は奴隷制反対というただ一つの点を抜きにすれば、全く異なる政治的見解が入り乱れる「烏合の衆」であった。共和党の派閥を三つに分ければ、奴隷制廃止論を奉じる急進派、旧ホイッグ党員からなる保守派、そのいずれでもない穏健派が存在した。リンカンは穏健派の巨頭であり、急進派と保守派の利害調整に天賦の政治的能力をいかんなく発揮した。大統領になった彼は数々の妥協を行うが、奴隷制反対という共和党の「最大公約数」に関しては決して妥協をしなかった。

穏健派としてのリンカンをよく表すエピソードが「黒人のアフリカ植民」をめぐるくだりであろう。彼は奴隷制廃止の必要性を悟っているものの、急進派の主張する「即時かつ金銭補償なし」の奴隷解放には反対する。当時のアメリカにおいて、奴隷も私有財産であり、南部人の同意なしに奴隷を解放すれば、法治国家としてのアメリカの土台が根底から揺らぐことになりかねないのであった。そこで、リンカンは南部人の同意のもと、「段階的かつ金銭補償あり」の奴隷解放を優先させる。しかも、南部人が解放奴隷の存在を好まないことをも想定して、黒人のアフリカ植民とのセットで奴隷解放を行おうとする。（現代人にとって、黒人のアフリカ植民などという計画は荒唐無稽の極致であるが、当時のアメリカにあっては、かなり真剣に考慮された計画である。

植民推進という観点からリンカンを批判する向きは、かの有名な『アンクル・トムの小屋』の最後のくだりを熟読してほしい。ハリエット・ビーチャー・ストウのような敬虔なキリスト教徒でも黒人の未来が植民にあると信じていたのだ。）要するに、リンカンは遵法的に奴隷解放を実施しようとする、合衆国憲法に奴隷制擁護の条文がある限り南部人の権利を認めるのであるが、私に言わせれば、これこそが民主主義的な手続きであり、未曽有の難局にあっても独断に走らないところにリンカンの非凡があると思うのだ。利害の調整能力を欠いた革命勢力が引き起こした悲劇については、この「あとがき」の最初で述べた通りである。

最後に、この翻訳について一言触れておきたい。著者フォーナーは一級の知識人であり、本書の文体は華麗の一言に尽きる。私の知る限り、古今東西最高の名文家はフィリップ・ロスであるが、フォーナーの文章はそれに匹敵する筆致で書かれており、この翻訳がその名調子をどこまで正確に反映できているのか、いささか心もとない。

翻訳に際しては、以下の方々にご協力をいただいた。まずは私の訳例を丁寧に添削し、訳文全体の調子を決定してくださった柴田元幸先生。そして、日本語研究者として私の訳文を批判的に精読してくださった星野祐子先生。また、私にはあまりなじみのないアメリカの法的慣習については、海事専門の弁護士西潟理深氏から教えていただくことが多かった。そして何よりも白水社編集部の藤波健さん。訳了が大幅に遅れたにもかかわらず、私をいつも温かく励ましてくださった藤波さんの大らかさがなかったならば、本翻訳はこのような形をとることはなかっただろう。

本書には、リンカンの演説、聖書からの引用が登場するが、それらの翻訳に際して、先行の翻訳を参照したが、それをそのまま引用することはしなかった。先行の翻訳（特に聖書のそれ）は相当文語調であり、私としては、全体を現代語で統一したかったからである。また、読者にはなじみのないと思われる用語についてはかなり丁寧な注をつけ、この訳書を熟読していただければ、内容を完璧に理解していただけるよう配慮したつもりである。ただし、一点だけ言いそびれていた事項がある。それはアメリカの政治には連邦と州という二つの主体が存在し、アメリカは日本よりも地方分権的なニュアンスが強い、ということである。（だから、憲法には合衆国憲法と州憲法がある。）

ここまでいろいろと好き放題を書いてきてかなり恐縮しているのだが、私が本当に伝えたかったのは、ここまで本書を読んでくださった読者諸賢に対する感謝の念である。この本をお読みになった方々がより一層アメリカに興味を抱かれれば、訳者としてそれ以上の喜びはない。

森本奈理

二〇一三年五月

トクヴィルが見たアメリカ
現代デモクラシーの誕生

レオ・ダムロッシュ著
永井大輔、高山裕二訳

初めての大衆的な大統領ジャクソンの治世、西へと膨張を続ける一方、はやくも人種問題が顕在化して分裂の兆候を示すアメリカ。すべてが極端なこの地で、トクヴィルは何を見たのか？

トクヴィルの憂鬱
フランス・ロマン主義と〈世代〉の誕生

高山裕二著

初めて〈世代〉が誕生するとともに、〈青年論〉が生まれた革命後のフランス。トクヴィルらロマン主義世代に寄り添うことで新しい時代を生きた若者の昂揚と煩悶を浮き彫りにする。

バルザックと19世紀パリの食卓

アンカ・ミュルシュタイン著
塩谷祐人訳

バルザックが活躍した19世紀前半は、パリが美食の中心となっていった時代。大食漢で知られるバルザックの小説の食の場面を通して、当時の社会・風俗をよみとく。

カリカチュアでよむ 19世紀末フランス人物事典

鹿島茂、倉方健作著

１８７８年から１８９９年にかけてパリで刊行された冊子『今日の人々（レ・ゾム・ドージュルデュイ）』に登場した全４６９名の戯画に、明解な人物紹介を付したきわめて貴重な資料。

訳者略歴
一九七六年、奈良県生まれ
二〇一〇年、東京大学大学院人文社会系研究科欧米系文化研究専攻英語英米文学博士課程単位取得退学
現在、文教大学文学部専任講師
主要訳書
R・パルバース『賢治から、あなたへ　世界のすべてはつながっている』（集英社インターナショナル）

業火の試練
エイブラハム・リンカンとアメリカ奴隷制

二〇一三年　六月一五日　印刷
二〇一三年　七月一〇日　発行

著者　エリック・フォーナー
訳者　©森《もり》本《もと》奈《な》理《り》
装幀者　日下充典
発行者　及川直志
印刷所　株式会社理想社
発行所　株式会社白水社
東京都千代田区神田小川町三の二四
電話　営業部〇三（三二九一）七八一一
　　　編集部〇三（三二九一）七八二一
振替　〇〇一九〇-五-三三二二八
郵便番号　一〇一-〇〇五二
http://www.hakusuisha.co.jp
乱丁・落丁本は、送料小社負担にてお取り替えいたします。

松岳社　株式会社　青木製本所

ISBN978-4-560-08289-8

Printed in Japan

人名索引

ア行

カ行

サ行

タ行

ナ行

ハ行

マ行

ヤ行

ラ行

ワ行

注で使用した略号

ALP	Abraham Lincoln Papers, Library of Congress
ALPLM	Abraham Lincoln Presidential Library and Museum, Springfield, Ill.
BD	Theodore C. Pease, ed., *The Diary of Orville Hickman Browning* (2 vols.; Springfield, Ill., 1927)
CG	*Congressional Globe*
CP	John Niven, ed., *The Salmon P. Chase Papers* (5 vols.; Kent, Ohio, 1993-98)
CW	Roy P. Basler, ed., *The Collected Works of Abraham Lincoln* (8 vols.; New Brunswick, N.J., 1953-55)
CWH	*Civil War History*
GP	Sidney Howard Gay Papers, Rare Book and Manuscripts Library, Columbia University
HL	Huntington Library, San Marino, Calif.
JAH	*Journal of American History*
JALA	*Journal of the Abraham Lincoln Association*
JIH	*Journal of Illinois History*
JISHS	*Journal of the Illinois State Historical Society*
JSH	*Journal of Southern History*
LC	Library of Congress
LTP	Lyman Trumbull Papers, Library of Congress
NA	National Archives
OR	U.S. War Department, *The War of the Rebellion: A Compilation of the Official Records of the Union and Confederate Armies* (70 vols.; Washington, D.C., 1880-1901)
RG	Record Group
WD	Howard K. Beale, ed., *Diary of Gideon Welles* (3 vols.; New York, 1960)

注

序文

（1）Andrew Boyd, *A Memorial Lincoln Bibliography* (Albany, 1870).

（2）Richard N. Current, *The Lincoln Nobody Knows* (New York, 1958), 12; T. J. Barnett to Samuel L. M. Barlow, June 6, 1863, Samuel L. M. Barlow Papers, HL.

（3）この言葉はリンカンのものだと主張する「人々の記憶」を活用する危険性については，以下を参照のこと． Don E. Fehrenbacher and Virginia Fehrenbacher, eds., *Recollected Words of Abraham Lincoln* (Stanford, 1996); and Don E. Fehrenbacher, "The Words of Lincoln," in John L. Thomas, ed., *Abraham Lincoln and the American Political Tradition* (Amherst, Mass., 1986), 31-49.

（4）以下を参照のこと． Douglas L. Wilson, *Lincoln's Sword: The Presidency and the Power of Words* (New York, 2006).

（5）*The Work of Charles Sumner* (15 vols.; Boston, 1870-83), 4: 10-11.

（6）例えば，以下を参照のこと. William Lee Miller, *Lincoln's Virtues: An Ethical Biography* (New York, 2002), 151, 181, 192, 228; Joseph R. Fornieri, "Lincoln and the Emancipation Proclamation: A Model of Prudent Leadership," in Ethan Fishman, ed., *Tempered Strength: Studies in the Nature and Scope of Prudential Leadership* (Lanham, Md., 2002), 127-32; Jean Bethke Elshtain, "Forward," in Kenneth L. Deutsch and Joseph R. Fornieri, eds., *Lincoln's American Dream* (Washington, D.C., 2005), ix; Allen C. Guelzo, "Lincoln and the Abolitionists," *Wilson Quarterly*, 24 (Autumn 2000), 66-69. この見解に対する近年の重要な反論には，以下のものがある. James Oakes, *The Radical and the Politician: Frederick Douglass, Abraham Lincoln, and the Triumph of Antislavery Politics* (New York, 2007).

（7）*CW*, 5: 318, 389.

（8）Miller, *Lincoln's Virtues*, 105; *Chicago Tribune*, April 12, 1865; Peter Lassman and Ronald Speirs, eds., *Max Weber: Political Writings* (New York, 1994), 352-59, 369.

（9）Matthew Pinsker, "Lincoln Theme 2.0," *JAH*, 96 (September 2009), 432-33.

（10）*Chicago Daily Tribune*, May 15, 1858.

（11）"Introduction," in Joseph R. Fornieri and Sara V. Gabbard, eds., *Lincoln's America, 1809-1865* (Carbondale, Ill., 2008), 3.

第1章◆「生まれながら奴隷制反対」

（1） *CW*, 7: 281. 我々はリンカンの幼少年期についてほとんど何も知らない. David Donaldによる伝記でも，リンカンが21歳になるまでの記述は20ページ弱である. Donald, *Lincoln* (New York, 1995). Michael Burlingameによる2000ページの伝記でも，リンカンの幼少年期の記述は50ページに満たない. Burlingame, *Abraham Lincoln: A Life* (2 vols.; Baltimore, 2008).

（2） Marion B. Lucas, *A History of Blacks in Kentucky*, vol. 1: *From Slavery to Segregation, 1760-1891* (Frankfort, Ky., 1992), xv-xx, 2-3; Elizabeth Fox-Genovese and Eugene D. Genovese, *Slavery in White and Black: Class and Race in the Southern Slaveholders' New World Order* (New York, 2008), 7; Michael Burlingame, *The Inner World of Abraham Lincoln* (Urbana, Ill., 1994), 21; Richard L. Miller, *Lincoln and His World: The Early Years, Birth to Illinois Legislature* (Mechanicsburg, Pa., 2006), 17-29. 深南部Lower South，上南部Upper South，南部境界州Border Southの違いについては，以下を参照のこと. William W. Freehling, *The Road to Disunion: Secessionists Triumphant, 1854-1861* (New York, 2007), 2-3.

（3） Lowell H. Harrison, *The Antislavery Movement in Kentucky* (Lexington, Ky., 1978), 20-25; James F. Hopkins, ed., *Papers of Henry Clay* (10 vols.; Lexington, Ky., 1959-91), 1: 5-7; J. Blaine Hudson, "In Pursuit of Freedom: Slave Law and Emancipation in Louisville and Jefferson County, Kentucky," *Filson History Quarterly*, 76 (Summer 2002), 290-92; Kenneth J. Winkle, "'Paradox Though it may Seem': Lincoln on Antislavery, Race, and Union, 1837-1860," in Brian Dirck, ed., *Lincoln Emancipated: The President and the Politics of Race* (DeKalb, Ill., 2007), 10.

（4） Stephen Aron, *How the West Was Lost: The Transformation of Kentucky from Daniel Boone to Henry Clay* (Baltimore, 1996), 99-100; Monica Najar, "'Meddling with Emancipation': Baptists, Authority, and the Rift over Emancipation in the Upper South," *Journal of the Early Republic*, 25 (Summer 2005), 157-87; Louis Warren, *Lincoln's Youth: Indiana Years* (New York, 1959), 13; Miller, *Lincoln and His World: Early Years*, 27; Ronald C. White Jr., A. *Lincoln: A Biography* (New York, 2009), 18.

（5） *CW*, 4: 62; Thomas Cooper, *Some Information Respecting America* (London, 1794), 25; Kenneth J. Winkle, *The Young Eagle: The Rise of Abraham Lincoln* (Dallas, 2001), 11; Andrew R. L. Cayton, *Frontier Indiana* (Bloomington, Ind., 1996), 261-67.

（6） Jeremy Adelman and Stephen Aron, "From Borderlands to Borders: Empires, Nation-States, and the Peoples in Between in North American History," *American Historical Review*, 104 (June 1999), 814-23; Nicole Etcheson, *The Emerging Midwest: Upland

Southerners and the Political Culture of the Old Northwest, 1787-1861 (Bloomington, Ind., 1996), 4-5; William N. Parker, "From Northwest to Midwest: Social Bases of a Regional History," in David C. Klingaman and Richard K. Vedder, eds., *Essays in Nineteenth Century Economic History: The Old Northwest* (Athens, Ohio, 1975), 23; J. L. Balen to Justin S. Morrill, March 11, 1859, Justin S. Morrill Papers, LC.

(7) James E. Davis, *Frontier Illinois* (Bloomington, Ind., 1998), 157; *National Era*, August 19, 1847; *CW*, 3: 135.

(8) Richard Yates and Catherine Yates Pickering, *Richard Yates: Civil War Governor* (Danville, Ill., 1966), 107; John Mack Faragher, *Sugar Creek: Life on the Illinois Prairie* (New Haven, 1986), 46-48; Etcheson, *Emerging Midwest*, 67.

(9) Cayton, *Frontier Indiana*, 189-90; John C. Hammond, *Slavery, Freedom, and Expansion in the Early American West* (Charlottesville, 2007), 97-103, 116-21.

(10) Paul Simon, *Lincoln's Preparation for Greatness* (Norman, Okla., 1965), 121; Paul Finkelman, "Evading the Ordinance: The Persistence of Bondage in Indiana and Illinois," *Journal of the Early Republic*, 9 (Spring 1989), 35-48; Arvah E. Strickland, "The Illinois Background of Lincoln's Attitude toward Slavery and the Negro," *JISHS*, 56 (Autumn 1963), 476.

(11) Davis, *Frontier Illinois*, 167-68; Suzanne C. Guasco, "'The Deadly Influence of Negro Capitalists': Southern Yeomen and Resistance to the Expansion of Slavery in Illinois," *CWH*, 47 (March 2001), 7-11; *CW*, 3: 455-57.

(12) Paul M. Angle, ed., *Prairie State: Impressions of Illinois, 1673-1967, by Travelers and Other Observers* (Chicago, 1968), 81; N. Dwight Harris, *The History of Negro Servitude in Illinois* (Chicago, 1904), 48-52, 226-27; Simon, *Lincoln's Preparation*, 124-25.

(13) Merton L. Dillon, "The Antislavery Movement in Illinois, 1809-1844" (unpub. diss., University of Michigan, 1951), 124; Harris, *History of Negro Servitude*, 229, 235; Elmer Gertz, "The Black Codes of Illinois," *JISHS*, 56 (Autumn 1963), 454-73; "Notes on Illinois: Laws," *Illinois Monthly Magazine* (March 1832), 244; *Liberator*, April 3, 1840.

(14) Winkle, *Young Eagle*, 50.

(15) 商業革命とその影響については，以下を参照のこと． Charles Sellers, *The Market Revolution: Jacksonian America, 1815-1846* (New York, 1991); and Melvin Stokes and Stephen Conway, eds., *The Market Revolution in America: Social, Political, and Religious Expressions, 1800-1880* (Charlottesville, 1996).

(16) Burlingame, *Abraham Lincoln: A Life*, 1: 43-44, 56-57.

(17) Thomas C. Buchanan, *Black Life on the Mississippi: Slaves, Free Blacks, and the*

Western Steamboal World (Chapel Hill, 2004); *CW*, 4: 62.

(18) Albert A. Fossier, *New Orleans: The Glamour Period, 1800-1840* (New Orleans, 1957); Joseph G. Tregle Jr., "Early New Orleans Society: A Reappraisal," *JSH*, 18 (February 1952), 20-36; J. P. Mayer, ed., *Journey to America*, trans. George Lawrence (New Haven, 1959), 164-65; Richard C. Wade, *Slavery in the Cities: The South, 1820-1860* (New York, 1964), 150.

(19) Miller, *Lincoln and His World: Early Years*, 81-82; Wade, *Slavery in the Cities*, 5-6, 199-201; Walter Johnson, *Soul by Soul: Life inside the Antebellum Slave Market* (Cambridge, Mass., 1999).

(20) Douglas L. Wilson and Rodney O. Davis, eds., *Herndon's Informants* (Urbana, Ill., 1998), 457; Miller, *Lincoln and His World: Early Years*, 104-5; *CW*, 4: 64. さらに，ハンクスは後にこう主張した．リンカンはニューオリンズの奴隷取引所を見て，「壊せるものなら，こいつをぶっ壊してやりたい」と叫んだ，と． Don E. Fehrenbacher と Virginia Fehrenbacher はリンカンが言ったとされる数多くの発言を分析したが，彼らはまず間違いなくリンカンがこの発言をしなかったとしている． Don E. Fehrenbacher and Virginia Fehrenbacher, eds., *Recollected Words of Abraham Lincoln* (Stanford, 1996), 198. アレン・ジェントリーの孫はこう主張した．彼の祖母，つまりアレンの妻はリンカンがニューオリンズの奴隷取引所を「恥ずべきもの」だと評したと語っていた，と．だが，この孫へのインタビューは 1936 年に行われたのであり，リンカンがその発言をしたとされる時から 100 年以上も後のことであった． Burlingame, *Abraham Lincoln: A Life*, 1: 44.

(21) *BD*, 1: 138-39.

(22) David Herbert Donald, "We Are Lincoln Men": *Abraham Lincoln and His Friends* (New York, 2003), 29, 44-47, 55; *CW*, 2: 320.

(23) Joseph A. Harder, "The Lincoln-Douglass 'Debate': Abraham Lincoln, Frederick Douglass and the Rediscovery of America" (unpub. diss., University of Virginia, 2004), 27-28; *CW*, 1: 260-61.

(24) Miller, *Lincoln and His World: Early Years*, 198, 231; Lucas, *History of Blacks in Kentucky*, 1: 89; Catherine Clinton, *Mrs. Lincoln: A Life* (New York, 2009), 15-17.

(25) Richard E. Hart, "Springfield's African-Americans as a Part of the Lincoln Community," *JALA*, 20 (Winter 1999), 40-42; Stephen Berry, *House of Abraham: Lincoln and the Todds, a Family Divided by War* (Boston, 2007), xii-xiii, 40; William H. Townsend, *Lincoln and His Wife's Home Town* (Indianapolis, 1929), 192.

(26) Berry, *House of Abraham*, x-xii, 41-42.

(27) Townsend, *Lincoln and His Wife's Home Town*, 95, 140-55, 214, 226, 243.

(28) 先に紹介したケンタッキー，イリノイ州法だけでなく，以下も参照のこと．Paul Finkelman, "Prelude to the Fourteenth Amendment: Black Legal Rights in the Antebellum North," *Rutgers Law Journal*, 17 (Spring and Summer 1986), 425.

(29) William Lee Miller, *Lincoln's Virtues: An Ethical Biography* (New York, 2002), 26-44.

(30) Alexis de Tocqueville, *Democracy in America*, ed. J. P. Mayer, trans. George Lawrence (New York, 1966), 627.〔松本礼二（訳），『アメリカのデモクラシー』，岩波文庫，2005, 2008 年〕

(31) Arthur Zilversmit, *The First Emancipation: The Abolition of Slavery in the North* (Chicago, 1967), 114-28; Stanley L. Engerman, "Emancipations in Comparative Perspective: A Long and Wide View," in Gert Oostine, ed., *Fifty Years Later: Antislavery, Capitalism and Modernity in the Dutch Orbit* (Pittsburgh, 1996), 227-29; Stanley L. Engerman, *Slavery, Emancipation and Freedom: Comparative Perspectives* (Baton Rouge, 2007), 4-5, 36-50; David Brion Davis, "The Emancipation Moment," in Gabor S. Boritt, ed., *Lincoln the War President* (New York, 1992), 75-79; *CW*, 6: 48-49.『ダグラスズ・マンスリー』に再掲された『ニューヨーク・コマーシャル・アドヴァタイザー』の記事は北部諸州の奴隷制を廃止した様々な法案を要約している．*Douglass' Monthly* (April 1862), 636-37.

(32) Eric Foner, *The Story of American Freedom* (New York, 1998), 40-41〔横山良，竹田有，常松洋，肥後本芳男（訳），『アメリカ　自由の物語　上下』，岩波書店，2008 年〕; Winthrop D. Jordan, *White over Black: American Altitudes toward the Negro, 1550-1812* (Chapel Hill, 1968), 354; Leonard P. Curry, *The Free Black in Urban America, 1800-1850* (Chicago, 1981), 260; Leon F. Litwack, *North of Slavery: The Negro in the Free States, 1790-1860* (Chicago, 1961), 31-54, 74-93; David W. Blight, *Frederick Douglass' Civil War: Keeping Faith in Jubilee* (Baton Rouge, 1989), 13.

(33) Philip S. Foner, *Business and Slavery: The New York Merchants and the Irrepressible Conflict* (Chapel Hill, 1941); Steven Deyle, *Carry Me Back: The Domestic Slave Trade in American Life* (New York, 2005); James L. Huston, "Property Rights in Slavery and the Coming of the Civil War," *JSH*, 65 (May 1999), 254.

(34) Betty L. Fladeland, "Compensated Emancipation: A Rejected Alternative," *JSH*, 42 (May 1976), 171-76; Robert P. Forbes, *The Missouri Compromise and Its Aftermath: Slavery and the Meaning of America* (Chapel Hill, 2007), 170.

(35) *Harper's Weekly*, April 5, 1862; Forbes, *Missouri Compromise*, 28, 219, 251; David Brion Davis, "Reconsidering the Colonization Movement: Leonard Bacon and the Problem of Evil," *Intellectual History Newsletter*, 14 (1992), 3-4.

(36) Philip S. Foner, ed., *The Life and Writings of Frederick Douglass* (5 vols.; New York,

1950-75), 1: 390; Merrill D. Peterson, ed., *Thomas Jefferson: Writings* (New York, 1984), 1484-87.

(37) Isaac V. Brown, *Biography of the Rev. Robert Finley* (2nd ed.; Philadelphia, 1857), 103-15; Douglas R. Edgerton, "Averting a Crisis: The Proslavery Critique of the American Colonization Society," *CWH*, 43 (June 1997), 143-47; Daniel W. Howe, *The Political Culture of the American Whigs* (Chicago, 1979), 136.

(38) Robert V. Remini, *Henry Clay: Statesman for the Union* (New York, 1991), 491-92, 508, 617-18, 772-73; Hopkins, *Papers of Henry Clay*, 8: 483; 9: 256-57, 779-80; 10: 356, 844-46; Harold D. Tallant, *Evil Necessity: Slavery and Political Culture in Antebellum Kentucky* (Lexington, Ky., 2003), 49; Edgerton, "Averting a Crisis," 147.

(39) Schuyler Colfax to William H. Seward, April 27, 1850, William H. Seward Papers, Rush Rhees Library, University of Rochester; *CW*, 2: 79; 3: 29; Remini, *Henry Clay*, 8n.; Hopkins, *Papers of Henry Clay*, 10: 844-46.

(40) Dixon D. Bruce Jr., "National Identity and African-American Colonization, 1773-1817," *Historian*, 58 (Autumn 1995), 15-28; Floyd J. Miller, *The Search for a Black Nationality: Black Emigration and Colonization, 1787-1863* (Urbana, Ill., 1975), 25-29, 49-50; Leonard I. Sweet, *Black Images of America, 1784-1870* (New York, 1976), 39-43.

(41) William Lloyd Garrison, *Thoughts on African Colonization* (Boston, 1832), 5; *Proceedings of the American Anti-Slavery Society at Its Third Decade* (New York, 1864), 19-20; Manisha Sinha, "Black Abolitionism: The Assault on Southern Slavery and the Struggle for Equal Rights," in Ira Berlin and Leslie Harris, eds., *Slavery in New York* (New York, 2005), 243; Hopkins, *Papers of Henry Clay*, 8: 773, 793.

(42) Robert Cover, *Justice Accused: Antislavery and the Judicial Process* (New Haven, 1975), 44-45; Wendell Phillips, *Speeches, Lectures, and Letters* (Boston, 1863), 110; Patrick Rael, *Black Identity and Black Protest in the Antebellum North* (Chapel Hill, 2002), 47.

(43) Paul Starr, *The Creation of the Media* (New York, 2004), 86-88; Richard S. Newman, *The Transformation of American Abolitionism: Fighting Slavery in the Early Republic* (Chapel Hill, 2002), 131-32, 158-59.

(44) Newman, *Transformation*, 6; Merrill D. Peterson, *The Jeffersonian Image in the American Mind* (New York, 1960), 172-73; *Liberator*, January 1, 1831; Zebina Eastman, "History of the Anti-Slavery Agitation, and the Growth of the Liberty and Republican Parties in the State of Illinois," in Rufus Blanchard, *Discovery and Conquests of the Northwest, with the History of Chicago* (Wheaton, 111., 1879) 663-65; C. Peter Ripley et al., eds., *The Black Abolitionist Papers* (5 vols.; Chapel Hill, 1985-93), 3: 191.

(45) Larry Cephair, ed., *The Public Years of Sarah and Angelina Grimké: Selected Writings,*

1835-1839 (New York, 1989), 194-95; William E. Nelson, *The Roots of American Bureaucracy, 1830-1900* (Cambridge, Mass., 1982), 51; Jacobus tenBroek, *The Antislavery Origins of the Fourteenth Amendment* (Berkeley, 1951), 71-90; Lydia Maria Child, *An Appeal in Favor of That Class of Americans Called Africans* (Boston, 1833).

(46) Newman, *Transformation*, 120; Foner, *Life and Writings of Frederick Douglass*, 4: 167-68; Paul Goodman, *Of One Blood: Abolitionism and the Origins of Racial Equality* (Berkeley, 1998), 1, 57-62; *Colored American* (New York), May 9, 1840.

(47) Sean Wilentz, *The Rise of American Democracy: Jefferson to Lincoln* (New York, 2005), 423-32; Leonard P. Richards, *"Gentlemen of Property and Standing": Anti-Abolition Mobs in Jacksonian America* (New York, 1970), 12-14.

(48) Randolph A. Roth, *The Democratic Dilemma: Religion, Reform, and the Social Order in the Connecticut River Valley of Vermont, 1791-1850* (New York, 1987), 180; Richards, *"Gentlemen"* 27-36; Hopkins, *Papers of Henry Clay*, 9: 81, 278-82.

(49) Dillon, "Antislavery Movement," 132-44; Winkle, "Paradox," 14-15; Willard L. King, *Lincoln's Manager: David Davis* (Cambridge, Mass., 1960), 51; Charles N. Zucker, "The Free Negro Question; Race Relations in Antebellum Illinois, 1801-1860" (unpub. diss., Northwestern University, 1972), 191, 319.

(50) *Liberator*, August 4, 1837; Dillon, "Antislavery Movement," 176-89; Wilentz, *Rise*, 486; Edward Magdol, *Owen Lovejoy: Abolitionist in Congress* (New Brunswick, N.J., 1967), 11.

(51) Richard L. Miller, *Lincoln and His World: Prairie Politician, 1834-1842* (Mechanicsburg, Pa., 2008), 204-5; *Proceedings of the Ill. Anti-Slavery Convention: Held at Upper Alton on the Twenty-sixth, Twenty-seventh, and Twenty-eighth October, 1837* (Alton, 1838), 1-11.

(52) *Proceedings of the Ill. Anti-Slavery Convention*, 14-22; Dillon, "Antislavery Movement," 294-95; Dana E. Weiner, "Racial Radicals: Antislavery Activism in the Old Northwest" (unpub. diss., Northwestern University, 2007), 319-20, 338-39.

(53) James B. Stewart, "The Emergence of Racial Modernity and the Rise of the White North, 1790-1840," *Journal of the Early Republic*, 18 (Summer 1998), 197-201; Harris, *History of Negro Servitude*, 62-67, 97; *Chicago Tribune*, June 12, 1874; Winkle, *Young Eagle*, 257; Michael K. Curtis, "The 1837 Killing of Elijah Lovejoy by an Anti-Abolition Mob: Free Speech, Mobs, Republican Government, and the Privileges of American Citizens," *UCLA Law Review*, 44 (April 1997), 1009-11, 1046-50.

(54) Zucker, "Free Negro Question," 270-77; Weiner, "Racial Radicals," 129-31; Dana E. Weiner, "Anti-Abolition Violence and Freedom of Speech in Peoria, Illinois, 1843-

1848," *JIH*, 11 (Autumn 2008), 179-81; *Liberator*, May 26, 1843.

(55) Orville H. Browning to Isaac N. Arnold, November 25, 1872, Isaac N. Arnold Papers, Chicago History Museum.

(56) *African Repository and Colonial Journal*, 13 (April 1837), 109; *Journal of the Senate of the Tenth General Assembly of the State of Illinois* (Vandalia, [1837]), 195-98; *Journal of the House of Representatives of the Tenth General Assembly of the State of Illinois* (Vandalia, [1837]), 238-44.

(57) *CW*, 1: 74-75.

(58) *CW*, 4: 65; *CG*, 36th Congress, 2nd Session, appendix, 248.

(59) *Chicago Press and Tribune*, June 5, 1860; *Journal of the House of Representatives*, 238; Burlingame, *Abraham Lincoln: A Life*, 1: 122-27; Wilson and Davis, eds., *Herndon's Lincoln*, 119. David Donaldはこの抗議書を「ほとんど影響を及ぼさないよう計算された異議」だと評しているが，この言い方は不当であろう． Donald, *Lincoln*, 63.

(60) Davis, *Frontier Illinois*, 243; *CW*, 1: 108-15; Dorothy Ross, "Lincoln and the Ethics of Emancipation: Universalism, Nationalism, Exceptionalism," *JAH*, 96 (September 2009), 387; Michael Feldberg, *The Turbulent Era: Riot and. Disorder in Jacksonian America* (New York, 1980), 3-4; Miller, *Lincoln and His World: Prairie Politician*, 210-11.

(61) 以下を例に挙げておく． George B. Forgie, *Patricide in the House Divided: A Psychological Interpretation of Lincoln and His Age* (New York, 1979); Donald, *Lincoln*, 81-82; Richard Striner, *Father Abraham: Lincoln's Relentless Struggle to End Slavery* (New York, 2006), 30; and William E. Gienapp, *Abraham Lincoln and Civil War America* (New York, 2002), 31-32. 未来の専制君主になってはならないというリンカンの警告はダグラスにあてたものだった，と Burlingameは述べている． Burlingame, *Abraham Lincoln: A Life*, 1: 140.

(62) John Ashworth, *"Agrarians" and "Aristocrats": Party Political Ideology in the United States, 1857-1846* (London, 1983), 59-61.

(63) *CW*, 1: 109-13; Neil Schmitz, "Murdered McIntosh, Murdered Lovejoy: Abraham Lincoln and the Problem of Jacksonian Address," *Arizona Quarterly*, 44 (Autumn 1988), 26.

(64) Michael K. Curtis, *Free Speech, "The People's Darling Privilege": Struggles for Freedom of Expression in American History* (Durham, 2000), 10-13, 185-87, 260-61; Major L. Wilson, "Lincoln and Van Buren in the Steps of the Fathers: Another Look at the Lyceum Address," *CWH*, 29 (September 1983), 197.

(65) Faragher, *Sugar Creek*, 152; Winkle, *Young Eagle*, 274-85; *CW*, 6: 487.

(66) *CW*, 1: 271-79.

(67) Gabor S. Boritt, *Lincoln and the Economics of the American Dream* (Memphis, 1978), 97-98; *CW*, 3: 5-6, 16.

(68) *CW*, 1: 279.

(69) *Journal of the House of Representatives of the Ninth General Assembly of the State of Illinois* (Vandalia, 1836), 236.

(70) Burlingame, *Abraham Lincoln: A Life*, 1: 109-10, 154-55; Miller, *Lincoln and His World: Prairie Politician*, 53-54, 77; King, *Lincoln's Manager*, 38; Zucker, "Free Negro Question," 181-83; *The Votes and Speeches of Martin Van Buren, on the Subjects of the Right of Suffrage ...* (New York, 1840).

第2章◆「常にホイッグ党員」

(1) *CW*, 1: 180, 201-5, 315; 3: 511-12; Joel Silbey, "'Always a Whig in Polities': The Partisan Life of Abraham Lincoln," *Papers of the Abraham Lincoln Association*, 8 (1986), 21-24; Michael Burlingame, "Lincoln Spins the Press," in Charles M. Hubbard, ed., *Lincoln Reshapes the Presidency* (Macon, Ga., 2003), 65; Harry E. Pratt, ed., *Illinois as Lincoln Knew It* (Springfield, Ill., 1938), 33.

(2) Donald W. Riddle, *Lincoln Runs for Congress* (New Brunswick, N.J., 1948), 36-38; Douglas L. Wilson and Rodney O. Davis, eds., *Herndon's Informants* (Urbana, Ill., 1998), 480; Michael F. Holt, *The Rise and Fall of the American Whig Party* (New York, 1999), 214-15.

(3) Daniel W. Howe, "Why Abraham Lincoln Was a Whig," *JALA*, 16 (Winter 1995), 27-38; Kenneth J. Winkle, *The Young Eagle: The Rise of Abraham Lincoln* (Dallas, 2001), 186-88, 247.

(4) Daniel W. Howe, *The Political Culture of the American Whigs* (Chicago, 1979); John Ashworth, *Slavery, Capitalism, and Politics in the Antebellum Republic* (2 vols.; New York, 1995-2007), 1: 315-23.

(5) Calvin Colton, *Labor and Capital* (New York, 1844), 36; John Ashworth, *"Agrarians" and "Aristocrats": Party Political Ideology in the United States, 1837-1846* (London, 1983), 62-71; Thomas Brown, *Politics and Statesmanship: Essays on the American Whig Party* (New York, 1985), 48, 120, 179; Eric Foner, *Free Soil, Free Labor, Free Men: The Ideology of the Republican Party before the Civil War* (New York, 1995 ed.), xx-xxi; Howe, *Political Culture*, 131.

(6) Eric Foner, *The Story of American Freedom* (New York, 1998), 54-55; Robert W.

Johannsen, ed., *The Letters of Stephen A. Douglas* (Urbana, Ill., 1961), 42-44.

(7) Mark Noll, "Lincoln's God," *Journal of Presbyterian History*, 82 (Summer 2004), 79-80; Richard Carwardine, *Lincoln* (London, 2003), 30-36; Allen C. Guelzo, "A. Lincoln, Philosopher: Lincoln's Place in Nineteenth-Century Intellectual History," in Joseph R. Fornieri and Sara V. Gabbard, eds., *Lincoln's America, 1809-1865* (Carbondale, Ill., 2008), 75-86; Wilson and Davis, *Herndon's Informants*, 13, 61, 472; *CW*, 1: 382. Philip Ostergard はリンカンの手紙や演説における聖書への言及全てをリストにしている．リンカンは聖書に大変詳しかったにちがいない．Philip L. Ostergard, *The Inspired Wisdom of Abraham Lincoln* (Carol Stream, Ill., 2008).

(8) Darrel E. Bigham, *Towns and Villages of the Lower Ohio* (Lexington, Ky., 1998), 27-40; William E. Bartelt, *"There I Grew Up": Remembering Abraham Lincoln's Indiana Youth* (Indianapolis, 2008), 34; Winkle, *Young Eagle*, 12-18; Wilson and Davis, *Herndon's Informants*, 27, 39, 93; *CG*, 37th Congress, 2nd Session, 3338; Don E. Fehrenbacher and Virginia Fehrenbacher, eds., *Recollected Words of Abraham Lincoln* (Stanford, 1996), 383. Fehrenbacher 夫妻はリンカンが自分を奴隷に喩えたといううわさを疑わしく思っている．一方，Michael Burlingame はその喩えがリンカンの奴隷制反対論の原動力になったと考えている． Michael Burlingame, *Abraham Lincoln: A Life* (2 vols.; Baltimore, 2008), 1: 42.

(9) Robert Mazrim, *The Sangamo Frontier: History and Archaeology in the Shadow of Lincoln* (Chicago, 2007), 116-19, 305; Winkle, *Young Eagle*, 43-54, 77, 99, 156-59; Benjamin P. Thomas, *Lincoln's New Salem* (Springfield, Ill., 1954), 6-37; Paul M. Angle, *"Here I Have Lived": A History of Lincoln's Springfield, 1821-1865* (New Brunswick, N.J., 1935), 23-35, 154-58; Pratt, *Illinois as Lincoln Knew It*, 79; James E. Davis, *Frontier Illinois* (Bloomington, Ind., 1998), 198-207.

(10) Fehrenbacher and Fehrenbacher, *Recollected Words*, 395-96; Jean H. Baker, "Coming of Age in New Salem and Springfield: Lincoln Goes to Town," in Timothy P. Townsend, ed., *Papers from the Thirteenth and Fourteenth Annual Lincoln Colloquia* (Springfield, Ill., n.d.), 142-51; William Cronon et al., "Becoming West: Toward a New Meaning for Western History," in William Cronon et al., eds., *Under an Open Sky: Rethinking America's Western Past* (New York, 1992), 12-23; Scott A. Sandage, *Born Losers: A History of Failure in America* (Cambridge, Mass., 2005), 156-58.

(11) William Lee Miller, *Lincoln's Virtues: An Ethical Biography* (New York, 2002), 60-61; *CW*, 2: 15-16, 96-97; 4: 61; John L. Scripps, *Life of Abraham Lincoln*, eds. Roy P. Basler and Lloyd A. Dunlap (New York, 1968), 26.

(12) Emanuel Hertz, *The Hidden Lincoln* (New York, 1938), 117; Paul K. Conkin,

Prophets of Prosperity: America's First Political Economists (Bloomington, Ind., 1980), 116-23; Francis Wayland, *The Elements of Political Economy* (2nd ed.; New York, 1838), 7, 105-6, 110-22, 417; *CW*, 2: 32; 3: 361, 472-80.

(13) Kenneth J. Winkle, "The Middle-Class Marriage of Abraham and Mary Lincoln," in Fornieri and Gabbard, *Lincoln's America*, 94-114; *CW*, 4: 65; 2: 220-21; David Herbert Donald, *"We Are Lincoln Men": Abraham Lincoln and His Friends* (New York, 2003), 24-26; Thomas, *Lincoln's New Salem*, 88-110; Burlingame, *Abraham Lincoln: A Life*, 1: 78; Matthew W. Backes, "The Father and the Middle Class: Paternal Authority, Filial Independence, and the Transformation of American Culture, 1800-1850" (unpub. diss., Columbia University, 2005), 1-14.

(14) Silbey, "Always a Whig," 28-29; Ashworth, *"Agrarians,"* 52-57, 117, 163-64; Sean Wilentz, *The Rise of American Democracy: Jefferson to Lincoln* (New York, 2005), 503-6.

(15) *CW*, 1: 48. David Donald はリンカンの伝記作家のほとんどとは違って，こう考えている．リンカンがここに女性を含めたのは冗談にすぎず，彼が納税を投票資格に含めたのは，財産を持たないアイルランド生まれの運河労働者を選挙から排除するためだった．なぜなら，彼らは民主党に投票することが多かったからだ，と．David Herbert Donald, *Lincoln* (New York, 1995), 59. Burlingame はリンカンが「フェミニストのはしり」だったとしているが，むろん，これは誇張しすぎである．Burlingame, *Abraham Lincoln: A Life*, 1: 104. 1818 年のイリノイ州憲法は，納税や財産の有無を投票資格に定めていなかったが，投票は白人男性にしか認められなかった．Alexander Keyssar, *The Right to Vote: The Contested History of Democracy in the United States* (New York, 2000), appendix A.

(16) *CW*, 1: 1-8; 3: 511.

(17) Michael Burlingame, ed., *An Oral History of Abraham Lincoln: John G. Nicolay's Interviews and Essays* (Carbondale, Ill., 1996), 30-31; Wilson and Davis, *Herndon's Informants*, 476; Johannsen, *Letters of Stephen A. Douglas*, 68; Paul Simon, *Lincoln's Preparation for Greatness* (Norman, Okla., 1965), 48-53, 147-56, 184-86; Gabor S. Boritt, *Lincoln and the Economics of the American Dream* (Memphis, 1978), 25-26; *CW*, 1: 200-1.

(18) Robert G. Gunderson, *The Log-Cabin Campaign* (Lexington, Ky., 1957), 109: George W. Julian, *Political Recollections, 1840 to 1872* (Chicago, 1884), 11-13: Boritt, *Lincoln and Economics*, 63-72; Richard L. Miller, *Lincoln and His World: Prairie Politician, 1834-1842* (Mechanicsburg, Pa., 2008), 342.

(19) *CW*, 1: 307-11, 329, 334, 381-82; 3: 487.

(20) Thomas Corwin to John McLean, September 8, 1845, John McLean Papers, LC;

Theodore C. Pease, ed., *Illinois Election Returns, 1818-1848* (Springfield, Ill., 1923), 117, 149; Vernon L. Volpe, *Forlorn Hope of Freedom: The Liberty Party in the Old Northwest, 1838-1848* (Kent, Ohio, 1990), 64-69; Reinhard O. Johnson, *The Liberty Party, 1840-1848: Antislavery Third-Party Politics in the United States* (Baton Rouge, 2009), 197-201.

(21) Pease, *Illinois Election Returns*, 149; *CW*, 1: 347-48.

(22) Mark E. Brandon, *Free in the World: American Slavery and Constitutional Failure* (Princeton, 1998), 52-57; Lysander Spooner, *The Unconstitutionality of Slavery* (Boston, 1845), 36.

(23) *Cincinnati Gazette*, March 26, 1860; George W. Julian, *The Life of Joshua R. Giddings* (Chicago, 1892), 118-19, 134, 417-23; *The Works of Charles Sumner* (15 vols.; Boston, 1870-83), 2: 288; *CP*, 2: 79-80, 87-88; Foner, *Free Soil*, 73-87.

(24) T. K. Hunter, "Transatlantic Negotiations: Lord Mansfield, Liberty and Somerset," *Texas Wesleyan Law Review*, 13 (Symposium 2007), 711-27; Mark S. Weiner, *Black Trials: Citizenship from the Beginnings of Slavery to the End of Caste* (New York, 2004), 84-86; Douglas R. Egerton, *Death or Liberty: African Americans and Revolutionary America* (New York, 2009), 52-55.

(25) John Niven, *Salmon P. Chase: A Biography* (New York, 1995), 51-54; *CP*, 1: xxi-xxiii; *Law Reporter* (Boston), 9 (April 1847), 553.

(26) Leonard W. Levy, *The Law of the Commonwealth and Chief Justice Shaw* (Cambridge, Mass., 1957), 58-71; Paul Finkelman, *An Imperfect Union: Slavery, Federalism, and Comity* (Chapel Hill, 1981), 43-127.

(27) Newton N. Newbern, "Judicial Decision Making and the End of Slavery in Illinois," *JISHS*, 98 (Spring-Summer 2005), 7-11; Finkelman, *Imperfect Union*, 97-99; Horace White, *The Life of Lyman Trumbull* (Boston, 1913), 28-29.

(28) N. Dwight Harris, *The History of Negro Servitude in Illinois* (Chicago, 1904), 122-23; *BD*, 1: xvi; *Chicago Daily Tribune*, August 5, 1857; Martha L. Brenner and Cullom Davis, eds., *The Law Practice of Abraham Lincoln* (3 CDs; Urbana, Ill., 2000): *McElroy v. Clements* (1857), *Dickinson v. Canton* (1860); Mark M. Krug, *Lyman Trumbull, Conservative Radical* (New York, 1965), 57-68.

(29) *CW*, 3: 518; Brian Dirck, *Lincoln the Lawyer* (Urbana, Ill., 2007), 56-61, 106; Brenner and Davis, *Law Practice*. リンカンが扱った黒人関連の訴訟には，以下のものがあった. *Shelby v. Shelby* (1841), *Unknown v. Smith* (1845), *Flourville v. Stockdale et al.* (1849), *Flourville v. Allen et al.* (1853), *People v. Hill* (1854).

(30) Brenner and Davis, *Law Practice: Edwards et ux. v. Edwards et ux.* (1844), *Dungey v.*

Spencer (1855); Stacey P. McDermott, "'Black Bill' and the Privileges of Whiteness in Antebellum Illinois," *JIH*, 12 (Spring 2009), 2-26.

(31) Brenner and Davis, *Law Practice: People v. Pond* (1845), *People v. Kern* (1847), *People v. Scott* (1847).

(32) Carl Adams, "Lincoln's First Freed Slave: A Review of *Bailey v. Cromwell*, 1841," *JISHS*, 102 (Spring 2009), 235-59; Brenner and Davis, *Law Practice: Bailey v. Cromwell and McNaughton* (1841). リンカンがこの裁判で弁護するまでに，ジョン・トッド・スチュアートとの業務提携は解消されており，リンカンはスティーブン・T・ローガンの次席共同経営者の座に収まっていた．この裁判についてのほとんどの記述は当該女性を「ナンス」という名前でしか記録していなかったが，アダムズは彼女の姓まで特定している．

(33) Brenner and Davis, *Law Practice: In Re Bryant, et al.* (1847), *Matson for Use of Coles County Illinois v. Rutherford* (1847). この裁判の分析には，以下のものがある．Jesse W. Weik, "Lincoln and the Matson Negroes," *Arena*, 17 (April 1897), 752-58; Anton-Hermann Chroust, "Abraham Lincoln Argues a Pro-Slavery Case," *American Journal of Legal History*, 5 (October 1961), 299-308; and Mark E. Steiner, *An Honest Calling: The Law Practice of Abraham Lincoln* (DeKalb, Ill., 2006), 103-25.

(34) *North Star*, February 4, 1848.

(35) Weik, "Lincoln and the Matson Negroes," 755-58; Brenner and Davis, *Law Practice: In Re Bryant, et al.* (1847). 道徳と法に関する有意義な議論としては，以下を参照のこと．Steve Sheppard, *I Do Solemnly Swear: The Moral Obligations of Legal Officials* (New York, 2009).

(36) Michael Burlingame は弁護士の「イデオロギー的中立性」を持ち出して，マットソン裁判におけるリンカンの振る舞いを擁護している．Burlingame, *Abraham Lincoln: A Life*, 1: 253. Dirck もリンカンのマットソン弁護を擁護している．Dirck, *Lincoln the Lawyer*, 147-49.

(37) Donald, *Lincoln*, 133-35.

(38) Robert V. Remini, *Henry Clay: Statesman for the Union* (New York, 1991), 692-93; James F. Hopkins, ed., *Papers of Henry Clay* (10 vols.; Lexington, Ky., 1959-91), 10: 361-73.

(39) John S. Wright, *Lincoln and the Politics of Slavery* (Reno, 1970), 18-19; *CG*, 30th Congress, 1st Session, 391; *CW*, 2: 252.

(40) *CG*, 30th Congress, 2nd Session, appendix, 79-80.

(41) Holt, *Rise and Fall*, 285-308.

(42) Wright, *Lincoln and the Politics of Slavery*, 23; *CW*, 1: 381-82; *CG*, 30th Congress,

1st Session, 523. アシュマン決議案の投票は賛成 85, 反対 81 と記録されたが, 実際の賛成者, 反対者一覧を見れば, 賛成が 82 票しかなかったことが分かる. *CG*, 30th Congress, 1st Session, 95.

（43）*CW*, 1: 433-41.

（44）*CW*, 1: 420-21; *Hudson River Chronicle* (Sing-Sing, N.Y.), August 15, 1848; *CG*, 30th Congress, 1st Session, 61-62, 175, 229; appendix, 156, 170.

（45）William C. Harris, *Lincoln's Rise to the Presidency* (Lawrence, Kans., 2007), 41; Herbert Mitgang, ed., *Abraham Lincoln: A Press Portrait* (Chicago, 1971), 57; Winkle, *Young Eagle*, 241-42; *CW*, 3: 6; 6: 300-305.

（46）*CW*, 1: 475; Julian, *Political Recollections*, 53-63; Foner, *Free Soil*, 124-25; Frederick W. Seward, *Seward at Washington* (2 vols.; New York, 1891), 1: 71.

（47）*CW*, 1: 505; 2: 3-9.

（48）Seward, *Seward at Washington*, 1: 79-80; George E. Baker, ed., *The Works of William H. Seward* (5 vols.; New York, 1853-84), 3: 287-88, 301; *CW*, 1: 454.

（49）Julian, *Life of Joshua R. Giddings*, 246; James B. Stewart, *Joshua R. Giddings and the Tactics of Radical Politics* (Cleveland, 1970), 88; Burlingame, *Abraham Lincoln: A Life*, 1: 284.

（50）Stewart, *Joshua R. Giddings*, 168-70; *CG*, 30th Congress, 2nd Session, 31, 38, 55, 83-84; appendix, 127; Julian, *Life of Joshua R. Giddings*, 259-61. リンカンは北部ホイッグ党員全員と足並みをそろえて, 奴隷制に反対する嘆願書の審議延期に反対した. 30th Congress, 1st Session, 60, 73, 82, 180.

（51）Joshua R. Giddings Diary, January 8 and 9, 1849, Joshua R. Giddings Papers, Ohio Historical Society; Paul H. Verdun, "Partners for Emancipation: New Light on Lincoln, Joshua Giddings, and the Push to End Slavery in the District of Columbia, 1848-49," in Townsend, *Papers*, 66-81.

（52）*CW*, 2: 20; *CG*, 30th Congress, 2nd Session, 210.

（53）Julian, *Life of Joshua R. Giddings*, 259-61; D. W. Bartlett, *Life and Public Services of Hon. Abraham Lincoln* (New York, 1860), 42; *CW*, 3: 39-40.

（54）Giddings Diary, January 11, 1849, Giddings Papers; *Liberator*, June 22, July 13, and August 24, 1860.

（55）*CW*, 2: 22.

（56）*CG*, 30th Congress, 2nd Session, 239, 302.

（57）*CG*, 30th Congress, 2nd Session, 123-24, 129, 177, 247, 303.

（58）William E. Gienapp, *Abraham Lincoln and Civil War America* (New York, 2002), 40-45; Carwardine, *Lincoln*, 22; *New York Tribune*, January 1, 1851; *CW*, 2: 126-32; 3:

424-25.

(59) William H. Townsend, *Lincoln and His Wife's Home Town* (Indianapolis, 1929), 222; Hopkins, *Papers of Henry Clay*, 10: 574-80; Carwardine, *Lincoln*, 21; *CW*, 2: 318.

(60) Winkle, *Young Eagle*, 290; Wright, *Lincoln and Politics of Slavery*, 47-48; *CW*, 2: 158; Wilentz, *Rise*, 684; Stephen L. Hansen, *The Making of the Third Party System: Voters and Parties in Illinois, 1850-1876* (Ann Arbor, 1980), 7-11.

(61) Holt, *Rise and Fall*, 754; Elihu B. Washburne to Zebina Eastman, February 3, 1874, Zebina Eastman Papers, Chicago History Museum.

第3章◆「おぞましき不正」

(1) Eric Foner, *Free Soil, Free Labor, Free Men: The Ideology of the Republican Party before the Civil War* (New York, 1970), 94.

(2) J. W. Taylor to Salmon P. Chase, February 7, 1854, Salmon P. Chase Papers, LC.

(3) Lewis E. Lehrman, *Lincoln at Peoria: The Turning Point* (Mechanicsburg, Pa., 2008), 37-38; Herbert Mitgang, ed., *Abraham Lincoln: A Press Portrait* (Chicago, 1971), 141-42.

(4) *CW*, 2: 514; Joseph F. Newton, *Lincoln and Herndon* (Cedar Rapids, 1910), 82-83.

(5) Michael Burlingame, *Abraham Lincoln: A Life* (2 vols.; Baltimore, 2008), 1: 370; Lehrman, *Lincoln at Peoria*, 33-44; *CW*, 2: 226-33; Douglas L. Wilson, *Lincoln's Sword: The Presidency and the Power of Words* (New York, 2006), 37.

(6) *CW*, 2: 247-81; Robert W. Johannsen, ed., *The Letters of Stephen A. Douglas* (Urbana, Ill. 1961). 284.

(7) Mitgang, *Abraham Lincoln: Press Portrait*, 71.

(8) *CW*, 4: 67; Jacques Barzun, *On Writing, Editing, and Publishing: Essays Explorative and Hortatory* (Chicago, 1971), 57-73; Douglas L. Wilson and Rodney O. Davis, eds., *Herndon's Informants* (Urbana, Ill., 1998), 508; Joseph Logsdon, *Horace White, Nineteenth Century Liberal* (Westport, Conn., 1971), 21-22.

(9) Ronald C. White, *A. Lincoln: A Biography* (New York, 2009), 198; *CW*, 2: 500; 4: 240-41.

(10) Richard Beeman, *Plain, Honest Men: The Making of the U. S. Constitution* (New York, 2009), 217-25.

(11) Robert Fanuzzi, *Abolition's Public Sphere* (Minneapolis, 2003), xvi, 7-12; Foner, *Free Soil*, 83-84; *CG*, 31st Congress, 1st Session, appendix, 469-71; Merrill D. Peterson, *The Jeffersonian Image in the American Mind* (New York, 1960), 199-203; *Speech of O. H. Browning, Delivered at the Republican Mass Meeting, Springfield, Ill., August 8,*

1860 (Quincy, 1860), 5-8; Patrick W. Riddleberger, *George Washington Julian: Radical Republican* (Indianapolis, 1966), 127; *CG*, 36th Congress, 1st Session, 731.

(12) John C. Hammond, *Slavery, Freedom, and Expansion in the Early American West* (Charlottesville, 2007), 1-7, 24-30; Peterson, *Jeffersonian Image*, 195, 216; Beeman, *Plain, Honest Men*, 213-15; John C. Miller, *The Wolf by the Ears: Thomas Jefferson and Slavery* (New York, 1977), 123, 143-45, 221-40; Lacy Ford, "Reconfiguring the Old South: 'Solving' the Problem of Slavery, 1787-1838," *JAH*, 95 (June 2008), 106; Merrill D. Peterson, ed., *Thomas Jefferson: Writings* (New York, 1984), 1343-46.

(13) *CW*, 2: 492, 514; James Oakes, *The Radical and the Republican: Frederick Douglass, Abraham Lincoln, and the Triumph of Antislavery Politics* (New York, 2007), 70-72; C. Peter Ripley et al., eds., *The Black Abolitionist Papers* (5 vols.; Chapel Hill, 1985-93), 5: 91.

(14) *CW*, 2: 499-501; 3: 404; Graham A. Peck, "Abraham Lincoln and the Triumph of an Antislavery Nationalism," *JALA*, 28 (Summer 2007), 2-6.

(15) *Douglass' Monthly*, 3 (June 1860), 274; *CW*, 2: 282; *New York Tribune*, March 17, 1854.

(16) Foner, *Free Soil*, 126-28, 237-39.

(17) Foner, *Free Soil*, 193-95; *Richmond Enquirer in Ohio State Journal*, April 19, 1854; Frederick W. Seward, *Seward at Washington* (2 vols.; New York, 1891), 1: 120; *New York Times*, May 29, 1854; *New York Tribune*, November 9, 1854.

(18) David Davis to Julius Rockwell, July 15, 1854, David Davis Papers, ALPLM; Paul Selby, "Republican State Convention, Springfield, Ill., October 4-5, 1854," *Transactions of the McLean County Historical Society*, 3 (1900), 43-47; William E. Gienapp, *The Origins of the Republican Party, 1852-1856* (New York, 1987), 84, 123-24; *CW*, 2: 288.

(19) *Chicago Democratic Press*, August 30, 1854; Gienapp, *Origins*, 125; Edward Magdol, *Owen Lovejoy: Abolitionist in Congress* (New Brunswick, N.J., 1967), 116-17.

(20) Don E. Fehrenbacher, *Prelude to Greatness: Lincoln in the 1850s* (Stanford, 1962), 37; Horace White to Abraham Lincoln, October 25, 1854, ALP.

(21) *CW*, 2: 288-92, 304; Thomas J. Henderson to Lincoln, December 11, 1854; Augustus Adams to Lincoln, December 17, 1854, 共に ALP 所収.

(22) Magdol, *Owen Lovejoy*, 118-20; Charles H. Ray to Elihu B. Washburne, December 24, 1854, Elihu B. Washburne Papers, LC; *CW*, 2: 293; Washburne to Lincoin, December 26, 1854, ALP; Washburne to Zebina Eastman, December 19, 1854, Zebina Eastman Papers, Chicago History Museum; William F. Moore and Jane Ann Moore, eds., *His Brother's Blood: Speeches and Writings, 1838-1864, Owen Lovejoy* (Urbana, Ill.,

2004), xiii.

(23) Roy F. Basler and Christian O. Basler, eds., *The Collected Works of Abraham Lincoln: Second Supplement, 1848-1865* (New Brunswick, N.J., 1990), 9-11; *CW*, 2: 304-6; Fehrenbacher, *Prelude*, 38.

(24) George T. Allen to Lyman Trumbull, January 19, 1856, LTP; *Frederick Douglass' Paper*, March 2, 1855. この時点で，（現在，インターネットで検索できるものに限れば）東部の奴隷制廃止論の新聞にリンカンの名前が掲載されることはほとんどなかった.

(25) Gienapp, *Origins*, 189-237, 286; *CW*, 2: 316-17; Lyman Trumbull to Owen Lovejoy, August 20, 1855, Dr. William Jayne Papers, ALPLM; Silas Ramsey to Trumbull, March 7, 1856, LTP.

(26) *CW*, 2: 322-23.

(27) *CW*, 1: 337-38; N. Levering, "Recollections of Abraham Lincoln," *Iowa Historical Record*, 12 (July 1896), 495-96.

(28) Gienapp, *Origins*, 239-40; Burlingame, *Abraham Lincoln: A Life*, 1: 411-12; Paul Selby, "The Editorial Convention of 1856," *JISHS*, 5 (July 1912), 343-46; George Schneider, "Lincoln and the Anti-Know-Nothing Resolutions," *Transactions of the McLean County Historical Society*, 3 (1900), 88-90; *Chicago Daily Tribune*, February 25, 1856.

(29) *Chicago Press and Tribune*, April 8, 1859; Stephen L. Hansen, *The Making of the Third Party System: Voters and Parties in Illinois, 1850-1876* (Ann Arbor, 1980), 78.

(30) Burlingame, *Abraham Lincoln: A Life*, 1: 417; Maurice Baxter, *Orville H. Browning: Lincoln's Friend and Critic* (Bloomington, Ind., 1957), 86; "Official Record of Convention," *Transactions of the McLean County Historical Society*, 3 (1900), 148-64; *Chicago Democratic Press*, May 31, 1856. Burlingameはこう指摘している．リンカンの演説は意図的に掲載されなかった．というのは，その原稿は完成しておらず，リンカンは注を基に演説したからだ，と．Burlingame, *Abraham Lincoln: A Life*, 1; 420.

(31) Joseph Medill to Lincoln, August 9, 1860, ALP; Magdol, *Owen Lovejoy*, 147; John S. Wright, *Lincoln and the Politics of Slavery* (Reno, 1970), 100.

(32) *Proceedings of the First Three Republican National Conventions* (Minneapolis, 1893), 7-20; Salmon P. Chase to George W. Julian, July 17, 1856, Giddings-Julian Papers, LC; Philip S. Foner, ed., *The Life and Writings of Frederick Douglass* (5 vols.; New York, 1950-75), 2: 392; George W. Julian, *The Life of Joshua R. Giddings* (Chicago, 1892), 335; George W. Julian, *Speeches on Political Questions* (New York, 1872), 146.

(33) *CW*, 2: 342; Nathaniel G. Wilcox to Lincoln, June 6, 1864, ALP; *Proceedings of the First Three Republican National Conventions*, 61-64.

(34) Richard Yates to Lyman Trumbull, August 3, 1856, LTP.

(35) *CW*, 2: 347-50, 358, 365, 367, 379, 413.

(36) Hansen, *Making of the Third Party System*, 83-85; *CG*, 35th Congress, 1st Session, 1346; William C. Harris, *Lincoln's Rise to the Presidency* (Lawrence, Kans., 2007), 80; Thomas J. McCormack, ed., *Memoirs of Gustave Koerner 1809-1896* (2 vols.; Cedar Rapids, 1909), 2: 22.

(37) Sean Wilentz, *The Rise of American Democracy: Jefferson to Lincoln* (New York, 2005), 720; Gienapp, *Origins*, 416.

(38) John Mack Faragher, *Sugar Creek: Life on the Illinois Prairie* (New Haven, 1986), 177-80, 221; Arthur C. Cole, *The Era of the Civil War, 1848-1870* (Springfield. Ill., 1919), 27, 75; Andrew R. L. Cayton and Peter S. Onuf, *The Midwest and the Nation* (Bloomington, Ind., 1990), 37-38; David C. Klingaman and Richard K. Vedder, eds., *Essays in Nineteenth Century Economic History: The Old Northwest* (Athens, Ohio, 1975), 25-28; *CW*, 2: 415. 陪審は判決を一致させることができず，この訴訟も再審されなかったので，リンカンの依頼人は損害を賠償する必要がなかった.

(39) Fehrenbacher, *Prelude*, 5-8; Olivier Frayssé, *Lincoln, Land, and Labor, 1809-60*, trans. Sylvia Neely (Urbana, Ill., 1994), 137; *New York Evening Post*, September 22, 1858.

(40) Foner, *Free Soil*, 103-48; *CG*, 30th Congress, 1st Session, appendix, 518-19; 34th Congress, 3rd Session, 11.

(41) Foner, *Free Soil*, 186-225.

(42) Elizabeth B. Clark, "'The Sacred Rights of the Weak': Pain, Sympathy, and the Culture of Individual Rights in Antebellum America," *JAH*, 82 (September 1995), 463-93; Philip S. Paludan, "Lincoln and Negro Slavery: I Haven't Got Time for the Pain," *JALA*, 27 (Summer 2006), 1-23; Julian, *Speeches*, 8; Magdol, *Owen Lovejoy*, 223; *CG*, 36th Congress, 1st Session, 202-6; *The Works of Charles Sumner* (15 vols.; Boston, 1870-83), 4: 11-13; *CW*, 2: 320; 4: 8.

(43) Richard Carwardine, *Lincoln* (London, 2003), 91, 269-72; Foner, *Free Soil*, 108-9; Joshua R. Giddings to Sidney Howard Gay, March 3, 1858, GP; *CG*, 36th Congress, 1st Session, appendix, 224; *CW*, 2: 255; 3: 334.

(44) Robert C. Winthrop Jr., *A Memoir of Robert C. Winthrop* (Boston, 1877), 188; Henry G. Pearson, *The Life of John A. Andrew* (2 vols.; Boston, 1904), 101-3; Foner, *Free Soil*, 41-44.

(45) *CW*, 2: 156, 320; Magdol, *Owen Lovejoy*, 125.

(46) *CW*, 2: 362, 494; 3: 313; 4: 10-11; *Speech of R. W. Thompson, Upon the Political Aspects of the Slavery Question* (Terre Haute, 1855), 6.

(47) David Herbert Donald, *"We Are Lincoln Men": Abraham Lincoln and His Friends* (New York, 2003), 79; Paul M. Angle, ed., *Herndon's Life of Lincoln* (New York, 1949), 294-95; Carl F. Wieck, *Lincoln's Search for Equality* (DeKalb, Ill., 2002), 18-22; Newton, *Lincoln and Herndon*, 51; Robert Bray, "What Abraham Lincoln Read——An Evaluative and Annotated List," *JALA*, 28 (Summer 2007), 50.

(48) Willard L. King, *Lincoln's Manager: David Davis* (Cambridge, Mass., 1960), 126-29; *CW*, 3: 355-56; Charles Francis Adams to Francis Bird, October 16, 1854, Letterbooks, Adams Family Papers, Massachusetts Historical Society.

(49) Burlingame, *Abraham Lincoln: A Life*, 1: 424, 456; Roy F. Basler, ed., *The Collected Works of Abraham Lincoln: First Supplement, 1832-1865* (New Brunswick, N.J., 1974), 27; King, *Lincoln's Manager*, 103, 155-56; Lew Wallace, *Lew Wallace: An Autobiography* (2 vols.; New York, 1906), 1: 73-76; Moore and Moore, *His Brother's Blood*, 129.

(50) *CW*, 2: 435-36, 458; Lincoln to Charles H. Ray, June 6, 1858, Papers of Abraham Lincoln (Papers of Abraham Lincoln というウェブサイトの New Document Discoveries というセクションで利用可.); Abraham Smith to Lincoln, May 31 and June 4, 1858; Ward Hill Lamon to Lincoln, June 9, 1858; Owen Lovejoy to Lincoln, August 4, 1858, 全て ALP 所収; Hans L. Trefousse, "Owen Lovejoy and Abraham Lincoln during the Civil War," *JALA*, 22 (Winter 2001), 15-32.

(51) *Chicago Daily Tribune*, July 15, 1858; *CW*, 2: 482.

(52) *CW*, 2: 385; 3: 423.

(53) Wendell Phillips, *Speeches, Lectures, and Letters* (Boston, 1863), 353; *Liberator*, June 8, 1860.

(54) Sarah F. Hughes, ed., *Letters (Supplementary) of John Murray Forbes* (3 vols.; Boston, 1905), 1: 167-78; Sarah F. Hughes, ed., *Letters and Recollections of John Murray Forbes* (2 vols.; Boston, 1899), 1: 153-55, 185.

第4章◆「真二つに裂けた家」

(1) Don E. Fehrenbacher, *The Dred Scott Case: Its Significance in American Law and Politics* (New York, 1978), 2-4, 324-49; Lea VanderVelde, *Mrs. Dred Scott: A Life on Slavery's Frontier* (New York, 2009), xiv; *CG*, 39th Congress, 1st Session, 75; J. R. Pole, *The Pursuit of Equality in American History* (2nd ed.; Berkeley, 1993), 182-84; Mark A. Graber, *Dred Scott and the Problem of Constitutional Evil* (New York, 2006), 57-59.

(2) *New York Times*, March 7, 1857; Eric Foner and Olivia Mahoney, *A House Divided: America in the Age of Lincoln* (New York, 1990), 60.

(3) Michael Vorenberg, "Abraham Lincoln's 'Fellow Citizens'——Before and After Emancipation," in William A. Blair and Karen F. Younger, eds., *Lincoln's Proclamation: Emancipation Reconsidered* (Chapel Hill, 2009), 151-52; Fehrenbacher, *Dred Scott*, 64-70; James H. Kettner, *The Development of American Citizenship, 1608-1870* (Chapel Hill, 1978), 256-59; Noah Webster, *An American Dictionary of the English Language* (4th ed.; New York, 1830), 148; Graber, *Dred Scott*, 29-56.

(4) *Anglo-African Magazine*, 1 (May 1859), 149-50; *Cleveland Leader*, March 27, 1857; *Chicago Daily Tribune*, April 10, 1857; Eric Foner, *Free Soil, Free Labor, Free Men: The Ideology of the Republican Party before the Civil War* (New York, 1970), 293; Charles W. Smith, *Roger B. Taney: Jacksonian Jurist* (Chapel Hill, 1936), 173; *Springfield Republican*, April 13, 1858.

(5) *Springfield Republican*, March 11, 1857; Kenneth M. Stampp, *America in 1857: A Nation on the Brink* (New York, 1992), 105-8; Sarah F. Hughes, ed., *Letters (Supplementary) of John Murray Forbes* (3 vols.; Boston, 1905), 1: 190.

(6) James F. Simon, *Lincoln and Chief Justice Taney: Slavery, Secession and the President's War Power* (New York, 2006), 133-38; *CW*, 2: 391, 398-99.

(7) *CW*, 2: 448.

(8) *CW*, 2: 398-410: Fehrenbacher, *Dred Scott*, 406-8.

(9) Richard K. Crallé, ed., *Works of John C. Calhoun* (6 vols.; Charleston, S.C., 1851-55), 1: 507-8; Elizabeth Fox-Genovese and Eugene Genovese, *Slavery in White and Black: Class and Race in the Southern Slaveholders' New World Order* (New York, 2008), 8-21, 80-81; Merrill D. Peterson, *The Jeffersonian Image in the American Mind* (New York, 1960), 164-65; Paul M. Angle, ed., *Herndon's Life of Lincoln* (New York, 1949), 294-95; *CW*, 3: 204-5.

(10) Isaac N. Arnold, *The History of Abraham Lincoln and the Overthrow of Slavery* (Chicago, 1866), 122-26; *CW*, 2: 405-9.

(11) Foner, *Free Soil*, 131; Glyndon G. Van Deusen, *Horace Greeley: Nineteenth-Century Crusader* (Philadelphia, 1953), 225-28: *CW*, 2: 430; Lyman Trumbull to Lincoln, January 3, 1858, ALP.

(12) Horace White, *The Life of Lyman Trumbull* (Boston, 1913), 87; Elihu B. Washburne to Lincoln, May 2, 1858, ALP; Don E. Fehrenbacher, *Prelude to Greatness: Lincoln in the 1850s* (Stanford, 1962), 54-63; *Proceedings of the Republican State Convention, Held at Springfield, Illinois, June 16, 1858* (Springfield, Ill., 1858), 8.

(13) *CW*, 2: 446, 461-69.

(14) Frederick Douglass, *Life and Times of Frederick Douglass* (Hartford, 1882), 300; William C. Harris, *Lincoln's Rise to the Presidency* (Lawrence, Kans., 2007), 94; John L. Scripps to Lincoln, June 22, 1858, ALP; Robert V. Remini, *Henry Clay: Statesman for the Union* (New York, 1991), 146; *CG*, 31st Congress, 1st Session, appendix, 943; *Speech of Hon. Salmon P. Chase, Delivered at the Republican Mass Meeting in Cincinnati, August 21, 1855* (Columbus, Ohio, 1855), 8; Solomon Foot, *Reasons for Joining the Republican Party* (New York, 1855), 6. リンカン書簡集 *Collected Works* では，「真二つに裂けた家」演説よりも前の箇所に，「最終的に消えてなくなる ultimate extinction」という表現は出てこない．ただし，その草稿とおぼしき「断片」には，この表現が出てくる．*CW*, 2: 453.

(15) David Zarefsky, *Lincoln, Douglas and Slavery* (Chicago, 1990), 44; *CW*, 3: 17; Theodore Parker, *A Sermon of the Dangers Which Threaten the Rights of Man in America* (Boston, 1854), 27; Harvey Wish, *George Fitzhugh: Propagandist of the Old South* (Baton Rouge, 1943), 151.

(16) Foner, *Free Soil*, 94-102; *Ohio State Journal*, March 11, 1857; George E. Baker, ed., *The Works of William H. Seward* (5 vols.; New York, 1853-84), 4: 294; John L. Scripps to Lincoln, July 3, 1858, ALP; Thomas J. Davis, "*Napoleon v. Lemmon*: Antebellum New Yorkers, Antislavery, and Law," *Afro-Americans in New York Life and History*, 33 (January 2009), 27-46; *Chicago Tribune*, October 13, 1857; *New York Times*, April 21, 1860; *New York Tribune*, April 21, 1860; *CW*, 3: 548n.

(17) Foner, *Free Soil*, 70-72; Baker, *Works of William H. Seward*, 4: 289-92.

(18) Baker, *Works of William H. Seward*, 4: 122, 226-27, 311-12, 333; Glyndon G. Van Deusen, *William Henry Seward* (New York, 1967), 204-9; *CW*, 3: 356-57; 4: 50.

(19) Paul M. Angle, ed., *Created Equal? The Complete Lincoln-Douglas Debates of 1858* (Chicago, 1958), 14-21.

(20) *CW*, 2: 487-501; 3: 254-55.

(21) Zarefsky, *Lincoln, Douglas and Slavery*, 46-48; Allen C. Guelzo, *Lincoln and Douglas: The Debates That Defined America* (New York, 2008), 102; Waldo W. Braden, *Abraham Lincoln: Public Speaker* (Baton Rouge, 1988), 23-35; *Chicago Press and Tribune*, August 23, 1858; Willard L. King, *Lincoln's Manager: David Davis* (Cambridge, Mass., 1960), 122.

(22) Fehrenbacher, *Prelude*, 104-9; *CW*, 3: 3, 111, 268; Zarefsky, *Lincoln, Douglas and Slavery*, 52-53, 156-60; Carl Schurz, *The Reminiscences of Carl Schurz* (3 vols.; New York, 1907-8), 2: 98-99; James G. Blaine, *Twenty Years of Congress* (2 vols.; Norwich,

Conn., 1884), 1: 147-49; Allen C. Guelzo, "Houses Divided: Lincoln, Douglas, and the Political Landscape of 1858," *JAH*, 94 (September 2007), 391. これ以外の問題で1858年に共和党員が頻繁に手紙でやりとりしたものは，リンカンがメキシコ戦争時にどう振る舞ったのかということだけだった.

(23) Leander Munsell to Lincoln, August 16, 1858, ALP; *CW*, 3: 1-29; Zarefsky, *Lincoln, Douglas and Slavery*, 56.

(24) Joseph Medill to Lincoln, August 27, 1858, ALP; *CW*, 3: 39-40.

(25) *CW*, 3: 43, 51-52, 295; Angle, *Created Equal?*, 58-59; Robert W. Johannsen, *Stephen A. Douglas* (New York, 1973), 670-71.

(26) Joseph Medill to Lincoln, August 27, 1858; Jediah F. Alexander to Lincoln, August 5, 1858, 共に ALP 所収.

(27) *CW*, 3: 145-46, 179.

(28) *CW*, 3: 5, 140, 177, 213-14, 220, 299-300; Walter B. Stevens, *A Reporter's Lincoln*, ed. Michael Burlingame (Lincoln, Neb., 1998), 86; David Davis to Lincoln, September 25, 1858, ALP.

(29) *CW*, 3: 11, 225-26, 254-55.

(30) Guelzo, *Lincoln and Douglas*, 367; *CW*, 3: 284, 304-15.

(31) Zarefsky, *Lincoln, Douglas and Slavery*, 49-52; *CW*, 2: 479-81, 545; Angle, *Created Equal?*, 33; Frederick Douglass to Susan B. Anthony, June 5, 1861, Harper Collection, HL.

(32) David Davis to Lincoln, August 3, 1858, ALP; J. McCan Davis, *Abraham Lincoln: His Book* (New York, 1903).

(33) *CW*, 3: 327-28; Christopher N. Breiseth, "Lincoln, Douglas, and Springfield in the 1858 Campaign," in Cullom Davis et al., eds., *The Public and the Private Lincoln: Contemporary Perspectives* (Carbondale, Ill., 1979), 16-17.

(34) Guelzo, *Lincoln and Douglas*, 282-88; Michael Burlingame, *Abraham Lincoln: A Life* (2 vols.; Baltimore, 2008), 1: 548-49; Joseph F. Newton, *Lincoln and Herndon* (Cedar Rapids, 1910), 234; *New York Tribune*, June 24, 1858; *CW*, 4: 34; *Chicago Press and Tribune*, November 5, 1858.

(35) Burlingame, *Abraham Lincoln: A Life*, 1: 546; *Chicago Press and Tribune*, November 5, 1858.

(36) Roy F. Nichols, *The Disruption of American Democracy* (New York, 1948), 205-25; Charles H. Ray to Lincoln, July 27, 1858, ALP; *National Era*, November 18, 1858; *Independent*, October 21, 1858; Benjamin W. Arnett, ed., *Duplicate Copy of the Souvenir from the Afro-American League of Tennessee to Hon. James M. Ashley of Ohio*

(Philadelphia, 1894), 17-18; Philip S. Foner, *The Life and Writings of Frederick Douglass* (5 vols.; New York, 1950-73), 5: 409-10; *CW*, 3: 18, 181, 337, 340; Guelzo, "Houses Divided," 417.

(37) *CG*, 33rd Congress, 1st Session, appendix, 447. 自由労働というイデオロギーと共和党を詳細に論じたものとしては，以下を参照のこと．Foner, *Free Soil*.

(38) Marcus Cunliffe, *Chattel Slavery and Wage Slavery: The Anglo-American Context, 1830-1860* (Athens, Ga., 1979), 7; Manisha Sinha, *The Counterrevolution of Slavery: Ideology and Politics in Antebellum South Carolina* (Chapel Hill, 2000), 88-93, 140-42, 222-29; *CG*, 35th Congress, 1st Session, 962.

(39) *New York Times*, November 18, 1857; *CG*, 35th Congress, 1st Session, 1093; Istvan Hont and Michael Ignatieff, "Needs and Justice in the *Wealth of Nations:* An Introductory Essay," in Istvan Hont and Michael Ignatieff, eds., *Wealth and Virtue: The Shaping of Political Economy in the Scottish Enlightenment* (Cambridge, U.K., 1983), 13-15［水田洋，杉山忠平（監訳），『富と徳――スコットランド啓蒙における経済学の形成』，未來社，1990年］; John Ashworth, "Free Labor, Wage Labor, and the Slave Power: Republicanism and the Republican Party in the 1850s," in Melvyn Stokes and Stephen Conway, eds., *The Market Revolution in America: Social, Political, and Religious Expressions, 1800-1880* (Charlottesville, 1996), 139-40.

(40) *CW*, 1: 411-12.

(41) *CW*, 2: 364.

(42) Stephen A. Douglas, "The Dividing Line between Federal and Local Authority: Popular Sovereignty in the Territories," *Harper's New Monthly Magazine*, 19 (September 1859), 519-37; *CW*, 3: 405-6, 410, 435.

(43) Charles H. Ray to Lincoln, n.d. [July 1858], ALP; *CW*, 3: 459-63.

(44) *CW*, 3: 478.

(45) *CW*, 3: 356-57, 363, 476-78.

(46) James A. Stevenson, "Lincoln vs. Douglas over the Republican Ideal," *American Studies*, 35 (Spring 1994), 66-67; John Mack Faragher, *Sugar Creek: Life on the Illinois Prairie* (New Haven, 1986), 177-203; Kenneth J. Winkle, "The Voters of Lincoln's Springfield: Migration and Political Participation in an Antebellum City," *Journal of Social History*, 25 (Spring 1992), 604-6; Paul M. Angle, *"Here I Have Lived": A History of Lincoln's Springfield, 1821-1865* (New Brunswick, N.J., 1935) 175; Philip S. Paludan, *The Presidency of Abraham Lincoln* (Lawrence, Kans., 1994), 9-11; David A. Zonderman, *Aspirations and Anxieties: New England Workers and the Mechanized Factory System, 1815-1850* (New York, 1992), 293; *CW*, 3: 459, 479.

(47) David Herbert Donald, *Lincoln* (New York, 1995), 234; *CW*, 2: 121; 3: 478-79; 4: 24; Mildred A. Beik, *Labor Relations* (Westport, Conn., 2005), 41-42.

(48) *New York Times*, April 7, 1854; Roy F. Basler, ed., *The Collected Works of Abraham Lincoln: First Supplement, 1832-1865* (New Brunswick, N.J., 1974), 43.

(49) *CP*, 3: 20-21; *CW*, 3: 437; 4: 16, 24.

(50) *CG*, 36th Congress, 1st Session, appendix, 282; A. L. Robinson to Salmon P. Chase, November 30, 1857, Salmon P. Chase Papers, LC; Hans L. Trefousse, *Benjamin Franklin Wade: Radical Republican from Ohio* (New York, 1963), 119, 311-12; *Minutes of the State Convention of the Colored Citizens of Ohio* (Columbus, Ohio, 1851), 23; Speech of Hon. William H. Seward at Jackson, October 4, 1856 (n.p., 1856), 12-13; Baker, *Works of William, H. Seward*, 1: 56; Dorothy Ross, "'Are We a Nation?' The Conjuncture of Nationhood and Race in the United States, 1850-1876," *Modern Intellectual History*, 2 (November 2005), 327-60.

(51) *CG*, 35th Congress, 2nd Session, 1006; Foner, *Free Soil*, 264-67.

(52) Foner, *Free Soil*, 290-92; *New York Tribune*, January 17, 1851; *Ohio State Journal*, May 22, 1857.

(53) Foner, *Free Soil*, 281-84; *CP*, 1: 201-2, 239; Paul Finkelman, "Prelude to the Fourteenth Amendment: Black Legal Rights in the Antebellum North," *Rutgers Law Journal*, 17 (Spring and Summer 1986), 427.

(54) *Hartford Courant*, March 13, 1860; *CG*, 36th Congress, 1st Session, 1910.

(55) *African Repository*, 29 (April 1853), 106-7; Foner, *Free Soil*, 286; Linda Hartman, "The Issue of Freedom in Illinois under Gov. Richard Yates, 1861-1865," *JISHS*, 57 (Autumn 1964), 293; *Great Speech of Hon. Lyman Trumbull, On the Issues of the Day* (Chicago, 1858), 13; Eugene H. Berwanger, *The Frontier against Slavery: Western Anti-Negro Prejudice and the Slavery Extension Controversy* (Urbana, Ill., 1967), 124-32; A. N. Ballinger to Lyman Trumbull, February 16, 1860, LTP.

(56) リンカンと人種についての膨大な文献を紹介するものとしては，以下を参照のこと. Benjamin Quarles, *Lincoln and the Negro* (New York, 1962); Arthur Zilversmit, "Lincoln and the Problem of Race: A Decade of Interpretations," *Papers of the Abraham Lincoln Association*, 2 (1980), 21-45; Lerone Bennett, *Forced into Glory: Abraham Lincoln's White Dream* (Chicago, 2000)（この本の 66 ページには，「人種差別主義は彼の本質であると同時に，本質ではなかった」とある.）; George M. Fredrickson, *'Big Enough to be Inconsistent': Slavery and Race in the Thought and Politics of Abraham Lincoln* (Cambridge, Mass., 2008); Henry Louis Gates Jr. and Donald Yacovone, eds., *Lincoln on Race and Slavery* (Princeton, 2009); and James Oakes,

"Natural Rights, Citizenship Rights, States' Rights, and Black Rights: Another Look at Lincoln and Race," in Eric Foner, ed., *Our Lincoln: New Perspectives on Lincoln and His World* (New York, 2008), 109-34. George M. Fredrickson は以下の本で，1850 年代に人種関連の書き物が急増したことを論じている．*The Black Image in the White Mind: The Debate on Afro-American Character and Destiny, 1877-1914* (New York, 1971), 71-129.

(57) *CW*, 3: 20, 28-29, 317; Bennett, *Forced into Glory*, 14, 90-100; David Mearns, *The Lincoln Papers* (2 vols.; Garden City, N.Y., 1948), 1: 169.

(58) *CW*, 2: 132, 157, 520.

(59) Richard E. Hart, "Springfield's African-Americans as a Part of the Lincoln Community," *JALA*, 20 (Winter 1999), 35-36, 45; Kenneth J. Winkle, *The Young Eagle: The Rise of Abraham Lincoln* (Dallas, 2001), 262-66; Kenneth J. Winkle, "'Paradox Though it may Seem': Lincoln on Antislavery, Race, and Union, 1837-1860," in Brian Dirck, ed., *Lincoln Emancipated: The President and the Politics of Race* (DeKalb, Ill., 2007), 19-20; Elmer Gertz, "The Black Codes of Illinois," *JISHS*, 56 (Autumn 1963), 493; *Christian Recorder*, March 21, 1863.

(60) *Liberator*, July 13, 1860; Christopher R. Reed, *Black Chicago's First Century* (Columbia, Mo., 2005-), 1: 105; *New York Journal of Commerce*, October 11, 1859.

(61) *North Star*, June 13, 1850; Foner, *Life and Writings of Frederick Douglass*, 2: 490; *CW*, 3: 399; 4: 504.

(62) *CW*, 2: 222-23.

(63) *CW*, 2: 521; Dorothy Ross, "Lincoln and the Ethics of Emancipation: Universalism, Nationalism, Exceptionalism," *JAH*, 96 (September 2009), 391.

(64) *New York Herald*, January 12, 1860.

(65) Foner, *Free Soil*, 268-72; Francis P. Blair Jr., *The Destiny of the Races of This Continent* (Washington, D.C., 1859), 5-8, 23-27; William E. Parrish, *Frank Blair: Lincoln's Conservative* (Columbia, Mo., 1998), 66-68, 80; Francis P. Blair to Henry Ward Beecher, January 15, 1857 (draft), Blair-Lee Papers, Princeton University; *CG*, 35th Congress, 1st Session, 293-98.

(66) Foner, *Free Soil*, 270; *New York Tribune*, July 3, 1858; *Chicago Press and Tribune*, March 4 and May 3, 1860; *Address of Montgomery Blair to the Maryland State Republican Convention* (Washington, D.C., 1860), 7.

(67) Blair, *Destiny of the Races*, 24; Sharon H. Strom, "Labor, Race, and Colonization: Imagining a Post-Slavery World in the Americas," in Steven Mintz and John Stauffer, eds., *The Problem of Evil: Slavery, Freedom, and the Ambiguities of American*

Reform (Amherst, Mass., 2007), 264; Robert May, *Manifest Destiny's Underworld: Filibustering in Antebellum America* (Chapel Hill, 2002); Matthew P. Guterl, *American Mediterranean: Southern Slaveholders in the Age of Emancipation* (Cambridge, Mass., 2008), 53; *CG*, 35th Congress, 1st Session, 293; Nicholas B. Wainwright, ed., *A Philadelphia Perspective: The Diary of Sidney George Fisher Covering the Years 1834-1871* (Philadelphia, 1967), 369.

(68) Parrish, *Frank Blair*, 80; William W. Freehling, *The Road to Disunion: Secessionists Triumphant, 1854-1861* (New York, 2007), 327.

(69) *Chicago Press and Tribune*, October 7, 1858; Richard H. Sewell, *Ballots for Freedom: Antislavery Politics in the United States, 1837-1860* (New York, 1976), 185; Foner, *Free Soil*, 276-78; James D. Bilotta, *Race and the Rise of the Republican Party, 1848-1865* (New York, 1992), 114-16; *CG*, 36th Congress, 1st Session, 60-61; Charles Sumner to James Russell Lowell, December 14, 1857, James Russell Lowell Papers, Houghton Library, Harvard University.

(70) *CG*, 36th Congress, 1st Session, appendix, 154-55; D. R. Tilden to Benjamin F. Wade, March 27, 1860, Benjamin F. Wade Papers, LC; Charles Francis Adams Diary, January 26, 1859, Adams Family Papers, Massachusetts Historical Society.

(71) *New York Tribune*, March 10, 1856; Foner, *Free Soil*, 120-23: *National Era*, August 14, 1856; William H. Seward to James Watson Webb, October 1, 1858, William H. Seward Papers, Rush Rhees Library, University of Rochester; *Chicago Press and Tribune*, May 31, 1860; *CG*, 36th Congress, 1st Session, appendix, 51.

(72) *St. Louis Globe-Democrat*, August 26, 1894; *CW*, 2: 131-32, 255-56, 298-99; 3: 15; *African Repository*, 34 (April 1858), 122.

(73) *CW*, 2: 409.

(74) Catherine Clinton, *Mrs. Lincoln: A Life* (New York, 2009), 128; Francis P. Blair Jr. to Francis P. Blair, February 18, 1857, Blair Family Papers, LC; Newton, *Lincoln and Herndon*, 113-14; *CW*, 2: 409-10; William E. Smith, *The Francis Preston Blair Family in Politics* (2 vols.; New York, 1933), 1: 414-17; Wickliffe Kitchell to Lincoln, June 14, 1858; Lyman Trumbull to Lincoln, June 12, 1858, 共に ALP 所収；Parrish, *Frank Blair*, 73-74.

(75) Walter B. Stevens, "Lincoln and Missouri," *Missouri Historical Review*, 10 (January 1916), 68; *CW*, 2: 298-99; 3: 233-34.

(76) Vincent Harding, *There Is a River: The Black Struggle for Freedom in America* (New York, 1981), 173-87; *State Convention of the Colored Citizens of Ohio* (Oberlin, 1849), 8; Floyd J. Miller, *The Search for a Black Nationality: Black Emigration and Colonization,*

1787-1863 (Urbana, Ill., 1975), 190-93, 268; James T. Holly の "Thoughts on Hayti" は1859年6月から11月まで毎月 *Anglo-African Magazine* に掲載された；African Civilization Society to Lincoln, November 5, 1863, ALP.

（77）Philip S. Foner and George E. Walker, eds., *Proceedings of Black State Conventions, 1840-1865* (2 vols.; Philadelphia, 1979), 1: 335; *Weekly Anglo-African*, May 19 and 26, 1860, and February 23, 1861; *Douglass' Monthly*, 1 (February 1859), 19, and 5 (October 1862), 724-25.

（78）*African Repository and Colonial Journal*, 24 (May 1848), 158; *African Repository*, 26 (April 1850), 113-15; Charles N. Zucker, "The Free Negro Question: Race Relations in Antebellum Illinois, 1801-1860" (unpub. diss.. Northwestern University, 1972), 206.

（79）Foner and Walker, *Proceedings of Black State Conventions*, 2: 60-64; Reed, *Black Chicago's First Century*, 1: 106; Hart, "Springfield's African-Americans," 53; *Chicago Press and Tribune*, August 16, 1858.

（80）Dwight L. Dumond, ed., *Southern Editorials on Secession* (New York, 1931), 230-31; *The Address and Reply on the Presentation of a Testimonial to S. P. Chase, by the Colored People of Cincinnati* (Cincinnati, 1845), 4-5; William C. Smedes to Henry J. Raymond, December 8, 1860, in Raymond to Lincoln, December 14, 1860, ALP; *CW*, 4: 156.

（81）James M. McPherson, ed., *The Negro's Civil War* (New York, 1965), 272-73.

第5章◆「唯一にして本質的な違い」

（1）Schuyler Colfax to Abraham Lincoln, July 14, 1859, ALP; *CW*, 3: 391.

（2）Diary of George White, October 7, 1860, Special Collections, Harvard Law Library. 同僚のエリザベス・ブラックマーはこの日記の存在を教えてくれた．彼女には感謝している．ホワイト自身は一貫した政治原則を持っていなかった．彼は1848年には自由土地党員だったが，1856年にはジェイムズ・ブキャナンに投票し，1860年には「しぶしぶ」リンカンに投票した．

（3）*CW*, 3: 390-91.

（4）*CW*, 3: 380, 383; E. L. Pierce to Charles Sumner, May 31, 1859, Charles Sumner Papers, Houghton Library, Harvard University; Eric Foner, *Free Soil, Free Labor, Free Men: The Ideology of the Republican Party before the Civil War* (New York, 1970), 251-52.

（5）*CW*, 3: 351, 403, 504.

（6）*New York Times*, March 9, 1857; *Boston Atlas and Daily Bee*, June 26, 1858; David Donald, *Charles Sumner and the Coming of the Civil War* (New York, 1961), 232; George Hoadley to Salmon P. Chase, April 9, 1859, Salmon P. Chase Papers, LC.

Edward McPhersonは以下の自著で，1861年12月の時点での北部諸州にあった「個人の自由」法についてまとめている．*The Political History of the United States during the Great Rebellion* (2nd ed.; Washington, D.C., 1865), 45-47.

(7) Foner, *Free Soil*, 135; Salmon P. Chase to Lincoln, June 13, 1859, ALP; Vroman Mason, "The Fugitive Slave Law in Wisconsin, with Reference to Nullification Sentiment," *Proceedings of the Wisconsin State Historical Society*, 43 (1895), 122-44.

(8) Timothy O. Howe to George Rublee, April 3, 1859, Timothy O. Howe Papers, State Historical Society of Wisconsin; *Cincinnati Gazette*, November 17, 1859; *CW*, 3: 317, 384, 394-95, 460.

(9) *CW*, 3: 379, 486-87; *Philadelphia North American and United States Gazette*, October 22, 1857, and August 14, 1858; Joseph H. Barrett to Salmon P. Chase, November 30, 1858, Salmon P. Chase Papers, LC; Charles Francis Adams to Charles Sumner, August 1, 1858, Letterbooks, Adams Family Papers, Massachusetts Historical Society; Lincoln to Thomas Corwin, October 9, 1859（Papers of Abraham Lincolnというウェブサイトの New Document Discoveriesというセクションで利用可.); Harold Holzer, "Lincoln Heard and Seen," *American Heritage*, 56 (February-March 2005), 16.

(10) William C. Harris, *Lincoln's Rise to the Presidency* (Lawrence, Kans., 2007), 158; *CW*, 3: 377, 491, 505. リンカンは1859年からずっと大統領候補指名を狙っていたが，「手の内を見せなかった」とGary Ecelbargerは主張している．Gary Ecelbarger, *The Great Comeback: How Abraham Lincoln Beat the Odds to Win the 1860 Republican Nomination* (New York, 2008).

(11) *New York Tribune*, February 28, 1860; Michael T. Gilmore, "A Plot against America: Free Speech and the American Renaissance," *Raritan*, 26 (Fall 2006), 91-96. Harold Holzerは以下の自著で，この演説の内容とそれがなされた状況について詳しく論じている．*Lincoln at Cooper Union* (New York, 2004).

(12) *CW*, 3: 370, 374-76, 522-50.

(13) Ecelbarger, *Great Comeback*, 147-53; *New York Herald*, February 29, 1860; *New York Tribune*, February 28, 1860; *CW*, 4: 17-19, 28-29.

(14) *Harpers Weekly*, May 26, 1860; John Wentworth to Lincoln, February 7, 1860, ALP; John Bigelow to William Cullen Bryant, March 20, 1860, John Bigelow Papers, New York Public Library; Foner, *Free Soil*, 211, 234-36; *Cincinnati Gazette*, May 5, 1860; *New York Times*, August 28, 1860.

(15) Foner, *Free Soil*, 211-13; *Chicago Press and Tribune*, February 27 and May 11, 1860; *CW*, 4: 36.

(16) John Farnsworth to Elihu B. Washburne, May 18, 1860, Elihu B. Washburne

Papers, LC; *Chicago Press and Tribune*, February 16, 1860; *New York Tribune*, July 12, 1858; *Harper's Weekly*, May 12, 1860; Lyman Trumbull to Lincoln, April 24, 1860; Mark W. Delahay to Lincoln, March 26, 1860, 共に ALP 所収.

(17) George Ashmun to Henry Wilson, April 22, 1860, Henry Wilson Papers, LC; *Chicago Press and Tribune*, May 15, 1860; Harold Holzer, *Lincoln President-Elect: Abraham Lincoln and the Great Secession Winter, 1860-1861* (New York, 2008), 25; Hannibal Hamlin to Ellen Hamlin, May 20, 1860, Hannibal Hamlin Papers, University of Maine.

(18) Proceedings of the First Three Republican National Conventions (Minneapolis, 1893), 111-19, 131-35; Carl Schurz, *The Reminiscences of Carl Schurz* (3 vols.; New York, 1907-8), 2: 180; Lyman Trumbull to Lincoln, May 22, 1860; Schuyler Colfax to Lincoln, May 18 and 26, 1860; Francis P. Blair to Lincoln, May 26, 1860, 全て ALP 所収; Howard K. Beale, ed., *The Diary of Edward Bates, 1859-1866* (Washington, D.C., 1933), 128-29; *Boston Atlas and Daily Bee*, May 23, 1860; *Wisconsin State Journal*, May 8, 1860; George Dennison to Benjamin F. Wade, March 12, 1860, Benjamin F. Wade Papers, LC.

(19) *New York Times*, May 13, 1860; Don E. Fehrenbacher, *Prelude to Greatness: Lincoln in the 1850s* (Stanford, 1962), 156n.; Richard Carwardine, *Lincoln* (London, 2003), 115; *Liberator*, July 13, 1860.

(20) George W. Julian, *The Life of Joshua R. Giddings* (Chicago, 1892), 379-83; *Speech of the Hon. Thomas Ewing at Chillicothe, Ohio* (Cincinnati, 1860), 10-11; *New York Times*, August 31, 1860; Richard W. Thompson to Lincoln, June 12, 1860, ALP; James F. Babcock to Mark Howard, August 4, 1860, Mark Howard Papers, Connecticut Historical Society; *New York Tribune*, July 9, 1860; *Independent*, May 24, 1860; George W. Julian to Joshua Giddings, May 21, 1860, Giddings-Julian Papers, LC.

(21) *Liberator*, July 13, 1860; C. Peter Ripley et al., eds., *The Black Abolitionist Papers* (5 vols.; Chapel Hill, 1985-93), 5: 91; Milton Meltzer and Patricia G. Holland, eds., *Lydia Maria Child: Selected Letters, 1817-1880* (Amherst, Mass., 1982), 352; Michael Burlingame, *Abraham Lincoln: A Life* (2 vols.; Baltimore, 2008), 1: 636-38; *Douglass' Monthly*, 3 (June 1860), 276, and (September 1860), 329.

(22) Nicholas B. Wainwright, ed., *A Philadelphia Perspective: The Diary of Sidney George Fisher Covering the Years 1834-1871* (Philadelphia, 1967), 353; Lyman Trumbull to Lincoln, June 28, 1860, ALP.

(23) Wainwright, *Philadelphia Perspective*, 361; *CG*, 36th Congress, 1st Session, 1913; *Springfield Republican*, October 20, 1860; *Wisconsin State Journal*, August 20, 1860;

Richmond Enquirer, July 10, 1860.

(24) Walter Dean Burnham, *Presidential Ballots, 1836-1892* (Baltimore, 1955), 79-80; *Springfield Republican*, November 3, 1860; Salmon P. Chase to E. L. Pierce, November 7, 1860, Charles Sumner Papers, Houghton Library, Harvard University; Robert S. Harper, *Lincoln and the Press* (New York, 1951), 67-68; Dwight L. Dumond, ed., *Southern Editorials on Secession* (New York, 1931), 112.

(25) Russell McClintock, *Lincoln and the Decision for War: The Northern Response to Secession* (Chapel Hill, 2008), 132; Alfred Babcock to Lincoln, December 7, 1860, Lincoln Collection, ALPLM; William Salter, *The Life of James W. Grimes* (New York, 1876), 132. 共和党指導者の報告書は南部との妥協に反対する有権者からの投書で埋め尽くされている.

(26) Foner, *Free Soil*, 180; George G. Fogg to William Butler, December 28, 1860, William Butler Papers, Chicago History Museum; *New York Times*, February 26, 1861; Howard C. Perkins, ed., *Northern Editorials on Secession* (2 vols.; New York, 1942), 1: 97; *CW*, 2: 461; *Chicago Tribune*, December 22, 1860.

(27) *New York Tribune*, December 17, 1860; Glyndon G. Van Deusen, *Horace Greeley: Nineteenth-Century Crusader* (Philadelphia, 1953), 262-64.

(28) *Douglass' Monthly*, 3 (January 1861), 388; Walter M. Merrill, ed., *The Letters of William Lloyd Garrison* (6 vols.; Cambridge, Mass., 1971-81), 5: 10-11; James B. Stewart, *Wendell Phillips: Liberty's Hero* (Baton Rouge, 1986), 212-13; Wendell Phillips, *Speeches, Lectures, and Letters* (Boston, 1863), 362.

(29) Kenneth M. Stampp, *And the War Came: The North and the Secession Crisis,1860-61* (Baton Rouge, 1950), 15, 126-28; James M. McPherson, *The Struggle for Equality: Abolitionists and the Negro in the Civil War and Reconstruction* (Princeton, 1964), 40-44; David Potter, *Lincoln and His Party in the Secession Crisis* (New Haven, 1942), 124-27; New York Republicans to Lincoln, January 29, 1861; William Cullen Bryant to Lincoln, December 25, 1860, 共に ALP 所収 ; Philip S. Foner, *Business and Slavery: The New York Merchants and the Irrepressible Conflict* (Chapel Hill, 1941), 251; William Dusinberre, *Civil War Issues in Philadelphia, 1856-1865* (Philadelphia, 1965), 102-10; Robert G. Gunderson, *Old Gentlemen's Convention: The Washington Peace Conference of 1861* (Madison, Wisc., 1961), 26-28.

(30) Horatio Nelson Taft Diary, January 17, 1861, LC; Stampp, *And the War Came*, 33; Perkins, *Northern Editorials*, 1: 148; 2: 571-72; August Belmont, *A Few Letters and Speeches of the Late Civil War* (New York, 1870), 8-20; James A. Bayard to Samuel L. M. Barlow, December 26, 1860, Samuel L. M. Barlow Papers, HL.

(31) *CG*, 36th Congress, 2nd Session, appendix, 1; Stampp, *And the War Came*, 54-55.

(32) McPherson, *Political History*, 52-56; David E. Kyvig, *Explicit and Authentic Acts: Amending the U.S. Constitution, 1776-1995* (Lawrence, Kans., 1996), 146-49; *CG*, 36th Congress, 2nd Session, 114; appendix, 41, 44, 202; Frank H. Moore, ed., *The Rebellion Record* (11 vols.; New York, 1861-68), 1: 3-5.

(33) *CG*, 36th Congress, 2nd Session, 344; *Chicago Tribune*, January 17, 1861; Martin Duberman, *Charles Francis Adams, 1807-1886* (Stanford, 1960), 224-43.

(34) Joseph Schafer, ed., *Intimate Letters of Carl Schurz, 1841-1869* (Madison, Wisc., 1928), 242; Stampp, *And the War Came*, 172-75; *New York Tribune*, March 7, 1861; Frederick W. Seward, *Seward at Washington* (2 vols.; New York, 1891), 1: 496-97, 507; Thurlow Weed to Francis Granger, January 26, 1861, Francis Granger Papers, LC.

(35) Russell Errett to Simon P. Cameron, January 23, 1861, Simon P. Cameron Papers, LC; A. B. Barrett to Lyman Trumbull, January 5, 1861; H. G. McPike to Trumbull, January 24, 1861, 共に LTP 所収；Salter, *Life of James W. Grimes*, 123-24, 133-35; *CG*, 36th Congress, 2nd Session, appendix, 127.

(36) *Chicago Tribune*, February 15, 1861; *CG*, 36th Congress, 2nd Session, 3, 50, 187; Sarah F. Hughes, ed., *Letters (Supplementary) of John Murray Forbes* (3 vols.; Boston, 1905), 1: 230-31; *CG*, 36th Congress, 1st Session, 932.

(37) Burlingame, *Abraham Lincoln: A Life*, 2: 52-58; David Herbert Donald, *Lincoln*, (New York, 1995), 261-67.

(38) Burlingame, *Abraham Lincoln: A Life*, 1: 692-93, 716; Potter, *Lincoln and His Party*, 141, 149-51; *CW*, 4: 211, 215, 238; William E. Barringer, *A House Dividing: Lincoln as President Elect* (Springfield, Ill., 1945), 55-56.

(39) William H. Price to Lincoln, November 9, 1860; Joseph L. Bennett to Lincoln, November 10, 1860; Henry J. Raymond to Lincoln, November 14, 1860, 全て ALP 所収；*CW*, 4: 138-42; Holzer, *Lincoln President-Elect*, 94-95.

(40) *CW*, 4: 139, 146; Dumond, *Southern Editorials*, 273; McClintock, *Lincoln and the Decision*, 50.

(41) Perkins, *Northern Editorials*, 1: 121, 228; Burlingame, *Abraham Lincoln: A Life*, 1: 704-7; Michael Burlingame, ed., *Lincoln's Journalist: John Hay's Anonymous Writings for the Press, 1860-1864* (Carbondale, Ill., 1998), 351-52n.; *Illinois State Journal* in *Chicago Tribune*, January 31, 1861; McClintock, *Lincoln and the Decision*, 162-63.

(42) *New York Times*, February 20, 1861; Holzer, *Lincoln President-Elect*, 158; McClintock, *Lincoln and the Decision*, 79-82, 94-95; *CW*, 4: 149-51; Elihu B. Washburne to Lincoln, December 9, 1860, ALP.

(43) *CW*, 4: 156-58; McClintock, *Lincoln and the Decision*, 92-93.

(44) John A. Gilmer to Lincoln, December 10, 1860, ALP; *CW*, 4: 151-52, 160-61.

(45) Neill S. Brown to Lincoln, January 13, 1861, ALP; O. Ewing to Lincoln, January 24, 1861, 共に Lincoln Collection 所収, ALPLM; *CW*, 4: 172.

(46) William H. Seward to Lincoln, January 27, 1861, ALP; *CW*, 4: 183; Burlingame, *Abraham Lincoln: A Life*, 1: 749-51; McClintock, *Lincoln and the Decision*, 166.

(47) Holzer, *Lincoln President-Elect*, 389; David Davis to Sarah Davis, February 17, 1861, David Davis Papers, ALPLM; *CW*, 4: 191, 195, 233, 240-41.

(48) McClintock, *Lincoln and the Decision*, 181; *CW*, 4: 237; Holzer, *Lincoln President-Elect*, 344.

(49) *CW*, 4: 240-41.

(50) Gunderson, *Old Gentlemen's Convention*, 13, 86; Lucius E. Chittenden, *A Report of the Debates and Proceedings in the Secret Sessions of the Conference Convention* (New York, 1864), 43-46, 94-97; Kenneth M. Stampp, ed., "Letters from the Washington Peace Conference of 1861," *JSH*, 9 (August 1943), 394-403.

(51) *CG*, 36th Congress, 2nd Session, 1284-85, 1403; Appendix, 87.

(52) *CG*, 37th Congress, 2nd Session, 2898; Hiland Hall to William H. Seward, February 23, 1861; Carl Schurz to Lincoln, April 5, 1861, 共に ALP 所収; George S. Boutwell, *Reminiscences of Sixty Years in Public Affairs* (2 vols.; New York, 1902), 1: 274.

(53) *New York Times*, March 1, 1861; *CW*, 4: 249-61 はリンカンの最初の草稿を再掲し，修正箇所を提示している．以下も参照のこと．Orville H. Browning to Lincoln, February 17, 1861; William H. Seward to Lincoln, February 24, 1861; First Inaugural Address, Second Printed Draft with Seward's Suggested Changes in Red Ink, n.d., 全て ALP 所収.

(54) *New York Tribune,* March 5, 1861; *CW*, 4: 262-70.

(55) *CG*, 36th Congress, 2nd Session, 552, 1382; Kyvig, *Explicit and Authentic Acts*, 149-50. イリノイ州の批准は無効だった．というのは，州議会ではなく州憲法制定会議が批准したからだった．国会は州議会の批准を求めていた．

(56) *Liberator*, March 8, 1861; Burlingame, *Abraham Lincoln: A Life*, 2: 61.

(57) Holzer, *Lincoln President-Elect*, 256; William Lee Miller, *President Lincoln: The Duty of a Statesman* (New York, 2008), 10; *CG*, 33rd Congress, 1st Session, appendix, 321; 36th Congress, 1st Session, 1035; 2nd Session, 416; Kenneth M. Stampp, "Lincoln's History," in James M. McPherson, ed., *"We Cannot Escape History": Lincoln and the Last Best Hope of Earth* (Urbana, Ill., 1995), 26-27; *Independent*, March 7, 1861.

(58) *CW*, 4: 247-71.

(59) Wainwright, *Philadelphia Perspective*, 381.

(60) *Weekly Anglo-African*, March 16, 1861; *CG*, 36th Congress, 2nd Session, 1442; Perkins, *Northern Editorials*, 2: 625-26; H. D. Faulkner to Lincoln, March 5, 1861, ALP.

(61) Chandra Manning, *What This Cruel War Was Over: Soldiers, Slavery, and the Civil War* (New York, 2007), 27; Herbert Mitgang, ed., *Abraham Lincoln: A Press Portrait* (Chicago, 1971), 240-42; Doris Kearns Goodwin, *Team of Rivals: The Political Genius of Abraham Lincoln* (New York, 2005), 330［平岡緑（訳），『リンカン』，中央公論新社，2011 年］; *Douglass' Monthly*, 3 (April 1861), 433.

(62) Orville H. Browning to Lincoln, February 17, 1861, ALP; *Chicago Tribune*, March 15, 1861; Philip S. Paludan, *The Presidency of Abraham Lincoln* (Lawrence, Kans., 1994), 61-71; Don E. Fehrenbacher, "Lincoln's Wartime Leadership: The First Hundred Days," *JALA*, 9 (1987), 11-15; David A. Nichols, *Lincoln and the Indians: Civil War Policy and Politics* (Columbia, Mo., 1978), 27-29. 戦争を開始させた出来事については，以下の著書が依然参照に値する. Richard N. Current, *Lincoln and the First Shot* (Philadelphia, 1963).

(63) Earl J. Hess, *Liberty, Virtue, and Progress: Northerners and Their War for the Union* (New York, 1988), 26; Christopher Dell, *Lincoln and the War Democrats* (Rutherford, N.J., 1975), 52-59; Orville H. Browning to Lincoln, April 18, 1861; Elias B. Holmes to Lincoln, April 20, 1861, 共に ALP 所収 ; Wainwright, *Philadelphia Perspective*, 385.

(64) *CW*, 4: 332, 353; Burlingame, *Abraham Lincoln: A Life*, 2: 154; Richard H. Sewell, *John P. Hale and the Politics of Antislavery* (Cambridge, Mass., 1965), 207; Meltzer and Holland, *Lydia Maria Child*, 381.

(65) Orville H. Browning to Lincoln, April 30, 1861; James R. Doolittle to Lincoln, April 18, 1861, 共に ALP 所収 ; Perkins, *Northern Editorials*, 2: 633-34, 727-30; Paul D. Escott, *"What Shall We Do with the Negro?": Lincoln, White Racism, and Civil War America* (Charlottesville, 2009), 9; *New York Times*, May 31, 1861.

(66) Allan Nevins, ed., *The Diary of John Quincy Adams* (New York, 1928), 246-47: Burrus M. Carnahan, *Act of Justice: Lincoln's Emancipation Proclamation and the Law of War* (Lexington, Ky., 2007), 8-9, 14-15; *CG*, 36th Congress, 2nd Session, appendix, 83; Donald, *Charles Sumner*, 388; Stewart, *Wendell Phillips*, 219-22; Phillips, *Speeches*, 396-411; *Liberator*, April 26, 1861.

(67) David W. Blight, *Frederick Douglass' Civil War: Keeping Faith in Jubilee* (Baton Rouge, 1989), 24; *Douglass' Monthly*, 3 (January 1861), 386-87, and (May 1861), 449-51; John R. McKivigan, "James Redpath and Black Reaction to the Haitian Emigration

Bureau," *Mid-America*, 69 (October 1987), 139-53.

(68) *Weekly Anglo-African*, April 27, 1861.

(69) Michael Burlingame and John R. Ettlinger, eds., *Inside Lincoln's White House: The Complete Civil War Diary of John Hay* (Carbondale, Ill., 1997), 19; *National Anti-Slavery Standard*, July 13, 1861.

第6章◆「ケンタッキー州を死守せねばならない」

(1) *OR*, ser. 1, 1: 195; ser. 2, 1: 750.

(2) *Harper's Weekly*, May 4,1861; Milton Meltzer and Patricia G. Holland, eds., *Lydia Maria Child: Selected Letters, 1817-1880* (Amherst, Mass., 1982), 380; Michael Burlingame and John R. Ettlinger, eds., *Inside Lincoln's White House: The Complete Civil War Diary of John Hay* (Carbondale, Ill., 1997), 12; Nicholas B. Wainwright, ed., *A Philadelphia Perspective: The Diary of Sidney George Fisher Covering the Years 1834-1871* (Philadelphia, 1967), 387; Stephen V. Ash, *When the Yankees Came: Conflict and Chaos in the Occupied South, 1861-1865* (Chapel Hill, 1995), 26-32; *New York Tribune*, May 14, 1861; *Springfield Weekly Republican*, April 20, 1861; *Easton Gazette* (Maryland), July 13, 1861.

(3) Howard C. Perkins, ed., *Northern Editorials on Secession* (2 vols.; New York, 1942), 2: 834; Armstead L. Robinson, *Bitter Fruits of Bondage: The Demise of Slavery and the Collapse of the Confederacy, 1861-1865* (Charlottesville, 2005), 41-43.

(4) *New York Times*, September 28, 1862; John H. Bayne to Lincoln, March 17, 1862, ALP; Craig Symonds, ed., *Charleston Blockade: The Journals of John B. Marchand, U.S. Navy, 1861-1862* (Newport, R.I., 1976), 175-81, 192; Craig Symonds, *Lincoln and His Admirals* (New York, 2008), 157-59.

(5) Steven Hahn, *The Political Worlds of Slavery and Freedom* (Cambridge, Mass., 2009), 61-64; Ira Berlin et al., eds., *Freedom: A Documentary History of Emancipation, 1861-1867* (New York, 1982-), ser. 1, 3: 77-80; ser. 1, 1: 11-14; Robinson, *Bitter Fruits*, 184-87; *OR*, ser. 1, 51, pt. 2: 278-81; ser. 2, 1: 755-57.

(6) *New York Herald*, December 4, 1861.

(7) Isaac N. Arnold, *The History of Abraham Lincoln and the Overthrow of Slavery* (Chicago, 1866), 207-8; David Herbert Donald, *Lincoln* (New York, 1995), 302; Burrus M. Carnahan, *Act of Justice: Lincoln's Emancipation Proclamation and the Law of War* (Lexington, Ky., 2007), 43-49, 61.

(8) William E. Gienapp, "Abraham Lincoln and the Border States," *JALA*, 13 (1992), 13-25; Richard H. Abbott, *The Republican Party and the South, 1855-1877: The*

First Southern Strategy (Chapel Hill, 1986), 21-22; Charles L. Wagandt, *The Mighty Revolution: Negro Emancipation in Maryland, 1862-1864* (Baltimore, 1964), 9-18; William D. Foulke, *Life of Oliver P. Morton* (2 vols.; Indianapolis, 1899), 1: 134-35.

（9）*OR*, ser. 2, 1: 752; Louis S. Gerteis, *From Contraband to Freedman: Federal Policy toward Southern Blacks, 1861-1865* (Westport, Conn., 1973), 11-13; *Harper's Weekly*, February 9, 1861; Edward L. Pierce, *Emancipation and Citizenship* (Boston, 1898), 20-23.

（10）Pierce, *Emancipation and Citizenship*, 20-23; *Harper's Weekly*, June 8, 1861; Kate Masur, "'A Rare Phenomenon of Philological Vegetation': The Word 'Contraband' and the Meanings of Emancipation in the United States," *JAH*, 93 (March 2007), 1054-59; Silvana R. Siddali, *From Property to Person: Slavery and the Confiscation Acts, 1861-1862* (Baton Rouge, 2005), 51-53; Christopher Dell, *Lincoln and the War Democrats* (Rutherford, N.J., 1975), 65; *New York Herald*, May 30, 1861; *Chicago Tribune*, June 5, 1861.

（11）Pierce, *Emancipation and Citizenship*, 24-25; *OR*, ser. 2, 1: 750, 755; *Private and Official Correspondence of Gen. Benjamin F. Butler during the Period of the Civil War* (5 vols.; Norwood, Mass., 1917), 1: 112-13.

（12）*Private and Official Correspondence*, 1: 116-17, 183-88; Montgomery Blair to Benjamin F. Butler, May 30, 1861, Benjamin F. Butler Papers, LC; *Cleveland Gazette*, May 30, 1861; *New York Herald*, May 31, 1861; *OR*, ser. 2, 1: 754-55; Meltzer and Holland, *Lydia Maria Child*, 401-2.

（13）William E. Gienapp, "Abraham Lincoln and Presidential Leadership," in James M. McPherson, ed., *"We Cannot Escape History": Lincoln and the Last Best Hope of Earth* (Urbana, Ill., 1995), 71-73; *CW*, 4: 421-41; Philip S. Paludan, *The Presidency of Abraham Lincoln* (Lawrence, Kans., 1994), 81-82.

（14）Wainwright, *Philadelphia Perspective*, 396; *Springfield Weekly Republican*, June 22, 1861; Henry F. Brownson, ed., *The Works of Orestes A. Brownson* (20 vols.; Detroit, 1882-87), 17: 143; Chandra Manning, *What This Cruel War Was Over: Soldiers, Slavery, and the Civil War* (New York, 2007), 40-41; *CW*, 4: 421-41. 次のことは是非言っておかなければならない．リンカンがライバル政党の民主党 Democracy の名前を出すとき以外に「民主（主義）"democracy"」という言葉を使うことはまれだったが，これはそのまれな一例だった．ほとんどの場合，彼は民主主義ではなく自己統治 self-government という言葉を使用した．

（15）*Douglass' Monthly*, 4 (August 1861), 497; *New York Herald*, July 7 and 9, 1861; *Harper's Weekly*, July 6, 1861.

(16) *CG*, 37th Congress, 1st Session, 24, 32.

(17) *CG*, 37th Congress, 1st Session, 222, 265; William E. Gienapp, *Abraham Lincoln and Civil War America* (New York, 2002), 88; James G. Blaine, *Twenty Years of Congress* (2 vols.; Norwich, Conn., 1884), 1: 341; Michael S. Green, *Freedom, Union, and Power: Lincoln and His Party during the Civil War* (New York, 2004), 145.

(18) *Harper's Weekly*, August 17, 1861; *CG*, 37th Congress, 1st Session, 119, 141, 143, 186, 190; Garrett Davis to Lincoln, August 4, 1861, ALP.

(19) Siddali, *From Property to Person*, 3; *New York Times*, June 1, 1861; *CG*, 37th Congress, 1st Session, 217-19; Blaine, *Twenty Years*, 341-43; George P. Sanger, ed., *The Statutes at Large, Treaties, and Proclamations of the United States of America*, vol. 12 (Boston, 1863), 319. この時点ですでに，連合国は北部人からの借金を踏み倒そうとしていた．連合の国会は連邦の没収法に対抗して，敵側のあらゆる財産の没収を認めた．敵側の人間とは，連邦の住民と連邦に忠誠を誓う南部人のことだった．Daniel W. Hamilton, *The Limits of Sovereignty: Property Confiscation in the Union and the Confederacy during the Civil War* (Chicago, 2007), 86-92.

(20) *CG*, 37th Congress, 1st Session, 412; Siddali, *From Property to Person*, 78-81; Robert Fabrikant, "Emancipation and the Proclamation: Of Contrabands, Congress, and Lincoln," *Howard Law Review*, 49 (Winter 2006), 322-25; Edward McPherson, *The Political History of the United States during the Great Rebellion* (2nd ed.; Washington, D.C., 1865), 195; *New York Times*, September 16, 1861.

(21) Benjamin P. Thomas and Harold M. Hyman, *Stanton: The Life arid Times of Lincoln's Secretary of War* (New York, 1962), 231-32; *OR*, ser. 2, 1: 760-62; *Private and Official Correspondence*, 1: 185-87, 207, 215; *CW*, 4: 478; Chester G. Hearn, *When the Devil Came Down to Dixie: Ben Butler in New Orleans* (Baton Rouge, 1971), 35; John E. Wool, Special Order on Payment of Colored Contrabands, October 14, 1861; Charles Calvert to Lincoln, August 3, 1861, 共にALP所収；Edna Medford, "Abraham Lincoln and Black Wartime Washington," in Linda N. Suits and Timothy P. Townsend, eds., *Papers from the Eleventh and Twelfth Annual Lincoln Colloquia* (Springfield, Ill., n.d.), 120-22; Sarah J. Day, *The Man on a Hilltop* (Philadelphia, 1931), 254.

(22) John C. Frémont to Lincoln, July 30, 1861, ALP; Frederick J. Blue, *No Taint of Compromise: Crusaders in Antislavery Politics* (Baton Rouge, 2005), 256; Paludan, *Presidency*, 86-88.

(23) Carnahan, *Act of Justice*, 7-8, 12-13, 16-18; David Herbert Donald, *"We Are Lincoln Men": Abraham Lincoln and His Friends* (New York, 2003), 58; Joshua F. Speed to Lincoln, May 19, 1860, and September 1 and 3, 1861; Robert Anderson to Lincoln,

September 13, 1861; J. F. Bullitt et al. to Lincoln, September 13, 1861, 全て ALP 所収 ; *CP*, 3: 92-93.

(24) Paludan, *Presidency*, 125; *CW*, 4: 506, 518; Montgomery Blair to Lincoln, September 4, 1861, ALP; Pamela Herr and Mary Lee Spence, eds., *The Letters of Jessie Benton Frémont* (Urbana, Ill., 1993), 245-46. 1891 年にジェシー・フレモントが書いたこの会談の回想では，彼女もこう主張した．戦争はあくまで連邦維持のためのもので，それに「黒人を巻き込むべきではなかった」とリンカンは彼女の夫ジョン・C・フレモントに言った，と．Ibid., 264-67.

(25) Charles A. Jellison, *Fessenden of Maine* (Syracuse, 1962), 138; John Bigelow, *Retrospections of an Active Life* (5 vols.; New York, 1909-13), 1: 362-63; William Salter, *The Life of James W. Grimes* (New York, 1876), 153; Brownson, *Works of Orestes A. Brownson*, 17: 173-74; Frank Freidel, ed., *Union Pamphlets of the Civil War, 1861-1865* (2 vols.; Cambridge, Mass., 1967), 1: 162-63.

(26) James M. McPherson, *Tried by War: Abraham Lincoln as Commander in Chief* (New York, 2008), 52; *New York Herald*, October 6, 1861; *New York Times*, September 16,1861; Henry Jones to Lincoln, September 24,1861; Charles Reed to Lincoln, September 24, 1861; W. McCaully to Lincoln, September 20, 1861, 全て ALP 所収.

(27) John L. Scripps to Lincoln, September 23, 1861, ALP.

(28) Orville H. Browning to Lincoln, September 17, 1861, ALP; *CW*, 4: 531.

(29) Michael Burlingame, ed., *Dispatches from Lincoln's White House: The Anonymous Civil War Journalism of Presidential Secretary William O. Stoddard* (Lincoln, Neb., 2002), 33-34.

(30) *Springfield Weekly Republican*, September 21, 1861; Walter M. Merrill, ed., *The Letters of William Lloyd Garrison* (6 vols.; Cambridge, Mass., 1971-81), 5: 17, 35; *Liberator*, September 20, 1861; *Weekly Anglo-African*, September 22, 1861; Benjamin F. Wade to Zachariah Chandler, September 23, 1861, Zachariah Chandler Papers, LC.

(31) James M. McPherson, *The Struggle for Equality: Abolitionists and the Negro in the Civil War and Reconstruction* (Princeton, 1964), 51-63, 75-80; Freidel, *Union Pamphlets*, 1: 102-4; William Dusinberre, *Civil War Issues in Philadelphia, 1856-1865* (Philadelphia, 1965), 131-33; David Donald, *Charles Sumner and the Rights of Man* (New York, 1970), 15-16, 29; *The Works of Charles Sumner* (15 vols.; Boston, 1870-83), 6: 12, 38-39, 56; Richard W. Thompson to Lincoln, October 6, 1861, ALP.

(32) George Bancroft to Lincoln, November 15, 1861, ALP; *CW*, 5: 26.

(33) J. Thomas Scharf, *History of Delaware, 1609-1888* (2 vols.; Philadelphia, 1888), 1: 329-30; William H. Williams, *Slavery and Freedom in Delaware, 1639-1865*

(Wilmington, 1996), xiii-xvii, 88-89, 173; Patience Essah, *A House Divided: Slavery and Emancipation in Delaware, 1638-1865* (Charlottesville, 1996), 6, 105-11; *CG*, 36th Congress, 2nd Session, 1488.

(34) Williams, *Slavery and Freedom*, 174-75; H. Clay Reed, "Lincoln's Compensated Emancipation Plan and Its Relation to Delaware," *Delaware Notes*, 7 (1931), 38-40; *CW*, 5: 29-30.

(35) Margaret M. R. Kellow, "Conflicting Imperatives: Black and White American Abolitionists Debate Slave Redemption," in Kwame A. Appiah and Martin Bunzl, eds., *Buying Freedom: The Ethics and Economics of Slave Redemption* (Princeton, 2007), 200-12; *Baltimore Sun*, May 29, 1862.

(36) Peter Tolis, *Elihu Burritt: Crusader for Brotherhood* (Hamden, Conn., 1968), 245-61; *Chicago Tribune*, August 27, 1857; Merle Curti, ed., *The Learned Blacksmith: The Letters and Journals of Elihu Burritt* (New York, 1937), 118-21.

(37) Stanley Harrold, *The Abolitionists and the South, 1831-1861*; (Lexington, Ky., 1995), 119, 129; Daniel R. Goodloe, *Emancipation and the War: Compensation Essential to Peace and Civilization* (Washington, D.C., 1861), 1-5; Autobiography, Daniel R. Goodloe Papers, Manuscripts Department, Wilson Library, University of North Carolina at Chapel Hill.

(38) *BD*, 1: 512; Joshua F. Speed to Lincoln, September 3, 1861, ALP.

(39) Reed, "Lincoln's Compensated Emancipation Plan," 38-55; *New York Tribune*, February 11, 1862; *Peninsular News and Advertiser* (Milford, Del.), January 31 and February 14, 1862; Essah, *House Divided*, 167-69; Williams, *Slavery and Freedom*, 175.

(40) Albert Mordell, ed., *Lincoln's Administration: Selected Essays by Gideon Welles* (New York, 1960), 234, 250; *WD*, 1: 150; Charles A. Barker, ed., *Memoirs of Elisha Oscar Crosby* (San Marino, 1945), 76-90; Ambrose W. Thompson to Lincoln, April 11, 1861, ALP. リンカンの研究者のほとんどは，彼の植民支持を真剣に考慮する必要はないと考えてきた．そうした研究者は植民支持というトピックを無視するか，リンカンの実際の行動が発言と一致していなかったと考えているかのどちらかである．リンカンのキャリアに植民が占める位置については，以下を参照のこと．Eric Foner, "Lincoln and Colonization," in Eric Foner, ed., *Our Lincoln: New Perspectives on Lincoln and His World* (New York, 2008), 135-66.

(41) *Chicago Tribune*, June 5, 1861; *Private and Official Correspondence*, 1: 130; *BD*, 1: 478; Thomas Schoonover, "Misconstrued Mission: Expansionism and Black Colonization in Mexico and Central America during the Civil War," *Pacific Historical Review*, 49 (November 1980), 611-12.

(42) Mordell, *Lincoln's Administration*, 102-3; Ninian W. Edwards to Lincoln, August 9, 1861; Francis P. Blair Sr. to Lincoln, November 16, 1861, 共に ALP 所収 ; *CW*, 4: 547, 561; Roy F. Basler, ed., *The Collected Works of Abraham Lincoln: First Supplement, 1832-1865* (New Brunswick, N.J., 1974), 112; *WD*, 1: 150.

(43) *CW*, 5: 39, 48; G. S. Boritt, "The Voyage to the Colony of Lincolnia: The Sixteenth President, Black Colonization, and the Defense Mechanism of Avoidance," *Historian*, 37 (August 1975), 619; Alfred N. Hunt, *Haiti's Influence on Antebellum America* (Baton Rouge, 1988), 186; *New York Herald*, December 4, 1861.

(44) *New York Times*, December 4, 5, and 7, 1861; *Philadelphia North American and United States Gazette*, December 21, 1861; *African Repository*, 37 (December 1861), 12.

(45) John J. Crittenden to Lincoln, November 26, 1861, ALP; *CW*, 5: 48-50; *Chicago Tribune*, December 9, 1861.

(46) *New York Times*, December 4 and 5, 1861; Blaine, *Twenty Years*, 1: 352-53; Merrill, *Letters of William Lloyd Garrison*, 5: 47, 53; S. York to Lyman Trumbull, December 5, 1861; John H. Bryant to Trumbull, December 8, 1861, 共に LTP 所収.

(47) C. H. Ray to Trumbull, December 6, 1861, LTP; Mary F. Berry, *Military Necessity and Civil Rights Policy* (Port Washington, N.Y., 1977), 29-30, 37; Levin Tilmon to Lincoln, April 8, 1861, ALP; Hahn, *Political Worlds*, 70.

(48) Symonds, *Lincoln and His Admirals*, 165-66; *OR*, 2 ser., 1: 773; Arnold, *History of Abraham Lincoln*, 236; *Chicago Tribune*, December 7 and 9, 1861.

(49) William B. Parker, *The Life and Public Services of Justin Smith Morrill* (Boston, 1924), 127; *New York Times*, December 4, 1861.

(50) Michael Burlingame, ed., *Lincoln's Journalist: John Hay's Anonymous Writings for the Press, 1860-1864* (Carbondale, Ill., 1998), 176; McPherson, *Struggle for Equality*, 93; Allen T. Rice, ed., *Reminiscences of Abraham Lincoln by Distinguished Men of His Time* (New York, 1888), 60; *Washington Star*, January 4,1862; James A. Cravens to Lincoln, January 5, 1862, ALP; Brownson, *Works of Orestes A. Brownson*, 17: 261.

(51) Freidel, *Union Pamphlets*, 1: 295; James B. Stewart, *Wendell Phillips: Liberty's Hero* (Baton Rouge, 1986), 227-38; Burlingame, *Lincoln's Journalist*, 233-35; Wendell Phillips, *Speeches, Lectures, and Letters* (Boston, 1863), 419; McPherson, *Struggle for Equality*, 83-85.

(52) *Harper's Weekly*, April 20, 1861; *CG*, 37th Congress, 2nd Session, 1266, 3132; William G. Sewell, *The Ordeal of Free Labor in the British West Indies* (New York, 1861), 324; *Chicago Tribune*, August 11, 1862; Sarah F. Hughes, ed., *Letters and Recollections of John Murray Forbes* (2 vols.; Boston, 1899), 1: 309-13.

(53) Gideon Welles, *Lincoln and Seward* (New York, 1874), 132; James C. Conkling to Trumbull, December 16, 1861, LTP; Howard K. Beale, ed., *The Diary of Edward Bates, 1859-1866* (Washington, D.C., 1933), 220.

(54) *Springfield Weekly Republican*, December 7, 1861; *New York Times*, December 3, 1861; *Chicago Tribune*, December 5, 1861; *CG*, 37th Congress, 2nd Session, 15, 36, 82.

(55) *CG*, 37th Congress, 2nd Session, 5, 6, 26, 78; Edward Magdol, *Owen Lovejoy: Abolitionist in Congress* (New Brunswick, N.J., 1967), 299; *Chicago Tribune*, December 5, 1861; D. L. Linegar to Trumbull, December 7, 1861, LTP; *New York Herald*, December 31, 1861.

(56) *OR*, ser. 2, 1: 783; *CG*, 37th Congress, 2nd Session, 10, 26, 264, 310, 762; *CW*, 5: 72; *Frank Leslie's Illustrated Weekly*, December 21, 1861.

(57) Arnold, *History of Abraham Lincoln*, 251-53; John Bigelow, ed., *Letters and Literary Memorials of Samuel J. Tilden* (2 vols.; New York, 1908), 1: 164-65; *CG*, 37th Congress, 2nd Session, 182, 355; appendix, 28; Reverdy Johnson to Lincoln, January 16, 1862, ALP; Wagandt, *Mighty Revolution*, 36.

(58) *New York Times*, December 17, 1861; *CG*, 37th Congress, 2nd Session, 2203, 3002; Leonard P. Curry, *Blueprint for Modern America: Nonmilitary Legislation of the First Civil War Congress* (Nashville, 1968), 58-59; Timothy O. Howe to James H. Howe, December 31, 1861, Timothy O. Howe Papers, State Historical Society of Wisconsin.

(59) Henry J. Raymond, *The Life and Public Services of Abraham Lincoln* (New York, 1865), 773; Harold Holzer, *Lincoln President-Elect: Abraham Lincoln and the Great Secession Winter, 1860-1861* (New York, 2008), 121; William Slade to Lincoln, November 22, 1864, ALP; *CW*, 4: 494; Michael Burlingame, *Abraham Lincoln: A Life* (2 vols.; Baltimore, 2008), 2: 92; Magdol, *Owen Lovejoy*, 276-77.

(60) Richard Carwardine, *Lincoln* (London, 2003), 196-97; James R. Gilmore, *Personal Recollections of Abraham Lincoln and the Civil War* (Boston, 1898), 99; M. A. De Wolfe Howe, *The Life and Letters of George Bancroft* (2 vols.; New York, 1908), 2: 147; Don E. Fehrenbacher and Virginia Fehrenbacher, eds., *Recollected Words of Abraham Lincoln* (Stanford, 1996), 118; Henry D. Bacon to Samuel L. M. Barlow, January 20, 1862, Samuel L. M. Barlow Papers, HL; Allan Nevins and Milton H. Thomas, eds., *The Diary of George Templeton Strong* (4 vols.; New York, 1952), 3: 204-5. 1904年に出版された自伝で，コンウェイはリンカンとの会談の内容を大幅に脚色した．その自伝によれば，リンカンはコンウェイに「地元に帰って住民を説得せよ．説得に繋がるのならば，私の意向を好きなように伝えるがよい」と言った，ということである．

Moncure D. Conway, *Autobiography: Memories and Experiences* (2 vols.; Boston, 1904), 1: 345-46.

(61) *Douglass' Monthly*, 4 (January 1862), 577; *Liberator*, January 3, 1862; *Independent*, January 23, 1862; Basler, *Collected Works of Abraham Lincoln: First Supplement*, 69; W. E. B. Du Bois, *The Suppression of the African Slave-Trade to the United States of America, 1638-1870* (New York, 1896), 109; William Lee Miller, *President Lincoln: The Duty of a Statesman* (New York, 2008), 244-52; Jenny Martinez "Antislavery Courts and the Dawn of International Human Rights Law," *Yale Law Journal*, 117 (January 2008), 550-642; Karen F. Younger, "Liberia and the Last Slave Ships," *CWH*, 54 (December 2008), 424-42; *Weekly Anglo-African*, March 1, 1862

(62) Fehrenbacher and Fehrenbacher, *Recollected Words*, 123; *Harper's Weekly*, February 22, 1862; W. A. Gorman to Henry Wilson, December 22, 1861, Henry Wilson Papers, LC; Berlin, *Freedom*, ser. 1, 1: 17-18; Arnold, *History of Abraham Lincoln*, 261; *CG*, 37th Congress, 2nd Session, 76.

(63) *CG*, 37th Congress, 2nd Session, 944, 955, 958-59, 1143; Fabrikant, "Emancipation," 403.

(64) Beverly W. Palmer, ed., *The Selected Letters of Charles Sumner* (2 vols.; Boston, 1990), 2: 85-93; *CW*, 5: 144-46.

(65) Donald, *Charles Sumner*, 346; *Liberator*, March 14, 1862; Carl Schurz, *The Reminiscences of Carl Schurz* (3 vols.; New York, 1907-8), 2: 320; *Weekly Anglo-African*, March 22, 1862.

(66) *Harper's Weekly*, March 22, 1862; *Chicago Tribune*, March 20, 1862; *New York Tribune*, March 7, 1862; *Baltimore Sun*, March 8, 1862; Winfield Scott to William H. Seward, March 8, 1862, ALP; *CG*, 37th Congress, 2nd Session, 1149, 1179, 1198, 1496, 1815-18; *Frank Leslie's Illustrated Weekly*, March 22, 1862.

(67) Irving H. Bartlett, ed., "New Light on Wendell Phillips: The Community of Reform," *Perspectives in American History*, 12 (1979), 8; Fehrenbacher and Fehrenbacher, *Recollected Words*, 356.

(68) McPherson, *Political History*, 210-11; *New York Tribune*, July 14, 1862.

(69) Philip S. Foner, *The Life and Writings of Frederick Douglass* (5 vols.; New York, 1950-75), 3: 123; *CG*, 37th Congress, 2nd Session, 1172, 1175, 2917; *Harper's Weekly*, April 12, 1862; Francis S. Corkran to Montgomery Blair, May 20, 1862, ALP; *New York Times*, April 3, 1862.

(70) Montgomery Blair to Lincoln, March 5, [1862], ALP; Wagandt, *Mighty Revolution*, 62; *CG*, 37th Congress, 2nd Session, 1359.

(71) *Liberator*, March 28, 1862.

(72) Holzer, *Lincoln President-Elect*, 409; Robert Harrison, "An Experimental Station for Lawmaking: Congress and the District of Columbia, 1862-1878," *CWH*, 53 (March 2007), 32; *CG*, 37th Congress, 2nd Session, 1191, 1300, 1523, 1526.

(73) *CG*, 37th Congress, 2nd Session, 1191, 1266, 1300-1301, 1333-34, 1359, 1492, 1520-23; Curry, *Blueprint*, 39-41.

(74) *CG*, 37th Congress, 2nd Session, 1336; John W. Crisfield to Mary Crisfield, April 25, 1862, John W. Crisfield Papers, Maryland Historical Society; *BD*, 1: 541; *CW*, 5: 169, 192; Nevins and Thomas, *Diary of George Templeton Strong*, 3: 216-17.

(75) Michael J. Kurtz, "Emancipation in the Federal City," *CWH*, 24 (September 1978), 256; *Independent*, June 26, 1862; Daniel R. Goodloe, "Emancipation in the District of Columbia," *South-Atlantic*, 6 (1880), 245-70; Noah Brooks, *Washington in Lincoln's Time* (New York, 1895), 201; *Washington Star* in *New York Times*, December 27, 1887.

(76) *African Repository*, 38 (August 1862), 243; Harrison, "Experimental Station," 33; Burlingame, *Dispatches*, 78.

(77) *Annapolis Gazette* in *Easton Gazette* (Maryland), May 10, 1862; Charles B. Calvert to Lincoln, May 6, 1862; John H. Bayne to Lincoln, July 3, 1862, 共に ALP 所収; Ward Hill Lamon, *Recollections of Abraham Lincoln, 1847-1865*, ed. Dorothy Lamon (Chicago, 1895), 249-54; Henry G. Pearson, *James Wadsworth of Genesco* (New York, 1913), 134-40; Wagandt, *Mighty Revolution*, 119-20.

(78) *CG*, 37th Congress, 2nd Session, 2231, 2623.

(79) Roger N. Buckley, *Slaves in Red Coats: The British West India Regiments, 1795-1875* (New Haven, 1979); Christopher L. Brown and Philip D. Morgan, eds., *Arming Slaves: From Classical Times to the Modern Age* (New Haven, 2006); Berry, *Military Necessity*, 29-33; Jonathan Brigham, *James Harlan* (Iowa City, 1913), 170; Salter, *Life of James W. Grimes*, 196; *CG*, 37th Congress, 2nd Session, 2971; James G. Smart, ed., *A Radical View: The "Agate" Dispatches of Whitelaw Reid, 1861-1865* (2 vols.; Memphis, 1976), 2: 71-72.

(80) *New York Herald*, December 10, 1861; *New York Times*, February 24, 1862; *CG*, 37th Congress, 2nd Session, 18, 2243; appendix, 194; Hamilton, *Limits of Sovereignty*, 7-9; Siddali, *From Property to Person*, 139-41.

(81) *CG*, 37th Congress, 2nd Session, 1137, 2917-20, 2929, 2999; Jason Marsh to Trumbull, May 26, 1862, LTP.

(82) Arnold, *History of Abraham Lincoln*, 259-60; *CG*, 37th Congress, 2nd Session, 2042-44, 2068, 2618.

(83) Joseph C. G. Kennedy, *Population of the United States in 1860* (Washington, D.C., 1864), 557, 575; John A. Clark to Elihu B. Washburne, December 8, 1861, Elihu B. Washburne Papers, LC; *CG*, 37th Congress, 2nd Session, 2527.
(84) William Aikman, *The Future of the Colored Race in America* (New York, 1862), 10. この論文はもともと1862年7月に *Presbyterian Quarterly Review* に掲載され，後にパンフレット化された.
(85) George B. McClellan to Samuel L. M. Barlow, November 8, 1861, Barlow Papers, HL; Gienapp, *Abraham Lincoln*, 97-98.

第7章◆「永久に自由身分である」

(1) Edward A. Miller, *Lincoln's Abolitionist General: The Biography of David Hunter* (Columbia, S.C., 1997), 96-104; Mark Grimsley, *The Hard Hand of War: Union Military Policy toward Southern Civilians, 1861-1865* (New York, 1995), 127.
(2) Grimsley, *Hard Hand of War*, 127; Salmon P. Chase to Lincoln, May 16, 1862, ALP; *CW*, 5: 219, 222-23.
(3) Frederic Bancroft, ed., *Speeches, Correspondence and Political Papers of Carl Schurz* (6 vols.; New York, 1913), 1: 206; *CW*, 5: 222-23; Burrus M. Carnahan, *Act of Justice: Lincoln's Emancipation Proclamation and the Law of War* (Lexington, Ky., 2007), 101-2; George W. Smalley to Sydney Howard Gay, June 21, 1862, GP; *Chicago Tribune*, May 24, 1862.
(4) Miller, *Lincoln's Abolitionist General*, 104-6.
(5) Judkin Browning, "Visions of Freedom and Civilization Opening before Them: African Americans Search for Autonomy during Military Occupation in North Carolina," in Paul D. Escott, ed., *North Carolinians in the Era of the Civil War and Reconstruction* (Chapel Hill, 2008), 74-75; Leon F. Litwack, *Been in the Storm So Long: The Aftermath of Slavery* (New York, 1979), 52-57; Steven V. Ash, *Middle Tennessee Society Transformed, 1860-1870: War and Peace in the Upper South* (Baton Rouge, 1988), 106-9; C. Peter Ripley, *Slaves and Freedmen in Civil War Louisiana* (Baton Rouge, 1976), 13-23; J. Carlyle Sitterson, *Sugar Country* (Lexington, Ky., 1953), 207-11; *New York Times*, December 30, 1861; *OR*, ser. 1, 10, pt. 2: 162-63.
(6) Donald Yacovone, ed., *A Voice of Thunder: The Civil War Letters of George E. Stephens* (Urbana, Ill., 1997), 17, 203-4; Adams S. Hill to Sydney Howard Gay, undated (mid-June 1862), GP; Theodore Clarke Smith, *The Life and Letters of James A. Garfield* (2 vols.; New Haven, 1925), 1: 211-12; Sarah F. Hughes, ed., *Letters (Supplementary) of John Murray Forbes* (3 vols.; Boston, 1905), 1-2; Chandra Manning, *What This Cruel*

War Was Over: Soldiers, Slavery, and the Civil War (New York, 2007), 43-50; D. D. Phillips to Lyman Trumbull, July 5, 1862, LTP.

(7) *Private and Official Correspondence of Gen. Benjamin F. Butler during the Period of the Civil War* (5 vols.; Norwood, Mass., 1917), 1: 516-18, 613-15; 2: 41; *OR*, ser. 1, 15: 485-90; Louis S. Gerteis, *From Contraband to Freedman: Federal Policy toward Southern Blacks, 1861-1865* (Westport, Conn., 1973), 65-71.

(8) Joseph Logsdon, *Horace White, Nineteenth-Century Liberal* (Westport, Conn., 1971), 90; *New York Tribune*, June 13, 1862.

(9) Duane Mowry, ed., "Reconstruction Documents," *Publications of the Southern History Association*, 8 (July 1904), 292; Silvana R. Siddali, *From Property to Person: Slavery and the Confiscation Acts, 1861-1862* (Baton Rouge, 2005), 147-49; *Boston Daily Advertiser*, August 20, 1862; *Independent*, July 10, 1862.

(10) Irving Katz, *August Belmont: A Political Biography* (New York, 1968), 120; William C. Davis, *Lincoln's Men* (New York, 1999), 90-91; Carl Schurz to Lincoln, May 19, 1862, ALP.

(11) *CW*, 5: 278-79; *Liberator*, July 4, 1862.

(12) Bancroft, *Speeches, Correspondence and Political Papers*, 1: 209; James R. Gilmore, *Personal Recollections of Abraham Lincoln and the Civil War* (Boston, 1898), 80; J. W. Edmonds, "What Shall Be the End?" *Continental Monthly*, 2 (July 1862), 4.

(13) William C. Harris, *With Charity for All: Lincoln and the Restoration of the Union* (Lexington, Ky., 1997), 20-23, 40-50, 83-84; *CW*, 5: 302-3; *New York Times*, June 4, 1862; Leroy P. Graf and Ralph W. Haskins, ed., *The Papers of Andrew Johnson* (16 vols.; Knoxville, 1967-2000), 5: 210-11, 231.

(14) Vincent Colyer, *Report of the Services Rendered by the Freed People to the United States Army …* (New York, 1864), 43-47; *OR*, ser. 1, 9: 395-402; *New York Times*, May 31, 1862; *Harper's Weekly*, June 21, 1862; *New York Evening Post*, June 17, 1862.

(15) Colyer, *Report*, 5, 51; Harris, *With Charity for All*, 60-66; Virginia J. Laas, ed., *Wartime Washington: The Civil War Correspondence of Elizabeth Blair Lee* (Urbana, Ill., 1991), 156; Graf and Haskins, *Papers of Andrew Johnson*, 5: 451-52.

(16) *CW*, 5: 317-18.

(17. *New York Tribune*, July 14, 1862; Adams S. Hill to Sydney Howard Gay, undated (July 15, 1862), GP; Edward McPherson, *The Political History of the United States during the Great Rebellion* (2nd ed.; Washington, D.C., 1865), 214-18.

(18) Isaac N. Arnold, *The History of Abraham Lincoln and the Overthrow of Slavery* (Chicago, 1866), 287-88; *CW*, 5: 324; Adams S. Hill to Sydney Howard Gay, July 14,

1862, GP.

(19) *Philadelphia Press* in *Chicago Tribune*, July 18, 1862; *New York Times*, July 22, 1862; Richard Yates and Catharine Yates Pickering, *Richard Yates: Civil War Governor* (Danville, Ill., 1866), 174; *CG*, 37th Congress, 2nd Session, 3199.

(20) Mary F. Berry, *Military Necessity and Civil Rights Policy* (Port Washington, N.Y., 1977), 41-42; George P. Sanger, ed., *The Statutes at Large, Treaties, and Proclamations of the United States of America*, vol. 12 (Boston, 1863), 597-600; *CG*, 37th Congress, 2nd Session, 3198.

(21) *CG*, 37th Congress, 2nd Session, 3200-3201; *Chicago Tribune*, July 14, 1862.

(22) Arnold, *History of Abraham Lincoln*, 277; Sanger, *Statutes at Large*, 589-92.

(23) Siddali, *From Property to Person*, 232; Patricia M. L. Lucie, "Confiscation: Constitutional Crossroads," *CWH*, 23 (December 1977), 307; George S. Merriam, *The Life and Times of Samuel Bowles* (2 vols.; New York, 1885), 1: 353; *CG*, 37th Congress, 2nd Session, 2898.

(24) *BD*, 1: 558-60; Michael Burlingame, *Abraham Lincoln: A Life* (2 vols.; Baltimore, 2008), 2: 358-59; *CG*, 37th Congress, 2nd Session, 3006, 3267-68, 3383, 3400; *CW*, 5: 329-31.

(25) George W. Julian, *Political Recollections, 1840-1872* (Chicago, 1884), 219-20; *Independent*, July 24, 1862; *CG*, 37th Congress, 2nd Session, 3382; *Harper's Weekly*, July 26, 1862.

(26) H. Draper Hunt, *Hannibal Hamlin of Maine: Lincoln's First Vice-President* (Syracuse, 1969), 428-29; Hannibal Hamlin to Lincoln, September 25, 1862, ALP; Matthew Pinkser, "Lincoln's Summer of Emancipation," in Harold Holzer and Sarah V. Gabbard, eds., *Lincoln and Freedom: Slavery, Emancipation, and the Thirteenth Amendment* (Carbondale, Ill., 2007), 81; *BD*, 1: 555; Adams S. Hill to Sydney Howard Gay, undated (July 9, 1862), GP.

(27) Stephen W. Sears, ed., *The Civil War Papers of George B. McClellan* (New York, 1989), 344-45; Grimsley, *Hard Hand of War*, 2-3.

(28) *WD*, 1: 70; Albert Mordell, ed., *Civil War and Reconstruction: Selected Essays by Gideon Welles* (New York, 1959), 236-39; Gideon Welles to Mary Welles, July 13, 1862, Gideon Welles Papers, LC. ウェルズの「日記」の大半はその当日に書かれたものではなく，後日あらためて纏められたものである．

(29) *CP*, 1: 348-50.

(30) *CW*, 5: 336-37.

(31) *Milwaukee Morning Sentinel*, July 19, 1862.

(32) "The Cabinet on Emancipation," July 22, 1862, Edwin M. Stanton Papers, LC; *CP*, 1: 350-52; 3: 236-37; F. B. Carpenter, *The Inner Life of Abraham Lincoln: Six Months at the White House* (New York, 1867), 20-22; Montgomery Blair to Lincoln, September 23, 1862, ALP.

(33) *Papers Relating to the Foreign Relations of the United States, 1861-1862* (Washington, D.C., 1862), 713-14; Howard Jones, *Abraham Lincoln and a New Birth of Freedom: The Union and Slavery in the Diplomacy of the Civil War* (Lincoln, Neb., 1999), 9-10, 38-41, 48-53, 63-67, 70; Bancroft, *Speeches, Correspondence and Political Papers*, 1: 185; Glyndon G. Van Deusen, *William Henry Seward* (New York, 1967), 330-34; Carl Schurz, *The Reminiscences of Carl Schurz* (3 vols.; New York, 1907-8), 2: 282-83; Frederick W. Seward, *Seward at Washington* (2 vols. New York, 1891), 2: 118; "Cabinet on Emancipation," July 22, 1862; Francis B. Cutting to Edwin M. Stanton, February 20, 1867, 共に Stanton Papers, LC 所収.

(34) Lerone Bennett, *Forced into Glory: Abraham Lincoln's White Dream* (Chicago, 2000), 502-3; *New York Evening Post* in *Chicago Tribune*, July 26, 1862; *New York Tribune*, August 22, 1862; *Springfield Weekly Republican*, August 30, 1862.

(35) *CW*, 5: 341; *OR*, ser. 1, 11, pt. 3: 359; ser. 3, 2: 397; Daniel E. Sutherland, "Abraham Lincoln, John Pope, and the Origins of Total War," *Journal of Military History*, 56 (October 1992), 577-82.

(36) *CW*, 5: 344-46, 350.

(37) Michael Burlingame, ed., *Lincoln's Journalist: John Hay's Anonymous Writings for the Press, 1860-1864* (Carbondale, Ill., 1998), 309; Adams S. Hill to Sydney Howard Gay, August 25, 1862, GP; *Chicago Tribune*, August 12, 1861.

(38) Robert Patterson to James R. Doolittle, April 15, 1862, James R. Doolittle Papers, LC; *CG*, 37th Congress, 2nd Session, Appendix, 95.

(39) James Mitchell, *Report on Colonization and Emigration* (Washington, D.C., 1862), 5; *CG*, 37th Congress, 2nd Session, 1815, 2536; Henry G. Pearson, *The Life of John A. Andrew* (2 vols.; Boston, 1904), 2: 8; Brenda G. Plummer, *Haiti and the United States: The Psychological Moment* (Athens, Ga., 1992), 45-46; Alfred N. Hunt, *Haiti's Influence on Antebellum America* (Baton Rouge, 1988), 186.

(40) *CG*, 37th Congress, 2nd Session, 944-46, 1605-6; James C. Conkling to Lyman Trumbull, December 16, 1861; Amherst Miller to Trumbull, January 24, 1862; W. W. Wright to Trumbull, July 7, 1862, 全て LTP 所収.

(41) *CG*, 37th Congress, 2nd Session, 348, 441, 1107, 1631-34, 2301; appendix, 322; *New York Times*, April 17, 1862.

（42）Leonard P. Richards, *"Gentlemen of Property and Standing": Anti-Abolition Mobs in Jacksonian America* (New York, 1970), 27-29; James L. Crouthamel, *James Watson Webb* (Middletown, Conn., 1969), 173; *Papers Relating to the Foreign Relations of the United States*, 704; Mitchell, *Report on Colonization*, 8-9.

（43）Ambrose Thompson to Lincoln, April 25, 1862, ALP; Caleb B. Smith to Robert Murray, April 25, 1862; Smith to Lincoln, May 9, 1862, 共に Letters Sent, September 8, 1858-February 1, 1872, RG 48, NA 所収；*WD*, 1; 150-51; *CW*, 4; 547; James Mitchell to J. P. Usher, January 21, 1864, Communication Relating to Rev. James Mitchell, RG 48, NA. ミッチェルに関しては，以下を参照のこと．Mark E. Neely Jr., "Colonization and the Myth That Lincoln Prepared the People for Emancipation," in William A. Blair and Karen F. Younger, eds., *Lincoln's Proclamation: Emancipation Reconsidered* (Chapel Hill, 2009), 58-60.

（44）*Lowell Daily Citizen and News*, June 16, 1862; James Mitchell to Lincoln, July 1, 1862, ALP; *Pacific Appeal*, September 20, 1862; Mitchell, *Report on Colonization*, 5.

（45）Daniel A. Payne, *Recollections of Seventy Years* (Nashville, 1888), 146-48; *African Repository*, 38 (August 1862), 243. これはこれまでほぼ全く引用されてこなかったリンカンの手紙の一つである．むろん，こうした手紙は珍しいものである．調べのついたところでは，この手紙を掲載したリンカンの書簡集は一つもなく，これを引用している研究書も以下の一つに限られる．Gregory U. Rigsby, *Alexander Crummell: Pioneer in Nineteenth-Century Pan-African Thought* (New York, 1987), 117-18.

（46）*CW*, 5: 370-75; *New York Times*, August 15, 1862. James Oakes はこの会談が「大統領在職中のリンカンの汚点」だと評している．James Oakes, *The Radical and the Republican: Frederick Douglass, Abraham Lincoln, and the Triumph of Antislavery Politics* (New York, 2007), 194.

（47）Edward M. Thomas to Lincoln, August 12, 1862, ALP; John Bigelow, *Retrospections of an Active Life* (5 vols.; New York, 1909-13), 1: 546: *CP*, 1: 362; *Douglass' Monthly*, 5 (October 1862), 722-23; *Christian Recorder*, September 27, 1862; *New York Times*, October 3, 1862; C. Peter Ripley et al., eds., *The Black Abolitionist Papers* (5 vols.; Chapel Hill, 1985-93), 5: 152.

（48）*Douglass' Monthly*, 5 (September 1862), 705-7; Philip S. Foner, ed., *The Life and Writings of Frederick Douglass* (5 vols.; New York, 1950-73), 4: 313.

（49）*London Daily News* in *Christian Recorder*, November 1, 1862; *National Anti-Slavery Standard*, August 20, 1862; Neely, "Colonization," 49-51; V. Jacque Voegeli, *Free but Not Equal: The Midwest and the Negro during the Civil War* (Chicago, 1967), 34;

Chicago Tribune, August 22, 1862.

(50) *New York Tribune*, August 26 and September 15, 1862; Caleb B. Smith to Samuel C. Pomeroy, September 12, 1862, Letters Sent, September 8, 1858-February 1, 1872, RG 48, NA; *CG*, 37th Congress, 2nd Session, 945; *Boston Daily Advertiser*, August 26 and 27, 1862; *New York Times*, August 30, September 13, and October 9, 1862; *San Francisco Evening Bulletin*, September 26, 1862; 39th Congress, 1st Session, Senate Executive Document 55, 13-16; Duane Mowry, ed., "Negro Colonization: From Doolittle Correspondence," *Publications of the Southern Historical Association*, 9 (November 1905), 402; *Baltimore Sun*, November 5, 1862.

(51) *CP*, 1: 358; *New York Evening Post*, September 7, 1862; *Chicago Tribune*, August 29, 1862; William Salter, *The Life of James W. Grimes* (New York, 1876), 215; Rachel S. Thorndike, ed., *The Sherman Letters* (New York, 1894), 156-57; Benjamin Bannan to Lincoln, July 24, 1862: James W. White et al. to Lincoln, July 24, 1862, 共に ALP 所収.

(52) Leonard Bacon, *Conciliation* (New Haven, 1862), 18-19; J. K. W. Levane and A. M. Milligan to Lincoln (1862); Petition from Washington County, Pennsylvania, August 28, 1862; Indiana Methodist Convention to Lincoln, September 12, 1862, 全て ALP 所収 ; Richard Carwardine, "Whatever Shall Appear to Be God's Will I Will Do: The Chicago Initiative and Lincoln's Proclamation," in Blair and Younger, *Lincoln's Proclamation*, 75-101; *CW*, 5: 420-25.

(53) *New York Tribune*, August 20, 1862; Douglas L. Wilson, *Lincoln's Sword: The Presidency and the Power of Words* (New York, 2006), 148; *CW*, 5: 388-89.

(54) *Harper's Weekly*, August 20, 1862; Timothy O. Howe to Lincoln, August 25, 1862, ALP; Wendell Phillips to Sydney Howard Gay, September 2, 1862, GP; Gay to Lincoln (August 1862), ALP; David Herbert Donald, *Lincoln* (New York, 1995), 368; *Springfield Weekly Republican*, September 27, 1862.

(55) James M. McPherson, *Battle Cry of Freedom: The Civil War Era* (New York, 1988), 492; *CW*, 5: 356-57, 423; Jonathan Brigham, *James Harlan* (Iowa City, 1913), 172; James G. Smart, ed., *A Radical View: The "Agate" Dispatches of Whitelaw Reid, 1861-1865* (2 vols.; Memphis, 1976), 2: 74-75.

(56) Gary Zellar, "The First Indian Home Guard and the Civil War on the Border and the Indian Expedition of 1862" (unpub. paper, American Historical Association annual meeting, 2010).

(57) Berry, *Military Necessity*, 39-47; *Private and Official Correspondence*, 2: 125-27, 131-35, 164, 192, 207, 270; Adams S. Hill to Sydney Howard Gay, July 24, 1862, GP; *CG*,

38th Congress, 1st Session, 672; *OR*, ser. 1, 14: 377; Henry Wilson, *History of the Rise and Fall of the Slave Power in America* (3 vols.; Boston, 1872-77), 3; 370.

(58) *Chicago Tribune*, August 27, 1862; *CP*, 1; 393-94; *WD*, 1: 142-43.

(59) *CW*, 5: 433-36; Bennett, *Forced into Glory*, 504.

(60) Mordell, *Civil War and Reconstruction*, 248-49; T. J. Barnett to Samuel L. M. Barlow, September 15, and October 6, 1862, Samuel L. M. Barlow Papers, HL; *Harper's Weekly*, October 4, 1862; *Springfield Weekly Republican*, September 27, 1862.

(61) *Pacific Appeal*, September 27, 1862; *New York Tribune*, September 24, 1862; *OR*, ser. 1, 16, pt. 2: 909-11; Herbert Mitgang, ed., *Abraham Lincoln: A Press Portrait* (Chicago, 1971), 313; Norma L. Peterson, *Freedom and Franchise: The Political Career of B. Gratz Brown* (Columbia, Mo., 1965), 109-19; Benjamin Gratz Brown to Lincoln, September 27, 1862, ALP.

(62) William H. Egle, *Life and Times of Andrew Gregg Curtin* (Philadelphia, 1895), 50-51, 138-40; Ira Harris to Lincoln, October 2, 1862; Charles Parker to Lincoln, September 28, 1862, 共に ALP 所収；*Independent*, September 25, 1862; Milton Meltzer and Patricia G. Holland, eds., *Lydia Maria Child: Selected Letters, 1817-1880* (Amherst, Mass., 1982), 419; Benjamin F. Wade to George W. Julian, September 29, 1862, Giddings-Julian Papers, LC; *Chicago Tribune*, September 24, 1862; *Douglass' Monthly*, 5 (October 1862), 721-22; *CW*, 5: 444.

(63) *Springfield Weekly Republican*, September 27, 1862; *WD*, 1: 150-52, 158-59; Howard K. Beale, ed., *The Diary of Edward Bates, 1859-1866* (Washington, D.C., 1933), 262-63; *CP*, 1: 399, 402.

(64) *WD*, 1: 123; Beverly W. Palmer and Holly B. Ochoa, eds., *The Selected Papers of Thaddeus Stevens* (2 vols.; Pittsburgh, 1997), 1: 319-20; Stephen J. Randall, *Colombia and the United States: Hegemony and Interdependence* (Athens, Ga., 1992), 47-49; Joseph Henry to Frederick W. Seward, September 5, 1862; Unknown to Joseph Henry, September 5, 1862, 共に ALP 所収；*Papers Relating to the Foreign Relations of the United States*, 883-84, 889, 893, 904; *New York Times*, October 9, 1862.

(65) Seward, *Seward at Washington*, 2: 227; *The Works of Charles Sumner* (15 vols.; Boston, 1870-83), 5: 498; *Christian Recorder*, September 14, 1861; Gaillard Hunt, *Israel, Elihu and Cadwallader Washburn: A Chapter in American Biography* (New York, 1925), 116.

(66) *Papers Relating to the Foreign Relations of the United States*, 202-4, 909-10; Mitchell, *Report on Colonization*, 16-19; J. P. Usher to George Edwards, October 7, 1862; Caleb B. Smith to Samuel G. Howe, October 24, 1862, 共に Letters Sent, September 8, 1858-February 1, 1872, RG 48, NA 所収；Roy F. Basler, ed., *The Collected Works of*

Abraham Lincoln: First Supplement, 1832-1865 (New Brunswick, N.J., 1974), 112.

(67) William Dusinberre, *Civil War Issues in Philadelphia, 1856-1865* (Philadelphia, 1965), 137-47; Mary K. George, *Zachariah Chandler: A Political Biography* (East Lansing, 1969), 94-95; *New York Times*, October 7, 1862; Voegeli, *Free but Not Equal*, 58; John Cochrane to Lincoln, November 5, 1862; David D. Field to Lincoln, November 8, 1862, 共に ALP 所収；Cornelius Cole, *Memoirs of Cornelius Cole* (New York, 1908), 158; Henry G. Pearson, *James Wadsworth of Genesco* (New York, 1913), 156; Joel H. Silbey, *A Respectable Minority: The Democratic Party in the Civil War Era, 1860-1868* (New York, 1977), 85-86; Bruce Tap, "Race, Rhetoric, and Emancipation: The Election of 1862 in Illinois," *CWH*, 39 (June 1993), 101-25; Patience Essah, *A House Divided: Slavery and Emancipation in Delaware, 1638-1865* (Charlottesville, 1996), 176.

(68) *Washington Daily Morning Chronicle*, November 17, 1862; Allen C. Guelzo, *Lincoln's Emancipation Proclamation: The End of Slavery in America* (New York, 2004), 80-81; John Eaton, *Grant, Lincoln and the Freedmen* (New York, 1907), 1-15; *Private and Official Correspondence*, 2: 447-50, 475; *Methodist*, in *Easton Gazette* (Maryland), August 23, 1862.

(69) Edward Bates to Francis Lieber, October 21 and November 22, 1862; Lieber to Bates, November 25, 1862, 全て Francis Lieber Papers, HL 所収；*Official Opinions of the Attorneys General of the United States* (12 vols.; Washington, D.C., 1852-70), 10: 382-413; James P. McClure et al., eds., "Circumventing the Dred Scott Decision: Edward Bates, Salmon P. Chase, and the Citizenship of African Americans," *CWH*, 43 (December 1997), 279-309; *CP*, 1: 387; Rebecca J. Scott, "Public Rights, Social Equality, and the Conceptual Roots of the *Plessy* Challenge," *Michigan Law Review*, 106 (March 2008), 791; *New York Times*, December 12, 1862; *New York Tribune*, December 26, 1862.

(70) David Davis to Leonard Swett, November 26, 1862, David Davis Papers, ALPLM; *CG*, 37th Congress, 3rd Session, appendix, 39.

(71) *CW*, 5: 518-37; "Editor's Table," *Continental Monthly*, 3 (January 1863), 126.

(72) Henry F. Brownson, ed., *The Works of Orestes A. Brownson* (20 vols.; Detroit, 1882-87), 17: 404-5; Smart, *Radical View*, 2: 187; Smith, *Life and Letters of James A. Garfield*, 1: 262-63; *CP*, 3: 320; Adams S. Hill to Sydney Howard Gay, December 2, 1862, GP.

(73) Robert F. Horowitz, *The Great Impeacher: A Political Biography of James M. Ashley* (New York, 1979), 84; *CW*, 5: 434, 462-63, 470-71, 500, 505.

(74) *CG*, 37th Congress, 3rd Session, 1016; Herman Belz, *Reconstructing the Union:*

Theory and Policy during the Civil War (Ithaca, 1969), 100-15; John Cimprich, *Slavery's End in Tennessee, 1861-1865* (Tuscaloosa, Ala., 1985), 100-101; Brooks D. Simpson, *Let Us Have Peace: Ulysses S. Grant and the Politics of War ant Reconstruction, 1861-1868* (Chapel Hill, 1991), 30; Graf and Haskins, *Papers of Andrew Johnson*, 6: 85-86; *CW*, 6: 26, 186-87; Benjamin P. Thomas and Harold M. Hyman, *Stanton: The Life and Times of Lincoln's Secretary of War* (New York, 1962), 243.

(75) Charles H. Ambler, *Francis H. Pierpont* (Chapel Hill, 1937), 162-202; Forrest Talbot, "Some Legislative and Legal Aspects of the Negro Question in West Virginia during the Civil War, Part I," *West Virginia History*, 23 (April 1963), 8; *CG*, 37th Congress, 2nd Session, 3308; 3rd Session, 59.

(76) *CG*, 37th Congress, 3rd Session, 50; William H. Seward to Lincoln, December 26, 1862; Edwin M. Stanton to Lincoln, December 26, 1862; Edward Bates to Lincoln, December 27, 1862, 全て ALP 所収 ; *WD*, 1: 208-9; *CW*, 6: 27-28; Ambler, *Francis H. Pierpont*, 202.

(77) *CW*, 6: 41; Benjamin Quarles, *Lincoln and the Negro* (New York, 1962), 112: Mitchell, *Report on Colonization*, 21-22; *To His Excellency, Abraham Lincoln, President of the United States*, 折り畳み印刷物, October 1, 1862, ALP; Beale, *Diary of Edward Bates*, 268; Laas, *Wartime Washington*, 223.

(78) Guelzo, *Lincoln's Emancipation Proclamation*, 182; Harold Holzer et al., *The Emancipation Proclamation: Three Views* (Baton Rouge, 2006), x; Carpenter, *Inner Life*, 269; Seward, *Seward at Washington*, 2: 151.

(79) *CW*, 6: 24-31.

(80) Bennett, *Forced into Glory*, 525-26. *Harper's New Monthly Magazine* は奴隷解放宣言が解放した奴隷の数を計算した. *Harper's New Monthly Magazine*, 26 (February 1863), 411.

(81) Benjamin R. Curtis, *Executive Power* (Boston, 1862); William Whiting, *The War Powers of the President, and the Legislative Powers of Congress in Relation to Rebellion, Treason and Slavery* (2nd ed.; Boston, 1862), i-v, 30, 66-68, 82.

(82) Burlingame, *Abraham Lincoln: A Life*, 2: 362; *Memoir of the Hon. William Whiting* (Boston, 1874), 6-7; John Murray Forbes to Charles Sumner, December 27, 1862, ALP; Brian Dirck, "Abraham Lincoln, Emancipation, and the Supreme Court," in Brian Dirck, ed., *Lincoln Emancipated: The President and the Politics of Race* (DeKalb, Ill., 2007), 99-116; *New York Times*, December 31, 1862; *CW*, 6: 429.

(83) *CW*, 6: 25; Graf and Haskins, *Papers of Andrew Johnson*, 6: 85-86; Arnold, *History of Abraham Lincoln*, 303.

(84) *Harper's Weekly*, January 10, 1862; *Baltimore Sun*, January 5, 1862; Harris, *With Charity for All*, 69-70; William C. Harris, *Lincoln's Last Months* (Cambridge, Mass., 2004), 126; John Murray Forbes to Charles Sumner, December 27, 1862, ALP.

(85) *New York Times*, January 3, 1863.

(86) Lester D. Langley, *The Americas in the Age of Revolution, 1750-1850* (New Haven, 1996), 122, 269.

(87) *Liberator*, January 9, 1863; Whiting, *War Powers*, i-ii.

(88) *New York Herald*, January 1, 1863; Carnahan, *Act of Justice*, 123; Foner, *Life and Writings of Frederick Douglass*, 3: 214; *CW*, 5: 49.

(89) *CW*, 7: 282; *Springfield Weekly Republican*, January 10, 1863; *Washington Daily Morning Chronicle*, December 8, 1862; *Pacific Appeal*, October 4, 1862.

(90) *Christian Recorder*, February 14, 1863; Bancroft, *Speeches, Correspondence and Political Papers*, 1: 206.

(91) Steven Hahn, *A Nation under Our Feet: Black Political Struggles in the Rural South from Slavery to the Great Migration* (Cambridge, Mass., 2003), 114; Benjamin R. Plumly to Lincoln, January 1, 1863, ALP.

(92) Giuseppe Garibaldi et al. to Lincoln, August 6, 1863, ALP; Richard Enmale, ed., *The Civil War in the United-States by Karl Marx and Frederick Engels* (3rd ed.; New York, 1961), 200. マルクスがこの文章を書いたのは1862年8月だった. それまでに, リンカンは南部境界州に段階的奴隷解放を迫る最後通牒を発していた.

第8章◆「自由の再生」

(1) Mark A. Plummer, *Lincoln's Rail Splitter: Governor Richard J. Oglesby* (Urbana, Ill., 2001), 85.

(2) William D. Foulke, *Life of Oliver P. Morton* (2 vols.; Indianapolis, 1899), 1: 230; *BD*, 1: 612-17; John Bigelow, *Retrospections of an Active Life* (5 vols.; New York, 1909-13), 1: 632; Moncure D. Conway, *Autobiography: Memories and Experiences* (2 vols.; Boston, 1904), 1: 381.

(3) *New York Times*, October 18, 1863; *CW*, 5: 537; 7: 93.

(4) Allan G. Bogue, "William Parker Cutler's Congressional Diary of 1862-63," *CWH*, 33 (December 1987), 327; Beverly W. Palmer and Holly B. Ochoa, eds., *The Selected Papers of Thaddeus Stevens* (2 vols.; Pittsburgh, 1997), 1: 354-56; *CG*, 37th Congress, 3rd Session, 601, 626-28, 680, 684, 858-63, 924; appendix, 93.

(5) *CW*, 6: 59, 191; Henry G. Pearson, *The Life of John A. Andrew* (2 vols.; Boston, 1904), 2: 73-82; *Douglass' Monthly*, 5 (March 1863), 801, and (April 1863), 819;

Weekly Anglo-African, January 17, 1863.

(6) Adams S. Hill to Sydney Howard Gay, January 19, 1863, GP; Thomas Richmond to Abraham Lincoln, March 2, 1863, ALP; Steven V. Ash, *Firebrand of Liberty: The Story of Two Black Regiments That Changed the Course of the Civil War* (New York, 2008), 200-201; *CW*, 6: 56, 149, 158.

(7) *Washington Daily Morning Chronicle*, April 20, 1863; *Harper's Weekly*, August 8, 1863; Edwin M. Stanton to Lincoln, February 8, 1864, ALP; Donald Yacovone, ed., *A Voice of Thunder: The Civil War Letters of George E. Stephens* (Urbana, Ill., 1997), 240.

(8) *CW*, 6: 374; Ulysses S. Grant to Lincoln, July 23, 1863, ALP; *Harper's Weekly*, February 21, 1863; John Y. Simon, ed., *The Papers of Ulysses S. Grant* (Carbondale, Ill., 1967-), 8, 94n.

(9) Steven V. Ash, *Middle Tennessee Society Transformed, 1860-1870: War and Peace in the Upper South* (Baton Rouge, 1988), 111-13; James M. McPherson, *What They Fought For, 1861-1865* (Baton Rouge, 1994), 30, 57-67; Chandra Manning, *What This Cruel War Was Over: Soldiers, Slavery, and the Civil War* (New York, 2007), 12-13, 83-85, 95, 115-16; Frank L. Byrne and Jean P. Soman, eds., *Your True Marcus: The Civil War Letters of a Jewish Colonel* (Kent, Ohio, 1985), 315-16; *CG*, 38th Congress, 1st Session, 404.

(10) Ira Berlin et al., eds., *Freedom: A Documentary History of Emancipation, 1861-1867* (New York, 1982-), ser. 1, 1: 96; ser. 2, 1-15, 116-26, 185, 191-97; *OR*, ser. 3, 3: 860-61; Benjamin Quarles, *Lincoln and the Negro* (New York, 1962), 161-66; Thomas E. Bramlette to Lincoln, February 1 and March 8, 1864, ALP; John David Smith, "The Recruitment of Negro Soldiers in Kentucky, 1863-1865," *Register of the Kentucky Historical Society*, 72 (October 1974), 364-90.

(11) *Brownson's Quarterly Review*, National Series, 1 (January 1864), 105; Berlin et al., *Freedom*, ser. 2: 1, 40, 303-12, 483-87; Drew G. Faust, *This Republic of Suffering: Death and the American Civil War* (New York, 2007), 45〔黒沢眞里子（訳），『戦死とアメリカ：南北戦争 62 万人の死の意味』，彩流社，2010 年〕; George S. Burkhardt, *Confederate Rage, Yankee Wrath: No Quarter in the Civil War* (Carbondale, Ill., 2007), 1-2; *OR*, ser. 2, 4: 954; 6: 21-22.

(12) *Chicago Tribune*, February 26, 1864; Berlin et al., *Freedom*, ser. 2, 28-29, 362-68, 401-2, 433-42, 611-13; Pearson, *Life of John A. Andrew*, 2: 98-117; *Christian Recorder*, April 16, 1864; H. O. Wagoner to Elihu B. Washburne, November 29, 1863, Elihu B. Washburne Papers, LC; *Harper's Weekly*, September 5, 1863; *CG*, 38th Congress, 1st Session, 2851.

(13) Francis G. Shaw to Lincoln, July 31, 1863, ALP; Berlin et al., *Freedom*, ser. 2: 582-

83; *CW*, 6: 357.

(14) James Oakes, *The Radical and the Republican: Frederick Douglass, Abraham Lincoln, and the Triumph of Antislavery Politics* (New York, 2007), 211-14; *Douglass' Monthly*, 5 (August 1863), 849. ダグラスはこの会談の内容を様々なところで語った. *Liberator*, August 10, 1863; *Proceedings of the American Antislavery Society at Its Third Decade* (New York, 1864), 116-17; Allen T. Rice, ed., *Reminiscences of Abraham Lincoln by Distinguished Men of His Time* (New York, 1888), 185-88; Frederick Douglass, *Life and Times of Frederick Douglass* (Hartford, 1882), 347-50.

(15) Burkhardt, *Confederate Rage*, 78-79, 109-10, 119-27; *CW*, 7: 302-3; James M. McPherson, *Tried by War: Abraham Lincoln as Commander in Chief* (New York, 2008), 247-48; *CG*, 38th Congress, 2nd Session, 24; *Chicago Tribune*, February 26, 1865.

(16) *CW*, 2: 10; 7: 281, 499; Roy F. Basler, ed., *The Collected Works of Abraham Lincoln: First Supplement, 1832-1865* (New Brunswick, N.J., 1974), 243; Michael Burlingame, ed., *Dispatches from Lincoln's White House: The Anonymous Civil War Journalism of Presidential Secretary William O. Stoddard* (Lincoln, Neb., 2002), 167.

(17) Robert Dale Owen, *The Wrong of Slavery, the Right of Emancipation and the Future of the African Race in the United States* (Philadelphia, 1864), 196-97; Adrian Cook, *The Armies of the Streets: The New York City Draft Riots of 1863* (Lexington, Ky., 1974); *New York Times*, March 7, 1864; *Washington Daily Morning Chronicle*, September 2, 1863; Yacovone, *Voice of Thunder*, 160; Francis Lieber to Charles Sumner, March 6, 1864, Charles Sumner Papers, Houghton Library, Harvard University.

(18) Rice, *Reminiscences*, 193; John Eaton, *Grant, Lincoln and the Freedmen* (New York, 1907), 175-76.

(19) Harold Holzer, *Lincoln President-Elect: Abraham Lincoln and the Great Secession Winter, 1860-1861* (New York, 2008), 118; *CW*, 7: 542-43; 8: 272; Edmund Kelly to Lincoln, August 21, 1863; American Baptist Missionary Convention to Lincoln, August 21, 1863; African Civilization Society to Lincoln, November 5, 1863, 全て ALP 所収；*National Anti-Slavery Standard*, December 17, 1864; *Weekly Anglo-African*, May 14, 1864; *Washington National Intelligencer*, August 6, 1864; Julie Roy Jeffrey, *The Great Silent Army of Abolitionism: Ordinary Women in the Antislavery Movement* (Chapel Hill, 1998), 218; Michael Vorenberg, "Slavery Reparations in Theory and Practice," in Brian Dirck, ed., *Lincoln Emancipated: The President and the Politics of Race* (DeKalb, Ill., 2007), 125-27.

(20) *CW*, 7: 483, 506-8; John McMahon to Lincoln, August 5, 1864, ALP.

(21) *CW*, 4: 277; James Oakes, "Natural Rights, Citizenship Rights, States' Rights, and

Black Rights: Another Look at Lincoln and Race," in Eric Foner, ed., *Our Lincoln: New Perspectives on Lincoln and His World* (New York, 2008), 115-16.

(22) *Douglass' Monthly*, 5 (February 1863), 786; Willis Boyd, "Negro Colonization in the National Crisis, 1860-1870" (unpub. diss., University of California, Los Angeles, 1953), 154-56; Bogue, "William Parker Cutler's Congressional Diary," 328.

(23) Thomas S. Malcolm, Memorandum, February 4, 1863; J. P. Usher to William H. Seward, April 22, 1863; Usher to Edwin M. Stanton, April 28, 1863; Usher to John Hodge, May 11, 1863, 全て Letters Sent, September 8, 1858-February 1, 1872 所収; Hodge to Usher, May 6 and 14, 1863, Communications Relating to Colonization in British Honduras, RG 48, NA; *New York Times*, May 18, 1863.

(24) J. P. Usher to Lincoln, May 18, 1863, Letters Sent, September 8, 1858-February 1, 1872, RG 48, NA; *St. Louis Daily Globe-Democrat*, August 28, 1894.

(25) *CW*, 6: 178; 39th Congress, 1st Session, Senate Executive Document 55, 27-61; Charles K. Tuckerman to Lincoln, March 31, 1863, ALP; J. P. Usher to Leonard Jerome, December 12, 1863, Letters Sent, September 8, 1858-February 1, 1872, RG 48, NA.

(26) J. P. Usher to Charles K. Tuckerman, April 17 and July 8, 1863, and April 5, 1864, Letters Sent, September 8, 1858-February 1, 1872, RG 48, NA; James DeLong to Henry Conrad, June 25, 1863, ALP; Eaton, *Grant, Lincoln and the Freedmen*, 91-92; *CW*, 7: 164.

(27) *Chicago Tribune*, March 23, 1864; J. P. Usher to Lincoln, May 18, 1863, Letters Sent, September 8, 1858-February 1, 1872, RG 48, NA; Michael Vorenberg, "Abraham Lincoln and the Politics of Black Colonization," *JALA*, 14 (Summer 1993), 40-43; Michael Burlingame and John R. Ettlinger eds., *Inside Lincoln's White House: The Complete Civil War Diary of John Hay* (Carbondale, Ill., 1997), 217; Michael Burlingame, ed., *Lincoln's Journalist: John Hay's Anonymous Writings for the Press, 1860-1864* (Carbondale, Ill., 1998), 280.

(28) 38th Congress, 2nd Session, House Executive Document 1, pt. 3, 310; *Washington Daily Morning Chronicle*, March 21, 1864; *New York Herald*, March 22, 1864; Michael Vorenberg, *Final Freedom: The Civil War, the Abolition of Slavery, and the Thirteenth Amendment* (New York, 2001), 106; *CG*, 38th Congress, 1st Session, 1770.

(29) Heather C. Richardson, *The Greatest Nation of the Earth: Republican Economic Policies during the Civil War* (Cambridge, Mass., 1997), 164-67; F. P. Stanton, "The Freedmen of the South," *Continental Monthly*, 2 (December 1862), 731-32; *African Repository*, 40 (February 1864), 47.

(30) *Douglass' Monthly*, 5 (October 1862), 724-25.

(31) David A. Nichols, *Lincoln and the Indians: Civil War Policy and Politics* (Columbia, Mo., 1978), 76-127, 175-83; *OR*, ser. 1, 13: 686; Alexander Ramsay to Lincoln, November 28, 1862, ALP; *CW*, 2: 217; 3: 511; 4: 61; 5: 493, 542-43; 6: 6-7.

(32) *CW*, 5: 526; 6: 151-53; 7: 47-48; 8: 147; Nichols, *Lincoln and the Indians*, 27-41, 186-99.

(33) James M. McPherson, *Battle Cry of Freedom: The Civil War Era* (New York, 1988), 636-37. Douglas Wilsonはリンカンの公開状がいかに綿密に練られているか，それがどれほど大きな影響を与えたのかを強調している．Douglas L. Wilson, *Lincoln's Sword: The Presidency and the Power of Words* (New York, 2006).

(34) Erastus Corning et al. to Lincoln, May 19, 1863, ALP; Philip S. Paludan, *"A People's Contest": The Union and Civil War, 1861-1865* (New York, 1988), 240-44; Charles B. Flood, *1864: Lincoln at the Gates of History* (New York, 2009), 22; Nathaniel P. Tallmadge to William H. Seward, May 24, 1863, ALP; *WD*, 1: 322.

(35) *CW*, 6: 248, 262-69, 303-5.

(36) Mark E. Neely Jr., *The Fate of Liberty: Abraham Lincoln and Civil Liberties* (New York, 1991), 67-71; Frederick P. Stanton, "Union Not to Be Maintained by Force," *Continental Monthly*, 5 (January 1864), 75; Henry W. Bellows, *Unconditional Loyalty* (New York, 1863), 5; Nicholas B. Wainwright, ed., *A Philadelphia Perspective: The Diary of Sidney George Fisher Covering the Years 1834-1871* (Philadelphia, 1967), 462. 戦時の愛国心については，以下の本が最も上手く説明している．Melinda Lawson, *Patriot Fires: Forging a New American Nationalism in the Civil War North* (Lawrence, Kans., 2002).

(37) *CW*, 6: 407-10, 414, 430.

(38) David P. Brown to Lincoln, June 15, 1863; Hugh McCulloch to Lincoln, June 16, 1863; William A. Hall to Lincoln, June 15, 1863; Israel Washburn Jr. to Lincoln, September 15, 1863, 全てALP所収；*Boston Transcript* in *Liberator*, September 11, 1863; V. Jacque Voegeli, *Free but Not Equal: The Midwest and the Negro during the Civil War* (Chicago, 1967), 121-31; Flood, *1864*, 22.

(39) Gabor Boritt, *The Gettysburg Gospel: The Lincoln Speech That Nobody Knows* (New York, 2008), 98-113; *CW*, 7: 23.

(40) *Springfield Weekly Republican*, November 28, 1863; Edward Everett to Lincoln, November 20, 1863, ALP; *Chicago Times*, November 23, 1863.

(41) *CW*, 1: 108; *CG*, 37th Congress, 1st Session, 4; Dorothy Ross, "Lincoln and the Ethics of Emancipation: Universalism, Nationalism, Exceptionalism," *JAH*, 96

(September 2009), 387; Boritt, *Gettysburg Gospel*, 118.『詩篇』の 90 篇 10 節には「我々の人生の日々は 70 年」とある.

（42）*CG*, 37th Congress, 2nd Session, 736-37; Herman Belz, *Reconstructing the Union: Theory and Policy during the Civil War* (Ithaca, 1969), 40-63, 75-79.

（43）*CW*, 6: 440-41; 7: 2.

（44）*CW*, 6: 48-49, 358; Don E. Fehrenbacher and Virginia Fehrenbacher, eds., *Recollected Words of Abraham Lincoln* (Stanford, 1996), 146.

（45）*CP*, 4: 6; *Brownson's Quarterly Review*, National Series, 1 (January 1864), 93.

（46）*New York Times*, August 13, 1863; *Speech of the Hon. Montgomery Blair (postmaster general) on the Revolutionary Schemes of the Ultra Abolitionists* … (n.p., 1863), 3-6; *The Works of Charles Sumner* (15 vols.; Boston, 1870-83), 7: 493-546.

（47）Montgomery Blair, *Comments on the Policy Inaugurated by the President, in a Letter and Two Speeches* (New York, 1863); Francis P. Blair Sr. to Appoline Blair, October 25, 1863, Blair Family Papers, LC; Henry Wilson to Lincoln, August 21, 1863; Zachariah Chandler to Lincoln, November 15, 1863, 共に ALP 所収 ; Burlingame and Ettlinger, *Inside Lincoln's White House*, 105-6; *CW*, 7: 24.

（48）Allan Peskin, *Garfield* (Kent, Ohio, 1978), 223; Eric Foner, *The Story of American Freedom* (New York, 1998), 93-94; William E. Chandler to Montgomery Blair, November 20, 1863, Blair Family Papers, LC.

（49）*CW*, 7: 36-56.

（50）Michael Burlingame, *Abraham Lincoln: A Life* (2 vols.; Baltimore, 2008), 2: 594-98; *Chicago Tribune*, December 15, 1863; *Philadelphia North American and United States Gazette*, December 11,1863; *New York Times*, December 10, 1863; Virginia J. Laas, ed., *Wartime Washington: The Civil War Correspondence of Elizabeth Blair Lee* (Urbana, Ill., 1991), 325-26; *Brownson's Quarterly Review*, National Series, 1 (January 1864), 93; *New York Herald*, December 11, 1863.

（51）James G. Smart, ed., *A Radical View: The "Agate" Dispatches of Whitelaw Reid 1861-1865* (2 vols.; Memphis, 1976), 2: 110; Beverly W. Palmer, ed., *The Selected Letters of Charles Sumner* (2 vols.; Boston, 1990), 2: 216; *Boston Commonwealth*, December 18, 1863; *CP*, 4: 202-3, 225, 246; Montgomery Blair to Lincoln, December 6, 1864, ALP.

（52）Michael Burlingame, ed., *Lincoln Observed: Civil War Dispatches of Noah Brooks* (Baltimore, 1998), 94; *Philadelphia Inquirer*, December 19, 1863; William B. Hesseltine, *Lincoln's Plan of Reconstruction* (Tuscaloosa, Ala., 1960), 96-97; *CW*, 6: 440.

（53）Henry J. Raymond, *The Administration and the War* (New York, 1863), 9; Victor B. Howard, *Black Liberation in Kentucky: Emancipation and Freedom, 1862-1884*

(Lexington, Ky., 1983), 36-61; Jesse W. Fell to F. Price, February 18, 1863, ALP.

(54) John A. Williams, "The New Dominion and the Old: Ante-Bellum and Statehood Politics as the Background of West Virginia's 'Bourbon Democracy,'" *West Virginia History*, 33 (July 1972), 342-52; Richard O. Curry, "Crisis Politics in West Virginia, 1861-1870," in Richard O. Curry, ed., *Radicalism, Racism, and Party Realignment: The Border States during Reconstruction* (Baltimore, 1969), 83-90.

(55) Richard P. Fuke, "Hugh Lennox Bond and Radical Republican Ideology," *JSH*, 45 (November 1979), 583-84; Charles L. Wagandt, *The Mighty Revolution: Negro Emancipation in Maryland, 1862-1864* (Baltimore, 1964), 26, 77-85, 143; Henry Winter Davis, *Speeches and Addresses* (New York, 1867), 384-92.

(56) Montgomery Blair to Samuel L. M. Barlow, May 14, 1864, Samuel L. M. Barlow Papers, HL; Montgomery Blair to Augustus Bradford, September 26, 1863, Blair Family Papers, LC.

(57) *CW*, 7: 226, 301-2.

(58) Wagandt, *Mighty Revolution*, 222-29; *Chicago Tribune*, October 14, 1864.

(59) *CW*, 8, 41; Allan Nevins and Milton H. Thomas, eds., *The Diary of George Templeton Strong* (4 vols.; New York, 1952), 3: 501; Burlingame, *Lincoln Observed*, 141-42; Joseph Hall to Lincoln, January 11, 1865, ALP; Herbert G. Gutman, *The Black Family in Slavery and Freedom, 1750-1925* (New York, 1976), 402-10; *Philadelphia North American and United States Gazette*, November 21, 1864.

(60) *CW*, 6: 218, 234; Truman Woodruff to Lincoln, April 9, 1863; Samuel T. Glover to Lincoln, April 13, 1863; Charles D. Drake to Lincoln, April 29, 1863; Joseph W. McClurg to Lincoln, May 22, 1863, 全て ALP 所収.

(61) William E. Parrish, *Turbulent Partnership: Missouri and the Union, 1861-1865* (Columbia, Mo., 1963), 143, 223n.; John M. Schofield to Lincoln, June 20, 1863; James S. Rollins to Lincoln, September 8, 1863, 共に ALP 所収 ; *CW*, 6: 291; *Kansas City Journal of Commerce* in *Milwaukee Daily Sentinel*, April 29, 1863.

(62) William E. Parrish, *Frank Blair: Lincoln's Conservative* (Columbia, Mo., 1998), 178-80; *CW*, 6: 358, 500-503; Michael Burlingame, ed., *At Lincoln's Side: John Hay's Civil War Correspondence and Selected Writings* (Carbondale, Ill., 2000), 101.

(63) Richard H. Abbott, *The Republican Party and the South, 1855-1877: The First Southern Strategy* (Chapel Hill, 1986), 25-27; Norma L. Peterson, *Freedom and Franchise: The Political Career of B. Gratz Brown* (Columbia, Mo., 1965), 145-51; *Chicago Tribune*, February 26, 1864; David D. March, "Charles D. Drake and the Constitutional Convention of 1865," *Missouri Historical Review*, 44 (January 1954),

110-23.

(64) Charles H. Ambler, *Francis H. Pierpont* (Chapel Hill, 1937), 221-31.

(65) Ruth C. Cowan, "Reorganization of Federal Arkansas, 1862-1865," *Arkansas Historical Quarterly*, 18 (Summer, 1959), 255-70; Don E. Fehrenbacher, *Lincoln in Text and Context* (Stanford, 1987), 153-54; *CW*, 7: 108, 155, 161.

(66) Andrew Johnson to Lincoln, September 17, 1863; Horace Maynard to Lincoln, February 2, 1864; John S. Brien to Lincoln, January 30, 1864, 全て ALP 所収 ; Eric Foner, *Reconstruction: America's Unfinished Revolution, 1863-1877* (New York, 1988), 44; *CW*, 7: 209; 8: 58.

(67) Foner, *Reconstruction*, 176; John Cimprich, *Slavery's End in Tennessee, 1861-1865* (Tuscaloosa, Ala., 1985), 109-10; Leroy P. Graf and Ralph W. Haskins, eds., *The Papers of Andrew Johnson* (16 vols.; Knoxville, 1967-2000), 6: 171-72, 251-52, 344, 489-91, 581-82; William C. Harris, *With Charity for All: Lincoln and the Restoration of the Union* (Lexington, Ky., 1997), 223-27.

(68) Peyton McCrary, *Abraham Lincoln and Reconstruction: The Louisiana Experiment* (Princeton, 1978), 22-25, 78, 100, 160; William Cheault and Robert C. Reinders, "The Northern-Born Community of New Orleans in the 1850s," *JAH*, 51 (September 1964), 232-47; Joe G. Taylor, *Louisiana Reconstructed, 1863-1877* (Baton Rouge, 1974), 410.

(69) *CW*, 6: 364-65; 7: 1-2.

(70) *CW*, 7: 66; LaWanda Cox, *Lincoln and Black Freedom* (Columbia, S.C., 1981), 59-69; Ted Tunnell, *Crucible of Reconstruction: War, Radicalism, and Race in Louisiana, 1862-1877* (Baton Rouge, 1984), 26-50.

(71) Cox, *Lincoln and Black Freedom*, 77; *OR*, ser. 1, 26, pt. 1, 694-95; ser. 3, 3: 232, 771; *CP*, 4: 133-34, 229-30, 320-21, 331; Nathaniel P. Banks to Lincoln, December 30, 1863, ALP; Harris, *With Charity for All*, 175-76.

(72) Foner, *Reconstruction*, 49; Cox, *Lincoln and Black Freedom*, 94-95; *Liberator*, April 1, 1864; Ted Tunnell, "Free Negroes and the Freedmen: Black Politics in New Orleans during the Civil War," *Southern Studies*, 19 (Spring 1980), 16-17; *CW*, 7: 243. ハーン知事に宛てたリンカンの手紙は 1865 年 6 月 23 日にようやく公開された. この日の『ニューヨーク・タイムズ』は国会議員ウィリアム・D・ケリーの求めに応じて, 公開状を掲載した.

(73) McCrary, *Abraham Lincoln and Reconstruction*, 245-53; Taylor, *Louisiana Reconstructed*, 46; Nathaniel P. Banks to John Hay, March 28, 1864; Banks to Lincoln, July 25, 1864, 共に ALP 所収.

(74) *CW*, 7: 486; 8: 106-7.

(75) *New York Times*, January 3, 1863.

(76) William H. Kimball, "Our Government and the Blacks," *Continental Monthly*, 5 (April 1864), 433-44; *Philadelphia Inquirer*, February 10, 1864.

(77) John G. Sproat, "Blueprint for Radical Reconstruction," *JSH*, 23 (February 1957), 34-40; *OR*, ser. 3, 4: 382; James McKaye, *The Mastership and Its Fruits: The Emancipated Slave Face to Face with His Old Master* (New York, 1864), 35-37.

(78) *Works of Charles Sumner*, 8: 480-81.

(79) Willie Lee Rose, *Rehearsal for Reconstruction: The Port Royal Experiment* (Indianapolis, 1964); Cecil B. Ely Jr., ed., *A Virginia Yankee in the Civil War* (Chapel Hill, 1961), 148-50; William F. Messner, *Freedmen and the Ideology of Free Labor: Louisiana, 1862-1865* (Lafayette, La., 1978), 21-39; James D. Schmidt, *Free to Work: Labor Law, Emancipation, and Reconstruction, 1815-1880* (Athens, Ga., 1998), 95-97; *CP*, 3: 416.

(80) Steven J. Ross, "Freed Soil, Freed Labor, Freed Men: John Eaton and the Davis Bend Experiment," *JSH*, 44 (May 1978), 215-17; Louis S. Gerteis, *From Contraband to Freedman: Federal Policy toward Southern Blacks, 1861-1865* (Westport, Conn., 1973), 123-26.

(81) Berlin et al., *Freedom*, ser. 1, 3: 492-510, 757-62; McKaye, *Mastership*, 24; Gerteis, *From Contraband to Freedman*, 127-32.

(82) Schmidt, *Free to Work*, 103-4; *CW*, 7: 212; Ronald F. Davis, *Good and Faithful Labor: From Slavery to Sharecropping in the Natchez District, 1860-1890* (Westport, Conn., 1982), 64-73; Eaton, *Grant, Lincoln and the Freedmen*, 163.

(83) Eaton, *Grant, Lincoln and the Freedmen*, 88-91; Simon, *Papers of Ulysses S. Grant*, 8: 343-44; Edward L. Pierce, *Emancipation and Citizenship* (Boston, 1898), 87; John Eaton to Lincoln, July 18, 1863, ALP.

(84) *CW*, 6: 453-57; 7: 98-99; *CP*, 3: 352; 4: 227-28, 259-60, 292-93; *Washington Daily Morning Chronicle*, January 19, 1864; *Weekly Anglo-African*, August 27, 1864; Rose, *Rehearsal*, 272-96.

(85) *New York Times*, February 23, 1864; *CW*, 7: 54.

(86) *CW*, 7: 145.

(87) *CW*, 7: 185, 218; New York Times, July 10, 1864, and July 10, 1891; Daniel E. Sickles to Lincoln, May 31, 1864, ALP; Edcumb Pinchon, *Dan Sickles* (Garden City, N.Y., 1945), 208; Eaton, *Grant, Lincoln and the Freedmen*, 172-73.

(88) *New York Times*, February 25, 1864.

第9章◆「適切で必要な結論」

(1) *New York Times*, December 12, 1862; Leonard Marsh, *On the Relations of Slavery to the War* (n.p., 1861), 6.

(2) Henry Everett Russell, "Reconstruction," *Continental Monthly*, 4 (December 1863), 684; Michael Burlingame and John R. Ettlinger, eds., *Inside Lincoln's White House: The Complete Civil War Diary of John Hay* (Carbondale, Ill., 1997), 124; *Weekly Anglo-African*, September 23, 1863; *Liberator*, January 1, 1864; Sarah F. Hughes, ed., *Letters (Supplementary) of John Murray Forbes* (3 vols.; Boston, 1905), 2: 195.

(3) Walter M. Merrill, ed., *The Letters of William Lloyd Garrison* (6 vols.; Cambridge, Mass., 1971-81), 5: 170-71; Julie Roy Jeffrey, *The Great Silent Army of Abolitionism: Ordinary Women in the Antislavery Movement* (Chapel Hill, 1998), 214-16; David Herbert Donald, *Charles Sumner and the Rights of Man* (New York, 1970), 148; *CG*, 38th Congress, 1st Session, 536; Charles F. Fletcher to Lincoln, March 10, 1864, ALP.

(4) Isaac N. Arnold to Lincoln, December 4, 1863, ALP; Donald, *Charles Sumner*, 149-50; *CG*, 38th Congress, 1st Session, 1483-89; David E. Kyvig, *Explicit and Authentic Acts: Amending the U.S. Constitution, 1776-1995* (Lawrence, Kans., 1996), 159.

(5) Michael Vorenberg, *Final Freedom: The Civil War, the Abolition of Slavery, and the Thirteenth Amendment* (New York, 2001), 36-49, 91; *CG*, 38th Congress, 1st Session, 17, 513, 1313-14; John D. Defrees to Lincoln, February 7, 1864, ALP; *CW*, 7: 172-73.

(6) *CG*, 38th Congress, 1st Session, 761, 1419-24; Vorenberg, *Final Freedom*, 74-77.

(7) Vorenberg, *Final Freedom*, 99-100; *CG*, 38th Congress, 1st Session, 1484, 2962; Lea S. VanderVelde, "The Labor Vision of the Thirteenth Amendment," *University of Pennsylvania Law Review*, 138 (December 1989), 439.

(8) *CG*, 38th Congress, 1st Session, 1439-40, 1465, 2989-90; VanderVelde, "Labor Vision of the Thirteenth Amendment," 473-74; Vorenberg, *Final Freedom*, 132.

(9) Dorothy Ross, "Lincoln and the Ethics of Emancipation: Universalism, Nationalism, Exceptionalism," *JAH*, 96 (September 2009), 397; *CG*, 38th Congress, 1st Session, 523; *Chicago Tribune*, November 14, 1864; Alexander Tsesis, *The Thirteenth Amendment and American Freedom* (New York, 2004), 40-45; James D. Schmidt, *Free to Work: Labor Law, Emancipation, and Reconstruction, 1815-1880* (Athens, Ga., 1998), 114-17.

(10) *CG*, 38th Congress, 1st Session, 1490, 2995; *New York Herald*, April 9, 1864; *New York Times*, June 17, 1864.

(11) Patrick W. Riddleberger, *George Washington Julian: Radical Republican* (Indianapolis, 1966), 188-94; George W. Julian, *Speeches on Political Questions* (New York, 1872),

221-26; *CG*, 38th Congress, 1st Session, 513, 3327; *Chicago Tribune*, January 28, 1864; James M. McPherson, *The Struggle for Equality: Abolitionists and the Negro in the Civil War and Reconstruction* (Princeton, 1964), 247-56.

(12) *CG*, 38th Congress, 1st Session, 19, 709, 740, 2972; Beverly W. Palmer, ed., *The Selected Letters of Charles Sumner* (2 vols.; Boston, 1990), 2: 238; Heather C. Richardson, *The Greatest Nation of the Earth: Republican Economic Policies during the Civil War* (Cambridge, Mass., 1997), 230-36.

(13) Allan G. Bogue, *The Earnest Men: Republicans of the Civil War Senate* (Ithaca, 1981), 189; Edward McPherson, *The Political History of the United States during the Great Rebellion* (2nd ed.; Washington, D.C., 1865), 242-43; Donald, *Charles Sumner*, 153-61; Palmer, *Selected Letters of Charles Sumner*, 2: 247, 253.

(14) *CG*, 38th Congress, 1st Session, 554, 1639, 1652, 1705, 1844, 2351, 2386; Henry J. Raymond to James R. Doolittle, April 30, 1864, James R. Doolittle Papers, LC.

(15) Lyman Trumbull to H. G. McPike (draft), February 6, 1864, LTP; *CG*, 38th Congress, 1st Session, 439; appendix, 64.

(16) Theodore Clarke Smith, *The Life and Letters of James A. Garfield* (2 vols.; New Haven, 1925), 1: 375; *New York Times*, December 23, 1863; *CG*, 38th Congress, 1st Session, 114, 1197; Hans L. Trefousse, "Owen Lovejoy and Abraham Lincoln during the Civil War," *JALA*, 22 (Winter 2001), 15-32; *Springfield Weekly Republican*, June 11, 1864.

(17) Philip S. Paludan, *The Presidency of Abraham Lincoln* (Lawrence, Kans., 1994), 268-69.

(18) *CW*, 7: 281-82.

(19) Benjamin B. French to Lincoln, May 5, 1864, ALP; Vorenberg, *Final Freedom*, 116-19; Charles B, Flood, *1864: Lincoln at the Gates of History* (New York, 2009), 107; McPherson, *Political History*, 410-14.

(20) McPherson, *Political History*, 412-13; *New York Tribune*, June 1, 1864; Irving H. Bartlett, ed., "New Light on Wendell Phillips: The Community of Reform," *Perspectives in American History*, 12 (1979), 175.

(21) *Chicago Tribune*, June 1, 1864; *Harper's Weekly*, June 18, 1864; Donald, *Charles Sumner*, 163; David E. Long, *The Jewel of Liberty: Abraham Lincoln's Re-election and the End of Slavery* (Mechanicsburg, Pa., 1994), 182; Hans L. Trefousse, *Thaddeus Stevens: Nineteenth-Century Egalitarian* (Chapel Hill, 1997), 147.

(22) Vorenberg, *Final Freedom*, 123-26; *Independent*, June 16, 1864; *Proceedings of the First Three Republican National Conventions* (Minneapolis, 1893), 176-77, 225-26; *CW*,

7: 380.

(23) James G. Smart, ed., *A Radical View: The "Agate" Dispatches of Whitelaw Reid, 1861-1865* (2 vols.; Memphis, 1976), 2: 166; William E. Parrish, *Turbulent Partnership: Missouri and the Union, 1861-1865* (Columbia, Mo., 1963), 186; Charles Hamlin to Sally Hamlin, June 9, 1864, Hannibal Hamlin Papers, University of Maine; *Proceedings of the First Three Republican National Conventions*, 177-78, 191. 203-22.

(24) David Herbert Donald, *Lincoln* (New York, 1995), 505-6; Lincoln endorsement on John G. Nicolay to John Hay, June 5, 1864, ALP; Michael Burlingame, ed., *An Oral History of Abraham Lincoln: John G. Nicolay's Interviews and Essays* (Carbondale, Ill., 1996), 68; H. Draper Hunt, *Hannibal Hamlin of Maine: Lincoln's First Vice-President* (Syracuse, 1969), 179-89; Smart, *Radical View*, 2: 171-72.

(25) *Chicago Tribune*, February 24 and June 10, 1864; Douglas L. Wilson and Rodney O. Davis, eds., *Herndon's Informants* (Urbana, Ill., 1998), 315.

(26) Merrill, *Letters of William Lloyd Garrison*, 5: 207-8, 212; *CG*, 38th Congress, 1st Session, 3368; *CW*, 7: 418.

(27) *CG*, 38th Congress, 1st Session, 2108, 3449; Herman Belz, *Reconstructing the Union: Theory and Policy during the Civil War* (Ithaca, 1969), 198-221; Michael Les Benedict, *A Compromise of Principle: Congressional Republicans and Reconstruction, 1863-1869* (New York, 1974), 79-81.

(28) Burlingame and Ettlinger, *Inside Lincoln's White House*, 217-18; Belz, *Reconstructing the Union*, 226-27; *CW*, 7: 433-34; Harold M. Hyman, ed., *The Radical Republicans and Reconstruction, 1861-1870* (Indianapolis, 1967), 144-46; *Harper's Weekly*, August 20, 1864; Hans L. Trefousse, *Benjamin Franklin Wade: Radical Republican from Ohio* (New York, 1963), 220-24; Benedict, *Compromise*, 74-76.

(29) *CG*, 38th Congress, 1st Session, 2104; *WD*, 2: 98.

(30) Flood, *1864*, 99-116, 247; William Lee Miller, *President Lincoln: The Duty of a Statesman* (New York, 2008), 373.

(31) *Harper's Weekly*, May 28, 1864; Martin F. Conway to Lincoln, July 22, 1864, ALP.

(32) William C. Harris, *Lincoln's Last Months* (Cambridge, Mass., 2004), 107; James F. Jaquess to James A. Garfield, May 19, 1863, ALP; *CW*, 6: 330-31.

(33) Horace Greeley to Lincoln, July 7 and 13, 1864, ALP; *CW*, 7: 451; Edward C. Kirkland, *The Peacemakers of 1864* (New York, 1927), 65-84.

(34) James R. Gilmore, *Personal Recollections of Abraham Lincoln and the Civil War* (Boston, 1898), 232-47, 261-73.

(35) *Chicago Tribune*, August 10, 1864; James M. McPherson, *Tried by War: Abraham*

Lincoln as Commander in Chief (New York, 2008), 238; *New York Times*, July 23, 1864; Horace Greeley to Lincoln, August 8 and 29, 1864; Greeley to John G. Nicolay, September 4, 1864, 全て ALP 所収.

(36) Long, *Jewel of Liberty*, 193; Charles D. Robinson to Lincoln, August 7, 1864, ALP.

(37) *CW*, 7: 499-500.

(38) *CW*, 7: 506-8.

(39) Philip S. Foner, ed., *The Life and Writings of Frederick Douglass* (5 vols.; New York, 1950-75), 3: 405-7, 422-24; Frederick Douglass, *Life and Times of Frederick Douglass* (Hartford, 1882), 434-35; James Oakes, *The Radical and the Republican: Frederick Douglass, Abraham Lincoln, and the Triumph of Antislavery Politics* (New York, 2007), 229-30.

(40) Thurlow Weed to William H. Seward, August 22, 1864; Henry J. Raymond to Lincoln, August 22, 1864, 共に ALP 所収 ; Henry J. Raymond to Simon Cameron, August 21, 1864, Simon Cameron Papers, LC.

(41) *CW*, 7: 514.

(42) Harris, *Lincoln's Last Months*, 15-16; *CW*, 7: 517-18; Michael Burlingame, ed., *With Lincoln in the White House: Letters, Memoranda, and Other Writings of John G. Nicolay, 1860-1865* (Carbondale, Ill., 2000), 152-53; Glyndon G. Van Deusen, *William Henry Seward* (New York, 1967), 386-87.

(43) *New York Times*, December 17, 1864; *CW*, 6: 410-11; 7: 51.

(44) Noah Brooks to John G. Nicolay, September 2, 1864, ALP; Joel H. Silbey, *A Respectable Minority: The Democratic Party in the Civil War Era, 1860-1868* (New York, 1977), 119-67; Long, *Jewel of Liberty*, 276-83; *General McClellan's Letter of Acceptance, Together with His West Point Oration* (New York, 1864), 1-2.

(45) Frank Freidel, *Francis Lieber: Nineteenth-Century Liberal* (Baton Rouge, 1947), 351; Solomon N. Pettis to Lincoln, September 4, 1864; Theodore Tilton to John G. Nicolay, September 6, 1864; Thurlow Weed to William H. Seward, September 10, 1864, 全て ALP 所収 ; William Cassidy to Samuel L. M. Barlow, September 5, 1864, Samuel L. M. Barlow Papers, HL.

(46) *CW*, 8: 18; Joseph Medill to Lincoln, February 17, 1864, ALP; *Springfield Weekly Republican*, October 1, 1864; Winfred A. Harbison, "Zachariah Chandler's Part in the Reelection of Abraham Lincoln," *Mississippi Valley Historical Review*, 22 (September 1935), 267-76; Long, *Jewel of Liberty*, 240-42.

(47) Irving Katz, *August Belmont: A Political Biography* (New York, 1968), 146; Miller, *President Lincoln*, 375; Long, *Jewel of Liberty*, 153-71; Vorenberg, *Final Freedom*, 160.

(48) *Harper's Weekly*, September 10, 1864; "The Next General Election," *North American Review*, 99 (October 1864), 560-66; Peter Ufland, "The Politics of Race in the Midwest 1864-1890" (unpub. diss., University of Illinois, Chicago, 2006), 13-19; *Speeches of William D. Kelley* (Philadelphia, 1864), 28, 47-55; William Dusinberre, *Civil War Issues in Philadelphia, 1856-1865* (Philadelphia, 1865), 175; Foner, *Life and Writings of Frederick Douglass*, 3: 406-7, 422-24.

(49) Benjamin Quarles, *Lincoln and the Negro* (New York, 1962), 224-29; *Proceedings of the National Convention of Colored Men Held in the City of Syracuse, N. Y.* (Boston, 1864), 4-5, 44-52; Larry E. Nelson, "Black Leaders and the Presidential Election of 1864," *Journal of Negro History*, 63 (January 1978), 42-54.

(50) *CW*, 7: 505, 572, 528; 8: 83; "Abraham Lincoln," *North American Review*, 100 (January 1865), 11.

(51) *CW*, 8: 46, 100-101; Paludan, *Presidency*, 290; William E. Gienapp, *Abraham Lincoln and Civil War America* (New York, 2002), 174; Chandra Manning, *What This Cruel War Was Over: Soldiers, Slavery, and the Civil War* (New York, 2007), 186; Allan Nevins and Milton H. Thomas, eds., *The Diary of George Templeton Strong* (4 vols.; New York, 1952), 3: 511.

(52) Richard J. Oglesby to Lincoln, November 20, 1864, ALP; *CW*, 8: 149-52; *New Orleans Tribune*, December 21, 1864. リンカンが依然植民案にこだわっていたと見られる事例が 1864 年以降でも 2 例ある. 1865 年 1 月, リンカンはダニエル・E・シックルズ将軍をコロンビアとの外交折衝に派遣した. コロンビアは 1862 年に植民案が取り沙汰された地だった. パナマシティーのある新聞はこう述べた. シックルズには, 3 万の解放奴隷の入植地の建設と引き換えに 100 万ドルをコロンビア政府に支払う取り決めを行う権限があった, と. シックルズの伝記作家には, この報道が正しいとする者もいるが, 国務長官スーアードがシックルズに与えた指示書やシックルズが連邦政府に宛てた手紙には, このような計画についての記載が全くない. さらに, シックルズはこの報道と反対のことを言ったようである. 彼は解放奴隷が「経済の観点だけでなく軍事的な観点からも我々に必要だ」とリンカンらに説明した. シックルズの外交折衝の主目的は, 連邦軍兵士がカリフォルニア州への行き来に必要なパナマ地峡の通行権を取得することだった. *Mercantile Chronicle* (Panama City), February 13, 1865; Sickles to Seward, January 26, February 23, and April 17, 1865, 全て Dispatches from U. S. Ministers to Colombia, 1820-1906, vol. 20, RG 59, NA 所収 ; Seward to Sickles, January 6 and March 18, 1865, 共に Diplomatic Instructions of the Department of State 1801-1906, Special Missions: Instructions, vol. 2, RG 59, NA 所収 ; Thomas Keneally, *American*

Scoundrel: The Life of the Notorious Civil War General Dan Sickles (New York, 2003), 310-14; W. A. Swanberg, *Sickles the Incredible* (New York, 1956), 269-71. ベンジャミン・バトラーは 1880 年代から 90 年代にかけて書いた自伝で，こう主張した．リンカンの死の直前，自分は黒人兵士を除隊させ，運河建設のためにパナマ地峡に送り込むべきだと提案した．すると，リンカンは植民案を復活させたく思い，自分の案をスーアードに諮るつもりだと言った，と．だが，ほとんどの歴史学者はバトラーの回想に信憑性がないとしている．1865 年 2 月，バトラーはボストンでの演説やチャールズ・サムナーへの手紙で，植民案をきっぱりと拒絶していたからである．Allen T. Rice, ed., *Reminiscences of Abraham Lincoln by Distinguished Men of His Time* (New York, 1888), 150; Benjamin F. Butler, *Autobiography and Personal Reminiscences of Major-General Benjamin F. Butler: Butler's Book* (Boston, 1892), 903-4; *New York Tribune*, February 6, 1865: Butler to Charles Sumner, February 5, 1865, Charles Sumner Papers, Houghton Library, Harvard University; Mark E. Neely Jr., "Abraham Lincoln and Black Colonization: Benjamin Butler's Spurious Testimony," *CWH*, 25 (March 1979), 77-83; Philip W. Magness, "Benjamin Butler's Colonization Testimony Reevaluated," *JALA*, 29 (Winter 2008), 1-29.

(53) James Speed to Lincoln, December 22, 1861; Charles Sumner to Lincoln, October 12 and 24, 1864; Joseph Medill to Lincoln, November 19, 1864; William Stone to Lincoln, November 2, 1864; Norman B. Judd to Lincoln, December 28, 1864, 全て ALP 所収；*Baltimore American* in *Chicago Tribune*, December 25, 1864; *CG*, 38th Congress, 2nd Session, appendix, 83.

(54) Michael Burlingame, *Abraham Lincoln: A Life* (2 vols.; Baltimore, 2008), 2: 748-49; Michael S. Green, *Freedom, Union, and Power: Lincoln and His Party during the Civil War* (New York, 2004), 164-66; Don E. Fehrenbacher and Virginia Fehrenbacher, eds., *Recollected Words of Abraham Lincoln* (Stanford, 1996), 383; Robert F. Horowitz, *The Great Impeacher: A Political Biography of James M. Ashley* (New York, 1979), 103; *Chicago Tribune*, January 12, 1865.

(55) Vorenberg, *Final Freedom*, 176-87, 203; LaWanda Cox and John H. Cox, *Politics, Principle, and Prejudice, 1865-1866* (Glencoe, N.Y., 1963), 6-13; Montgomery Blair to Samuel L. M. Barlow, January 12, 1865, Samuel L. M. Barlow Papers, HL; David Lindsey, *"Sunset" Cox: Irrepressible Democrat* (Detroit, 1959), 93.

(56) Vorenberg, *Final Freedom*, 206; *CG*, 38th Congress, 2nd Session, 122, 236, 258-60, 531; Cox and Cox, *Politics*, 25.

(57) *CG*, 38th Congress, 2nd Session, 531; Eric Foner, *Reconstruction: America's Unfinished Revolution, 1863-1877* (New York, 1988), 66; *Washington Daily Morning*

Chronicle, February 1, 1865; George S. Merriam, *The Life and Times of Samuel Bowles* (2 vols.; New York, 1885), 1: 415-16; *CW*, 8: 254.

(58) *CW*, 8: 151-52, 220; John G. Nicolay and John Hay, "Blair's Mexican Project and the Hampton Roads Conference, the Thirteenth Amendment," *Century Magazine*, 16 (October 1889), 839-44.

(59) Wilson and Davis, *Herndon's Informants*, 413-14; *CW*, 8: 248; E. W. Clarke to Henry Wilson, January 31, 1865, Henry Wilson Papers, LC.

(60) *CW*, 8: 284-87; John A. Campbell, *Reminiscences and Documents Relating to the Civil War during the Year 1865* (Baltimore, 1887), 5-17; Alexander H. Stephens, *A Constitutional View of the Late War between the States* (2 vols.; Philadelphia, 1868-70), 2; 599-619; R. M. T. Hunter, "The Peace Commission of 1865," *Southern Historical Society Papers*, 3 (April 1877), 168-76.

(61) Stephens, *Constitutional View*, 2: 613-14; *CW*, 8: 260-61, 284-85; Burlingame, *Oral History*, 66; *WD*, 2: 237.

(62) Zachariah Chandler to Letitia Chandler, February 10, 1865, Zachariah Chandler Papers, LC; Harris, *Lincoln's Last Months*, 122.

(63) *Washington Daily Morning Chronicle*, February 4, 1865; Patience Essah, *A House Divided: Slavery and Emancipation in Delaware, 1638-1865* (Charlottesville, 1996), 2-6, 18; Robert J. Breckinridge to Lincoln, November 16, 1864; Edwin M. Stanton to Lincoln, March 3, 1865, 共に ALP 所収 ; Harold D. Tallant, *Evil Necessity: Slavery and Political Culture in Antebellum Kentucky* (Lexington. Ky., 2003), 18; William H. Williams, *Slavery and Freedom in Delaware, 1639-1865* (Wilmington, 1996), 170; *Louisville Journal* in *Chicago Tribune*, November 24, 1864; Marion B. Lucas, *A History of Blacks in Kentucky*, vol. 1: *From Slavery to Segregation, 1760-1891* (Frankfort, 1992), 159-60.

(64) Cornelius Cole, *Memoirs of Cornelius Cole* (New York, 1908), 220; *CG*, 38th Congress, 2nd Session, 138, 179, 199, 202, 236.

(65) *Harper's Weekly*, February 11 and 25, 1865; *A Memorial Discourse by Rev. Henry Highland Garnet Delivered in the Hall of the House of Representatives* (Philadelphia, 1865), 89; *Washington Daily Morning Chronicle*, March 1, 1865; *Christian Recorder*, February 25, 1865; Vorenberg, *Final Freedom*, 166.

(66) John Cochrane to Lincoln, January 28, 1865, ALP; Foner, *Reconstruction*, 62.

(67) Foner, *Reconstruction*, 62-65; Jean-Charles Houzeau, *My Passage at the New Orleans "Tribune": A Memoir of the Civil War Era*, ed. David C. Rankin, trans. Gerard F. Denault (Baton Rouge, 1984), 2-5, 19-23; *New Orleans Tribune*, February 23, 1865.

(68) *CW*, 8: 106-7, 148-49; *Washington Daily Morning Chronicle*, February 6, 1865.

(69) Palmer, *Selected Letters of Charles Sumner*, 2: 258; Donald, *Charles Sumner*, 196.

(70) Belz, *Reconstructing the Union*, 251-54; William C. Harris, *With Charity for All: Lincoln and the Restoration of the Union* (Lexington, Ky., 1997), 235; Burlingame, *Abraham Lincoln: A Life*, 2: 777; *CG*, 38th Congress, 2nd Session, 967-68, 1002.

(71) Harris, *With Charity for All*, 237-44; *CG*, 38th Congress, 2nd Session, 582; *The Works of Charles Sumner* (15 vols.; Boston, 1870-83), 9: 322; *Springfield Weekly Republican*, April 8, 1865; *CW*, 8: 337.

(72) Burlingame, *Abraham Lincoln: A Life*, 2: 773-75; Palmer, *Selected Letters of Charles Sumner*, 2: 273, 279.

(73) McPherson, *Struggle for Equality*, 287-95; *Liberator*, November 11, 1864, January 13 and February 3 and 10, 1865; *National Anti-Slavery Standard*, May 20, 1865.

(74) "Colloquy with Colored Ministers," *Journal of Negro History*, 16 (January 1931), 88-94; *CP*, 5: 6-7.

(75) Foner, *Reconstruction*, 71.

(76) John C. Robinson to Lincoln, February 1, 1865, ALP; John Eaton, *Grant, Lincoln and the Freedmen* (New York, 1907), 231; *CW*, 8: 325.

(77) Foner, *Reconstruction*, 69-70, 159; Celia E. Naylor, *African Cherokees in Indian Territory: From Chattel to Citizens* (Chapel Hill, 2008), 222-23.

(78) Nicholas B. Wainwright, ed., *A Philadelphia Perspective: The Diary of Sidney George Fisher Covering the Years 1834-1871* (Philadelphia, 1967), 499.

エピローグ◆「流された血の一滴一滴」

(1) Benjamin Quarles, *Lincoln and the Negro* (New York, 1962), 233-35; Gabor S. Boritt, *The Gettysburg Gospel: The Lincoln Speech That Nobody Knows* (New York, 2006), 121; Isaac N. Arnold, *The History of Abraham Lincoln and the Overthrow of Slavery* (Chicago, 1866), 628.

(2) Eric Foner, *Reconstruction: America's Unfinished Revolution, 1863-1877* (New York, 1988), 71-72.

(3) *CW*, 8: 332-33.

(4) Thomas A. Bayard to Samuel L. M. Barlow, March 12, 1865, Samuel L. M. Barlow Papers, HL.

(5) GW, 8: 282, 332-33.

(6) Benjamin Barondess, *Three Lincoln Masterpieces* (Charleston, W. Va., 1954), 84; Philip S. Foner, ed., *The Life and Writings of Frederick Douglass* (5 vols.; New York, 1950-75), 2:

190; *Chicago Tribune*, March 6, 1865, 1862年8月12日の社説を引用したもの.

(7) *CW*, 8: 333; Mark Neely Jr., "The Constitution and Civil Liberties under Lincoln," in Eric Foner, ed., *Our Lincoln: New Perspectives on Lincoln and His World* (New York, 2008), 54-57; *CW*, 8: 217, 308, 319-20; Beverly W. Palmer, ed., *The Selected Letters of Charles Sumner* (2 vols.; Boston, 1990), 2: 281.

(8) William C. Harris, *Lincoln's Last Months* (Cambridge, Mass., 2004), 142; Barondess, *Three Lincoln Masterpieces*, 68; Ronald C. White, *Lincoln's Greatest Speech: The Second Inaugural* (New York, 2002), 116-19; Nicholas Parillo, "Lincoln's Calvinist Transformation: Emancipation and War," *CWH*, 46 (September 2004), 227-54; Gary S. Smith, *Faith and the Presidency: From George Washington to George W. Bush* (New York, 2006), 91-99; *CW*, 5: 403-4.

(9) *CW*, 4: 482; 6: 155-56, 332, 497, 535-36; 7: 533; 8: 55; Lucas E. Morel, *Lincoln's Sacred Effort: Defining Religion's Role in American Self-Government* (Lanham, Md., 2000); Richard Carwardine, "Lincoln's Religion," in Foner, ed., *Our Lincoln*, 223-48; Mark A. Noll, "'Both … Pray to the Same God': The Singularity of Lincoln's Faith in the Era of the Civil War," *JALA*, 18 (Winter 1997), 1-26.

(10) フレデリック・ダグラスは自著 *Life and Times of Frederick Douglass* で，この演説の後にリンカンと会談したことを回想している. *Life and Times of Frederick Douglass* (Hartford, 1882), 444-45. この場に居合わせた Henry Clay Warmoth はイリノイ州出身の将校で，ルイジアナ州再建政府で知事を務めたが，この会談とその際のリンカンの言葉を日記で触れていた. Henry Clay Warmoth Diary, March 4, 1865, Henry Clay Warmoth Papers, Southern Historical Collection, University of North Carolina at Chapel Hill.

(11) Barondess, *Three Lincoln Masterpieces*, 89; Harris, *Lincoln's Last Months*, 149; White, *Lincoln's Greatest Speech*, 183-94; *New York Times*, April 17, 1865; Worthington C. Ford, ed., *A Cycle of Adams Letters, 1861-1865* (2 vols.; Boston, 1920), 2: 257; *CW*, 8: 356; Allan Nevins and Milton H. Thomas, eds., *The Diary of George Templeton Strong* (4 vols.; New York, 1952), 3: 561.

(12) *CW*, 8: 360-61.

(13) A. A. Hoehling and Mary Hoehling, *The Day Richmond Died* (San Diego, 1981), 202-7, 240-42; Edwin S. Redkey, ed., *A Grand Army of Black Men: Letters from African-American Soldiers in the Union Army, 1861-1865* (New York, 1992), 175-78; R. J. M. Blackett, ed., *Thomas Morris Chester: Black Civil War Correspondent* (Baton Rouge, 1989), 3, 294-97; Palmer, *Selected Letters of Charles Sumner*, 2: 282.

(14) *CW*, 8: 386-89; Charles H. Ambler, *Francis H. Pierpont* (Chapel Hill, 1937), 254-

58.

（15） *CW*, 8: 405-6; Michael Burlingame, *Abraham Lincoln: A Life* (2 vols.; Baltimore, 2008), 2: 794; George W. Julian, *Political Recollections, 1840-1872* (Chicago, 1884), 254; *WD*, 2: 279.

（16） *New York World*, April 13, 1865; Foner, *Reconstruction*, 182; Philip S. Paludan, *The Presidency of Abraham Lincoln* (Lawrence, Kans., 1994), 305.

（17） *CW*, 399-405; Peyton McCrary, *Abraham Lincoln and Reconstruction: The Louisiana Experiment* (Princeton, 1978), 5-7; *CP*, 5: 17.

（18） Jerome Mushkat, *The Reconstruction of the New York Democracy, 1861-1874* (Rutherford, N.J., 1981), 65; Palmer, *Selected Letters of Charles Sumner*, 2: 283-85; R. F. Fuller to Charles Sumner, April 13, 1865, Charles Sumner Papers, Houghton Library, Harvard University; *New York Times*, April 13, 1865.

（19） *New York World*, April 13, 1865; *Independent*, April 13, 1865; *Chicago Tribune*, April 8 and 14, 1865; Burlingame, *Abraham Lincoln: A Life*, 2: 803.

（20） *CP*, 1: 528-30; 5: 15-16; Benjamin P. Thomas and Harold M. Hyman, *Stanton: The Life and Times of Lincoln's Secretary of War* (New York, 1962), 357-58; *WD* 2: 281.

（21） *WD*, 2: 298; Burlingame, *Abraham Lincoln: A Life*, 2: 819-25; *New York World*, April 17, 1865.

（22） *Independent*, April 20, 1865; Boritt, *Gettysburg Gospel*, 173-87; David W. Blight, *Race and Reunion: The Civil War in American Memory* (Cambridge, Mass., 2001).

（23） "Reconstruction," *North American Review*, 100 (April 1865), 556.

（24） *New York Times*, April 17, 1865.

（25） Foner, *Reconstruction*, 176-280.

（26） Andrew Ward, *The Slaves' War* (Boston, 2008), 253; "Abraham Lincoln: A Speech," (ca. December 1865), Frederick Douglass Papers, LC.

（27） *The Works of Charles Sumner* (15 vols.; Boston, 1870-83), 9: 427.

（28） *CG*, 38th Congress, 1st Session, 2615; Lydia Maria Child to George W. Julian, April 8, 1865, Giddings-Julian Papers, LC.

（29） Henry Cowles to John Pierpont, March 6, 1863, ALP.

リンカン、奴隷制、奴隷解放に関する年表

1787年　合衆国憲法には「奴隷制」という言葉はないが，逃亡奴隷や5分の3条項など奴隷制を擁護する記述がある．

1808年　1月，国会が奴隷を合衆国内に輸入することを禁じる．

1809年　2月12日，リンカンがケンタッキー州ハーディン郡にて生まれる．

1816年　12月，リンカン家がインディアナ州南西部に移住する．
アメリカ植民協会が設立される．

1820年　ミズーリの妥協のために，ルイジアナ購入によって得た土地のうち北緯36度30分以北の地域で奴隷制が禁じられる．

1828年，1831年
リンカンが2度平底船でニューオリンズに行く．

1830年　3月，リンカン家がイリノイ州メーコン郡に移住する．

1831年　7月，リンカンがイリノイ州ニューセーレムに住む．

1833-38年
大英帝国が帝国全域で奴隷制を廃止する．

1833年　12月，アメリカ奴隷制反対協会が設立される．

1834年　リンカンはイリノイ州下院議員を4期務めるが，この年初当選を果たす．

1837年　1月，奴隷制肯定の決議案に反対票を投じる．
3月，反対票を説明する「抗議書」を提出する．
4月，イリノイ州スプリングフィールドに移住する．
10月，イリノイ州奴隷制反対協会が組織される．
11月7日，奴隷制廃止論の編集者エライジャ・P・ラヴジョイがイリノイ州オールトンにて暴徒に殺される．

1838年　1月27日，リンカンがスプリングフィールドの青年協会で「我々の政治制度の永続化」と題した演説を行う．

1841年　7月，イリノイ州最高裁で〈ベイリー対クロムウェル，マクノートン〉裁判の弁護を上手くやり遂げ，ナンス・レジンズ・コックスのために自由を勝ち取る．
9月，オハイオ川の船旅中，鎖に繋がれた12人の奴隷と遭遇する．

1842年　2月22日，スプリングフィールドの節酒協会で演説を行う．
11月4日，メアリー・トッドと結婚する．

1846年　8月3日，合衆国下院議員に当選する．
1847年　10月，ロバート・マットソンの弁護に失敗する．マットソンはケンタッキー州からイリノイ州に連れて来た自分の奴隷の所有権を維持しようとした．
12月，連邦下院に決議案を提出し，大統領ジェイムズ・K・ポークに，メキシコが対アメリカ戦争を始めたとされるアメリカ側の「地点」を明言するよう求める．
1848年　ホイッグ党大統領候補ザカリー・テイラーのためにニューイングランドで選挙運動をする．
1849年　1月10日，連邦下院で，ワシントンDCの奴隷制を段階的に廃止する法案を読み上げるが，それを議会に提出せず．
1852年　7月6日，ヘンリー・クレイの頌徳文を読む．
1853年　イリノイ州が黒人の州内立ち入りを禁じる法律を制定する．
1854年　1月，スティーブン・A・ダグラスがネブラスカ法案を提出する．この法案は5月にカンザス・ネブラスカ法として可決されるが，ミズーリの妥協を反故にし，これら両準州に「人民主権」という原則を適用するものだった．
10月16日，ピオリアで，リンカンはカンザス・ネブラスカ法に反対する演説を行う．
1855年　2月，連邦上院議員選への立候補に失敗する．
1856年　5月29日，イリノイ州ブルーミントンで開かれた共和党大会に出席する．「失われた演説」を行う．
9-10月，共和党大統領候補ジョン・C・フレモントのために選挙運動をする．
1857年　3月6日，連邦最高裁が〈ドレッド・スコット〉判決を出し，黒人は合衆国市民ではなく，国会には奴隷制を準州から排除する権限がないと述べる．
6月26日，リンカンがスプリングフィールドで演説を行い，〈ドレッド・スコット〉判決を批判する．
1858年　イリノイ州植民協会の理事となる．
6月16日，スプリングフィールドの共和党州大会で「真二つに裂けた家」演説を行う．
8-10月，リンカンとスティーブン・A・ダグラスが論争する．
11月，民主党がイリノイ州議会で優勢になり，リンカンは連邦上院議員選に敗北する．

1860年　2月27日，リンカンがニューヨーク市のクーパー・ユニオンで演説する．

5月18日，シカゴの共和党全国大会で大統領公認候補指名を得る．

11月6日，第16代合衆国大統領に選出される．

12月20日，サウスカロライナ州が連邦を脱退する．すぐに，南部の他の6州もそれに倣う．

1861年　2月4日，連邦脱退州がモンゴメリーに集まり，アメリカ連合国を樹立，ジェファソン・デーヴィスを大統領に選出する．

3月2日，国会が以降の連邦の奴隷制介入を禁じる憲法修正第13条案を採択する．

3月4日，リンカンが大統領第1期就任演説を行う．

4月12日，サムター要塞への攻撃で南北戦争が始まる．

4月15日，リンカンが反乱を鎮圧する軍を召集する．5月までに，さらに4州が連邦を脱退する．

5月24日，ベンジャミン・F・バトラー将軍がこう宣言する．ヴァージニア州モンロー要塞の逃亡奴隷は「戦時禁制品」であり，元の所有者に返却されることはない，と．

8月6日，リンカンが第1次没収法に署名する．この法律は連合国に徴募された奴隷に対する所有権を所有者から剝奪するものだった．

9月11日，リンカンがジョン・C・フレモントに，ミズーリ州の連合側の奴隷が自由身分だとした命令を修正するよう命じる．

11月，デラウェア州に対して，段階的，補償付の奴隷解放案を提示する．

12月3日，国会にて年次教書を読み上げ，補償付の奴隷解放と解放奴隷の国外植民案を薦める．

1862年　3月6日，国会に教書を通達し，段階的，補償付の奴隷解放案を採る州に補助金を出すよう求める．

3月13日，国会が可決した陸海軍条令の追加条項に署名する．この条項は連邦軍に逃亡奴隷の返還を禁じたものだった．

4月16日，ワシントンDCでの奴隷制即時廃止案に署名する．この法案は連邦支持の奴隷所有者に補償をし，植民用の資金を与えるものだった．

5月19日，サウスカロライナ，ジョージア，フロリダ州の奴隷を解放するデーヴィッド・ハンター少将の命令を取り消す．

5月20日，ホームステッド法に署名する．

5-6月，ジョージ・B・マクレラン将軍の半島作戦が失敗する．

6月19日，リンカンが準州の即時的，補償なし奴隷制廃止法案に署名する．

7月12日，南部境界州選出の国会議員と会談し，段階的，補償付奴隷解放案を植民案と抱き合わせて推進しようとする．

7月13日，大統領顧問団のギデオン・ウェルズとウィリアム・H・スーアードに包括的奴隷解放案を打ち明ける．

7月17日，連合側が所有する奴隷で連邦に逃亡してきた者を解放し，植民に資金を提供する第2次没収法に署名する．

黒人の入隊を認めた民兵法に署名する．

7月22日，連合国での包括的奴隷解放令を顧問団に諮る．国務長官スーアードらの諫めにより，発布は延期される．

8月14日，ホワイトハウスで黒人使節団と会談し，彼らに植民案の支持を迫る．

8月22日，ホレス・グリーリーの「2000万人の祈り」への返答になる手紙を公開する．

8月25日，陸軍省がシー諸島での黒人徴兵を認める．

9月22日，アンティータムの戦いの5日後，リンカンが奴隷解放予備宣言を発し，1863年1月1日の時点で反乱状態にある地域の奴隷は解放されることになると警告する．さらに，段階的，補償付奴隷解放案を採択する州には補助金を約束し，植民案に再度言及する．

11月29日，合衆国生まれの自由黒人はアメリカ市民であると，司法長官エドワード・ベイツが裁決する．

12月1日，リンカンが国会にて年次教書を読み上げる．段階的，補償付奴隷解放を植民と組み合わせる案の支持を再確認する．

12月31日，リンカンがウェストヴァージニア州の連邦加入を認める法案に署名する．

解放奴隷をハイチのイラヴァシュに移住させる契約をバーナード・コックと結ぶ．


1863年 1月1日，奴隷解放宣言を出す．適用除外地域を除いた連合国内の全奴隷を解放し，黒人の入隊を認める．

2月，ウェストヴァージニア州が段階的奴隷解放を決定する．だが，1865年初めに即時奴隷制廃止が行われる．

3月16日，アメリカ解放奴隷調査委員会の任命があり，これが解放奴隷関連の政策を構想する．

5-7月，黒人兵士がルイジアナ州ポートハドソンの戦い，ミリケンズベンドの戦い，サウスカロライナ州フォートワグナーの戦いに参加する．

7月1-4日，連邦軍がゲティズバーグの戦い，ヴィックスバーグの戦いに勝利する．

7月30日，リンカンが黒人兵士の虐待に対する報復令を出す．

8月10日，フレデリック・ダグラスと会談し，黒人兵士の徴募と待遇について議論する．

8月26日，ジェイムズ・C・コンクリングに宛てた公開状で，自分の奴隷解放政策を擁護する．

11月19日，リンカンがゲティズバーグ演説を行う．

12月8日，再建の10パーセント案を概説し，恩赦，再建宣言を出す．


1864年 3月13日，ルイジアナ州知事マイケル・ハーンに手紙を送り，黒人への制限付投票権付与を支持する．

3月16日，アーカンソー州の有権者が奴隷制を廃止する州憲法に批准する．

4月8日，連邦上院が奴隷制を廃止する憲法修正第13条を承認する．

5-6月，ユリシーズ・S・グラント将軍のヴァージニア作戦で多数の死傷者が出る．

6月15日，連邦下院が憲法修正第13条を承認せず．

6月15日，リンカンが過去の勤務も含めて黒人兵士に白人と同額の賃金を一部支払う法案に署名する．黒人兵士が過去の勤務も含めて白人と同額の賃金を完全に支払われる法案は1865年3月に施行される．

7月4日，ウェード-デーヴィス法案を握りつぶす．

8月16日，フレデリック・ダグラスと会談し，奴隷解放宣言が出たことを奴隷に周知させる方法について議論する．

9月2日，ウィリアム・T・シャーマン将軍がアトランタを占領する．

9月5日，ルイジアナ州の有権者が奴隷制を廃止する州憲法に批准する．

10月13日，メリーランド州の有権者が奴隷制を廃止する州憲法に批准する．

11月8日，リンカンが大統領に再選される．


1865年 1月11日，ミズーリ州憲法制定会議が奴隷制廃止を決定する．州憲法が6月に批准される．

1月13日，連邦下院が憲法修正第13条を承認する．

1月16日，ウィリアム・T・シャーマン将軍が特別土地令を出し，黒人に土地を付与する．

2月，イリノイ州で黒人取締り法が撤回される.
2月3日，ハンプトンローズ会議が開催される.
2月22日，テネシー州が奴隷制を廃止する憲法修正を承認する.
3月3日，リンカンが黒人兵士の妻子を奴隷身分から解放する法案に署名する.
解放奴隷局を設立する法案に署名する.
3月4日，大統領第2期就任演説を行う.
4月9日，ロバート・E・リー将軍がアポマトックスの裁判所で降伏する.
4月11日，リンカンが生存中最後の演説で，制限付黒人投票権を南部で認めるよう主張する.
4月14-5日，リンカンが暗殺される.
12月18日，憲法修正第13条が批准され，奴隷制が廃止される.

図版一覧

地図

口絵